Aloys Schaefer

Erklärung der zwei Briefe an die Thessalonicher und des Briefes an die Galater

Aloys Schaefer

Erklärung der zwei Briefe an die Thessalonicher und des Briefes an die Galater

ISBN/EAN: 9783743684355

Hergestellt in Europa, USA, Kanada, Australien, Japan

Cover: Foto ©ninafisch / pixelio.de

Weitere Bücher finden Sie auf **www.hansebooks.com**

Die Bücher

des

Neuen Testamentes

erklärt

von

Dr. Aloys Schaefer,

ord. Professor der Theologie an der k. Akademie
zu Münster i. W.

————

I. Band:

Die Briefe Pauli an die Thessalonicher und an die Galater.

Münster i. W. 1890.

Druck und Verlag der Aschendorffschen Buchhandlung.

Erklärung

der

zwei Briefe an die Thessalonicher

und des

Briefes an die Galater

von

Dr. Aloys Schaefer,

ord. Professor der Theologie an der k. Akademie
zu Münster i. W.

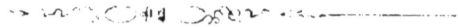

Münster i. W. 1890.

Druck und Verlag der Aschendorffschen Buchhandlung.

Vorwort.

Den in diesem Bande vorgelegten Commentaren zu den paulinischen Briefen an die Thessalonicher und Galater sind akademische Lehrvorträge vorausgegangen. In gleicher Weise entstandene Erklärungen zu den übrigen neutestamentlichen Büchern in etwa Jahresfristen, so Gott will, folgen zu lassen, ist meine Absicht. Daß hierfür die katholische Litteratur der Gegenwart — speciell die der paulinischen Briefe — noch hinreichend Raum bietet, ist ein Umstand, der mich zur Drucklegung mitbestimmt hat. Mit gutem Grunde gebe ich mich aber auch der Hoffnung hin, durch diese Veröffentlichung in meiner ersten Aufgabe, in der akademischen Lehrthätigkeit, nicht nur nicht beeinträchtigt, sondern unterstützt zu werden. Man ist nämlich öfters beim mündlichen Vortrage durch Rücksichten auf etwaige schriftliche, den Studierenden wünschenswert erscheinende Fixierungen — an ein „Diktieren" aber denke ich nicht — gehindert, und das um so mehr, als das Bedürfnis hierzu je nach dem bereits durchgemachten exegetischen und sonstigen theologischen Bildungsgange natürlich ein verschiedenes sein muß. Gestattet nun da die Drucklegung dem Unterrichte die wünschenswerte freieste Bewegung, so soll doch insbesondere dadurch beigetragen werden, daß eine eingehendere exegetische Durcharbeitung auch über die Bücher, die gerade Gegenstand der Erklärung während der jeweiligen akademischen Studienzeit sind, hinaus ausgedehnt werden möchte. Ferner ist die „Praxis" des Seelsorgers — bei der Predigt wie beim Bre er — eine zu erhabene, als daß nicht auch eine thunlichst gründliche und wissen-

schaftlich strebende Darlegung der Worte der heiligen Schrift
gern in ihren Dienst treten sollte.

Um der Hauptaufgabe einer Erklärung, der Darlegung
des Inhaltes und der Entwicklung der Gedankenfolge,
besser dienen zu können, verwies ich gern andere Meinungen,
den wissenschaftlichen „Apparat“, Citate und Litteraturangaben
— diese letzteren sollen in der Regel weniger eine absolute Vollständigkeit bieten, als mehr zur Orientierung dienen — in die An-
merkungen. Durch die Untersuchung des Wortes, in das die göttliche Wahrheit gekleidet ist, soll nicht gehemmt, sondern soll
die Erkenntnis derselben gefördert, und die innere Überzeugung
davon auch wissenschaftlich gefestigt werden; sie ist Mittel zum
Zweck. Der Schwerpunkt liegt aber in einem Hineinversenken
in die Ideen, von denen der inspirierte Autor erfüllt ist, und aus
denen heraus er schreibt; in dem Streben, die bewunderungs-
würdige Einheit in den Lehren des neuen Testamentes — bei
aller Anpassung an verschiedene, concrete Bedürfnisse und Lagen — zu erfassen und zur Darstellung zu bringen. Liegt darin
bereits für den übernatürlichen Charakter der heiligen Schriften
und für die Wahrheit ihres Inhaltes das überzeugendste Selbst-
zeugnis, so wird dieses an Licht und Kraft noch gewinnen, wenn
die Einheit in den Lehren auch in das alte Testament, in die
Zeit, der eine geschichtliche Entwickelung der göttlichen Offenbarung an die Menschen eigen ist, zurückverfolgt und aufgezeigt
wird.

Dafür, daß die Reihenfolge der Commentare mit den
paulinischen Briefen — in chronologischer Anordnung — eröff-
net wird, ist das Vorhandensein mehrerer neuerer Evangelienerklä-
rungen der nächste praktische Grund; der wissenschaftliche aber ist,
daß dadurch ein sicheres ποῦ στῶ gewonnen werden wird, um
den Fragen und Schwierigkeiten, wie sie die „Kritik“ bei den
Briefen, noch mehr aber bei den Evangelien und der Apostelgeschichte erhebt, begegnen zu können. Es kann nicht bezweckt
werden, mit den vielen Sonderansichten sich mehr oder weniger
einzeln auseinanderzusetzen — bei der Fruchtbarkeit der exegetischen Litteratur wäre eine solche wissenschaftliche Höhe nicht
lange zu halten, wenn nicht bald wieder weiter registriert und
kritisiert würde —; es gilt die positive Erklärung so zu bieten,

daß von da aus die Urteile über andere Anschauungen, besonders über die sehr mannigfaltigen „Resultate" der „kritischen"
Richtungen, sich als Folgerungen ergeben. Bei Hauptfragen
aber einen geschichtlichen Überblick über die verschiedenen Auffassungen zu bieten, erscheint wohl zweckmäßig.

Daß der Originaltext zugrunde gelegt ward, ist vom rein
wissenschaftlichen Standpunkte aus selbstverständlich, weil nur
so ein Eingehen auf manche — besonders aber „kritische" —
Fragen, die öfters der Exegese auch eine gewisse apologetische
Aufgabe zuweisen und die weder übergangen werden können
noch dürfen, ermöglicht ist. Damit ist aber nichts weniger als
eine Geringachtung der Bedeutung und des anerkannten hohen textkritischen Wertes der Vulgata gegeben. Ich weiß, daß
es nicht ganz überflüssig ist, hier auch ein Wort über das Verhältnis des bekannten Tridentinischen Decretes über die
Vulgata¹) zu Commentaren nach dem Urtexte zu sagen. Dasselbe erklärt weder unter den Texten einen, noch unter den
Übersetzungen überhaupt eine, sondern lediglich unter den
gebräuchlichen lateinischen Übersetzungen die Vulgata
für authentisch, weil diese erprobt ist²) und verurteilt es, dieselbe unter welchem Vorwande immer in publicis lectionibus,
disputationibus, praedicationibus et expositionibus als authentisch zurückzuweisen. Somit ist schon aus diesem Decrete
selbst, noch mehr aber aus den diesbezüglichen Tridentinischen
Congregationsverhandlungen ersichtlich, daß dem Gebrauche der
Urtexte oder auch anderer Übersetzungen — als z. B. der
griechischen oder syrischen in der orientalischen Kirche, wo nie
eine Vulgata im Gebrauche gewesen war — nicht präjudiciert
sein soll. Ja, es lag den Vätern auch fern, die Vulgata vor an-

---

¹) Sess. IV. Insuper eadem sacrosancta synodus considerans, non par-
um utilitatis accedere posse ecclesiae Dei, si ex omnibus latinis editio-
nibus, quae circumferuntur, sacrorum librorum, quaenam pro authentica
habenda sit, innotescat: statuit et declarat, ut haec ipsa vetus et vulgata editio . . . pro authentica habeatur, et ut nemo illam rejicere quovis
praetextu audeat vel praesumat.

²) Das Decret sagt: quae longo tot saeculorum usu in ipsa ecclesia
probata est. Dazu vgl. Pallavicini, hist. Trid. lib. VII, c. 12: Vulgatam
nunquam haereseos fuisse suspectam.

deren Übersetzungen — speciell vor einem correcten Texte der LXX — oder vor den Originaltexten in möglichst richtigen Ausgaben einen Vorzug zu geben; es sei denn der rein praktische, daß die lateinische Sprache in weiteren Kreisen als die griechische verstanden werde [1]). Als darüber verhandelt ward, ob nicht auch eine hebräische und griechische Ausgabe festzustellen sei, und als der Cardinal von Trient der Meinung war, es sollten solche in allen neueren Sprachen veranstaltet werden, da entschied die Mehrheit der Väter, daß die Vulgata hinreichend sei, um als Regel zu dienen, richtige von verfälschten Ausgaben zu unterscheiden. So lange nicht eine „officielle" Vulgata-Ausgabe fertig gestellt war, blieb es noch unbenommen, den Vulgatatext nach den Urtexten zu verbessern [2]). Eine kritische Urtextausgabe zu veranstalten, war für jene Zeit unmöglich, ungleich günstiger aber lagen die Verhältnisse hinsichtlich der Vulgata. In unserem Jahrhunderte sind für jene Aufgabe die Hilfsmittel erschlossen worden; die Würde des Textes aber begründet zur Genüge, daß auch in diesen Commentaren in textkritischen Noten davon Gebrauch gemacht wird.

---

[1]) Vgl. hierzu Pallavacini, l. c. VI, 17; VII, 12 und die umständlichen Ausführungen bei Cornely, S. J., historica et critica introductio. vol. I. Parisiis 1885, p. 443 ss. zu der Thesis: Textibus primigeniis et antiquis versionibus Vulgatam non esse praelatam nec illis auctoritatem, quae antea gavisae sunt, esse negatam satis facile probatur.

[1]) Vgl. Theiner, acta genuina, t. I. p. 79—83. 46 s.: habere unam tantum editionem veterem sc. et vulgatam, qua omnes utantur pro authentica . . . non detrahendo tamen auctoritati purae et verae interpretationis septuaginta interpretum, qua nonnunquam usi sunt apostoli, neque rejiciendo alias editiones, quatenus authenticae illius vulgatae intelligentiam juvant. Pius IV. Auftrag lautet: ut vulgatam editionem Latinam adhibitis antiquissimis codicibus manuscriptis, inspectis quoque Hebraicis Graecisque Bibliorum fontibus, consultis denique veterum Patrum commentariis accuratissime castigant. (Praef. ed. Vulg. Clementinae ad lectorem).

Münster, den 3. November 1889.

Der Verfasser.

Einleitung.

Des h. Paulus Erziehung und Berufung [1]).

„Ich bin," so redete der Apostel Paulus, um sich zu verteidigen, in Jerusalem zum Volke [2]), „ein jüdischer Mann, geboren zu Tarsus in Cilicien, auferzogen aber in dieser Stadt und zu den Füßen Gamaliels unterwiesen, der Strenge des väterlichen Gesetzes gemäß, so daß ich ein Eiferer für Gott war, wie ihr es heute noch seid."

Seiner Geburt nach war also Paulus Jude und das auch im engeren Sinne dieses Namens, da er dem mit Juda stets vereinigt gewesenen Stamme Benjamin entsprossen war [3]). Dieser Zugehörigkeit ist er sich als eines Vorzuges bewußt [4]) — das Heil der Welt zu vermitteln ist eben Israels Aufgabe, und darum mußte auch der Apostel, welcher dazu besonders beizutragen berufen war, aus diesem Volke hervorgehen, — aber es gründet auch darin jene opferfreudige und hingebende Liebe zu Israels Kindern, die durch keinen Haß und keine Verfolgung [5]) seitens dieser erstickt werden konnte.

---

[1]) Zur Litteratur — seit Ausgang des vorigen Jahrh. — über das Leben des Heidenapostels vgl. bei Holtzmann, Lehrb. der histor.-krit. Einleitung in das Neue Testament. 2. Aufl. Freiburg 1886. S. 229 f.

[2]) Act. 22, 3 ff.

[3]) Röm. 11, 1; Phil. 3, 5.

[4]) Vgl. Act. 21, 39; II. Kor. 11, 22 mit Röm. 9, 4. 5.

[5]) Vgl. daselbst 9, 2. 3. Es ist nicht unwahrscheinlich, daß dieser Haß dem Paulus seine jüdische Abstammung absprechen wollte, und daß dem wieder entgegen die „Fabel" — so die Benennung des h. Hieronymus, com.

Doch nicht im „Erbe" seiner Väter, sondern in Cilicien, also
in der Zerstreuung. sollte der Heidenapostel das Licht der Welt
erblicken; ein Umstand, der leicht daran erinnert, daß die
durch das Exil und die Zerstörung Jerusalems herbeigeführte
Zerstreuung der Juden unter den Heiden der Vorbereitung auf
das Christentum, das keine nationalen Schranken mehr kannte,
diente. Wie zahlreiche Tarser[1]), so war auch Paulus, der
„Bürger dieser nicht unberühmten Stadt"[2]), in den Besitz des
römischen Bürgerrechtes, dessen Wert der Heiden- und
Weltapostel selbst am wenigsten verkannte, gelangt[3]). Dankte
er es doch der Berufung auf diesen Vorzug, daß er endlich
nach wiederholtem vergeblichen Bemühen das Ziel seines sehnlich-
sten Verlangens, Rom, den Mittelpunkt der Heidenwelt, erreichte[4]).
Man nimmt gern an, daß Tarsus, als der bekannte und ge-
rühmte Sitz griechischer Wissenschaft, auf den Bildungsgang
des Knaben nicht ohne Einfluß geblieben und weist zum Beweise dafür besonders auf einzelne Anspielungen an griechische
Dichter, die sich in paulinischen Briefen finden[5]), hin. Diese
Begründung ist aber nicht überzeugend, denn abgesehen davon, daß der Apostel sich auch später noch in Jerusalem griechische Bildung aneignen konnte, ist es auch recht gut möglich, daß jene Citate einen sprüchwörtlichen Charakter gehabt
haben und so allgemeiner bekannt gewesen sein können. Er
hebt ja auch in seiner Selbstbiographie nur seine Geburt in

---

ad Phil. 23 — entstanden, die derselbe Schriftsteller — de viris ill. 5 — berichtet: Pauli Geburtsort sei Gishala in Galiläa, und erst nach der Eroberung
dieser Stadt durch die Römer sei er mit seinen Eltern nach Tarsus gekommen. Nach Flavius Josephus, bell. jud. IV, 2, 1 ss. ist jene Stadt durch
Titus von den Römern eingenommen worden. Hieronym. ad Phil. bemerkt:
Antiquiores Ebionitae ex loco nativitatis Pauli occasionem arripuerunt, ut
eum Judaeum genere fuisse negarent. Ähnlich Epiphanius, haer. 30, 16.

[1]) Vgl. Hausrath, Neutestamentliche Zeitgeschichte. 2. Aufl. 1873.
II. S. 404 und Aberle, Einleitung in das Neue Testament. Herausgegeben
von Schanz. Freiburg 1877. S. 141 Anm. 4.

[2]) Act. 21, 39.

[3]) Act. 16, 21. 38; 23, 27.

[4]) Röm. 1, 10 ff.; 15, 22 ff.

[5]) So Act. 17, 28 auf Kleanthos und Aratos; I. Kor. 15, 33 auf Me-
nander und Tit. 1, 12 auf den Kreter Epimenides.

Tarsus hervor. Daß aber das Griechische seine Mutter-
sprache war, darf sicher angenommen werden und es erklärt
sich dadurch die ungewöhnliche Herrschaft, die der Heidenapostel über diese damalige Weltsprache besaß.

Weil Paulus Jude und römischer Bürger war, ist es
nicht unwahrscheinlich, daß er die beiden Namen, den jüdischen
Σαῦλος oder Σαύλ (שָׁאוּל, der „Ersehnte") und den römischen
Παῦλος erhalten hatte [1]). Diesen letzteren führt der Apostel
selbst in allen seinen Briefen und auch in der Apostelgeschichte
ist er beständig [2]) damit von dem Zeitpunkte an benannt,
da er auf Cypern vor dem Proconsul Sergius Paulus dem
Magier Elymas entgegentrat, diesen durch ein Wunder mit
Blindheit schlug und dadurch jenen dem Lichte des Glaubens
gewann. Von Saulus, der bis dahin mit diesem Namen neben
Barnabas als dessen Begleiter erscheint und gegen denselben
sogar zurücktritt, heißt es alsdann: Σαῦλος δὲ, ὁ καὶ Παῦλος,
πλησθεὶς πνεύματος ἁγίου ἀτενίσας εἰς αὐτόν [3]). Nur in Berichten
über die Bekehrung Pauli und somit absichtlich [4]) ist nach
dieser Manifestation des Weltapostels der Name Saulus noch
angewandt [5]).

---

[1]) Vgl. Act. 12, 12. 25 den doppelten Namen Johannes und Markus.

[2]) Weil der Namensgebrauch Saulus oder Paulus in der Apostelgesch.
ein absichtlicher ist, deshalb kann darin nicht „die Spur einer doppelten,
der judenchristlichen und paulinischen Überlieferung" gesehen werden. So
Carl Weizsäcker, das apostolische Zeitalter der christlichen Kirche. Freiburg 1886. S. 67.

[3]) Act. 13, 9.

[4]) Das. 22, 7. 13; 26, 14.

[5]) Daß der Apostel den römischen Namen zu Ehren des Proconsuls
Sergius Paulus angenommen, indem er der damaligen Sitte, daß man sich
öfters durch die Annahme des Namens vornehmer Römer in ein gewisses
Klientenverhältnis zu diesen stellte, gefolgt wäre, will die Apostelgeschichte
nicht besagen, da sie ja die Namensänderung voraus erzählt und mit der
Person des Proconsuls in gar keinen Zusammenhang stellt. Nicht aus exegetischen Gründen, sondern um der praktischen Anwendung willen neigen
sich Orig. (in ep. ad Rom. praef.), Hieronym., Aug. (Conf. VIII.) dieser Ansicht zu. Vgl. Hieronym.: Quare e Saulo Paulus dictus sit, nulla Scriptura
memorat . . . Saulus ad praedicationem gentium missus a primo ecclesiae
spolio, proconsule Sergio Paulo, victoriae suae trophaea retulit, erexitque ve-
xillum, ut Paulus diceretur e Saulo (in ep. ad Phil. 1; cfr de vir. ill. 5).

Frühzeitig — *ἐκ νεότητος* [1] — war Paulus nach Jerusalem gebracht worden, um zu den Füßen Gamaliels seine Schulung in der Strenge des alttestamentlichen Gesetzes zu erhalten [2]. Gamaliel war ein beim ganzen Volke hochangesehener Gesetzeslehrer [3], die „Herrlichkeit des Gesetzes" ist der Name, der ihm beigelegt worden war. In der Apostelgeschichte [4] begegnet er uns als Mitglied des hohen Rates, welches in weiser Mäßigung und Duldsamkeit sich dahin aussprach, die Kirche nicht zu verfolgen, weil sie, wenn Menschenwerk, von selbst zugrunde gehen werde und, wenn sie Gottes Werk, nichts wider sie zu vermögen sei. In der Schule dieses gefeierten Lehrers, um den sich gegen 1000 Jünglinge versammelt haben sollen, erlangte Paulus nicht bloß seine große Kenntnis und Fertigkeit in der Benutzung alttestamentlicher Schriften, sondern gewann bei der katechetischen Unterrichtsform auch die seine Briefe charakterisierende scharfe und gewandte Dialektik. Dabei hatte er sich wie sein Vater und sein Meister Gamaliel der Richtung der Pharisäer angeschlossen [5], doch folgte er dem Beispiele des letzteren in der Duldsamkeit nicht nach [6], ward vielmehr *ζηλωτής . . . τοῦ θεοῦ*. Nicht mit Unrecht hält es Aberle [7] für höchst wahrscheinlich, daß, weil die Verfolgung des Stephanus von der Synagoge der Libertiner ausging und Paulus dabei beteiligt war [8], er zu dieser gehört habe. „Leider sind wir über den Bestand und die in derselben eingehaltene Richtung fast nur auf Vermutungen angewiesen. Ohne Zweifel hatte sie ihren Namen von den Nachkommen der Juden, welche unter Pompejus als Gefangene nach Rom abgeführt und in die Sklaverei verkauft worden waren. Nachdem es der Mehrzahl derselben gelungen, ihre Freilassung zu erwirken, traten sie eben damit in

---

[1]) Act. 26, 4.

[2]) Das. 22, 3: *ἀνατεθραμμένος ἐν τῇ πόλει ταύτῃ, παρὰ τοὺς πόδας Γαμαλιὴλ πεπαιδευμένος κατὰ ἀκρίβειαν τοῦ πατρῴου νόμου.*

[3]) Act. 5, 34: *τίμιος παντὶ τῷ λαῷ.*

[4]) Das. 5, 35 ff.

[5]) Das. 23, 6; 26, 5.

[6]) Mit Unrecht folgert Hausrath, l. c. II. S. 419 ff., III. S. 32 daraus einen Zweifel gegen die Richtigkeit von Act. 22, 3, daß P. ein Schüler G. gewesen sei.

[7]) Einltg. S. 146 f. — [8]) Act. 6, 9.

den Stand der liberti ein, und ihre Kinder und Nachkommen wurden libertini genannt. Wahrscheinlich bildeten diese libertini schon in Rom eine eigene Communität gegenüber von den Juden, welche sich später dort als Freie ansiedelten und es konnten sich von derselben auch die nicht lossagen, welche etwa wieder nach Palästina und insbesondere nach Jerusalem zurückkehrten." Es mag sein, daß sich die nach Jerusalem kommenden Juden der Diaspora besonders gern an diese, weil sie da ihre Heimatssprache fanden, anschlossen; die Apostelgeschichte [1] nennt ja neben den Libertinern Cyrenäer, Alexandriner, Cilicier und Asier. Strenges Judentum — sie kamen ja deshalb nach Jerusalem — und Kenntnis der Heidenwelt vereinigten sich in derselben.

Der Sitte gemäß, daß der jüdische Gesetzeslehrer seinen Lebensunterhalt nicht durch seine Lehrthätigkeit erwerben konnte, also gegebenen Falles deshalb ein Handwerk verstehen mußte, hatte Paulus das Zeltmachen erlernt [2]. Wiederholt fand er Grund, sich darauf, daß er durch seiner Hände Arbeit sich den Unterhalt verdiene, zu beziehen, um etwaigen Verdächtigungen gegenüber seine Uneigennützigkeit in der Verbreitung des Evangeliums zu erweisen [3].

Als „Eiferer" für das Gesetz und die Traditionen der Väter konnte Paulus von sich sagen, daß er mehr als viele seiner Altersgenossen Fortschritte gemacht hatte [4]. „Ich lebte," so sagt er von sich, „als Pharisäer [5], nach der im Gesetze enthaltenen Gerechtigkeit" [6]. Solch ernstes Streben aber mußte ihn zur tiefempfundenen Erkenntnis des im Menschen liegenden Zwiespaltes zwischen den Forderungen des Gesetzes und dem Begehren der Sinnlichkeit führen. Indem jenes durch sein „Du

---

[1] Act. 6, 9.

[2] Vgl. Mark. 6, 3, wo der Herr „der Zimmermann" genannt wird. Act. 18, 3. Belege für diese Sitte bei Aberle, l. c. S. 146 Anm. 3. Sonst vgl. Schurzfleisch, Paulus σκηνοποιός. Vitbg. 1674. Lightfoot, horae hebr. et talmud. ed. II. Lip. 1684. Schoettgen, hor. hebr. et talm. Dresd. et Lip. 1733. II. p. 898. Delitzsch, Handwerkerleben zur Zeit Jesu. Erlangen 1868. S. 69 ff.

[3] Vgl. Act. 20, 33 ff. 1. Thess. 2, 9; 11. Thess. 3, 7 ff.; 1. Kor. 4, 12; 9, 6. 12. 15; II. Kor. 11, 8; 12, 13.

[4] Gal. 1, 14. — [5] Act. 26, 5. — [6] Phil. 3, 6.

sollst nicht begehren" dieser entgegentrat, ward es Anlaß zur
Übertretung [1]). Je zahlreicher und je schwerer aber die Forderungen des Gesetzes und zwar des pharisäisch ausgebildeten Gesetzes an den feurigen Saulus herantraten und ihn schließlich
vor eine gewisse Unmöglichkeit, es zu erfüllen, stellten, je heftiger der innere Kampf gegen den „Stachel des Fleisches" ent-
brannte, „der Engel des Satans" ihn bedrängte [2]): desto tiefer
empfand er die Unzulänglichkeit des eigenen Könnens.
Eigene, schwer und tief gefühlte Erfahrung ist es, die ihn aus-
rufen läßt: „Das Wollen liegt bei mir, aber das Vollbringen
des Vollkommenen nicht; denn nicht was ich will, das Gute,
thue ich, sondern was ich nicht will, das Böse, dieses thue ich ...
Ich sehe aber ein anderes Gesetz in meinen Gliedern, das dem
Gesetze meines Geistes widerstreitet und mich für das Gesetz
der Sünde in meinen Gliedern gefangen nimmt." Der Abstand
zwischen dem eigenen wirklichen, menschlichen Vermögen und
dem gesteckten unerreichbaren Gesetzes-Ideal giebt den aus in-
nerstem Herzen kommenden Schmerzensruf ein: „Ich unglück-
seliger Mensch! Wer wird mich retten aus dem Leibe dieses
Todes?" [3]).

Natürliche Anlage und zu teil gewordene Erziehung lassen also den Apostel innigst nach einer Hilfe
verlangen und gerade darum aber auch die übrena-
türliche Macht der ihm zu teil gewordenen Gnade
tief empfinden. Eigene Erfahrung giebt die freudige und
siegesbewußte Antwort: „Die Gnade Gottes durch Jesus Christus unsern Herrn" [4]) ist es, die mich „aus diesem Leibe des
Todes" befreite, dem Apostel der Gnade ein.

Der Eifer für das alttestamentliche Gesetz hatte den Saulus aber auch zu einem der heftigsten Verfolger der Kirche gemacht [5]), so daß ihm später der Gedanke daran immer eine ein-
dringliche Ermahnung zur Demut blieb [6]). Zuerst hatte er sich

[1]) Röm. 7, 7. 8. — [2]) II. Kor. 12, 7 ff. — [3]) Röm. 7, 18—24.
[4]) Das. v. 25 nach Vulg. DFG Iren.
[5]) Gal, 1, 13. 14. Phil. 3, 6: κατὰ ζῆλος διώκων τὴν ἐκκλησίαν.
[6]) Vgl. I. Kor. 15, 8; Gal. 1, 23; Ephes. 3, 8.

bei der Steinigung des Stephanus beteiligt, da er die Kleider der
„Zeugen" nicht bloß bewahrte, sondern auch „sich zustimmend
zu dessen Ermordung" verhielt [1]). An der an demselben Tage
noch ausbrechenden Verfolgung der Christen [2]) nahm Saulus hervorragenden Anteil, er „verwüstete die Gemeinde, indem er in
die einzelnen Häuser eindrang, Männer und Frauen wegschleppte
und dem Gefängnisse überlieferte" [3]), bis ihn seine Verfolgungs-
wut „gegen die Schüler des Herrn" — mit Vollmachten vom
Synedrium ausgestattet — gegen Damaskus führte, um von da
alle Christen, die er fände, gefesselt nach Jerusalem zu führen [4]).

Als er jedoch in die Nähe dieser Stadt gelangt war, fand das
Gebet des Stephanus für seine Feinde die Erhörung. Es geschah, daß den Saulus „plötzlich ein Licht vom Himmel umstrahlte,
und er zu Boden gefallen eine Stimme hörte, welche zu ihm
sprach: Saul! Saul! warum verfolgst du mich? . . . Ich bin
Jesus, den du verfolgst; aber stehe auf und gehe in die Stadt,
und es wird dir gesagt werden, was du thun mußt." Ihm allein galt dieses Wunder, er allein sah [5]) die lichtumflossene und
verklärte Gestalt des von ihm verfolgten Herrn, er allein hörte
und verstand die Worte. Seine Begleiter waren nur Zeugen davon, daß ihm Wunderbares widerfahren sei, die Erscheinung
und die Rede des Herrn selbst aber waren ihnen verborgen geblieben [6]). „Es erhob sich aber Saulus von der Erde, und als sich
seine Augen öffneten, sah er nichts". Zur Stadt in das Haus
des Judas geleitet, war er da „drei Tage, ohne zu sehen, und
er aß nicht und trank nicht." In der einfachsten und naivsten
Weise ist hiermit erzählt, wie Saulus diese drei Tage, gänzlich

---

[1]) Act. 7, 58; 8, 1: Σαῦλος δὲ ἦν συνευδοκῶν τῇ ἀναιρέσει αὐτοῦ.

[2]) Die den Juden entgegenkommende, milde Herrschaft des syrischen
Statthalters Vitellius (35 · 39) ermöglichte solche Ausübung der Macht des
Synedriums. Vgl. hierzu Flav. Jos., Antt. XVIII 4, 2 ss.; Tacitus, Ann. IV, 32.

[3]) Act. 8, 3.

[4]) Das. 9, 1 ff.

[5]) Das. 9, 7: von den Begleitern: μηδένα θεωροῦντες.

[6]) Die Begleiter waren Zeugen des Lichtes — vgl. bes. 26, 13; 22, 9 —,
nicht aber der Erscheinung, die Saulus allein hatte; sie hörten ferner
eine Stimme — 9, 7 -, aber sie verstanden die Rede nicht, die an Saulus
gerichtet ward — 22, 9: τὴν δὲ φωνὴν οὐκ ἤκουσαν τοῦ λαλοῦντός μοι —,
diese galt ihm allein.

von der Welt und allem Irdischen losgelöst [1]), in seinem Geiste
ausschließlich mit Dem beschäftigt war, Den er verfolgt, Den er
geschaut und Der zu ihm gesprochen hatte: „Hart ist es dir,
wider den Stachel auszuschlagen. . . . Stehe auf und tritt auf
deine Füße! Denn darum bin ich dir erschienen, um dich zum
Diener und Zeugen dessen zu bestimmen, was du gesehen hast
und dessen, weshalb ich dir erscheinen werde, indem ich dich
errette aus dem Volke und aus den Heiden, zu denen ich dich
sende, um ihre Augen zu öffnen, auf daß sie sich von der Finsternis zum Lichte wenden und von der Herrschaft des Satans
zu Gott, damit sie Vergebung der Sünden empfangen und ein
Erbteil unter denen, die durch den Glauben an mich geheiligt
sind." [2]). Da trat seine ganze Vergangenheit vor seine Seele:
das Bild, welches bisher vom erniedrigten Jesus von Nazareth vor
seiner vom tödlichsten Hasse gegen Ihn erfüllten Seele geschwebt
hatte, da stand vor seinem Geiste auf der erste Blutzeuge mit seiner
Vision der Herrlichkeit des Herrn und Jesu, der zur Rechten
Gottes steht, Stephanus mit seiner glaubensfreudigen Übernahme des
Martyriums und auch mit dem neuen, der Welt bisher unerhör-
ten Gebete für die Todfeinde. In all dem fand die umschaf-
fende Macht der Gnade Christi, von welcher der Apostel bekennt: χάριτι δὲ ϑεοῦ εἰμὶ ὅ εἰμι [3]), ihre Anknüpfungspunkte.
So oft er auf seine Berufung zu sprechen kommt, betont er,
daß sie ein Werk der Barmherzigkeit und der Gnade, daß
sie ihm nicht bloß ohne, sondern wider Verdienst zu teil geworden ist [4]).

Hatte des Apostels Erziehung das innigste Verlangen, das tiefstgefühlte Bedürfnis nach übernatürlicher
Hilfe, nach der Gnade Gottes geweckt, so lehrte ihn als-

---

[1]) Darin kann also nicht mit Weizsäcker, l. c. S. 77, eine „Erzählung
von durchsichtiger Symbolik" in Folge „freier Reflexion des Berichterstatters"
gefunden werden.

[2]) Act. 26, 14 ff. — [3]) I. Kor. 15, 10.

[4]) Gal. 1, 15 vgl. Eph. 1, 19; 3, 7. An diesen bestimmten Worten Pauli
scheitern die Versuche einer natürlichen Erklärung der Bekehrung Pauli. Vgl.
die hierher gehörige Litteratur insbesondere bei Reuss, die Geschichte der
hl. Schriften des Neuen Test. 6. Aufl. Braunschweig 1887, S. 55 f. und Cornely, hist. et crit. Introductio in U. T. libros sacros. t III. Paris 1886, p. 359 ss.

dann die eigene Bekehrung und innere Umschaffung die
Macht derselben. So ist Saulus-Paulus erzogen und berufen für die Aufgabe, der Verkünder der durch Christus
gewordenen Gnade zu sein und zwar für alle Menschen,
für Juden und Heiden [1]), weil alle der Erlösung bedürfen" [2]).

Auf Gottes Geheiß ging Ananias zu Saulus, „legte ihm die
Hände auf und sprach: „Bruder Saulus, der Herr Jesus, der
dir auf dem Wege, den du kamst, erschienen ist, hat mich zu
dir gesandt, auf daß du sehest und vom heiligen Geiste erfüllt
werdest. Und sogleich fiel es wie Schuppen von seinen Augen
und er sah wieder und stand auf und wurde getauft" [3]).

Alsbald ($εὐθέως$) trat er in den Synagogen von Damaskus
auf und zum größten Staunen aller, die ihn hörten, verkündete
der bisherige heftigste Christenverfolger, daß Jesus der Sohn
Gottes ist. Tritt nun hierbei gleich sein Eifer für das bisher
bekämpfte Evangelium hervor, um sofort damit zu beginnen,
das, was er geschadet, wieder gut zu machen, so ist er doch
auch bereit, nach wenigen Tagen ($ἡμέρας τινάς$ [4]) einer inneren
übernatürlichen Führung [5]) — woran er sie erkannte, wissen
wir nicht [6]) — zu folgen und sich auf ungefähr drei Jahre in

---

[1]) Act. 9, 15 erhält Ananias den Auftrag, zu Saulus zu gehen, ὅτι σκεῦος
ἐκλογῆς ἐστίν μοι οὗτος τοῦ βαστάσαι τὸ ὄνομά μου ἐνώπιον ἐθνῶν τε καὶ βασιλέων
υἱῶν τε Ἰσραήλ.

[2]) Thom. v. Aqu. Prol. ad Rom. giebt unter diesem Gesichtspunkte
eine Inhaltsübersicht und Einteilung der paulinischen Briefe: Est enim haec
doctrina tota de gratia Christi: quae quidem potest tripliciter considerari.
Uno modo secundum quod est in ipso capite, scilicet Christo, et sic commendatur in epistola ad Hebraeos. Alio modo secundum quod est in membris
principalibus corporis mystici, et sic commendatur in epistolis ad Praelatos.
Tertio modo secundum quod in ipso corpore mystico quod est Ecclesia, et sic
commendatur in epistolis quae mittuntur ad Gentiles, quarum haec est
destinctio.

[3]) Act. 9, 17 ff.

[4]) Das. 9, 19.

[5]) Die innere, übernatürliche Leitung wird aus Gal. 1, 17: οὐ προς-
ανεθέμην σαρκὶ καὶ αἵματι ersichtlich; vgl. ferner: das. 2, 1; Act. 16, 6. 10.

[6]) Aberle, l. c. S. 155 meint, daß ihm „nur" Arabien, dessen König
Aretas mit Herodes Antipas und dem Statthalter von Syrien Vitellius auf
feindlichem Fuße stand und deshalb den Juden, den Schützlingen des letzteren, keine hilfreiche Hand geboten haben würde, eine „sichere Zufluchtsstätte"

die Einsamkeit nach Arabien zurückzuziehen [1]). Unaufhaltsa-
mer Eifer im erhaltenen Berufe und unbedingte Hingabe an die göttliche Leitung in der Ausführung desselben charakterisieren des Apostels Leben und Wirken, geben seinen Missionsreisen das Gepräge.

Bei der Berufung hatte der Herr auch zu ihm gesagt, daß
er Zeuge dessen, „weshalb Er ihm noch erscheinen werde" [2]),
sein solle. Die Zeit dieser Offenbarung Jesu an ihn aber ist der
Aufenthalt in Arabien, der durch seine Dauer an den dreijährigen Umgang Jesu mit den übrigen Aposteln erinnert [3]). Es
beschreibt uns der Apostel den wunderbaren, geheimnisvollen
Verkehr mit seinem Herrn und Meister nicht, er nennt nur den
Erfolg: unmittelbar „durch Offenbarung Jesu Christi"
hat er das Evangelium empfangen [4]). Begreiflich aber wird
uns, daß Paulus auch auf Grund dieser eigenen Lebenserfahrung
zu dem überzeugungsvollen Verkündiger der übernatürlichen, mystischen Vereinigung mit Christus, als der er in seinen Briefen uns
entgegentritt, geworden ist, daß in ihm klare dialektische Entwicklung im Beweisverfahren mit dem Bewußtsein geheimnisreicher,
übernatürlicher Lebenserfahrung sich vereinigt finden, daß er mit
freiem Blick die concreten irdischen Verhältnisse schaut und
beurteilt, dabei aber zugleich in einem überirdischen Leben sich
bewegt und unter solchem Gesichtskreise sie bemißt.

Diese von Gott berufene und gebildete Persönlichkeit ist
es, die vor uns steht, „zu glühend begeistert, um trägen zu

---

vor dem gegen ihn, den „Abtrünnigen", heftig entbrannten Haß der Juden
geboten habe.

[1]) Gal. 1, 17: *ἀπῆλθον εἰς Ἀραβίαν, καὶ πάλιν ὑπέστρεψα εἰς Δαμασκόν.*
Daß Paulus nach Arabien gegangen, um daselbst zu predigen, ist bei der
ganzen Weise seiner Wirksamkeit, zuerst den Juden und, nachdem diese nicht
hören wollten, den Heiden zu predigen, ausgeschlossen. Nach dem Predigen
in den Synagogen von Damaskus steht vorab ein Lehren in Jerusalem zu
erwarten.

[2]) Act. 26, 16.

[3]) Die Feindseligkeit der Juden in Damaskus läßt annehmen, daß der
weitaus größte Teil der drei Jahre auf Arabien fällt, wenngleich dieses aus
Gal. 1, 17 allein noch nicht stringent gefolgert werden kann.

[4] Gal. 1. 12.

können, zu klar blickend, um ein Betrüger zu sein"[1]); dieser so
bestimmt gezeichnete und doch so ganz ungewöhnliche Charakter ist es, der zum „Gefäße der Auserwählung" diente, zu scharf
ausgeprägt, um anders als in seiner ganzen Treue aufgefaßt zu
werden, zu übernatürlich aber auch ausgestattet, um nicht dem
rein menschlich betrachtenden Sinne das Wort des Festus ein-
zugeben: μαίνῃ Παῦλε [2]). Nur im Lichte des Glaubens an
eine übernatürliche Weltordnung kann Paulus verstanden werden.

Von Arabien kehrte der Apostel nach Damaskus, das indes unter die Herrschaft des Aretas gekommen war [3]), zurück [4]).
In der Apostelgeschichte findet sich ein Auseinanderhalten des
Verweilens des Saulus in Damaskus ἡμέρας τινάς und ἡμέραι
ἱκαναί (9, 19 und 23), letztere Angabe erhält im Galaterbriefe ihre
Ergänzung. [5]) Durch sein erfolgreiches Predigen erregte er den
Haß der Juden so gegen sich, daß selbst Aretas diesem Rechnung trug — ob auch hier denselben schon die Taktik gelang, Paulus als Aufwiegler hinzustellen? — und die Stadtthore
bewachen ließ. „Durch ein Fenster in einem Korbe wurde ich
über die Mauer herabgelassen und entging so seinen Händen."
Wann dieses alles geschehen ist, kann nicht mit Bestimmtheit angegeben werden; die Ansätze schwanken zwischen 35—37
n. Chr. [6]). Bei der Steinigung des Stephanus war Saulus zwar
νεανίας, d. h. noch nicht dreißig Jahre alt; aber die Rolle,
die er bei der sich daran schließenden Christen-Verfolgung
spielte, läßt annehmen, daß er mittlerweile dieses Alter erreicht
hatte. Berücksichtigen wir nun ferner, daß dieselbe höchst
wahrscheinlich in die Zeit des Statthalters Vitellius (35—39) fiel [7]),

---

[1]) Windischmann, Erklärung des Briefes an die Galater. Mainz
1843. S. 2.

[2]) Act. 26, 24 — [3]) II. Kor. 11, 32 f. Flav. Jos. Antt. XVIII, 5, 1 ss.
[4]) Gal. 1, 17.

[5]) Vgl. die weitere Ausführung der Vereinbarung dieser beiden Berichte
— speciell die Kritik der Erwägungen Stecks, der Galaterbrief nach seiner
Echtheit untersucht .... Berlin 1888 — unten in der Erklärung des Galbrf.
z. d. St.

[6]) Wieseler, Chronologie des apostol. Zeitalters, Göttingen 1848, aber
nimmt das Jahr 40 an.

[7]) Vgl. oben S. 7, Anm. 2.

so wäre die Bekehrung Pauli in die ersten Jahre desselben anzusetzen. Hierzu würde es passen, wenn er sich zu Anfang der sechsziger Jahre nach all seinen aufreibenden Arbeiten einen πρεσβύτης nennt [1]) und ließen sich ferner die 14 Jahre, welche bis zum ersten Apostelconcil noch verstrichen, in Einklang bringen [2]).

Die Zeit bis zur ersten Missionsreise.

Da der Apostel Damaskus verlassen mußte, war für ihn der Zeitpunkt gekommen, Jerusalem aufzusuchen. Vornehmlicher Zweck dieser Reise war, den Kephas zu sehen [3]). Weil die Christen in Jerusalem ihm noch nicht trauten — die dreijährige Zurükgezogenheit macht dieses besonders erklärlich —, so führte ihn Barnabas bei den Aposteln ein; es waren aber nur Petrus und Jakobus, „der Bruder des Herrn", damals in Jerusalem anwesend. Nur fünfzehn Tage war seines Bleibens daselbst, und es vertrieben ihn die Nachstellungen der hellenistischen Juden, mit denen er so erfolgreich disputiert hatte, daß die Gläubigen Gott priesen, der einen so heftigen Verfolger zu solchem Verteidiger des Evangeliums herangebildet hatte [4]). Daß er den Verfolgungen der Juden sich entziehen sollte, das lehrte ihn ein Gesicht des Herrn: „Eile und gehe schnell aus Jerusalem" — so sprach Jesus zu ihm — „weil sie von dir das Zeugnis über mich nicht annehmen werden. . . . Gehe, denn ich, ich will dich fernhin unter Heiden aussenden" [5]). Und er gab seinen Plan, in Jerusalem noch weiter zu predigen, auf und zog sich zurück durch Syrien nach Cilicien, nach Tarsus in seine Heimat [6]). Wenn auch nichts näheres über seinen Aufenthalt in der Heimat gesagt ist — sein Eifer läßt nicht annehmen, daß er unthätig geblieben sei.

---

[1]) Philem. 9.
[2]) Gal. 2, 1 vgl. die Erklärung hierzu. Es ist der terminus a quo wie ad quem dieser Jahre im Zusammenhange dieses Briefes zu bestimmen.
[3]) Gal. 1, 18 f. Act. 9, 26 ff.
[4]) Vgl. Gal. 1, 22 ff., Act. 9, 28 ff., Röm. 15, 19.
[5]) Act. 22, 17 ff. — [6]) Das. 9, 30; Gal. 1 21.

Dem Barnabas, der ihn mit Erfolg in Jerusalem, wo man ihm anfangs mißtraute, eingeführt hatte, folgte er nach Antiochien, dem ersten Centrum der heidenchristlichen Welt und späteren Ausgangspunkte der drei ersten Missionsreisen. Ein volles Jahr (ἐνιαυτὸν ὅλον) wirkten hier die beiden zusammen und bekehrten eine so ansehnliche Menge, daß dieser selbständigen, hier nicht bloß für eine jüdische Sekte gehaltenen Gemeinde zuerst der Name „Christen" beigelegt ward. Die vom Propheten Agabus geweissagte Hungersnot, die unter Kaiser Claudius eintrat, veranlaßte die antiochenischen Christen, in Liebe der notleidenden Brüder in Judäa, von denen aus das Heil zu ihnen gekommen war, zu gedenken und ihnen durch Barnabas und Saulus den Ertrag ihrer Sammlung zu senden [1]). Diese zweite Reise nach Jerusalem ist in das Jahr 44 oder 45 anzusetzen. Die Zeitbestimmung ergiebt sich aus folgenden Daten: Die Hungersnot fiel nach Act. 11, 28 in die Zeit des Claudius, desgleichen nach Flavius Josephus (Antt. III, 15, 3); des näheren nach Act. 12, 20. 23 in die letzte Lebenszeit des Agrippa I., welcher am 16. August 44 starb. Ihm folgten nach Flavius Josephus (Antt. XIX, 9. 2; XX 2. 6) die jüdischen Landpfleger Cuspius Fadus und Tiberius Alexander, in deren Zeit ebenfalls die Hungersnot noch fiel. [2]). Damals mag auch geschehen sein, was der Apostel später in Ephesus von sich bekennen muß [3]): „Ich kenne einen Menschen vor vierzehn Jahren, ob im Leibe, ich weiß es nicht, ob außer dem Leibe, ich weiß es nicht, Gott weiß es, der entrückt wurde in den dritten Himmel. Und ich kenne denselben Menschen, ob im Leibe oder ohne den Leib, weiß ich nicht, Gott weiß es —, daß er entrückt ward in das Paradies und unaussprechliche Worte, die ein Mensch nicht aussprechen kann, hörte." Weil bei der ersten Anwesenheit in Jerusalem der Apostel im Tempel eine Vision hatte, empfiehlt es sich, auch diese als daselbst geschehen anzunehmen.

Nach Vollbringung ihres Auftrages kehrten Barnabas und Saulus nach Antiochien zurück und nahmen des ersteren Schwestersohn, den Johannes, mit dem Beinamen Markus genannt [4]), mit sich.

---

[1]) Act. 11, 25—30. — [2]) Vgl. bei Wieseler l. c. S. 156 ff.
[3]) II. Kor. 12, 2 ff. — [4]) Act. 11, 25.

Die erste Missionsreise und das Apostelconcil.

Petrus hatte nach seiner wunderbaren Errettung aus der Hand
des Herodes Agrippa I. Jerusalem bereits verlassen müssen [1]). Nachdem sich so das Evangelium von Israel hatte abwenden müssen, sollte
Saulus in Antiochien mit der Ausführung seiner eigentlichen Hauptaufgabe, inmitten der Heiden zu predigen, beginnen. Wie er sich in
seinem bisherigen Leben der göttlichen Führung anheimgegeben
und von ihr die Bestimmung seiner Wege und der rechten Augenblicke erwartet und erhalten hatte, so war es auch nun nicht
sein Wille und seine eigene Entscheidung, welche die erste
Missionsreise und auf ihr die volle Enthüllung seines Berufes
herbeiführte, sondern die übernatürliche Leitung: „Es waren
aber in Antiochien bei der Gemeinde daselbst Propheten und
und Lehrer . . . Während sie dem Herrn den heiligen Dienst
verrichteten und fasteten, sprach der heilige Geist: „Sondert
mir doch aus den Barnabas und Saulus zu dem Werke, wozu
ich sie berufen habe. Alsdann, nachdem sie gefastet und gebe-
tet und ihnen die Hände aufgelegt hatten, entließen sie dieselben" [2]). Saulus wußte wohl, wozu er vornehmlich berufen war,
jetzt aber erst begann die eigentliche Ausführung seines
Amtes [3]). So wenig wie die unmittelbare Berufung die Taufe
durch Ananias ausgeschlossen, so wenig macht das unmittelbare
Erhalten des Evangeliums die „Handauflegung", worin Chrysostomus [4]), Leo M. [5]), Bellarmin, Salmeron, Petavius, Corn.
a Lap. und die neueren katholischen Erklärer die Ordination
zum Bischofe erkennen [6]), überflüssig.

Diese bald nach der Rückkehr von Jerusalem — wahrscheinlich im Jahre 45 — angetretene Reise hatte das Vaterland

---

[1]) Act. 12, 1—17. — [2]) Das. 13, 1 ff.

[3]) Bei dieser notwendig gebotenen Auffassung des Charakters und Lebens des Apostels Paulus wird die Ansicht von B. Weiss, in Meyers krit.-
exeg. Handbuch, Römer-Brief, 7. Aufl. Göttingen 1886 S. 7 hinfällig, daß auf
dieser Reise erst „dem Paulus auf Grund seiner Erfolge unter den Heiden
sein specieller Beruf zum Heidenapostel aufging".

[4]) in act. hom. 27, 1. 2. — [5]) ad Diosc. 11, 2.

[6]) Cajet., Estius, Suarez (in III. disp. 34 sect. 1) nehmen nur impositio
precatoria an. Jedoch dient im N. T. die Handauflegung zumeist der Vermittlung einer Gnade.

des Barnabas, die Insel Cypern, als nächstes Ziel. Eingedenk des einmal von Gott dem Volke Israel verliehenen Vorzuges und des ausdrücklich kundgegebenen Willens Jesu[1]), predigten sie stets zuerst den Juden und dann, wenn sie von diesen zurückgestoßen wurden, wandten sie sich den Heiden zu. Auf ihren Wanderungen auf der ganzen Insel kamen sie nach Paphos, dem Sitz des römischen Proconsuls Sergius Paulus. An das Zusammentreffen mit dem Magier Barjesu, der sich Elymas, d. i. „der Weise" nannte, schloß sich die bekannte Manifestation des Paulus, als des Heidenapostels[2]).

Von Paphos setzten Paulus und Barnabas nach der Küstenstadt Perge in Pamphilien über, wo Markus sich von ihnen trennte und nach Jerusalem zurückkehrte. Die Apostelgeschichte erzählt vom Wirken derselben in Antiochien in Pisidien, welches anfangs auch bei den Juden daselbst hoffnungerweckend erschien, doch bald wieder an dem selbstsüchtigen, engherzigen Particularismus derselben scheiterte. Da sich die Glaubensboten infolge dessen zu den Heiden wandten und freudig von diesen aufgenommen wurden, verursachten die Juden eine Verfolgung wider sie. So zogen sie nach Ikonium. Hier traf sie ein gleiches Geschick, und auch von da vertrieben gelangten sie nach Lystra und Derbe. In Lystra wollte zuerst das Volk dem Paulus und Barnabas, nachdem jener einen Lahmgeborenen geheilt hatte, als Hermes und Zeus opfern; dann aber steinigte es, von feindseligen Juden, die aus Antiochien und Ikonium gekommen waren, aufgestachelt, den Paulus und schleifte ihn als tot aus der Stadt hinaus. Inmitten der Gläubigen, die sich um ihn gesammelt hatten, erhob sich Paulus und ging in die Stadt zurück. In Derbe, wohin er sich des anderen Tages begab, gründete er eine zahlreiche Gemeinde und kehrte mit Barnabas auf dem gleichen Wege, die jungen Gemeinden im Glauben befestigend, nach Perge zurück, um sich dann von der Küstenstadt Attalia aus nach Antiochien einzuschiffen[3]).

Lange war ihres Bleibens in Antiochien nicht, und sie wurden zunächst nach Jerusalem zum Apostelconcile gesandt. Aus Judäa waren Judenchristen nach Antiochien gekommen, welche die durch das Gesetz des Moses vorgeschriebene Beschnei-

---

[1]) Matth 10, 5. — [2]) Vgl. oben S. 3. — [3]) Gal. 1, 21; Act. 13, 4 – 14, 25.

dung für eine notwendige Heilsbedingung erklärten und dementsprechend von den „Brüdern" verlangten, daß sie sich noch dieser „Knechtschaft" unterordnen sollten [1]). Wenn man in Erwägung zieht, wie groß gerade der Eifer der Pharisäerpartei war, Proselyten zu machen [2]), und wie diese nun von den großen Erfolgen des Paulus und Barnabas unter den Heiden — ob auch durch den heimgekehrten Markus? — hörten, so wird es begreiflich, daß sie bei der strengen Anhänglichkeit an das alttestamentliche Gesetz, worin sie herangewachsen waren, sich der Hoffnung hingeben mochten, in dem Christentum, besonders in dem Wirken dieser beiden Glaubensboten das Mittel zu besitzen, „die Völker" dem Volk Israel zuzuführen und in dieser Weise die Erfüllung ihrer Hoffnungen von der Erweiterung des Samens Abrahams über den ganzen Erdkreis zu erwarten. In der Verbreitung solcher Ideen konnte die Wahrheit, daß das durch Moses gegebene Gesetz ein göttliches ist, leicht zu nutze gemacht werden; die Vermischung aber von wahren mit falschen Ideen konnte die Verwirrung und Unruhe, ja auch den Abfall von der vom Apostel Paulus vertretenen „Freiheit" nur begünstigen, wozu des weiteren kam, daß der Tempel und der alttestamentliche Kult mit seinen Opfern und Gebräuchen in altem Glanze noch fortbestanden. Eine rechtverstandene Accommodation an die Übungen der Judenchristen war ja auch aus pädagogischen Rücksichten und aus Seeleneifer in der Sorge um Vermeidung von Ärgernissen von den Aposteln, selbst von Paulus, der den Timotheus beschneiden ließ [3]), mehr oder minder geübt worden. Die Folge aber bewies, daß auch solche Umstände von den judaisierenden Christen ausgebeutet worden waren. In der Überzeugung jedoch, daß Jesu Werk, daß die Gnade allein den Menschen rechtfertigt und keiner Ergänzung durch das alttestamentliche Gesetz als einer Heilsbedingung bedarf, hatten Paulus und Barnabas so gehandelt, wie ersterer später auch schriftlich die Galater belehrte, hatten Heiden, ohne sie erst der Beschnei-

---

[1]) Gal. 2, 4.
[2]) Matth. 23, 15; Flav. Jos. Antt. XX, 2, 2; vita 3. Vgl. Schürer, Geschichte des jüdischen Volkes im Zeitalter Jesu Christi. II. Leipzig 1886. S. 557 ff.
[3]) Act. 16, 3.

dung zu unterwerfen, getauft. Der Erfolg der ersten Missionsreise — wie solches die Apostelgeschichte besonders betont[1]) —
hatte ihnen und auch allen nicht judaisierenden Christen den
Beweis gegeben, daß solche Handlungsweise Gottes Heilsordnung entspreche. Um die Sicherheit dieser Überzeugung
gegen den Irrtum zu vertreten, hatte Paulus den Titus der Beschneidung sich nicht unterwerfen lassen[2]).

So war es denn geschehen, daß in der antiochenischen Gemeinde „eine Spaltung, ein nicht geringer Streit entstand",
und daß beschlossen ward, „Paulus und Barnabas und einige
andere" — darunter war auch Titus[3]) — „sollten zu den Aposteln
und Presbytern nach Jerusalem um dieser Streitfrage willen gehen". Dazu war Paulus auch noch durch eine innere Offenbarung bestimmt worden[4]).

In Jerusalem angelangt, berichteten sie, „wie Großes Gott
mit ihnen" in der Bekehrung der Heiden „gewirkt habe". „Nachdem
aber eine lange Debatte stattgefunden hatte", wies Petrus darauf hin,
wie zu gunsten der Heidenchristen der „herzenskundige Gott
Zeugnis gegeben, indem er diesen wie den Judenchristen den
heiligen Geist gab und in keiner Hinsicht zwischen beiden einen
Unterschied machte, „indem er durch den Glauben ihre Herzen
reinigte". „Durch die Gnade des Herrn Jesus glauben wir das
Heil zu erlangen". Auf den Vorschlag des Jakobus, des Bischofs
von Jerusalem, wurde durch einflußreiche Männer, Paulus, Barnabas, Judas-Barsabbas und Silas, ein Schreiben an die Heidenchristen in Syrien und Cilicien des Inhaltes gerichtet, daß jene,
die sie beunruhigt hätten, ohne apostolischen Auftrag gehandelt, daß Barnabas und Paulus dagegen „Männer, welche
ihr Leben für den Namen unsers Herrn Jesu Christi preisgegeben
haben", seien, und daß auf Grund übernatürlicher Erleuchtung
durch den heiligen Geist beschlossen worden, „keine weitere
Last aufzulegen als das Notwendige", Enthaltung von dem
den Götzen Geopferten, vom Blut, vom Erstickten, von der Unzucht. Es sollten aber auch die Heidenchristen der Armen in

---

[1]) Vgl. Act. 14, 27; 15, 3. 8 ff.
[2]) Gal. 2, 3. — [3]) Das. 2, 1.
[4]) Das. 2, 2: ἀνέβην δὲ κατὰ ἀποκάλυψιν.

Jerusalem eingedenk sein [1]). Dieses Schreiben und die Worte der gesandten Boten trösteten und stärkten die Christen in Antiochien.

Die gewöhnliche — sich in der Hauptsache an Gal. 2, 1 anlehnende — Berechnung der Zeit dieses Concils auf das Jahr 51 oder 52 findet darin eine Stütze, daß damals Cumanus, welcher dem Synedrium nicht geneigt war, Statthalter von Judäa war, so daß die Apostel, besonders Paulus selbst, eine Verfolgung seitens der Juden in Jerusalem weniger oder nicht zu befürchten hatten [2]).

Die Gemeinschaft des Petrus mit den Heidenchristen in Antiochien, als er später dahin gekommen war, entspricht dem Beschlusse des Jerusalemer Concils; sein späteres Sich-Zurückziehen aber läßt erkennen, wie sehr die Judenchristen an ihren Ideen noch festhielten [3]).

Ehe dieses jedoch geschehen, hatte Paulus in Begleitung des Silas bereits — Barnabas, der seinen Neffen Markus mitzunehmen wünschte, hatte sich nämlich vom Apostel, der solchem Vorhaben nicht zustimmte, getrennt —

seine zweite Missionsreise

angetreten, um zunächst nach den „Brüdern in allen Städten", wo früher das Evangelium gepredigt worden war, „zu sehen, wie es um sie stehe." Auf dem Landwege zog er durch Syrien und Cilicien und besuchte wieder Derbe, Lystra und Ikonium. In Lystra nahm er einen jungen Mann, namens Timotheus, den Sohn einer frommen Judenchristin und eines Heiden, zu seinem Begleiter an, und dieser ward fortan einer seiner liebsten Jünger und treuesten Begleiter. Da in Lystra die Gefahr zu einer irrigen

---

[1]) Act. 15, 6—29. Gal. 2, 9 f. Vgl. des weiteren die Erklärung zu Gal. 2. Nach der Weizsäckerschen Darstellung über den „Vertrag mit den Uraposteln" ist die wesentliche Übereinstimmung zwischen beiden Berichten (Act. u. Gal.) darin zu erkennen, daß auch im Berichte des Galaterbriefes eine „Anerkennung der paulinischen Heidenmission" liege und ein „Sieg" der paulinischen „Freiheit" und die „Bewährung" dieses „Evangeliums als göttliche Offenbarung" zu erkennen sei. (l. c. S. 162 f.).

[2]) Flav. Jos. Antt. XX, 5, 3 ff.; bell. Jud. II, 12, 1 ff. vgl. Aberle, l. c. S. 172.

[3]) Vgl. zu Gal. 2, 11—14.

Auffassung nicht vorlag, so trug auch Paulus den Juden Rechnung und ließ ihretwillen den Timotheus beschneiden; dieses nach seinem Grundsatze: „für die Juden bin ich gleichsam ein Jude geworden, damit ich die Juden gewänne; für die Schwachen bin ich schwach geworden, um die Schwachen zu gewinnen. Allen bin ich alles geworden, um sie alle selig zu machen" [1]).

Paulus durchzog Phrygien und Galatien, in welch letzterem Lande er durch körperliches Leiden zu verweilen genötigt war. Natürlich benutzte er diese Gelegenheit zur Gründung von Gemeinden[2]). Das eigentliche Ziel der zweiten Reise waren aber weder diese Gegenden, noch Mysien und Bithynien, wohin er sich alsdann gewandt hatte. Seiner Unentschiedenheit machte ein Gesicht, das er zu Troas schaute, ein Ende; es zeigte ihm, wohin ihn Gottes Wille rufe. Er sah nämlich einen Mann in macedonischer Kleidung, welcher zu ihm sprach: „Komme hinüber nach Macedonien und hilf uns!" Darauf schiffte er sich ein — und von da an finden wir in seiner Begleitung auch den Lukas — und kam über Neapolis nach Philippi [3]). Daselbst lehrte er zuerst in der Proseuche, dem Bethause der Juden. Er bekehrte die Proselytin Lydia, eine Purpurhändlerin, die ihm und seinen Begleitern äußere Wohlthaten erwies, und deren Haus Versammlungsort der jungen Christengemeinde ward. Die Heilung einer besessenen Sklavin, die Hellseherin war und dadurch ihrer Herrschaft Gewinn brachte, wurde Anlaß zu einem Aufruhr, in dem Paulus und Silas als Unruhestifter und Verleiter zur Übertretung römischer Gesetze gegeißelt und ins Gefängnis geworfen wurden. In Folge eines Erdbebens und der Berufung auf das römische Bürgerrecht wurden sie nicht nur in Freiheit gesetzt, sondern es ward ihnen auch die Genugthuung, daß die Duumvirn, die Stadtobrigkeit, ihnen Abbitte leisteten. In dieser Weise gerechtfertigt zog Paulus mit Silas nach einem mehrwöchentlichen Aufenthalte in Philippi über Amphipolis und Apollonia nach Thessalonich [4]).

---

[1]) I. Kor. 9, 20 ff. — [2]) Gal. 4, 13.
[3]) Act. 15, 40—16, 12. — [4]) Das. 16, 13—17, 1.

Der alte Name dieser Stadt war Θέρμη [1]). Kassander, der Schwiegersohn Philipps von Macedonien, hatte dieselbe umgebaut und sie nach seiner Gattin Θεσσαλονίκη benannt [2]). Amphitheatralisch erhob sie sich auf einem Bergabhange an der Nordostspitze des Thermeischen Meerbusens. Dieser natürlich günstigen Lage und des weiteren dem Umstande, daß die Italien und Asien verbindende Handelsstraße — via Ignatia —, welche von Dyrrhachium durch Macedonien bis nach Thracien zur Mündung des Hebrus führte, Thessalonich berührte, dankt diese Stadt ihre Bedeutung als Handelsplatz und ihren Reichtum. Die Römer hatten sie zur Hauptstadt der zweiten Region der macedonischen Provinz, zum Sitze eines Prätors und Quästors gemacht. Auch heute noch ist Salonichi einer der angesehensten Städte der europäischen Türkei. — Zur ursprünglich rein griechischen Bevölkerung hatten sich seit dem zweiten vorchristlichen Jahrhunderte — besonders seit der Niederlage des Perseus 168 — römische Colonisten gesellt. Die Juden waren zur Zeit des Apostels daselbst so zahlreich, daß sie nicht eine Proseuche, sondern eine Synagoge besaßen [3]).

So war diese Stadt geeignet, der paulinischen Wirksamkeit den Anknüpfungspunkt entgegen zu bringen, nicht minder aber auch um ihrer zahlreichen und lebhaften Verbindungen willen einen Ausgangspunkt für rasche und weitere Verbreitung des Christentums zu bieten. Wohl hatte ihr Reichtum Sittenlosigkeit im Gefolge, allein indirekt diente auch das Ungenügen alles irdischen Besitzes dem Verlangen nach einer höheren Hilfe.

Paulus wandte sich hier zuerst an die Juden, gewann aber nur eine kleine Zahl dem Evangelium; groß dagegen war die Menge der sich bekehrenden Heiden. Das weckte die Eifersucht der Juden, so daß sie einen Aufstand erregten, vor das Haus des

---

[1]) Herodot, VII, 121; Thukyd. I, 61 etc.

[2]) So Strabo, VII, 10: ἣ πρότερον Θέρμη ἐκαλεῖτο. Κτίσμα δ' ἐστιν Κασσάνδρου, ὃς ἐπὶ τῷ ὀνόματι τῆς ἑαυτοῦ γυναικὸς, παιδὸς δὲ Φιλίππου τοῦ Ἀμύντου, ὠνόμασεν. Dieses Zeugnis lautet zu bestimmt, als daß es durch Julianus des Apostaten Etymologie — Θεσσαλῶν νίκη, — in Frage gestellt werden könnte. Vgl. Tafel, de Thessalonica ejusque agro dissert. geogr. Berol. 1839; P. Schmidt, der erste Thessalonicherbrief, Berlin 1885, S. 10 f.

[3]) Act. 17, 1.

Jason, wo Paulus und Silas wohnten, zogen Da sie diese nicht
fanden, schleppten sie jenen vor Gericht unter der Anklage, die
Christen wiegelten alle Welt zum Ungehorsam gegen den Kaiser
auf. Gegen Bürgschaft ward Jason freigelassen, „die Brüder aber
sandten, alsogleich bei der Nacht, Paulus und Silas nach Beroea."
So waren sie also gezwungen worden, Thessalonich früher, als
es in ihrer Absicht gelegen war, zu verlassen [1]). In Beroea,
wo sie ihrer Gewohnheit getreu wieder Juden und Heiden predigten, ernteten sie bei beiden reichen Erfolg. Als jedoch die
Juden Thessalonichs hiervon Nachricht erhielten, kamen sie
dahin und nötigten durch Unruhen den Paulus, auch diese Stadt
zu verlassen; Silas und Timotheus aber blieben zur weiteren
Befestigung dieser Gemeinde noch zurück [2]).

Paulus wandte sich von da nach Athen, dem Mittelpunkte
hellenischer Bildung. In der Synagoge lehrte er Juden und Proselyten; auf öffentlichem Markte disputierte er mit denen, die
zugegen waren. Um ihn besser hören und verstehen zu können,
führte man ihn auf den Areopag. Hier trat er dem Materia-
lismus der epikuräischen und dem Pantheismus der stoischen
Richtung entgegen. Im Mittelpunkte damaliger Weltweisheit
sprach er in großartiger, psychologisch fein angelegter Rede
über das Verhältnis des „unbekannten Gottes" zur Welt als ihres
Schöpfers und ihres Regierers, stellte das Ziel der Creatur, ihr Verhältnis zu Gott dem heidnischen Irrtume gegenüber, wies, von
der menschlichen Unzulänglichkeit, aber auch von der Ver-
schuldung der Abgötterei [3]) ausgehend, auf den Weg der Buße
hin, und begründete diese Mahnung zur Sinnesänderung mit
dem kommenden Gerichte durch den Auferstandenen. Während ein Teil der Zuhörer sich daran stieß, „glaubten einige
Männer, unter diesen auch Dionysius der Areopagit und eine
Frau, namens Damaris, und andere mit ihnen" [4]).

Von da begab sich Paulus nach Korinth, wohnte und arbeitete bei den aus Rom verwiesenen und da ansässig gewordenen Zeltmachersleuten Aquila und Priscilla. Anfangs lehrte er
des Sabbats in der Synagoge und überredete Juden und Hellenen.

---

[1]) Das. 17, 1–9. — [2]) Das. 17, 10—14. — [3]) Vgl. Röm. 1, 18 ff. 2, 14 f.
[4]) Act. 17, 15—31.

Die Ankunft des Silas und Timotheus, welche freudige Nachrichten aus den Gemeinden Macedoniens mitbrachten, war für
den Apostel ein Trost und eine Stärkung zu gesteigerter Thätigkeit. Seinem eindringlichen Zeugnisse, daß Jesus der Messias
sei, widersetzten sich aber die Juden und lästerten. Um dieser
Halsstarrigkeit willen wandte er sich zu den Heiden, unter denen er ein Jahr und sechs Monate lang mit reichem Erfolge
lehrte. „Fürchte dich nicht, sondern rede und schweige nicht,
denn ich bin mit dir und niemand wird sich an dir vergreifen,
um dich zu mißhandeln; denn ein zahlreich Volk gehört mir in
dieser Stadt" — hatte in nächtlichem Gesichte der Herr zu ihm
gesprochen. Umsonst war, was die jüdische Feindseligkeit alles
aufbot, der Proconsul Gallio wies ihre Anklagen ab[1]).

In die Zeit dieses Aufenthaltes in Korinth fällt die Abfassung des:

---

[1]) Act. 18, 1–28.

Ersten Briefes

an die

Thessalonicher.

Das in Thessalonich rasch und schön erblühte christliche Leben hatte ein enges Band um diese Gemeinde und ihren geistigen Vater geschlungen. Zu früh hatte er sie aber verlassen müssen, und das steigerte seine Sehnsucht nach einem Wiedersehen. Da er dieses aber der feindseligen Juden halber sobald noch nicht hoffen konnte, sandte er ihr von Athen aus den Timotheus, damit dieser an seiner statt die junge Gemeinde stärkte und ihm selbst nähere Nachrichten brächte. Die Mitteilungen, die Paulus durch seinen Schüler in Korinth erhielt, boten die Veranlassung zu dem ersten Sendschreiben.

Welcher Art diese Botschaft war, oder worin die Veranlassung zum ersten Briefe gelegen, das beantwortet der Inhalt desselben. Nach gebotenem Gruße dankt Paulus Gott, daß er die Thessalonicher zur Gnade des Evangeliums berufen habe, was aus dem christlichen Leben der Gläubigen anerkanntermaßen ersichtlich ist (1, 1—10). Die Wirksamkeit der göttlichen Gnade ist — wie die Thessalonicher selbst bezeugen müssen — offenbar geworden und zwar in der Weise der Thätigkeit des Apostels unter ihnen wie in dem wahrhaft christlichen Leben der Thessalonicher, das ja auch des Merkmals der Verfolgung nicht entbehrt (II, 1—16). Hierin liegt auch der Grund, weshalb der seiner geistigen Kinder verwaiste Apostel so sehnsüchtig nach persönlicher Wiedervereinigung verlangt (II, 17—20) und indes immer den Timotheus zu ihnen gesandt hatte (III, 1—4). Aber auch liebreiche Sorge bewog ihn hierzu, damit ihnen der Verführer — zumal in der Zeit der Bedrängnis — nicht schade, und die Thessalonicher, wenn Timotheus auch gute Kunde gebracht hatte, dem Herzenswunsche Pauli gemäß dereinst in vollendeter Reinheit

vor dem Herrn erscheinen möchten (III, 5—13). Darum folgen
nun besondere praktische Ermahnungen, die gewiß durch die
einzelnen concreten Verhältnisse bedingt sind. Die reiche, üppige
Stadt und der notwendige Umgang mit Heiden motivierten die
erste derselben, die zur Reinheit und boten wohl auch Veranlassung zu den anderen, die Nächstenliebe überreich zu üben
und in treuer Pflichterfüllung ein gutes Beispiel zu geben. Es
mochte wohl geschehen sein, daß die vom Apostel anerkannte,
große Mildthätigkeit aber auch durch Unterlassung der Arbeit
von seiten der Dürftigen mißbraucht worden war (IV, 1—12). Angesichts der bedrängten Lage der jungen Kirche liegt, um zu trösten, ein Hinweis auf ihre einstige Verherrlichung in der Wiederkunft des Herrn nahe. Da Paulus seine Belehrungen der Thessalonicher hatte abbrechen müssen, so mochte diese Lehre noch nicht
hinreichend verstanden worden sein, und so war man um die indes
gestorbenen Gläubigen in Sorge. Hierüber beruhigte er sie durch die
Lehre von der Auferstehung der Toten (IV, 13—18). Die Zeit derselben aber ist unbestimmbar, und darum mahnt er zur steten Wachsamkeit (V, 1—11). Hieran schließen sich Ermahnungen, welche
auf ein gedeihliches Fortentwickeln der Gemeinde zielen, die aber
nicht lauter entgegengesetzte Mißstände zur Voraussetzung haben müssen, — nämlich: zum Gehorsam gegen die geistliche Obrigkeit, zum Frieden, zu einer Liebe und Geduld, die ertragen und ver-
zeihen können (V, 12—15), zur Freude, zum Gebete und zur Dankbarkeit (V, 16—18), zum Mitwirken mit Charismen und anderen
Gaben, endlich zum Meiden auch des Scheines des Bösen (V,
19—22). Segenswünsche, die Bitte um Gebet, Grüße und die
Bestimmung, den Brief allen kund zu geben, bilden den Schluß.
(V, 23—28).

Der dargelegte Inhalt fordert die Annahme, daß seit der
Gründung der Gemeinde von Thessalonich bis zur Abfassung
dieses Briefes unmöglich eine längere Zeit verflossen sein kann.
Zu frisch und zu lebendig sind noch die Erinnerungen an die
Bekehrungsgeschichte der Thessalonicher darin niedergelegt, und
zu lebhaft ist die Sehnsucht nach denselben ausgesprochen, als
daß eine größere Reihe von Jahren seit der Trennung annehmbar wäre. Da der Brief bald (3, 6 ἄρτι) nach der Rückkehr des
Timotheus geschrieben, und dieser in Korinth, nicht in Athen,

wieder zu Paulus gekommen war, so ist die erste Zeit des ersten Aufenthaltes in dieser Stadt[1]) die Zeit der Abfassung dieses Briefes, also das Jahr 53 oder 54.

Die Echtheit desselben war bis in die neueste Zeit nicht
bezweifelt worden. Die äußeren Zeugnisse hierfür sind zu alt
und zu bestimmt, um der „Kritik“ einen Spielraum zu lassen; sie hat sich darum auf „innere“ Gründe zurückzie-
hen müssen. Irenäus[2]), Tertullian[3]), Clemens von Alexandrien[4]), Origenes[5]), das Muratorische Fragment[6]), die
Peschito und Marcion[7]), obschon er gerade mit diesem Briefe
auch bekämpft worden war, sind die nicht zu verkennenden
Stimmen. Es sollte aber auch gerade die „Kritik“ nach ihrer sonstigen Methode, in Anspielungen, in gewissen Gleichheiten der Gedanken oder Begriffe Bezugnahmen zu erblicken, sich nicht so
ablehnend verhalten, wenn z. B. die Frage aufgeworfen wird,
ob denn der Schluß der Didache[8]) in der Beschreibung des
jüngsten Gerichtes nicht etwas mehr als eine blosse Ähnlichkeit mit
I. Thess. 4, 16 u. 3, 13 aufweise, oder wenn ferner in der wieder-
kehrenden Phrase des Pastor des Hermas[9]): εἰϱηνεύοντες ἐν
ἑαυτοῖς das εἰϱηνεύετε ἐν ἑαυτοῖς aus I. Thess. 5, 13 erkannt
wird, oder endlich auch das ἀδιαλείπτως προσεύχεσϑε bei Ignatius[10]) als eine Bezugnahme auf I. Thess. 5, 17 aufgefaßt wird.

---

[1]) Damit fallen die an die in A Bᶜᵒʳʳ etc. stehende Unterschrift ἀπὸ Ἀϑηνῶν
anknüpfenden Annahmen, der Brief sei von Athen aus — bei einem späteren
Aufenthalte Pauli daselbst — geschrieben worden. Vgl. des Einzelnen
hierüber bei Meyer-Lünemann, krit. exeg. Handb. über die Briefe an
die Thessalonicher. Göttingen 1878, S. 9 f.

[2]) Haeres. V, 6; V, 30.

[3]) de resur. carnis 24. adv. Marc. V, 15. 16.

[4]) Paedag. I, 5; II, 9; III, 12; IV, 22. Strom. I, 1; I, 11; II, 11; IV, 12.

[5]) c. Cels. II, 65.

[6]) I, 33—35.

[7]) bei Tertull. adv. Marc. V, 15 und Epiph. haer. XLII, 9.

[8]) Καὶ τότε φανήσεται τὰ σημεῖα τῆς ἀληϑείας· πϱῶτον σημεῖον ἐκπετάσεως
ἐν οὐϱανῷ, εἶτα σημεῖον φωνῆς σάλπιγγος καὶ τὸ τϱίτον ἀνάστασις νεκϱῶν ...
und Ἥξει ὁ Κύϱιος καὶ πάντες οἱ ἅγιοι μετ' αὐτοῦ. Vgl. sonst Did. III, 1 und
I. Thess. 5, 22 und G. Wohlenberg, die Lehre der zwölf Apostel in ihrem
Verhältnis zum neutestamentlichen Schrifttum. Erlangen 1888. SS. 39. 43 f. 88.

[9]) III, 6. 9. 12. — [10]) Ephes. X, 1.

Im Jahre 1836 glaubte Schrader [1]) innere Verdachtsgründe
gegen die Echtheit entdeckt zu haben. Baur [2]) war es besonders — doch hat er hierin verhältnismäßig wenige Nachfolger
gefunden [3]) —, der dem ersten Thessalonicher Brief den paulinischen Ursprung absprach, indem er ihn für theologisch zu unbe-
deutend und nach der Apostelgeschichte bearbeitet darstellte,
und darin bestimmte Spuren einer jüngeren Zeit, wie eine unpau-
linische Apokalyptik, finden wollte. Mit vollstem Rechte bemerkt
dagegen Reuß [3]): „Der Verdacht erscheint uns als ein willkürlicher,
einem geschichtlichen System zu gefallen erhobener, und den etwaigen Dunkelheiten, welche dem Argwohn Vorschub leisten
könnten, stehn als Bürgen für das Recht der Überlieferung
manche Stellen entgegen, in welchen sich der Geist und Charakter des Apostels in ungekünstelter Weise kund giebt." Den Beweis für die Richtigkeit dessen erschöpfend zu erbringen, den
paulinischen Charakter an Form und Inhalt aufzuzeigen, muß
der folgenden Erklärung als eine ihrer Aufgaben zufallen [4]).

---

[1]) Apostel Paulus. Th. 5. Leipzig 1836. S. 23 ff.

[2]) Paulus, der Apostel Jesu Christi. 1. Aufl. 1845; 2. Aufl. von Zeller.
Leipzig 1866 u. 67. II. S. 94 ff. Dagegen vgl. Meyer-Lünemann, l. c.
S. 11 ff. Für unecht halten diesen Brief noch: Noack, der Ursprung des
Christentums. Leipzig 1857. III. S. 313 f. von der Vries, de beide Brieven
van de Thessalonicensen. Leyden 1865. Holsten, Jahrb. f. prot. Theologie,
1877, S. 731 f. und Steck, das. 1883, 509—524.

[3]) Gesch. d. h. Schriften d. N. T. 1887. S. 77.

[4]) Vgl. die Verteidigung der Echtheit dieses Briefes besonders bei Paul
Schmidt, Der erste Thessalonicherbrief. Berlin 1885.; speziell gegen die
Steck'sche Hypothese, es sei I. Thess. 4, 15 ὅτι ἡμεῖς οἱ περιλ. — τοὺς κοιμηθέντας ein Citat aus 4. Essa 5, 41. 42, welches „im Sinne der nachpaulini-
schen Abfassung auch des I. Thess.-Br. den Ausschlag geben müßte". S. 107 ff.

Litteratur:

Von den 486 Homilien des h. Chrysostomus zum N. T. gehören 246
    den paulinischen Briefen zu; die zu den Thess. bei Migne, t. 62.

Theodor von Mopsuestia's Commentare zu den paulin. Briefen; zu
    den Thess. nur Fragmente. Migne, t. 66. H. B. Swete, Theo-
    dori, episc. Mopsuest., in epistolas b. Pauli commentarii. Cambr.
    1880 u. 1882.

Theodoret von Cyrus, ἑρμηνεία τῶν ιδ' ἐπιστολῶν τ. ἁ. ἀπ. Παύλου. Migne,
    t. 82. Separatausgabe von Gaisford, Oxon. 1852.

Ambrosiaster, comment. in XIII epp. b. Pauli. Migne t. 17. Balle-
    rini, der Herausgeber des Ambrosius, schreibt diesem Kirchen-
    lehrer denselben wieder zu. Vgl. hierzu weitere Hypothesen u.
    Litteratur bei Nirschl, Lehrb. d. Patrologie u. Patristik. Mainz.
    2. Bd. 1883. S. 382 ff.

Catenae in S. Pauli epp. ad Gal. Eph. Phil. Col. Thess. ed. Cramer,
    Oxon. 1842.

Theophylactus, opera omnia, ed. Venetiis 1754, tom. II. in omnes
    epp. S. Pauli.

Euthymius Zigabenus, ἑρμηνεία εἰς τὰς ιδ' ἐπιστ. τ. ἁ II καὶ εἰς τὰς ζ
    καθολ. Neueste Ausgabe Athen 1887.

Oekumenius, comment. in ep. S. Pauli. ed. Basil. 1552.

Thomas Aq., comment. in I. et II. epp. ad Thess.

Erasmus, paraphrases in N. T. Basil. 1541.

Catharinus, comment. in omnes D. Pauli epp. et alias septem canon.
    Venet. 1551.

Guil. Estii, in omnes Pauli epp. item in catholicas comment. ed. Franc.
    Sausen. Mogunt. 1843.

Serarius, prolegom. bibl. et comment. in omnes epp. canonicas. Mo-
    gunt. 1612.

Bened. Iustinianus, explanationes in omnes b. Pauli ap. epp. Lug-
    duni 1612—13. et omnes cathol. ep. ibid. 1621.

Tirinus, kurze Scholien: commentarium in V. et N. T. Antw. 1632.

Petrus Stewart (Ingolstadt), schrieb comment. zu den Paulin. u. Jakob.
Brief. ; com. in utramque ep. ad. Thessal. Ingolst. 1609.

Cornelius a Lapide, comment. in V. et N. T. vielfach herausgegeben.

Fromondus, comment. in omnes epp. Pauli ap. et sept. catholicas.
Lovanii 1663.

Menochius, brevis explic. sensus litteralis ss. Scripturae. Colon. Agr. 1630.

Leander, commentaria in epp. omnes s. Pauli. Paris 1663.

Bernardinus a Piconio (Picquigny), expositio epp. D. Pauli, franz. u.
latein. Paris 1703, wiederholt herausgegeben. Paris 1839 : ex-
plication des epîtres de S. Paul.

Calmet, la s. Bible en latin et en français. Paris 1707 ss.

Mauduit, analyse des épîtres de S. Paul. Lyon 1710

Harduin, comment. in Nov. Test. Amstel. 1741.

Berruyer, paraphrase litt. des Epîtres des Apôtres. Amstel. 1758.

Massl, Erklärung der hl. Schriften des N. T. nach den Vätern u.
neueren Schriftauslegern C. a. Lap. Calm. etc. Straubing u.
Regensbg. 1841—48.

Bisping, exeget. Handbuch zu den Briefen Pauli. Erklg der Briefe
an die Thess . . . Münster 2. Aufl. 1865.

Maunoury, commentaires sur les épîtres de saint Paul. Paris 1878—82.

Röhm, der erste Brief an die Thessalonicher. Passau 1885.

Pánek, commentarius in duas epist. b. Pauli apost. ad Thessalonicenses.
Ratisb. 1886.

Die Noten in den Bibelausgaben von Allioli, Loch u. Reischl u. la
sainte Bible, Drach, épîtres de S. Paul. Paris 1887.

Hauptsächliche akatholische Litteratur.

Calvin's Commentare zum N. T. — mit Ausnahme der Apok. — Ausgabe (4.) von Tholuck. Berlin 1864.

Bezae, annot. maj. in N. T. 1594.

Critici sacri, 9 voll. London 1660.

Whitby, paraphrase and Commentary of the New Test. London 1718
(vol. II ep. ad Thess.).

Pelt, epp. Pauli apostoli ad Thess. . . . Gryphisw. 1830 (daselbst die
Litteratur bis dahin).

de Wette, exeget. Handb. zum N. T. 3. Aufl. von Moeller. Leipz. 1864.

Olshausen, bibl. Commentar über sämmtliche Schriften des N. T.
Königsberg. 1830 ff. (Thessbrf. im 4. Bde. 1844. 2. Aufl.).

Koch, Comment. über den ersten Brf. d. Ap. Paulus an die Thess.
Berlin. 2. Aufl. 1855

Jowett, the epistles of S. Paul. London 1855.

Alford, the Greec Testament. London 1856 (vol. III. ep. ad Thess.).

Ewald, die Sendschreiben des Apostels Paulus übers. u. erklärt. Göttingen 1857.

J. Chr. K. von Hofmann, die hl. Schrift neuen Testaments zusammenhängend untersucht. Nördlingen 1862 ff.

H. A. W. Meyer, krit.-exeg. Kommentar über das N. T. (Krit. exeg. Handb. über die Briefe an die Thessalonicher von Lünemann. 4. Aufl. Göttingen 1878).

Lange, homilet.-theol. Bibelwerk. (X. Th. d. N. T. enthält den Thess. Brief von Auberlen-Riggenbach. 3. Aufl. Bielef.-Lpzg. 1884.

Paul Schmidt, der erste Thessalonicherbrief . . . Excurs über den zweiten gleichnamigen Brief. Berlin 1885.

Adresse und Gruß.

Paulus und Silvanus und Timotheus der Kirche der Thes-
salonicher in Gott dem Vater [1] *und im Herrn Jesus Christus,*
Gnade euch und Friede [2].

Wenn diese Anfangsworte mit denen der Mehrzahl der paulinischen Briefe verglichen werden, mag wohl das Nichtnennen
des Apostelberufes auffallen. Abgesehen von den mehr privaten
Charakter tragenden Schreiben an die Philipper und an Phile-
mon wie dem eigenartigen an die Hebräer, sind es nur die zwei
an die Thessalonicher, welche durch diesen Umstand erkennen
lassen, daß Paulus dieser Gemeinde gegenüber keinen Grund
hatte, sein Apostolat zu betonen [3]. Er hatte es weder gegen
Verdächtigungen oder Angriffe zu verteidigen [4], noch auch die
brieflich gegebenen Belehrungen und Mahnung damit zu motivieren oder zu autorisieren [5]. Darum kann der Apostel auch
den Silvanus und den Timotheus, seine Begleiter auf der zweiten Missionsreise und seine Mitarbeiter bei der Gründung der

---

[1] Ein ἡμῶν nach πατρί ist zu wenig bezeugt. (A. 37. 116 aeth. Übersetzung.)

[2] Der Zusatz nach Recepta — ἀπὸ θεοῦ πατρὸς ἡμῶν καὶ κυρίου Ἰησοῦ
Χριστοῦ ist nach BFG 47. 73. 115 f g r Vulg. Arm. Syr. scho etc. Orig. zu streichen; [Ti. WH.]* eine Übertragung aus dem Gruße des 2. Briefes hierher
erklärt denselben.

[3] W. Seufert, der Ursprung und die Bedeutung des Apostolates in
der christlichen Kirche der ersten zwei Jahrhunderte. Leiden 1887. S. 35.

[4] Vgl. bes. Gal. 1, 1; I. Kor. 1, 1; II. Kor. 1, 1.

[5] Vgl. Röm. I, 1. 5. 11; 15, 17 ff.

* Ti = Tischendorf ad VIII. crit. maj. WH = Westcott und Hort, the New Test. Camb. a.
Lond. 1881. Ln = ed. Lachmann.

begrüßten Gemeinde, gleich neben sich stellen. Wodurch die Nennung des Silvanus an erster Stelle veranlaßt wurde, ist gefragt und verschieden beantwortet worden. Es muß aber dabei von unserem gewohnten Standpunkte, bei Timotheus gleich an den später in Ephesus eingesetzten Bischof zu denken, abgesehen werden. Silvanus oder Silas gehörte bereits zu den Männern, die nach dem Apostelconcil ausgewählt worden waren, um mit Paulus und Barnabas nach Antiochien gesandt zu werden, und zählte zu den Angesehensten unter den Brüdern [1]). Er war bebereits seit einigen Jahren der erleuchtete [2]) und bewährte Gefährte, der dem Johannes Markus vorgezogen worden war [3]). Den Timotheus, den Sohn einer Judenchristin und eines Heiden, dem die Brüder ein gutes Zeugnis gaben, hatte Paulus erst auf der zweiten Missionsreise von Lystra an sich zum Genossen erwählt [4]). So ist es erklärlich, daß damals Silas in größerem Ansehen stand; er war ja auch mit Paulus in Philippi ergriffen und vor Gericht gestellt, gegeißelt und eingekerkert worden [5]). Mit der Sendung des Timotheus nach Thessalonich beginnt seine Thätigkeit als einer der ersten Mitarbeiter des Heidenapostels [6]), der ihn sein „geliebtes und treues Kind im Herrn" nennt [7]).

Τῇ ἐκκλησίᾳ Θεσσαλονικέων: der Apostel schreibt nicht den Thessalonichern, sondern: der Kirche der Thessalonicher, woraus ersichtlich, daß diese eine Gemeinschaft bilden; denn die allgemeine Bedeutung einer etwa zufälligen Versammlung ist bei einer Adresse nicht zulässig. Worin diese Gemeinde oder Kirche als eine Einheit von Individuen gründet, das allseitig auszuführen, ist nicht beabsichtigt; doch erhalten wir in dem *ἐν θεῷ πατρὶ καὶ κυρίῳ Ἰησοῦ Χριστῷ* eine in echt paulinischer Ausdrucksweise gegebene Bestimmung. Dieser Zusatz ist nämlich mit *τῇ ἐκκλησίᾳ Θ.* zu verbinden, und nicht ist nach letzte-

---

[1]) Act. 15, 22 . . . *καὶ Σίλαν, ἄνδρας ἡγουμένους ἐν τοῖς ἀδελφοῖς.*

[2]) Das. 15, 32: *Ἰούδας τε καὶ Σίλας, καὶ αὐτοὶ προφῆται ὄντες.*

[3]) Das. 15, 37 ff.

[4]) Das. 16, 1 ff.

[5]) Das. 16, 19 ff. Daß Timotheus als Schreiber des Briefes gedient und sich auch aus Bescheidenheit zuletzt genannt habe, ist eine Vermutung, gegen die kein Widerspruch erhoben zu werden braucht.

[6]) Vgl. Phil. 1, 1. — [7]) I. Kor. 4, 17 vgl. 16, 10.

rem etwa ein χαίρειν λέγουσι zu ergänzen; denn abgesehen davon, daß χάρις καὶ εἰρήνη der gewöhnliche Inhalt des Wunsches Pauli zu sein pflegt, würde es in solchem Falle nicht ἐν ϑεῷ χ. καὶ εἰρ., sondern ἀπὸ ϑεοῦ χ. κ. εἰρ. geheißen haben [1]). Gott der Vater und der Herr Jesus Christus sind Grund der inneren Einheit der Gläubigen, weil diese „in“ jenen sind, d. i., wie der Apostel anderorts ausführt, im neuen, übernatürlichen Gnadenleben [2]), in dem nicht mehr die Kirche, sondern Christus in der Kirche lebt [3]), insofern mit ihr eins ist. Da es sich·bei ἐν ϑεῷ πατρὶ κτλ um das Gnadenleben handelt, so muß bei Gott dem Vater nicht an die erste Person der Gottheit, sondern an das Kindschaftsverhältnis, in das die Christen zu Gott treten [4]), und welches in einem Gegensatz zum Knechtschaftsverhältnisse steht, gedacht werden. Und diese nämliche Erwägung ist es, die uns auf einen Grund, weshalb hier Jesus Christus Herr genannt wird, führt. „Diener“ Christi nämlich ist der Christ, denn er ist um den Preis des Blutes seines Erlösers erkauft [5]). Außerdem aber setzt die schlechthinnige Nebeneinanderstellung Gottes und Christi [6]) die Wesensgleichheit beider voraus. Die Innigkeit, Erhabenheit und Lieblichkeit des Verhältnisses, in dem die Gläubigen zu Gott als *Vater*, zu Christus als *Herr* und Erlöser stehen [7]), faßt der Apostel in diese wenigen Worte zusammen, und nahe liegt der Rückblick auf deren Zustand zu der Zeit, da sie als Juden oder Heiden noch außer der Kirche standen.

Gnade und *Friede* [8]) machen den Inhalt des paulinischen Wunsches aus. Wie dieser gemeint, müssen wir aus des Apostels Herzen zu lesen suchen. *Gnade*, nicht in des Wortes all-

---

[1]) Vgl. II. Thess. 1, 2. — [2]) Vgl z. B. Röm. c. 6. — [3]) Vgl. Gal. 2, 20.
[4]) Vgl. Gal. 4, 1—7.
[5]) Vgl. I. Kor. 7, 23; 6, 20; 8, 6; Röm. 14, 8; Phil. 2, 9—11 u. a. I. Kor. 12, 3: Jesus, unser Herr, ist der Inhalt unseres Glaubens.
[6]) Vgl. Röm. 1, 7; I. Kor. 1, 3; II. Kor. 1, 2; Ephes. 1, 2; Phil. 1, 2; II. Thess. 1, 1 f.; I. Tim. 1, 2; II. Tim. 1, 2; Tit. 1, 4; Philem. 3.
[7]) Darum bezweckt der Apostel nicht, die Thessalonicher - Gemeinde durch ἐν ϑεῷ πατρί von der heidnischen und durch ἐν κυρίῳ Ἰ. Χρ. von der jüdischen Gemeinde zu unterscheiden; heidnische ἐκκλησίαι in solchem Sinne, wie der Apostel hier den Ausdruck gebraucht, gab es ja nicht.
[8]) Röm. 1, 7; I. Kor. 1, 3; II. Kor. 1, 2; Gal. 1, 3.

gemeiner, sondern der engeren Bedeutung eines übernatürlichen Geschenkes, in dessen Besitze der Apostel sich frei [1]), sich sicher weiß und überzeugt ist, daß „weder Tod noch Leben, weder Engel noch Mächte, weder Gegenwärtiges noch Zukünftiges, noch Kräfte, weder Höhe noch Tiefe, noch irgend ein anderes Geschaffenes" ihn „von der Liebe Gottes, die da ist in Christus Jesus unserm Herrn", zu trennen imstande ist [2]). *Friede,* die Frucht der Gnade: Friede des Menschen mit Gott, nachdem die Sünde und Schuld hinweggenommen und die Versöhnung herbeigeführt ist; Friede mit sich selbst durch Überwindung der bösen Neigungen; Friede der Gläubigen unter einander, welches das von den Propheten oftmals geschilderte Merkmal des messianischen Reiches [3]) ist, weil ihn die Welt nicht geben kann [4]). In Zwietracht und Feindschaft äußerte sich, immer neues Unheil gebärend, die sündhafte Selbstsucht; im vollen Frieden, diesem alt- und neutestamentlichen Inbegriffe alles Glückes, die volle Herrschaft des göttlichen Willens.

Dieser Segenswunsch, der dem aufopfernden Herzen des Apostels entquillt, dessen Inhalt und Bedeutung von ihm selbst tief empfunden und erfahren worden ist, ist ein wirksames Wort, und es ist darauf des Herrn Verheißung an seine Apostel und Jünger anzuwenden: „Wenn ihr in ein Haus gehet, so grüßet dasselbe und saget: Der Friede sei mit diesem Hause. Und wenn das Haus dessen würdig, wird euer Friede über dasselbe kommen" [5]).

1, 2—10: Dank des Apostels für den segensreichen Anfang und Fortgang der Kirche zu Thessalonich.

2. Wir danken Gott allezeit für euch alle, da wir [euerer] bei unseren Gebeten gedenken [6]), 3. ohn' Unterlaß vor unse-

---

[1]) Röm. 7, 24. 25; 8, 21; Gal. 4, 22—31; 5, 1. 13.

[2]) Röm. 8, 38 f.

[3]) Vgl. bes. Isa. 2, 4; 9, 6 „Friedensfürst"; 11, 6 ff. 65, 25 u. a.

[4]) Joh. 14, 27; 16, 33.

[5]) Matth. 10, 12. 13; Luk. 10, 5. 6. vgl. Isai. 65, 16: Das Sich-Segnen des Gerechten ist ein wirksames, auch ein Sich-Segnen bei Gott. Desgleichen über die Wirksamkeit des Segenswunsches Mariä, da sie Elisabeth heimsuchte: Luk. 1, 40 ff. vgl. meine Schrift „die Gottesmutter in der heil. Schrift." Münster 1887, S. 152 f. 214.

[6]) Das ὑμῶν - nach μνείαν — der Recepta, welches nur אCDE etc.

rem Gott und Vater, eingedenk eueres Glaubenswerkes wie eurer Liebesmühe und eurer Beharrlichkeit in der Hoffnung auf unseren Herrn Jesus Christus, 4. überzeugt, von Gott [1]) geliebte Brüder, von eurer Auserwählung; 5. denn unsere frohe Botschaft[2]) kam zu euch[3]) nicht im Worte allein, sondern in Kraft und im heiligen Geiste und in vieler Überzeugung[4]) — wie ihr ja wisset, was wir [unter] euch[5]) euretwillen waren — 6. und ihr, Nachahmer von uns wurdet ihr und vom Herrn, indem ihr das Wort aufnahmet in vieler Bedrängnis mit Freude [und zwar][6]) des heiligen Geistes, 7. so daß ihr zum Vorbilde[7]) für alle Gläubigen in Macedonien und Achaja wurdet. 8. Von euch nämlich ist das Wort des Herrn nicht nur in Macedonien und Achaja[8]) erschollen, sondern[9]) an jedem Orte ist euer Glaube an Gott ausgekommen, so daß wir nicht nötig haben, etwas zu melden; 9. denn sie selbst verkündigen über uns, was wir für einen Einzug zu euch hielten[10]), und wie ihr euch von den Götzen hinweg zu Gott wendetet, um zu dienen einem lebendigen und wahrhaftigen Gotte 10. und um Seinen Sohn aus den Himmeln zu erwarten, den Er von

---

haben, das aber gerade in den ältesten Codd. א*AB etc. fehlt, und das darum mit Grund von Ti. und WH. gestrichen wird, kann als ein altes, richtiges Interpretament angesehen werden, daß nämlich das πάντοτε π. π. ὑ. zu εὐχαριστοῦμεν zu beziehen ist.

[1]) Zweifelhaft erscheint es, ob mit BDE etc. (Rec. Ln) nur θεοῦ oder mit אACK etc. (Ti.) τοῦ θεοῦ zu lesen ist.

[2]) Mit ABDE etc. ist zu lesen εὐ. ἡμῶν. C liest εὐ. τοῦ θεοῦ. א liest: τοῦ θεοῦ ἡμῶν.

[3]) εἰς ὑμᾶς mit אBC*KL etc. (Ti. WH.); nicht mit Ln nach AC?DE etc. πρὸς ὑμᾶς.

[4]) אB lesen nur κ. πληροφορίᾳ (Ti. WH.) gegen Rec. κ. ἐν πλ.. (ACDE etc.).

[5]) Das ἐν vor ὑμῖν erscheint zweifelhaft: BDE etc. haben es; doch fehlt es אAC etc.

[6]) B hat καὶ nach χαρᾶς.

[7]) Die auffallendere Lesart τύπον findet sich BD* — Vulg. forma; die leichtere und als eine von der Vielheit der Personen wohl entnommene Interpretation τύπους hat die Rec. mit אAC etc.

[8]) Ti. liest mit אCDE etc. καὶ ἐν τῇ Ἀχαΐᾳ; Rec. WH aber mit B nur καὶ Ἀχαΐᾳ.

[9]) Die Rec. hat für ἀλλὰ καὶ ἐν nur D?E** und spätere Handschriften, אBCD*E*F etc. lassen das καὶ weg.

[10]) Mit אABCDE etc. lesen wir ἔσχομεν gegen die Rec, welche ἔχομεν hat.

den Toten[1]) *erweckt hat, Jesum, welcher uns von dem Zorne*[2]), *der da kommen wird, errettet.*

Obschon der Apostel auch von sich allein im Plural schreibt v. 2. — vgl. 3, 1, wo solches zweifellos der Fall ist —, so legt die unmittelbar vorhergehende Nebeneinanderstellung mit Silvanus und Timotheus es doch als das natürlichste nahe, das *εὐχαριστοῦμεν*[3]) als im Namen aller drei gesprochen aufzufassen. Der Apostel der Gnade, der ganz davon durchdrungen ist, daß weder wer pflanzt noch wer begießt, etwas ist, stellt das Bekenntnis der Abhängigkeit von Gott an die Spitze, und spricht im Hinblicke auf den verhältnismäßig so lobenswerten Zustand der Gemeinde zu Thessalonich zuerst Dem den Dank aus, der das Gedeihen gegeben hat[4]). In solcher Denkungsweise aber gründet es, daß der Apostel, wenn er sich im Gebete Gott naht, auch dieser Pflicht dabei zu genügen trachtet. Alle seine *προσευχαί* — *προ-σευχή* ist das Gebet im allgemeinen, *δέησις* speciell das Bittgebet — sind darum auch immer — *πάντοτε* — zugleich Dankgebete für die Thessalonicher, denn das *εὐχαριστοῦμεν πάντοτε*... erhält eine nähere Bestimmung in dem folgenden Participialsatze: *μνείαν ποιούμενοι ἐπὶ τῶν προσευχῶν ἡμῶν*[5]).

Paulus setzt ein *πάντων* zum *ἡμῶν*, was man kaum absichtslos nennen darf; es ist wohl mit Bezugnahme auf Unterschiede unter den Christen gebraucht: für alle, ob sie von Juden oder Heiden abstammen, ob mehr ob minder fortgeschritten, ob arm ob reich, für a l l e hat er gleiche Ursache zur Dankbarkeit gegen Gott.

So wenig wie das *πάντοτε* hyperbolisch gefaßt werden darf, v. 3. so wenig enthält auch das *ἀδιαλείπτως* eine Übertreibung. Es führt schon die Wortstellung dazu, das *ἀδιαλείπτως* zum unmittelbar folgenden Participium zu beziehen und nicht — mit Vulg.

---

[1]) Besser als das *ἐκ νεκρῶν* der Rec. (mit ACK etc.) ist bezeugt *ἐκ τῶν νεκρῶν* durch אBDEF etc.

[2]) Während Ln und Rec. *ἀπὸ τῆς ὀργῆς* lesen, wofür nur CDEF und spätere Codd. zu citieren sind, wird *ἐκ τῆς ὀργῆς* (Ti. WH.) durch אAB etc. gestützt.

[3]) Vgl. zu *εὐχαριστοῦμεν τῷ θεῷ* Röm. 1, 8; 7,25; 14, 6; 1. Kor. 1, 4, 14; 14, 18; Phil. 1, 3.

[4]) I. Kor. 3, 7. — [5]) vgl. Röm. 1, 10.

Peschito — auf das vorausgehende μ. ποιούμενοι...[1]). Solches
stete Gedenken seiner Gemeinden bei allem, was der Apostel
thut, betet, arbeitet, entspringt dem lebendigen Berufsbewußtsein,
das eben nur ein Lebensziel, Seelen zu retten, kennt[2]). Das Bild
der Thessalonichergemeinde, das ihn immer umgiebt und immer
Anlaß zu Danksagungen vor Gott wird, bestimmt er uns näher
und zwar zunächst durch:

τὸ ἔργον τῆς πίστεως. Das Wort πίστις wird in mehrfacher
Bedeutung in der heil. Schrift gebraucht: für die Überzeugung
des Gewissens[3]), für Vertrauen[4]), für den Gegenstand des Glaubens[5]) und für das Fürwahrhalten des Evangeliums[6]). Hier
ist es in dieser letzten Bedeutung aufzufassen, weil es mit den
Begriffen „Liebe und Hoffnung" zusammengestellt ist[7]). Aus
dem ganzen Zusammenhange ist ferner ersichtlich, daß es sich
nicht um den anfänglichen Glauben, um die Bedingung und den
Ausgangspunkt der Rechtfertigung — wovon der Apostel wiederholt in den Briefen an die Galater und Römer schreibt —,
sondern um den Glauben des Getauften handelt. Τὸ ἔργον
τῆς πίστεως vom Glauben, der bewirkt worden ist, zu deuten,
darin das Werk zu sehen, daß sie glauben, heißt den Nachdruck
des Gedankens von ἔργον auf πίστις verlegen und die Parallel-
stellung mit den folgenden Gliedern: κόπος τῆς ἀγάπης κτλ. verkennen. Gerade dieser Umstand macht es ersichtlich, daß es
sich um einen Genitivus originis handelt, und daß das Werk,
welches aus dem Glauben als seinem Grunde oder Ur-
sprunge hervorgeht, gemeint ist. Nun könnte man wohl zunächst an das aus dem christlichen Glauben herauswachsende
christliche Leben überhaupt denken, ἔργον πίστεως durch Gal.
5, 6: πίστις δὶ ἀγάπης ἐνεργουμένη erklären wollen. Hieran aber
hindert mehr noch als das bestimmte τοῦ ἔργου, welches auch
nur das Werk und nicht das Wirken bedeutet, das unmittelbar

---

[1]) Letztere Verbindung würde nach Paul Schmidt den „Ungedanken"
ergeben, „daß der Apostel ununterbrochen die Namen seiner Gemeinden vor
Gott ausspräche". Auch Röm. 1, 10 ist eine solche Verbindung mit μν . . .
ποιοῦμαι.

[2]) Vgl. unten 3, 8.

[3]) Röm. 14, 23. — [4]) Jak. 1, 6. — [5]) Apok. 2, 13. -- [6]) Röm. 10, 17 ff.

[7]) Vgl. die gleiche Zusammenstellung I. Kor. 13, 2 ff.

folgende *καὶ τοῦ κόπου τῆς ἀγάπης*, das in diesem Falle zur
Tautologie würde. Darum müssen wir vorab ein Wirken des
Glaubens als solchen, insofern er ein Fürwahrhalten
ist, festhalten. Daß dabei der Apostel ein Mitwirken der Gnade
Gottes nicht ausgeschlossen wissen will[1]), bedarf wohl kaum der
Bemerkung. Artikel und Singular legen ferner nahe, daß es sich
nicht im allgemeinen und unbestimmt um ein Wirken des Glaubens handelt, daß vielmehr ein bestimmtes Werk gerade gemeint sein möchte. Woran werden nun die Thessalonicher,
welche die mündlichen Unterweisungen des Apostels genossen hatten, gedacht haben? Der heil. Chrysostomus — ähnlich
Theodoret — denkt an die Standhaftigkeit im Glauben in den Verfolgungen, und man kann solche Meinung um der concreten Lage der
Thessalonicher willen, die ja Prüfungen schon ertragen hatten, nicht
unbegründet nennen, zumal sie auch den beiden folgenden Gliedern, worin vorgeführt wird, wie Liebe und Hoffnung ihre Lebenskraft entfaltet haben, parallel geht. So richtig also diese
Beziehung ist, so scheint sie mir doch zu concret und zu speziell zu sein, um mit einem allgemeineren Worte wie *ἔργον* benannt zu werden. Es gilt nach einer Auffassung dieses paulinischen Ausspruches zu suchen, womit des h. Chrysostomus Deutung nicht in Widerspruch tritt, in der sie vielmehr mit eingeschlossen ist.

Aus dem Inhalte der Schriften des Apostels kann auf den
seiner Vorträge geschlossen werden; in beiden werden dieselben
Ideen vorgetragen. Der Mangel an Parallelstellen aber verweist
auf diesen Weg[2]); ihn einzuschlagen ist man berechtigt, weil die
Thessalonicher mit der paulinischen Form des Evangeliums hinreichend vertraut sind. Die Verhältnisse dieser Gemeinde recht-
fertigten gewiß eine Bezugnahme auf die Juden bezw. auf das
alttestamentliche Gesetz zur genüge, und damit bietet sich als
ein Gegensatz zu *ἔργον πίστεως* dar das *ἔργον νόμου*. Das Gesetz, als eine bewirkende Ursache gefaßt, bewirkt Weckung des
Schuldbewußtseins, ja, insofern es Anlaß zur Übertretung bie-

---

[1]) Vgl. II. Thess. 1, 11, wo es von Gott heißt: *πληρώσῃ ἔργον πίστεως
ἐν δυνάμει.*

[2]) Nur noch II. Thess. 1, 11 gebraucht Paulus *ἔργον πίστεως.*

tet, die Sünde selbst [1]), und hält so den Menschen in Dienstbarkeit. Der Glaube dagegen giebt dem Menschen den Besitz der
Wahrheit, die ihn „frei macht", frei von der Herrschaft der
Sünde. Je mehr ihm die gläubige Erkenntnis die Wahrheit
zeigt, desto mehr wird er von derselben angezogen und bestimmt,
so daß keine Trübsal, keine Verfolgung und kein Leid
ihn abwendig zu machen instande sind. Die vollkommene
Vollendung des Glaubenswerkes, wovon der Apostel im 2. Briefe
(1, 11) schreibt, bestünde dann in jener Vollendung der Erkenntnis der Wahrheit, welche die volle sittliche Freiheit zur Folge
hat, so daß das Sündigen-Können dadurch aufhört. Sie tritt
ein, wenn der Glaube aufhört und das Schauen beginnt, wenn
der Glaube sein Werk vollbracht hat, wenn die Gläubigen durch
den Herrn Jesus Christus Selige geworden sind und Gott, die
ewige Wahrheit, schauen und nicht mehr in ein Knechtschafts-
verhältnis kommen können.

Leichter sind die folgenden Begriffe zu bestimmen: $\varkappa\acute{o}\pi o\varsigma$
$\tau\tilde{\eta}\varsigma\ \dot{\alpha}\gamma\acute{\alpha}\pi\eta\varsigma$, die Liebesmühe. Der Apostel ist stets eingedenk,
wie die Liebe der Thessalonicher der Grund war, daß sie Be-
schwerden, Ungemach und Opfer auf sich nahmen. Es ist
also vorab an die Bethätigung der Liebe als Nächstenliebe zu
denken, aber allgemein und als mit eingeschlossen kann angesehen werden, worauf Chrysostomus wieder speciell hinweist,
was um des Apostels und seiner Begleiter willen gethan worden
ist, wie auch — so die Ansicht Theodorets — die liebreiche
und duldende Schonung derer, die gefehlt haben.

Durch äußere Verfolgungen — hatte doch der Apostel selbst
fliehen müssen — und vielleicht auch — 4, 13 (12 Vulg.) —
durch innere Zweifel und Anfechtungen ist die Hoffnung der
Thessalonicher auf große Proben gestellt worden. Darum hat
Paulus Grund, Gott für das Festhalten an der Hoffnung zu dan-
ken. Bezeichnend ist hierfür das Wort $\dot{\upsilon}\pi o\mu o\nu\acute{\eta}$ gewählt, das
zugleich einen Widerstand bezeichnet, den der Hoffende den
Schwierigkeiten entgegen setzt [2]).

---

[1]) Vgl. Röm. 7, 7 ff. Gal. 3, 23 ff.
[2]) Vgl. Luk. 8, 15; 21, 19; Röm. 5, 3 f.; 15, 4 f.; II. Kor. 6, 4; 12, 12;
II. Thess. 1, 4 u. a. m., wogegen $\dot{\alpha}\nu o\chi\acute{\eta}$ — Röm. 2, 4; 3, 26 — mehr unserm
„Langmut" entspricht.

Wie der Glaube, so erscheinen auch Liebe und Hoffnung als Principien, die sich bethätigen, und wir erkennen
darum in denselben die drei sogen. theologischen oder göttlichen Tugenden. Dabei wird leicht die Frage aufgeworfen,
warum die Hoffnung erst — gegenüber I. Kor. 13, 13 — an
dritter Stelle genannt wird. Wie an genanntem Orte der Apostel den Korinthern gegenüber sich eingehender über die Liebe
verbreitet und auch aus solchem Grunde diese zuletzt nennt, so
ist es die Hoffnung der Thessalonicher, speciell die auf die
Wiederkunft des Herrn, die dem Apostel Anlaß bietet, besonders davon zu handeln. Indem er den Gegenstand dersel
ben — *unser Herr Jesus Christus* ist unsere Hoffnung — hinzufügt, läßt er damit bereits durchblicken, daß die Thessalonicher namentlich der vom Apostel verkündeten zweiten Erscheinung des Messias harrten, und er berührt damit einen Hauptgegenstand des ganzen Briefes.

Der Zusatz ἔμπροσϑεν τοῦ ϑεοῦ καὶ πατρὸς ἡμῶν wird am
natürlichsten auf μνημονεύοντες bezogen. Nachdem der Apostel die
Objecte des μνημονεύειν genannt, fügt er noch hinzu, daß dieses
Gedenken eines *im Angesichte Gottes und unseres Vaters*, daß es
zugleich auch ein Gebet sei; ein Gebet vor dem Allmächti-
gen, dem wir als Geschöpfe, insofern wir aber Erlöste sind, auch
als Kinder zugehören; ein Gebet, welches dem steten Bewußtsein
der vollsten Abhängigkeit von Gott, dem alles zuzuschreiben ist,
entspringt.

In echt paulinischen Gedanken, aber auch in gleichen v. 4.
Begriffen bewegt sich die Rede fort mit εἰδότες [1]) — was parallel den vorausgehenden Participien auf εὐχαριστοῦμεν zu
beziehen ist [2]) —, und giebt einen ferneren Grund der Dankbarkeit gegen Gott an. Indem der Apostel das höchste Glück dieser seiner Gläubigen vor seiner Seele stehen hat, drängt es ihn

---

[1]) Eine häufige paulinische Form, um auf eine sichere Prämisse hinzuweisen, so Röm. 5, 3; 6, 9; 13, 11; I. Kor. 15, 58; II. Kor. 1, 7; 4, 14; 5, 6, 11;
Gal. 2, 16.

[2]) εἰδότες auf die Thessalonicher zu beziehen — Theodoret, Erasmus,
Grotius, Olshausen und Baumgarten Crusius — zerreißt formell und sachlich
den Zusammenhang.

wieder, in einer gewissen Weise den letzten und ersten Grund
dafür zu nennen, indem er sie anredet: *von Gott geliebte Brüder* [1]).
Wohl ist die Anrede B r u d e r eine beliebte, die in des h. Paulus Überzeugung in der Einheit mit Christus und der daraus
sich ergebenden Gleichheit der Christen gründet; doch hier handelt es sich darum, daß sie v o n G o t t g e l i e b t e sind, worin
nämlich der G r u n d für die $\dot{\epsilon}x\lambda o\gamma\acute{\eta}$ liegt [2]). Außer beim h. Paulus — Röm. 9, 11; 11, 5. 7. 28 — findet sich dieses Wort nur
noch Act. 9, 15, wo der Apostel selbst $\sigma x\epsilon\tilde{v}o\varsigma$ $\dot{\epsilon}x\lambda o\gamma\tilde{\eta}\varsigma$ genannt
wird, und II. Petri 1, 10, wo es neben $x\lambda\tilde{\eta}\sigma\iota\varsigma$ gestellt ist.
Die Momente, die diesen Begriff constituiren, sind erstens ein
A u s s c h e i d e n ($\dot{\epsilon}x$) jemandes aus einer Menge. So ward im alten Bunde Israel auserwählt und aus der Heidenwelt ausgeschieden;
so werden im neuen Bunde die Gläubigen aus der Mitte der
Juden und Heiden ausgesondert [3]). Das zweite Merkmal ist, daß
die $\dot{\epsilon}x\lambda o\gamma\acute{\eta}$, auf die Menschen bezogen, das A u s e r w ä h l t w e r d e n
durch die Gnade, auf Gott bezogen, das W ä h l e n d. i. die
Freiheit in der Gnadenverleihung betont, so daß dieser Begriff in
einem gewissen Gegensatz zum Verdienen steht [4]), und die $\dot{\epsilon}x\lambda o\gamma\acute{\eta}$
also ihren Grund in dem göttlichen, ewigen Ratschlusse
hat [5]). Von solcher Erwählung der Th. zum Heile ist der Apo-
stel fest überzeugt — $\dot{\epsilon}\iota\delta\acute{o}\tau\epsilon\varsigma$ — und, worauf er sich hierbei
stützt, giebt er im Folgenden an [6]):

v. 5. $\ddot{o}\tau\iota$ $\tau\grave{o}$ $\epsilon\dot{v}a\gamma\gamma\acute{\epsilon}\lambda\iota o v$ ... — $E\dot{v}a\gamma\gamma\acute{\epsilon}\lambda\iota o v$ bedeutet zunächst
„frohe Botschaft". Es kann damit die Verkündigung selbst
oder ihr Inhalt gemeint sein. Daß letzteres hier der Fall [7]) ist,

---

[1]) Die Beziehung des $\dot{v}\pi\grave{o}$ $\tau o\tilde{v}$ $\vartheta\epsilon o\tilde{v}$ zu $\dot{\eta}\gamma a\pi\eta\mu\acute{\epsilon}\nu o\iota$ — und nicht zu $\tau\dot{\eta}\nu$
$\dot{\epsilon}x\lambda o\gamma\dot{\eta}\nu$ $\dot{v}\mu\tilde{\omega}\nu$ — vertritt der Artikel $\tau\dot{\eta}\nu$; im anderen Falle würde es wohl $\tau\dot{\eta}\nu$
$\dot{v}\pi\grave{o}$ $\tau o\tilde{v}$ $\vartheta.$ $\dot{\epsilon}.$ $\dot{o}.$ geheißen haben. Vgl. II. Thess. 2, 13.

[2]) Vgl. Röm. 11, 28.

[3]) Vgl. Röm. 9, 11; 11, 7; II. Petri 1, 10.

[4]) Vgl. Röm. 11, 5. 28; Act. 9, 15; II. Petri 1, 10; desgl. wieder Röm.
9, 11; 11, 7.

[5]) Es deckt sich also $\dot{\epsilon}x\lambda o\gamma\acute{\eta}$ nicht mit dem engeren Begriffe der prae-
destinatio ad gloriam tantum.

[6]) $\ddot{o}\tau\iota$ ist nicht auf $\dot{\epsilon}x\lambda o\gamma\acute{\eta}$ — so Bengel, Schott, v. Hofmann —, sondern
auf $\epsilon\dot{\iota}\delta\acute{o}\tau\epsilon\varsigma$ zu beziehen, weil erstere Beziehung besonders dem gen. zweiten
Merkmale der Erwählung widersprechen würde.

[7]) Pánek dagegen: Per $\tau\grave{o}$ $\epsilon\dot{v}a\gamma\gamma\acute{\epsilon}\lambda\iota o v$ intelligitur doctrinae christianae
praedicatio.

ergiebt sich aus dem ἐγενήθη εἰς ὑμᾶς, denn dieses bezeichnet das Predigen des Evangeliums, des Inhaltes desselben, d. i. des Messias. Das Hinzufügen des ἡμῶν hat die
jeden Zweifel ausschließende Überzeugung von der Wahrheit dessen, was der Apostel gelehrt, zur Voraussetzung [1]). Dieses Evangelium erging — ἐγενήθη, sonst ἐγένετο — εἰς ὑμᾶς, in
euch, wodurch der Erfolg in treffenderer Weise als mit πρὸς
ὑμᾶς als ein das Innere erfassender bezeichnet ist. Solches
aber geschah, indem die Predigt nicht bloß Wort oder Kunde
war — ἐν λόγῳ μόνον —, sondern getragen und belebt war: ἐν
δυνάμει [2]) καὶ κτλ. Nach dem ganzen Zusammenhange will hiermit
der Apostel Merkmale nennen, die unverkennbar darthun,
daß er den Thessalonichern nach Gottes Willen [3]) gepredigt, und daß Gott durch die Art und Weise, wie Er das apostolische Wirken begleitet hat, unzweifelhaft kund gethan hat,
daß Er die Th. berufen hat. Das erste dieser Kennzeichen,
die ihres Zweckes willen übernatürliche sein müssen, ist: δύναμις.
Hätte Paulus den Plural gebraucht, so wäre es das natürlichste,
an die die Verkündigung des Evangeliums bei den Th. beglei-
tenden Wunder zu denken. Abgesehen aber davon, daß uns solche
in der Apostelgeschichte nicht berichtet werden, und daß der
Apostel auch δυνάμεις und σημεῖα auseinanderhält [4]), führt der
Singular auf jenen übernatürlichen Beistand oder Gnade
Christi [5]), der sich in der Verkündigung des Evangeliums als
eine Macht so offenbart, daß sie erkannt werden muß. Paulus
beruft sich darauf den Thessalonichern gegenüber als auf
eine bekannte und anerkannte Thatsache [καθὼς οἴδατε...]. Als
Gesandte des Herrn, Der da redet wie einer der Macht hat, und
nicht wie die Schriftgelehrten und Pharisäer, traten die Apostel

---

[1]) Vgl. Gal. 1, 8. 9.

[2]) Zu dem Gegensatze von ἐν λόγῳ und ἐν δυνάμει vgl. I. Kor. 4, 19. 20.

[3]) In Phrygien und den Gegenden Galatiens, in Mysien und Bithynien,
war es dem Apostel auf der zweiten Missionsreise vom hl. Geiste gewehrt worden, das Wort Gottes zu predigen. Act. 16, 6 f.

[4]) Röm. 15, 19. II. Thess. 2, 9. vgl. Act. 8, 13.

[5]) Vgl. I. Kor. 2, 4, 5; 4, 19. 20.

auf [1]), und ihr Predigen war wirksam [2]), weil Jesus, dessen Werkzeuge sie sind, der Grund dieser δύναμις ist [3]).

Unter πνεῦμα ἅγιον ist der heilige Geist [4]) zu verstehen, nicht Geistesgaben, die der Apostel, da er speciell davon
handelt, πνευματικά nennt [5]). Die Bedeutung des ἐν πνεύματι
ἁγίῳ erschließt uns die Unterweisung des Herrn an die Apostel
für die Zeiten der Verfolgung: „Der Geist eures Vaters ist es,
der in euch redet" [6]), welche Worte bei Lukas, dem Schüler Pauli,
lauten: „Der heilige Geist wird euch lehren, . . was ihr sagen
sollt" [7]), oder in echt paulinischer Weise von der Rede des Stephanus: „sie konnten aber der Weisheit und dem Geiste, der
redete, nicht widerstehen" [8]). Da die Apostel das erste Mal predigten, heißt es von ihnen, daß ihnen der heil. Geist die Rede
eingegeben [9]), Der sie alles lehrt und an alles erinnert, Der sie
alle Wahrheit lehrt [10]).

Von ἐν δυνάμει und ἐν πνεύματι ἁγίῳ ist die Consequenz:
πληροφορίᾳ πολλῇ. Πληροφορεῖσθαι = vollkommen überzeugt sein [11]), πληροφορία = volle Überzeugung [12]). Das Auftreten des Apostels war ein solches, daß die volle Überzeugung
von der Wahrheit der Predigt so hervorleuchtete, daß sie bei den
Zuhörern wieder Überzeugung wirkte. Um die Vollkommenheit
derselben hervorzuheben, fügt Paulus das πολλῇ hinzu, und dieses vielleicht auch, um auf die mannigfache Weise, wie dieselbe
sich aufdrängte, hinzuweisen.

Der Apostel zeigt hiermit auf Kennzeichen hin, die, weil
sie im Inneren des Menschen wirksam sind, leicht die Frage nahe
legen: Ist nicht da eine Täuschung möglich? Der Apostel kann
jedoch die Thessalonicher selbst, denen diese Beweisführung gilt,

---

[1]) Matth. 7, 29 vgl. Act. 1, 8.

[2]) Vgl. I. Kor. 5, 4, wo es die von Christus gegebene wirksame Vollmacht bedeutet.

[3]) Vgl. Luk. 21, 15: „Ich will euch Mund und Weisheit geben, welcher
alle euere Widersacher nicht werden widerstehen noch widersprechen können."

[4]) So auch I. Kor. 2, 4, wo der heil. Geist nur πνεῦμα genannt wird.

[5]) Vgl. I. Kor. 12, 1. — [6]) Matth. 10, 20. — [7]) Luk. 12, 12. — [8]) Act. 6, 10.

[9]) Act. 2, 4: καθὼς τὸ πνεῦμα ἐδίδου.

[10]) Joh. 14, 26; 16, 13. 15. vgl. I. Kor. 2, 13 f.

[11]) Vgl. Röm. 4, 21; 14, 5. — [12]) Vgl. Kol. 2, 2.

zu Zeugen für das Fernsein einer Täuschung anrufen: *καϑὼς οἴ-δατε, οἶοι ἐγενήϑημεν ἐν ὑμῖν*. Das *οἶοι* — wie das *καϑὼς* beweist — bezieht sich somit auf das oben beschriebene Auftreten des Apostels und seiner Begleiter, bezieht sich darauf, wie aus ihnen, inmitten der Thessalonicher, übernatürliche Kraft, Erleuchtung und Macht der Überzeugung heraussprach [1]). Diese Charismen bei der Predigt sind aber um der Gläubigen willen gegeben — *δι' ὑμᾶς*, und darum gerade sind sie zu beweisen geeignet, daß der Herr, der ihretwillen in solcher Weise gewirkt hat, sie auch zum Heile berufen hat.

Doch noch einen ferneren (*καί*) Beweis hat der Apostel v. 6. vorzubringen: auch an den Thessalonichern selbst ist ein Merkmal der Auserwählung ersichtlich; sie sind nämlich nicht allein Nachfolger auserwählter Apostel — daß diese in früher bestimmtem Sinne zum Heile berufen sind [2]), bezweifelt niemand —, sondern auch Nachfolger Christi (*τοῦ κυρίου*) [3]). Das Vorbild des Meisters ist ein Vorbild des Lebens der Kirche, Verfolgungen, wie sie der Herr erfahren, sind Kennzeichen seiner Jünger. Es ist selbstverständlich, daß solche Nachfolge der Weg zum Himmel ist; doch worin zeigt sich dieselbe? In der nicht menschlich-natürlichen, sondern übernatürlichen Weise der Aufnahme des „Wortes". „Viel" nämlich war die Trübsal, welche sie erfuhren [4]), allein die Wirkung hiervon war nicht die natürliche Traurigkeit, sondern Freude. Deshalb muß diese einen übernatürlichen Urheber haben, und als solchen nennt der Apostel den heiligen Geist (*μετὰ χαρᾶς πνεύματος ἁγίου*) [5]). Heilige Freude bei aller Trübsal und Verfolgung zeigen die Martyrer, und keine noch so schwere Zeiten können im kirchlichen Leben und Cult den Charakter der Freude vertilgen.

Indem die Thessalonicher in dieser Weise „das Wort v. 7. aufgenommen haben" — um eine vollendete religiöse Erkenntnis handelt es sich also nicht —, haben sie nicht nur für sich

---

[1]) Es ist darum nicht motiviert, bei *οἶοι* an Entbehrungen — Estius, Pelt — oder an Gefahren und Anfechtungen, denen der Apostel ausgesetzt gewesen — Theodoret — zu denken.

[2]) Vgl. oben zu v. 4 (*ἐκλογή*).

[3]) Vgl. I. Kor. 11, 1; Phil. 3, 17; Ephes. 5, 1; Gal. 4, 12.

[4]) Vgl. 2, 14; 3, 2. 3. 5; Act. 17, 5—9.

[5]) Vgl. Act. 5, 41; Röm. 5, 1—4; 14, 17; Gal. 5, 22.

allein eine Gewähr ihrer Berufung, sondern sind auch zu einem
Vorbilde für alle Gläubigen im europäischen Griechenland geworden (ὥστε γενέσθαι ὑμᾶς τύπον πᾶσιν τοῖς πιστεύουσι)[1]).
Die Römer hatten dasselbe in die beiden Provinzen Macedonien
(das alte Macedonien, Epirus, Illyrien, Thessalien) und Achaja
(das eigentliche Hellas nebst Peloponnes) eingeteilt. Thessalonich,
das an Lebhaftigkeit des Verkehrs nur von Korinth noch über-
troffen wurde, bot nicht allein die Möglichkeit für eine schnelle
Verbreitung der Nachricht von dem hervorragend lebenskräftigen
Wurzelschlagen des Christentums daselbst, sondern lenkte auch
die Aufmerksamkeit der Gläubigen in anderen Städten auf sich
und spornte zur Nacheiferung an[2]).

v. 8.　　Nicht zu viel ist es, was soeben der Apostel geschrieben;
auf Grund gemachter Erfahrungen kann er noch mehr sagen.
Er weilte, da er schreibt, in Korinth, welcher Hauptverkehrsplatz
ihm am meisten Gelegenheit, mit Christen der verschiedensten
Orte zusammen zu treffen, bot. Nach allem, was er von diesen
gehört, kann er schreiben, daß über die Grenzen von Macedonien
und Achaja hinaus der Glaube der Thessalonicher bekannt geworden. In solcher weit verbreiteten Anerkennung ist indirect
ein Beweis dafür enthalten, daß der Apostel sie mit Recht ein
Vorbild genannt hat. So fügt er also in weiterer und zugleich
begründender (γάρ) Ausführung an, daß sie nicht nur im europäischen Griechenland zum Ausgangspunkte des Bekanntwer-
dens des „Wortes des Herrn" — ἐξήχηται ὁ λόγος τοῦ κυρίου
d. i. das Evangelium, das der Herr verkünden läßt -- geworden
sind, sondern daß von ihnen hinweg[3])ihr Glaube ἐν παντὶ τόπῳ

---

[1]) Die Ausdrucksweise kennzeichnet sich als paulinisch: τύπος
vgl. Phil. 3, 17. Röm. 5, 14 wird Adam Typus Christi, des Urhebers des übernu-
türlichen Lebens, genannt. vgl. I. Kor. 10, 6. 11. Ähnlich wie πᾶσι τοῖς πιστ.
schreibt P. Röm. 1, 16; 3, 22; 10, 4.

[2]) Das von Baur — Paulus der Apostel Jesu Christi. 2. Aufl. v. Zeller,
Leipzig 1867 II. S. 98 — vorgebrachte Bedenken gegen die Echtheit des Briefes, es setze das Lob des Apostels eine schon längere Zeit bestehende Gemeinde voraus, beruht somit auf einem falschen Verständnisse des Umfanges
des ausgesprochenen Lobes wie des Kreises, wohin dasselbe gedrungen.

[3]) Das ἀφ' ὑμῶν muß, wie das ἐξηχεῖσθαι und ἐξελήλυθεν zeigen, local
= „von euch hinweg" gefaßt werden. Vgl. I. Kor. 14, 36: ἀφ' ὑμῶν ὁ λόγος
θεοῦ ἐξῆλθεν.

bekannt geworden ist. Dies ist ohne Grund für ein hyperbolischer Ausdruck gehalten worden. Nach dem Zusammenhang setzt Paulus dabei selbstverständlich Orte, wo Gläubige sind, voraus, und meint ferner solche, wohin der Ruf der Thess. überhaupt gelangt ist, und von wo aus ihm und seinen Begleitern Mitteilung geworden war. Das, was sie wieder vernommen, beweist ihnen zugleich ferner, daß, wohin immer die Kunde drang, sie so dahin gelangte, daß es nicht nötig ist, etwas hinzuzufügen. So oft also Christen anderer Gemeinden von den Thessalonichern sprachen, geschah es in einer Weise, ὥστε μὴ χρείαν ἔχειν ἡμᾶς λαλεῖν τι. — Indem der Apostel den Hauptgegenstand solcher Reden, den Glauben, nennt, fügt er die Bestimmung ἡ πρὸς τὸν θεόν [1]) hinzu. Dazu dürfte er durch den Umstand, daß die Gemeinde in Thessalonich der Mehrzahl nach Heidenchristen waren und bis zu ihrer Bekehrung Gott nicht gekannt hatten, veranlaßt worden sein.

Hinsichtlich des Verkehrs der christlichen Gemeinden, besonders der heidenchristlichen, unter einander in den allerersten Zeiten, ergeben solche Ausführungen eine rege, selbstlose und freudige Teilnahme an der Ausbreitung und Entfaltung des Glaubens, die nicht zu bemängeln oder herabzusetzen sucht, die vielmehr gern anerkennt und sich dadurch zur Nachahmung angeeifert fühlt.

In den genannten Einschränkungen des ἐν παντὶ τόπῳ bewegt sich auch v. 9: αὐτοὶ γὰρ περὶ ἡμῶν ἀπαγγέλλουσιν κτλ. Die αὐτοί — ein Gegensatz zu ἡμᾶς — sind jene aus Macedonien, Achaja und jeglichem Orte, die dem Apostel ihre erhaltene Nachricht über die Thessalonicher — das περί ἡμῶν gilt nicht dem Apostel und seinen Begleitern allein, sondern auch den Thessalonichern, die mit darunter begriffen sind — mitteilen. Diese berichten von dem Eintritte (ὁποίαν εἴσοδον) in Macht, im heiligen Geiste und vieler Überzeugung — vgl. v. 5 —; erzählen aber auch die Wirkungen desselben, die Abkehr vom Götzendienste und die Zuwendung zu wahrem Gottesdienste, die Annahme des Evangeliums in einer Weise (πῶς), die bereits v. 6 beschrieben ist. Es berücksichtigt dabei der Apostel besonders die Heidenchristen: θεὸς ζῶν [2]) steht im Gegensatze zu den toten Götzen-

v. 9.

---

[1]) Vgl. II. Kor. 3, 16; Philem. 5 (πρὸς τὸν κύριον Ἰησοῦν).
[2]) Vgl. z. B. Joh. 5, 26; Röm. 4, 17; 9, 26; Hebr. 3, 12; 9, 14.

bildern [1]), *ϑεὸς ἀληϑινός* [2]) zu Göttern, die keine sind. In der
Zusammenstellung dieser beiden Eigenschaften Gottes scheint auch
enthalten zu sein, daß Gott dadurch, daß Er Leben ist und
Leben spendet, sich als den wahren Gott erweist [3]). Solcher
Gedanke vermittelt auch einen Zusammenhang mit

v. 10.   dem folgenden Verse — *καὶ ἀναμένειν κτλ.* —, in welchem
die Erwartung der Wiederkunft des Herrn mit der Thatsache
Seiner Auferweckung von den Toten in einem Zusammenhang
gebracht ist. *Ἀναμένειν*, das parallel zu *δουλεύειν* steht und
darum als Infin. der Absicht, um zu erwarten, gefaßt werden
muß, bezeichnet das mit Beharrlichkeit verbundene Harren. Naheliegend ist, daß die Erniedrigung des Gekreuzigten,
die Verfolgungen und Unterdrückung der Kirche den Christen
als Einwände entgegen gehalten, daß dem gegenüber aber auf
die Wiederkunft des Herrn in Seiner Herrlichkeit und den damit
verbundenen und vor aller Welt offenbaren Triumph der Kirche
hingewiesen wurde. Das Verlangen hiernach mußte natürlich
um so größer und sehnsüchtiger sein, je schwerer die Bedrängnisse und Verfolgungen empfunden wurden. Daß aber die Lobredner der Thessalonicher gerade deren Hoffnung auf die
zweite Parusie des Herrn hervorheben, läßt erkennen, wie diese
Tugend — und das gerade aus Anlaß der durch Juden verursachten Verfolgungen — in den Vordergrund getreten war. Indem
der Apostel dieser speciellen Anerkennung beipflichtet, ist er dazu
auch dadurch, daß es gerade hier noch einer besonderen Belehrung

---

[1]) Vgl. z. B. Ps. 115, 4 ff.; Weish. 3, 10; Röm. 1, 23. *εἴδωλον* außer
beim h. Paulus — Röm. 2, 22; I. Kor. 8, 4. 7; 10, 19; 12, 2; II. Kor. 6, 16 —
sonst selten im N. T. gebraucht.

[2]) Vgl. Joh. 17, 3; I. Joh. 5, 20.

[3]) „Daß *ἀληϑινῷ* inhaltlich so aufzufassen, geht mit Wahrscheinlichkeit
aus dem folgenden Vs (10) hervor; der allgemeine Begriff des *δουλεύειν ϑ. ζ.
κ. ἀλ.* wäre mit der speciellen Idee des *ἀναμένειν* etc. durch das einfache *καί*
ziemlich linkisch verknüpft, wenn nicht ein ursächlicher Zusammenhang zwischen beiden gedacht wäre: daß der Gott, zu welchem die Th. sich hingewendet, wahrer Gott ist, bewies Er eben dadurch, daß Er, der selber Leben
hat und Leben ist, sich auch als Herrn über Leben und Tod bekundet durch
die Erweckung seines Sohnes, den (in rechter Weise — Capp. IV, V.) zu erwarten, das Hauptgeschäft aller Knechte des lebendigen und wahren Gottes
ist." (Paul Schmidt.)

bedarf, bestimmt. Die Betonung der Auferstehung Jesu von
den Toten — ὃν ἤγειρεν ἐκ τῶν νεκρῶν — ist an sich echt paulinisch [1]). Sie ist der Beweis der Wahrheit des christlichen
Glaubens an den Gott, der Leben ist und wirkt, wie an Jesum,
der die Erlösung vollbracht hat. Seine Auferstehung von den
Toten ist die Bürgschaft, daß Er die Sünde und alle ihre Folgen,
auch den Tod, überwunden hat. Darum liegen in Jesu Auferstehung der Grund und die Bürgschaft auch unserer einstigen Auferweckung, unserer vollen Erlösung. Daher fährt Paulus gleich
fort zu schreiben: Ἰησοῦν τὸν ῥυόμενον ἡμᾶς ἐκ τῆς ὀργῆς τῆς
ἐρχομένης. Jederzeit rettet — Prtc. Praes. [2]) — uns Jesus, und
das Ziel aller Seiner Heilsthaten bis zum Ende der Zeiten ist, uns
vor dem „kommenden Zorne" zu bewahren. ἡ ὀργή ist der Zorn
Jesu, des Richters der Welt [3]). Wann kommt dieser? Der Tag
desselben ist der Tag des jüngsten Gerichtes; doch nicht allein,
nicht ausschließlich. Wie alttestamentliche heilige Schriften in
jedem Gottesgerichte über Israels Feinde den Weltenrichter erkennen, so ist auch jedes Strafgericht über die Feinde Christi
und Seines Reiches eine Wirkung τῆς ὀργῆς, und der Apostel
nennt es hier τῆς ἐρχομένης, weil es noch bevorsteht und weil es
ein Teilgericht von dem allgemeinen Weltgerichte ist, in dem es
seinen Abschluß und seine Vollendung bekommt.

II, 1—16: Die Weise und der Erfolg der Wirksamkeit Pauli begründen aufs neue den Dank gegen Gott.

*1. Ihr wisset ja selbst, Brüder, unseren Einzug zu euch, daß
er nicht kraftlos geschah, 2. sondern [4]), obschon wir zuvor, wie ihr
wisset, in Philippi leiden und unwürdige Behandlung ertragen
mußten, hatten wir doch in unserem Gotte die feste Zuversicht, euch
das Evangelium Gottes inmitten vielen Kampfes zu verkünden. 3.
Denn unsere Tröstung, nicht aus Irrwahn, nicht aus Unlauterkeit,
noch [5]) in Betrug —, 4. sondern so wie wir von Gott mit dem Evan-*

---

[1]) Vgl. Röm. 1, 4; 4, 24; 6, 4. 9; 7, 4; 8, 11; 10, 9; I. Kor. 15, 16 ff.;
Gal. 1, 1; Eph. 1, 20; Kol. 1, 18; II. Tim. 2, 8.

[2]) Zu ῥυόμενον vgl. Röm. 7, 24; 11, 26; 15, 31; II. Kor. 1,10.

[3]) Vgl. Röm. 2, 5. 8; 5, 9.

[4]) Die Rec. liest ἀλλὰ καί, ℵABCD etc., alle Uncialen haben das καί nicht.

[5]) Mit ℵABCD* etc. ist οὐδέ zu lesen, nicht mit Rec. nach D*E etc. οὔτε.

gelium betraut zu werden gewürdigt worden sind, also reden wir; nicht wie solche, die Menschen, sondern die Gott [1]), der unsere Herzen erprobt, zu gefallen suchen. 5. Denn weder haben wir uns jemals in der Schmeichelei [2]) Worte bewegt, wie ihr wißt, noch auch, Gott ist Zeuge, unter einem Deckmantel [3]) der Habsucht, 6. noch suchten wir Ruhm von Menschen, weder von euch, noch von anderen, obschon wir gewichtig hätten auftreten können als Apostel Christi, 7. sondern kindlich [4]) wurden wir in eurer Mitte; wie wenn [5]) eine Amme ihre Kinder hegt, 8. so hatten wir in sehnsüchtiger Liebe [6]) nach euch unsere Freude daran [7]), euch mitzuteilen nicht allein das Evangelium Gottes, sondern auch unser Leben, deshalb, weil ihr uns lieb geworden [8]). 9. Ihr erinnert euch

---

[1]) Rec. τῷ θεῷ (ℵ^cAD^c etc.), das τῷ fehlt ℵ*BCD*.

[2]) κολακίας lesen nach ℵACD* etc. Ti. u. WH.; κολακείας nach BD^rE etc. Rec. Ln.

[3]) ℵ*ACDE etc. lesen ἐν προφάσει (Ti.); dagegen ℵ^cB 17. 13 lassen das ἐν weg (WH.); letztere Recens. erscheint als die bessere, da sich mit Rücksicht auf ἐν λ. κολ. der Zusatz leichter erklärt.

[4]) So — νήπιοι — lesen wir mit ℵ*BC*D*FG 5. 23. 26. 31* etc. n^{ser} d. e. f. g. Vulg. (parvuli) copt. aeth. Übersetzungen Clem. Orig. Cyr. Ln WH. Dagegen lesen Rec., Ti.: ἤπιοι = mild, gütig nach ℵ^cAC^cD^cEKLP 17 syr.^{utr.}, arm. Übersetzg. Chrys. Theodrt. Nach der äußeren Bezeugung fällt die Entscheidung zu gunsten von νήπιοι aus, und scheint ἤπιοι eine alte Correctur zu sein. Was den Zusammenhang betrifft, so lassen sich füglich beide passend erklären: ἤπιοι als Gegensatz zu ἐν βάρει εἶναι in dem Sinne von „keinerlei Unterschied der Würde geltend" machend. Dagegen wird besonders der rasche Wechsel der Bilder geltend gemacht, und soll ferner νήπιος „sinnlos" [Holtzmann, P. Schmidt] sein, da es auch bei Paulus immer den Begriff des „Unfertigen, Unentwickelten, Unreifen mit sich führe." Jedoch die auf den ersten Blick mit dieser Leseart — νήπιος — verbundenen Schwierigkeiten in der Erklärung sprechen ja gerade für deren Echtheit, und ist weiteres hierüber dann Sache der Erklärung.

[5]) ὡς ἐάν mit ℵ^cBCD* etc. gegen Rec. ὡς ἄν (ℵ*AD^c etc.).

[6]) Rec. liest mit Minusc. ἱμειρόμενοι; Griesb., Ln, Ti., WH. dagegen mit Recht nach ℵABCD etc. ὁμειρόμενοι, was sich auch dadurch empfiehlt, daß es ein selten — im N. T. nur hier, sonst Ps. 62, 2 bei Symmach. und AC zu Job 3, 21 — gebrauchtes Wort ist. Sym. und AC gebrauchen es als Synonym. von ἐπιθυμεῖν; desgl. Hesychius, Phavorinus, Photius. ἱμειρόμενοι ist also als eine Interpretation des unbekannteren und ungebräuchlicheren Wortes anzusehen.

[7]) Ti. liest nach ℵACD etc. εὐδοκοῦμεν; WH. nach B: ηὐδοκοῦμεν — auch erstere Form könnte ein Impf. mit weggelassenem Augm. sein. (Bisping.)

[8]) ἐγενήθητε nach ℵABCD etc. — nicht γεγένησθε K, Rec. — zu lesen.

ja, Brüder, unserer Mühe und Beschwerde; indem wir Nacht [1]
und Tag arbeiteten — um niemandem beschwerlich zu fallen —
verkündigten wir an euch das Evangelium Gottes. 10. Ihr seid
Zeugen und Gott, wie heilig, gerecht und tadellos wir uns euch,
den Gläubigen, gaben; 11. wie ihr ja wißt, wie wir einen jeden
Einzelnen von euch, wie ein Vater seine Kinder, euch ermahnten
und ermunterten 12. und euch beschworen [2]*), würdig des Gottes*
zu wandeln [3]*), der euch zu Seinem Reiche und zu Seiner Herr-*
lichkeit beruft [4]*).*

13. Und [5]*) darum auch danken wir Gott ohne Unterlaß, daß,*
als ihr von uns die Predigt des Wortes Gottes empfinget, ihr nicht
Menschen-Wort aufnahmt, sondern, wie es in Wahrheit ist, das
Wort Gottes, welches auch in euch, die ihr glaubt, wirksam ist;
14. denn ihr seid, Brüder, Nachahmer der Gemeinden Gottes ge-
worden, die in Judäa sind in Christus Jesus, weil das Gleiche [6]*)*
auch ihr erduldet von den eigenen Volksgenossen, wie auch sie von
Juden, 15. welche sowohl den Herrn Jesum getötet haben, als auch
die Propheten [7]*) und uns* [8]*) verfolgen und Gott nicht gefallen und al-*
len Menschen Feind sind, 16. da sie uns den Heiden zu predigen,
damit sie gerettet werden, wehren, auf daß sie voll machen ihre
Sünden jederzeit [9]*). Gekommen aber ist* [10]*) über sie der Zorn* [11]*)*
bis zum Ende.

---

[1] νυκτὸς γάρ der Rec. lesen nur DcE etc., während das γάρ in ℵABCD*F
etc. fehlt.

[2] Rec. Ln μαρτυρούμενοι haben nur D*FG; μαρτυρόμενοι — Ti., WH. —
aber ℵBDbcE etc.

[3] Rec. περιπατῆσαι mit DcEKL; περιπατεῖν (Ti. WH.): ℵABD*FGP.

[4] Schwer ist zu entscheiden, ob nach ℵA καλέσαντος oder nach BDEF
etc. καλοῦντος Ti. WH.) zu lesen ist.

[5] Rec. fehlt καί (DEFG etc.); ℵABP lesen καὶ διά . . .

[6] τὰ αὐτά: ℵBDE etc.; Rec. ταῦτά: A u. Minusc.

[7] Rec. liest ἰδίους προφήτας, allein ἰδίους fehlt ℵABD*E*F etc. 17. 71.
80 etc.

[8] Die Rec. liest irrig ὑμᾶς.

[9] B fehlt das τὰς ἁμαρτίας.

[10] Ti., WH. lesen nach ℵACDbcE etc. ἔφθασεν, wogegen BD* (Ln) ἔφθακεν haben.

[11] DEFG u. Vulg. goth. Übersetzung fügen zu ὀργή noch τοῦ θεοῦ ausführ-
rend hinzu.

Bisher war der Hauptgedanke, stets ist dem Dank gegen
Gott für die Auserwählung der Thessalonicher Ausdruck zu geben; für eine Auserwählung, welche in dem übernatürlichen
Charakter der Verkündigung des Evangeliums, wie in der wunderbaren Aufnahme desselben seitens der Bekehrten in einer
Weise ersichtlich ist, daß der Ruf davon sich allgemein verbreitete. Für die Wahrheit dessen aber tritt außer dem Zeugnisse anderer auch das der Thessalonicher selbst ein. Wie 1,
9. 10 auf 1, 5—8 zurückgehen, so knüpft c. 2 zunächst an 1,
9. 10 und damit auch an 1, 5—8 an. Da nun c. 1 die Ausführung der Gründe der steten Dankbarkeit gegen Gott ist, so
liegt es nahe, auch in c. 2, 1 ff. in einer andern Weise einen
gleichen Zweck verfolgt zu sehen, und es beginnt das αὐτοὶ γὰρ
wieder eine Begründung des εὐχαριστοῦμεν [1]). Solches Beherrscht-
sein von dem Bewußtsein beständiger Dankespflicht gegen Gott, das
ein neues εὐχαριστοῦμεν als selbstverständlich ansieht, entspricht
voll und ganz paulinischer Denkungsweise. Daß aber diese Gedankenverbindung in der That die richtige ist, das beweisen
v. 13 — καὶ διὰ τοῦτο καὶ ἡμεῖς εὐχαριστοῦμεν — und der Parallelismus von c. 1 und c. 2, 1—16.

Was veranlaßte wohl den Apostel, nochmals die Weise
der eigenen Wirksamkeit betonend, auf die Begründung des
Dankes gegen Gott zurückzukommen? Wenn auch specielle
Nachrichten darüber fehlen, so bietet doch die folgende Ausführung selbst eine Erklärung. Bekannt ist, wie die Juden den
Apostel verfolgten, ihn zu verdächtigen und zu verleumden
suchten; was sie jedoch vorbrachten, das wird aus der Thessalonicher eigener Erfahrung widerlegt, welche bestätigt, daß Paulus kein falscher Lehrer ist. Die Verfolgung selbst ist ein
Merkmal wahrer Nachfolge Jesu und dient dem Apostel zur
Bestätigung, daß seine Predigt dem göttlichen Rufe conform
ist. Darum hat er um so mehr wieder Grund, Gott zu danken,
der ihn in solcher Weise Aufnahme finden und wirken ließ.

---

[1]) Nicht dankt der Apostel dafür, „daß die Art ihres Einzuges zu den
Thess. diesen bekannt blieb", sondern für den Einzug und die Aufnahme
des Evangeliums selbst, wovon nicht nur andere, sondern auch die Thess.
selbst Zeugen sind. So wenig zuvor der Apostel deshalb gedankt, daß andere es wissen, so wenig dankt er c. 2 dafür, daß den Thess. ein Gleiches
bekannt ist.

Seinen Einzug nennt er *ού κενή* [1]). Verschiedenartig wird v. 1. die Bedeutung des *κενή* wiedergegeben: als gleichbedeutend mit „lügnerisch", „trügerisch" oder „fruchtlos". In dem folgenden Gegensatze — *έπαρρησιασάμεθα έν τῷ θεῷ* — jedoch ist die nähere Bestimmung zu finden. Darnach besagt *κενή*: ohne das Wirken Gottes als der ersten Ursache sein, weshalb die Übersetzung mit „kraftlos", „wirkungslos", die auch dem *ούκ έν λόγῳ μόνον* (1, 5) entspricht, zutreffend ist.

Pauli *είσοδος* war im Gegenteil — *άλλά* — einer: *έν τῷ* v. 2. *θεῷ*, und darum mußte er seiner Natur nach auch wirksam sein. Um diesen übernatürlichen Charakter aber noch mehr ins Licht treten zu lassen, schickt er voraus, daß die den Thessalonichern bekannten, in Philippi gemachten schlimmen Erfahrungen ihn nichts weniger als eingeschüchtert haben. Es erzählt bekanntlich die Apostelgeschichte [2]), wie Paulus und Silas daselbst gefangen nommen, gegeißelt — woran besonders das *ύβρισθέντες* erinnert — und eingekerkert worden waren. Wie dieses nun den Th. bekannt geworden ist, kann dahin gestellt bleiben; leicht ist es möglich, daß der Apostel sonst zu ihnen gelangte Nachrichten bestätigt hat, weil eben die Verfolgungen ein Kennzeichen der Nachfolge Christi sind. Natürlicher Weise hätten diese Leiden und übermütige, überlegen thuende Behandlungsweise eine Einschüchterung bewirken sollen; doch dem war nicht so; Paulus und Silas traten vielmehr freimütig und zuversichtlich auf (*παρρησιάζεσθαι*), wozu ihnen von Gott die Kraft gegeben wurde. Dieses *έν τῷ θεῷ* sagt, daß der Apostel sich bewußt ist, jederzeit nur ein Werkzeug in Gottes Hand zu sein. Die Sicherheit seines Auftretens kann er selbst nicht verkennen, will es auch gar nicht; doch führt er sie in aller Demut auf Gott zurück. Aber auch in Thessalonich war die Predigt des Evangeliums mit vielem Kampfe verbunden. Das *έν πολλῷ άγῶνι* erklärt und beschreibt der Bericht der Apostelgeschichte [3]); es sind äußere Anfeindungen, die den Apostel schließlich, Thessalonich zu ver-

---

[1]) Vgl. zu *κενή*: I. Kor. 15, 10 u. 14; II. Kor. 6, 1; Gal. 2, 2. Auch das *οίδατε* ist eine charakteristische paulin. Formel für die Berufung auf etwas Unbestrittenes (Röm. 6, 16; 11, 2; I. Kor. 3, 16; 5, 6; 6, 2, 3 etc.

[2]) c. 16, 12 ff.

[3]) 17, 7 ff.

lassen, genötigt hatten. Weder durch frühere noch durch neue Kämpfe werden der Apostel und seine Begleiter entmutigt; in jenen wie diesen leuchtet das ἐπαρρησιασάμεθα ἐ. τ. θ., worauf der Nachdruck des ganzen Satzes liegt, hervor.

vv. 3. 4.   Was hätte sie auch einschüchtern sollen? Zu fest begründet ist die Zuversicht; denn — so setzt v. 3 f. fort — unsere παράκλησις ist von Gott. Der Hauptgedanke ist: καθὼς δεδοκιμάσμεθα ὑπὸ τοῦ θεοῦ πιστευθῆναι τὸ εὐαγγέλιον, οὕτως λαλοῦμεν.

Warum wohl nennt ·der Apostel hier seine Predigt des Evangeliums gerade παράκλησις¹)? Da unmittelbar zuvor von Verfolgungen und Kämpfen die Rede ist, so bietet sich als nächstliegende Antwort, daß παράκλησις auch die Bedeutung „Trost" hat, und daß der Inhalt des Evangeliums selbst ein Trost für die bedrängte Kirche ist. Begründet ist solche besondere Benennung der Heilslehre in der prophetischen Ankündigung derselben als eines Trostes: παρακαλεῖτε παρακαλεῖτε τὸν λαόν μου, λέγει ὁ θεός· ἱερεῖς λαλήσατε εἰς τὴν καρδίαν Ἱερουσαλήμ, παρακαλέσατε ᾿αὐτήν ruft Isaias²) dem bedrückten Volke zu. Was ein Paulus die Thessalonicher gelehrt, ist nicht vergleichbar dem, was einst falsche Propheten Israel gesagt, und was ἐκ πλάνης oder ἐξ ἀκαθαρσίας oder ἐν δόλῳ gesprochen worden war. πλάνη ist der Zustand des Getäuschtseins, der Irrwahn; wenn hierbei der Apostel noch nicht an eine betrügerische Absicht denkt, so ist doch ein mehr oder minder großes Verschulden desselben nicht etwa ausgeschlossen³). Schlimmer aber ist ἀκαθαρσία, Unlauterkeit im engeren Sinne ist die gewöhnliche Bedeutung⁴); hier besagt es nach dem Zusammenhange die Un-

---

¹) Nicht selten findet es sich in paulin. Schriften, und zwar in den allgemeinen Bedeutungen, „Ermahnung" — vgl. I. Kor. 14, 3; II. Kor. 8, 17; I. Tim. 4, 13; Hebr. 12, 5; 13, 22; — „Trost" — vgl. Röm. 12, 8; 15, 4. 5; II. Kor. 7, 4. 7. 13; II. Thess. 2, 16 παράκλησιν αἰωνίαν Hebr. 6, 18 —; den durch Christus gewordenen Trost — vgl. II. Kor. 1, 3—7; Act. 13, 15 ist unter παράκλησις der Lehre vom Messias und ·Luk. 2, 25 der Messias selbst [מְנַחֵם] verstanden.

²) c. 40, 1 f.

³) Vgl. Röm. 1, 27: πλάνη vom Irrwahn des Götzendienstes.

⁴) Vgl. Röm. 1, 21; 6, 19; II. Kor. 12, 21; Gal. 5, 19; Eph. 4, 19; 5, 3; Kol. 3, 5; I. Thess. 4, 7.

lauterkeit der Absicht speciell beim Verkünden des Evangeliums, und sind wohl besonders — wie später ersichtlich — Habsucht und Ehrsucht gemeint. *δόλος* endlich ist die betrügerische Absicht. Bezeichnend sind die Präpositionen *ἐκ π.* und *ἐξ ἀ.* gewählt; hier handelt es sich mehr um den Ausgangspunkt; dagegen *ἐν δ.*, weil *δόλος* die ganze Handlungsweise bestimmt, gewissermaßen die Form oder Seele derselben ist.

Während v. 3 in negativer Weise das zuversichtliche Auftreten begründet, nennt v. 4 den positiven Grund hierfür. Wie die Bezeichnung *παράκλησις* an die Propheten, speciell an den alttestamentlichen Evangelisten, Isaias, erinnert, so mögen wohl auch *πλάνη*, *ἀκαθαρσία* und *δόλος* weniger durch derartige bestimmte Vorwürfe von seiten der Feinde Pauli, als mehr durch den Gedanken an die falschen, von solchen Motiven geleiteten Propheten, deren Wirken die Juden in Th. fortsetzten, veranlaßt sein. Der Apostel stellt sich in Gegensatz zu dem Unberufenen, indem er seinem Bewußtsein, von Gott berufen zu sein, Ausdruck giebt: *δεδοκιμάσμεθα ὑπὸ τοῦ θεοῦ*. *δοκιμάζειν* heißt „prüfen", „erproben", alsdann auch „für würdig erachten"; es entspricht also unserm „würdigen", das ja nach dem Zusammenhange beide Bedeutungen zuläßt. Für eine Controverse darüber, ob die „Würdigung" mit Rücksicht auf ein Verdienst stattgefunden oder nicht, bietet *δοκιμάζειν* keinen Anhaltspunkt. In diesem Worte ist allerdings gelegen, daß die Berufung eine gewisse Disposition dazu voraussetzt, aber es ist nicht darin enthalten, ob und in wie weit sie durch die freie Mitwirkung des Menschen mit vorbereitet ist. Gnade und freier Wille wirken eben zu einem Producte, zum Geeignetsein für das „Anvertrauen des Evangeliums" (*πιστευθῆναι* [1]) *τὸ εὐαγγέλιον*), zusammen.

Aus dem Vergleiche *καθὼς ... οὕτως* ergiebt sich, daß der Weise der Berufung Pauli zum Apostolate die Ausübung desselben entspricht. Zur Ausführung dieses Vergleiches böte die Lebensgeschichte des Apostels treffende Gesichtspunkte; doch gilt es, gerade jene Erwägungen, welche die Seele Pauli, da sie dieses schrieb, erfüllten, kennen zu lernen. Diese werden uns durch die folgenden Ausführungen erschlos-

---

[1]) *πιστεύομαι τι* auch sonst vom h. Paulus gebraucht; vgl. Röm. 3, 2; 1. Kor. 9, 17; Gal. 2, 7.

sen: οὕτως λαλοῦμεν . . . Dieses οὕτως wird zuerst dahin bestimmt, daß der Apostel nicht Menschen, sondern Gott gefallen wollte gemäß (καθώς) dem, daß er in keines Menschen, sondern nur in Gottes Dienst, Der allein und Der unmittelbar ihn berufen hat, steht. Die Menschen urteilen nur nach dem, was sie kund geben; anders Gott. Um Ihm ganz zu gefallen, müssen auch alle und die innersten Gedanken auf Ihn gerichtet sein, denn er „prüft" — diese specielle Bedeutung hat hier δοκιμάζειν — „die Herzen" — τῷ δοκιμάζοντι τὰς καρδίας ἡμῶν.

vv. 5. 6.   Daß der Apostel in der Waltung seines Amtes also gehandelt und gedacht, dafür tritt er nun den Beweis (γάρ) an. In solcher Weise dient nämlich der Mensch Gott, wenn er sich von keinen anderen irdischen, damit unvereinbaren Rücksichten bestimmen läßt. Demgemäß hat sich Paulus weder durch Scheu, etwas zu sagen, was nicht gern gehört wird, noch durch das Verlangen, den Zuhörern zu schmeicheln — οὔτε γάρ ποτε ἐν λόγῳ κολακίας ἐγενήθημεν [1] —, noch durch egoistische Beweggründe jemals beeinflussen lassen; und zwar weder durch niedere Habsucht, für welche die Predigt des Evangeliums den Deckmantel abzugeben hätte — οὔτε προφάσει πλεονεξίας [2] —, noch durch irgend welches selbstsüchtige Verlangen und Suchen [3] nach einem Ruhme, der im Urteile der Menschen — οὔτε ζητοῦντες ἐξ ἀνθρώπων δόξαν — gründet, und der ihm von den Thessalonichern, denen er gepredigt, oder von anderen — οὔτε ἀφ᾽ ὑμῶν οὔτε ἀπ᾽ ἄλλων — gezollt werden möchte. Daß des Apostels Rede fern von Schmeichelei, das bezeugen die Thessalonicher; daß seine Absicht in jeglicher Weise selbstlos war, dafür ruft er Gott als Zeugen an [4].

Der Apostel schreibt aber nicht, daß er überhaupt nach keiner δόξα trachte, sondern daß er keine ἐξ ἀνθρώπων erstrebe,

---

[1] γένεσθαι ἔν τινι = mit etwas umgehen, sich mit etwas befassen, sich in etwas bewegen. Vgl. Gal. 4, 16. 17; 6, 12. 13.

[2] Vgl. zu πρόφασις Act. 27, 30; Phil. 1, 18.

[3] Zu ζητεῖν für selbstsüchtiges Trachten vgl. Röm. 10, 3; I. Kor. 10, 24. 33; 13, 5.

[4] Vgl. zu diesem Anrufen Gottes als Zeugen Röm. 1, 9; II. Kor. 1, 23; Phil. 1, 8.

wozu im Gegensatze die *ἐκ θεοῦ*, d. i. jene, die in Gott gründet,
steht, und diese ist des Apostels Ziel. Zum Amte eines Apostels erwählt zu sein, ist gewiß auch eine *δόξα*, welche von Gott
gegeben ist, ist eine Würde, die auch von seiten der Menschen
eine Anerkennung eintragen könnte; jedoch hiernach zu verlangen, lag ebenfalls dem Apostel fern; ja so fern, daß sein
Auftreten dem eines *νήπιος* vergleichbar gewesen ist.
Nicht zufällig also ist der Wechsel der Präposition *ἐκ* und *ἀπό*:
jene bezeichnet das Urteil der Menschen als Grund der *δόξα*,
diese weist auf die Anerkennung irgend einer in der That bestehenden Ehre hin. Indem nun Paulus diesen Wechsel *ἀπό*
statt *ἐκ*, vornimmt, schließt er *δυνάμενοι ἐν βάρει εἶναι ὡς Χριστοῦ
ἀπόστολοι* ohne Wiederholung des *ζητοῦντες δόξαν*, wovon es
abhängig, lediglich an das *οὔτε ἀφ' ὑμῶν οὔτε ἀπ' ἄλλων* an.
Da das *ἐν βάρει εἶναι* sich nur hier findet, so ließe an sich dessen Bedeutung „in Gewicht sein" wohl den Sinn der Vulgata
(oneri esse), so viel als *ἐπιβαρεῖν* [1]), zu, und könnte dabei an ein
Beschwerlichfallen durch die Forderung des Lebensunterhaltes
gedacht werden. Allein solcher Sinn paßt weder zum Vorausgehenden, dem Nichtsuchen jeglicher Ehre, noch auch zum folgenden Gegensatze: *ἀλλὰ ἐγενήθημεν νήπιοι* [2]). Es dürfte wohl
nicht Pauli Absicht gewesen sein, *ἀπόστολοι* in dem strengen
Sinne zu meinen, in dem er diesen Begriff im Galaterbriefe darzulegen Veranlassung hat. Ist dem nicht so, dann ist er allgemeiner von Christi Gesandten auszulegen, und schreibt der Apostel auch noch jetzt mit im Namen seiner Mitarbeiter Silvanus
und Timotheus und erst später — vv. 17. 18 — nur für sich
allein. Wenngleich nun *ἀπόστολοι* nicht im ganzen Vollbegriff
dieses Amtes zu verstehen ist, so erhält es doch durch das
Χριστοῦ den höchsten Nachdruck. Christi Gesandte zu sein
— ist dieses nicht ein Dienst, der ein *ἐν βάρει εἶναι*
rechtfertigt?

Allein — v. 7 — den Kindern vergleichbar, setzt der Apo-   v. 7.

---

[1]) Vgl. v. 9; II. Thess. 3, 8; II. Kor. 11, 9; 12, 16.

[2]) Ein Gleiches würde auch von der Recens. *ἤπιοι* gelten: „mit amtlichem
Gewicht auftreten einerseits und: affabiles esse (*ἤπιοι*) d. h. die Gesinnung
hegen, die freundlich, zutraulich sein will gegen jedermann und keinerlei Unterschied der Würde geltend macht". (P. Schmidt.)

stel fort, traten wir auf. Wenn in der heil. Schrift, besonders
aber in den paulinischen Briefen, *νήπιος* gebraucht wird, dann
steht es im Gegensatze zu *ἀνήρ* überhaupt [1]), oder zum vollen,
selbständigen Manne, *ἀνήρ τέλειος* [2]), oder zu den „Weisen" und
„Klugen" der Welt — *σοφοὶ καὶ συνετοί* [3]) —, oder es bezeichnet den Unmündigen, der noch unter Vormündern steht [4]), den
Anfänger im Christentum [5]), oder es ist auch neben *ἄφρονες* [6])
gestellt. Aus allen diesen Stellen — es sind sämtliche, an denen im neuen Testamente dieses Wort gebraucht wird — muß
also jeweilig der Gegensatz erst den Vergleichungspunkt
bestimmen [7]). Dieser aber ist an unserer Stelle hier: „gewichtig
auftreten", von dem Ansehen, welches das Amt verleiht, keinen entsprechenden Gebrauch machen; also besagt hier *νήπιοι*: vollkommen
anspruchslos sein und sich ganz auf die Stufe der Thess. herab-
lassen (*ἐν μέσῳ ὑμῶν*). Die Rücksicht auf den Standpunkt der
Gemeinde zur Zeit, da Paulus in ihrer Mitte weilte, mag gerade
die Wahl dieses Wortes für solchen Vergleich mit veranlaßt
haben. Denn *νήπιοι* konnten die jungen Christen in Thessalonich unter gleichem Gesichtspunkte genannt werden, unter dem
der Herr einst seine Jünger also anredete [8]).

Die in *ἐν μέσῳ ὑμῶν* bereits angedeutete liebevolle Herablassung zu den Thessalonichern vermittelt den Übergang zum
folgenden Bilde, das die selbstloseste und liebreichste Hingabe an die Gläubigen ausführt [9]). Ein neuer, selbständiger
Gedanke — nicht bloß eine Fortsetzung von v. 7a — ist es, der

---

[1]) I. Kor. 13, 11; vgl. Mt. 21, 16.

[2]) Ephes. 4, 14.

[3]) Luk. 10, 21; Matth. 11, 25.

[4]) Gal. 4, 3. — [5]) I. Kor. 3, 1; Hebr. 5, 13.

[6]) Röm. 2, 20.

[7]) Darum bereits trifft es nicht zu, daß *νήπιος* zu lesen „sinnlos" (Holtzmann, P. Schmidt) sein soll, „da es auch bei Paulus immer den Begriff d. s
Unfertigen, Unentwickelten, Unreifen" mit sich führe.

[8]) Vgl. wieder Luk. 10, 21; Matth. 11, 25. Estius: Cum apud vos
essemus, nec opus nec gloriam quaesivimus, sed fuimus inter vos parvuli, id
est, humiliter ac submisse nos gerentes, itemque lenes et placidi: nec auctoritatem praeferentes, nec allegantes potestatem.

[9]) Darum ist der Wechsel der Bilder von „kindlich" zu *τρόφος* gar keine
„Absurdität". (Wolf. P. Schmidt.)

mit ὡς eingeleitet und mit οὕτως — v. 8 — ausgeführt wird.
Wie der Apostel später — v. 11 — und auch sonst — I. Kor.
4, 15; Philem. 10 — sich als geistigen Vater seiner Gläubigen
bezeichnet, so vergleicht er hier sein Wirken in Thessalonich
mit der ganzen und vollen Hingabe einer Mutter, die ihre
Kinder nährt. Das Bild von τροφός und θάλπῃ [1]) wird in diesem Sinne vom Apostel selbst —

v. 8 — angewendet. Mitteilen, nur mitteilen zu können, v. 8.
ist sein sehnsüchtiges Verlangen (ὁμειρόμενοι) [2]), und zwar nicht
nur das Evangelium, sondern auch das eigene Leben [3]), weil zu
μεταδοῦναι nämlich auch τὰς ἑαυτῶν ψυχάς zu beziehen ist. Es
handelt sich nicht darum, wie dieses geschehen könnte [4]), sondern nur um den Ausdruck der Bereitwilligkeit, alles den Thess.,
im Gegensatz zum Suchen für sich selbst, zu geben. Hierfür ist
der Beweggrund (διότι) die Liebe, aber nicht eine natürliche,
sondern die übernatürliche, welche in der heiligmachenden Gnade
gründet und die Gläubigen unter sich und mit dem Apostel
durch das lebendige Band, welches Christus selbst ist, verbindet. In diesem Sinne kann er sagen, daß die Thess. ihm lieb
„geworden sind“, seitdem sie Christen geworden sind. Solche
Liebesquelle flößt auch solche Selbstaufopferung ein.

Für alles das, was Paulus von v. 3 an gesagt, wird nun v. 9.
der Beweis — γάρ — der Thatsächlichkeit — ohne daß dabei dieselbe Reihenfolge eingehalten wird — angetreten, und
hierbei die Erinnerung der Thess. zum Zeugen genommen [5])
Mühe und Beschwerde hat er ertragen und alle seine Kraft ih-

---

[1]) τροφός nur hier, θάλπειν nur noch Ephes. 5, 29.

[2]) Immerhin ist die Bedeutung des ὁμείρομαι durch die wenigen Stel-
len, wo es vorkommt, feststehend, und erhält hier im Zusammenhange eine
Bestätigung, wenn auch die Ableitung desselben nicht ganz zweifellos ist, ob
Vorschlagsilbe ο und μείρεσθαι, oder ob ὁμοῦ und εἴρειν. Vgl. Grimm, n. t.
Lexicon für die erstere Ableitung.

[3]) ψυχή für „Leben“ vgl. Röm. 11, 3.

[4]) Darum glaube ich nicht, daß es nötig ist, „aus μεταδοῦναι das Verbum δοῦναι in der Bedeutung von ‚hinopfern“, die allein für den zweiten
Accusativ paßt, herauszunehmen.“ (Bisping.)

[5]) Zu verschiedenen anderen Ansichten über die Verbindung wären zu
vgl. Lünemann und Röhm.

nen gewidmet, da er auch des Nachts als Zeltmacher arbeitete;
vorab, um sich seinen Unterhalt selbst zu erwerben, und so niemandem zur Last fallen [1]) zu müssen, den Tag aber der Predigt
des Evangeliums widmen zu können. Solches Wirken steht in
entschiedenem Gegensatze zu einem, das von Habsucht bestimmt
ist (v. 5b), paßt aber auch zu dem Bilde von der Mutterliebe zu
den Kindern, die nur geben will. Da somit ein gewisser Nachdruck auf dem *πρὸς τὸ μὴ ἐπιβαρῆσαι* liegt, so erklärt es sich,
warum zuerst die Nacht genannt wird [2]).

v. 10.   Es hat der Apostel für die Selbstlosigkeit seiner Handlungs-
und Gesinnungsweise schon — v. 5 — die Thess. und Gott zu
Zeugen angerufen und weiß, daß sie ihm bezeugen, *ὡς ὁσίως...
κτλ.* Wohl ist es richtig, daß das klassische Griechisch *ὁσίως*
gern von dem pflichtmäßigen Verhalten gegen Gott, *δικαίως* von dem
pflichtmäßigen Verhalten gegen den Mitmenschen gebraucht [3]);
allein im biblischen Sprachgebrauche kann solches Auseinanderhalten nicht consequent durchgeführt werden [4]) und ist wohl
auch hier vom Apostel gar nicht beabsichtigt. Volle Pflichttreue,
der keine Makel — *ἀμέμπτως* — anklebt, ist darin ausgesprochen. Es ist daher nicht unmöglich, den folgenden Dativ —
„*ὑμῖν τοῖς πιστεύουσιν*“ — zu allen drei Adverbien zu beziehen
und im Sinne eines Dativus commodi zu verstehen: zu eurem
Besten, ihr Gläubigen. Aber dann legte sich so leicht die Frage
nahe, für Nichtgläubige also nicht? Besser scheint mir darum
die Fassung als Dativ des Urteils: für euch die Gläubigen, und
der Sinn ist: „Für euch, die ihr mein Betragen im Lichte des
Glaubens beurteilt, war dasselbe heilig, gerecht und tadellos;
Ungläubigen erschien es allerdings als das gerade Gegenteil, wie

---

[1]) Zur Erklärung von *πρὸς τὸ μὴ ἐπιβαρῆσαι* vgl. I. Kor. 9, 6 ff.; nur hat
Paulus keinen Grund, den Thessalonichern gegenüber des Näheren darauf
einzugehen, anders war es bei den Korinthern. Vgl. II. Thess. 3, 8. Zu *ἐρ-
γάζομαι*: um Lohn arbeiten vgl. I. Kor. 9, 6; *ταῖς χερσίν* das. 4, 12.

[2]) Zu anderen Ansichten vgl. Röhm.

[3]) Die hierfür citierten Stellen sind besonders Plat. Gorg. 507 b: *περὶ
μὲν ἀνθρώπους τὰ προσήκοντα πράττων δίκαι ἂν πράττοι, περὶ δὲ θεοὺς ὅσια.* Polyb.
23, 10, 8. vgl. Grimm, n. t. Lex. unter *ὅσιος*.

[4]) Vgl. z. B. Luk. 1, 75 und den Begriff *δικαιοσύνη*; *δίκαιος* wird bekanntlich oft vom Verhältnisse zu Gott gebraucht.

ihr Verhalten gegen mich (Act. 15, 5 ff.) deutlich bewies."
(Bisping.)

In enger Verbindung hiermit setzt der Apostel — vv. 11 f. — vv. 11.12.
fort, so daß ἐγενήθημεν als verbum finitum für die folgenden
Participien zu ergänzen ist. Für ein Dreifaches ruft er die Thess.
als Zeugen an [1]). Vorab, daß seine Thätigkeit nicht allein im
allgemeinen alle ausnahmslos umspannt, sondern auch jedem
Einzelnen zu teil ward, wie dieses aus dem Gebrauche des εἷς
ἕκαστος ersichtlich ist [2]). Alsdann will Paulus dadurch, daß er
sich mit einem Vater vergleicht, hier nicht sowohl das Band zwischen Erzeuger und Kindern [3]), als vielmehr die Liebe und nicht
ermüdende Sorgfalt betonen, welche sich — und das ist der
dritte Punkt — in den eindringlichsten Ermahnungen offenbart. Mit der Zusammenstellung dreier Ausdrücke verbindet
er zugleich eine Steigerung in den Begriffen — παρακαλεῖν =
zusprechen, ermahnen, παραμυθεῖν = ermuntern [4]) und μαρτύ-
ρεσθαι = bittend beschwören [5]) — und nennt so den höchsten Grad der Liebe und Eindringlichkeit seiner Ermahnungen. Daß hierbei der Apostel das Bild von der „Mutter"
verlassen, dürfte seinen Grund darin haben, daß es sich um die erziehende Thätigkeit, welche vorab dem Vater zusteht, handelt,
und daß also ähnliche Gedanken, wie im I. Kor. 4, 15, wo die
παιδάγωγοι [6]) im Gegensatz zu den Vätern stehen, bestimmend
gewirkt haben.

Zweck aller Ermahnung ist, daß der Wandel der Thess.
— εἰς τὸ περιπατεῖν ὑμᾶς — des Gottes „würdig" sein soll, der
dem Menschen „sein eigenes Reich" und „Herrlichkeit" als Ziel
gegeben hat. Es ist also ein Mitwirken mit der Gnade der Berufung, eine Voraussetzung, von welcher der Apostel ausgeht.
Wohl könnte βασιλεία und δόξα vom Reiche Gottes auf Erden,
von der Kirche und von der zweiten Wiederkunft Christi in

---

[1]) Vgl. den Ausdruck καθάπερ, welcher sich im N. T. nur in paulin.
Briefen findet; außer in diesem noch in Röm., I. u. II. Kor.-Brf. u. Hebr. 4, 2; 5, 4.

[2]) Vgl. Joh. 10, 2. 3 . . . καὶ τὰ πρόβατα τῆς φωνῆς αὐτοῦ ἀκούει, καὶ τὰ
ἴδια πρόβατα φωνεῖ κατ' ὄνομα καὶ ἐξάγει αὐτά.

[3]) Vgl. dagegen I. Kor. 4, 15: ἐν γὰρ Χ. Ἰ. διὰ τοῦ εὐαγγ. ἐγὼ ὑμᾶς ἐγέννησα.

[4]) Vgl Joh. 11, 19. 31. — [5]) Vgl. Ephes. 4, 17. — [6]) Vgl. Gal. 3, 24.25.

Herrlichkeit verstanden werden [1]); jedoch nicht ausschließlich,
weil es sich um das Ziel des Menschen schlechthin handelt,
wozu die Kirche und die zweite Wiederkunft nur der Weg sind.
Es ist nicht unmöglich, daß Paulus — ähnlich wie die Propheten, mit Außerachtlassung des Überganges des einen zum andern —
an das Reich Gottes im weiteren Sinne im Diesseits und Jenseits, an die streitende und triumphierende Kirche gedacht habe,
keinesfalls aber an die erstere, eher noch an die letztere ausschließlich und allein [2]). Gottes Reich und Herrlichkeit sich vorzustellen, bleibt den Thess. überlassen. Daß Gott sie aber hierzu
„beruft", ist ein solches Werk Seiner unendlichen Liebe und
Barmherzigkeit, daß es vom Apostel als kräftigster Impuls zu
einem dementsprechenden Wandel — $\dot{\alpha}\xi\dot{\iota}\omega\varsigma$ [3]) — vorgehalten wird.

Es ist ein ideales Bild apostolischer Wirksamkeit, das Paulus entrollt hat; doch ist er weit entfernt, für sich deshalb eine Ehre
in Anspruch zu nehmen. Ein anderer Gedanke als der, daß er das,
was er ist, durch Gott ist, kommt nicht auf, und durch
den ganzen Abschnitt klingt das $\varepsilon\dot{\upsilon}\chi\alpha\rho\iota\sigma\tau o\tilde{\upsilon}\mu\varepsilon\nu$ hindurch.

v. 13.   Es würde ganz der bisherigen Gliederung entsprechen, wenn
Paulus nun auch nochmals den Thess. selbst sich zuwen-
dete. Im ersten Kapitel nämlich redet er vom eigenen Auftreten (v. 5) und von dem Verhalten der Thess. (vv. 3. 6 ff.);
im zweiten Kapitel finden wir bisher nur jenes in besonderer
Weise ausgeführt, weshalb es der bisherigen Disposition ent-
spricht, dem $\dot{\eta}\mu\varepsilon\tilde{\iota}\varsigma$ auch wieder das $\dot{\upsilon}\mu\varepsilon\tilde{\iota}\varsigma$ parallel zu stellen, und
mit den Gläubigen sich zu befassen. Den bisherigen leitenden
Gedanken, die Danksagung gegen Gott, spricht der Apostel aus-
drücklich aus: $\varepsilon\dot{\upsilon}\chi\alpha\rho\iota\sigma\tau o\tilde{\upsilon}\mu\varepsilon\nu$.

Es ist als selbstverständlich vorauszusetzen, daß alles geistliche Leben durch Gottes Gnaden bedingt ist, und darum vorab
die Thess. selbst Gott Dank zu sagen haben. Doch sie nicht
allein, auch der Apostel ($\varkappa\alpha\dot{\iota}\ \dot{\eta}\mu\varepsilon\tilde{\iota}\varsigma$) schließt sich ihnen an.
Warum das? Weil er in der im Vorausgehenden (vv. 1[b]—12)
geschilderten Beziehung zu ihnen steht: er hat gearbeitet und gewirkt

---

[1]) Vgl. Kol. 3, 4; Joh. 1, 14; 3, 5; I. Joh. 3, 2.
[2]) Vgl. 1, 10; 4, 14. 15. 17; 5, 10; Gal. 5, 21.
[3]) Vgl. Röm. 16, 2; Phil. 1, 27.

gleich einer Mutter, unterwiesen einem Vater vergleichbar, und sein Eintritt zu ihnen blieb nicht „leer", sondern war einer „in Gott". Auf alles dieses weist das τοῦτο hin, und das διὰ τοῦτο begründet darum das καὶ ἡμεῖς [1]). Den Grund aber für die beständige Danksagung, die eine gemeinsame ist, nennt das ὅτι παραλαβόντες . . . κτλ. Das παραλαμβάνειν bezeichnet das objective Empfangen [2]), δέχεσθαι aber giebt mehr dem Aufnehmen und zu Eigenmachen Ausdruck [3]). Unter λόγος ἀκοῆς ist das gehörte Wort, die Predigt [4]), welche zwar der Apostel und seine Begleiter gehalten, παρ' ἡμῶν, die aber das Wort Gottes (τοῦ θεοῦ) ist, zu verstehen. Als das, was sie in Wahrheit ist, haben die Thess. sie in ihre Herzen aufgenommen, nämlich: οὐ λόγον ἀνθρώπων . . . κτλ. Dem Menschenworte wird das Gotteswort entgegen gestellt, und der wesentliche Unterschied zwischen beiden durch: ὃς καὶ ἐνεργεῖται ἐν ὑμῖν bestimmt; die Bedingung für die Wirksamkeit ist enthalten in: τοῖς πιστεύουσιν. Die Vulgata übersetzt allerdings: verbum Dei, qui operatur; doch ist die Beziehung des Relativsatzes auf λόγος die richtige, weil dieser der Hauptbegriff ist, der Gegensatz zu λόγος ἀνθρώπων, und weil der h. Paulus bei θεός nicht das Medium, sondern das Activum von ἐνεργεῖν zu gebrauchen pflegt [5]).

Das Gotteswort wirkt die Schöpfung: Gott sprach und es ward. „Denn gleichwie herabfährt der Regen und der Schnee vom Himmel und dorthin nicht zurückkehrt, er hat denn die Erde durchfeuchtet und sie grünend gemacht, und dargereicht Samen dem Säemann und Brot dem Essenden: also wird mein

---

[1]) Die Beziehung des διὰ τοῦτο wird sonst verschiedenartig zu erklären gesucht: es wird auf τοῦ καλοῦντος ὑμᾶς — v. 13 — [Olshaus., Bisp., Lünem.] oder auf vv. 11 u. 12 die nachdrücklichen Ermahnungen [Flatt], oder auch auf εἰς τὸ περιπατεῖν ἀξίως bezogen. Auf das ganze c. 2, 1—12 beziehen es Hofm., Holtzm., P. Schmidt, Röhm.

[2]) Vgl. I. Kor. 11, 23; 15, 1. 3; Gal. 1, 9. 12.

[3]) Vgl. 1, 6; II Kor. 8, 17.

[4]) Vgl. Röm. 10, 16. 17 — ἡ πίστις ἐξ ἀκοῆς, ἡ δὲ ἀκοὴ διὰ ῥήματος θεοῦ; vgl. Gal. 3, 2.

[5]) Vgl. I. Kor. 12, 6 — ὁ ἐνεργῶν τὰ πάντα —; 12, 11; Gal. 2, 8; 3, 5; Ephes. 1, 11. 20; 2, 2; Phil. 2, 13. Dagegen von Sachen und anderen Ursachen das Med.; vgl. Röm. 7, 5; II. Kor. 4, 12; II. Thess. 2, 7: μυστήριον ἤδη ἐνεργεῖται τῆς ἀνομίας.

Wort, welches hervorgeht aus meinem Munde, nicht zurückkehren fruchtlos zu mir, es hat denn das vollbracht, was ich gewollt
und glücklich ausgeführt, wozu ich es entboten". So leitet der
Seher Isaias [1]) eine Schilderung des Messiasreiches als einer
neuen übernatürlichen Schöpfung ein. „Lebendig" nennt der He-
bräerbrief „Gottes Wort [2]) und kräftig und schneidender denn jeglich
zweischneidig Schwert [3]) und durchdringend bis es teilet Seele
und Geist, die Fugen und das Mark, und ein Richter der Gedanken und Gesinnungen des Herzens" [4]).

So handelt es sich auch hier zwar zunächst auch um ein
„Wort Gottes", das in diesem Sinne wirksam ist, doch bestimmt
es der ganze Zusammenhang näher, daß es speciell das Evangelium ist. Dieses ist also nicht bloß Lehre, sondern ist auch
eine Kraft zum Heile [5]), ist auch Gnade. Es handelt sich hier
also nicht um den Ausspruch des johanneischen Logosbegriffes,
aber consequent führt auch die paulinische Speculation in ihrer
eigenen Weise zum gleichen Resultate. Die wirkende Ursache
im Evangelium als Wort und Gnade ist Christus Selbst [6]), der
Sich den Weg, die Wahrheit und das Leben nennt [7]), und in
Dem (— der folgende Vers enthält bereits wieder das ἐν Χριστῷ
Ἰησοῦ —) alles übernatürliche Leben wurzelt.

v. 14.   Der Apostel tritt den Beweis an, daß in den Thess. das
„Wort Gottes" sich wirksam gezeigt. Er findet ihn darin,
daß sie „Nachahmer" der Gemeinden Gottes in Judäa, die in
Christus leben, geworden sind. Eine Voraussetzung, die hierbei
gemacht wird, ist, daß den Thess. auch bekannt ist, wie das
Evangelium in diesen judenchristlichen Gemeinden zu jener Zeit
in der That in unverkennbarer Weise wirksam war. Dieses indirect hier gespendete Lob paßt gerade für die ersten Zeiten,
und ist ein Merkmal der Echtheit dieses Briefes. Wie sehr aber
der Apostel bei seiner persönlichen Anwesenheit dieselben den
Thess. als leuchtendes Vorbild hingestellt haben mag, ist auch

---

[1]) c. 55, 10. 11; Röm. 9, 6.

[2]) c. 4, 12.

[3]) Vgl. Sap. 18, 15. 16; Apok. 1, 18.

[4]) Vgl. Joh. 12, 48: „Das Wort, das ich gesprochen, das wird ihn richten am jüngsten Tage."

[5]) Vgl. Röm. 1, 16. — [6]) Vgl. Röm. 6, 3 ff. Gal. 2, 20. — [7]) Joh. 14, 6.

aus dem großen Erfolge der für sie veranstalteten Collecten ersichtlich [1]). Warum sind die Thess. aber deren Nachahmer geworden? Weil sie ihnen im Leiden gleichförmig geworden sind und darin, was als selbstverständlich angenommen ist, ausgeharrt haben. Diese Gleichförmigkeit wird dadurch charakterisiert, daß die Th. das Gleiche (τὰ αὐτὰ ἐπάθετε), und daß sie es ebenfalls von den eigenen Landsleuten (ὑπὸ τῶν ἰδίων συμφυλετῶν) zu erdulden hatten. Die Landsleute der Gemeinden in Judäa sind natürlich Juden (καθὼς καὶ αὐτοὶ ὑπὸ τῶν Ἰουδαίων), die der Thess. sind deren Mitbürger, wobei ein Unterschied zwischen Heiden und Juden nicht zu machen ist, da ja συμφυλεταὶ und Ἰουδαῖοι nicht in einem Gegensatze zu einander stehen. Hierzu stimmt denn auch der Bericht der Apostelgeschichte [2]), wonach in Thessalonich die Feindseligkeiten von Juden angefangen worden waren, und wobei ihnen heidnische Obrigkeit und Pöbel folgten. Paulus legt einen Nachdruck darauf, daß die Verfolgungen nicht von Fremden, sondern von eigenen Volksgenossen ausgehen, weil dieser Umstand sie einerseits noch härter und schwerer macht, anderseits gerade den übernatürlichen Charakter des Christentums, welches zur Welt in Gegensatz treten muß [3]), zeigt und schließlich eine besondere Nachahmung des Vorbildes Christi, der von den Seinen nicht aufgenommen, sondern getötet wurde, kennzeichnet. Dieser Gedanke ist in v. 15 zwar enthalten, doch nicht deswillen kommt der Apostel auf die v. 15. Juden zu sprechen, sondern weil sie es gerade sind, welche die Wirksamkeit des Apostels bei den Thess. gehindert und die Verfolgung verursacht haben.

In Kürze wird das Verhalten der Juden gegen das „Wort Gottes" besprochen. Die Hauptschuld derselben ist, daß sie den „Herrn", der der Erlöser ist — mit gewissem Nachdrucke das Ἰησοῦν nachgesetzt —, getötet haben. Ein Gleiches haben sie zuvor den Propheten gethan. Die Gestalten eines Isaias, Jeremias bis auf Zacharias, den Sohn des Barachias, und den Vorläufer des Herrn, zu dessen Ermordung die Vornehmen der Galiläer

---

[1]) Vgl. II. Kor. cc. 8. 9. — [2]) c. 17, 5 ff.
[3]) Vgl. z. B. Luk. 21, 16. Mark. 13, 12.

zugestimmt haben, steigen auf und kennzeichnen den Weg des
Abfalles Israels von seinem Gotte, welcher endlich in der Tö-
tung des Erlösers am Ziele angelangt ist. Darum kann es nicht
verwundern, daß sie auch „uns" — es ist möglich, daß Paulus
speciell an sich und seine Begleiter, aber auch, daß er an die
Apostel überhaupt gedacht hat — verfolgen [1] „und Gott nicht
gefallen". Das ϑεῷ μὴ ἀρεσκόντων ist nicht allgemein von Miß-
fallen Gottes zu verstehen — das wäre zu selbstverständlich —,
sondern in dem bestimmteren Sinne des Mißfallens und Verwor-
fen-Seins von Gott. Das μὴ ἀρέσκειν besagt nämlich ein feind-
liches Verhalten gegen Gott, wie dieses daraus ersichtlich, daß
der Apostel im Römerbriefe von der sündhaften menschlichen
Natur zuerst sagt, daß sie „feindlich gegen Gott" ist und die,
welche sie haben, Gott „nicht gefallen können" [2]. — Weil die
Juden Gott „nicht gefallen" und deshalb Gott die Nicht-Juden
berufen hat — πᾶσιν ἀνϑρώποις bildet nach dem Zusammenhange den Gegensatz zu Juden —, so werden jene auch dieser
Feinde, sind als Gegner Gottes auch Seines Reiches und, da
„alle Menschen" sonst dazu berufen sind, „aller Menschen Feind".
Diese Gesinnung bethätigen sie, indem sie

v. 16.   v. 16 den Apostel zu hindern suchen, den Heiden zu predigen, auf daß diese „geheilt" werden. Dieses κωλυόντων ... ἵνα
σωϑῶσιν läßt den diabolischen Neid jener Juden erkennen, welche
besonders in den vom h. Paulus besuchten Gemeinden die Verfolgungen angestiftet hatten und dadurch zu Abbildern des Ver-
suchers im Paradiese werden, der die ersten Menschen um ihr
Glück beneidete. Das Ende aber, wozu dieses feindselige Verhalten führt, ist: εἰς τὸ ἀναπληρῶσαι αὐτῶν τὰς ἁμαρτίας πάντοτε und ἔφϑακεν δὲ ἡ ὀργὴ κτλ.

Wie lange das aber noch dauern werde, ist eine Frage, die
sich leicht nahe legt. Es nennt der Apostel den Endzweck, den

---

[1] Vgl. Matth. 23, 37; Luk. 11, 47 ff.; 13, 34; Act. 7, 52; vgl. Jerem. 2,
30; Nehem. 9, 26, wo die Juden Prophetenmörder genannt werden. Über
Verfolgungen vgl. Matth. 10, 23; Luk. 21, 12; Joh. 15, 20 etc.

[2] 8, 7 f. οἱ δὲ ἐν σαρκὶ ὄντες — Menschen in statu naturae lapsae —
ϑεῷ ἀρέσαι οὐ δύνανται wie auch das ἀρέσκειν τῷ ϑεῷ den status gratiae einschließt: vgl. I. Thess. 4, 1; I. Kor. 7, 32.

Gott, da Er solches zuläßt, verfolgt. Vom Standpunkte der Menschen aus betrachtet, ist das Ende dieses Treibens der Juden, daß sie das Maß ihrer Sünden allenthalben voll machen. Doch liebt es der Apostel, mit dem εἰς τό den Zweck, den die göttliche Leitung der Geschichte verfolgt, anzuzeigen. Darum ist es geboten, zu fragen: wie verstehen wir das ἀναπληρῶσαι αὐτῶν τὰς ἁμαρτίας πάντοτε als göttliches Ziel? Dieses kann ininsofern ein solches genannt werden, als Gott die Sünde zuläßt und sich häufen läßt, bis Seine Langmut, deren Größe und Reichtum in dem πάντοτε einen Ausdruck findet, erschöpft und Seine Gerechtigkeit herausgefordert ist. Auch das Vollmachen des Maßes der Sünden dient dem Plane der Weltregierung Gottes, insofern dadurch Seine Langmut und Gerechtigkeit verherrlicht, und der Endzweck aller Kreatur, Gottes Ehre, gewirkt wird.

„Gekommen aber ist über sie der Zorn bis zum Ende". Ob wir ἔφθακεν oder ἔφθασεν, welches nicht als Futurum wiederzugeben ist, lesen: in beiden Fällen versetzt sich der Apostel auf einen zeitlichen Standpunkt, von dem aus er das Gericht, welches sicher und unaufhaltsam die Juden trifft, als gekommen sieht. Das Perfectum versetzt uns in die Zeit der Vollendung der Ausgießung des göttlichen Zornes, der Aorist auf den zeitgeschichtlichen Standpunkt des Apostels — oder auch jedweden Lesers —, von dem aus die Strafe als begonnen und bis dahin fortgesetzt geschaut wird. In keinem Falle darf aber die ὀργή auf irgend ein bestimmtes, einzelnes historisches Ereignis — etwa auf die Zerstörung Jerusalems [1]) — allein eingeschränkt werden, weil ὀργή nicht der Ausdruck für einen bestimmten, einzelnen göttlichen Gerichtsakt ist; nein, die Verwerfung, welche das gottesmörderische Volk getroffen und welche in jedem einzelnen Gerichte über die Juden und Jerusalem, das mehr oder minder bedeutsam und dem Christen erkennbar in der Geschichte eintritt, offenbar wird, ist die Wirkung der Ausgießung des göttlichen Zornes, ist das ἔφθασεν δὲ ἐπ' αὐτοὺς ἡ ὀργή [2]). Hieße

---

[1]) So thut dieses Baur, der Apostel Paulus, 2. Aufl. II. S. 97 und folgert daraus die Unechtheit des Briefes.

[2]) Darum ist es nicht ausreichend, mit W. Grimm (Stud. u. Krit. 1850,

es *εἰς τὸ τέλος*, so läge am nächsten, diesen Zusatz vom jüngsten Tage zu verstehen; allein das bloße *εἰς τέλος* gehört wohl
zu *ἡ ὀργή* und besagt also, daß das volle Strafmaß sich er-
gießt. Solche Deutung steht auch im Einklang mit der vom hl.
Paulus — in Anlehnung an Isaias — den Römern vorgetragenen Hoffnung, daß einst auch das jetzt ungläubige und wider-
spenstige Volk Israel in die Kirche eingehen und so der Verherrlichung der unendlichen göttlichen Barmherzigkeit dienen werde [1]). Hierauf einzugehen liegt im Thess.-Briefe kein
Grund vor, doch dient solch kurzer Wink der Erkenntnis der
steten Gleichheit der paulinischen Lehren.

Vergleichbar ist das Verhältnis Pauli zu den Thess. mit dem
einer Mutter, eines Vaters zu den Kindern. Nun sieht aber diese
hingebende, selbstlose und fürsorgende Liebe die Th. einerseits auf
dem rechten Wege, genießt die Freude und Befriedigung, die
Kinder als wahre Nachfolger Christi zu wissen, andererseits aber
muß sie auch wissen, daß Verfolgungen und Ängsten dieselben
bedrücken, weshalb wohl Sorgen um deren Ausdauer und Standhaftigkeit auftauchen mögen. — Was ist darum natürlicher als:

II, 17—III, 13: Des Apostels Verlangen nach persönlicher Wiedervereinigung.

*17. Wir aber, Brüder, verwaist von euch weg auf kurze
Zeit, mit dem Angesichte nicht mit dem Herzen, haben um so mehr
unser Streben darauf, euer Angesicht zu sehen, mit vielem Sehnen*

S. 774) nur an die Hungersnot unter den Procuratoren Fadus und Tiberius
(Jos. Antt. XIX. 9, 2; XX. 2, 6; Act. 11, 28), oder an das Ende der 20000
bei dem Palast-Skandal unter Cumanus (Jos. Antt. XX 5, 3; bell. Jud. II, 12,
1), zu denken oder lediglich in den Gräueln um Bethoron nach der Ermordung eines kaiserlichen Sklaven (Jos. Antt. XX, 5, 4; bell. Jud. II, 12, 2),
oder vorab in dem Galiläer-Aufstande wegen des von den Samaritern gemor-
deten Juden unter Cumanus (Jos. Antt. XX, 6, 1; bell. Jud. II, 12, 4 5),
oder endlich (P. Schmidt) in dem Claudius Edikt, de pellendis Judaeis die
eigentliche Erfüllung zu sehen (Euseb. hist. eccl. II, 18; Act. 18, 1, 2). Wahr
aber ist gewiß, daß an alle diese Ereignisse der Apostel gedacht haben mag,
und besonders an das letztere, das auch den Thess. bekannt sein konnte;
doch ist hierauf das allgemeine paulinische Wort vom Ausgießen des göttlichen Zornes über die Juden nicht zu beschränken, welches sich später, besonders in der Zerstörung Jerusalems, bewahrheitete und noch heute gilt;
denn noch ist die *ὀργή* nicht *εἰς τέλος* gelangt.

[1]) Röm. c. 11.

gerichtet. 18. Deshalb [1]) *faßten wir den Entschluß, zu euch zu
reisen, ich nämlich Paulus, ein- und das andermal, aber gehindert
hat uns der Satan. 19. Denn wer ist unsere Hoffnung oder unsere Freude oder unser Ruhmeskranz? — oder seid nicht auch
ihr es vor unserm Herrn Jesus* [2]) *bei Seiner Wiederkunft? 20. Ja,
fürwahr, ihr seid unser Ruhm und unsere Freude.*

*III, 1. Darum trugen wir es nicht länger und entschlossen
uns, allein in Athen zurückzubleiben, 2. und sandten den Timotheus, unsern Bruder und Diener Gottes [und Mitarbeiter]* [3]) *im
Evangelium Christi, um euch zu stärken und euch* [4]) *zu ermahnen
hinsichtlich eures Glaubens* [5]) , *3. auf daß niemand sich in diesen
Drangsalen berücken lasse* [6]); *denn ihr selbst wißt ja, daß wir dazu
gesetzt sind. 4. Denn auch als wir bei euch waren, sagten wir
es euch voraus, daß bedrängt zu werden uns beschieden ist, wie
es auch eingetroffen, und ihr es wißt. 5. Darum auch trug ich
es nicht länger und sandte aus, um euern Glauben zu erkunden,
ob euch nicht der Versucher versucht habe und unsere Arbeit vergeblich geworden. 6. Nun aber, da Timotheus zu uns von euch
gekommen ist und frohe Kunde von eurem Glauben und eurer
Liebe gebracht hat, und daß ihr uns jederzeit in gutem Gedächt-*

---

[1]) διότι mit אABD*F etc. [Ti., WH.] zu lesen, nicht mit DᶜE etc. u.
Rec. διό.

[2]) Entgegen der Rec., welche zu Ἰησοῦ noch Χριστοῦ liest, ist dieses
nach אABD etc. [Ti., WH.] zu streichen.

[3]) Die Lesarten sind mannigfaltig. Die Rec. liest: x. ἰ. T. τὸν ἀδελφὸν
ἡμῶν καὶ διάκονον τοῦ θεοῦ καὶ συνεργὸν ἡμῶν ἰ. τ. εὐ.; so DᶜE**KL, Syr. ᴺᶜʰ, die
Codd. selbst lassen erkennen, daß wir hierin eine Conject. und zwar eine Ergänzung vor uns haben gegenüber der am besten begründeten Recens.: x. ἰ.
T. τὸν ἀδελφὸν ἡμῶν καὶ διάκονον τοῦ θεοῦ, die sich auf אAP 67**. 71. 73. 137.
Vulg. goth. kopt. arm. Syr.ᴘ, aeth. Verss. stützt [Ti., WH.]. B. liest nur: τὸν
ἀδ. ἡμῶν καὶ συνεργόν; D** d e: τὸν ἀδ. ἡ. καὶ συνεργὸν τοῦ θεοῦ; endlich FG
f g: τ. δ. ἡ. διάκονον καὶ συνεργὸν τοῦ θεοῦ.

[4]) Nach παρακαλέσαι haben DᶜKL, Rec. ὑμᾶς, das aber אABD* etc. und
in den meisten Übersetzungen fehlt.

[5]) Rec. liest περὶ τῆς . πιστ. ἰ. [so DᶜE**L], dagegen אABD*E*F etc.:
ὑπὲρ τ. π. ὑ.

[6]) τὸ μηδένα σ. ist mit אABD etc. gegenüber der Rec. τῷ μ. σ., das nur
durch Minusceln gestützt ist, zu lesen.

nisse habt und uns zu sehen verlangt, wie auch wir euch: 7. da haben wir, Brüder, deshalb in euch Trost erhalten in aller unserer Not und Bedrängnis [1]*), nämlich durch euren Glauben, 8. weil wir dann, wenn ihr stehet* [2]*) im Herrn, leben. 9. Denn welchen Dank können wir Gott eurethalben ob all' der Freude abstatten, in der wir uns freuen durch euch vor unserem Gotte, 10. und des Nachts und des Tags inbrünstigst bitten, um euer Angesicht zu schauen und die Mängel eures Glaubens zu berichtigen? 11. Er aber, unser Gott und Vater, und unser Herr Jesus* [3]*) ebene unseren Weg zu euch; 12. euch aber lasse der Herr zunehmen und überfließen in Liebe zu einander und zu allen, wie auch wir sie zu euch hegen, 13. um eure Herzen zu befestigen, tadellos [zu sein] in Heiligkeit vor unserm Gott und Vater bei der Erscheinung unseres Herrn Jesus* [4]*) mit allen Seinen Heiligen. [Amen]* [5]*).*

v. 17.   Verschiedenartig wird über den Zusammenhang dieses neuen Abschnittes mit dem vorausgehenden gedacht. Das ἡμεῖς δὲ wird als Gegensatz zu ὑμεῖς (v. 14) aufgefaßt [de Wette, Koch, v. Hofm.], allein vv. 15. 16 können doch nicht einfach für die Gedankenfolge ganz übersprungen werden, da sie zu sehr hervorgehoben und zu ausführlich sind; oder aber es wird als Wiederaufnahme von καὶ ἡμεῖς v. 13 angesehen (Lünem.), aber der „total neue Inhalt" (P. Schmidt) verbietet dieses; oder es wird auch als Gegensatz zu dem vorausgehenden ἡμᾶς ἐκδιωξάντων . . . κωλυόντων ἡμᾶς erklärt, so daß die Gedankenverbindung wäre: „die Juden haben uns verfolgt und hindern uns fortwährend, den Heiden zu predigen; jemehr sie uns aber hindernd entgegengetreten sind, um so mehr haben wir darnach getrachtet, euch wieder zu se-

---

[1]) Der Rec. gegenüber, welche ϑλίψει καὶ ἀνάγκῃ liest, ist nach ℵ A B D etc. ἀνάγκῃ καὶ ϑλίψει vorzuziehen.

[2]) Rec. mit ℵ*DE: στήκητε; ℵcABF etc. lesen dagegen: στήκετε [Ti., WH.].

[3]) DcEF etc., Rec. setzen zu Ἰησοῦς noch Χριστός hinzu, es fehlt dieses jedoch ℵABDb [Ti., WH.].

[4]) Auch hier ist Χριστοῦ der Rec. als späterer Zusatz zu Ἰησοῦ — erst seit FGL — ersichtlich, es fehlt ℵABDEK [Ti., WH.].

[5]) Das ἀμήν der Rec., welches in Analogie zu späteren paulin. Briefen zu Doxologien oder Wünschen paßt, haben ℵ*AD*E 37. 43 etc. Vulg.; es fehlt jedoch BℵcDcFG etc. go., syrutr. Verss., und ist wohl das Hinzufügen leichter, als ein Weglassen desselben erklärlich.

hen". (Bisp., Röhm, Pánek.) Diese Darlegung ist wohl richtig
und erklärt auch, daß der Comparativ περισσοτέρως gewählt ist; allein voll befriedigen kann sie noch nicht, weil bei ihr, wie bei den
zuvor genannten, insbesondere das ἀπορφανισθέντες ohne einen
Gegensatz dasteht. Darum erscheint es als die richtige Beziehung, ἡμεῖς δέ . . . als die Fortentwickelung[1]) aus dem
ganzen vorausgehenden Abschnitte II, 1—16 anzusehen,
wodurch sowohl das ἀπορφανισθέντες, als der Comparativ περισσοτέρως ihre Motivierung erhalten. Wie eine Mutter, wie ein
Vater steht der Apostel zu den Thess.; diese sind seiner Liebe
würdige Kinder, und, indem sie schwer bedrängt werden, zeigen
sie sich in dieser Trübsal in Übereinstimmung und Gleichförmigkeit mit dem Herrn und mit dem Apostel. Die natürliche
Folge davon ist die Steigerung der Innigkeit der Liebe des Apostels zu den Thess. und das Verlangen nach persönlichem Ver-
kehre, um sich ihnen als Mutter oder als Vater zeigen zu können.
Doch hieran hindern ihn die Juden.

Indem nun der Apostel von diesem Bilde hinweg auf sich
und diese seine Lage blickt, sieht er sich „verwaist" — der eine
Gegensatz —; aber er ist durch die Verfolgungen und Hindernisse nicht nur nicht eingeschüchtert, sondern „verlangt umsomehr
— περισσοτέρως[2]) ἐσπουδάσαμεν — der Thess. Angesicht zu
schauen" — das ein zweiter Gegensatz. So ist denn das δέ, wie
der Comparativ und das Hinzufügen des ἐν πολλῇ ἐπιθυμίᾳ[3])
begründet.

Gerade hier mögen wir die Anrede „Brüder", den Ausdruck
der auf christlicher Überzeugung ruhenden innigen Liebe, nicht
missen. Der Apostel, welcher in den Anschauungen eines Israeliten groß geworden ist, vergleicht sich in einem im alten Testamente beliebten Bilde mit jemandem, der „kinderlos"[4]) geworden ist, und drückt die ganze Größe seines Schmerzes, den ihm

---

[1]) Die Veranlassung des folgenden Abschnittes ist nicht ein etwaiger
Vorwurf der Feinde, Paulus habe sich um die Th. nach seiner Abreise nicht
mehr gekümmert (Calvin, Pelt, v. Hofm., Riggb.); diese Feinde haben
Paulus ja gerade vertrieben.

[2]) περισσοτέρως ist ein paulin. Lieblingswort. Vgl. II. Kor. 1, 12;
2, 4; 7, 13. 15; 11, 23; 12, 15; Gal. 1, 14; Phil. 1, 14; Hebr. 2, 1; 13, 19.

[3]) Vgl. zu ἐπιθυμίᾳ Phil. 1, 23. — [4]) ἀπορφανισθέντες ist Hap. legom.

die erzwungene Trennung von den Seinen verursacht, wie auch
abermals die zärtlichste Liebe zu diesen zugleich dadurch aus.
Jedoch, er ist in der That nicht kinderlos geworden; denn das
Band, das in der Bekehrung, der geistigen Zeugung geschlungen
worden, ist nicht aufgehoben; darum ist er geistig eins mit ihnen und fügt deshalb hinzu: *ἀφ' ὑμῶν . . . προσώπῳ οὐ
καρδίᾳ*. Was soll aber das *πρὸς καιρὸν ὥρας*[1]) sagen? Die
Bedeutung, nur eine kurze Zeit, ist klar. Soll es jedoch ausdrücken: nur eine kleine Spanne Zeit ist vergangen, seit ihr mir
entrissen wurdet. und soll es somit enthalten, daß sehr bald nach
der Trennung dieser Brief geschrieben worden; oder soll es der
gewöhnlichen Bezeichnung des *π. κ. ὡ.* gemäß nur den Sinn haben: eine kurze Weile dauert[2]) die Trennung? Der ersteren
Beziehung entspricht die Bedeutung des *πρὸς* nicht, es wäre ein
ἀπὸ zu erwarten, und kann es nicht als Absicht des Schreibenden angenommen werden, diese Zeitdauer irgendwie zu bestimmen. Paulus sieht sich wieder mit den Thess. vereint, mag
dieses geschehen, wann immer es Gott gefallen wird, und von
diesem Standpunkte aus erscheint ihm die Trennung als eine
kurze Zeitspanne. Die so zuversichtliche Erwartung und
Hoffnung auf eine Wiedervereinigung ist in dem *π. κ. ὥρας* enthalten, daß von der Möglichkeit des Gegenteils ganz abgesehen
ist. Weil der Apostel sicher ist, daß er nach Gottes Willen den
Thess. gepredigt, und weil er weiß, daß dieselben seiner Hilfe
und Belehrung noch bedürfen — zumal für die Zeit der Gefahren —, darum weiß er, daß er sie nach Gottes Willen auch gewiß wiedersehen werde.

v. 18.   Aus all dem ergiebt sich der Entschluß, die Thess. zu be-
suchen. *θέλειν* bezeichnet im Unterschiede von *βούλεσθαι* den
festen Willensentschluß, während dieses nur das Vorhaben oder Ge-
willtsein ausdrückt[3]). Doch hierbei war es dem Paulus anders

---

[1]) *πρὸς καιρὸν ὥρας* ist in dieser Form sonst im N. T. nicht gebraucht;
πρὸς καιρὸν = auf Zeit: I. Kor. 7, 5; *πρὸς ὥραν* = auf eine Stunde, kurze
Zeit: Gal. 2, 5; II. Kor. 7, 8; Philem. 15.

[2]) Vgl. zu solcher Bedeutung des *πρὸς* außer den genannten Stellen:
Luk. 8, 13; Joh. 5, 35; Hebr. 12, 10: *πρὸς ὀλίγας ἡμέρας*, und das. v. 11: *πρὸς
τὸ παρόν*, für die Gegenwart.

[3]) Vgl. Philem. 13 f.

als seinen Begleitern ergangen; ihm war ein doppelter — ἅπαξ καὶ δίς [1]) — Versuch mißlungen, während Timotheus die Freude des Wiedersehens genossen hatte [2]). Als Hindernis nennt Paulus nur allgemein den Satan. Worin es des Näheren bestand? Das Natürlichste ist die Annahme, daß derselbe Grund vorlag, der ihn zur Flucht genötigt hatte. Weiteres sagt der Apostel ja selbst nicht, und ist für andere Conjecturen gar kein Anhaltspunkt gegeben.

Indem dieser Schlußgedanke in v. 18: καὶ ἐνε. ἡ. ὁ. σατανᾶς v. 19. zurücktritt, begründet v. 19, warum der Apostel wiederholt den Versuch gemacht hat, zu den Th. zu kommen. Diese sind seine „Hoffnung", denn, da er sie Christo gewonnen, hofft er auch für sich selbst, das eigene Heil dadurch gewirkt zu haben. In ähnlicher Weise drängt es ihn später, den Römern zu predigen, um daraus auch für sich selbst Frucht zu gewinnen [3]).

Selbstverständlich schließt solche Hoffnung des Apostels — ἡμῶν — mit ein, daß die Thess. als reine, tadellose Gemeinde vom Herrn werde erfunden werden (vgl. c. 5, 23). Hieran fügt sich eng: ἡ χαρά: die Welt, welche ihn verfolgt, kann ihm keine „Freude" bieten; das Bewußtsein aber, daß die Gemeinde, insofern er sie gegründet, die seine ist, macht seine Freude aus. So hat es ja der Herr von seinen Jüngern, die er zu ernten ausgesandt hat, vorausgesagt: ἵνα ὁ σπείρων ὁμοῦ χαίρῃ καὶ ὁ θερίζων [4]). Ganz in diesem Ideenkreise bewegt sich endlich die Frage: ἢ στέφανος καυχήσεως [5])? — καύχησις nämlich ist das Rühmen, das die Gemeinden dem Apostel einbringen [6]), indem sie ein wahrhaft christliches Leben führen. So nennt er die Philipper seine Freude und seinen Kranz [7]). Dieses letzte Bild erklärt sich dadurch, daß Paulus sein Wirken als einen Kampf mit dem Satan ansieht, in dem er in der Rettung der

---

[1]) Vgl. Phil. 4, 16.

[2]) Vgl. Act. 17, 14.

[3]) Röm. 1, 13. — [4]) Joh. 4, 36. 38.

[5]) Vgl. Ezech. 16, 12; 23, 42; Prov. 16, 31.

[6]) Vgl. Röm. 15, 17: I. Kor. 15, 31; II. Kor. 7, 4. 14; 8, 21.

[7]) Phil. 4, 1: .. ἀδελφοί μου ἀγαπητοὶ καὶ ἐπιπόθητοι, χαρὰ καὶ στέφανός μου, οὕτως στήκετε ἐν κυρίῳ, ἀγαπητοί.

Seelen immer einen Sieg davongetragen. Die dem Reiche
Christi Gewonnenen aber reihen sich für den Apostel zu einem wahren, unvergänglichen Kranze des Ruhmes nicht vor
Menschen, sondern vor Gott zusammen [1]). Hierzu gehören aber
die Thess. nicht allein, sondern auch alle anderen Gemeinden,
speciell jene, die vom Heidenapostel gegründet worden sind; deshalb heißt es: ἢ οὐχὶ καὶ ὑμεῖς . . . Die Welt würde gewiß
diese Fragen des Apostels nicht bejahen; er aber versetzt sich
in den Augenblick, da der „Herr Jesus“ als Richter wiederkommt
— ἐν τῇ αὐτοῦ παρουσίᾳ —. Ihm zieht er dann entgegen und
bringt Ihm auch die Thessalonicher, um die er gestritten und
die er erkämpft hat. Es ist der gleiche Gedanke, der im II. Ti-
motheusbriefe [2]) vom Lebensabende des Apostels im Hinblick
auf seine Arbeit ausgesprochen ist: τὸν ἀγῶνα τὸν καλὸν ἠγώ-
νισμαι, τὸν δρόμον τετέλεκα . . . ἀπόκειταί μοι ὁ τῆς δικαιοσύνης
στέφανος, ὃν ἀποδώσει μοι ὁ κύριος ἐν ἐκείνῃ τῇ ἡμέρᾳ, ὁ
δίκαιος κριτής.

v. 20.   Da das ὑμεῖς nachdrucksvoll an der Spitze steht, so ist das
γάρ nicht mit „denn“ wiederzugeben, sondern mit „fürwahr“ —
was ja auch die Bedeutung des γάρ sein kann [3]) —, und es leitet die Antwort auf die Frage (v. 19) ein. Warum aber nennt
der Apostel nun nur noch δόξα und χαρά und nicht mehr die
„Hoffnung“? Mit στέφανος καυχήσεως und ἐν τῇ αὐτοῦ παρουσίᾳ
hat sich der Apostel bereits an das Ende der Zeiten versetzt,
schaut er den ewigen Siegeskranz, in dem die Hoffnung ihre Erfüllung gefunden hat. Die Gläubigen sind im Jenseits nicht mehr
des Apostels Hoffnung, aber sie sind der Grund seiner ihm gerade
zu teil gewordenen himmlischen Herrlichkeit und einer ihm gewordenen besonderen seligen Freude, die er sich als ihr Lehrer verdient hat. — Das Praesens ἔστε findet seine Erklärung
in der Sicherheit und Festigkeit der lebendigen Hoffnung, die
ihn sich in den Augenblick der ihm den Himmel bringenden
Parusie des Herrn versetzen läßt.

---

[1]) Vgl. Dan. 12, 3: Qui autem docti fuerint, fulgebunt quasi splendor
firmamenti; et qui ad justitiam erudiunt multos, quasi stellae in perpetuas
aeternitates.

[2]) c. 4, 7 f..

[3]) Vgl. Grimm, n. t. Lexik. und Winer S. 416.

Somit ist es das gleiche, letzte und ewige Ziel, die eigene Seligkeit, die Gemeinsamkeit der höchsten, unwandelbaren und erhabensten Interessen, welche die Thess. und den Apostel so eng und unauflösbar mit einander verknüpfen und die so unwiderstehlich das Verlangen nach persönlicher Wiedervereinigung wachrufen, so daß deshalb, und weil Gefahren drohten — auch III. v. 1. hierauf bezieht sich das διότι — der Apostel sich entschloß [1]), auf die ihm so teure Gegenwart seiner Begleiter zu verzichten, allein in Athen zurückzubleiben, und ihnen wenigstens vorerst den Timotheus zu senden.   Die allgemeinere Bezeichnung v. 2. „Diener Gottes“ wird durch das „im Evangelium Christi“ näher bestimmt. Durch diese und die andere Benennung „Bruder“ will der Apostel die Wertschätzung des Timotheus den Thess. nahe legen.

Das Zusammenfallen von καταλειφθῆναι ἐν Ἀθήναις μόνοι und ἐπέμψαμεν Τιμόθεον läßt doch wohl nicht daran zweifeln, daß auch Timotheus persönlich in Athen gewesen ist. — Dieser Voraussetzung des Thess. Briefes widerspricht der Bericht der Apostelgeschichte nicht. Diese erzählt nämlich [2]), daß von Thessalonich aus Paulus und Silas und Timotheus gemeinsam nach Beroea gereist waren, daß aber, während Paulus von den Brüdern bereits nach Athen geleitet worden, jene in Beroea noch zurückgeblieben waren und dann durch die heimgekehrten Begleiter Pauli den Befehl erhalten hatten, sie sollten baldigst — ἵνα ὡς τάχιστα ἔλθωσι πρὸς αὐτόν — zu ihm kommen (v. 15). Daß Silas und Timotheus diesem Verlangen ihres Meisters nachgekommen sind, ist auch nach der Apostelgeschichte umsomehr anzunehmen, als sie erzählt, daß dieser die Zeit des Wartens auf seine Jünger zur Predigt in Athen benutzt habe (v. 16 ff.). Alsdann (μετὰ δὲ ταῦτα und hierin kann ganz wohl auch mit Rücksicht auf vv. 15 und 16ᵃ die Ankunft des Silas und Timotheus und das Aussenden dieser, speciell des letzteren nach Thessalonich, einbegriffen sein) wandte sich der Apostel

---

[1]) εὐδοκεῖν ist auch 2, 8; Röm. 15, 26. 27; II. Kor. 5, 8; 12, 10 von Menschen gebraucht; Gal. 1, 15; I. Kor. 1, 21; 10, 5; Hebr. 10, 6. 8 von Gott gesagt; Kol. 1, 19 von Christus.

[2]) Act. 17, 10 ff.

nach Korinth, wo er von seinen beiden, aus Macedonien wieder
zu ihm gelangten Begleitern unterstützt ward (18, 5).

Über Silas Reise berichtet weder die Apostelgeschichte,
noch unser Brief Näheres, welch letzterer eben nur erkennen
läßt, daß auch Silas wohl mit einer Sendung betraut worden
sein mag. Für weitere Vermutungen — ob er etwa nach Philippi gesandt worden? — fehlen positive Anhaltspunkte. Es
hatte Paulus keine Veranlassung, im Thess.-Briefe hierüber Mitteilung zu machen, und ebenso lag es außerhalb der Ziele der
Apostelgeschichte, beim Berichte über die Thätigkeit Pauli auch
den beiden Gehülfen nach Macedonien zu folgen.

Zweck der Sendung des Timotheus ist: εἰς τὸ στηρίξαι
ὑμᾶς. Im Allgemeinen spricht Paulus hier vom Stärken, so daß
eine etwaige ausschließliche Beziehung auf Gnadenmittel nicht
motiviert ist. Alles Lob, welches die Thessalonicher in der That
verdient und auch gespendet erhalten hatten, schließt solchen
Hinweis auf die menschliche Schwachheit nicht aus, zeigt aber
auch die Größe der liebenden und stets bedachten Sorge des
Apostels. Es lag so nahe, daß die Bedrängnisse der Kirche auch
damals schon als Scheinbeweise gegen ihre Göttlichkeit vorgebracht
wurden, daß in verschiedenen Formen der Hohn, der unter dem
Kreuze ausgesprochen ward, fortgesetzt wurde: „Bist Du Gottes
Sohn, so steige herab, und wir wollen an Dich glauben" [1]). Aber
Aufschluß, Belehrung und Antwort darauf giebt der Glaube.
Heiden wie Häretiker haben zu allen Zeiten auch Wahrheiten
mißbraucht, um, indem sie diese mißdeuteten oder mit Irrtum
vermischten, in um so gefährlicherer Weise der Kirche zu schaden.
So mag es sich wohl erklären, daß der Apostel fortsetzt: καὶ
παρακαλέσαι ὑπὲρ τῆς πίστεως ὑμῶν.

v. 3.   Als das Einfachste erscheint es nun, das τὸ μηδένα σαίνεσθαι
als Accusativ der näheren Beziehung zum Vorausgehenden —
παρακαλέσαι κτλ — aufzufassen, so daß also darin der näher
bestimmte Gegenstand der Ermahnungen genannt ist. Das σαίνεσθαι, sonst in der heil. Schrift nicht gebraucht, wird mit „hin
und her bewegt werden", als identisch mit θορυβεῖσθαι und τα-
ράττεσθαι, wie mit „bethören, berücken" wiedergegeben. Beide

_____

Matth. 27, 40. 42

Übersetzungen sind möglich; dem Zusammenhange aber scheint
die letztere mehr zu entsprechen, weil die erstere nur in anderer Weise das στηρίξαι wiederholt, die letztere dagegen eine
weitere Fortentwickelung bietet und dem Gedanken bestimmten
Ausdruck giebt, daß „diese Bedrängnisse" gerade mißbraucht
und mißdeutet werden möchten, um die Thess. in die Irre zu
führen. „Bedrängnisse", die den Apostel treffen, können nicht
gemeint sein, denn diese haben ja das Gründen und herrliche
Aufblühen des Glaubens bei den Thess. nicht zu hindern vermocht. So trafen also Verfolgungen auch die junge Gemeinde,
und ausbleiben konnten sie ja nicht, denn der Kampf mit der Welt
ist naturgemäß des Christen Aufgabe — αὐτοὶ γὰρ οἴδατε ὅτι εἰς
τοῦτο κείμεθα.

So kurz auch die Zeit der Wirksamkeit Pauli bei den Th. war: v. 4.
darüber, daß die Kirche verfolgt werden muß, hatte er sie belehrt [1]). Einen Ausdruck — κείμεθα — hat der Apostel gewählt,
der lebhaft an des Greisen Symeon Weissagung: οὗτος κεῖται . . .
εἰς σημεῖον ἀντιλεγόμενον [2]) erinnert. Das Leben der Kirche ist ja,
wie bekannt, das Leben Christi, dessen mystischer Leib sie ist.
Der Kreuzweg ist auch der Kirche Weg, Nachahmung des Leidens Christi auch ihr Beruf (εἰς τοῦτο). Als eine Fundamen-
tallehre des sittlichen Lebens des Christen stellt uns
der Apostel die Lehre von der Nachahmung des Gekreuzigten hin, deren Beherzigung das Verständnis der schwe-
ren Zeiten der Kirche giebt und die Verfolgung als ein Kennzeichen der Wahrheit verstehen läßt.

Solche über die Th. hereingebrochenen Bedrängnisse lassen v. 5.
den Apostel besorgt werden und sind nächst seiner aus dem
Gefühle des Verwaistseins erwachsenden, sehnsüchtigen Liebe und
dem Verlangen nach persönlicher Wiedervereinigung ein weiterer — καί — Grund zur Sendung des Timotheus. Das
διὰ τοῦτο bezieht sich also auf vv. 3 u. 4, und leitet einen zu
vv. 1 u. 2 parallel gehenden Satz ein; das καί verbindet sich
am einfachsten mit τοῦτο, zumal, wollte man es zu ἐγώ beziehen,

---

[1]) Vgl. Matth. 5, 10—12; 10, 22—24; Joh. 15, 18 ff.; 16, 33; Act. 14, 21;
Kol. 1, 24; II. Tim. 3, 12.

[2]) Luk. 2, 34.

ein Gegensatz zu diesem vermißt werden würde. Eine Sorge,
die ferner den Apostel zur Sendung des Timotheus treibt, ist,
daß es vielleicht Versuchern bereits beigekommen ist, die
Bedrängnisse zur Versuchung zu mißbrauchen. Daß solches
möglicherweise schon geschehen ist, drückt der Indic. Aor. —
— ἐπείρασεν — nach μήπως aus. Doch es ist nicht des Apostels Meinung, daß diese auch bereits ihr Ziel erreicht, den Glauben der jungen Gemeinde untergraben und so des Apostels Arbeit [1]) und Mühe eitel gemacht hätten. Der ebenfalls von μήπως
abhängige Conjunctiv — εἰς κενὸν γένηται ὁ κόπος ἡμῶν [2]) —
drückt aus, daß solches noch der Zukunft angehören würde [3]).

v. 6.   In solcher Hoffnung, daß die Th sich bewähren würden, hatte
der Apostel sich auch nicht getäuscht. Timotheus, da er eben —
ἄρτι δέ zu ἐλθόντος zu beziehen, also hat Paulus bald darnach
geschrieben — zurückgekehrt, hatte gute Kunde gebracht und
zwar sowohl über ihren Glauben wie über die Bethätigung desselben in ihrer Liebe, womit das christliche Leben im allgemeinen
gekennzeichnet ist. Außerdem aber ist ihre Liebe zum Apostel,
in welcher sie auch ihn wiederzusehen wünschen, als ein besonderes Merkmal ihrer Treue hervorgehoben. Warum sollten sie
das auch nicht? Sie haben keinen Vorwurf zu fürchten, sie fühlen sich geistig eins mit ihm, sie wissen sich in gewisser Weise
als seine Kinder. Zu allen Zeiten hat Irr- und Unglaube Haß
und Feindseligkeit gegen die Lehrer der Kirche auszustreuen gesucht; darum ist umgekehrt die Liebe der Th. zum Apostel ein
wahres Kennzeichen ihrer Treue im christlichen lebendigen
Glauben.

vv. 7. 8.   Auch der Apostel ist Mensch; darum kann es nicht aus-

---

[1]) Für den Apostel selbst wäre der Lohn der Arbeit geblieben — vgl.
I. Kor. 3, 8; umsonst nur wäre sie für die Thess. gewesen. Ex hoc loco, ut ex
multis aliis, apertissime docemur posse hominem fidelem et justificatum a
fide et charitate excidere: et opera bona per subsequens peccatum ita mor-
tificari, ut praemio ipsis alioqui debito frustrentur. (Estius.)

[2]) Zu der paulin. Redeweise εἰς κενόν . . . ὁ κόπος ἡμῶν vgl. I. Kor.
15, 58; εἰς κενὸν τρέχω ἢ ἔδραμον: Gal. 2, 2; Phil. 2, 16; Gal. 4, 11: μήπως
εἰκῆ κεκοπίακα. I. Kor. 15, 10: ἡ χάρις . . . οὐ κενὴ ἐγενήθη.

[3]) Vgl. Winer S. 448. Buttmann S. 304.

bleiben, daß auch ihn „Not [1]) und Bedrängnis" tief bekümmern
können. Einen Blick läßt er uns in sein Herz thun, daß es auch
des Trostes in seinem apostolischen Leben und Wirken bedurfte.
Je größer die Betrübnis desselben, desto mehr, inniger und freu-
diger wird der Trost empfunden. Erlauben wir uns nun aus
dem folgenden Erguß der Freude des Apostels ob der frohen
Nachrichten einen Schluß auf die vorhergegangene Betrübnis zu
ziehen, so wird deren Größe fürwahr ein Herzenstrost für
einen bekümmerten Seelsorger.

Bei der vollkommenen, von jeglichem egoistischen Streben
freien Selbstlosigkeit, mit der Paulus gearbeitet, ist es begreif-
lich, daß in dem Blühen der Gemeinde — $\dot{\epsilon}\varphi'$ $\dot{v}\mu\tilde{\iota}v$ — sein voller und überreich ihn beglückender Trost ruhte: $\delta\iota\dot{\alpha}$ $\tauο\tilde{v}\tauο$ $\pi\alpha\rho\epsilon$-
$\varkappa\lambda\dot{\eta}\vartheta\eta\mu\epsilon v$ [2]), woran sich hier so recht aus dem liebreichen Herzen quellend die Anrede $\dot{\alpha}\delta\epsilon\lambda\varphioί$ anschließt. Der Apostel faßt
mit $\dot{\epsilon}\pi\dot{\iota}$ $\pi\dot{\alpha}\sigma\eta$ $\tau\tilde{\eta}$ $\dot{\alpha}\nu\dot{\alpha}\gamma\varkappa\eta$ $\varkappa\alpha\dot{\iota}$ $\vartheta\lambda\dot{\iota}\psi\epsilon\iota$ $\dot{\eta}\mu\tilde{\omega}\nu$ die ihn bedrängenden
Ereignisse jener Zeit — und zwar wohl seit seiner Vertreibung
aus Thessalonich — zusammen und spricht zugleich aus, daß
alle diese durch den Glauben der Th. mehr als aufgewogen
werden. Worin liegt aber hierfür der Grund? $\ddot{ο}\tau\iota$ $\nu\tilde{v}\nu$ $\zeta\tilde{ω}\mu\epsilon\nu$,
$\dot{\epsilon}\dot{\alpha}\nu$ $\dot{v}\mu\epsilonῖς$ $\sigma\tau\dot{\eta}\varkappa\epsilon\tau\epsilon$ $\dot{\epsilon}\nu$ $\varkappa\upsilonρ\dot{\iota}\omega$ lautet des Apostels Antwort. Er lebt
also nicht oder — wie er I. Kor. 15, 31 sich ausdrückt — er
stirbt täglich, wenn er sich in all den Nöten und Drangsalen
als solchen sieht. Anders aber, wenn er auf das Ziel derselben, auf die Gewinnung von Seelen für Christus, hinblickt, oder
wenn er, wie hier in dem $\dot{\epsilon}\nu$ $\varkappa\upsilonρ\dot{\iota}\omega$ bezeichnend angedeutet ist,
die dem mystischen Christus eingepflanzten Glieder festge-
wurzelt und fortlebend ($\sigma\tau\dot{\eta}\varkappa\epsilon\tau\epsilon$) [3]) erkennt. Dann hat alles
Leiden, das ja sonst nur zum Tode führt, einem Zweck, ja dem
höchsten Zweck, zu dienen, damit das übernatürliche Leben der Gläubigen im Herrn erblühe. Solch höchstes Wirken
aber nennt der Apostel, dessen Leben und Beruf darin aufgeht,

---

[1]) $\dot{\alpha}\nu\dot{\alpha}\gamma\varkappa\eta$ = Not, äußere Bedrängnis, vgl. I. Kor. 7, 26; II. Kor. 6, 4;
9, 7; 12, 10.

[2]) $\pi\alpha\rho\alpha\varkappa\alpha\lambda\epsilonῖν$ = trösten, vgl. II. Kor. 7, 7 auch $\dot{\epsilon}\varphi'$ $\dot{\epsilon}\mu\tilde{\iota}v$; sonst das. 1, 4.
6; 7, 6. 13.

[3]) $\sigma\tau\dot{\eta}\varkappa\epsilon\tau\epsilon$: Phil. 4, 1 ($\sigma\tau\dot{\eta}\varkappa\epsilon\tau\epsilon$ $\dot{\epsilon}\nu$ $\varkappa\upsilonρ\dot{\iota}\omega$); I. Kor. 16, 13 ($\dot{\epsilon}\nu$ $\tau\tilde{\eta}$ $\pi\dot{\iota}\sigma\tau\epsilon\iota$); Gal.
5, 1 ($\tau\tilde{\eta}$ $\dot{\epsilon}\lambda\epsilon\upsilon\vartheta\epsilonρ\dot{\iota}\alpha$) Phil. 1, 27 ($\sigma\tau\dot{\eta}\varkappa\epsilon\tau\epsilon$ $\dot{\epsilon}\nu$ $\dot{\epsilon}\nu\dot{\iota}$ $\pi\nu\epsilon\dot{v}\mu\alpha\tau\iota$); 2. Thess. 2, 15.

in bezeichnender Weise sein Leben; schreibt also treffend
hier: νῦν ζῶμεν. [1]).

vv. 9. 10.　　　Da der Nachdruck in v. 9 auf der Freude, die so groß
ist, daß Gott dafür nicht genug gedankt werden kann, liegt, so
ergiebt sich die Gedankenverbindung in der Weise, daß der Apostel als den Grund des νῦν ζῶμεν die übergroße Freude, die sein
Herz erfüllt, nennt. Wie Verfolgungen und Betrübnis das „Sterben" ausmachen, so verursacht die Freude, die der Apostel
durch die Th. genießt, das „Leben". Dieselbe ist eine reine,
von allem Irdischen freie, sie ist eine, die nicht vor
menschlichem Urteile, sondern vor Gott als solche besteht (ἔμπροσθεν τοῦ θεοῦ ἡμῶν). Ihre Größe und ihr Reichtum erhält
Ausdruck in der Frage nach einem entsprechenden Danke gegen Gott (τίνα εὐχαριστίαν [2]) δ. τ. θ. ἀνταποδοῦναι [3]).

Ein weiterer Erguß dieser reinsten und übergroßen Freude
ist die stetige (νυκτὸς καὶ ἡμέρας) und innigste (ὑπερεκπερισσοῦ)
Bitte an Gott, die Thess. zu sehen. Erkennen wir hieraus wieder
die Größe der Liebe des Apostels gegen seine Herde, so begreifen
wir auch zugleich den Übergang zu καταρτίσαι τὰ ὑστερήματα
τῆς πίστεως ὑμῶν.

Diese Liebe und Freude des Apostels erleiden dadurch, daß
sich in der jungen Gemeinde Mängel — ὑστερήματα — immerhin noch finden, keinen Eintrag; dieselben sind nur ein neuer
Beweggrund, das Wiedersehen herbei zu wünschen. Worin
dieselben bestanden, geben die später folgenden Belehrungen an.
Da nun der Apostel statt des mit ὑστερήματα gewöhnlich verbundenen ἀναπληροῦν [4]) das καταρτίζειν gebraucht, so darf dieses
auch nicht mit „vervollständigen" = πληρῶσαι einfach wieder-

---

[1]) Vgl. bes. II. Kor. 6, 1–8 und dann v. 9 f.: ... ὡς ἀποθνῄσκοντες καὶ
ἰδοὺ ζῶμεν ὡς παιδευόμενοι καὶ μὴ θανατούμενοι, κτλ. — Daß aber der Apostel
seine Leiden und Verfolgungen ein Sterben nennt, hat wohl darin den
Grund, daß er sich darin auch in Gleichförmigkeit mit seinem Haupte, Christus,
weiß, von dem er sagt: ἐσταυρώθη ἐξ ἀσθενείας, ἀλλὰ ζῇ ἐκ δυνάμεως θεοῦ.
καὶ γὰρ ἡμεῖς ἀσθενοῦμεν ἐν αὐτῷ, ἀλλὰ ζήσομεν σὺν αὐτῷ .. κτλ. II. Kor.
13, 4.

[2]) εὐχαριστία = Dank: I. Kor. 14, 16; II. Kor. 4, 15; 9, 11. 12.

[3]) ἀνταποδοῦναι nur von Lukas und dem heil. Paulus gebraucht. (Luk.
14, 14; Röm. 11, 35; 12, 19; II. Thess. 1, 6; Hebr. 10, 30.

[4]) Vgl. I. Kor. 16, 17; II. Kor. 11, 9; Phil. 2, 30; Kol. 1, 24.

gegeben werden, sondern ist in der beim hl. Paulus gerade wiederholt sich findenden Bedeutung von „herrichten" und bezw.
hier „berichtigen" [1]) zu nehmen. Hieraus ist denn ersichtlich,
daß es sich vorab um gewisse Aufklärungen über noch nicht
ganz richtig verstandene Lehren handelt.

Beharrlich und inständigst bittet der Apostel um persön- v. 11.
liche Wiedervereinigung, und das Seinige hat er versucht, sie
herbeizuführen; doch Sache Gottes ist es, ihm zu willfahren und
seinem Bestreben Gelingen zu schenken. Zu $\delta\epsilon\acuteo\mu\epsilon\nuo\iota$ ... zunächst,
aber dann auch zu $\epsilon\gamma\grave{\omega}$ $\mu\grave{\epsilon}\nu$ $\Pi\alpha\tilde{\upsilon}\lambda o\varsigma$ ... (2, 18) tritt das $\alpha\upsilon\tau\grave{o}\varsigma$
$\delta\grave{\epsilon}$ $\vartheta\epsilon\grave{o}\varsigma$ ... in Gegensatz. So ruft er Gott an, der auch unser
Vater ist und appelliert an Seine Allmacht und Liebe; richtet aber
auch an unsern Herrn Jesus in ganz gleicher Weise dieselbe Bitte, so
daß aus solcher Nebeneinander- und Gleichstellung mit Recht der
Schluß auf die Gleichwesentlichkeit beider als Voraussetzung gezogen werden kann. Es ist nicht notwendig und·auch nicht an-
gezeigt, das $\varkappa\alpha\tau\epsilon\upsilon\vartheta\tilde{\upsilon}\nu\alpha\iota$ [2]) — den Sing. d. III. p. Opt. Aor. —
zu betonen und dahin aufzufassen, daß dieser Singular von bei-
den Personen gebraucht worden sei, weil beider· Wille eins ist, wie
sie ihrer göttlichen Wesenheit nach eins sind, denn es ist nicht
unstatthaft [3]), bei mehreren Subjecten das Verbum im Singular
dem nächststehenden anzufügen. An Jesum, unsern Herrn, wendet sich der Apostel noch insbesondere, weil dieser der erste
Lehrer, der ihn berufen und gesandt hat, ist.

Der ganze Zusammenhang, speciell der Gegensatz des $\alpha\upsilon\tau\grave{o}\varsigma$
$\delta\grave{\epsilon}$ $\vartheta\epsilon\grave{o}\varsigma$, läßt erkennen, daß es sich beim Richten des Weges zu
den Th. nicht um eine Vorbereitung auf die vom Apostel vor-
zutragenden Lehren, sondern um den wirklichen Weg dahin
handelt.

Von dieser Bitte für sich geht Paulus zu einer andern für v. 12.
die Thess. ($\dot{\upsilon}\mu\tilde{\alpha}\varsigma$ $\delta\grave{\epsilon}$) über und — es sind also auch $\pi\lambda\epsilon o\nu\acute{\alpha}\sigma\alpha\iota$
und $\pi\epsilon\rho\iota\sigma\sigma\epsilon\acute{\upsilon}\sigma\alpha\iota$ als III. p. Sing. Aor. Opt. aufzufassen — bittet
den „Herrn" — die Rücksicht auf v. 11 ergiebt, daß Jesus Christus
gemeint ist —, daß er sie erfülle und, indem er steigernd die Rede

---

[1]) Vgl. Röm. 9, 22; I. Kor. 1, 10; II. Kor. 13, 11; Gal. 6, 1; Hebr. 10, 5.
[2]) Vgl. Luk. 1, 79; II. Thess. 3, 5.
[3]) Vgl. Krüger, §. 63, 4; Winer S. 417.

fortsetzt, an Liebe überfließen machen möge. Da das $\dot{v}\mu\tilde{\alpha}\varsigma$ zu beiden Begriffen, zu $\pi\lambda$. und $\pi\varepsilon\varrho$., gehört, so kann der erstere nicht von einer Mehrung der Gläubigen an Zahl (Theodoret) verstanden werden. Beide Verben werden ja auch transitiv gebraucht [1]).

Die Liebe wird näher als die Nächstenliebe bestimmt und auf alle Menschen ausgedehnt. Da Paulus an die Thess. schreibt, liegt es natürlich am nächsten, bei $\varepsilon\dot{\iota}\varsigma$ $\dot{\alpha}\lambda\lambda\dot{\eta}\lambda ov\varsigma$ an die Gemeindeglieder und nicht an die Christen überhaupt zu denken; das uneingeschränkte $\varepsilon\dot{\iota}\varsigma$ $\pi\dot{\alpha}v\tau\alpha\varsigma$ aber muß auch in solcher Weise, also von allen Menschen verstanden werden. Diese Nächstenliebe tritt in einen Gegensatz zu jener der Juden, welche dieselbe auf die Volksgenossen eingeschränkt wissen wollten. Aber auch über die Beschaffenheit derselben ist ein Wort hinzugefügt: $\varkappa\alpha\vartheta\dot{\alpha}\pi\varepsilon\varrho$ $\varkappa\alpha\dot{\iota}$ $\dot{\eta}\mu\varepsilon\tilde{\iota}\varsigma$ $\varepsilon\dot{\iota}\varsigma$ $\dot{v}\mu\tilde{\alpha}\varsigma$: seine als selbstlos und rein geschilderte Liebe ist das Vorbild, und was Paulus von sich sagt, sagt er als der Seelsorger der Thess. Wohl kein Gebot ist in den Schriften des alten und neuen Testamentes so oft genannt und aus der Summe aller Pflichten so gern herausgehoben, als das der Nächstenliebe. Diese ist in ihrer Bethätigung das Merkmal **v. 13.** der wahren Jünger Jesu Christi [2]) und hat als Ziel die Befestigung in der Heiligkeit — $\varepsilon\dot{\iota}\varsigma$ $\tau\dot{o}$ $\sigma\tau\eta\varrho\dot{\iota}\xi\alpha\iota$ $\dot{v}\mu\tilde{\omega}v$ $\tau\dot{\alpha}\varsigma$ $\varkappa\alpha\varrho\delta\dot{\iota}\alpha\varsigma$ —, die Beharrlichkeit bis zum Ende — $\dot{\varepsilon}v$ $\tau\tilde{\eta}$ $\pi\alpha\varrho ov\sigma\dot{\iota}\alpha$ $\tau o\tilde{v}$ $\varkappa v\varrho\dot{\iota}ov$ $\dot{\eta}$. **I. X**.... — Eine trostvolle Belehrung! Welche Sorge ist wichtiger, als die um die besondere Gnade der Ausdauer bis zum Ende! Wohl sind wir ohne besondere Offenbarung nicht gewiß, ob wir bis zum Ende bestehen werden; doch unter den Mitteln, welche die Hoffnung darauf sichern, nennt der inspirierte Autor die Übung der Nächstenliebe. An Versuchungen dagegen wird es auch den Thess. nicht gefehlt haben; in der Korinther-Gemeinde, wo der Apostel, da er dieses schrieb, gerade weilte, hatten sie sich nach seinem Weggange besonders heftig und mit Erfolg eingestellt. So bleibt es zu allen Zeiten,

---

[1]) Zu $\pi\lambda$. vgl. LXX, Num. 26, 54; Ps. 71, 21 (für הַרְבֵּה); I. Macc. 4, 35. Zu $\pi\varepsilon\varrho$. vgl. Mt. 13, 12; 25, 29; Luk. 15, 17; II. Kor. 9, 8; Eph. 1, 8.

[2]) Vgl. hierzu besonders Joh. 13, 34; 15, 12. 17; Matth. 22, 39; Röm. 13, 10; Gal. 5, 14; Kol. 3, 14; I. Joh. 4, 16 etc.

denn Lieblosigkeit raubt jeglichem Wirken für das Reich Gottes seinen Wert für den Himmel (I. Kor. 13).

Der Apostel ist überzeugt, und die guten Nachrichten haben es bestätigt, daß „die Herzen der Thess. ausgestattet sind mit, oder — wie das *ἐν* bestimmter bezeichnet — „in“ der *ἁγιω-σύνη*. Dadurch erscheint die *ἁγιωσύνη* als ein Zustand, der an die Seele als etwas Neues herantritt; aber derart, daß das „Herz“ und die *ἁγιωσύνη* nicht neben, sondern in einander, jenes in dieser besteht und lebt. Dadurch werden wir dazu geführt, unter diesem vom hl. Paulus ganz selten gebrauchten Worte [1]) den Zustand der übernatürlichen Heiligkeit und Gerechtigkeit zu verstehen. Diesem muß aber ein makelloses Leben entsprechen. Wenn nun der Apostel dieses den Thess. auch nicht in der Weise entgegenhält, wie es z. B. den Korinthern gegenüber geboten erschien [2]), weil sie den „Tempel des heiligen Geistes“ nicht zerstören, so ist doch auch ihr höchstes Ziel auf Erden, in der empfangenen Gerechtigkeit — *ἀμέμπ-τως* — tadel-, makellos zu leben. Den Apostel aber, der so von dem Gedanken an den alles erforschenden Richter durchdrungen ist, daß er aus innigster Überzeugung sprach: „ich bin mir nichts bewußt, aber nicht bin ich darin gerechtfertigt, der mich richtet, ist der Herr“ [3]), diesen Apostel erkennen wir hier in dem Zusatze: *ἔμπροσϑεν τοῦ ϑεοῦ* wieder.

Der Begriff *ἁγιωσύνη* vermittelt den Gedankenfortschritt zu: *καὶ πατρὸς ἡμῶν*, denn die „Heiligen“ haben in der *ἁγιωσύνη* den Geist der Kindschaft empfangen, und die Thessalonicher wissen auch, daß sie darin Gott „Vater“ zu nennen berechtigt sind [4]). — Jesum aber, dessen der Apostel als des Richters gedenkt, nennt er deshalb *κύριος*. Weder hier noch oben — 2, 19 — spricht er von einem Kommen des Herrn zum Gerichte, sondern sagt nur: *ἐν τῇ παρουσίᾳ*. Deshalb folgt daraus auch nicht, daß etwa in Anlehnung an die vom Herrn gegebene Beschreibung

---

[1]) Hierher kann zunächst nur II. Kor. 7, 1 bezogen werden, denn Röm. 1, 4 ist *πνεῦμα ἁγιωσύνης* der Begriff und fixiert sich daselbst in bestimmter Weise.

[2]) I. Kor. 3, 16, 17.

[3]) Das. 4, 4.

[4]) Vgl. Röm. 8, 15; Gal. 4, 6.

6 *

des jüngsten Gerichtes [1]) oder darauf gestützt, daß im alten Testamente mit ἅγιοι (קְדֹשִׁים) die Engel bezeichnet werden [2]), hier lediglich an diese zu denken sei. Es ist der nächsten Wortbedeutung von μετὰ πάντων τῶν ἁγίων αὐτοῦ angemessener, uns „unsern Herrn Jesus" in seiner Glorie, umgeben von allen Seinen Heiligen, in welchen diese wiederstrahlt, vorzustellen [3]).

Es sind bei der hier genannten παρουσία also keine derart näheren Bestimmungen oder Kennzeichen genannt, die uns nötigen würden, diesen Begriff beim hl. Paulus einzig und allein auf die letzte Wiederkunft des Herrn zum jüngsten Gerichte zu beziehen. Wie ἐσχάτη ἡ ὥρα außer dem „jüngsten Tage" die messianische Zeit überhaupt bezeichnet, weil sie in der That die letzte, auf die keine andere Weltperiode mehr folgt, ist und weil sie gerade dadurch, daß sie mit der „letzten Stunde" im engsten Sinne dieses Wortes abschließt, charakterisiert wird; wie ferner ἡμέρα τῆς ὀργῆς allerdings der letzte Gerichtstag ist, aber darauf nicht ausschließlich beschränkt werden darf, sondern auch jedes offenkundige Gericht Gottes über die Feinde Seines Reiches einschließt [4]): so ist ebenfalls unter παρουσία im eminenten Sinne des Wortes die Wiederkunft und Offenbarung des Messias in all Seiner Herrlichkeit beim Weltende, aber auch jedes unverkennbare Eingreifen desselben zur Rettung Seiner Kirche und zur Strafe Seiner Gegner, wodurch der Herr Sich in besonderer Weise als bei Seiner Kirche gegenwärtig [5]) zeigt, zu verstehen [6]).

In solcher Weise und in solchem Sinne sprechen bekanntlich die Propheten des alten Testamentes, und redet der Herr auch selbst. Der erste Todfeind des Christentums war das ungläubige Judentum; der Apostel und die Thess. hatten dieses

---

[1]) Matth. 25, 31; Mark. 8, 38; Luk. 9, 26.

[2]) Deut. 33, 2; Ps. 89, 5; Dan. 4, 10; 8, 13; Zach. 14, 5 u. a. Auch Everling, die paulin. Angelologie u. Dämonologie, Göttingen 1888, S. 78 f. nimmt ἅγιοι in seiner gewöhnlichen Bedeutung.

[3]) Interessant ist es, wie die Διδαχή (c. 16, Schluß) die ἅγιοι auffaßt. Siehe diese Stelle oben S. 27 Anm. 8: „καὶ τότε .... ἀνάστασις νεκρῶν οὐ πάντων δέ, ἀλλ' ὡς ἐῤῥέθη· Ἥξει ὁ κύριος καὶ πάντες οἱ ἅγιοι μετ' αὐτοῦ.

[4]) Vgl. oben zu 1, 10 u. 2, 16 s. S. 49 u. 67 f. und unten zu 5, 1. 2 über ἡμέρα κυρίου.

[5]) Der Begriff παρουσία hat ἀπουσία als seinen Gegensatz (Phil. 2, 12).

[6]) Vgl. oben 2, 19 S. 67 f.

ebenfalls erfahren. Darum aber ist das Gericht über dasselbe, besonders die Zerstörung Jerusalems, ein Tag des Zornes, eine Parusie des Herrn [1]). Hierin gründet auch die Verbindung, in die Jesu Weissagung dieses Ereignis mit dem jüngsten Gerichte bringt. Darin, daß auch der Herr Seine Parusie nicht auf Seine Wiederkunft zum jüngsten Tage beschränkt, liegt die Erklärung für Seine Worte [2]), daß, wenn Er in Seiner Herrlichkeit kommen wird, „es unter denen, die Ihn umstehen, solche geben wird, die den Tod nicht kosten werden, bis sie das Reich Gottes gesehen".

Darüber aber nun, wie die Christen der apostolischen Zeit über die Parusie des Herrn dachten, daß sie dieselbe im Sinne des jüngsten Tages bald erwarteten, bezw. zu erleben hofften, braucht man wohl nicht im Zweifel zu sein. Welche Privatmeinung der Apostel selbst gehabt, wie er den ihm vom heiligen Geiste eingegebenen und niedergeschriebenen Gedanken selbst des Näheren auffaßte, mag dahin gestellt bleiben [3]). Das aber

---

[1]) Döllinger, Christenthum und Kirche zur Zeit der Grundlegung. Regensburg 1860. S. 172: „So war es denn ein Tag des Herrn, eine erste Parusie Christi, als Jerusalem und der Tempel und das ganze jüdische bisher unauflöslich verschmolzene Staats- und Kirchenwesen zusammenstürzte, und die christliche Kirche, noch immer in den Banden desselben verstrickt, zur vollen Freiheit gelangte. Darin offenbarte sich die Majestät des erhöhten Menschensohnes, wie in einem versengenden und weit umher leuchtenden Blitze". (Matth. 24, 27.)

[2]) Nach Luk. 9, 26^{b}—27: ὅταν ἔλθῃ ἐν τῇ δόξῃ αὐτοῦ καὶ τοῦ πατρὸς καὶ τῶν ἁγίων ἀγγέλων. Λέγω δὲ ὑμῖν ἀληθῶς, εἰσίν τινες τῶν αὐτοῦ ἑστηκότων οἳ οὐ μὴ γεύσωνται θανάτου ἕως ἂν ἴδωσιν τὴν βασιλείαν τοῦ θεοῦ. Vgl. Matth. 16, 27. 28; Mark. 8, 38; 9, 1. Das ausdrückliche Hervorheben, daß Zeitgenossen noch Zeugen dieser Parusie sein werden, fordert eine Beziehung auf eine innerhalb eines Menschenalters liegende Erfüllung. Der Zusammenhang mit der vorausgehenden Rede empfiehlt die Beziehung auf das Gericht über Jerusalem. Wenn Orig., Hilar., Ambros., Aug., Chrys., Theophyl., Euthym., Beda, Mald., Jans., Corn. a Lap. dabei an die darnach folgende Verklärung auf Tabor denken, so muß anerkannt werden, daß auch diese eine gewisse, aber nicht gerade die hier gemeinte Parusie ist.

[3]) Döllinger, l. c. S. 422 f.: „Es kommt hierbei [bei der Deutung einer Weissagung auf Ereignisse der nächsten Zeit und auf das Weltende] nicht darauf an, ob der Apostel selbst sich dieser doppelten Beziehung und Erfüllung seiner Worte klar bewußt gewesen sei, welche Vorstellung er von der Nähe oder Ferne des Endes der irdischen Dinge gehabt habe; denn es

steht fest, daß eine etwaige irrige subjective Privatmeinung hinsichtlich der Zeit des Weltendes nicht in ein inspiriertes Buch niedergelegt und dadurch objectiviert worden ist.

Wenn nun die Thess. bei dieser unserer Stelle an den jüngsten Tag denken, so verstehen sie den Apostel nicht falsch;
,wenn sie aber den in den paulinischen Briefen niedergelegten
Begriff παρουσία lediglich und ausschließlich darauf beziehen
wollten, so würden sie den vom heiligen Geiste in dieses Wort
gelegten Sinn noch nicht vollständig und ganz erfassen. Die
Weltgeschichte, die in ihrem Verlaufe das Weltgericht ist, wird
uns zu einer Lehrmeisterin.

IV, 1—12: Warnung vor den Grundlastern der Heiden und Belehrung über die Bruderliebe.

1. Im Übrigen [1]) *nun, Brüder, bitten und ermahnen wir euch
im Herrn Jesus, daß* [2])*, wie ihr von uns vernahmt, auf welche
Weise ihr wandeln und Gott gefallen sollt — wie ihr auch wandelt* [3]) *— auf daß ihr immer weitere Fortschritte machet; 2. denn
ihr wißt ja, welche Gebote wir euch durch den Herrn Jesum gegeben haben.*

*3. Denn dieses ist der Wille Gottes, euere Heiligung, daß
ihr euch von der Unzucht enthaltet, 4. daß ein jeder von euch
wisse, das eigene Gefäß zu erwerben in Heiligung und Ehre, 5.
nicht in leidenschaftlicher Begierde, so wie die Heiden, welche
Gott nicht kennen; 6. nicht Ausschreitungen sich gestatte und sei-*

---

liegt in dem Charakter der Weissagung, daß ihr objektiver Inhalt keineswegs
immer mit dem subjektiven zusammenfällt, daß zuweilen eine Tragweite in
sie gelegt ist, welche über das, was dem Organ derselben vor dem Geistes-
blicke stand, hinausgeht." Thom. Aqu., Summa theol. II, 2 qu. 173 a. 4 c.
Sciendum tamen quod, quia mens prophetae est instrumentum deficiens, ut
dictum est, etiam veri prophetae non omnia cognoscunt, quae in eorum visis
aut verbis aut etiam factis Spiritus sanctus intendit.

[1]) Rec. liest τὸ λοιπόν mit B²; אAB*DEF etc. haben nur λοιπόν (Ti., WH.).

[2]) Rec. fehlt nach אADᶜE** syr ᴾ. aeth. Vers. das ἵνα; dagegen BD*EF
Vulg. syr.ˢᶜʰ arm. Übers. haben es (Ti.), so daß die Lesart hier zur Zeit sich
nicht zweifellos festellen läßt.

[3]) Das καθὼς καὶ περιπατεῖτε ist durch אABD*E*FG etc. Vulg. got. kopt.
arm. Vers. verbürgt (Ti., WH.); Rec. DᶜE** etc. fehlt es.

nen Bruder im Geschäfte übervorteile; denn der Herr [1]) ist ein
Rächer alles dessen, wie wir es euch zuvor gesagt und beteuert
haben. 7. Denn nicht hat uns Gott zur Unlauterkeit, sondern in
Heiligung berufen. 8. Daher denn, wer da verwirft, verwirft
nicht einen Menschen, sondern Gott, der seinen heiligen Geist an
euch [2]) verleiht [3]).

9. Über die Bruderliebe aber habt ihr es nicht nötig [4]), euch
zu schreiben; denn ihr selbst seid von Gott gelehrt, einander zu
lieben, 10. und ihr übt es ja gegen alle Brüder in ganz Macedonien;
wir ermahnen euch aber, Brüder, daß ihr immer mehr fortschreitet
11. und euere Ehre darin setzet, ruhig zu sein und das Eure zu
thun und eurer Hände [5]) Arbeit zu vollbringen, wie wir es euch
auftrugen, 12. auf daß euer Wandel wohlanständig sei denen gegenüber, die draußen sind, und ihr niemandes bedürfet.

Alles sehnsüchtige Verlangen des Apostels, die Th. wiederzusehen, gründet sich letztlich in seinem innigsten Wunsche, daß
diese dereinst bei der Erscheinung des Herrn inmitten aller Seiner Heiligen im Zustande der heiligmachenden Gnade tadellos
erfunden werden. Obwohl er nun allen Grund hat, sich des
blühenden Zustandes dieser Gemeinde herzlichst zu freuen, so
ist es ihm doch Bedürfnis, auf daß das ἀμέμπτως voll und

---

[1]) Der Artikel (ὁ κύριος) der Rec. ist nach א*ABD*H etc. zu streichen.
(Ti., WH.).

[2]) Mit den meisten Uncialen, als אBDE etc., d e g am etc. go. kopt.
arm. syr.sch Vers. ist εἰς ὑμᾶς (Ti., WH) zu lesen gegen die Rec., die
mit A al mu syr.ptxt aeth. Vers. und der gedruckten Vulg. (in nobis) εἰς
ἡμᾶς lesen.

[3]) Auf Grund von א*BD etc. ist wohl διδόντα dem δόντα der Rec. (so
אeA etc Vulg.: qui dedit) gegenüber vorzuziehen (Ti., WH.).

[4]) Ti., WH. wie Rec. lesen ἔχετε nach א*ADcF etc. syr.sch kopt. aeth.
Vers.; B am hal harl** εἴχομεν; nur durch H. und dann 43 67* 73. 80 ist
γράφεσθαι bezeugt. Ln liest nach אcD*FG ber de f g Vulg. ἔχομεν. Bisp. verteidigt diese Lesart, indem er einfach die andere — mit Lünemann — „ohne Sinn
und gedankenlos aus 5, 1 herübergenommen" nennt. Jedoch Winer's Berufung
auf Hebr. 5, 12 für die ungewöhnliche Construction ist richtig, und gerade
das Schwierigere der Lesart ἔχετε ist ein Umstand, der für deren Ursprünglichkeit spricht.

[5]) Wie א*ADcE** etc. liest Rec. ταῖς ἰδίαις χερσίν; mit mehr Grund lassen Ti., WH. nach אcBD*E*F etc. Vulg. das ἰδίαις weg.

ganz wahr werde, sie sowohl im allgemeinen, wie hinsichtlich
einzelner bestimmter Gebote auf ihre Pflichten hinzuweisen. Das
ideale, vor seiner Seele schwebende Ziel, wozu die Th. gelangen
sollen, giebt ihm die folgenden Ermahnungen ein, und es schließt
sich somit die weitere Rede als eine Folgerung (οὖν) an die vorausgehende an.

IV, 1.   *Tò λοιπόν* leitet den Schlußteil des Briefes ein[1]), wenn auch
noch längere, wichtige Ermahnungen und Belehrungen folgen.
Gekleidet sind dieselben in die Form der liebreichen Bitte eines
Freundes (ἐρωτῶμεν)[2]) und der autoritativen Ermahnung eines
Apostels (παρακαλοῦμεν), welcher nicht im eigenen Namen, sondern als Werkzeug in der Hand des Herrn Jesus (ἐν κυρίῳ Ἰησοῦ)
redet.   An die Liebe der Th. und an ihre Ehrfurcht gegen den
Herrn appelliert der Apostel, um seine Ermahnungen eindringlich
und nachdrucksvoll zu machen.   Die ursprünglich begonnene
Construction — ἵνα, καθὼς παρελάβετε παρ' ἡμῶν τ. . . . θεῷ —,
welche durch οὕτως καὶ περιπατῆτε wohl fortzusetzen gewesen
wäre, giebt Paulus auf, da er eine solche Mahnung schließlich
nicht erst aussprechen muß, weil die Th. ja ein höchst erfreuli-
ches christliches Leben führen[3]): καθὼς καὶ περιπατεῖτε; er steckt
das Ziel der Th. höher, indem er das ἵνα wieder aufnehmend fortfährt
περισσεύητε μᾶλλον, wozu der Zusammenhang natürlich ein ἐν
τῷ οὕτως περιπατεῖν ergänzen heißt. — Eine nähere Ausführung
dessen, worin das περισσεύειν bestehen soll, giebt hier der
Apostel nicht, und es ist zumal bei der verhältnismäßig kurzen Dauer
des Unterrichtes, den die Thess. genossen hatten, kein positiver
Anhaltspunkt für das bestimmte Gedenken der apostolischen Räte
— Chrys., Theophyl., Thom. — gegeben. Jedenfalls aber enthält der Ausdruck auch für die Th. nicht bloß ein Fortschreiten
im allgemeinen, sondern auch ein Hinausgehen über das, was
eigentliche Pflicht ist, ein Streben nach einem höheren Grade
christlicher Vollkommenheit.

v. 2.   Solche Mahnung kann der Apostel aussprechen — weil die Wege

---

[1]) Vgl. λοιπόν als den Schluß einleitende Formel: II. Thess. 3, 1; II.
Kor. 13, 11; Eph. 6, 10; jedoch ist dieses nicht die ausschließliche Bedeutung,
vgl. I. Kor. 1, 16; Phil. 3, 1; 4, 8; II. Tim. 4, 8; Hebr. 10, 13.

[2]) Vgl. zu solcher Bedeutung das ἐρωτᾶν 5, 12; II. Thess. 2, 1; Phil. 4, 3.

[3] Vgl. bes. 3, 6—9.

ja den Th. bekannt sind: es sind die Gebote[1]), welche er ihnen nicht kraft eigener Vollmacht oder Autorität (nicht διὰ ἑαυτοῦ), sondern „durch den Herrn Jesus gegeben hat." Ἐδώκαμεν sagt er zwar zuerst unter Hinweis auf seine Lehrthätigkeit, auf sein Vortragen und Auftragen der sittlichen Verpflichtungen; doch ein Verpflichten bedarf einer höheren, über allen Menschen stehenden, bedarf des Herrn Autorität. Indirect bekennt damit der Apostel, daß er für sich allein — so wenig wie irgend ein Mensch — weder Recht noch Macht hat, Gesetzgeber zu sein. —

Grund aller Verpflichtungen ist also der göttliche v. 3. Wille. Die vom Apostel gegebenen Gebote, welche fortschreitende Heiligung und immer sich steigerndes Wohlgefallen der Gläubigen vor Gott bezwecken, sind die richtigen; denn ὁ ἁγιασμὸς ὑμῶν ist der Wille Gottes. Es ist ἁγιασμός nicht identisch[2]) mit ἁγιωσύνη, sondern activisch zu fassen, und bedeutet die Heiligung. Dieser allgemeine Begriff erhält im Folgenden einige specielle Ausführungen, welche natürlich in concreten Veranlassungen, in Bedürfnissen der Th. ihren Grund haben. Zuerst erinnert Paulus an das ἀπέχεσθαι... ἀπὸ τῆς πορνείας, was im allgemeinen die Enthaltung von jeder Unlauterkeit besagt.

Parallel dazu geht das εἰδέναι ἕκαστον... τὸ ἑαυτοῦ σκεῦος vv. 4. 5. κτᾶσθαι... κτλ bis zu τ. μ. εἰδότα τὸν θεόν. Die vorausgehende, allgemein gehaltene, negative Mahnung läßt die angefügte positive zunächst auch als eine allgemeine erwarten.

Das Wort σκεῦος hat im neuen Testamente außer seiner nächsten ersten Bedeutung „Gefäß" als Hausgerät[3]), die übertragene Bedeutung von Mensch, insofern er Träger etwas anderen — der Gnade, des Zornes — in seinem Inneren ist[4]), und vom menschlichen Leibe, der das „Gefäß" der Seele ist[5]); — ohne jede Analogie wäre es aber, σκεῦος, wenn nicht eine nä-

---

1) Vgl. zu παραγγελία Act. 5, 28; 16, 24; I. Tim. 1, 5. 18.

2) Vgl. Röm. 6, 19. 22; 1. Kor. 1, 30.

3) So Röm. 9, 21; Hebr. 9, 21; II. Tim. 2, 20; Matth. 12, 29; Mark. 3, 27; 11, 16; Luk. 8, 16; 17, 31; Joh. 19, 29.

4) So Röm. 9, 22 (σκεύη ὀργῆς); 9. 23 (σκ. ἐλέους); Act. 9, 15 (σκ. ἐκλογῆς); II. Tim. 2, 21 (σκ. εἰς τιμήν); 1 Petr. 3, 7.

5) II. Kor. 4, 7: ἐν ὀστρακίνοις σκεύεσιν gleich ἐν τῇ θνητῇ σαρκί.

here Bestimmung hinzugefügt ist, speciell mit „Weib" wiederzugeben [1]). — Somit begünstigen also weder der Zusammenhang,
welcher in allgemeiner Weise eine positive Fortsetzung des Gedankens erwarten läßt, noch die Wortbedeutung des σκεῦος, noch
endlich der Umstand, daß ja Paulus an alle Thessalonicher —
ἕκαστον — auch an Frauen [2]) und bereits Verheiratete schreibt,
die Erklärung — ausgesprochen von Augustinus [3]), Theod.
Mops. [4]), Thom., Estius, Bisping, Pánek, Lünemann, P.
Schmidt —, das κτᾶσϑαι σκεῦος für identisch mit κτᾶσϑαι γυναῖκα zu halten, und es als eine Ermahnung auszulegen, sich
nicht „der herumschweifenden Wollust, der Venus vulgivaga"
hinzugeben, sondern „sein eigen (ἑαυτοῦ mit Nachdruck voran-
gestellt) Gefäß sich zu verschaffen und dieses in keuscher Zucht
(ἐν ἁγιασμῷ) und Ehre zu gebrauchen", d. i. „in die von Gott
zur Regelung der Fleischeslust geordnete Ehe" einzutreten, und
„in derselben die standesgemäße Keuschheit zu bewahren" (Bisp.).

Die andere Auffassung — vertreten von Tertullian [5]),
Chrysostomus [6]), Theodoret [7]), Theophyl., Erasmus, Corn.
a. Lap., Röhm, Calvin, Beza, Bengel, Flatt, Pelt, Baumg.-
Crus., Olshausen — versteht unter σκεῦος den Leib des
Menschen. Wenn nun dagegen (Bisp.) geltend gemacht wird, daß

---

[1]) Die einzige Stelle, die hier in Frage kommen konnte, ist I. Petr. 3, 7,
wo das Weib zwar ἀσϑενέτερον σκεῦος genannt wird — jedoch mit dem aus-
drücklichen Zusatze des γυναικεῖον —, und wo dieses Bild für das
Weib dadurch veranlaßt ist, daß es ebenfalls wie der Mann „Miterbe der
Gnade des Lebens" ist. Es ist also σκεῦος hier durchaus nicht bildliche Bezeichnung des Weibes im Gegensatze zum Manne, sondern im gleichen Sinne
wie dieser, der das stärkere Gefäß ist κατὰ γνῶσιν.

[2]) Vgl. Act. 17, 4, wonach besonders „nicht wenige" Frauen den Glauben angenommen.

[3]) contra Jul. IV, 10: quis nescit conjugatis apostolum praecepisse, ut
sciret unusquisque eorum suum vas possidere, hoc est uxorem suam. cfr. l. c.
V, 9, de nupt. et concup. I, 8.

[4]) σκεῦος τὴν ἰδίαν ἑκάστου γαμετὴν ὀνομάζει.

[5]) de resurr. carnis c. 16 . . . . caro, qua animam capit et continet.

[6]) Ἄρα ἡμεῖς αὐτό (τὸ σκεῦος) κτώμεϑα, ὅταν μένῃ καϑαρὸν καὶ ἔστιν ἐν
ἁγιασμῷ· ὅταν δὲ ἀκάϑαρτον, ἁμαρτία.

[7]) Τίνες δὲ τὸ ἑαυτοῦ σκεῦος τὴν ὁμόζυγα ἡρμήνευσαν. ἐγὼ δὲ νομίζω τὸ
ἑκάστου σῶμα οὕτως αὐτὸν κεκληκέναι.

nirgends „der Leib schlechthin σχεῦος genannt" werde, so gilt das
noch mehr gegen die Bezeichnung des „Weibes" mit diesem
Worte, denn II. Kor. 4, 7 ist doch immerhin unter σχεῦος
ὀστράχινον der Leib verstanden. Es soll nun gewiß nicht verkannt werden, daß χτᾶσϑαι ursprünglich und in der Regel nicht
„besitzen", sondern „erwerben, sich verschaffen" bedeutet;
aber es darf auch das wieder nicht übersehen werden, daß, wenn
ein Chrysostomus, Theodoret, wie auch die Vulgata und
Augustinus dieses Wort in jener ersteren Bedeutung (χεχτῆσϑαι
gleich possidere) fassen, ein Übergang auch zu solchem Sinne
im späteren griechischen Sprachgebrauche durch diese Zeugen,
wie ferner auch durch Beispiele in einzelnen biblischen Schriften
wohl ausreichend erhärtet ist[1]); zumal dann, wenn es sich um
einen Besitz, der immer bekämpft wird und der deßhalb gleichsam
immer wieder erkämpft sein, gewissermaßen stets erworben
sein will, handelt. Unmöglich ist also um des χτᾶσϑαι willen diese
zweite Anschauung nicht; etwas Ungewöhnliches oder Seltsames hat
für uns überhaupt diese Ausdrucksweise, aber die Th. sind —
nach v. 2 — hiermit vertraut. Versuchen wir es, uns hineinzu-
versetzen! Der Apostel sagt nicht einfach χτᾶσϑαι..., sondern
εἰδέναι χ..., betont somit eine Wissenschaft des Christgläubigen — im Gegensatze zum Heiden —, welche zum Object hat:
χτᾶσϑαι ἐν ἁγιασμῷ καὶ τιμῇ, und dieses wieder als Gegensatz
zu ἐν πάϑει ἐπιϑυμίας. Versteht man nun unter σχεῦος den
Leib, so zielt des Apostels Ermahnung auf das Besitzen — bezw.
auf das Erlangen und Behaupten des Besitzes des Leibes des
Menschen. Voraussetzung nun ist, daß dieses in doppelter Weise
geschehen kann: bei dem Heiden geschieht es in leidenschaftlicher Begierde, beim Christen soll es in Heiligung und Ehre
geschehen. Diesem wird auch sein Leib zum Werkzeuge der

---

[1]) Vgl. Luk. 21. 19: ἐν τῇ ὑπομονῇ ὑ. κτήσεσϑε τὰς ψυχὰς ὑμῶν; Jes. Syr.
22, 23 (Vulg. 22, 28): πίστιν κτῆσαι ἐν πτωχείᾳ μετὰ τοῦ πλησίον, ἵνα ἐν τοῖς ἀγα-
ϑοῖς αὐτοῦ πλησϑῇς. Isai. 26, 13 ist בַּעַל mit κτᾶσϑαι übersetzt; vgl. sonst
Gen. 46, 6; (12, 5; 36, 6) in den LXX Übersetzungen von קָנִין; Jes. Syr. 24,
6 (Vulg. 24, 10: in omni genti primatum habui): ἐν κύμασι ϑαλάσσης καὶ ἐν
πάσῃ τῇ γῇ, καὶ ἐν παντὶ λαῷ καὶ ἔϑνει ἐκτησάμην. Vgl. Schleussner, novus
thesaurus . . . . vet. test. zu κτάομαι.

Heiligung und Ehre, jenem ist er das Mittel zur Befriedigung leidenschaftlicher Lust. Verstärkt wird dieses Mahnwort des Apostels durch den Zusatz τὸ ἑαυτοῦ σκεῦος, es ist ja der eigene Leib, der durch die Begierde entheiligt wird. Weil es aber der eigene Leib ist, darum muß er auch Gott dienen und nach Gottes Willen durch seine Heiligung zu gefallen suchen. Die Heiden dagegen, welche Gott nicht kennen, sind darum von Ihm preisgegeben worden ἐν ταῖς ἐπιθυμίαις τῶν καρδιῶν αὐτῶν εἰς ἀκαθαρσίαν τοῦ ἀτιμάζεσθαι τὰ σώματα αὐτῶν ἐν αὐτοῖς ... εἰς πάθη ἀτιμίας[1]).

Übrigens verhalten sich diese beiden Erklärungen nicht ausschließend zu einander. Die zweite giebt den allgemeinen Sinn, die erste aber eine besondere Ausführung desselben. In Heiligung und Ehre die Ehe eingehen, ist eine bestimmte Weise, um sich von der πορνεία fernzuhalten[2]) und zu den Heiden in ihrer Sittenlosigkeit in Gegensatz zu treten.

v. 6.   Mehrfach ist v. 6 als eine Fortsetzung von v. 5 gefaßt und als specielle Warnung vor dem Ehebruche erklärt worden[3]). Allein der Artikel τὸ vor μὴ ὑπερβαίνειν ... und die Bedeutung von πλεονεκτεῖν, welches mit einer einzigen Ausnahme (II. Kor. 2, 11, wo der Satan das Subject ist) im N. T. nur in Bezug auf Hab und Gut gebraucht ist[4]), verbieten solches. Es ist also dieser Vers mit den anderen Erklärern[5]) auf v. 3 zurückzubeziehen, und er enthält in allgemeinerer (ὑπερβαίνειν) und in bestimmter ausgeführter Weise (πλεονεκτεῖν) die Warnung vor Verletzung der Grenzen der Gerechtigkeit, vor der Ungerechtigkeit und Habsucht in Handel und Wandel (ἐν τῷ πράγματι)[6]). So ist auch

---

[1]) Röm. 1, 24, 26. — [2]) Vgl. I. Kor. 7, 1 ff.

[3]) So zuerst Chrys.: Καλῶς εἶπε, μὴ ὑπερβαίνειν· καὶ γὰρ ἑκάστῳ ὁ θεὸς ἀπένειμε γυναῖκα καὶ ὅρους ἔθηκε τῇ φύσει, τὴν μίξιν ἐκείνην τὴν πρὸς τὴν μίαν. Ὥστε ἡ πρὸς τὴν ἑτέραν παράβασίς ἐστι καὶ λῃστεία καὶ πλεονεξία. Darnach Theodoret: πλεονεξίαν ἐνταῦθα τὴν μοιχείαν ἐκάλεσε ob der hiermit verbundenen Rechtsverletzung. Joh. Damasc., Theophyl., Hieronym. ad Ephes. 5, 5, Erasmus, Cornel. a Lap., Estius; Bengel, Pelt, Schott, Olshausen, Whitby, Alford u. a. m.

[4]) Vgl. II. Kor. 7, 2; 12, 17, 18; außerdem zu πλεονέκτης I. Kor. 5, 10; 6, 10.

[5]) So Orig., hom. IV. in Levit.; Ambros., Anselmus, Thomas, Nic. Lyr., Calmet, Bisping, Pánek, Röhm, Calv., Beza, Lünemann, P. Schmidt u. a. m.

[6]) Zu πρᾶγμα vgl. I. Kor. 6, 1; II. Kor. 7, 11; Röm. 16, 2.

die Auffassung der Vulgata: et ne quis supergrediatur, neque circumveniat in negotio fratrem suum. Zu dieser speciellen Mahnung giebt die Umgebung der Th. Anlaß; es erfreute sich nämlich die Ehrlichkeit der Griechen im Handel und Wandel keines guten Rufes. Einen Nachdruck erhält dieses Wort sowohl durch τὸν ἀδελφόν, womit, wie es mir scheint, das Verhältnis, in dem das Christentum die Menschen unter einander im Gegensatze zum Heidentum erblickt, hingewiesen ist, als auch durch den in dem διότι ἔκδικος κύριος περὶ πάντων τούτων ausgesprochenen Hinweis auf das dereinstige Gericht[1]). Ebenso ist eine Betonung des περὶ πάντων τ. nicht zu verkennen. Nach dem Verweis auf die mündliche Belehrung (προείπαμεν und das steigernde διεμαρτυράμεθα[2]) — eine Verstärkung von μαρτύρομαι —) geht der Apostel zur

Begründung dieses letzten Gedankens, des ἔκδικος... über. v. 7. Gottes Gerechtigkeit muß sich im Gerichte offenbaren, denn sein Wille hat uns nicht auf Grund (ἐπί) der Unreinheit, sondern in (ἐν) Heiligung berufen. Da ἀκαθαρσία Gegensatz zu ἁγιασμός ist, so muß jener Begriff ebenfalls in der allgemeineren Bedeutung von Unreinheit genommen werden. Sehr bezeichnend ist der Wechsel der Präpositionen ἐπί und ἐν. Die Heiligung wird zugleich von Gott Selbst gewirkt, darum paßt ἐκάλεσεν ἐν ἁγιασμῷ, die Unreinheit aber steht ganz außerhalb allen göttlichen Wirkens, weshalb sie bei diesem Gegensatze auch nur wie eine Bedingung (ἐπί) gedacht werden könnte. In der Berufung „in Heiligung" äußert sich der göttliche Wille — v. 3 —, doch das Ziel dieses Willens und der Heiligung ist — 3, 13 — „tadellos in Heiligkeit" bei der Erscheinung des Herrn erfunden zu werden.

Von dem Gesagten ist die Folge (τοιγαροῦν), daß — das v. 8. nichtgenannte Object ergiebt der Zusammenhang[3]) — wer diese Ermahnungen mißachtet, die göttliche Autorität, die der Grund

---

[1]) Vgl. Gal. 5, 21.

[2]) Vgl. Luk. 16, 28; Act. 2, 40; 8, 25 etc. I. Tim. 5, 21; II. Tim. 2, 14; 4, 1; Hebr. 2, 6.

[3]) Vgl. Vulgata: Itaque qui haec spernit non hominem spernit etc.; haec ist ein richtiges Glossem.

derselben ist, beiseite setzt[1]). Und nun hebt der Apostel noch
das Grelle und Unerträgliche des Widerspruches zwischen einem
Leben, wie es Heiden in Unreinheit führen, und dem eines Christen durch das τὸν διδόντα τὸ πνεῦμα τὸ ἅγιον hervor. Unreinheit und heiliger Geist, welcher dem Christen verliehen wird,
können nicht neben einander bestehen, und es appelliert somit
der Apostel zum Schlusse dieser Mahnung an des Christen
höchste Würde[2]).

v. 9.   Der Apostel hält es nicht für notwendig, die Th. über die
Nächstenliebe schriftlich noch zu belehren; φιλαδελφία kann
nämlich nicht im engeren Sinne von „Wohlthätigkeit" verstanden
werden.   „Bruderliebe" ist der Begriff, den Paulus auch Röm.
12, 9. 10 unzweideutig damit verbindet[3]), und wird derselbe ja
auch hier nach dem folgenden Satzgliede, nach ἀγαπᾶν ἀλλήλους,
in solcher allgemeinen Weise gefaßt.   Der Grund, weshalb der
Apostel hierüber nichts zu schreiben nötig hat, ist, weil die Th.
θεοδίδακτοι sind.   Der heilige Geist, der dem Christen verliehen
ist, der in ihm wohnt, belehrt ihn[4]); das von der Gnade erwärmte
und erleuchtete Herz erkennt von selbst die Nächstenliebe als
ein Ziel (εἰς τὸ ἁ . .) seines Lebens.

vv. 10. 11.   Was der Apostel bei den Th. als θεοδίδακτοι als bekannt
voraussetzt, das sieht er ja auch von diesen geübt und bethätigt.
Umsoweniger hat er Grund, hier erst noch zu mahnen, als er ja
auch weiß, daß die Th. die eigene Gemeinde nicht die Grenze
ihrer Liebeswerke sein lassen, vielmehr: εἰς πάντας τοὺς ἀδελφοὺς
τοὺς ἐν ὅλῃ τῇ Μακεδονίᾳ.   Mit aller Anerkennung dessen — es
giebt im christlichen Leben keinen Stillstand — verbindet er doch
die Mahnung zu immer steigendem Fortschritte (περισσεύειν
μᾶλλον).

Ihre vorzüglichste Bethätigung — doch nicht ausschließliche
— war gewiß die Mildthätigkeit.   Zu je herrlicherer Blüte

---

[1]) Zu ἀθετεῖν vgl. I. Kor. 1, 19; Gal. 2, 21; 3, 15.

[2]) Derselbe Gedanke also, der 1. Kor. 3, 16 f.: οὐκ οἴδατε ὅτι ναὸς θεοῦ
ἐστε καὶ τὸ πνεῦμα τοῦ θεοῦ οἰκεῖ ἐν ὑμῖν; . . . ὁ γὰρ ναὸς τοῦ θεοῦ ἅγιός ἐστιν
— eine andere Ausführung erhält.

[3]) Ἡ ἀγάπη ἀνυπόκριτος. ἀποστυγοῦντες τὸ πονηρόν, κολλώμενοι τῷ ἀγαθῷ,
τῇ φιλαδελφίᾳ εἰς ἀλλήλους φιλόστοργοι.

[4]) Vgl. I. Joh. 2, 27; 3, 14.

diese sich entfaltet hatte, desto mehr konnte sie aber auch andererseits eine Gefahr begünstigen. Es erscheint nämlich als
höchst wahrscheinlich, daß die unter den Th. verbreitete Erwartung einer nahe bevorstehenden Erscheinung des Herrn Unruhe
hervorgerufen und veranlaßt hatte, daß manche ihre Beschäfti-
gungen und Arbeiten vernachlässigten; das konnten sie aber um-
so eher thun, als ja die freigebige Milde der Glaubensgenossen
ihnen in der Not liebreichst half. Darum fügt Paulus die Mahnung an, es sollen die Th. ihre Ehre darein setzen[1]), Ruhe zu
bewahren ($\dot{\eta}\sigma\nu\chi\dot\alpha\zeta\epsilon\iota\nu$)[2]). Mit Recht wird hierbei auf das Oxy-
moron, die Verbindung der sich scheinbar widersprechenden
Begriffe $\varphi\iota\lambda o\tau\iota\mu\epsilon\tilde\iota\sigma\vartheta\alpha\iota$, was ein Streben in sich schließt, und
$\dot\eta\sigma\nu\chi\dot\alpha\zeta\epsilon\iota\nu$, welches auf Gleichmut ruht, verwiesen. Erkämpft
will dieser auch vom Christen sein, ihm aber ist er ein erreich-
bares und ein ihn gerade vor dem Heiden auszeichnendes Ziel,
eine wahre Ehrensache und ein Merkmal, daß er nicht wie die
Welt nach vergänglichen und deshalb eine stete Unruhe mit
sich bringenden Gütern, sondern nach einem bleibenden Glücke
trachtet, und daß er dieses zugleich in dem Bewußtsein der Sicherheit und Kraft in der Gnade Christi thut. Hiermit muß aber ferner
Hand in Hand die Erfüllung der Berufspflichten gehen: $\varkappa\alpha\iota$ $\pi\rho\dot\alpha\sigma$-
$\sigma\epsilon\iota\nu$ $\tau\dot\alpha$ $\check\iota\delta\iota\alpha$. Nicht ist $\check\iota\delta\iota\alpha$ wohl in einem Gegensatze zu dem,
was eines andern ist, zu denken, sondern als das, was jemandem
bestimmt ist oder zukommt, was ihm als Beruf angewiesen ist.
Nach dem ganzen Zusammenhange ergiebt sich, daß sich der
Apostel speciell zu den ärmeren Klassen in Th. wendet, die —
wohl auch die Mehrzahl der Gemeinde bildend — besonders auf
die Wohlthätigkeit der Besitzenden gebaut und in Unruhe ihren
Beruf, der in der Hände Arbeit bestand, vernachläßigt haben mö-
gen: $\dot\epsilon\rho\gamma\dot\alpha\zeta\epsilon\sigma\vartheta\alpha\iota$ $\tau\alpha\tilde\iota\varsigma$ $\chi\epsilon\rho\sigma\dot\iota\nu$ $\dot\nu\mu\tilde\omega\nu$. Auch mündlich hatte ihnen
der Apostel die Pflicht der Arbeit ans Herz gelegt.

Zweck dessen ist zunächst, $\check\iota\nu\alpha$ $\pi\epsilon\rho\iota\pi\alpha\tau\tilde\eta\tau\epsilon$ $\epsilon\dot\nu\sigma\chi\eta\mu\dot o\nu\omega\varsigma$[3]) $\pi\rho\dot o\varsigma$ v. 12.
$\tau o\dot\nu\varsigma$ $\check\epsilon\xi\omega$[4]), daß sie den Heiden keinen Anstoß geben. Wie be-

---

[1]) $\varphi\iota\lambda o\tau\iota\mu\epsilon\tilde\iota\sigma\vartheta\alpha\iota$ vgl. Röm. 15, 20; II. Kor. 5, 9.

[2]) $\dot\iota\sigma\nu\chi\dot\alpha\zeta\epsilon\iota\nu$ beim h. Paulus nur an dieser Stelle; sonst Luk. 14. 4; 23,
56; Act. 11, 18; 21, 14; das Gegenteil hierzu ist $\pi\epsilon\rho\iota\epsilon\rho\gamma\dot\alpha\zeta\epsilon\sigma\vartheta\alpha\iota$ (II. Thess. 3, 11).

[3]) Zu $\epsilon\dot\nu\sigma\chi\eta\mu\dot o\nu\omega\varsigma$ $\pi\epsilon\rho\iota\pi\alpha\tau\epsilon\tilde\iota\nu$ vgl. Röm. 13, 13.

[4]) Die Heiden: $o\dot\iota$ $\check\epsilon\xi\omega$ vgl. I. Kor. 5, 12. 13; Kol. 4, 5.

kannt, reizten die Juden die Heiden gegen den Apostel und seine
Begleiter als Ruhestörer auf, und liegt es nahe, daß den Christen
ebenfalls leicht ein gleicher Vorwurf gemacht werden mochte, weshalb es um so mehr geboten war, geziemend aufzutreten. Alsdann aber will der Apostel, daß sie niemandes bedürfen (μηδενὸς
χρείαν ἔχητε). An sich könnte μηδενὸς neutral gefaßt werden;
allein nach dem bisherigen Gedankengange erscheint es das richtige zu sein, es masculinisch zu nehmen. Nicht arbeiten und dafür
Almosen in Anspruch nehmen, müßte die Christen in den Augen
der Heiden zum Gegenstande des Ärgernisses machen.

IV, 13 — V, 11: Tröstungen und Ermahnungen über die Parusie des Herrn.

IV, 13. Nicht wollen wir[1]) *aber, daß ihr, Brüder, über die
Entschlafenen*[2]) *in Unkenntnis seid, auf daß ihr nicht trauern
möget*[3]) *nach der Weise der Übrigen, welche keine Hoffnung haben.
14. Denn wenn wir glauben, daß Jesus gestorben und auferstanden ist, also wird auch Gott die Entschlafenen führen mit Ihm.
15. Denn dieses sagen wir euch in einem Worte des Herrn, daß
wir, die wir leben und die wir übrig gelassen werden zur Wiederkunft des Herrn, keineswegs den Entschlafenen zuvorkommen werden; 16. denn Er Selbst, der Herr, wird beim Aufrufe, bei der
Stimme eines Erzengels und bei der Posaune Gottes vom Himmel
herniedersteigen, und es werden die Toten in Christo zuerst auferstehen. 17. Dann werden wir, die wir leben und übriggeblieben
sind, zugleich mit ihnen in den Wolken entrückt werden, dem
Herrn entgegen in die Luft, und also werden wir jederzeit mit
dem Herrn sein. 18. Daher tröstet einander mit diesen Worten.
V, 1. Über die Zeiten und die Fristen aber, Brüder, habt
ihr nicht nötig, daß euch geschrieben werde; 2. denn ihr selbst*

---

[1]) Gegen das ϑέλω der Rec. sprechen אABD etc. die Uncialen, Vulg.
goth. aeth. Vers. und die Mehrzahl der Väter, welche ϑέλομεν lesen, desgl.
Ti. WH.

[2]) Nur mit DEF und spätere Unc. liest die Rec. κεκοιμημένων, während
אAB u. a. — vgl. Vulg. dormientibus — Ti., WH. lesen: κοιμωμένων.

[3]) Rec. Ti., WH. lesen richtig mit א BDᶜ u. a. λυπῆσϑε und nicht λυ-
πεῖσϑε mit AD* etc.

wisset zu gut, daß der Tag [1]) des Herrn so wie ein Dieb in der Nacht kommt. 3. Wenn [2]) aber die Leute sagen: Friede und Sicherheit, dann kommt plötzliches Verderben über sie, wie die Wehe über die Schwangere und wahrlich, sie werden nicht entrinnen. 4. Ihr aber, Brüder, seid nicht in Finsternis, so daß der Tag euch wie ein Dieb [wie Diebe] [3]) überrasche, 5. denn [4]) alle seid ihr Söhne des Lichtes und Söhne des Tages.

6. Nicht gehören wir der Nacht noch der Finsternis an; also wohlan laßt uns nicht schlafen wie die übrigen, sondern wachen und nüchtern sein. 7. Denn die, welche schlafen, schlafen des Nachts und die, welche sich berauschen, sind trunken des Nachts. 8. Wir aber, die wir dem Tage angehören, wollen nüchtern sein, angethan mit dem Panzer des Glaubens und der Liebe und als Helm die Hoffnung des Heils; 9. denn nicht hat uns Gott für den Zorn bestimmt, sondern für die Erwerbung des Heiles durch unsern Herrn Jesus [Christus], 10. der für [5]) uns gestorben ist, damit wir, ob wir wachen, ob wir schlafen, zusammen mit ihm leben. 11. Darum tröstet, ermahnet einander, und erbaue einer den andern, wie ihr es auch thut.

Gewiß liegt in der „Bruderliebe" der Thess. der Grund ihrer Sorge ob der Entschlafenen; doch der Übergang bezw. die Motivierung kann hierin nicht erblickt werden. Wenn der Apostel zum Fortschreiten in der Bethätigung der Nächstenliebe mahnt, denkt er an die lebenden Brüder (v. 10) und will — — vv. 11 u. 12 — teilweisen Mißbräuchen und Mißverständnissen begegnen. Der Grund, daß diese sich eingeschlichen hatten,

---

[1]) Die Rec., welche den Artikel vor ἡμέρα liest, hat nur AK und spätere Unc. für sich; nach ℵBDEFGP lassen Ti. und WH. denselben mit mehr Grund weg.

[2]) Einfach nur ὅταν haben ℵ*AFG, Ti.(WH.), ὅταν γάρ der Rec. findet sich nur KL und jüngere Unc., ὅταν δέ, wofür auch Ln, schreiben ℵᶜBDE, so daß also hiernach die Frage offen stände; dem Zusammenhange aber würde das δέ entsprechen.

[3]) ℵDE etc. lesen ὡς κλέπτης (Ti.), AB etc. aber ὡς κλέπτας (Ln, WH.). Der Zusammenhang — vgl. zu d. St. — spricht für κλέπτης, denn durch κλέπτας würde das aufgenommene Bild verlassen.

[4]) Das in der Rec. ausgelassene γάρ ist durch ℵABDE etc. verbürgt.

[5]) Wohl mit Ti. WH. περί nach ℵ*B und nicht mit Rec., Ln ὑπέρ nach ℵᶜAD etc. zu lesen.

war vornehmlich in einer mangelhaften Kenntnis der Lehre von
der zweiten Erscheinung des Herrn gelegen. Die folgenden Belehrungen nun bezwecken, den Grund der Unruhe der Thess.
zu beseitigen und dadurch denn auch der Vernachlässigung
der Berufspflichten und der Arbeit den Schein von Berechtigung
zu entziehen.

v. 13.   Mit einer echt paulinischen Wendung — οὐ θέλομεν δὲ
ὑμᾶς ἀγνοεῖν [1]) — ist die Unterweisung eingeleitet; ebenso ist
das κοιμᾶσθαι ein vom Apostel gern gebrauchtes Bild für Sterben [2]).
Auch sonst wird „Entschlafen" in diesem Sinne [3]), aber nicht,
um einen schlafartigen Zustand der Seele zu bezeichnen [4]), gebraucht. Es folgt unmittelbar auf den Tod nach paulinischer
Lehre das ewige Fortleben, und es giebt keinen schlaf- oder
traumartigen Zustand der Seele bis zur Auferweckung des Fleisches [5]). Wenn der Apostel für die Toten den Ausdruck „Ent-
schlafene" wählt, so ist er in der Bezugnahme auf die gleich
zur Sprache kommende Wiedererweckung begründet [6]). Der
Zweck der Belehrungen über die Verstorbenen ist, ἵνα μὴ λυπῆσθε. Es sind die Thess. derentwegen in einer Weise von
Trauer erfüllt, daß sie den Heiden vergleichbar geworden waren. Wie aus dem Folgenden ersichtlich wird, hatten sie gehofft,
daß sie alle noch die Wiederkunft des Herrn in Seiner Herrlichkeit sehen und an dieser teilnehmen würden. Das war ja der

---

[1]) Vgl. Röm. 1, 13; I. Kor. 10, 1; 12, 1; II. Kor. 1, 8.

[2]) Vgl. I. Kor. 7, 39; 11, 30; 15, 6. 18. 20. 31.

[3]) Vgl. Ps. 13, 4 (12, 4); Job 3, 13; 21, 13; Isa. 14, 8; Jer. 51, 39 [LXX:
28, 39]; Ezech. 31, 18; 32, 29; Dan. 12, 2.

[4]) So Dähne, Entwicklung des paul. Lehrbegr., Halle 1835, S. 179 f.
nach dem es in der Natur der paulin. Lehre begründet sein soll, „daß Paulus
sich den Mittlzustand zwischen dem Tode und der Auferstehung des
Körpers ohne klares Bewußtsein dachte". Weizel in Stud. u. Krit. 1836 S.
916 ff.; de Wette; O. Pfleiderer, das Christenthum, seine Schriften und
Lehren. Berlin 1887. S. 292 f.

[5]) Vgl. I. Kor. 15, 43 ff.; Röm. 8, 10; II. Kor. 5, 8 (ἐκδημῆσαι ἐκ τοῦ
σώματος καὶ ἐνδημῆσαι πρὸς τὸν κύριον. Das. 12, 2. 4; Phil. 1, 23. 24; II. Tim.
4, 6 ff. Nach Hebr. 9, 27 schließt sich an den Tod das besondere Gericht,
was das Selbstbewußtsein voraussetzt. Vgl. hierzu auch Simar, die Theologie des hl. Paulus, 2. Aufl. Freiburg 1883, S 251 f.

[6]) Vgl. Mark. 5, 39 und Joh. 11, 11, wo von der Tochter des Jairus und
Lazarus gesagt ist, daß sie nur schlafen.

Trost der Christen bei den Verfolgungen, und je heftiger diese
aufgetreten waren, um so inniger mochten sie auf denselben
hoffen. Nun waren aber manche ihrer geliebten Brüder gestorben; sie gaben deshalb die eigene Hoffnung auf die Teilnahme
an des Herrn Glorie nicht auf; allein sie wähnten jene derselben
als verlustig gegangen und hatten deshalb um sie eine Trauer
ohne Hoffnung darauf, daß auch diese wieder auferweckt werden würden: καθὼς καὶ οἱ λοιποὶ οἱ μὴ ἔχοντες ἐλπίδα. Weil
der Apostel sich vorzugsweise an Heidenchristen wendet, so sind
unter λοιποί jedenfalls auch an erster Stelle Heiden gemeint.
Da es sich nach dem Folgenden um die Auferstehung des Leibes und somit um die volle Teilnahme am Herrn handelt, so
kann auch das μὴ ἔχοντες ἐλπίδα nicht ganz allgemein gefaßt
werden, und es soll nicht enthalten, daß die Heiden überhaupt in
jeder Weise hoffnungslos gewesen seien. Der Glaube an ein
Fortleben der Seele nach dem Tode war dem Heidentume nicht
fremd und epikuräische, dasselbe leugnende einzelne Aussprüche
ändern nichts daran [1]). Aus der Vergleichung aber erhellt,
daß es dem Apostel fern liegt, die Trauer um die Verstorbenen
überhaupt zu verbieten, und gern werden hier die Worte des h.
Augustinus citiert [2]): De mortuis iis, qui diliguntur, est quaedam tristitia quodammodo naturalis; mortem quippe horret non
opinio, sed natura. Permittantur itaque pia corda de carorum
suorum mortibus contristari dolore sanabili, et consolabiles la-
crimas fundant conditione mortali, quas cito reprimat fidei gau-
dium, qua creduntur fideles, quando moriuntur, paulum a nobis
abire et ad meliora transire.

Den Grund (γάρ), weshalb die Thess. der Entschlafenen hal- v. 14.
ber nicht trauern sollen, nennt der Apostel zwar in der Form
eines Bedingungssatzes (εἰ); doch nicht, um mit dem Vordersatze

---

[1]) Vgl. Döllinger, Heidenthum und Judenthum, Regensburg 1857,
S. 588 f.; besonders Knabenbauer, das Zeugnis des Menschengeschlechtes
für die Unsterblichkeit der Seelen, Freiburg 1878, woselbst auf weitere Litteratur verwiesen ist; vgl. sonst bei Gutberlet, Lehrb. der Apologetik, Münster
1888, I. S. 98—111; Hettinger, Apologie des Christenthums, Freiburg, 4. Aufl.
1871. I. S. 374 ff.

[2]) Serm. 32.

7 *

eine „Bedingung" zu nennen [1]), sondern um eine den Christen ganz selbstverständliche Voraussetzung auszusprechen. Die Gedankenfolge ist also: trauert nicht, denn da wir gläubig sind, lehrt uns unser Glaube, daß Jesus gestorben und auferstanden ist, und unterweist uns ferner, daß in Folge dessen auch die entschlafenen Glieder seines Reiches, der Kirche, auferstehen werden. Die Grundlage für diese Entwickelung, die hier vorausgesetzt wird, ist das Verhältnis der gläubigen Christen als Glieder eines geheimnisvollen Leibes zu ihrem Haupte, welches Christus ist. Der Getaufte wird Christo eingepflanzt [2]) und führt als solcher ein neues, übernatürliches Leben [3]), dessen erstes Princip Jesus Selbst ist. Dieser Wahrheit giebt der Apostel in den Worten an die Galater [4]) — ζῶ δὲ οὐκέτι ἐγώ, ζῇ δὲ ἐν ἐμοὶ Χριστός — den bestimmtesten Ausdruck. Das Sterben mit Christus ist ein Absterben, ein „Mitgekreuzigtwerden" des „alten Menschen" nach dessen der Sünde unterworfenen Natur — nicht meint der Apostel den natürlichen Tod —; das „Auferstehen" aber ist nicht allein auf den Beginn des neuen, übernatürlichen Lebens zu beschränken, sondern ist auch der Abschluß desselben in der Auferweckung des Leibes, wie auch Christus einst auferweckt worden ist [5]), wodurch Er das Werk der Erlösung vollendet und uns das Unterpfand unserer Auferstehung gegeben hat [6]).

Hier nun, wo der Apostel diese im Auge hat, handelt es sich im Vergleiche nicht um eine Ausführung des Ἰησοῦς ἀπέ-

---

[1]) Bei solcher Auffassung dieses Satzes müßte ja der Glaube der Überlebenden die Bedingung der Auferstehung der Hingeschiedenen sein.

[2]) Röm. 6, 5: σύμφυτοι γεγόναμεν.

[3]) Das. 6, 8: συνζήσομεν αὐτῷ.

[4]) 2, 20. Vgl. sonst I. Kor. 12, 27; Eph. 1, 22; 4, 12; Kol. 1, 24.

[5]) Vgl. Röm. 6, 3 ff. ... ὅσοι ἐβαπτίσθημεν εἰς Χριστὸν Ἰησοῦν, εἰς τὸν θάνατον αὐτοῦ ἐβαπτίσθημεν .... ἵνα ὥσπερ ἠγέρθη Χριστὸς ἐκ νεκρῶν ... οὕτως καὶ ἡμεῖς ἐν καινότητι ζωῆς περιπατήσωμεν ... σύμφυτοι ... καὶ τῆς ἀναστάσεως ἐσόμεθα.

[6]) I. Kor. 15, 13 f. 16 f. 20 ff. Estius: Nam oportet membra capiti suo conformari, eoque adduci, ubi caput est. Simili ratiocinatione utitur ad Corinthios .... quod Christi resurrectio sit nostrae resurrectionis exemplar et forma, quodque Christus resurrexerit ut primitiae dormientium.

ϑανεν, das hier nur zur Motivierung des Folgenden dient, sondern um das καὶ ἀνέστη. Ein Gedanke an die Gleichförmigkeit, die im Tode des Christen mit dem Tode seines Herrn gelegen ist, mag dabei nicht ausgeschlossen sein, aber er kommt für die Beweisführung hier nicht in Betracht. Darum führt der Apostel den Vergleich: οὕτως καὶ ὁ θεὸς κτλ. auch nicht hinsichtlich des Todes, sondern nur hinsichtlich der Auferstehung der Gläubigen aus. Dem entspricht es auch, daß κοιμηθέντας nicht mit διὰ τοῦ Ἰησοῦ zu verbinden ist, denn hätte der Apostel — wie Chrys. zuerst annahm — an die „im Herrn" Ruhenden gedacht, so hätte er sicher auch ἐν Ἰησοῦ gesagt [1]).

Ausgehend von dem Gedanken, daß Gott Christum von den Toten erweckt hat (ὁ θεός . . . ἄξει) [2]), und daß die entschlafenen Gläubigen Ihm eingepflanzt, eingegliedert sind, erklärt sich die Wendung διὰ τοῦ Ἰησοῦ ἄξει: der Auferstandene ist der Vermittler unserer Auferstehung [3]). Dabei erscheint endlich auch das σὺν αὐτῷ nicht überflüssig; denn in Vereinigung „mit Ihm" nehmen wir alsdann an der Auferstehung und Glorie teil. Sowohl σὺν αὐτῷ wie das ἄγειν erhält eine Ausführung in der folgenden Beschreibung des jüngsten Tages, speciell darin, daß durch Gottes Allmacht die Heiligen dem Herrn entgegen geführt werden.

Der Apostel will nun eine nähere Ausführung dieses v. 15. Trostgrundes geben. Τοῦτο weist hin auf das Folgende, und die durch γάρ angezeigte Begründung geht noch auf μὴ λυπῆσθε. Der entschlafenen Christgläubigen willen zu trauern, haben wir keinen Grund, denn das Wort des Trostes, das der Apostel auszuführen im Begriffe steht, ist ἐν λόγῳ κυρίου. Eine Bezugnahme hierin auf die Vorhersagung des Gerichtes durch den Herrn, wovon Matth. 24, 31 berichtet, ist kaum anzunehmen, weil dieses Wort für das, was der Apostel hier sagt, zu allgemein lautet, und weil er ja bei jener Verkündigung nicht zugegen war, sondern in besonderem, unmittelbarem Verkehr mit dem Herrn

---

[1]) Vgl. v. 16: οἱ νεκροὶ ἐν Χριστῷ.

[2]) Vgl. Röm. 4, 24; 7, 4; 8, 11; 10, 9; I. Kor. 6, 14; 15, 15; II. Kor. 4, 14; Gal. 1, 1; Eph. 1, 20; Kol. 2, 12; I. Thess. 1, 10.

[3]) Vgl. I. Kor. 15, 21; Joh. 6, 39. 44. 54.

das Evangelium empfangen hat. An eine solche direkt an ihn
ergangene Offenbarung ist hier zu denken, und es kann dahin
gestellt bleiben, ob es eine besondere war [1]), oder ob sie mit der
Mitteilung des Evangeliums überhaupt verbunden war [2]).

Ein vielartig und vielfach besprochenes Wort ist: ἡμεῖς οἱ
περιλειπόμενοι εἰς τὴν παρουσίαν, und zwar hauptsächlich
um der Frage willen, ob Paulus die Parusie des Herrn auch zu
erleben dachte. Eine Zeitbestimmung derselben — dieses
steht nach 5, 1 ff. und auch nach dem II. Thessalonicherbriefe
besonders 2, 2 ff. fest — will der Apostel nicht geben [3]).
Demnach ist also in dem ἡμεῖς ζῶντες κτλ nicht zu finden, daß
das Weltende bald kommen müsse. Absicht ist lediglich hervorzuheben, wie es am jüngsten Tage den Entschlafenen und
Überlebenden ergeht. Nun erwarteten aber die Thess. allerdings
die Wiederkunft noch zu eigenen Lebzeiten. Etwas Unmögliches
aber konnte darin nicht erblickt werden, zumal ja der Zeitpunkt
derselben für jede Creatur Geheimnis ist. Darum kann sich
der Apostel auf den Standpunkt der Thess. versetzen,
darf sich in ihren Anschauungen bewegen, um den von Gott
gewollten Gedanken Ausdruck zu geben, welcher ist:
die Lebenden werden in nichts den Entschlafenen zuvorkommen: ἡμεῖς . . . οὐ μὴ φθάσωμεν τοὺς κοιμηθέντας.
Da der Apostel vom Zeitpunkte gar nichts sagen will und zum
Zwecke seiner Argumentation sich nur auf den Standpunkt der
Thess. setzt — dieses zu thun hat er um so mehr Grund, als er
die letzte Wiederkunft nicht bestimmen kann —; so war und
ist alle Mühe, diese Worte mit der Inspiration in Einklang zu
bringen, gar nicht nötig [4]); ebensowenig aber kann zwischen

---

[1]) Vgl. Röm. 11, 25; J. Kor. 15, 51, wo er von einem μυστήριον schreibt.

[2]) Vgl. Gal. 1, 1. 12: δι᾿ ἀποκαλύψεως Ἰησοῦ Χριστοῦ.

[3]) Aus keiner Stelle der paulinischen Briefe — es werden aber besonders Röm. 13, 11; I. Kor. 1, 7. 8; 7, 29—31; 15, 51. 52; 16, 22; II. Kor. 5, 4
gern herangezogen — kann eine Zeitbestimmung des Weltendes oder
auch nur mit Bestimmtheit gefolgert werden, der Apostel habe für seine Person geglaubt, er werde das Weltgericht noch erleben. Dasselbe gilt von I.
Petr. 4, 7; Jak. 5, 8; I. Joh. 2, 18.

[4]) Orig. (Fragm. bei Hierony. ep. 119; Mig. XXII, 974); Chrys. denkt
an die geistig Lebendigen — οὐ περὶ ἑαυτοῦ φησίν — mit Berufung darauf,

hier und später vorgetragenen paulinischen eschatologischen Ansichten ein Widerspruch gefunden werden [1]).

Da der Apostel schon früher — 2, 19 f. — mit der Wiederkunft des Herrn ein Bild von den Wettkämpfen verbunden
hat, so ist es mit Bisping ganz annehmbar, daß auch hier dem
$\varphi \vartheta \acute{\alpha} \nu \varepsilon \iota \nu$ ein solches zu grunde liegt. Das Ziel ist — vgl. v. 17 —
die Vereinigung mit Christus.

Der Apostel will in der weiteren Ausführung der zu teil vv. 16. 17.
gewordenen Offenbarung den Gedanken, um welchen es sich hier
vorab handelt, weiter ausführen, will das $o\grave{v}\ \mu\grave{\eta}\ \varphi\vartheta\acute{\alpha}\sigma\omega\mu\varepsilon\nu$ begründen. Daß dieses nämlich bezweckt ist, daß $\ddot{o}\tau\iota$ dementspre-
chend causal und nicht noch von $\tauο\tilde{\upsilon}\tauο\ \gamma\grave{\alpha}\rho\ \lambda\acute{\varepsilon}\gamma ο\mu\varepsilon\nu$ ... (v. 15)
abhängig zu fassen ist, läßt das $\pi\rho\tilde{\omega}\tauο\nu$ am Schlusse des Sa-
tzes, wie das folgende $\ddot{\varepsilon}\pi\varepsilon\iota\tau\alpha$ erkennen. Von einem Vorzuge
der am jüngsten Tage noch Lebenden kann nicht die Rede
sein, denn unserer Teilnahme an der Verklärung des Herrn
geht die Auferweckung der Toten voraus. So handelt es sich
also in der folgenden Darstellung des Weltendes um diesen Gedanken, und Fragen, welche hiermit nicht in Zusammenhang stehen, bleiben außer der Erörterung.

Die Reihenfolge ist es zunächst, die der Apostel darlegen
will. Den Anfang macht $\alpha\grave{v}\tau\grave{ο}\varsigma\ \grave{ο}\ \varkappa\acute{v}\rho\iotaο\varsigma\ \grave{\varepsilon}\nu\ \varkappa\varepsilon\lambda\varepsilon\acute{v}\sigma\mu\alpha\tau\iota$: empha-
tisch ist das „der Herr selbst" an die Spitze gestellt, ist $\varkappa\acute{v}\rho\iotaο\varsigma$
durch $\alpha\grave{v}\tau\grave{ο}\varsigma$ hervorgehoben und wohl deshalb, weil den Apostel
der Gedanke bewegte, daß der „Herr" als der Gekreuzigte und daß

---

daß der Apostel nicht bis zur Auferstehung zu leben hofft (vgl. Phil. 1, 23;
II. Tim. 4, 6 ff.) — $\grave{\alpha}\lambda\lambda\grave{\alpha}\ \tauο\grave{v}\varsigma\ \pi\iota\sigmaοv\varsigma\ \lambda\acute{\varepsilon}\gamma\varepsilon\iota$ —; Theodoret: $\tau\grave{ο}\ \grave{\eta}\mu\varepsilon\tilde{\iota}\varsigma\ ο\grave{\iota}\ \zeta\tilde{\omega}\nu$-
$\tau\varepsilon\varsigma\ ο\grave{v}\varkappa\ \grave{\varepsilon}\pi\grave{\iota}\ \tauο\tilde{v}\ \grave{\varepsilon}\alpha v\tauο\tilde{v}\ \pi\rhoοσ\acute{\omega}\piοv\ \tau\acute{\varepsilon}\vartheta\varepsilon\iota\varkappa\varepsilon\nu,\ \grave{\alpha}\lambda\lambda\grave{\alpha}\ \grave{\varepsilon}\pi\grave{\iota}\ \tau\tilde{\omega}\nu\ \varkappa\alpha\tau'\ \grave{\varepsilon}\varkappa\varepsilon\tilde{\iota}\nuο\nu\ \tau\grave{ο}\nu\ \varkappa\alpha\iota\rho\grave{ο}\nu$
$\pi\varepsilon\rho\iota\acuteο\nu\tau\omega\nu\ \grave{\alpha}\nu\vartheta\rho\acute{\omega}\pi\omega\nu$. Corn. a Lap.: Est ergo enallage personae: nos qui
vivimus, id est quicunque vivent, sive ex nobis sive ex posteris nostris,
quorum ego personam hic induo et subeo, ut de iis in mea persona
loquar, et zuvor: Paulus ita de se loquitur ... non quod ita futurum pu-
taret, sed ut illius diei terribilis et incertae memoriam, nobis et timorem per-
petuum incuteret, ut semper suspensi illum diem expectemus et ad eum nos
comparemus. Estius. Ebenso Pelt — communicativ, die bei der Parusie
Lebenden; Flatt faßt die Partic. conditional.

[1]) Vgl. solche Folgerungen betreffend de Wette zu II. Thess. 2, 6;
Holtzmann. Lehrb. d. histor.-krit. Einltg. i. d. N. T., Freiburg 1886, 2.
Aufl. S. 239).

Sein Reich verfolgt werden. Er, den er den Thess. gelehrt, den
sie glauben als den „Herrn", den sie aber verkannt und noch
in Seiner Kirche gelästert und verfolgt sehen; Er, der der Inhalt
all ihres Sehnens und Hoffens ist, wird als der Herr vom
Himmel herabsteigen [1]). Daß unter κύριος nur an Jesus Christus gedacht werden kann, beweist das καταβήσεται. Wessen
κέλευσμα [2]) aber ist gemeint? Ist dieser Befehl dem Vater oder
Jesu Christo zuzuschreiben? Letzteres würde sich am natürlichsten empfehlen — da eine nähere Bestimmung mit θεοῦ fehlt
und vom „Herrn" als Richter ja gerade die Rede ist —, wenn
nicht eine vollständige Gleichstellung des ἐν bei κ. mit den beiden folgenden ἐν gegeben wäre, und dadurch auch beim ersten
der drei Glieder eine gewisse Gegenüberstellung von ὁ κύριος
und ἐν κελεύσματι gerade wie in den beiden folgenden Fällen
sich darböte. Wenn man sich aber dagegen für die erstere Annahme deshalb entscheiden sollte, weil „der Vater allein den
Tag und die Stunde des letzten Gerichtes vorher weiß und bestimmt" (Bisp.), so kann dieser Folgerung nicht zugestimmt
werden, weil es sich ja nicht um die Zeit handelt. Es erscheint
mir darum richtig zu sein, ein solches „entweder oder" gar nicht
aufzuwerfen und unter κέλευσμα das von Gott gegebene Signal
zu verstehen, ohne dabei an das Verhältnis der einzelnen Personen unter einander bezw. an das der menschlichen Natur Jesu,
durch welche Er richtet, zu denken. Es ist das Allmachts-
wort, durch welches die Auferweckung von den Toten und die
Herbeiführung aller zum Herrn gewirkt wird.

    Zur Ausführung dieses göttlichen Befehles dient zuerst
die Stimme des Erzengels. Es ist nur von einem die Rede,
und die Vermutung, daß Michael gemeint sei [3]), hat für sich, daß

---

    [1]) Darum kann ich Estius und nach ihm Bisping, Pánek nicht bei-
pflichten, daß durch αὐτός das κύριος hervorgehoben werden solle im Gegensatze zu einem Boten oder Stellvertreter oder Engel, die dem Herrn dienen
möchten, daß betont sei, in sua persona atque in suo corpore, cum quo
ascendit in coelum werde der Herr herabsteigen.
    [2]) κέλευσμα, im N. T. ἅπαξ λεγόμενον, bedeutet: der befehlende Zuruf ei-
nes Feldherrn, Kommandowort; vgl. Prov. 30, 27.
    [3]) So Thomas, Nik. v. Lyra, Estius, Bisp., Stähelin, Pánek.
Ebenfalls Everling, l. c. S. 79 f., der sich besonders dabei auf die Apokr.
Henoch, Assumpt. Mos., Apok. Mos. stützt.

dieser, der Führer der guten Engel [1]), auch als der Führer der Heiligen, welche der gefallenen Engel Plätze einzunehmen berufen sind, erscheint. Ἐν σάλπιγγι θεοῦ lehnt sich wohl an den Schall der Posaune, wodurch das Volk Gottes zusammengerufen wurde und worunter der Herr, um das Gesetz zu geben, einst auf den Berg Sinai herabstieg [2]), an. Da es sich um die Versammlung der wieder mit ihren Leibern umgebenen Seelen handelt, kann eine lediglich bildliche Fassung von ἐν σάλπιγγι θεοῦ wohl nicht zugelassen werden; aber einen näheren Aufschluß bietet der Apostel nicht.

Der „Herr", wie Er einst in den Himmel aufgefahren ist, wird herabsteigen, und „die Toten in Christo", die Christo eingegliederten Gerechten, werden auferstehen. Damit ist selbstverständlich nicht gesagt, daß nur diese von den Toten auferstehen werden. Der Apostel berücksichtigt aber den Thess. gegenüber nur diese, weil das οὐ μὴ φθάσωμεν zu beweisen, sein Zweck ist, und weil seine Entwickelung dahin zielt, die gleiche Teilnahme der Entschlafenen und der am Gerichtstag noch lebenden Gerechten — die Thess. mögen getrost dabei an sich denken — an der Herrlichkeit Christi im Himmel hervorzuheben. Es zeigt sich hier so recht die stricte Beweisführung und maßvolle Selbstbeschränkung, die alles, was dem beabsichtigten Ziele nicht dient, auch nicht in Betracht zieht.

Mit πρῶτον und ἔπειτα bezeichnet der Apostel eine Reihenfolge, die jedoch nicht fordert, daß eine Trennung auch der Zeit nach anzunehmen sei, die vereinbar ist mit dem ἐν ἀτόμῳ ἐν ῥιπῇ ὀφθαλμοῦ des ersten Korintherbriefes [3]). Wiederum an den Ideenkreis der Thess. anknüpfend, fährt der Apostel fort: ἡμεῖς οἱ ζῶντες οἱ περιλειπόμενοι und legt den Nachdruck des Gedankens — der ganzen bisherigen Entwickelung entsprechend — auf ἅμα σὺν αὐτοῖς, auf die Gemeinschaftlichkeit, in der alle Gläubigen ihrem Herrn entgegengerückt werden [4]). Ver-

---

[1]) Vgl. Dan. 10, 13. 21; 12, 1; Judas v. 9 (Henoch 24, 6).

[2]) Vgl. Ex. 19, 16 ff.; Num. 10, 2; 31, 6; Isa. 27, 13; Joel 2, 1. 15; Zach. 9, 14.

[3]) 15, 52.

[4]) ἁρπάζεσθαι — vgl. II. Kor. 12, 2. 4; Act. 8, 39 —, wohl gebraucht um die Schnelligkeit und unwiderstehliche Gewalt auszudrücken.

gleichbar ist dieses der Entrückung des Herrn in Seiner Himmelfahrt [1]): *ἐν νεφέλαις εἰς ἀπάντησιν τοῦ κυρίου εἰς ἀέρα*; natürlich nicht, um da zu verbleiben — venienti quippe ibitur ob-
viam, non manenti [2]) —, sondern um von da mit Ihm vereint in den
Himmel zurückzukehren und daselbst ewig mit Ihm vereint zu
bleiben: *καὶ οὕτως πάντοτε σὺν κυρίῳ ἐσόμεθα.*

Darüber, daß dem noch ein besonderes Gericht, das zwischen
Auferstehung und Vereinigung der Seligen mit dem Herrn inzwischen
liegt, vorausgeht, bestand bei den Thess. weder ein Zweifel noch ein
Mißverständnis. Daher lag es an dieser Stelle außerhalb des Zweckes
des Apostels, darauf einzugehen. Aus dem gleichen Grunde findet auch die Umwandlung, welche mit denen, die den jüngsten
Tag erleben, vorsichgeht, keine weitere Erwähnung. Es schließt
somit diese Entwicklung hier nicht aus, was der Apostel ja auch
sonst, besonders in der nachdrücklichen Beweisführung der Allgemeinheit der Sünde und der Erlösungsbedürftigkeit aus der
Allgemeinheit des Todes, lehrt [3]), daß auch die *ἡμεῖς ζῶντες*
und *παραλειπόμενοι* nur durch den Tod zu ihrer Verklärung
gelangen [4]).

v. 18.   Diese Darlegung der Lehre des Schicksals der Entschlafenen am jüngsten Tage beseitigt die Trauer der Thess. um
dieselben, indem sie ihr den Grund nimmt. Es schließt daher
der Apostel mit dem Bewußtsein, daß diese seine Worte — *ἐν
τοῖς λόγοις τούτοις* — den vollen Trost zu geben imstande
sind. Zu solchem Zwecke ist diese eschatologische Darstellung
also das Mittel. Diese Angelegenheit ist nun als abgeschlossen
anzusehen, und der Apostel geht zu der für sich selbständig da-
stehenden und nicht innerlich aus dem Vorausgehenden, etwa
als eine Folgerung, sich ergebenden Ermahnung zur steten
Wachsamkeit für den „Tag" des Gerichtes über. Auch jetzt

---

[1]) Vgl. Act. 1, 9 *νεφέλη ὑπέλαβεν αὐτόν*; vgl. Matth. 24, 30; Act. 1, 11,
daß der Herr auf einer Wolke auch wieder niedersteigen wird. Vgl. Ps. 104,
3; Dan. 7, 13. Vgl. hierzu besonders Estius.

[2]) Augustin., de civ. Dei, XX, 20, 2.

[3]) Vgl. bes. Röm. 5, 12 ff.; 8, 10; 1. Kor. 15, 22. 51—53.

[4]) Darum kann aus solchem Stillschweigen nichts gegen den paulinischen Charakter des Briefes im Vergleich zum I. Kor. — wie es Schrader
gethan hat — geschlossen werden.

will er nicht über den Tag des Gerichtes selbst belehren, sondern will auf Grund des Bekannten praktische Folgerungen ableiten, denn er beginnt nicht wieder mit einem ἀγνοεῖν (4, 13),
sondern mit ἀκριβῶς οἴδατε (5, 2).

Περὶ δὲ τῶν χρόνων καὶ τῶν καιρῶν: welche Zeiten, das V, 1. 2.
ist die nächste Frage, sind gemeint? v. 2 giebt eine Antwort
dahin, daß die, welche bis zum Tage des Herrn vergehen, gemeint sind. Es will mir aber nicht als richtig erscheinen, τῶν
χρόνων καὶ τῶν καιρῶν auf c. 4, 16, auf das Herabsteigen des
Herrn einfach zurückzubeziehen, weil dieses ja nicht der Hauptgedanke des Vorausgehenden ist, und weil die Aufforderung in
v. 18 dazwischen tritt. Um so weniger denkt der Apostel mit
χρόνοι und καιροί an die Zeit der Wiederkunft, als er — wie
aus dem Folgenden ersichtlich — sie weder bestimmen kann
noch will, als dann ferner die Plurale der Erklärung eine Frage
vorlegen, die mit so verschiedenartigen Hypothesen beantwortet
wird, daß dadurch schon deren Voraussetzung unsicher erscheinen muß. Die Plurale sollen sich auf die einzelnen Momente
des Gerichtes oder auf eine längere Dauer oder auf Entwick-
lungsperioden der Parusie beziehen, oder auch in einem solen-
nen Charakter der Rede ihren Grund haben. Da aber die durch
περὶ δὲ τῶν χρόνων κτλ eingeleitete Ermahnung darin gipfelt,
daß die Thess. für den „Tag des Herrn" sich jederzeit bereit
halten und hierin sich gegenseitig helfen sollen, so erscheint es
als das natürlichste, unter χρόνοι und καιροί an die Zeit oder
Zeiten zu denken, welche bis zum Tage des Herrn vergehen
werden. Sowohl der Plural als die Wahl der beiden Worte
χρόνος und καιρός müssen ihre Erklärung in der Bestimmung des
ἡμέρα κυρίου finden. Dieser ist der Tag der Offenbarung der
göttlichen Gerechtigkeit — das zeigt die ganze folgende Ermahnung —; aber nicht der jüngste Tag allein und ausschließlich, sondern — entsprechend den a. t. prophetischen Reden [1])

---

[1]) Vgl. z. B. Isai. 2, 12 ff.; c. 13; 14, 4 ff.; 9 ff. c. 29; 34, 3 ff. etc. 66,
23. 24.; Jerem. 4, 11—16; 6, 9—15 etc. und ebenso bei späteren Propheten.
Diese, wie der Herr sehen in allen Gerichten im Laufe der Geschichte bis ein-
schließlich des Weltgerichtes mit Recht nur ein Gericht, denn es ist derselbe Richter, und derselbe Zweck und Ausgang liegen vor. Für das in

wie der Ankündigung des Gerichtstages durch den Herrn Selbst,
welche den über die ganze Welt engst mit dem über Jerusalem
verbunden hat[1]) — wohl vorzüglich und in eminenter
Weise das letzte, aber auch jedes im Laufe der Geschichte sich vollziehende Gericht über die Feinde des
Gottesreiches. Solcher „Tag des Herrn“ hat seine zweifache
Seite, der Wolke, die einst Israel aus Ägypten führte, vergleichbar, die gnaden- und heilvolle für die, welche dem Herrn gehören, die strafende für Seine und Seines Reiches Widersacher[2]).
In jenem erhalten diese ihre Vollendung und ihren Abschluß. Unter
solchem Gesichtspunkte erklären sich die Plurale, wie auch die
Wahl von καιροί, denn auch bei jedem solcher Gerichte ist es
Sache Gottes, den rechten Zeitpunkt zu bestimmen.

Der Apostel verweist darauf, daß er die Thess. genau darüber belehrt, daß der „Tag des Herrn“ nicht nur nicht be-
stimmbar ist, daß er vielmehr unerwartet eintreten wird;
denn dieses Moment ist der Vergleichungspunkt des Gleichnisses: ὡς κλέπτης ἐν νυκτὶ οὕτως ἔρχεται[3]). Weder κλέπτης an sich und allein, noch lediglich das ἐν νυκτί ist das gebrauchte
Bild, sondern beides zusammen. Von selbst ist damit auch gegeben, daß alle weitere positive Kenntnis ausgeschlossen ist.

v. 3. Der Apostel vergegenwärtigt sich im allgemeinen das Bild
der Menschheit in ihrem Thun und Treiben, in ihrem Ringen
und Trachten nach einem irdischen Ziele. Wenn dieselbe daran
angelangt zu sein glaubt, „Friede“ und „Sicherheit“ erreicht zu
haben, und solches behauptet; dann ist der Zeitpunkt gekommen, in dem die göttliche Wahrhaftigkeit und Gerechtigkeit herausgefordert wird, um sich zu offenbaren; denn außer Gott giebt
es kein Ziel und darum außer in Ihm keinen Frieden, keine Sicherheit. Wie die Welt sich zum Herrn in Gegensatz stellt und

---

die Zukunft blickende Auge treten deshalb die inzwischen liegenden Zeiten
zurück.

[1]) Vgl. Matth. 24, 2 ff. Vgl. zu ἡμέρα τοῦ κυρίου auch I. Kor. 1, 8; 5, 5;
II. Kor. 1, 14.

[2]) Vgl. bald nach der einen oder anderen oder beiden Bedeutungen:
Jsa. 2, 12; Ezech. 13, 3; Joel 1, 15; 2, 11; Soph. 1, 14 f.; 2, 2 f.; Offenbg. 6,
17; vgl. Röm. 2, 5 (ἐν ἡμέρα ὀργῆς). Vgl. oben zu 1, 10; 2, 16; 3, 13.

[3]) Vgl. Matth. 24, 43 f.; Luk. 12, 39; II. Petr. 3, 10.

fälschlich Friede und Sicherheit verkündet, so tritt ihr Gott entgegen, setzt der „Sicherheit" — *ἀσφάλεια* ¹) — die plötzliche
Wendung — *αἰφνίδιος* ²) —, dem Frieden — *εἰρήνη* — das Verderben — *ὄλεθρος* ³) — entgegen. Es ist das plötzliche und
unerwartete Eintreten des Gerichtes, aber auch der Umstand, daß
ein innerer Zusammenhang zwischen diesem und dem unmittelbar vorhergehenden gottentfremdeten Zustande der Menschheit
besteht, ausgedrückt. Beide Momente — und das letztere
noch erkennbarer — sind auch im folgenden Bilde vom Herein-
brechen der Wehen über die Schwangere enthalten. Eine weitere Entwickelung des Gedankens endlich, ein neues, drittes Moment
ist in dem *καὶ οὐ μὴ ἐκφύγωσιν* ⁴), worauf auch der Nachdruck liegt,
gegeben. Wie die Schwangerschaft der Grund der Wehen ist,
und diese unvermutet eintreten und insbesondere unabwendbar
sind, so birgt die Welt in sich den Grund des Gerichtes, das
unerwartet eintritt und dem niemand entrinnen kann. Wenn
nun auch diese Erwägungen — wie der Zusammenhang es ja
zeigt — die Anwendung solchen Bildes eingegeben, so liegt es
doch zu sehr in dessen Natur, wie in dem davon gemachten, in
alttestamentlichen Schriften oft ausdrücklich bezeichneten ⁵) Gebrauche, und bringt es schließlich auch der Ausdruck *ἡ ὠδίν* ⁶)
selbst mit sich, dabei zugleich an die Angst und den Schmerz,
womit das Verderben begleitet ist, zu denken, und in dem *ἡ ὠδὶν*
κτλ auch eine Ausführung zu *ὄλεθρος* zu erkennen ⁷).

---

¹) Vgl. Luk. 1, 4; Act. 5, 23.

²) Vgl. Luk. 21, 34.

³) Vgl. I. Kor. 5, 5; (II. Thess. 1, 9); I. Tim. 6, 9.

⁴) Zu *ἐκφύγειν* vgl. Röm. 2, 3; II. Kor. 11, 33; Hebr. 2, 3; 12, 25; Luk.
21, 36; Act. 16, 27; 19, 16.

⁵) Vgl. z. B. Isa. 13, 8; 21, 3; 26, 17; Jerem. 6, 24; 13, 21, wo Angst
und Schmerz ausdrücklich als Vergleichungspunkte genannt sind.

⁶) Zu *ὠδίν* (gewöhnl. Form *ὠδίς*) vgl. Matth. 24, 8; Mark. 13, 8; Act. 2, 24.

⁷) Würde Paulus durch das folgende *ὑμεῖς δέ* die unter *λέγωσιν* und
αὐτοῖς gemeinte Menschheit nicht in einen Gegensatz zu den Thess. und somit zu den Gerechten gebracht haben, also auch das Bild von der Schwangeren nicht auf jene allein mit Ausschluß dieser beschränkt haben; so
würde man gern der von Bisping hierbei gebotenen Ausführung zustimmen.
„Schön vergleicht Paulus" — so führt derselbe aus — „die Not, den Schmerz
und die Schrecken, welche der letzten Weltkatastrophe vorhergehen, mit den

v. 4.   Im Gegensatze zu denen, über die das Gericht unvermutet hereinbricht, steht ihr — so setzt der Apostel fort — Thessalonicher (ὑμεῖς δέ), weil ihr nicht „in Finsternis" seid. Σκότος [1]) ist ein, besonders vom h. Paulus wiederholt gebrauchtes Bild für den Zustand der Ungläubigen und Ungerechten. Veranlaßt ist es hier durch den Vergleich mit dem „Diebe in der Nacht". Weil dieses aber ein Begriff ist, da „in der Nacht" in dem Vergleiche unzertrennbar von dem „Diebe" ist, so ist die Folgerung (ἵνα), daß „der Tag" die Thess. nicht überraschen, sie nicht unvermutet treffen kann. Hierfür aber ist ja die „Nacht" die notwendige Voraussetzung. Mit Rücksicht auf v. 2 (ὡς κλέπτης), auf das Unerwartete als Zweck dieses Bildes und die dann sich anschließenden Ermahnungen zur Wachsamkeit (vv. 6 ff.) ergiebt sich, daß die Lesart ὡς κλέπτης gegenüber der ὡς κλέπτας den Vorzug verdient.

v. 5.   Die positive Fortführung des Gedankens von: „ihr seid nicht in Finsternis" würde sein: „ihr seid im Lichte". Doch dieses ergiebt sich von selbst bei der Weise, wie der Apostel durch Nennung des Grundes weiterentwickelt: πάντες γὰρ ὑμεῖς υἱοὶ φωτός ἐστε. Das Bild „Kind", das wiederholt auch im N. T. gebraucht ist, würde nicht voll zum Ausdrucke kommen, wollten wir es lediglich mit zugehören oder (je nach dem damit verbundenen Begriffe) mit verfallen sein, wiedergeben [2]); es enthält

---

Wehen . . . einer Schwangeren. Die jetzige Weltzeit ist in der That eine Zeit der Schwangerschaft, die den Keim der neuen Kreatur in sich trägt. Am Ende der Tage tritt die Zeit der Geburtswehen ein, denen dann die Neugeburt der Menschheit im großen Ganzen sowohl als auch der gesamten Natur folgt (vgl. Röm. 8, 22 ff.). Bei dem einzelnen Menschen ist die Taufe der Akt der Empfängnis, das Leben hienieden in Kreuz und Leid die Zeit der Schwangerschaft, der Tod aber die Zeit der Geburtswehen".

[1]) Zu dem vom h. Paulus gern gebrauchten Ausdrucke σκότος vgl. Röm. 2, 19 — wie hier —; 13, 12 (τὰ ἔργα τοῦ σκότους); ebenso Ephes. 5, 11; I. Kor. 4, 5 (τὰ κρυπτὰ τοῦ σκότους); II. Kor. 4, 6; 6, 14; Ephes. 5, 8 (als Bild für den Zustand, in dem die Ungläubigen sich befinden); Ephes. 6, 12; Kol. 1, 13 (ἐξουσία τοῦ σκότους). Sonst metaphor. gebraucht: Matth. 4, 16; 6, 23; Luk. 1, 79; 11, 35; 22, 53; Joh. 3, 19; Act. 26, 18; I. Petr. 2, 9; I. Joh. 1, 6.

[2]) Vgl. Luk. 16, 8 — υἱοὶ τοῦ φωτός im Gegensatze zu v. τοῦ αἰῶνος τούτου —; Joh. 12, 36 (v. τ. φωτός); 17, 12; II. Thess. 2, 3 (v. τῆς ἀπωλείας); Ephes. 2, 2; 5, 6; Kol. 3, 6 (v. τ. ἀπειθείας).

vielmehr die Mitteilung eines neuen Momentes, bezw. Zustandes oder Lebens. Wie „Finsternis" das Bild für den Menschen im Zustande der Ungerechtigkeit, so „Licht" das für den des übernatürlichen Lebens, der Gerechtigkeit und Heiligkeit. Ihr Gläubigen in Thessalonich, so die Rede des Apostels, gehört dem Lichte an, das sich euch mitgeteilt hat, und in Folge dessen (καί) dem „Tage" (υἱοὶ ἡμέρας). Sich selbst mit den Thess. zusammenfassend, bezeichnet er negativ den Zustand des Christen: οὐκ ἐσμέν — es ist nicht nötig, ein υἱοί hier zu ergänzen, da das εἶναι τινός = jemanden angehören — νυκτὸς οὐδὲ σκότους, wodurch in chiastischer Stellung die Gegensätze zu ἡμέρας und φωτός bezeichnet sind.

Soches Leben des „Lichtes" und also des „Tages" gilt es v. 6. zu bethätigen [1]). Diese praktische Folgerung — ἄρα οὖν — führt der Apostel in der Ermahnung zur Wachsamkeit und zum Nüchternsein aus;

denn — γάρ — Schlafen und Berauschtsein — wahr- v. 7. scheinlich mit einer Anspielung auf die des Abends und Nachts von den Heiden gehaltenen Symposien — kann nicht dem Tages-, dem Lichtleben entsprechen. Wie die Ermahnung zur Wachsamkeit im übertragenen Sinne zu verstehen ist, so zielen auch Schlafen und Berauschtsein, die zwar zunächst in buchstäblicher Weise gebraucht sind, auf einen dadurch dargestellten geistigen Sinn. Eine Einzelausdeutung auf Lähmung und Betäubung der Geisteskräfte ist nicht bezweckt.

Wir, die wir dagegen — δέ — als Kinder des „Tages" v. 8. diesem zugehören — τ. ἡμέρας ὄντες — wollen nüchtern sein und eine geistige Waffenrüstung anlegen. Hierbei liegt wieder das vom Apostel beliebte Gleichnis vom Wettkampfe zu grunde [2]). Eingangs des Briefes — 1, 3 — hob er die drei göttlichen Tugenden in ihren Bethätigungen bei den Thess. hervor, hier zeigt er, welchen Schutz sie gewähren, da er Glaube und Liebe mit einem Panzer, die Hoffnung mit einem Helme vergleicht. Kampf wird also auch ferner den Thess. beschieden sein, und an Angriffen wird es nicht fehlen. Welcher Art die letzteren

---

[1]) Vgl. zu vv. 6—10 den verwandten Abschnitt Röm. 13, 11—14.
[2]) Vgl. Röm. 6, 13; 13, 12; II. Kor. 10, 4 ff.; Ephes. 6, 11 ff.; I. Tim. 6, 12; II. Tim. 4, 7.

sind, wissen die Thess., und, soweit uns dieses Schreiben einen
Schluß ziehen läßt, brachte die Umgebung Versuchungen zur
Unlauterkeit (4, 3 ff.) mit sich, und hatten der Glaube und das
Vertrauen auf den Herrn Proben zu bestehen. Die Übung der
göttlichen Tugenden ist da von·selbst der Schutz, und die Liebe
disponiert den Menschen für das Geschenk der Ausdauer in der
Heiligkeit bis ans Ende (3, 13), so daß ohnmächtig die
Pfeile der Versuchung wie an einem Panzer abprallen. Mit solcher Waffenrüstung ausgestattet, haben die Thess. auch bisher
— wie ja lobend der Apostel anerkannt hat — gestritten. Es
mag wohl in den Bedrängnissen schwer werden, wenn die Trübsale gleich Streichen niederfahren; aber dann bietet die Hoffnung auf das Heil einem Helm gleich Schutz und erhält aufrecht.

vv. 9. 10.   Das Bild vom Kampfe legt den Gedanken an den Preis
desselben nahe, und die Aufforderung zur Rüstung [1]) für denselben kann kein wirksameres Motiv, als es das Ziel desselben ist,
bekommen. Dieses aber ist die Erwerbung des Heiles, das in
Gegensatze zum Zorne Gottes gestellt ist und die Vereinigung
im übernatürlichen Leben mit dem Herrn Jesus Christus, mit einem Herrn, dessentwillen zu wachen, zu rüsten und zu streiten
in der opfervollen Hingabe Seines eigenen Lebens für uns — *τοῦ
ἀποθανόντος ὑπὲρ ἡμῶν* — den wirksamsten Impuls empfängt. Das
übernatürliche Leben mit Christus aber erkennt der Apostel
nicht im dies- noch im jenseitigen Leben allein, sondern in dem
einen wie in dem andern erblickt er nur eines; auf den Tod,
der sie von einander trennt, schaut er hier nicht, und darum
mag er auch damit verbinden: *εἴτε γρηγορῶμεν εἴτε καθεύδωμεν*,
welches das natürliche Schlafen und Wachen ist und, was immer
wir thun oder in welchem Zustande immer wir uns befinden
mögen, ausdrücken soll [2]).

---

[1]) In metaphor. Bedeutung charakterisiert *ἐνδύειν* wieder die paulin.
Diction. Vgl. dazu Röm. 13, 12. 14; I. Kor. 15, 53, 54; II. Kor. 5, 3; Gal. 3,
27; Ephes. 4, 24; 6, 11. 14; Kol 3, 10. 12; bei Luk. 24, 49.

[2]) Das *εἴτε γρηγορῶμεν εἴτε καθεύδωμεν* als bildliche Bezeichnung für Leben und Tod zu nehmen, daß also Paulus sagen wolle: sei es daß wir beim
Eintritt der Parusie noch leben, sei es daß wir bereits gestorben sind, scheint
mir nicht zutreffend zu sein, weil *καθεύδειν* in dieser bildlichen Bedeutung,
wofür nämlich *κοιμᾶν* gewählt wird, im N. T. nie (Ephes. 5, 14 ist gebraucht

Um der Ungewißheit des „Tages" und um des künftigen
Lebens willen (*διò*) sollen die Thess. in der Weise, wie der Apostel es gethan, einander „ermahnen" und gegenseitig sich „erbauen" [1]). Dieser Schlußsatz, welcher parallel geht zu 4, 18,
bezieht sich auf den ganzen Abschnitt 5, 1—10. Angefügt ist
noch eine Anerkennung der Thess. — vgl. 4, 1. 10 —, wodurch
dieser Abschnitt ebenfalls von 4, 12—17 getrennt erscheint.

V, 12—22: Ermahnungen zu einem Gott gefälligen Leben.

12. *Wir bitten euch aber, Brüder, anzuerkennen die,
welche unter euch sich mühen und euch vorstehen im Herrn und
euch zurechtweisen, 13. und sie in Liebe überaus [2]) hochzuhalten
um ihres Werkes willen. Haltet Frieden unter einander [3]).*

14. *Wir ermahnen aber euch, Brüder, bringet die Unordent-
lichen zur Besinnung, ermutiget die Kleinmütigen, nehmt euch der
Schwachen an, seid langmütig gegen alle. 15. Sehet zu, daß niemand Böses mit Bösem vergelte [4]), sondern jederzeit befleißiget
euch des Guten gegen einander [5]) und gegen alle.*

16. *Allzeit freuet euch, 17. unablässig betet, in allem seid
dankbar; denn dieses ist der Wille Gottes in Christus Jesus an euch.*

19. *Den Geist löschet nicht aus, 20. schätzet nicht gering die
Prophezien, 21. alles prüfet [6]), das Schöne behaltet, 22. von jeglicher Art des Bösen haltet euch fern.*

---

wie oben v. 6) in Anwendung kommt, und weil in diesem Abschnitte (5,
1—11) der ganze Zusammenhang eine solche Rückbeziehung auf 4, 13 ff.
nicht darbietet.

[1]) Das *οἰκοδομεῖν* ist an die Vorstellung, daß das Reich Christi einem
Baue vergleichbar ist, angeknüpft; ein echt paulinisches Bild. Vgl. dazu I.
Kor. 3, 9 ff. 16 f.; Ephes. 2, 21; ferner zum Worte selbst: I. Kor. 8, 1. 10;
10, 23; 14, 4. 17; Gal. 2, 18; Act. 9, 31; 20, 32.

[2]) *ὑπερεκπερισσῶς* lesen BD*FG Ti, *ὑπερεκπερισσοῦ* die Rec. WH. mit
‭א‬AD^bE etc.

[3]) Rec. Ln, WH. lesen besser mit ABC^cE etc. d e g (inter vos) goth.
kopt. Vers. *ἐν ἑαυτοῖς*, während Ti. nach ‭א‬D*F etc. *ἐν αὐτοῖς* liest.

[4]) Rec. Ln, WH. lesen *ἀποδῷ* mit ‭א‬^cABD^cE etc.; *ἀποδοῖ* dagegen nach
‭א‬*D^b etc. Ti.

[5]) Rec. hat auch vor *ἀλλήλους* ein *καί*, so ‭א‬^cBK etc.; Ti., WH. lassen
es dagegen nach ‭א‬*ADE etc. weg.

[6]) Nach ‭א‬^cBDE etc. lesen Ti. [WH.] *πάντα δέ*; Rec. läßt es mit ‭א‬*A weg.

v. 12. 13.   Die Reihe der Einzelermahnungen beginnt mit der zur Anerkennung, Ehrfurcht und Liebe, welche den Vorstehern in der
Gemeinde entgegen zu bringen sind. Leicht mag die Vermutung
Platz greifen, es hätte in dieser Hinsicht bei den Thess. gefehlt;
doch ist auch die Vorsorge für eine gefahrvolle Zukunft ein ausrei-
chender Erklärungsgrund, wenn der Apostel zumal an Zeiten
denkt, in denen er nicht in der Lage wäre, selbst so schnell
wie diesmal aufklärend und bessernd eingreifen zu können. Es
ist gewiß auch ganz natürlich, daß gerade das unvergleichliche
Ansehen, in dem der Apostel selbst bei den Thess. steht, das
anderer Vorgesetzten zu sehr zurücktreten läßt, und daß auch
dadurch solche Mahnung motiviert ist. Das Anerkennen, welches durch das im N. T. in diesem Sinne nur hier gebrauchte
εἰδέναι ausgedrückt ist, erhält eine Steigerung in ἡγεῖσθαι, das
sofort durch ὑπερεκπερισσοῦ [1]) als höchstes Hochschätzen und
zwar ἐν ἀγάπῃ, als in Liebe wurzelnd und von Liebe getragen,
näher bestimmt wird.

    Und um wen handelt es sich? Der Apostel nennt κοπιῶν-
τας ἐν ὑμῖν προϊσταμένους ὑμῶν ἐν κυρίῳ und νουθετοῦντας ὑμᾶς.
Wiewohl es dem Apostel fern liegt, eine Unterweisung über das
Vorsteheramt in der Kirche zu bieten, so kennzeichnet die Wahl des
προϊστάμενοι doch hinreichend, daß es sich um ein solches handelt[2]),
und zwar um eines, das seinen Bestand im Herrn hat: ἐν κυρίῳ.
Im Herrn Jesus Christus also ruht die Autorität desselben, weil
es in Ihm wurzelt. Voraussetzung ist hierbei, da doch der Apostel auch „Vorsteher" in Thess. eingesetzt hat, daß er diese
auch „im Herrn", in Seiner Kraft, bestellt hat. Da nur
zur Motivierung (διὰ τὸ ε.) der Ermahnung „das Werk" derselben dient, so ist bei προϊστάμενοι noch die darin enthaltene Be-
rufserfüllung in der Leitung der Gemeinde hervorzuheben, und es
ergiebt sich ferner, daß mit κοπιῶντες und νουθετοῦντες nicht
auf verschiedene Ämter — etwa Diakonen (die ersteren) im Gegensatze zu Lehrern (die letzteren) —, sondern auf die verschiedene Wirksamkeit und Thätigkeit der christlichen Obrigkeit hingewiesen werden soll. [3]).

---

[1]) Vgl. Phil. 2, 3.

[2]) Vgl. Röm. 12, 8; I. Tim. 3, 4. 5. 12; 5, 17.

[3]) Wenn Paulus des Hinweises auf die erhabenste Aufgabe des kirch-

Selbständig ist die weitere Ermahnung, die allgemein an alle Thess. gerichtet ist, „unter sich" Frieden zu halten. Auch die minder begründete Lesart *ἐν αὐτοῖς* statt *ἑαυτοῖς* kann nicht dahin verstanden werden, daß die Thess. mit ihren Vorstehern in Frieden leben sollen, denn zu solchem Sinne hätte es eines *μετ' αὐτῶν* oder *πρὸς, εἰς,* oder *σύν* bedurft.

Die Anrede *ἀδελφοί* und der Umstand, daß alle sonstigen v. 14. vorherigen Ermahnungen allgemein alle Thess. betreffen, zeigen, daß auch die folgenden Ermunterungen zur Übung von Werken der Barmherzigkeit nicht etwa den Vorstehern allein gelten sollen. Ein jedes Glied der Gemeinde soll gegebenen Falles die *ἀτάκτους* — solche, die außer der *τάξις*, außer Reih und Glied, außer der Ordnung stehen — zurechtweisen. Möglich, daß der Apostel an die 4, 11 des näheren Bezeichneten, deren Leben ein ungeordnetes geworden war, gedacht hat. Die Kleinmütigen — *ὀλιγόψυχοι* [1]) —, welche solche wohl besonders angesichts der fortdauernden Bedrängnisse sein mochten, sollen sie trösten. Die Schwachen, deren die Mitbrüder sich annehmen sollen, sind wohl — der Apostel spricht allgemein, und dieser Brief giebt keinen Anlaß an bestimmte Kategorien zu denken — jene, welche noch auf einer niederen Stufe in der Glaubensfestigkeit stehen, denen leichter etwas zum Ärgernis gereichen kann. Vollkommen soll der Mensch ja durch die Gnade werden, es haften ihm mehr oder weniger Unvollkommenheiten an, weshalb zum Schlusse an alle die Ermahnung, gegen alle geduldig, langmütig zu sein, gerichtet ist. Was auch schon in dem *πρὸς πάντας* enthalten ist, die Feindesliebe nämlich,

erhält seine Fortsetzung in dem nachdrücklichen Verbote v. 15. der Rache, Böses mit Bösem zu vergelten. Die Pflicht, dem Mit-

---

lichen Vorsteheramtes sich bedient, um die demselben schuldige Ehrfurcht zu motivieren, so können damit Wiclefs und Hus Lehren nicht begründet werden; denn 1) kann der „Herr" auch in einem sündigen Vorsteher in der Kirche wirken, und 2) liegen derartige Gesichtspunkte außerhalb des vom Apostel hier dargelegten Gesichtskreises. Mit dem Wegfalle eines Motivs ist die Ermahnung selbst noch nicht auch hinfällig.

[1]) Nur hier bedient sich Paulus des Wortes *ὀλιγόψυχος*, das dem שְׁפַל־רוּחַ (Is. 57, 15) entspricht.

menschen Gutes zu thun, ist eine allgemeine, geht über den
Rahmen der Gemeinde hinaus (*καὶ εἰς ἀλλήλους καὶ εἰς πάντας*) [1]).

v. 16.   *Πάντοτε*, jederzeit, also auch in den Zeiten der Trübsale
und Verfolgungen, gilt die Aufforderung zur Freude, die Aufforderung sich bewußt zu halten, welches unvergängliche und unvergleichliche Gut die Thess. als Christen in der Wahrheit und
in der Gnade besitzen [2]).

Solche Freude wurzelt letzlich in der mystischen Vereinigung mit Christus und ist darum von zeitlichem Besitze oder
Verluste unabhängig; sie ist aber auch ein Merkmal der Wahrheit.

v. 17.   Das Gebet der Thess. soll ein ununterbrochenes sein. Immer soll der Mensch sein Herz zu Gott erhoben haben, er ar-
beite oder ruhe oder thue was immer [3]).

v. 18.   Der Mahnung zum steten Gebete liegt das Bewußtsein ste-
ter Abhängigkeit von Gott in allem zugrunde. So vermittelt
sich denn ein Übergang zu *ἐν παντὶ εὐχαριστεῖτε* [4]), welches
durch ein *καιρῷ*, oder auch *πράγματι* etwa — wie manche Erklärer wollen — zu viel präcisiert wäre; vielmehr hat der
Apostel den allgemein gehaltenen Ausdruck gewählt, um die
weiteste Beziehung offen zu halten. In jeder Lage soll der Thess.
der Dankbarkeit gegen Gott eingedenk sein, auch in der schwierigen und bedrängten, in denen er sich befindet; denn schließlich gereichen denen, die Gott lieben, alle Dinge zum besten [5]).
Gewiß eine praktische Ermahnung, daß der Mensch auch für
Heimsuchungen und Prüfungen Gott danken soll.

Diese Ermahnungen — es liegt näher, das *τοῦτο* ob der
unmittelbaren Aneinanderreihung in vv. 16—18 nicht auf das
εὐχαριστεῖτε einzuschränken — erhalten als Begründung den
Hinweis auf den göttlichen Willen, auf die göttliche Anordnung und
zwar im Gegensatze zu einer bloß vom Apostel aufgetragenen
Verpflichtung. Auch ist der h. Paulus nicht der unmittelbare

---

[1]) Vgl. Matth. 5, 44; Luk. 6, 27 f.; Röm. 12, 17.
[2]) Aufforderungen zur Freude: Röm. 14, 17; II. Kor. 6, 10; Phil. 1, 18;
2, 2. 18. 28; 3, 1; 4, 1. 4: *Χαίρετε ἐν κυρίῳ πάντοτε· πάλιν ἐρῶ, χαίρετε*.
[3]) Vgl. 1, 2 f.; Luk. 18, 1; 21, 36; Röm. 12, 12; Ephes. 6, 18; Kol. 4, 2.
[4]) Vgl. Phil. 4, 6; Kol. 4, 2. Vgl. Ps. 33, 1 (34, 2): Benedicam Domi-
num in omni tempore.
[5]) Röm. 8, 28.

Verkünder dieses göttlichen Willens, Jesus Christus Selbst hat ihn geoffenbart.

Tò πνεῦμα μὴ σβέννυτε. Wohl könnte an sich unter πνεῦμα v. 19. an den hl. Geist, den Spender des übernatürlichen Lebens, aller Gnaden gedacht werden; allein eine so allgemeine Mahnung, diese nicht zu verlieren, scheint doch nicht in einen Kreis von Einzelmahnungen zu passen. Da im Folgenden von der „Prophezie" die Rede ist, so ist es natürlicher, auch hier an hervorleuchtende charakteristische Charismen, und zwar speciell an das, was sich im apostolischen Auftreten kund giebt, zu denken, zumal der Apostel bei den anderen Ermahnungen den Zustand der Gnade voraussetzt. Die Bezeichnungsweise hierfür mit πνεῦμα findet ihren Grund darin, daß die messianische Amtsausstattung, um deren Fortführung es sich handelt, dem heiligen Geiste zugeschrieben wird [1]). Es kann aus dieser Stelle erschlossen werden, daß diese außerordentlichen Gaben in den ersten christlichen Zeiten zum Zwecke einer schnelleren Ausbreitung der Kirche häufiger verliehen wurden [2]). Sie sind zwar nicht unbedingt notwendig, aber für den inneren und äußeren Ausbau des Reiches Christi heilsam. Ihr Auftreten vergleicht der Apostel mit einer Feuerflamme, wofür sich als Vergleichungspunkte Licht und Wärme, Einwirken auf Erkennen und Wollen nahe legen, und womit die Fortführung des Bildes mit „auslöschen" von selbst gegeben ist. Es ermahnt also der Apostel, alles zu vermeiden, was den Charismen und ihrer Wirksamkeit hindernd entgegentritt; insbesondere wohl, daß die damit Begnadeten nicht zurückgedrängt oder getadelt werden, oder daß dieselben selbst zurückhalten und den von Gott gewollten Gebrauch davon nicht machen.

Προφητείας μὴ ἐξουθενεῖτε [3]) geht zu einem besonderen v. 20. Charisma über, zu dem, welches seines Wertes willen unter allen vom Apostel besonders geschätzt, und dessen Hochhaltung deshalb hier ans Herz gelegt wird. Worin es bestand, kann be-

---

[1]) Vgl. Luk. 4, 18; Isa. 61, 1 f.

[2]) Vgl. I. Kor. 12, 28 ff.; 14, 1 ff.

[3]) Zu ἐξουθενεῖτε vgl. Röm. 14, 3. 10; I. Kor. 1, 28; 6, 4; 16, 11; II. Kor. 10, 10; Gal. 4, 14.

sonders aus dem I. Korintherbriefe ersehen werden [1]). Wer die Gabe der Prophezie besitzt — alle Christen aber können sie haben, und der Apostel sagt von sich, daß er auch in ihr rede —, der ist für jeden verständlich, vermag die Mitbrüder zu erbauen, zu ermahnen, zu trösten, und, indem er durch sie auch andere zu überzeugen imstande ist, wirkt er für das Reich Gottes. Die Prophezie ist also nicht mit dem ordentlichen Lehr- oder Vorsteheramte in der Kirche identisch, sie ist eine außerordentliche Begnadigung, die Wahrheit in einer siegreich überzeugenden Weise vorzutragen, so daß die darin wirkende übernatürliche Kraft daraus erkannt wird. Es schließt sich diese neutestamentliche Prophezie an die des alten Bundes an; nur daß dieser — der Natur des auf die Zukunft, den Messias hinzeigenden alten Testamentes entsprechend — als eine Hauptaufgabe das Vorhersagen, welches in der Zeit der Erfüllung zurückzutreten hat, zuerkannt werden muß. Diese Prophezie schließt in sich eine übernatürliche Erleuchtung und in Folge dessen höhere Erkenntnis der geoffenbarten Wahrheiten, wie eine übernatürliche und als solche auch erkennbare Hilfe, welche den Vortrag nicht nur veranlaßt, sondern auch begleitet und den Erfolg bewirkt. Das Bild des Propheten des neuen Bundes, des Herrn, können wir wohl in den Worten des Evangelisten [2]) finden: *ἦν γὰρ δεδάσκων αὐτοὺς ὡς ἐξουσίαν ἔχων καὶ οὐχ ὡς οἱ γραμματεῖς αὐτῶν.*

vv. 21. 22.　Da bei der Ermahnung, solches Charisma hochzuschätzen, eine Voraussetzung gewiß die ist, daß es sich nur um die wahre Prophezie handelt, so muß die folgende Ermahnung: *πάντα* [*δὲ*] *δοκιμάζετε* [3]) allgemein gefaßt werden und kann nicht speciell auf das von Propheten Vorgetragene, ob es auch wahr oder nur Schwärmerei sei, bezogen werden.

Dem allgemeinen *πάντα* tritt das allgemeine *ἀπὸ παντὸς εἴδους πονηροῦ ἀπέχεσθε* gegenüber. Daß der Apostel an solchen Gegensatz gedacht, bestätigt das *κατέχετε* und *ἀπέχεσθε*, Ausdrücke, die mit offenbarem Bezuge auf einander gewählt sind. Da es sich um ein Prüfen und ein Auswählen, um zu behalten handelt, kann bei *πάντα* nicht auch an etwas Böses

---

[1]) Vgl. das. 14, 1 . . . *μᾶλλον δὲ ἵνα προφητεύητε.* v. 3 ff. 24. 25.

[2]) Matth. 7, 29.

[3]) *δοκιμάζειν* = prüfen, erproben: Röm. 2, 8; I. Kor. 3, 13; II. Kor. 8, 8 etc.

gedacht werden, und das τὸ καλόν muß also im Sinne eines Superlativs [1]) genommen werden. Während diese Ermahnung dahin zielt, im Guten immer nach dem Besten zu streben, besagt die folgende: alles, „jede Art" des Bösen zu meiden. Das εἶδος ließe um der Bedeutung „Aussehen" willen auch den Sinn zu, meidet auch jeglichen Schein des Bösen (vgl. 4, 12); allein hier dürfte solche speciellere Mahnung im Zusammenhange mit einer allgemeinen nicht annehmbar sein, zumal auch der Nachdruck nicht auf εἴδους, sondern auf παντός liegt, und es empfiehlt sich die Erklärung: von jeglicher Art des Bösen haltet euch fern, wodurch die Thess. wieder an die eine oder andere der ihnen besonders nahe liegenden Gefahren, wovon 4, 1 ff. die Rede war, erinnert werden.

V, 23—28: Schluß.

23. *Er aber, der Gott des Friedens, heilige euch vollendet, und nach allen Seiten hin werde euer Geist und eure Seele und euer Leib untadelig bei der Erscheinung unsers Herrn Jesus Christus bewahrt. 24. Getreu ist, der euch beruft und der es auch ausführt!*

25. *Brüder, betet für uns!*

26. *Grüßet die Brüder alle in heiligem Kusse!*

27. *Ich beschwöre [2]) euch beim Herrn, daß dieser Brief allen Brüdern [3]) vorgelesen werde.*

28. *Die Gnade unseres Herrn Jesu Christi sei mit euch [4])!*

An diese Ermahnungen schließt nun der Apostel seinen Segenswunsch, den er mit αὐτὸς δέ einleitet, weil er der menschlichen Thätigkeit die des Herrn gegenüber stellt. „Der Gott des Friedens", eine beliebte paulinische Bezeichnung [5]), weil Er den

v. 23.

---

[1]) Vgl. Matth. 22, 36 (ποία ἐντολὴ μεγάλη ἐν τῷ νόμῳ); Luk. 1, 42 (εὐλογημένη ἐν γυναιξίν); Matth. 5, 19; Luk. 10, 42. Buttmann S. 73.

[2]) Rec. nach אD^b E**F etc. liest ὁρκίζω; ABD*E* Ti. WH. lesen ἐνορκίζω.

[3]) א^cAKLP Vulg. goth. kopt. Vers. Rec. lesen τ. ἁγίοις ἀδελφοῖς; das ἁγίοις fehlt aber א*BDEFG 7. 23 etc. d. e. f. g. (Ti. WH.).

[4]) Das ἀμήν der Rec. haben אAD^{b.c}E etc.; BD*FG Ti. WH. lesen es nicht.

[5]) Vgl. Röm. 15, 33; 16, 20; I. Kor. 14, 33; II. Kor. 13, 11; Phil. 4, 9; II. Thess. 3, 16; Hebr. 13, 20.

Frieden giebt, dem Einzelnen in seinem Innern, der Gesamtheit dadurch, daß er den „Friedensfürsten", wie Ihn als solchen die Propheten verkündet haben, der Welt geschenkt hat [1]). Das ἁγιάσαι ὑμᾶς ὁλοτελεῖς setzt, wie dieses auch 3, 13 der Fall war, den Zustand der Heiligkeit voraus und legt eben den Nachdruck auf die Vollendung, die Vollkommenheit der Heiligkeit, die jegliche, auch die geringste Makel ausschließt. Dementsprechend fährt dieses ausführend der Apostel fort: καὶ ὁλόκληρον ὑμῶν τὸ πνεῦμα καὶ ἡ ψυχὴ καὶ τὸ σῶμα ἀμέμπτως . . . τηρη-θείη. Das ὁλόκληρον, welches mit dem nachstehenden τὸ πνεῦμα in der Construction übereinstimmt, ist natürlich auch von ψυχή und σῶμα ausgesagt. Der Apostel will hiermit eine Ausführung des ὁλοτελεῖς, der Heiligung des ganzen Menschen nach allen seinen Teilen, bezw. Vermögen oder Fähigkeiten geben. Zweck dieser Aufzählung von „Geist", „Seele", „Leib" ist also, auszudrücken, daß das Ziel des Erlösungswerkes des „Gottes des Friedens" dem ganzen Menschen, sowohl dem erkennenden freien Geiste, als allen anderen, auch den unfreien, Seelenvermögen wie dem Leibe selbst zu teil werden möchte. Dann ist die Heiligung des Menschen vollendet, wenn alle Unordnung [2]), jede Neigung zum Bösen, auch die, wofür der Mensch an sich nicht verantwortlich gemacht werden kann, auf Gott gerichtet sind, wenn endlich auch der Leib des Menschen, der von der Natur genommen ist, an der Erlösungsgnade teil nimmt, ganz und lediglich dem göttlichen Willen dient [3]). So möge denn Gott den Menschen tadellos (ἀμέμπτως) darstellen für die Wiederkunft unseres Herrn Jesus Christus (ἐν τῇ παρουσίᾳ τοῦ κυ-

---

[1]) Vgl. bes. Isa. 9, 6; 11, 6 ff.; 65, 25; 66, 12.

[2]) Vgl. Röm. 7, 23 ff.

[3]) Als Beweisstelle für die Trichotomie kann dieser Ausspruch Pauli nicht dienen; denn erstens hat der Apostel keine fixe Terminologie, die Begriffe πνεῦμα, ψυχή und σῶμα werden in paulinischen Briefen auch in anderen Bedeutungen oder Beziehungen als hier gebraucht; zweitens ist die Gegenüberstellung von πνεῦμα ψυχή nach dem Zusammenhange hier — im Einklang mit sonst dargelegter paulinischer Lehre — in der Bethätigung derselben begründet; also ergiebt sich daraus nicht, daß sie verschiedene Principien sind, es besteht dabei, daß es nur verschiedene Vermögen ein und desselben Principes sind.

ρίου ἡμῶν Ἰησοῦ Χριστοῦ). Auch hier bleibt der Begriff der παρουσία vom Standpunkte des Schreibenden aus der weitere,
der von dem concreten der Leser seine jeweilige Anwendung
zuläßt. Übrigens bietet dieser Satz an sich einen ganz richtigen
Sinn, wenn er auf die letzte Parusie am jüngsten Tage bezogen
wird, an dem dann solche makellose Darstellung des ganzen
Menschen vor aller Welt geschieht. Über die Zeit, die inzwischen noch vergeht, ist nichts gesagt.

Es ist ein überaus erhabenes Ziel, das hier der Apostel kurz vor- v. 24.
hält; es ist ein Übermaß von Gnaden, das der Gott des Friedens
ausgießen möchte: solches zu hoffen — ist das nicht zu viel für
den armen, schwachen, mit dem Fleische und der Begierlichkeit
im Kampfe stehenden Menschen? Die Antwort auf etwaige derartige Erwägungen ist: πιστὸς [1]) ὁ καλῶν ὑμᾶς, ὃς καὶ ποιήσει:
Gott, der die Thess. beruft, dessen Willen darin sich kund giebt,
führt um Seiner Treue willen das angefangene Werk auch aus.
Und sollte ein Christ nicht zu diesem Ziele gelangen, an ihm
selbst, nicht am Herrn, liegt die Schuld.

An alle Thess. — ἀδελφοί — ist die Bitte um ein fürbit- v. 25.
tendes Gebet gerichtet [2]), auf daß Gott dem apostolischen Wirken
den Segen gebe [3]). Dasselbe Bewußtsein, welches ihn den Korinthern gegenüber die Wahrheit aussprechen läßt, daß alle seine
und des Apollo Arbeit ohne das Gedeihen, das Gott giebt, nichts
ist, läßt ihn hier demütig um den Beistand des Gebetes bitten [4]).

Es pflegte der Apostel seine Briefe nicht selbst niederzu-
schreiben, sondern zu dictieren und nur die Grüße am Schlusse
eigenhändig hinzuzusetzen [5]). Bei der Annahme, daß dieses
auch bei dem ersten seiner Briefe geschehen, erklärt sich, daß
in den vv. 26. 27 die Anrede, ἀδελφοί, sich speciell an die Vor- vv. 26. 27.
steher der Gemeinde wendete. Ἀσπάσασθε τοὺς ἀδελφοὺς πάν-

---

[1]) Vgl. zu πιστός: I. Kor. 1, 9; 10, 13; II. Kor. 1, 18; II. Thess 3, 3;
Hebr. 10, 23.

[2]) Vgl. solche Bitten: Röm. 15, 30; Ephes. 6, 19; II. Thess. 3, 1.

[3]) Dem entspricht es, daß die Kirche die Fürbitte für die Nachfolger in
diesem Amte anordnet. Je höher ein solcher in der Kirche steht, desto allgemeiner ist das Gebet — Memento im Canon der h. Messe — angeordnet.

[4]) Vgl. I. Kor. 3, 6. 7.

[5]) Vgl II. Thess. 3, 17; Röm. 16, 22.

τας ἐν φιλήματι ἁγίῳ: der Gruß ist ein Ausdruck der Liebe,
womit der Apostel allen in gleicher Weise zugethan ist. Dieser
pflegte, besonders in jener Zeit, der Mensch mit einem äußeren
Zeichen, dem Kusse, einen Ausdruck zu geben [1]); derselbe aber
ist dem Christen geheiligt, weil das Band, das sie als Brüder unter einander verbindet, ein übernatürliches, heiliges ist, die Vereinigung nämlich mit Jesus Christus, ihrem Haupte [2]).

Der versammelten ganzen Gemeinde soll der Brief vorgelesen werden. Die Liebe des Apostels zu den Thess., sein inniges
Verlangen sie zu sehen, und doch nur ein Schreiben an sie richten zu können, seine Sorge um sie angesichts der Gefahren; alles dieses erklärt voll und ausreichend, daß er sie „beschwört"
— *ἐνορκίζω ὑμᾶς* [3]) — den Brief ja allen vorzulesen; von einem
Mißtrauen gegen die Vorsteher ist dies Wort nicht eingegeben.

v. 28.   Allen Thess. wieder gilt der Segenswunsch, dessen Inhalt
ἡ χάρις τοῦ κυρίου ἡμῶν Ἰησοῦ Χριστοῦ ist [4]). Er entquillt einem
Herzen, das selbst der Gnade sich so bedürftig weiß, das aber
auch der Macht und Herrlichkeit derselben sich bewußt ist. Der
Brief läßt die Innigkeit der Liebe des Apostels zu seinen Thess.
erkennen, und darnach ist auch die Herzlichkeit dieses Schluß-
wortes zu bemessen.

---

[1]) Vgl. Matth. 26, 48 f.; Luk. 7, 45; 15, 20; Act. 20, 38; Joh. 21, 17.

[2]) Vgl. Röm. 16, 16; I. Kor. 16, 20; II. Kor. 13, 12; I. Petri 5, 14.

[3]) Das *ἐνορκίζω* statt des einfachen *ὁρκίζω* (Mark. 5, 7; Act. 19, 13) ist
im N. T. hapax legom.

[4]) Vgl. I. Kor. 16, 23; Röm. 16, 20; Phil. 4, 23; Kol. 4, 18; mehr ausgeführt Gal. 6, 18; II. Kor. 13, 13.

Der

zweite Brief

an die

Thessalonicher.

Paulus erhielt, da er noch das erste Mal in Korinth weilte, neue Nachrichten über die Thessalonicher. Dieselben lauteten einerseits hocherfreulich, denn trotz neuer Verfolgungen (1, 3. 4) waren sie treu im lebendigen Glauben erfunden worden und hatten sich auch infolge des ersten Schreibens des Apostels über das Schicksal der verstorbenen Brüder beruhigt; aber sie boten anderseits auch zu neuer Besorgnis um die so innig geliebte Gemeinde Anlaß. Es hatte sich nämlich die Meinung geltend gemacht, daß die Wiederkunft des Herrn zum jüngsten Gerichte in nächster Zeit bevorstehen müsse, und so war große Aufregung hervorgerufen worden. Wie aus dem Briefe ersichtlich, waren Leute aufgetreten, die, göttliche Offenbarungen empfangen zu haben, vorgaben und sich auch auf besondere Mitteilungen, ja selbst auf einen angeblichen Brief des Apostels beriefen. Es mag sein, daß ihnen hierzu I. Thess. 4, 15. 17 als Handhabe diente; genug, sie hatten neue, große Unruhe und infolge dessen besonders wieder Vernachlässigung der Berufspflichten bewirkt. Solche Lage der Dinge war die Veranlassung zu einem zweiten Briefe an diese Gemeinde. Dementsprechend ist der Inhalt desselben folgender: Nach dem Gruße und einer lobenden und tröstenden Einleitung (1, 1—12) verbreitet sich der Apostel über die Zeit der Wiederkunft Christi (2, 1—12). Da diese unbestimmbar, so nennt er ein ihr noch vorausgehendes Zeichen als ein Merkmal derselben. Hieran schließt er praktische Ermahnungen, besonders zur Ausdauer im Glauben und Warnungen vor Müßiggang und Vernachlässigung der Berufspflichten (2, 13 — 3, 15). Ein eigenhändig — als Zeichen der Echtheit — hinzu-

geschriebener Gruß und Segenswünsche bilden den Schluß (3,
16—18).

Dieses Echtheitsmerkmal läßt bereits erkennen, daß dieser
Brief unter den beiden Thess.-Briefen nicht der erste sein kann [1]),
weil das Unterschieben paulinischer Briefe schwerlich ohne das
Vorhandensein eines echten angegangen wäre. Entscheidend
aber ist, daß die im Briefe gegebene Belehrung über das Schicksal der Entschlafenen und die allgemeine Belehrung über die
Zeit des Tages des Herrn unmöglich in dieser Weise geschrieben worden wäre, hätten die Thess. schon Kriterien über die
Zeit der Wiederkunft Christi, wie dieses im zweiten Briefe geschieht, dargelegt bekommen. Dieses wird besonders durch die
Vergleichung von II. Thess. 2, 1 und I. Thess. 4, 17 ersichtlich,
da jene Stelle offenbar auf diese Bezug nimmt. Endlich sei
hierzu noch bemerkt, daß der zweite Brief einerseits auf ein noch
weiter und reicher entwickeltes religiöses Leben schließen,
anderseits die Wiederholung schon — und zwar auch brieflich
— erteilter Ermahnungen erkennen läßt [2]). Die Verwandtschaft des Inhaltes, speciell die in der Hauptsache gleichen,
concreten Ermahnungen lassen erkennen, daß die Entstehung
beider Briefe nicht weit auseinander liegen kann. Wenn
nun hierzu endlich noch der Umstand tritt, daß Silvanus und
Timotheus nach dem zweiten Briefe noch in der Gesellschaft
Pauli waren, welch ersterer nach dem ersten Aufenthalte in Korinth von der Apostelgeschichte nicht mehr in derselben genannt
wird, obschon sie es bis dahin stets gethan hat; so ist der
Schluß hinreichend begründet, daß auch dieser zweite Brief während der ersten Anwesenheit des Apostels in Korinth,
also gegen das Jahr 54, geschrieben worden ist.

Die Echtheit des zweiten Briefes bezeugen das Muratorische Fragment: verum Corintheis et Thessaloniensibus, licet pro corrcbtione iteretur (53 s.), die Peschito, Justinus
Martyr. [3]), Irenaeus [4]), Clemens von Alexandrien [5]), Ter-

---

[1]) Die Ansicht, dieser Brief sei der zuerst geschriebene, welche Grotius aufgestellt hat, fand in neuerer Zeit wieder in Ewald, Laurent, van
der Vries, Davidson Vertreter. Vgl. dagegen Lünemann, l. c. S. 160 ff.

[2]) Vgl. bes. II. Thess. 2, 14; 3, 6 ff.

[3]) c. Tryph. cc. 32. 110. — [4]) Haer. III 7, 2. — [5]) Strom. V, 3; VII, 12.

tullian [1]) und Marcion [2]). Hierzu gesellen sich Bezugnahmen
auf Stellen dieses Briefes bei Polykarp [3]) und wahrscheinlich
auch in der Didache [4]). Zweifel an der Echtheit konnten darum
auf äußere Gründe nicht gestützt werden. Dieselbe ist in der
katholischen Kirche [5]) nie beanstandet worden, und stimmten
hierin mit ihr bis zu Anfang unseres Jahrhunderts auch die protestantischen Erklärer überein. Seitdem aber ist von dieser Seite
begonnen worden, Bedenken dagegen zu erheben und zwar auf innere Gründe hin. An der Spitze steht J. E. Ch. Schmidt (Gießen)
in seiner Bibliothek für Kritik und Exegese des Neuen Testamentes und älteste Kirchengeschichte — 2. Bd. S. 380 ff. — (Ha-
damar) 1801. Schon 1804 ging derselbe in seiner Einleitung in
das N. T. (Gießen) zur Negierung der Echtheit über und fand
seitdem Nachfolger an de Wette [6]) anfangs, Kern [7]), Bauer [8]),
Lipsius [9]), Hilgenfeld [10]), van Manen [11]), van der Vries,
Noack [12]), Volkmar [13]), C. Weizsäcker [14]). Es fehlt unter
den Protestanten nicht an entschiedenen Verteidigern der
Echtheit, so: beonders Heidenreich [15]), Reiche [16]), Pelt [17]),

---

[1]) de resurr. carnis, c. 24. — [2]) bei Tertull., adv. Marc. V, 16; Epiph.,
haer. 42. — [3]) ad Philipp. 11 (in fine) auf II. Thess. 3, 15.

[4]) c. 12 — ἐργαζέσθω καὶ φαγέτω — auf II. Thess. 3, 10 u. c. 16 — καὶ
τότε φανήσεται κοσμοπλάνος ὡς υἱὸς Θεοῦ καὶ ποιήσει σημεῖα καὶ τέρατα.
— auf II. Thess. 2, 10. Vgl. Wohlenberg l. c. S. 39.

[5]) Vgl. S. 29 f. die Litteratur. Außerdem eine eingehendere Widerlegung der Einwendungen gegen die Echtheit bei Cornely, hist. et crit. Introd.
vol. III. p. 410 ss.

[6]) de Wette nur in den ersten drei Auflagen s. Einleitung; in der
4. Auflage und im exeg. Handbuche vertritt er die Echtheit.

[7]) Tübinger Zeitsch. f. Theol. 1839. II, S. 145—214.

[8]) Der Apostel Paulus. II. S. 94 ff.; vgl. Ausgabe von Zeller, S. 341 ff
(Anhang).

[9]) Stud. u. Krit. 1854.

[10]) in seiner Zeitschrift 1862 III. 1866.

[11]) Onderzoek naar de echtheid van Paulus tweeden brief aan de Thess.
Utrecht 1865.

[12]) Vgl. oben S. 28 Anm. 2.

[13]) Mose Prophetie und Himmelfahrt. Leipzig 1867. S. 114 f. 160.

[14]) Das apost. Zeitalter. S. 258 ff.

[15]) in Winer u. Engelhardts neuen krit. Journal der theol. Literatur. 1828.

[16]) authentiae posterioris ad Thess. epist. vindiciae. Gott. 1829.

[17]) theolog. Mitarbeiten 1841. II. S. 74—125 u. Commentar.

Willibald Grimm [1]), Schneckenburger [2]), Lünemann [3]),
Westrik [4]). So ist denn „ein nicht geringes Schwanken
innerhalb des Lagers der Kritik selbst bis zu dieser Stunde
bemerkbar" [5]), und fehlt es auch nicht an Erklärern, welche in
diesem Briefe eine sich an die Apokalypse anlehnende Überar-
beitung einer paulinischen Grundlage erblicken [6]). Bleek-Man-
gold [7]) bemerkt hingegen, daß bei diesem Briefe „die ganze
Haltung so individuell anschaulich und charakteristisch, daß sich
eine Unterschiebung durch einen späteren Schriftsteller nicht
wohl denken läßt". Reuß Urteil, das ich wiederholt bei
der diesbezüglichen Lektüre als ein gut „motiviertes" bezeichnet
fand, lautet: „Nichts desto weniger geben wir die Echtheit auch
dieses Sendschreibens noch nicht auf, und namentlich insofern
es als ein vom Verfasser bezweckter Widerspruch gegen das
vorhergehende betrachtet werden soll, scheint uns die Verwerfung nicht begründet" [8]). Dem ist in der That so. Betont man
„Unpaulinisches" in der Sprachform [9]), so muß man auch gelten
lassen, daß sie echt paulinische Züge enthält; vermißt man ein
„antijudaistisches Thema", so erinnere man sich, daß es sich um
eine noch junge Gemeinde handelt, und daß die Baursche Hypothese über die Entstehung und Geschichte der jungen
Kirche sich nach dem sonst so ausreichend bezeugten
Briefen und nicht umgekehrt richten müßte. Man darf nicht

---

[1]) theol Stud. u. Krit. 1850.

[2]) Jahrb. f. deutsche Theologie 1859.

[3]) l. c. S. 166 ff.

[4]) de echtheit van den tweeden Brief aan de Thess. 1879.

[5]) Holtzmann, Einleitung. 2. Aufl. S. 237.

[6]) P. Schmidt, der erste Thess.-Brief . . . 1885. S. 110–128.

[7]) Einleitung in das Neue Testament. 4. Aufl. Berlin 1886. S. 506.

[8]) Geschichte d. h. Schriften des N. T. S. 77.

[9]) Vgl Beispiele bei Lünemann, S. 169, der dazu bemerkt: „Allein
teils haben diese Ausdrücke sonst bei Paulus ihre Analoga, teils gehören sie
in das Gebiet der Besonderheiten, wie sie in jedem paulinischen Briefe mit
dem allgemeinen Grundtypus der paulinischen Diction, den auch unser Brief
besitzt, sich verschmolzen finden, teils endlich sind die Abweichungen so un-
wesentlich, daß der Vorwurf des Unpaulinischen auf keine Weise durch sie
sich belegen läßt."

„Reminiscenzen" an I. und II. Kor. nennen [1]), was in diesen wie im II. Thess. durch die gleichen oder ähnlichen Verhältnisse oder Umstände veranlaßt ist. Daß „mit Ausnahme vom II. Thess. 2, 1—12" „der ganze zweite Brief eine zum Teil erweiternde, zum Teil steigernde Wiederholung paralleler Stellen des ersten Briefes ist", beweist nur das Nochvorhandensein derselben Veranlassungen, aber nichts gegen die Echtheit. Das 3, 17 gegebene Zeichen der Echtheit kann nicht „befremden", da es in 2, 2 eine vollkommen hinreichende Motivierung hat. Doch der Schwerpunkt wird auf das eschatologische Moment in den beiden Briefen gelegt [2]). „Dagegen kann Paulus, wenn er nach I. Thess. 5, 2. 3 den Thessalonichern das Eintreten der ἡμέρα als Sache des unberechenbaren Momentes dargestellt hat, nicht zugleich gelehrt haben, wie 2. Thess. 2, 5 vorausgesetzt wird. Dort giebt es keinerlei Anzeichen der, wie ein Dieb in der Nacht hereinbrechenden, Parusie; von der unbedingten Unbestimmbarkeit der letzteren haben die Leser ein klares Wissen (ἀκριβῶς οἴδατε); hier dagegen wird vorausgesetzt, daß Paulus sie schon mit dem Inhalte von 2, 3. 4 bekannt gemacht hat, demzufolge die Nähe des Endes durch einen allgemeinen Abfall, durch das Auftreten eines ἀντικείμενος und dessen Attentat auf den Tempel signalisiert wird, zu welchen drei Indicien nach 2, 6. 7 noch das Verschwinden des κατέχων tritt. Sind das alles aus dem Rahmen sonstiger paulinischer Eschatologie heraustretende Neuigkeiten, so erklären sich solche Züge dafür um so durchgängiger aus Apc." Dieser Einwand ist durch die Auffassung dieser eschatologischen Stellen wesentlich bedingt, weshalb derselbe eine erschöpfende Erledigung nur auf Grund der Erklärung derselben finden kann. Immerhin aber sei hier bemerkt, daß eine Unterweisung, bezw. Erinnerung an das Nichtwissen und das unvermutete Eintreten des Tages des Gerichtes — um dieses Moment, nicht um das Fehlen jeglichen Anzeichens handelte es sich bei dem Bilde vom „Diebe in der Nacht" — nicht unvereinbar ist mit dem Verweisen auf Merkmale, die der Parusie vorhergehen müssen, deren Eintritt

---

[1]) Bes. werden II. Thess. 3, 7—9 u. I. Kor. 9, 4; II. Kor. 11, 7—9 angezogen. — [2]) Vgl. Holtzmann, l c. S. 239.

selbst aber wieder unbestimmbar ist. In solcher Weise nennen
auch des Herrn Reden die Zeit Seiner Wiederkunft ein aller
Kreatur verborgenes Geheimnis und geben doch auch Kennzeichen an, die derselben vorhergehen werden. Daß aber Paulus
solche eschatologische „Neuigkeiten" sonst nicht niedergeschrie-
ben, findet seinen genügenden Grund in dem Mangel eines An-
lasses dazu. Die Übereinstimmung „solcher Züge" mit der Apokalypse beweist noch keine Abhängigkeit einer dieser beiden
Schriften von der anderen, speciell des II. Thess. von der Apk.
Für die „Kritik" zumal ist die Entstehung der Apk. noch eine
zu offene Frage [1]), als daß sie gegen die natürlichste Erklärung,
welche diese Harmonie auf eine gemeinsame Quelle — die gleiche
göttliche Offenbarung zurückgeführt —, Widerspruch zu erheben,
berechtigt wäre.

---

[1]) Vgl. die Controverse zwischen Daniel Völter, die Entstehung der
Apokalypse, 2. neue, umgearb. Aufl. Freibg 1885, und dagegen Jülicher in Gött.
Gel. Anzeigen 1886. St. 1. S. 25—38; Vischer, die Offenbarung des Johannes, eine jüdische Apokalypse, Leipzig 1886. Ferner A. Sabatier, les origines littéraires et la composition de l'Apocalypse de St. Jean. Paris 1888 (Rev.
de theol. et de philos. 1887) und Friedr. Spitta, die Offenbarung des Johannes, Halle 1889.

*1. Paulus und Silvanus und Timotheus der Kirche der Thes-
salonicher in Gott unserm Vater und dem Herrn Jesus Christus:
Gnade sei euch und Friede von Gott unserm Vater* [1] *und dem
Herrn Jesus Christus.*

Noch sind Silvanus und Timotheus die Begleiter des Apostels, und deshalb entbietet er zugleich in ihrem Namen der durch
die Gnade Christi in das Kindschaftsverhältnis zu Gott (ἐν θεῷ
πατρὶ ἡμῶν) versetzten und in ihrem Erlöser und darum in ihrem Herrn Jesus Christus lebenden Thess.-Gemeinde den Segenswunsch, dessen Inhalt Gnade und Friede ist; ein Friede, den die
Welt nicht geben kann, der ein Geschenk Gottes, unseres Vaters,
und des Herrn Jesus Christus ist [2]).

I, 3—12: **Lobende und tröstende Eingangsworte.**

*3. Danken müssen wir Gott immerdar euretwegen, Brüder,
wie es billig ist, weil euer Glaube überaus wächst, und die gegenseitige Liebe eines jeden Einzelnen unter euch allen sich mehrt,
4. so daß wir selbst* [3]) *uns in euch rühmen* [4]) *bei den Gemeinden*

---

[1]) Vgl. Friedr. Zimmer, zur Textkritik des zweiten Thessalonicherbriefes in A. Hilgenfelds Zeitschr. f. wissensch. Theol. 1888. S. 322—342.
ℵAGKL etc. Vulg. copt. syr. aeth. arm. und bes. Or. lesen ἀπὸ θ. πατρὸς ἡμῶν; so auch Ti. u. Zimmer. BDP dagegen fehlt ἡμῶν, so WH. Die
äußere Bezeugung spricht stärker für das ἡμῶν.

[2]) Zur Einzelerklärung sei auf I. Thess. 1, 1 verwiesen.

[3]) Die Wortstellung αὐτοὺς ἡμᾶς — gegenüber der gewöhnlicheren Wortstellung ἡμᾶς αὐτοὺς AD Rec. — ist durch ℵBP bezeugt; so Ti. WH. Zimmer.

[4]) Mit ℵABP ist ἐγκαυχᾶσθαι zu lesen. Rec. D haben καυχᾶσθαι.

9 *

Gottes ob eurer Geduld und eures Glaubens in allen eueren Ver-
folgungen und den Drangsalen, die ihr ertraget, 5. als ein Er-
weis des gerechten Gerichtes Gottes, so daß ihr des Reiches Gottes
für würdig werdet erachtet werden, für das ihr auch leidet, 6.
wenn anders es bei Gott gerecht ist, denen, die euch bedrängen, mit
Trübsal wieder zu vergelten; 7. euch aber, die ihr bedrängt wer-
det, Ruhe mit uns bei der Offenbarung des Herrn Jesus vom Him-
mel mit Engeln Seiner Macht 8. in Feuerflamme [1]), da er über
die, welche Gott nicht kennen und dem Evangelium unseres Herrn
Jesus [Christus] [2]) nicht gehorchen, Strafe verhängt; 9. diese wer-
den als Strafe ewiges Verderben erleiden, weg vom Angesichte des
Herrn und von der Herrlichkeit Seiner Stärke, 10. wenn er kom-
men wird, um verherrlicht zu werden in Seinen Heiligen und be-
wundert in allen, die gläubig wurden [3]), weil unser Zeugnis an
euch geglaubt ward, an jenem Tage.

11. Mit Rücksicht darauf beten wir immerdar für euch, daß
euch unser Gott der Berufung würdige und zur Vollendung bringe
jegliches Wohlgefallen der Güte und das Werk des Glaubens in Kraft,
12. auf daß der Name unsers Herrn Jesus [4]) in euch verherrlicht
werde, und ihr in Ihm gemäß der Gnade unseres Gottes und des
Herrn Jesus Christus.

I, 3.   Der Gedanke an die Gemeinde der Th. ruft beim Apostel
das Bewußtsein der Pflicht der Dankbarkeit gegen Gott wach.
Das Wort, das der Fülle des Herzens zuerst entquillt und das
die folgenden leitet, ist εὐχαριστεῖν ὀφείλομεν. Da der Apostel
es sonst liebt, gleich die Danksagung selbst auszusprechen [5]), er
sich aber hier nicht nur des ὀφείλομεν bedient, sondern auch
noch mit καθὼς ἄξιόν ἐστιν fortfährt, so wird seine Absicht, auf die

---

[1]) אAK etc. Rec. Ti. WH. lesen ἐν πυρὶ φλογός; BD*EGF etc. aber ἐν
φλογὶ πυρός, welches Ln, Treg., Zimmer vorziehen.

[2]) אAFG etc. Vulg. und and. Vers. Rec. Ln lesen Ἰησοῦ Χριστοῦ, während nach BDEKLP und mehr. Übers. Ti. WH. Zimm. das Χριστοῦ weglassen.

[3]) Zu lesen πιστεύσασιν (Ti., WH.), was — gegenüber dem πιστεύουσιν
der Rec. — אABDE etc. Vulg. und and. Übers. begründen.

[4]) Die Rec. setzt auch hier ein Χριστοῦ hinzu, welches nur AFGP lesen,
während es אBD etc. fehlt und darum besser mit Ti., WH. gestrichen wird.

[5]) Vgl. z. B. Röm. 1, 8; 7, 25; I. Kor. 1, 4. 14; 14, 18; Ephes. 5, 20;
Phil. 1, 3 etc.

Dankbarkeit als eine Pflicht hinweisen zu wollen, ersichtlich. Es anerkennen sie Paulus, Silvanus und Timotheus, denn ihrer Arbeit, der Erfüllung ihres Berufes, wodurch sie selbst auch das Heil erlangen sollen, ist von Gott das Gedeihen geschenkt worden. Der Größe dieser Gnade entspricht das $\pi\acute{\alpha}\nu\tau o\tau\varepsilon$: jederzeit beseelt sie das Bewußtsein, dem Herrn der Thess. willen, welche zu „Brüdern" geworden sind, Dank zu schulden. Diese aber müssen auch selbst solches anerkennen; es ist nämlich das $\varkappa\alpha\vartheta\grave{\omega}\varsigma$ $\ddot{\alpha}\xi\iota\acute{o}\nu$ $\acute{\varepsilon}\sigma\tau\iota\nu$ gewissermassen eine Aufforderung an die Adressaten, dem Erguß der Dankbarkeit zuzustimmen [1]). Welches ist nun der Grund? $\ddot{o}\tau\iota$ $\acute{v}\pi\varepsilon\varrho\alpha\upsilon\xi\acute{\alpha}\nu\varepsilon\iota$[2]) $\dot{\eta}$ $\pi\acute{\iota}\sigma\tau\iota\varsigma$ $\dot{\eta}\mu\tilde{\omega}\nu$ beginnt der Apostel die Ausführung desselben: überraschende Fortschritte haben die Thess. im Glauben gemacht, Fortschritte, die — wie auch bald ausgeführt wird — besonders in der Festigkeit der Überzeugung bestehen. Als einen weiteren Grund nennt er: $\varkappa\alpha\grave{\iota}$ $\pi\lambda\varepsilon o\nu\acute{\alpha}\zeta\varepsilon\iota$ $\dot{\eta}$ $\acute{\alpha}\gamma\acute{\alpha}\pi\eta$. Der Reichtum dieser Liebe offenbart sich in den Werken der Barmherzigkeit gegen einander[3]) und besonders — was ja der Apostel eigens hervorhebt — in der Ausdehnung derselben auf alle ohne Ausnahme: $\acute{\varepsilon}\nu\grave{o}\varsigma$ $\acute{\varepsilon}\varkappa\acute{\alpha}\sigma\tau o\upsilon$ $\pi\acute{\alpha}\nu\tau\omega\nu$ $\acute{v}\mu\tilde{\omega}\nu$ $\varepsilon\grave{\iota}\varsigma$ $\acute{\alpha}\lambda\lambda\acute{\eta}\lambda o\upsilon\varsigma$. Es ist ein schönes Bild, welches vor uns von der noch jungen Gemeinde in Th. entrollt wird: Die Liebe, das Merkmal der wahren Jüngerschaft Jesu[4]), kennzeichnet sie und ist der untrügliche Beweis ihrer Berufung[5]) wie der Grund der freudigen Genugthuung, die über ihr Wirken daselbst des Apostel und seiner Begleiter Herzen empfinden. Darum denn

kann die Folge ($\ddot{\omega}\sigma\tau\varepsilon$) nicht überraschen: $\dot{\eta}\mu\tilde{\alpha}\varsigma$ $\alpha\grave{v}\tau o\grave{v}\varsigma$ $\acute{\varepsilon}\nu$ v. 4. $\acute{v}\mu\tilde{\iota}\nu$ $\acute{\varepsilon}\nu\varkappa\alpha\upsilon\chi\tilde{\alpha}\sigma\vartheta\alpha\iota$[6]) $\acute{\varepsilon}\nu$ $\tau\alpha\tilde{\iota}\varsigma$ $\acute{\varepsilon}\varkappa\varkappa\lambda\eta\sigma\acute{\iota}\alpha\iota\varsigma$ $\tau o\tilde{v}$ $\vartheta\varepsilon o\tilde{v}$, wobei die eben

---

[1]) $\acute{o}\varphi\varepsilon\acute{\iota}\lambda o\mu\varepsilon\nu$ drückt die Pflicht des Danksagens „von subjektiver Seite als ein innerlich sich Gedrungenfühlen", $\varkappa\alpha\vartheta\grave{\omega}\varsigma$ $\ddot{\alpha}\xi\iota\acute{o}\nu$ $\acute{\varepsilon}\sigma\tau\iota\nu$ die objective Seite, „etwas, das der Lage der Dinge angemessen ist", aus. (Meyer-Lünemann.)

[2]) Dieses Compositum $\acute{v}\pi\varepsilon\varrho\alpha\upsilon\xi\acute{\alpha}\nu\varepsilon\iota$ — Vulg. supercrescit — findet sich nur hier im N. T.; es liebt es aber der Apostel Paulus, aus der Fülle seiner Empfindungen herausschreibend, durch Zusammensetzungen mit $\acute{v}\pi\acute{\varepsilon}\varrho$ der Steigerung Ausdruck zu geben. Vgl. $\acute{v}\pi\varepsilon\varrho\varepsilon\varkappa\pi\varepsilon\varrho\iota\sigma\sigma o\tilde{v}$ (I. Thess. 5, 13); $\acute{v}\pi\varepsilon\varrho\nu\iota\varkappa\tilde{\alpha}\nu$ (Röm. 8, 37); $\acute{v}\pi\varepsilon\varrho\varepsilon\varkappa\pi\varepsilon\varrho\iota\sigma\sigma\varepsilon\acute{\iota}\varepsilon\iota\nu$ (Röm. 5, 20; II. Kor. 7, 4.).

[3]) Vgl. I. Thess. 3, 9; 4, 9 ff.

[4]) Joh. 13, 34. 35.

[5]) I. Thess. 1, 4.

[6]) Nur hier die Form $\acute{\varepsilon}\nu\varkappa\alpha\upsilon\chi\tilde{\alpha}\sigma\vartheta\alpha\iota$.

ausgesprochene Danksagung gegen Gott diesem Rühmen die rechte
Beziehung, daß es nämlich auf die Gnade Gottes zurückzuführen
ist [1]), giebt. Früher hatte es der Apostel — so schrieb er im ersten
Briefe — nicht nötig gehabt, dem zu ihm gelangenden Lobe der
Thess. etwas hinzufügen [2]); anders ist es jetzt geworden: die Fortschritte dieser Gemeinde erfüllen ihn so sehr mit Freude, daß
er auch seinerseits in den Kirchen Korinths — unter den $ταῖς$
$ἐκκλησίαις$ sind die, wo er sich aufhält, gemeint — derselben
Ausdruck giebt. Die Thätigkeit der Apostel ist auch eine der
Ursachen des Heiles der Gläubigen, wie solches in dem $ἐν$ $ὑμῖν$
eingeschlossen ist; ein Ausdruck, welcher zugleich die Innigkeit
des Verhältnisses zwischen beiden bezeichnet. Den Grund solchen Rühmens bestimmt Paulus: $ὑπὲρ$ $τῆς$ $ὑπομονῆς$ $ὑμῶν$ $καὶ$
$πίστεως$ $ἐν$ $πᾶσιν$ $τοῖς$ $διωγμοῖς$ $ὑμῶν$ $καὶ$ $ταῖς$ $θλίψεσιν$ $αἷς$ $ἀνέ-$
$χεσθε$ [3]): So lange die Gemeinde in Thess. besteht und zur Zeit,
da der Apostel schreibt — wie das Praesens $ἀνέχεσθε$ zeigt —,
wird sie verfolgt und erprobt. Sie hat weder geschwankt, noch
ist ihr Glaube getrübt worden; mochten die Trübsale immerhin
ihr entgegen treten und von selbst vor ihr die Frage auftauchen: ist das die Wahrheit, der so allgemein von den Menschen widersprochen wird? Es hat nämlich $πίστις$ hier — angezeigt ist das äußerlich durch den bloß einmaligen Gebrauch des
Artikels vor $ὑπομονῆς$ — die Bedeutung von „Treue" und zwar,
weil die Beziehung auf den Glauben vorausgesetzt ist, die Glau-
benstreue [4]).

v. 5.   Es erscheint von vornherein als das einfachste, $ἔνδειγμα$ [5])
als Nominativ zu fassen und mit $ἀνέχεσθε$ in Verbindung zu
bringen; bestätigt wird diese Beziehung dadurch, daß die Leiden
und Trübsale der Thess. demnach Gegenstand weiterer Erörterung
werden. Ehe der Gedankengang im Einzelnen verfolgt werden
kann, muß zuvor der Gesichtspunkt, unter dem der Apostel denselben vorlegt, bestimmt werden. Dieser ist aber die „Offenbar-
rung" des Herrn am jüngsten Tage, wenn er Sich als Richter

---

[1]) Vgl. Röm. 5, 11; 15, 17; II. Kor. 10, 17; Phil. 3, 3.

[2]) Vgl. I. Thess. 1, 8.

[3]) Zur Attraction $αἷς$ $ἀνέχεσθε$ statt $ὧν$ $ἀνέχεσθε$ vgl. Buttmann, S. 140.

[4]) Vgl. Gal. 5, 22; Tit. 2, 10.

[5]) $ἅπαξ$ $λεγόμενον$.

über die Bösen und Guten offenbart. Darum ist es denn geboten, ἔνδειγμα τῆς δικαίας κρίσεως τοῦ θεοῦ hierauf zu beziehen und die Thess. als einen „Erweis" des gerechten Gerichtes Gottes, der am jüngsten Tage gezeigt wird, anzusehen. Dieses gerechte Gericht und die Leiden der Thess. haben als Folge: εἰς τὸ καταξιωθῆναι[1]) ὑμᾶς τῆς βασιλείας τοῦ θεοῦ. Es ist eine Folge der göttlichen Gerechtigkeit, daß die jetzt leidenden Thess. der Teilnahme am Reiche Gottes „gewürdigt werden." Dieses ist ja gerade der Grund, dessentwillen dieselben leiden — ὑπὲρ ἧς καὶ πάσχετε. Der Gewinn dieses Satzes ist somit: das Ziel des Christen ist das Reich Gottes, der Weg dazu ist der des Leidens, die Teilnahme an jenem um dieses willen findet statt auf Grund des für würdig Erachtens, welches die Folge der Gerechtigkeit Gottes ist. Die Leiden der Gläubigen sind also — ἐν. τῆς δικαίας κρίσεως — ein Verdienst, merita de condigno. So schaut denn der Apostel die Thess., die um des Himmelreiches willen leiden, in ihrer Verklärung als ἔνδειγμα, als Zeichen und Beweis der Gerechtigkeit Gottes; denn also ist es der Ratschluß oder die Ordnung, welche Gott getroffen hat.

Es besteht nämlich darüber, daß es der göttlichen Gerech- vv. 6. 7 *. tigkeit entspricht, auszugleichen, kein Zweifel, weil das εἴπερ == „wenn anders" nichts in Frage stellt, sondern eine sichere Voraussetzung einleitet. Daher Gott über die, welche jetzt die Thess. betrüben, „Trübsal" zu verhängen: δίκαιον παρὰ θεῷ ἀνταποδοῦναι[2]) τοῖς θλίβουσιν ὑμᾶς θλῖψιν —; denen aber, welche jetzt bedrängt und beunruhigt werden, „Ruhe" zu schenken beschlossen hat: καὶ ὑμῖν τοῖς θλιβομένοις ἄνεσιν[3]). Mit Rücksicht

---

[1]) Sonst noch Luk. 20, 35; 21, 36; Act. 5, 41.

[2]) Das Wort ἀνταποδιδόναι nur noch bei Paulus (Röm. 11, 35; 12, 19; I. Thess. 3, 9; Hebr. 10, 30) und Luk. 14, 14.

[3]) Hiernach ist bereits ersichtlich, daß es zur Erklärung dieser Stelle nicht der Herbeiziehung eines neuen, hier außer dem sonstigen Ideenkreise liegenden Gedankens bedarf, — daß es nicht angezeigt ist, sich auf I. Petr. 4, 17 f. zu berufen, wo es heißt: „die Zeit ist da, daß das Gericht anhebe an dem Hause Gottes. Wenn aber zuerst an uns, was wirds für ein Ende haben mit denen, die ungläubig sind dem Evangelium Gottes! Und wenn der Gerechte kaum selig wird, — der Gottlose und der Sünder, wie werden sie bestehen?" und also den Beweis der Gerechtigkeit Gottes darin zu sehen, daß

auf die Verfolgungen wird die Seligkeit in negativer Weise durch
ἄνεσις bestimmt[1]): die Unvollkommenheiten, Kämpfe, Beschwer-
den, alle Unruhe und Pein sind ausgeschlossen. Wenn nun der
Apostel noch μεθ᾽ ἡμῶν hinzusetzt, so ist leicht eine doppelte
Veranlassung zu erkennen: auch er teilt die Verfolgungen, und
diese gerade zwingen ihn zur Trennung von seinen überaus geliebten Thess. Da liegt es nahe, sich gegenseitig durch den Hinblick auf den zu hoffenden einstigen gemeinsamen Genuß der
Ruhe zu trösten und aufzurichten, zumal der Apostel wußte, wie
sehr die Thess. auch selbst nach einer Wiedervereinigung mit ihm
verlangten und seiner in Liebe gedachten.

v. 7ᵇ. 8.   Wie die Wahl des Wortes ἔνδειγμα andeutet, wie ferner die
Erwägungen der — menschlich gesprochen — gedrückten und deshalb in den Augen der Welt mißachteten Lage der Christen in
Thess. einerseits, und wie auch der Erhabenheit und Größe des Reiches Gottes auf Erden, die offenbar und anerkannt werden
muß, andererseits es nahe legen, weilt des Apostels Blick bei
der „Enthüllung des Herrn Jesus" in der Offenbarung Seiner Majestät, die in Seinem Leben auf Erden und in Seinem
Leben in der Geschichte der leidenden Kirche verhüllt ist.
Der Apostel schaut auf die „Enthüllung", welche vor aller
Welt, vor denen, die bedrängt werden und die bedrängen, beim jüngsten Gerichte sich vollziehen wird: ἐν τῇ
ἀποκαλύψει τοῦ κυρίου Ἰησοῦ. Darin findet die göttliche Gerechtigkeit ihr volles Genügen, daß in einem allgemeinen Gerichte nicht
allein Lohn und Strafe erteilt wird, sondern daß auch allgemein die
Größe des Herrn Jesus anerkannt werden muß: ein Moment,
das seinen bezeichnenden Ausdruck in dem Worte ἀποκάλυψις
erhält. Diese Offenbarung aber vollzieht sich zuerst darin, daß
Jesus in Seiner Glorie vom Himmel, wie Er einst in denselben
aufgestiegen, in Begleitung von Engeln, welche im Dienste Seiner

---

Er selbst die Guten um ihrer geringen Fehler willen heimsuche, daß um
so mehr also die Bösen werden gestraft werden. (So nach Anselm., Thom.,
Bisp., Pánek.).

[1]) Vgl. II. Kor. 7, 5; 8, 13. In allgemeiner Bedeutung: II. Kor. 2, 12;
Act. 24, 23.

Macht stehen[1]) wieder herabsteigt: ἀπ' οὐρανοῦ μετ' ἀγγέλων δυνάμεως αὐτοῦ.

Als weitere Ausführung der Offenbarung des Herrn dient ἐν φλογὶ πυρός, oder, wie die andere auch gut bezeugte Lesart — so daß eine Entscheidung kaum zu treffen ist — besagt: ἐν πυρὶ φλογός, „in Flammenfeuer". Gern wird Gott, der zu richten kommt, im alten Testamente mit einem fressenden Feuer, das alles erfaßt und für die Guten Läuterung, für die Bösen aber Strafe und Pein bewirkt[2]), verglichen. Um dieser letzteren Wirkung willen sagt der Apostel hier, daß Christus, wenn Er einst als Richter Sich vor aller Welt offenbaren wird, in Feuerflamme wiederkommen wird: διδόντος ἐκδίκησιν, das Strafgericht zu verhängen. So gehört das ἐν φλογὶ πυρός (oder ἐν πυρὶ φλογός) wohl zu ἐν τῇ ἀποκαλύψει, allein es dient zugleich zur Überleitung auf die Strafe, welche über die Nichtchristen, Heiden und Juden verhängt wird. Es bezeichnet nämlich τοῖς μὴ εἰδόσιν θεόν die ersteren[3]), die in ihrer Unkenntnis nicht entschuldbar sind, denn außer dem Lichte der Vernunft[4]) haben sie ja bereits das Christentum in ihrer Mitte; unter τοῖς μὴ ὑπακούουσιν τῷ εὐαγγελίῳ τοῦ κυρίου ἡμῶν Ἰησοῦ aber sind die Juden zu verstehen, denn sie besitzen die Kenntnis des wahren Gottes, sie haben zuerst das Evangelium gepredigt erhalten, sich aber dagegen im Unglauben verschlossen. Solcher Unglaube, welcher nicht in der Erkenntnis, sondern im Willen Grund und Wurzel hat, wird treffend Ungehorsam genannt. Die Juden, und durch sie veranlaßt sind es auch die Heiden, welche den Christen in Thess. die Trübsal verursacht haben[5]).

Die Strafe, welche diese leiden werden (δίκην τίσουσιν[6]), v. 9.

---

[1]) Vgl. Joh. 1, 52; Matth. 4, 6. 11. über das Dienen der Engel; I. Thess. 3, 13; 4, 16; Matth. 24, 30 f.

[2]) Vgl. Ex. 3, 2 ff.; 19, 18; Dan. 7, 9 f.; Apok. 19, 12.

[3]) Vgl. I. Thess. 4, 5; Gal. 4, 8; Ephes. 2, 12 etc., wo das Nichtkennen Gottes das Merkmal der Heiden ist.

[4]) Vgl. Röm. 1, 19 ff.

[5]) Bei solcher Rücksicht auf die besonderen Verhältnisse in Thessalonich kann nicht angenommen werden, Paulus habe mit der Scheidung von μὴ εἰδ. und μὴ ὑπακ. ein allgemeines und ein besonderes Merkmal der Gottlosigkeit bezeichnen wollen.

[6]) δίκην τίειν im N. T. nur hier, doch sonst eine gewöhnliche Formel.

bezeichnet der Apostel als *ὄλεθρον αἰώνιον*, womit die Ewigkeit
der Höllenstrafe ausgesprochen ist, und bestimmt dieses Verderben näher durch: *ἀπὸ προσώπου τοῦ κυρίου καὶ ἀπὸ τῆς
δόξης τῆς ἰσχύος αὐτοῦ.* Umstritten ist die Auffassung des *ἀπό*:
ob es temporell, im Sinne von: gleich nach Sichtbarwerden
Christi, oder ob es als Bezeichnung der bewirkenden Ursache zu
verstehen sei, oder ob endlich mit *ἀπό* der Begriff des Geschie-
denwerdens, der Trennung zu verbinden ist.   Diese letzte
der drei Erklärungen empfiehlt sich, weil „das Angesicht des
Herrn schauen" eine bekannte und beliebte biblische Beschreibung der Seligkeit ist[1]), und weil sie am besten mit *τῆς δόξης
τῆς ἰσχύος αὐτοῦ* und v. 10 im Einklange steht.   Der an sich
weite Begriff *δόξα* bestimmt sich hier näher durch den Zusammenhang.   Es ist die Herrlichkeit des Herrn nicht an und für
sich, wie sie sich z. B. im A. T. in einer gewissen Weise in der
Wolke enthüllte, oder wie sie als Offenbarung der Gottheit Jesu
Dessen Menschheit und Niedrigkeit himmlisch überstrahlte, sondern die Herrlichkeit Gottes, die sich den zur Seligkeit ein-
gehenden Gläubigen mitteilt, und die eine Offenbarung der göttlichen Macht ist.   Weil die verfolgte Kirche klein und machtlos
in den Augen der Welt erscheint, erklärt es sich, daß der Apostel
auf die zu hoffende *δόξα*, auf den zu erwartenden Triumph der
Kirche hinweist, wodurch die Größe und Herrlichkeit der Kirche,
welche eben in der göttlichen Kraft ihren Grund haben, ihre
Enthüllung erhalten.   So erklärt sich *τῆς ἰσχύος* als Genitiv des
Ursprungs, welcher zu *δόξα* gehört.   Von solcher Herrlichkeit des Herrn werden dereinst die im Unglauben verharrenden
und die Kirche verfolgenden Heiden und Juden ausgeschlossen bleiben,

v. 10.   wann der Herr kommt, um in Seinen Geschöpfen den
Endzweck der Welt, Seine eigene Ehre und Verherrlichung zu vollenden.   Dieses geschieht nicht in allen Geschöpfen in gleicher Weise; die Verworfenen werden Gottes Gerechtigkeit in ihrer Strafe, die sie erleiden werden, anerkennen
und künden müssen; die „Heiligen" dagegen werden Anteil an
des Herrn eigener himmlischen Herrlichkeit haben, indem sich in

---

[1]) Vgl. Ps. 11, 7; 17, 15 Matth. 5, 8; 18, 10; Hebr. 12, 14; Apok. 22, 4.

ihnen Gott verherrlicht: *ἐνδοξασθῆναι ἐν τοῖς ἁγίοις αὐτοῦ.*
Bezeichnend ist das *ἐν τ. ἁ.* gewählt: das Leben der „Heiligen"
ist als ein Leben Christi in ihnen aufzufassen, denn Christus ist
dessen erste bewirkende Ursache. Demgemäß ist denn auch das
Leben der verklärten Seligen ein Leben des verklärten Christus
in ihnen, und darum fällt alle einstige Herrlichkeit dieser auf
Ihn zurück, ist Seine Glorie. Darum ist ferner alle Bewun-
derung, welche der übernatürlichen Schönheit der verklärten
„Gläubigen" zu zollen ist, auf den Herrn zurückzuführen,
weil er die erste bewirkende Ursache ist: *καὶ θαυμασθῆναι ἐν
πᾶσιν τοῖς πιστεύσασιν.* Alle Verehrung der Heiligen ist eine
Anbetung des Herrn, der sie dazu gemacht hat.

So bietet diese Darstellung des Loses der Gläubigen ein
Gegenbild zu der vorausgegangenen Bestimmung des Schicksals
der Ungläubigen und bestätigt also zugleich die Richtigkeit der
gegebenen Erklärung des 9. Verses.

Das *ἐν πᾶσιν τοῖς πιστεύσασιν* enthält, daß der Glaube seitens des Menschen die Heilsbedingung ist; nur „in Gläubigen"
offenbart sich die Herrlichkeit des Herrn. Des Apostels Blick
überschaut „alle", die „glaubten", da der Herr zu Gerichte wiederkommt — *ἐν τῇ ἀποκαλύψει* —; der Zusammenhang schränkt
also das *πᾶσιν* auf jene, welche im Glauben treu ausgeharrt haben bis zum Ende, ein, und gehört also auch das *ἐν τῇ ἡμέρᾳ
ἐκείνῃ* zu *πιστεύσασιν.* Unter diese begreift der Apostel auch
die Thessalonicher, und er nennt — ohne solches erst besonders noch auszusprechen — den Grund, warum er sie als Teil-
nehmer an der Herrlichkeit des Herrn, zunächst aber, warum er
sie als unter den *πᾶσιν τ. π.* inbegriffen ansieht: *ὅτι ἐπιστεύθη
τὸ μαρτύριον ἡμῶν ἐφ᾽ ὑμᾶς.* Das „Zeugnis", welches der Apostel
gegeben, ist das Zeugnis Christi oder das Evangelium, das er
verkündet, und welches er *μαρτύριον τοῦ Χριστοῦ*[1]) und auch
μαρτύριον τοῦ θεοῦ[2]) nennt. Es würde jedoch den paulinischen
Begriff nicht erschöpfen, wenn man bei der Lehre als solcher
stehen bleiben wollte; es schließt derselbe auch die Kraft Christi

---

[1]) I. Kor. 1, 6.
[2]) Das. 2, 1.

in sich[1]). Das „Zeugnis" ist nicht bloß die Wahrheit,
sondern auch die Gnade. Gerade um dieser letzteren willen
ist diese Benennung so bezeichnend: die Wirkungen bezeugen die Wahrheit. Durch solche Fassung des Begriffes $\mu\alpha\varrho$-
$\tau\acute{\nu}\varrho\iota o\nu$ bestimmt sich auch das $\dot{\epsilon}\pi\iota\sigma\tau\epsilon\acute{\nu}\vartheta\eta$ und $\pi.\ \tau.\ \pi\iota\sigma\tau\epsilon\acute{\nu}\sigma\alpha\sigma\iota\nu$
dahin, daß damit nicht bloß das Fürwahrhalten der Glaubens-
botschaft, sondern auch die Aufnahme und Bewahrung
der Gnade gemeint ist, daß $\dot{\epsilon}\pi\iota\sigma\tau\epsilon\acute{\nu}\vartheta\eta$ eben besagt: den
ganzen Inhalt des $\mu\alpha\varrho\tau\acute{\nu}\varrho\iota o\nu$ aufnehmen; daß $\tau o\tilde{\iota}\varsigma\ \pi\iota\sigma\tau\epsilon\acute{\nu}$-
$\sigma\alpha\sigma\iota\nu$ die wahren, lebendigen Christen bezeichnet, wobei dann
voll und ganz auch das $\pi\tilde{\alpha}\sigma\iota\nu$ aufrecht zu erhalten ist.
Doch wir kommen zurück auf den Zweck dieses Begrün-
dungssatzes an dieser Stelle! Des Apostels Beweisführung geht
von der ihm selbst, wie den Thess., unerschütterlich und zweifellos
feststehenden Überzeugung aus, daß sein „Zeugnis" das wahre
ist, daß er selbst den Thess. Bürge ist: $\tau\grave{o}\ \mu\alpha\varrho\tau\acute{\nu}\varrho\iota o\nu\ \dot{\eta}\mu\tilde{\omega}\nu$. Dieses ist ihnen mitgeteilt worden: $\dot{\epsilon}\varphi\ \dot{\nu}\mu\tilde{\alpha}\varsigma$. Wie ein Licht ein
anderes anzündet, so ist das Zeugnis des Apostels in den Besitz
der Thess. übergegangen. Die Einheit des Begriffes von $\tau.\ \mu.\ \dot{\eta}\mu\tilde{\omega}\nu$
$\dot{\epsilon}\varphi'\ \dot{\nu}\mu\tilde{\alpha}\varsigma$ ist auch äußerlich dadurch ausgedrückt, daß der Artikel vor $\dot{\epsilon}\varphi'\ \dot{\nu}\mu\tilde{\alpha}\varsigma$ nicht wiederholt wird[2]).

Der Apostel blickt auf das Weltende und sieht den Endzweck der Schöpfung und Erlösung in denen, die „glaubten",
durch das Wirken der göttlichen Gnade erreicht. Die Herrlichkeit des Herrn in seinen Heiligen und ihre Anerkennung ist
gewirkt, weil das „Zeugnis" „geglaubt wird". Dieses aber, als
solches betrachtet, ist eine unüberwindliche Kraft und begründet
die vollste Siegesgewißheit[3]); Wahrheit und Gnade als solche
können nicht überwunden werden, wohl aber kann der damit
ausgestattete Mensch, welcher sie nicht recht gebraucht, besiegt
werden. Aus der notwendigen und sicheren Erreichung des End-
zweckes der Heilswerke Gottes folgt nicht die Notwendigkeit der
Beseligung des Einzelnen oder einzelner Gemeinden, bezw. hier
der Thess. Somit ergiebt sich denn,

---

[1]) Vgl. Röm. 1, 16: $o\dot{\nu}\ \gamma\grave{\alpha}\varrho\ \dot{\epsilon}\pi\alpha\iota\sigma\chi\acute{\nu}\nu o\mu\alpha\iota\ \tau\grave{o}\ \epsilon\dot{\nu}\alpha\gamma\gamma\acute{\epsilon}\lambda\iota o\nu\cdot\ \delta\acute{\nu}\nu\alpha\mu\iota\varsigma\ \gamma\grave{\alpha}\varrho$
$\vartheta\epsilon o\tilde{\nu}\ \dot{\epsilon}\sigma\tau\iota\nu\ \epsilon\dot{\iota}\varsigma\ \sigma\omega\tau\eta\varrho\acute{\iota}\alpha\nu\ \pi\alpha\nu\tau\grave{\iota}\ \tau\tilde{\omega}\ \pi\iota\sigma\tau\epsilon\acute{\nu}o\nu\tau\iota.$ Vgl. I. Kor. 1, 6. 7.
[2]) Vgl. Winer, 7. Aufl. S. 128. — [3]) Vgl. hierzu Röm. 8, 35. 38 f.

daß der Apostel εἰς ὅ: zur Erreichung dieses Zieles auch bei v. 11.
den Thess. — εἰς ὅ bezieht sich auf ἐνδοξασθῆναι ἐ. τ. ἁ. καὶ
θαυμασθῆναι π. ἐ. τ. π. —, beharrlich für sie (περὶ ὑμῶν) betet
(προσευχόμεθα πάντοτε). Dem fürbittenden Gebete erkennt
er eine Wirksamkeit zu, und das Ziel desselben ist erstens,
ἵνα ὑμᾶς ἀξιώσῃ τῆς κλήσεως ὁ θεὸς ἡμῶν: daß euch unser Gott
„würdig erachte" — so ist die Bedeutung des ἀξιοῦν[1]) —
„der Berufung". Es kann κλῆσις nicht von der Berufung zum
Christentum überhaupt verstanden werden, da die Thess. ja schon
glauben; es muß vielmehr, zumal es sich ja um die Bewährung
bis zum Ende handelt, auf die Berufung zur Glorie, auf die Verleihung[2]) der besonderen Gnade der Ausdauer und Beharrlichkeit bis ans Ende bezogen werden. Zweitens betet der Apostel
ἵνα... καὶ πληρώσῃ πᾶσαν εὐδοκίαν ἀγαθωσύνης καὶ ἔργον πίστεως
ἐν δυνάμει. Worauf — diese Frage legt sich vor — haben
wir πᾶσαν εὐδοκίαν ἀγαθωσύνης zu beziehen? auf die Thess., so
daß der Sinn wäre: „jedwedes Wohlgefallen am sittlich - Guten" (Lünem.)? oder auf Gott, so daß damit gesagt wäre: Gott
möge sein ganzes gütiges Wohlgefallen, wovon die Berufung abhängt, zur Vollendung bringen? Diese letztere Beziehung, obschon vielfach angenommen[3]), ist nicht zu halten, weil ἀγαθωσύνη nie von Gott gebraucht wird[4]), weil ferner ἔργον πίστεως als
ein zweites Object zu πληρώσῃ gehört, und dieses nicht auf Gott
bezogen werden kann. Dieses letzte Moment, die Bedeutung von
ἔργον πίστεως hindert aber auch, der ersten Ansicht einfach zuzustimmen; leitet dagegen darauf hin, daß der h. Chrysostomus den paulinischen Gedanken richtig trifft, wenn er die fraglichen Worte gleichbedeutend faßt mit: πᾶσαν ἀγαθωσύνην, ἥ
ἐστιν αὐτοῦ εὐδοκία. Wie ἔργον πίστεως das Werk ist, das aus
dem Glauben hervorgeht, das der Glaube als Grund bewirkt[5]),

---

[1]) Vgl. Luk. 7, 7; Act. 15, 38; 28, 22; I. Tim. 5, 17; Hebr. 3, 3; 10, 29.

[2]) Estius: Nam perseverantia non cadit sub meritum, sed dicitur Deus
dignari nos vocatione sua, quia per gratiam suam nos vocat, licet alioqui in-
dignos seu non promeritos perseverantiam. Significatio enim est liberalitatis
in dante, non dignitatis in accipiente.

[3]) So Estius, Justinian, Bisp., Pánek; Zwingli, Calvin, Beza, Bengel,
Hoppe, Pelt, Flatt u. a.

[4]) findet sich sonst nur noch Röm. 15, 14; Gal. 5, 22; Ephes. 5, 9.

[5]) Vgl. Erklärung zu I. Thess. 1, 3.

so ist $\pi\tilde{\alpha}\sigma\alpha$ $\varepsilon\tilde{v}\delta o\xi i\alpha$ das volle Wohlgefallen, das die $\dot{\alpha}\gamma\alpha\vartheta\omega\sigma\acute{v}\nu\eta$ bewirkt. Gott möge, das ist der Inhalt des apostolischen Gebetes, die vollkommene Vollendung des ganzen gottgefälligen christlichen Lebens den Thess. verleihen[1]), und zwar: $\dot{\varepsilon}\nu$ $\delta v\nu\acute{\alpha}\mu\varepsilon\iota$[2]) — adverbiell zu $\pi\lambda\eta\varrho\acute{\omega}\sigma\eta$ gehörig — unter Anrufung der göttlichen Allmacht.

v. 12.   Das Ziel ($\ddot{o}\pi\omega\varsigma$) dessen ist, Verherrlichung des Namens unseres Herrn Jesus „in euch und ihr in ihm" ($\dot{\varepsilon}\nu$ $\alpha\dot{v}\tau\tilde{\omega}$ scl. $\dot{o}\nu\acute{o}\mu\alpha\tau\iota$). Was zuvor — v. 10 — der Apostel allgemein von der Kirche Christi gesagt, daß in ihr der Herr sich verherrlicht, das spricht er hier als der Thess. Ziel, dessen Erlangung ja eben Gegenstand seines fürbittenden Gebetes ist, aus. Die Verherrlichung des Namens ihres Herrn und Erlösers zu wirken, ist des Christen eigene Verherrlichung, in jener erreicht er diese, in jener gelangt er an sein eigenes Ziel ($\dot{\varepsilon}\nu\delta o\xi\alpha\sigma\vartheta\eta$ $\tau\dot{o}$ $\ddot{o}\nu o\mu\alpha$ $\tau.$ $\varkappa.$ $\dot{\eta}.$ $'I.$ $\dot{\varepsilon}\nu$ $\dot{v}\mu\tilde{\iota}\nu$ $\varkappa\alpha\dot{\iota}$ $\dot{v}\mu\varepsilon\tilde{\iota}\varsigma$ $\dot{\varepsilon}\nu$ $\alpha\dot{v}\tau\tilde{\omega}$). Aber, weil alles ersprießliche Wirken des Menschen immer an erster Stelle der Gnade Gottes, die uns durch Jesum Christum geworden ist, zugeschrieben werden muß, fügt der h. Paulus, der Apostel der Gnade, hinzu: $\varkappa\alpha\tau\dot{\alpha}$ $\tau\dot{\eta}\nu$ $\chi\acute{\alpha}\varrho\iota\nu$ $\tau o\tilde{v}$ $\vartheta\varepsilon o\tilde{v}$ $\dot{\eta}\mu\tilde{\omega}\nu$ $\varkappa\alpha\dot{\iota}$ $\varkappa v\varrho\acute{\iota}ov$ $'I\eta\sigma o\tilde{v}$ $X\varrho\iota\sigma\tau o\tilde{v}$.

II, 1—12: Belehrungen über die Wiederkunft zum Gerichte.

1: Wir bitten euch aber, Brüder, um der Ankunft unsers Herrn Jesu Christi und unserer Versammlung zu ihm willen, 2. daß ihr euch nicht sogleich aus der Fassung[3]) bringen, noch[4]) euch erschrecken lasset, weder durch einen Geist, noch durch eine Rede, noch durch einen Brief — als rührten diese von uns her —, als ob der Tag des Herrn[5]) unmittelbar bevorstände. 3. Nicht möge euch jemand täuschen in irgend einer Weise: denn, wenn nicht der Abfall zuvor gekommen

---

[1]) Vgl. die ähnliche Bitte in .I Thess. 3, 13.

[2]) Vgl. Röm. 1, 4; Kol. 1, 29.

[3]) Statt $\dot{\alpha}\pi\dot{o}$ $\tau o\tilde{v}$ $\nu o\acute{o}\varsigma$ haben DE 43 d. e. etc. Vulg. Aeth. etc. ein Interpretament von $\dot{\alpha}\pi\dot{o}$ $\tau o\tilde{v}$ $\nu o\dot{v}\varsigma$ $\dot{v}\mu\tilde{\omega}\nu$.

[4]) Die Rec. liest mit D[c]EK etc. $\mu\acute{\eta}\tau\varepsilon$ $\vartheta\varrho o\varepsilon\tilde{\iota}\sigma\vartheta\varepsilon$; אABD*FG dagegen: $\mu\eta\delta\dot{\varepsilon}$ $\vartheta\varrho.$ und so mit Recht Ln, Ti., WH, Zim.

[5]) Die Rec. hat zu $\varkappa v\varrho\acute{\iota}ov$ noch $X\varrho\iota\sigma\tau o\tilde{v}$ gegen אABD*E* etc.

ist und sich offenbart hat der Mensch der Gottlosigkeit [der Sünde] [1])*,
der Sohn des Verderbens, 4. der Widersacher, und der sich erhebt über jeden, der Gott genannt wird, oder Gegenstand der Anbetung ist, so daß er sich in den Tempel Gottes setzt* [2]) *und sich
darstellt, daß er Gott sei —*

*5. erinnert ihr euch nicht, daß ich, als ich noch bei euch
war, euch dieses sagte? — 6. Und nun, das, was hinhält, daß er
sich zu seiner* [3]) *Zeit offenbare, kennt ihr.*

*7. Denn es ist das Geheimnis der Gottlosigkeit schon wirk-
sam, nur bis der, welcher zur Zeit hinhält, aus der Mitte wird,
8. und dann wird sich der Gottlose offenbaren, welchen der Herr
Jesus* [4]) *mit dem Hauche Seines Mundes vernichten* [5]) *und durch
die Erscheinung Seiner Gegenwart vertilgen wird, 9. dessen Gegenwart eine gemäß der Wirksamkeit des Satans in jeglicher Kraft,
und in Zeichen und Wundern der Lüge,*

10. und in jeglichem Truge der Ungerechtigkeit [6]) *für die
ist, welche deshalb verloren gehen* [7])*, weil sie die Liebe zur Wahrheit nicht aufgenommen haben, auf daß sie gerettet würden. 11.
Und deshalb schickt* [8]) *ihnen Gott die Kraft der Verführung, auf
daß sie der Lüge glauben, 12. damit alle, die der Wahrheit nicht*

---

[1]) Rec. Ln lesen τῆς ἁμαρτίας nach ADE etc., während אB Or. τῆς ἀνομίας (Ti., WH., Zim.) mit mehr Grund lesen.

[2]) Gegen die Autorität von אABD* und and. Maj. u. Min. wie Übers.
(Ln, Ti., WH.) fügt Rec. vor καθίσαι ein erklärendes ὡς θεόν hinzu.

[3]) Rec Ln lesen mit אcBDGL etc. Chr. Theodt. ἐν τῷ ἑαυτοῦ κ., während
mit א*AKP Ti. WH. ἐν τῷ αὐτοῦ καιρῷ haben. Zimmer entscheidet sich mit
hinreichendem Grunde für die erste Lesart, denn „bei der Zwischenstellung
des Pronomens zwischen Artikel und Substantiv, wie hier ἐ. τῷ ἑ. κ. ist die
Regel durchgängig, daß ἑαυτ. — gesetzt wird".

[4]) Rec. mit BDcE**G etc. lassen das Ἰησοῦς nach κύριος weg: doch wird
durch אAD*G etc. die von Ln, Ti. [WH.] und Zimm. aufgenommene Lesart ὁ
κύριος Ἰησοῦς empfohlen.

[5]) Als Lesarten bieten sich: Rec. ἀναλώσει mit DcEKL etc.; Ln, Ti., WH.
nach AB: ἀνελεῖ, was am besten bezeugt ist; א*D*FG: ἀναλοῖ.

[6]) Dem Artikel der Rec. (τῆς ἀδικίας) stehen א*ABFG entgegen.

[7]) Ebenfalls stehen א*ABD*FG gegen das ἐν der Rec. von τοῖς ἀπολλυμένοις.

[8]) Das Praes. πέμπει wird durch א*ABD*G gestützt gegenüber dem πέμψει
der Rec.

glaubten, sondern an der Ungerechtigkeit [1] *Gefallen fanden, gerichtet werden.*

v. 1.   Von der Fürbitte für die Thess. geht der Apostel nun zu einer Bitte an dieselben über (δέ), womit er zum Hauptzweck dieses zweiten Briefes kommt. Vergegenwärtigen wir uns nun die im ersten Schreiben kundgegebene innigste Liebe Pauli gegen diese zu den Erstlingen in Europa gehörenden „Brüder", so begreifen wir die Herzlichkeit der folgenden Bitte, welche das Endziel und die Vollendung des Christen, die „Parusie" und „unsere Versammlung" zum Herrn im Auge hat. Solche Erwägung legt es nahe, das ὑπέρ bei τῆς παρουσίας in seiner nächsten und gewöhnlichen Bedeutung, „um willen", „im Interesse" festzuhalten. Der so gekennzeichnete Gedanke, der diese Wendung veranlaßt, der aber nicht weiter dargelegt wird, ließe sich etwa dahin umschreiben: um unseres letzten Zieles selbst willen ist es gerade notwendig, daß wir keine irrige Vorstellung darüber haben, weil darin eine Gefahr für unsere einstige Teilnahme an der sich offenbarenden Herrlichkeit des Herrn gelegen ist. Als Beschwörungsformel braucht also ὑπέρ — Vulg. per adventum -- nicht erklärt zu werden, zumal dieses das einzigste Beispiel im N. T. von einem solchen Gebrauche des ὑπέρ, der auch bei profanen Schriftstellern selten ist [2]), wäre Ebenso ist ὑπέρ nicht einfach im Sinne von περί zu nehmen und mit „in betreff, in Anschung" wiederzugeben, weil dieses, mit ἐρωτᾷν in der Bedeutung von „bitten" verbunden, „für" jemanden bedeutet [3]), und dieser Sinn zu παρουσία doch nicht paßt. Die Wahl des bezeichnenden ὑπέρ ist also eine absichtliche [4]).

Wiewohl der Begriff παρουσία beim h. Paulus die concrete Bedeutung von der letzten Wiederkunft allein an

---

[1]) Mit אᶜADᶜF etc. liest Rec. ἐν τῇ ἀδικίᾳ; א*BD*G dagegen Ti., WH. lassen es mit Recht weg.

[2]) Nicht zutreffend ist die Gegenbemerkung Lünemanns, daß Paulus das, worüber er im Nachfolgenden belehren wollte, nicht zum Gegenstand einer Beschwörung nehmen könne. Paulus aber will nicht über die Parusie selbst, sondern nur über die Zeit derselben sich verbreiten.

[3]) Vgl. Bisp. mit Berufung auf Winer S. 343.

[4]) Vgl. Luk. 4, 38; Joh. 16, 26; 17, 9. 20; I. Joh. 5, 16, an welchen Stellen ἐρωτᾷν = „bitten" mit περί verbunden ist.

sich noch nicht hat, so ist doch hier gewiß diese speciell gemeint, denn das folgende: καὶ ἡμῶν ἐπισυναγωγῆς ἐπ' αὐτόν, dieser Hinweis auf die allgemeine Auferstehung und die Versammlung zum allgemeinen Gerichte, ist der Beweis dafür [1]). v. 2.

Um was nun bittet der Apostel die Thess.? μὴ ταχέως σαλευθῆναι ὑμᾶς. Σαλευθῆναι ist vom Bilde des wogenden, in Aufregung gebrachten Meeres genommen. Vergleichbar sind die Thess. einem Wasserspiegel, der nicht erst durch länger anhaltenden Sturm, sondern „schnell" in Unruhe, bis zu tief aufgeregter Bewegung, versetzt wird; denn das ταχέως ist Adverb zu σαλευθῆναι, und es ist darum nicht angebracht, eine Zeitbestimmung seit wann darin zu suchen [2]). Bezeichnend und kurz fügt der Apostel hinzu: ἀπὸ τοῦ νοός: daß es stürmisch im Menschen hergehen kann, ist an sich etwas Natürliches und darum noch kein moralischer Fehler; der Verstand muß nur das Steuer behalten, auf daß die Richtung nicht verloren wird. Gefehlt ist es, wenn der νοῦς darüber verloren geht: ἀπὸ τ. ν. [3]). So bestimmt sich im Zusammenhange νοῦς als der überlegende und über den Gemütsbewegungen stehende Verstand des Menschen. Das Bild wieder verlassend, setzt μηδὲ θροεῖσθαι dieselbe Mahnung fort: laßt euch nicht schrecken, und zwar: μήτε διὰ πνεύματος μήτε διὰ λόγου μήτε δι' ἐπιστολῆς ὡς δι' ἡμῶν, indem dadurch als Offenbarung ausgegeben wurde: ὅτι ἐνέστηκεν ἡ ἡμέρα τοῦ κυρίου. Hieraus erhellt vorab, daß den Thess. die Wiederkunft Christi und die Auferstehung als nahe bevorstehend angekündet, und daß dadurch eine Heilsgefahr veranlaßt worden war. Alsdann läßt das ὡς δι' ἡμῶν hinreichend erkennen, daß man sich dabei auf das Ansehen des Apostels berufen hatte, und zwar — wenn wir das διά, welches auf eine instrumentale oder vermittelnde Ursache hinweist, beachten — als des Vermittlers solcher Offenbarungen. Zum Beweise dessen — so ist ferner ersichtlich — hatte man sich teils auf ein angeblich pauli-

---

[1]) Vgl. hierzu I. Thess. 4, 17, wodurch die Gleichheit des Gedankens in beiden Briefen ersichtlich wird.

[2]) Vgl. z. B. Lange: „sobald nach meinem Abzuge"; Olshausen: bald nach erhaltenem Unterrichte.

[3]) Vgl. zu ἀπὸ = hinweg, getrennt. Röm. 9, 3: ἀνάθεμα εἶναι ἀπὸ τοῦ Χριστοῦ.

nisches Schreiben berufen, teils auf Reden sich bezogen, welche
— da ἐπιστολῆς parallel zu λόγου steht und somit das ὡς δι'
ἡμῶν auch auf dieses zu beziehen, Grund vorliegt — als vom
Apostel stammend ausgegeben wurden. Mündlich und schriftlich
hatte Paulus ja die Thess. belehrt, daß man den Tag des jüngsten Gerichtes nicht wissen könne, daß er unvermutet eintreten
werde [1]); jetzt tritt den Thess. eine andere Behauptung gegenüber, und das Ansehen des Apostels macht es begreiflich, daß
man sich darauf beruft. Außerdem nennt Paulus auch πνεῦμα
als ein Mittel, durch das mutmaßlich die Irreleitung angestrebt
ward. Was meint er nun mit μήτε διὰ πνεύματος? Wir
können diesen Begriff nicht dem ersten Briefe an die Thess.
entsprechend [2]) als jenes Charisma der übernatürlichen Überzeu-
gungskraft, wodurch das apostolische Auftreten und Wirken getragen und belebt ist, auffassen; denn πνεῦμα ist hier als Mittel
genannt, um zu verwirren, zu bestürzen und zu täuschen.
Darum verstehen wir unter πνεῦμα hier eine in dem Auftreten
der Verführer sich offenbarende, die natürliche Sphäre überstei-
gende, dämonische Macht, welche sich als ebenfalls vom Geiste
Gottes gewirkt ausgiebt [3]). Da kein Grund vorliegt, das ὡς δι'
ἡμῶν nur auf die beiden letzten Glieder allein einzuschränken,
da ferner bei λόγος und ἐπιστολή Paulus durch das διά nicht
als schlechthinniger, sondern als vermittelnder Urheber bezeichnet ist [4]), so beziehen wir das ὡς δι' ἡμῶν auch auf πνεῦμα
und lesen aus diesen Worten des Apostels, daß es in Thess.
auch solche gegeben hatte, die wie Apostel auftraten und lehr-

---

[1]) I. Thess. 5, 1 ff.

[2]) Vgl. I. Thess. 5, 19: τὸ πνεῦμα μὴ σβέννυτε.

[3]) Vgl. I. Joh. 4, 1 f. u. 6 . . . τὸ πνεῦμα τῆς ἀληθείας καὶ τὸ πνεῦμα τῆς
πλάνης.

[4]) Vgl. dagegen z. B. Bisp.: „Das ὡς δι' ἡμῶν mit Erasmus auch zu
διὰ πνεύματος zu ziehen, geht deshalb nicht an, weil wohl λόγος und ἐπιστολή
mit dem διά des Urhebers verbunden gedacht werden können, nicht aber
πνεῦμα, welches der Mensch nicht hervorbringt, sondern das in ihm und durch
ihn wirkt und spricht". Hiergegen wäre nichts zu sagen, hieße es erstens
ὑπό und wäre es unzulässig, auch bei λόγος und ἐπιστολή an Paulus als eine
vermittelnde Ursache zu denken. was jedoch bei der assistentia Spiritus
sancti und der Inspiration nicht der Fall ist.

ten und dabei den h. Paulus als den Vermittler solchen Geistes nannten.

Es ist psychologisch begreiflich, daß die Thess., die ja, wie
überhaupt die Christen in den Zeiten der Verfolgungen, die Wiederkunft des Herrn herbeisehnten, in Aufregung gerieten, und
daß insbesondere die gewöhnliche Lebensweise gestört ward.
Der außerordentlich hohe Grad der Unruhe findet seine Erklärung in den Vorstellungen über das erwartete Weltende, den
Sturz aller christenfeindlichen Mächte und in der zu erhoffenden
eigenen Glorie und Herrlichkeit.

Das ὡς aber vor ὅτι ἐνέστηκεν ἡ. ἡ. τ. κ. zeigt, daß der
Apostel selbst die Annahme des bald bevorstehenden Welt-
endes nicht geteilt hat. Hier, wo er über die Zeit desselben
eine Belehrung zu geben Veranlassung hat, muß er die von den
Thess. geteilte und, wie sich gezeigt hatte, gefahrvoll gewordene
Anschauung corrigieren [1]).

Einen Nachdruck zeigt es an, daß der Apostel die im Ein- v. 3.
zelnen bereits gegebenen Mahnungen nochmals wiederholt. Drei
Weisen der Täuschung hatte er genannt, die nochmalige allgemeine Mahnung: μή τις ὑμᾶς ἐξαπατήσῃ κατὰ μηδένα τρόπον
läßt hinreichend ersehen, daß sie um des „auf keine Weise"
halber angefügt ist. Natürlich ist es, daß der Apostel hierfür
den Grund angeben muß, und darum setzt der weitere Gedanke
auch mit ὅτι ein, wird aber — wie es scheint — im nächsten
Worte sogleich wieder fallen gelassen, denn dieses ist die Einleitung eines Bedingungssatzes — ἐὰν μή ἔλθῃ . . . κτλ. Die
gewöhnliche Erklärung nimmt eine Ellipse an: „Es fehlt dem ὅτι
das Verbum finitum, welches Paulus dem Bedingungssatze folgen zu lassen beabsichtigte, später aber leicht vergaß, da er an
ὁ ἄνθρωπος τῆς ἁμαρτίας noch eine längere Characteristik knüpfte.
Aus dem Zusammenhange ist indes vollkommen klar, daß οὐκ
ἐνέστηκεν ἡ ἡμέρα τοῦ κυρίου aus v. 2 zu ὅτι zu supplieren ist" [2]).

---

[1]) Vgl. hierzu oben S. 102, wo der Apostel zu solcher Erörterung nicht
veranlaßt ist.

[2]) So z. B. die Ausführung nach Lünemann. Eine andere Erklärung
ist, ἐὰν μή = „ganz gewiß", analog der hebräischen Beteuerungsformel
לֹא אִם, welche jedoch auch die Ellipse nicht entbehren kann.

Jedoch in dieser Weise kann nicht ergänzt werden, denn dann wäre ja der Beruhigungsgrund (ὅτι) nur die einfache Wiederholung derselben Lehre, die ja gerade mißdeutet worden ist. Wenn zum Zwecke der Beruhigung der Thess. begründet werden soll, daß diese sich nicht täuschen lassen sollen, als ob die letzte Parusie bevorstände, dann muß eine andere Wahrheit, die sofort gläubig erkannt wird, als Beruhigungsgrund genannt werden. Und der Apostel kann eine solche bei den Thess. voraussetzen, das beweist v. 5: οὐ μνημονεύετε ὅτι ὢν πρὸς ὑμᾶς ταῦτα ἔλεγον ὑμῖν. Welche ist diese? Das ταῦτα weist auf den vorausgehenden Satz hin. Somit können wir keine Ellipse annehmen, die den Hauptgedanken, der mit ὅτι eingesetzt hat, vergißt, sondern haben eine andere Ausführungsweise vor uns, welche statt in einem Verbum finitum in einem Bedingungssatze die begründende, den Thess. bekannte Wahrheit vorträgt. Diese Wahrheit aber ist: es giebt ja ein auch den Thess. bekanntes Merkmal, welches der letzten Parusie des Herrn vorhergehen muß; so lange dasselbe nicht eingetreten, kann diese nicht erfolgen; also beruhigt euch, laßt euch in keiner Weise täuschen, denn ihr habt ja euer Zeichen und Merkmal, welches vorhergehen muß. Dann bedarf es keiner Ergänzung, und der Apostel sucht die Thess. nicht zu beruhigen durch die einfache entgegengesetzte Behauptung: οὐκ ἐνέστηκεν ἡ ἡμέρα τοῦ κυρίου, sondern durch die Hervorhebung eines Grundes, welcher die beunruhigenden Lehren widerlegt. Ein solches Ziel zu verfolgen, erscheint auch deshalb für die paulinische Entwickelung angemessen, weil nach ihr die Zeit der letzten Parusie gar nicht bestimmt werden kann — vgl. bes. die diesbezügliche Darstellung im 1. Briefe, c. 5, 1 ff. —; und auch der hier des weiteren folgenden Belehrung — bes. v. 7 — ist der nämliche Gedanke conform: wir wissen, daß die Bedingung erst eintreten muß, die Möglichkeit dafür ist bereits und ist jederzeit gegeben: das wann derselben und der damit gegebenen Offenbarung des Herrn als des Weltrichters ist unbekannt [1]).

Zu dieser Bedingung aber gehört, daß zuerst komme: ἡ

---

[1]) Vgl. in der Einleitung zum II. Thess.-Briefe den aus der Eschatologie genommenen Haupteinwand gegen die Echtheit dieses Briefes: ob. S. 129 f.

ἀποστασία¹), womit nur der Abfall von Gott und Seinem Reiche auf Erden²) gemeint sein kann und zwar - wie der Artikel andeutet — ein bestimmter und ganz eigenartiger, der auch — vgl. v. 5 — den Thess. nicht unbekannt ist. Der Beweis hierfür liegt nicht allein im biblischen Sprachgebrauche³), welcher sich in solchem Sinne dieses Wortes bedient, sondern auch in der nachfolgenden Schilderung — vgl. vv. 7—10 — der Wirksamkeit des „Geheimnisses der Gottlosigkeit". Weiterhin ist eine der Parusie vorausgehende Bedingung: καὶ ἀποκαλυφϑῇ ὁ ἄνϑρωπος ἀνομίας oder ἁμαρτίας. Ein „Mensch der Gesetzlosigkeit oder der Sünde" ist jener, welcher der Sünde verfallen ist, ihr angehört, so daß diese eine gewisse Herrschaft über ihn ausübt, und sie gewissermaßen als ein ihn leitendes oder bestimmendes Princip gedacht werden kann⁴). Dabei giebt es natürlich verschiedene Grade, je nachdem der Mensch seine Freiheit durch die Leidenschaften abgegeben hat und so in die Knechtschaft der Sünde geraten ist. .Der Artikel ὁ ἀνϑ. τ. ἀ. besagt, daß ein „Mensch der Sünde" der Wiederkunft Christi vorausgehen wird, in welchem in so ganz einziger charakteristischer und nicht dagewesener Weise die Sünde, die Abwendung von Gott und die Selbstvergötterung sich offenbaren wird, daß es einer andern näheren Benennung oder Bezeichnung gar nicht bedarf. Dieser Mensch der Gottlosigkeit aber wird als solcher nicht etwa verborgen bleiben, sondern wird sich der Welt als

---

¹) ἀποστασία ist die spätere griechische Form für ἀπόστασις.

²) Darum kann ἀποστασία nicht als Abstractum pro concreto genommen werden (Chrys., Theodoret, Ephräm, Aug., Theophyl.), sodaß die Person des Antichrist gemeint sei; — noch weniger aber ist an einen politischen Abfall, speciell an einen Abfall vom römischen Reiche zu denken (Tert., Hieron., Ambrosiaster, Cajetan, Corn. a Lap.), statthaft. Es ist dieses eine Idee, die in der Zeitgeschichte ihrer Hauptvertreter ihre Nahrung findet, die jedoch auch deshalb unhaltbar ist, weil ja das römische Reich ein antichristliches war, und der ἄνϑρωπος τῆς ἀνομίας mit ἡ ἀποστασία nicht im Sinne eines Gegensatzes, sondern als weitere Ausführung derselben Schilderung verbunden ist.

³) Vgl. LXX: Jerem. 2, 19; 29. 32; II. Chron. 29, 19; I. Makk. 2, 15; ferner Act. 21, 21; I. Tim. 4, 1.

⁴) Vgl. Röm. 6, 12—14: Μὴ οὖν βασιλευέτω ἡ ἁμαρτία ἐν τῷ ϑνητῷ ὑμῶν σώματι εἰς τὸ ὑπακούειν ταῖς ἐπιϑυμίαις αὐτοῦ κτλ.

solchen offenbaren ($\dot{\alpha}\pi o \varkappa \alpha \lambda v \varphi \vartheta \tilde{\eta}$). Sünde und „Verderben"
sind correlate Begriffe, dieses ist die notwendige Folge von je-
ner; darum ergiebt sich die weitere Bezeichnung: $\dot{o}$ $vi\dot{o}\varsigma$ $\tau \tilde{\eta}\varsigma$
$\dot{\alpha}\pi \omega \lambda \varepsilon i\alpha\varsigma$, „der Sohn des Verderbens", d. i. der dem Verderben anheimgefallene Mensch, an dem sich in einzig furcht-
barer Weise das göttliche Strafgericht vollziehen wird [1] — vgl.
v. 8 —. So sind Wurzel oder Anfang und Ziel oder Ende dieses Menschen mit diesen beiden Benennungen gezeichnet. Der
Wortlaut dieses Satzes enthält nicht, daß der „Abfall" die Wirkung des „Menschen der Sünde" ist, vielmehr legt er umgekehrt
die Annahme nahe, daß der Abfall bereits vorausgeht und im
Menschen der Sünde nur zur vollen Entfaltung und Vollendung
kommt, womit auch vv. 7. 8 in Einklang stehen.

v. 4.   Der Apostel geht dazu über, den „Sohn des Verderbens"
nach dem ihn als solchen charakterisierenden Auftreten
und Wirken in gleicher Kürze und Prägnanz zu bezeichnen, da
er ihn $\dot{o}$ $\dot{\alpha}\nu \tau \iota \varkappa \varepsilon i\mu \varepsilon \nu o\varsigma$, den „Widersacher" nennt. Doch
wessen? „Sünde" und „Verderben" weisen darauf hin, daß wir
zunächst an den Widersacher Gottes zu denken haben. Heiligkeit und in Folge dessen Heil und Beseligung ist Gottes Wille;
Sünde und in Folge dessen das Verderben sind der directe Widerspruch dagegen. Der Apostel aber redet vom christlichen
Standpunkte aus, daß durch die durch Christus gewordene Offenbarung uns der Weg zum Heile, zu der Beseligung, die in
der einstigen Auferstehung des Leibes ihre Vollendung empfängt,
geworden ist. Daraus ergiebt sich also ferner, daß der $\dot{o}$ $\dot{\alpha}\nu \tau \iota$-
$\varkappa \varepsilon i\mu \varepsilon \nu o\varsigma$ als der Widersacher Christi, als der Antichrist [2]
vom h. Paulus bestimmt wird; und zwar als jener, der in solch
hervorstechender Weise dieses ist, daß eine nähere Bezeichnung
wieder nicht erforderlich wird. Ohne den Artikel zu wieder-
holen [3]), also andeutend, daß es sich um etwas Zusammengehö-

---

[1]) Vgl. Joh. 17, 12, wo, im Gegensatze zu den geretteten Aposteln, Ju-
das $\dot{o}$ $vi\dot{o}\varsigma$ $\tau \tilde{\eta}\varsigma$ $\dot{\alpha}\pi \omega \lambda \varepsilon i\alpha\varsigma$ genannt wird. Es geht mit Rücksicht auf diese Stelle
wie auf das Nebeneinandersetzen von $\dot{o}$ $\dot{\alpha}\nu \vartheta \varrho \omega \pi o\varsigma$ τ. $\dot{\alpha}\mu$, und $\dot{o}$ $vi\dot{o}\varsigma$ τ. $\dot{\alpha}\nu$. nicht an,
dieses letztere transitiv zu erklären: der für andere die Ursache des Verder-
bens wird. (Pelt.)

[2]) Vgl. I. Joh. 2, 18. 22; 4, 1. 3; II. Joh. 7.

[3]) Vgl. dagegen v. 3: $\dot{o}$ $\dot{\alpha}\nu \vartheta \varrho \omega \pi o\varsigma$ τ. $\dot{\alpha}$. $\varkappa \alpha i$ $\dot{o}$ $\dot{\alpha}\nu \vartheta$. τ. $\dot{\alpha}\pi \omega \lambda \varepsilon i\alpha\varsigma$.

riges handelt, fährt Paulus fort: καὶ ὑπεραιρόμενος ἐπὶ πάντα λεγόμενον θεὸν ἢ σέβασμα und schildert so [1]) den höchsten Gipfel des Widerspruches gegen Gott. Dieser Antichrist schreckt nicht davor zurück, sich selbst als Gott zu erheben, Gottes Ehre für sich in Anspruch zu nehmen und in solcher Weise dem von Gott gewollten Endzwecke der Welt zu widersprechen. Nicht bloß eine, sondern die bestimmteste Weise des Widerspruches ist darin enthalten. Unter ἐπὶ πάντα . . θεόν sind der wahre Gott und alle Götzen, die dafür gehalten wurden [2]) — weshalb das λεγόμενον hinzugefügt ist —, zu verstehen; in ähnlicher Weise bezeichnet σέβασμα allgemein alles, was Gegenstand göttlicher Verehrung ist (Vulg. quod colitur). In concreter Weise beschreibt ferner der Apostel die Selbstvergötterung: ὥστε αὐτὸν εἰς τὸν ναὸν τοῦ θεοῦ καθίσαι. Die Vorstellung, welche hierbei zugrunde liegt, knüpft im allgemeinen an den Tempel als „Haus Gottes" auf Erden an. Einer speciellen Beziehung auf den Tempel in Jerusalem [3]) widerstreitet, daß die letzte Parusie des Herrn gemeint ist. Dann aber schließt die bestimmte Bezeichnung εἰς τὸν ναὸν τοῦ θεοῦ eine allgemeine Auffassung von jedwedem Tempel, ähnlich wie zuvor ἐπὶ πάντα . . θεόν gesagt ist, aus, zumal man dann mit Rücksicht auf heidnische Cultstätten auch ein λεγόμενον nicht vermissen möchte. Wenn wir also an den christlichen Tempel zu denken haben, so fragt man nun noch, ob damit concret das „Haus Gottes" oder im tropischen Sinne die christliche Kirche gemeint sei [4]). Für diese letztere Ansicht läßt sich geltend machen, daß auch sonst der Apostel die Gemeinde ναὸν θεοῦ ζῶν-

---

[1]) Diese Beschreibung erinnert sehr an Dan. 11, 36 f., wo es von Antiochus Epiphanes heißt: ὑψωθήσεται καὶ μεγαλυνθήσεται ἐπὶ πάντα θεόν . . . . vgl. das. 7, 25.

[2]) Vgl. I. Kor. 8, 5.

[3]) So Irenäus, Hippolytus, Cyrillus v. Jerus., Ephräm, Joh. Damasc., Grotius, Clericus, Kern, de Wette, Wieseler, Lünemann und bes. v. Döllinger, Christenthum und Kirche in der Zeit der Grundlegung, Regensburg 1860, S. 285. Diese paulinische Weissagung „fand ihre Erfüllung, als die römischen Adler mit den Bildnissen der Cäsaren auf der „heiligen Stätte" des Tempels aufgepflanzt, und nun der heidnisch-römische Cäsarencultus regelmäßig da gepflogen ward, wo vorher der Dienst des wahren Gottes geübt worden war."

[4]) So bes. Hieron., Chrys., Theodoret, Estius.

τος[1]) oder ναὸν ἅγιον[2]) nennt, für die erstere aber kann der
concrete Ausdruck καθίσαι angezogen werden. Ich möchte hier
wohl keine Entscheidung treffen — eine sichere ist auch nicht
möglich —, sondern glaube, daß es sich um einen bestimmten
Zug in dieser Prophezie handelt, der im voraus nicht mit Sicherheit erkannt werden kann, der jedoch so angethan ist, daß
er zur Zeit der Erfüllung ein Merkmal der Richtigkeit und damit ein Erweis der Wahrheit der Prophezie ist. Denen, welche
diese Zeit erleben und die sehen und verstehen, wird damit ein
Zeichen gegeben sein, daß der Herr nahe ist. Endlich heißt es
noch vom Antichrist — ἀποδεικνύντα ἑαυτὸν, ὅτι ἔστιν
θεός —, daß er mittelst dämonischer Macht durch ein Scheinwunder sich hinstellen und zeigen werde, daß er Gott sei; von
einem wirklichen Wunder oder Erweisen einer göttlichen Würde
kann selbstverständlich nicht die Rede sein.

Diese ganze Beschreibung aber kommt genau auf dasselbe
hinaus, was der h. Johannes vom Antichristen angiebt, da er
ihn als den, der Christum leugnet, bezeichnet[3]). Dem h. Paulus ist derselbe ein Mensch, der sich dafür ausgiebt, daß er zugleich Gott sei. Was Jesus Christus ist, dafür giebt er sich aus
und sucht durch Täuschung sich als solchen zu zeigen; kurz,
er giebt sich als der Christus aus, weshalb der johanneische
Name desselben, „Antichrist", so bezeichnend ist.

v. 5.   Somit hat denn der Apostel den Thess. den Beruhigungsgrund wieder genannt. Sie sollen sich nicht täuschen, nicht
erschrecken lassen, weil (ὅτι) sie an dem Vorhergehen des gekennzeichneten Antichrist ein Merkmal haben; so lange dieser
nicht erschienen, so lange steht auch die Wiederkunft noch nicht
bevor. Um diesem geschriebenen Worte immer noch größeren
Nachdruck zu geben, fügt das um die Ruhe der Thess. beküm-
merte Herz ihres Lehrers noch die Frage hinzu: „erinnert ihr
euch nicht, daß, da ich bei euch war, solches — ταῦτα — ich euch
gesagt habe?" Diese besorgte Frage setzt voraus, daß der

---

[1]) II. Kor. 6, 16.
[2]) Ephes. 2, 21.
[3]) Vgl. I. Joh. 4, 3: καὶ πᾶν πνεῦμα ὃ μὴ ὁμολογεῖ τὸν Ἰησοῦν, ἐκ τοῦ
θεοῦ οὐκ ἔστιν, καὶ τοῦτό ἐστιν τὸ τοῦ ἀντιχρίστου. II Joh. 7.

Grund, weshalb die Thess. sich nicht aus der Fassung hätten bringen lassen sollen, erledigt ist, daß also die Fortsetzung in den vv. 6 ff. nicht das μή τις ὑμᾶς ἐξαπατήσῃ κ. μ. τ. ὅτι — v. 3 — wieder aufnimmt, sondern auf den Hauptgedanken von vv. 1 u. 2 zurückgreift.

Jedoch, ehe eine weitere Einzelerklärung fortgesetzt werden kann, mag noch kurz zusammenfassend erörtert werden,

welche Antworten auf die Frage, wer ὁ ἄνθρωπος τῆς ἀνομίας oder ἁμαρτίας oder ὁ υἱὸς τῆς ἀπωλείας ist, hauptsächlich gegeben worden sind[1]).

Auch jetzt noch trifft die Bemerkung, womit Döllinger die „Geschichte der Erklärung des Abschnittes vom Menschen der Sünde" einleitet[2]), zu. „Es giebt im Neuen Testamente keine Stelle, welche zu so vielen und höchst verschiedenen Auslegun-

---

[1]) Zur Litteratur sind — außer den hierher gehörigen Commentaren und hiermit sich befassenden dogmat. Schriften — bes zu nennen: Thomas Malvenda, de antichristo. 1547. Lessius, de antichristo, Antw. 1611. Bossuet, avertissement aux Protestantes, § 49. (Oeuvres III). Noeselt, opusc. ad interpretat. sacr. scriptur. fasc. II. Hal. 1778. p. 257 ss. Seger, diss. philol. ad locum II. Thess. 2, 1 - 12. Hal. 1791. Nitzsch, de revelatione religionis externa eademque publica. Lips. 1808 p. 223 ss. Jahn, Erklärung der Weissagungen Jesu 1818 (Bengels Archiv für Theologie. II. 376 ff.). Kern, über II. Thess. 2, 1—12. Nebst Andeutungen über den Ursprung des zweiten Briefes an die Thessalonicher. (Tübinger Zeitschr. f. Theol. 1839. S. 145 ff.). Wieseler, Chronologie des apostolischen Zeitalters. Göttingen 1848. S. 257 ff. Lutterbeck, die neutestamentlichen Lehrbegriffe. Mainz 1852. II. S. 231. Schneckenburger, zur Lehre vom Antichrist (Jahrb. f. deutsche Theologie — bearbeitet von Böhmer — 1859. S. 405 f.). v. Döllinger, Christenthum und Kirche in der Zeit der Grundlegung. Regensburg 1860. S. 277 ff. Luthardt, die Lehre von den letzten Dingen. Leipzig 1861. S. 145 ff. Joseph Grimm, der κατέχων des zweiten Thessalonikerbriefes. (Programm des Regensb. Lyceums.) Stadtamhof 1861. J. Armstrong, the Apokalypse and St. Paul's prophecy of the Man of Sin (2. Thess. II.) critically examined and historically illustrated. Dublin 1868. Weiß, Apokalypt. Studien. (Studien und Kritiken 1869. S. 20 ff.). W. Engelhardt, der Antichrist. Eine Studie über II. Thess. 2, 1—12. (Zeitschr. für gesammte luth. Theol. u. Kirche. 1877. S. 52 ff.). Simar, die Theologie des heil. Paulus. 2. Aufl. Freiburg 1883. S. 260 ff. und Artikel „Antichrist" in Wetzer und Welte Kirchenlexikon. 2. Aufl. Freiburg. Bautz, Weltgericht und Weltende Mainz 1886. S. 61 ff. Weiß, Lehrb. der bibl. Theol. des Neuen Testam. 5. Aufl. Berlin 1888. S. 219

[2]) Vgl. l. c. S. 422.

gen Anlaß gegeben, keine, welche nach allgemeinem Geständ-
nisse größere Dunkelheiten und Schwierigkeiten darbietet, als
die Stelle 2 Thess. 1—12." Bei aller Verschiedenheit in
den Einzelausführungen ist es jedoch eine allgemeine
und durch die ganze Geschichte der Erklärung in der
Kirche verfolgbare Anschauung, daß der letzten Wiederkunft des Herrn ein letzter und der größte Antichrist
vorausgehen wird. Irenäus [1]), Hippolytus [2]), Tertullian [3]),
Commodianus [4]), Cyrillus v. Jerusalem [5]), der teils dem h.
Hilarius [6]), teils dem h. Ambrosius [7]) zugeschriebene Commentar in epistolas b. Pauli, Ambrosiaster genannt, Gregor
v. Nazianz [8]), Chrysostomus [9]), Hieronymus [10]), Augustinus [11]), Lactantius [12]), Theodoret [13]), Theodor v. Mopsuestia [14]), Johannes Damascenus [15]), Gregor der Große [16])
stimmen darin überein, daß der Antichrist ein persönliches
Individuum sei, wenn sie auch in der Beantwortung der
Frage, wer er sei, woher er komme, wo er auftrete, und welches die Art und Weise seines Endes sei, mannigfach auseinander gehen [17]). Im großen und ganzen beherrschten diese An-

---

[1]) adv. haer. V, 25, 2—4.

[2]) demonstratio de Christo et Antichristo, worin mit Bezugnahme auf
Apok. 13 u. Dan. 7 der Antichrist als großer, blutgieriger, tyrannischer Herr-
scher dargestellt wird.

[3]) Apol. c. 32; de resurrect. carn. c. 24.

[4]) Instructiones adv. gentium deos etc. Acrost. 37 ss. und Carmen
apolog. 36 ss., Spicileg. Solosm. t. I.; in jenem ist Nero, der aus der Unterwelt
wieder heraufsteigt, der Antichrist, in diesem sind zwei Antichriste.

[5]) Katech. XV.

[6]) So Pitra, Spicileg. Solosm. t. I

[7]) So in neuester Zeit der Herausgeber des Ambrosius Paulus Aug
Ballerini.

[8]) or. 47.

[9]) i. h. l.

[10]) in Dan. 7, 8; 11, 30; epist. 151 ad Algas. qu. 11.

[11]) de civit. dei 20, 19. — [12]) Instit. 7, 17. 25

[13]) i. h. l. — [14]) i. h. l.

[15]) de fide orthod. 4, 26.

[16]) ed. Maur. t. I. p. 422.

[17]) Vgl. hierzu Döllinger, l. c. S. 423. 431. „Im allgemeinen dachten
sich die Väter der sechs ersten Jahrhunderte die ganze Episode des Antichrist

sichten auch die Vorstellungen des Mittelalters; eine Frage,
ob unter dem Antichrist eine Person zu verstehen sei, ward gar
nicht erst aufgeworfen [1]). Dabei aber findet sich sowohl bei den
Vätern, als auch wiederholt bei den ihnen folgenden Theologen
die an den h. Johannes besonders sich anlehnende Auffassung,
daß dem letzten und größten Antichristen andere vorausgehen,
und daß in den Häretikern solche zu erblicken seien. „So erklärten bereits Cyprian und Hieronymus: alle Häretiker seien
Antichristen [2]); wogegen der Arianer, der das opus imperf. in
Matthaeum verfaßte, die Katholiken oder Homusianer für die
Schaar des Antichrist erklärte" [3]). Man befaßte sich im Mittel-
alter mit Unterscheidungen zwischen Antichristen und dem Antichristen, mit näheren Beschreibungen und Bestimmungen der Zeit
des Erscheinens des Antichristen [4]); doch an der Persönlichkeit desselben zweifelten nicht einmal die Häretiker [5]), bis die
Kirchentrennung hier eine tendenziöse, durch den dogmatischen
Standpunkt und eine charakteristiche Polemik eingegebene Neu-
erung brachte und in einer Institution der Kirche, im Papsttum, den Antichristen suchen wollte [6]). Ein großer Teil der

---

als eine Erhebung des Judentums. Der Antichrist ist ihnen ein jüdischer Pseudo-Messias, wie deren von Zeit zu Zeit auftraten, aber der
mächtigste, dreisteste, erfolgreichste von allen." (S. 430).

[1]) Vgl. z. B. Thom. Aqu. i. h. l.

[2]) Cyprian, ep. 74. 76. Hieronym. in Matth. 24, 5.

[3]) Döllinger, l. c S. 434.

[4]) Propst Gerhoh von Reichenberg wandte sich dagegen. vgl. ebendas.

[5]) Selbst zur Zeit der mittelalterlichen Streitigkeiten zwischen Papst
und Kaiser bestand neben den Beziehungen, die zwischen den einen oder
andern und dem Antichristen gefunden wurden, die Erwartung des letzten
persönlichen Antichristen fort. Die Waldenser bezeichneten den Papst Syl-
vester ob der Annahme der Constantinischen Schenkung, die Beguinen den
Papst Johannes XXII um der Verwerfung ihres Dogmas von der vollkommenen
Armut willen als den Antichristen. Keine dieser Parteien und Secten, auch
nicht das dem Wicleff zugeschriebene Buch: the last age of the church deu-
tet die Thess.-Stelle auf das Papsttum. Vgl. hierüber Döllinger, l. c. S. 436.

[6]) Nicht bloß Luthers Schrift gegen die Bannbulle — adversus exsecra-
bilem bullam Antichristi —, sondern auch die Schmalcald. Artikel besagen
dieses: Haec doctrina praeclare ostendit papam esse ipsum verum Antichristum, qui supra et contra christum sese extulit et evexit, quandoquidem Chri-
stianos non vult esse salvos sine sua potestate, quae tamen nihil est, et

späteren protestantischen Erklärer kehrte wieder zu der Auffassung vom Antichristen als einer Person zurück, welche von den katholischen Exegeten [1]) überhaupt nicht verlassen worden ist.

Somit ist denn das Resultat, daß alle tendenzlose Exegese darin übereinstimmt, daß der „Mensch der Sünde" (oder der Antichrist) eine Person ist [2]), daß die traditionelle Anschauung in dem paulinischen „Menschen der Sünde" den johanneischen „Antichrist" erblickt, daß nach der allgemeinen Erklärung Paulus im II. Thess. 2 das Weltende im Auge hat, des-

---

deo nec ordinata nec mandata est (!). Hoc proprie loquendo est se efferre supra et contra deum sicut Paulus II. Thess. II. loquitur. Ferner de pot. et prim. papae, ebenfalls zu den prot. „symbolischen Büchern" gehörig, heißt es: Constat autem Romanos pontifices cum suis membris defendere. impiam doctrinam et impios cultus (!). Ac plane notae Antichristi competunt in regnum papae et sua membra. Paulus enim ad Thessalonicenses describens Antichristum vocat eum adversarium Christi extollentem se super omne quod dicitur aut colitur deus sedentem in templo dei tanquam deum. Den Höhepunkt in dieser Richtung und Weise hat Engelhardt, l. c. S. 60 erklommen. Dagegen schrieb bes. Bellarmin, de Rom. Pontif. III, 2. Lessius, l. c. p. I. Döllinger nennt diese „Deutung" von II. Thess. 2 „erfunden", „ersonnen" und bedient sich des Satzes von Kern (l. c. S. 158): „daß unser Text von einem individuellen Subjecte rede, und zwar so bestimmt als nur immer möglich, dieses leuchtet dem Unbefangenen so unausweichlich ein, daß man gar nie daran hätte zweifeln können, wenn man nicht aus gewissen anderweitigen, dogmatischen und anderen Gründen der Annahme einer bestimmten einzelnen Person um jeden Preis hätte entgehen wollen". Es fehlt übrigens (außer Kern) auch sonst nicht an protestantischen Exegeten, die unbefangen genug sind, die „Deutung" der „symbolischen Bücher" preiszugeben. Abgesehen von Grotius sind zu nennen: Witsius, Wetstein, Hammond, Nösselt, Döderlein, Eckermann, Kleuker, Koppe, Stolz, Kuinöl, Olshausen, O. v. Gerlach, Heubner, Düsterdieck, de Wette, Baur, Ewald, Lünemann, welche aber sonst in der Erklärung sehr verschieden auseinander gehen; vgl. hierzu die Darstellung bei Döllinger, l. c. S. 438 ff. und Lünemann, S. 215 ff.

[1]) Vgl. Jahn, Bisping, Döllinger, J. Grimm, Pánek.

[2]) Es ist „auch nicht zu übersehen, daß die jüdische Dogmatik jener Zeit den Gegenkämpfer des Messias ebenfalls als ein Individuum bezeichnet und ihn Armillus d. i. ἐρημόλαος = בַּלְעַם nennt. So giebt schon das Targum Jonathan die Stelle Jes. 11, 4, welche Paulus v. 8 bei der Schilderung des Unterganges des Menschen der Sünde offenbar vor Augen hatte, mit den Worten wieder: „Der Gesalbte wird mit den Worten seines Mundes die Sünder der Erde schlagen und mit dem Hauche seiner Lippen wird er töten Armillus, den Gottlosen." (Bisp. S. 83 f.).

sen Zeitpunkt jedoch — beeinflußt durch die zeitgeschichtlichen Verhältnisse — verschiedenartig, in den ersten Jahrhun-
derten aber vielfach als nahe bevorstehend, erwartet wurde.
Seit den Zeiten der Väter hat es nicht an Versuchen gefehlt,
den Antichristen in irgend einer historischen Person zu finden,
und machen die Christenverfolgungen wie das ganze sonstige
Leben und Thun eines Nero es begreiflich, daß auf diesen geraten und von manchen selbst ein Wiederkommen desselben geglaubt ward [1]). Die Anschauung der Väter aber war, daß der
Antichrist als der von den Juden erwartete Messias auftreten [2])
und deshalb auch aus diesem Volke hervorgehen werde.

Eine Auffassung, welche zwar nicht der neuesten Zeit erst
angehört [3]), die aber vornehmlich in ihr von Döllinger einge-
hend entwickelt worden ist, sieht in dem „Menschen der Sünde"
des h. Paulus eine Person, aber nicht den Antichristen der
Endzeit, sondern den „Gesetzlosen" jener Zeit, und findet das
von Nero erhaltene geschichtliche Bild als ein solches, daß es
den Schluß, „er war wirklich auf dem Throne der über alle
Götter und Heiligtümer sich erhebende Mensch der Sünde"
rechtfertige [4]). Wohl ist an sich die Voraussetzung hierbei ganz
richtig, daß es „ein Tag des Herrn, eine erste Parusie Christi"

---

[1]) Aug. de civ. Dei 20, 19. 3: Nonnulli ipsum (Neronem resurrectu-
rum et futurum Antichristum suspicantur.

[2]) So mit Bezugnahme auf Joh. 5, 43: „Ich bin gekommen im Namen
meines Vaters, und ihr nahmet mich nicht auf; wenn ein anderer kommen
wird in seinem eigenen Namen, den werdet ihr aufnehmen", den „anderen"
als Antichristen verstehend: Irenäus, Cyrill. v. Jerus., Chrys., Theodoret, Joh. Damasc., Ambrosiaster, Hieronym., welche Ansicht von
Lessius l. c. 6. als communis sententia patrum bezeichnet wird.

[3]) Grotius hält den Caligula, Wetstein den Titus, Hammond den
Simon Magus, Hardouin den Hohenpriester Ananias, Kern, Döllinger halten den Nero dafür.

[4]) l. c. S. 284: „Bei seinem (des Nero) Einzug in Rom nach der Rückkehr aus Hellas wurden ihm auf dem ganzen Wege Opfer geschlachtet. Dem
Thrasea rechnete er es als Verbrechen an, daß er seiner göttlichen Stimme
nicht opfere. Dabei verachtete er alle Götter und Kulte; nur der syrischen
Göttin diente er eine Zeit lang, aber auch ihr Bild entehrte er schmachvoll,
und an Apollo und dessen Orakel in Delphi nahm er Rache, indem er ihm
die Ländereien in Cirrha entzog, Menschen im Heiligtume töten, die Eröff-

war, „als Jerusalem und der Tempel und das ganze jüdische
bisher unauflöslich verschmolzene Staats- und Kirchenwesen zusammenstürzte, und die christliche Kirche, noch immer in den
Banden desselben verstrickt, zur vollen Freiheit gelangte. Darin
offenbarte sich die Majestät des erhöhten Menschensohnes, wie
in einem versengenden und weit umherleuchtenden Blitze"[1]).
Die Anwendung dieser Prämisse auf II. Thess. 2 ist aber — wie
bereits bemerkt — unthunlich, weil nicht allein die Thess. offenbar die letzte Parusie im Auge hatten, sondern auch der
Apostel selbst — wie sich bes. aus 2, 1: καὶ ἡμῶν ἐπισυναγωγῆς
ἐπ' αὐτόν ergeben hat[2]) — die Wiederkunft zum jüngsten
Gerichte und die Auferstehung des Fleisches meint[3]). Ich will
darüber, „ob eine Entweihung des Tempels den Jüngern Jesu
so gut ein Gräuel als den Juden"[4]) gewesen sei, nicht rechten;
daß dieses aber auch bei den Christen in Thessalonich, die vorzugsweise aus den Heiden hervorgegangen waren, der Fall gewesen,
ist um so weniger annehmbar, als die Juden ja gerade die
Hauptfeinde dieser jungen Gemeinde gewesen waren. Man ist
eher zu der Meinung versucht, daß die Thess. der Androhung
Christi gemäß in der Zerstörung des alttestamentlichen Tempels
eine Offenbarung des verdienten Gerichtes des Herrn gesehen
haben, dessen Vollzug aber doch nicht die Aufgabe des „Menschen der Sünde" ist.

v. 6.   Laßt euch also, Thessalonicher, in keiner Weise täuschen
und in Unruhe bringen ob der Zeit der letzten Wiederkunft des
Herrn, weil — wie euch ja bekannt — zuvor erst gewisse Be-
dingungen gegeben sein müssen.

---

nung verstopfen und 500 Statuen wegschleppen ließ . . . . . er hat Vespasian
mit der Führung des Krieges (gegen Jerusalem) beauftragt und so, freilich
erst nach seinem Tode, jene Entweihung herbeigeführt " (vgl. S. 35 Anm. 1.)

   [1]) Das. S. 272.

   [2]) Vgl. Erklärung zu 2, 1.

   [3]) Darum ist unrichtig, „daß Paulus unmöglich ein Bild der fernen Zukunft geben wolle" (Lünemann l. c. S. 224); fern oder nahe, darum handelt es sich ja gar nicht, sondern um eine vorausgehende Bedingung.

   [4]) Döllinger l. c. S. 280. Vgl. die Kritik der Döllingerschen Hypothese bei J. Grimm, l. c. §§ 3—9; sonst — bes. Baur gegenüber — B.
Weiß, Bibl. Theol. 5. Aufl. S. 221 f.

Doch wie steht es um die Anwendung dieses Beruhigungsgrundes für die Thess. auf die Zeit, da der Apostel schreibt? Paulus giebt sie: καὶ νῦν τὸ κατέχον οἴδατε ... Es beeinflußt den Fortschritt der Gedanken nicht, ob das νῦν[1] im logischen Sinne als Übergangspartikel zu einer weiteren, auf dem Vorausgehenden ruhenden Ausführung bezw. Anwendung, oder ob es als Zeitpartikel[2] in dem Sinne „von was die Gegenwart betrifft" — und hierfür ließe sich auf das folgende ἤδη verweisen — aufgefaßt wird; in jedem der beiden Fälle ist ja zeitweilig der andere mit eingeschlossen: wenn als weitere Ausführung bezw. Folgerung, so zielt diese auf die Gegenwart, wenn als Zeitpartikel, so ergiebt sie sich aus den vorhergehenden Sätzen. Schwierigkeit jedoch bietet die Bestimmung des Begriffes τὸ κατέχον. Die gewöhnliche Übersetzung des κατέχειν ist „hemmen", „hindern", es mit κωλύειν gleichbedeutend zu fassen. Dagegen wird aber nicht ohne guten Grund bemerkt: „κατέχειν heißt: besitzen, innehaben, festhalten" und dann des weiteren auch „herrschen". „Man vergleiche nur sämtliche im Hase-Dindorfschen Thesaurus angeführten Stellen"[3]. Entscheidend ist, daß der neutestamentliche, bes. der vom h. Paulus gemachte Gebrauch des Wortes κατέχειν die Gleichstellung dieses Wortes mit κωλύειν nicht rechtfertigt[4]. Man kann es sich nicht verhehlen, daß die bereits vorhandenen Meinungen über den Sinn des Verses die Übersetzung „hemmen oder hindern" eingegeben haben[5]. Es ist dem Zusammenhange durch die Übersetzung „das Hinhaltende" voll und ganz gedient, wenn da-

---

[1]) Vgl. über die verschiedenen Auffassungen des νῦν bei Lünemann.

[2]) Eine Beziehung des νῦν auf τὸ κατέχον (Bisp.) geht nicht an, weil es dann heißen müßte τὸ νῦν κατέχον; eine emphatische Vorausstellung des νῦν kann nicht, weil unmotiviert, angenommen werden, νῦν und ἐν τῷ ἑαυτοῦ καιρῷ sind ja kein beabsichtigter Gegensatz.

[3]) So Döllinger, l. c. S. 286 Anm. 1 vgl. Grimm, n. t. Lexik., welches für die Bedeutung „hemmen" nur diese Stelle und ohne ausreichenden Grund nur noch Röm. 1, 18 nennt.

[4]) Vgl. Matth. 21, 38; Luk. 4, 42; 8,15; 14, 9; Act. 27, 40; Röm. 1, 18 (hier beweisen v. 19 ff., daß κατέχειν nicht mit κωλύειν einfach identificiert werden darf); 7, 6; I. Kor. 7, 30; 11, 2; 15, 2; II. Kor. 6, 10; Philem. 13; Hebr. 3, 6. 14; 10, 23.

[5]) Das gilt bereits von der auch vom h. Chrysostomus angenommenen

mit der Begriff des Hinderns oder Aufhaltens nicht verbunden wird. Der gewöhnlich und im N. T. lediglich gebrauchten Wortbedeutung entsprechend will der Apostel den
Thess. sagen: das, was zur Zeit an der Reihe ist, was gewissermaßen das Herrschende ist, oder das, was der Gegenwart
gleichsam die Signatur aufprägt, kennt ihr. Im Vorausgehenden
ist ja gar nichts davon gesagt, daß der „Mensch der Sünde"
ein Hindernis „der Wiederkunft Christi" ist, sondern nur, daß
er eine vorausgehende Bedingnng ist. Es gilt die Anwendung zu machen in der Frage: ist sie schon eingetreten, so daß
also die Parusie erfolgen könnte? und es ergiebt sich als das
natürlichste, das εἰς τὸ ἀποκαλυφθῆναι αὐτὸν ἐν τῷ ἑαυτοῦ καιρῷ auf den Hauptgedanken, auf die „Offenbarung
des Herrn Christi", um die sich ja die ganze Rede bewegt, zu beziehen, und das umsomehr, als v. 6 nicht auf
vv. 3 u. 4, sondern auf vv. 1 u. 2 zurückgreift. An der Beziehung des ἀποκαλυφθῆναι αὐτόν auf κύριος kann uns nicht hindern, daß v. 3 es auch vom „Menschen der Sünde" heißt: ἀπο-
καλυφθῇ, denn der Gegensatz zwischen diesem oder dem „Antichristen" und Christus erklärt die Beibehaltung desselben Wortes. Die „Offenbarung" des Menschen der Sünde fordert die ihr
entgegengesetzte „Offenbarung" des Herrn heraus, hat sie zur
Folge (vv. 8 ff.). Alsdann spricht für die Beziehung auf κύριος
das ἐν τῷ ἑαυτοῦ καιρῷ, welches nicht auf den „Menschen der
Sünde" paßt, weil er nicht Herr der Zeit ist, so daß sie „seine"
Zeit genannt werden könnte [1]).

Es entsteht nun die Frage, was ist der Inhalt des τὸ κατέχον? was haben wir uns darunter vorzustellen? Einen Schluß
können wir aus v. 7 um der logischen Verbindung willen, in
welcher derselbe angebracht ist, ziehen. Dieser mit γάρ verbundene Satz muß den ganzen vorausgehenden Hauptgedanken
begründen, es bezieht sich v. 7 auf den ganzen 6. Vers; das τὸ
κατέχον hat ja das ἀποκαλυφθῆναι αὐτὸν κτλ als sein Ziel. Somit besteht also das κατέχον in einem Wirken des Geheim-

---

Ansicht, daß es sich um das römische Reich handle; infolge dessen er
auch τὸ κατέχον mit τὸ κωλῦον interpretiert.

[1]) Vgl. Grimm, l. c. S. 18.

nisses τῆς ἀνομίας, μόνον ὁ κατέχων ἄρτι ἕως ἐκ μέσου γένηται.

Τὸ μυστήριον .... τῆς ἀνομίας: die Gesetzlosigkeit, vv. 7·8. Gottlosigkeit wird als etwas Wirkendes (ἐνεργεῖται) gedacht; sie ist der Gnade und damit dem übernatürlichen, geheimnisvollen Leben Christi in seinem mystischen Leibe, der Kirche, entgegengesetzt. Die ganze Weltgeschichte ist schließlich nichts anderes als die Geschichte des Kampfes zwischen Gnade und Sünde. Die Bezeichnung ἀνομία giebt das eigentliche Wesen der Sünde, des Widerspruches gegen den göttlichen Willen, welcher im „Gesetze“ seinen Ausdruck findet, an. Die Voranstellung von μυστήριον, wozu τῆς ἀνομίας die Apposition ist, läßt erkennen, daß der Apostel einen gewissen Nachdruck auf das Geheimnisvolle bei dem Wirken der Gesetzlosigkeit legt, und rechtfertigt also die Frage, warum sich Paulus dieser Bezeichnung „Geheimnis der Gottlosigkeit“ bedient. Der Grund wird darin gefunden werden müssen, daß die „Gottlosigkeit“ „etwas noch Verborgenes, noch nicht öffentlich ans Tageslicht Getretenes ist“, und daß der Apostel „die noch vereinzelten, in ihrer wahren Bedeutung erst wenigen, wie ihm selber, erkennbaren Züge von Gottlosigkeit, welche jetzt schon hervortreten, die aber erst später sich concentrieren und im Antichrist ihren Gipfelpunkt erreichen werden“[1]), meine. Der in dem „Geheimnisse der Gesetzlosigkeit“ Wirkende ist der Satan oder — wie der Herr ihn nennt — der „Fürst dieser Welt“[2]). Dieser aber besitzt eine Macht, welche über die natürliche Ordnung hinausgeht, und darum hat die Art und Weise seiner Wirksamkeit, seines Ringens und Trachtens nach der Herrschaft oder seines Kämpfens gegen das Wirken Christi mit Seiner Gnade für den Menschen auch etwas Unbegreifliches, etwas Geheimnisvolles. Woran hat der Apostel dabei gedacht? Das ἤδη läßt erkennen, daß sein Auge auf den Anfeindungen, denen er die Gemeinde in Thessalonich, wie auch alle anderen christlichen Gemeinden von äußeren und inneren Feinden ausgesetzt sah, verweilte. Je nach

---

[1]) So Lünemann und nach ihm Bisping.

[2]) Vgl. Ephes. 2, 2 ... κατὰ τὸν ἄρχοντα τῆς ἐξουσίας τοῦ ἀέρος, τοῦ πνεύματος τοῦ νῦν ἐνεργοῦντος ἐν τοῖς υἱοῖς τῆς ἀπειθείας.

dem zeitgeschichtlichen Standpunkte, von dem aus das ἤδι, genommen wird, werden auch die Ausblicke auf das Wirken „des Geheimnisses der Gesetzlosigkeit" verschieden sich gestalten; die Kirchengeschichte aber weist Perioden auf, von denen man sagen muß, daß alle Verschlagenheit und List des Satans aufgeboten erschien, um die Menschen zu täuschen, in die Irre zu führen und zur Anbetung des „Fürsten dieser Welt" zu verleiten. Diesem geheimnisvollen Wirken der Bosheit steht das geheimnisvolle Wirken der Gnade, welche das wunderbare übernatürliche Leben Christi in den Seinen ist, gegenüber, und so entspricht es der paulinischen Ausdrucksweise, wenn der Apostel, um diesen entgegengesetzten Gedanken auszudrücken, dem Timotheus [1]) schreibt: καὶ ὁμολογουμένως μέγα ἐστὶν τὸ τῆς εὐσεβείας μυστήριον, ὅς — scl. Χριστός — ἐφανερώθη ἐν σαρκὶ, ἐδικαιώθη ἐν πνεύματι, ὥφθη ἀγγέλοις, ἐκηρύχθη ἐν ἔθνεσιν, ἐπιστεύθη ἐν κόσμῳ, ἀνελήμφθη ἐν δόξῃ. Hiermit kommen wir darauf zurück, daß die oben [2]) aufgeworfene Frage nach dem Inhalte des τὸ κατέχον dahin zu beantworten ist, daß denselben das Wirken des Satans oder des Fürsten dieser Welt ausfülle. Hierüber sind die Thess. durch die mündlichen Unterweisungen belehrt worden; nicht minder auch darüber, daß unter anderem auch die Leiden und Verfolgungen, die ihnen angethan werden [3]), die Folgen dieses Wirkens sind. Diese Signatur aber wird die Geschichte der Kirche behalten, weil das Mysterium der Gesetzlosigkeit fortwirkt; doch bis zu welchem Ziele? μόνον ὁ κατέχων ἄρτι ἕως ἑ. μ. γ. καὶ τότε κτλ.

Hiermit stehen wir denn vor der schwierigen und in gar verschiedenartiger Weise beantworteten Frage, wer ist ὁ κατέχων?

Es ist — besonders von den occidentalischen Vätern und Kirchenschriftstellern — das alte römische Reich [4]) darunter verstanden worden; es ist an den „unveränderlichen Ratschluß

---

[1]) 1, 3, 16. — [2]) S. 160.

[3]) Vgl. I. Thess. 1, 6; 2, 14 ff.; 3, 3 ff.; II. Thess. 1, 6 ff.

[4]) Hieronymus, Corn. a. Lap., Calmet, Alcasar, Schneckenburger-Böhmer, Mangold in Bleek's Einleitung in d. N. T. 4. Aufl. Berl. 1886. S. 405 ff. B. Weiß, Lehrb. d. Einltg in d. N. T. Berl. 1889. S. 178: τὸ κ. = das römische Reich, ὁ κ. = der Kaiser, ohne an eine bestimmte Person zu denken.

Gottes", welcher die Ankunft des Antichristen bis zum Weltende aufhält [1]), an den Herrn selbst[2]), an den orthodoxen Glauben gedacht werden [3]); es ist $\acute{o}$ $\varkappa\alpha\tau\acute{\varepsilon}\chi\omega\nu$ auf die Ordnungsgewalt oder die sociale Ordnung [4]) gedeutet worden; der $\varkappa\alpha\tau\acute{\varepsilon}\chi\omega\nu$ ist in einem jüdischen Hohenpriester in der ersten christlichen Zeit [5]), oder in Caligula[6]), auch in Paulus selbst[7]), oder auch in den Frommen jener Zeit [8]) gefunden worden. Manche Erklärer[9]) folgten dem h. Augustinus[10]), welcher hierzu bemerkt: *Et nunc quid detineat scitis, id est, quid sit in mora, quae causa sit dilationis ejus, ut reveletur in suo tempore, scitis; quoniam scire illos dixit, aperte hoc dicere noluit. Et ideo nos, qui nescimus, quod illi sciebant, pervenire cum labore ad id, quod sensit apostolus, cupimus nec valemus, praesertim quia et illa, quae addidit, hunc faciunt sensum obscuriorem. Ego prorsus quid dixerit, me fateor ignorare.*

Selbständig einen neuen Weg verfolgend gelangt J. Grimm [11]) zu dem Resultate: „So wirkt die Anomie, indem sie sich als Apostasie immer mehr und mehr bis zur endlich vollendetsten Stufe entwickelt, dasjenige aus, was nach außen als $\tau\grave{o}$ $\varkappa\alpha\tau\acute{\varepsilon}\chi o\nu$ erscheint, daß es die Parusie bis zum bestimmten Augenblicke hinhält: aber wir sehen, während in der Geschichte $\tau\grave{o}$ $\varkappa\alpha\tau\acute{\varepsilon}\chi o\nu$, die Entwicklung der Anomie immer üppiger sich vollzieht, ist unter diesen Gebilden der Apostasie der eigentlich wirkende Geist bereits verborgen: er ist es, welcher bis zur Lösung seiner Aufgabe die Parusie hinhält. Unter dem $\varkappa\alpha\tau\acute{\varepsilon}\chi o\nu$, was äußerlich sichtbar ist, steckt der eigentliche $\varkappa\alpha\tau\acute{\varepsilon}\chi\omega\nu$, der wirkende Geist längst verhüllt, und mit Recht spricht darum der Apostel, das

---

[1]) Theodoret, Theod. v. Mops., Bossuet.

[2]) Haneberg. — [3]) Mauduit.

[4]) Lange, Lutterbeck, und in gewissen Modificationen v. Gerlach, Meßner, Siegfried Goebel, nt. Schriften. 1. Folge, Gotha 1889, Bisping, 2. Aufl. S. 98: „Der christliche Staat ist es also, der als hemmende Macht dem allgemeinen Abfalle von Gott und von den Grundprinzipien der Sittlichkeit entgegentritt und so das Erscheinen des „Menschen der Sünde" noch aufhält."

[5]) Hardouin u. Berruyer. — [6]) Döllinger.

[7]) Heidenreich, Koppe, Schott. — [8]) Wieseler.

[9]) So Catharinus, Estius, Picquigny, Jahn, Páuek.

[10]) de Civ. Dei 20, 19. 2.

[11]) l. c. S. 24; ihm folgt Simar, Theol. d. h. Paulus.

Geheimnis der Anomie habe zu wirken, bis der κατέχων selbst sich enthülle, bis der Geist des Antichrists endlich in Fleisch und Blut sichtbar aus der Verborgenheit seiner bisherigen Werkstätte hervortritt". Somit wäre also der κατέχων der „Mensch der Sünde" oder der Antichrist selbst. An einer Zustimmung zu dieser letzten Ansicht hindern mich, daß κατέχειν, wie bekannt, nicht die Bedeutung „hemmen" hat, daß es ferner heißt ὁ κατέχων ἄρτι, wodurch der κατέχων als bereits zur Zeit des Apostels wirksam eingeführt ist, und daß endlich die Frage nicht unbeantwortet bleiben möchte, warum der Apostel diesen schwer verständlichen, ungewöhnlichen Ausdruck gebraucht, warum er nicht einfach des früheren „der Mensch der Sünde" oder des gleich folgenden ὁ ἄνομος sich bedient hat. Auch die Anknüpfung des folgenden Satzes: καὶ τότε ἀποκαλυφϑήσεται ὁ. ἄ. will auf den ersten Blick dazu leiten, daß der κατέχων und der ἄνομος nicht identificiert werden sollen.

Anderseits aber muß festgehalten werden, daß ὁ κατέχων -- zumal bei der Auseinanderhaltung gegenüber dem τὸ κατέχον — eine Person bezeichnet, daß aber die charakteristische, mit der ganzen Natur dieser Person zusammenhängende Wirksamkeit um der Beibehaltung desselben Ausdruckes willen denselben Inhalt haben muß wie das τὸ κατέχον, und daß ὁ. κ. endlich eine Person ist, welche jederzeit wie auch zur Zeit des Apostels (ἄρτι) diese ihre charakteristische Thätigkeit entfaltet.

Alle diese Merkmale aber treffen zu, wenn wir in dem κατέχων den „Fürsten dieser Welt", oder den „Geist, der jetzt schon in den Kindern des Unglaubens [1] in mysteriöser Weise wirksam ist" [2], erblicken. Der κατέχων und der ἄνομος sind nicht identisch, denn dieser ist eine bestimmte, historische, menschliche Person; aber ihrer bedient sich der κατέχων, um die höchste Stufe seiner Gottlosigkeit und Bosheit, die Sünde als Selbstvergötterung in ihrer ärgsten Entfaltung auch offenkundig zu wirken.

Doch ehe zur Darlegung, wie diese Auffassung dem ganzen Zusammenhange entspricht, und wie sie dem Bedürfnisse der

---

[1] Joh. 12, 31; 14, 30; 16, 11; Ephes. 2, 2: τον ἄρχοντα τῆς ἐξουσίας τοῦ ἀέρος. — [2] Ephes. 2, 2.

Thess. nach einer Beruhigung genüge, übergegangen werden
kann, erheischt die Frage nach der Bedeutung des ἐκ μέσου γένηται eine Lösung. Der mehrfach gegebenen Übersetzung,
die ἐκ μέσου γίγνεσθαι = ἐ. μ. αἴρεσθαι = aus der Mitte hin-
wegräumen, faßt, muß die Zustimmung versagt werden; denn es
wird sich mit Unrecht auf I. Kor. 5, 2 [1]) und Kol. 2, 14 [2]), an
welchen Stellen gerade αἴρεσθαι gebraucht wird, berufen. Dagegen will Grimm [3]) das γίνεσθαι in der Bedeutung „entstehen",
„geboren werden", festhalten und das μέσον auf μυστήριον beziehen. „Das Mysterium der Anomie ist schon thätig und ein
Ziel hat es noch, nur ὁ κατέχων ἄρτι bis der mitten aus dem
Mysterium heraus ist, aus dem Mysterium herausgeschafft ist" [4]).
Abgesehen davon, daß die Richtigkeit dieser Übersetzung nicht
erwiesen werden kann, steht dieser Auffassung entgegen, daß
die Beziehung des μέσον auf μυστήριον in nichts ausgedrückt ist,
und daß sie darum, wie dieses die Geschichte der Erklärung
auch zeigt, nicht als die, welche den Lesern des Briefes und
wohl auch den Thess. zunächst entgegen treten mußte, bezeichnet werden kann. Am meisten begründet ist die Bedeutung:
„aus der Mitte heraustreten", „verschwinden" und „nicht mehr
im Wege sein", ohne daß dabei an die Anwendung einer Gewalt
zu denken ist [5]).

Somit also ergiebt sich: die Offenbarung des Herrn tritt
noch nicht ein, weil die volle Erfüllung einer Bedingung, die

---

[1]) ἵνα ἀρθῇ ἐκ μέσου ὑμῶν heißt es vom Blutschänder.

[2]) καὶ αὐτὸ ἦρκεν ἐκ τοῦ μέσου.

[3]) l. c. § 22. 27.

[4]) Das. S. 21 u. S. 23: „Die Anomie, das Werk des Anomos, bildet das
κατέχον, welches, so lange es nicht vollendet ist, die Parusie hinhält: nun, soweit diese Anomie ein Geheimnis ist, d. h. so weit sie für das Auge un-
sichtbare und verderbliche Wirkungen äußert, ist sie jetzt schon, ἤδη, in Thätigkeit: sie hat nur mehr ein Ziel zu erreichen, daß sie den innewohnenden
Anomos aus sich heraussetzt und dann (καὶ τότε), wenn dieses Ziel erreicht
ist, wird dieser Anomos offenbar, sichtbar werden, im Gegensatze zu seiner bisherigen mysteriösen Thätigkeit."

[5]) Vgl. Stephanus, thesaurus: ἐκ μέσου γίγνεσθαι = e medio discedere.
secedere; γίγνεσθαι ἐξ ἀνθρώπων = mori, Pausan. 4, 26, 5; im Gegensatz dazu:
ἐν μέσῳ εἶναι = im Wege sein, Xenoph. Kyrop. 5, 2, 26; LXX Jos. 8, 22: ἐγενήθησαν
ἀνὰ μέσον τῆς παρεμβολῆς.

nach göttlichem Ratschlusse vorausgehen muß, noch nicht gegeben ist: τὸ κατέχον. Diese Bedingung aber besteht darin, daß das Geheimnis der Bosheit sich voll und ganz auswirkt. Der aber, der darin, der also in mysteriöser Weise der Wirkende ist, und welcher dadurch die dem Weltende vorausgehende Zeit „hinhält", ist ὁ κατέχων. Dieser muß erst aufhören in dieser seiner Weise ἐν μέσῳ εἶναι, er muß erst ἐκ μέσου γίγνεσθαι. Sobald aber dieser Moment eintritt: καὶ τότε ἀποκαλυφθήσεται ὁ ἄνομος: dann offenbart sich der Antichrist, tritt an die Stelle des geheimnisvollen Wirkens des κατέχων im Mysterium der Bosheit die volle Enthüllung der Gottlosigkeit in der Person des Anomos. Damit aber ist die göttliche Langmut erschöpft, tritt die göttliche Gerechtigkeit, die dadurch herausgefordert ist, hervor, ist die Parusie des Weltrichters zur Notwendigkeit geworden: ὅν — scl. ἄνομον — ὁ κύριος [Ἰησοῦς] ἀνελεῖ τῷ πνεύματι τοῦ στόματος, αὐτοῦ καὶ καταργήσει τῇ ἐπιφανείᾳ τῆς παρουσίας αὐτοῦ. Die Thess. aber sind mit diesen Worten auf ein Kennzeichen des Eintrittes der Parusie des Herrn verwiesen. Erst muß der Antichrist kommen und an die Stelle der mysteriösen Wirksamkeit der Bosheit die vollste Enthüllung derselben treten, ehe der Herr als Richter kommt. Darum mögen sie sich denn auch beruhigen und insbesondere nicht täuschen lassen, ὡς ὅτι ἐνέστηκεν ἡ ἡμέρα τοῦ κυρίου (v. 2).

Es ist leicht begreiflich, warum für ἄνθρωπος τῆς ἀνομίας — oder wie die andere Lesart heißt: τῆς ἁμαρτίας — einfach ὁ ἄνομος gebraucht ist: in ihm ist der Widerspruch gegen den göttlichen Willen, die Gesetzlosigkeit in einer ganz einzig argen Weise gewissermaßen personificiert. Das Gericht über denselben wird in einer an die alttestamentliche prophetische Redeweise erinnernden Darstellung beschrieben. Wahrscheinlich lehnt sie sich an Isaias 11, 4 an, wo es von dem aus dem Stamme Isai's hervorgehenden Retter Israels und dem Richter über dessen Feinde heißt: καὶ πατάξει γῆν τῷ λόγῳ τοῦ στόματος αὐτοῦ, καὶ ἐν πνεύματι διὰ χειλέων ἀνελεῖ ἀσεβῆ. Das Bild vom Hauche des Mundes bietet als Vergleichungspunkt ebenso das Ohnmächtige des Anomos, wie das Unwiderstehliche des göttlichen Gerichtes dar. Dieser Gedanke erhält eine weitere Ausführung in

dem τῇ ἐπιφανείᾳ τῆς παρουσίας αὐτοῦ: dadurch, daß der
Herr als Richter erscheint, findet auch schon das Gericht statt, es bedarf dazu keines weiteren göttlichen Actes [1]).
Die Offenbarung des Herrn ist der wirksame und wirkende Widerspruch gegen die Enthüllung des Anomos.

Parallel dem ὅν des vorhergehenden Verses bezieht sich v. 9.
das οὗ auf ἄνομος, dessen Auftreten Paulus beschreibt.   Im Bewußtsein der Sicherheit der Erfüllung schaut er in der Weise
der Propheten das Zukünftige als gegenwärtig: ἔστιν.   Wir vernehmen, daß dem ἄνομος die Macht des Satans zugebote steht,
und dementsprechend offenbart er sich: κατ᾽ ἐνέργειαν τοῦ Σα-
τανᾶ.   Nie hat der Teufel sich mit seiner ganzen Macht einer
Creatur wie dieser gewissermaßen so zur Verfügung gestellt:
ἐν πάσῃ δυνάμει.   Wahre „Zeichen und Wunder" zu wirken,
vermag nur Gott allein; aber größere denn irdische Kräfte besitzt der Satan, und mit diesen offenbart er sich ἐν δυνάμει und
vollführt σημεῖα καὶ τέρατα, die aber das, als was sie erscheinen, nicht sind, weshalb ψεύδους hinzugefügt ist. Ebensowenig
ist die δύναμις des Satans das, wofür sie sich ausgiebt, eine der
göttlichen gleiche, weshalb das ψεύδους auch zu ἐν πάσῃ δυάμει
zu beziehen ist.   In Lüge haben diese Scheinwunder ihren Grund,
Lüge sind sie und Lüge bezwecken sie wieder.   Durch die Häu-
fung der Ausdrücke: δύναμις, σημεῖα, τέρατα soll die Vollständigkeit und Allseitigkeit des Begriffes bezeichnet werden.

Hiervon unterscheidet der Apostel andere nicht wunderbare v. 10.
Formen und Arten des Betruges: ἐν πάσῃ ἀπάτῃ.   Dieselben
gründen in der Gottlosigkeit, in dem Widerspruche gegen die
göttliche Ordnung, weshalb Paulus hinzusetzt: ἀδικίας.   So sehr
alle Macht, aller Trug und Arglist der Hölle aufgeboten werden;
sie können doch nur schaden: τοῖς ἀπολλυμένοις, denen, die von
Gott verworfen sind.   Diese Reprobation aber ist keine will-
kürliche, sondern eine gerechte, sie ist die Vergeltung —
ἀνϑ᾽ ὧν — dafür, daß sie die „Liebe zur Wahrheit nicht aufgenommen haben, deren Ziel und Zweck doch die Rettung der

---

[1]) Estius: Nam sicut adventu solis fugantur tenebrae; sic iniquum illum exhibitione praesentiae suae Dominus destruet atque delebit. Hanc enim
comparationem adfert Hieronymus.

Menschen — εἰς τὸ σωθῆναι αὐτούς — ist. Wenn es heißt „die Liebe zur Wahrheit", so ist damit mehr gesagt, als bloß: sie nahmen die Wahrheit nicht auf; es ist dabei die Erkenntnis der Wahrheit vorausgesetzt und ausgesprochen, daß es sich um den Willen handelt. Die Wahrheit wird nicht geliebt, wenn sie preisgegeben, verlassen wird, wenn sie auf den Willen nicht leitend und bestimmend einzuwirken imstande ist. In der Verkehrtheit des Willens des Menschen liegt der Grund der Verwerfung. Das ἐδέξαντο hält uns endlich auch noch vor, daß die Liebe zur Wahrheit gegeben wird, daß sie ein Gnadengeschenk ist.

v. 11.   Auf ἀνθ᾽ ὧν mit καὶ διὰ τοῦτο zurückgreifend nennt Paulus als eine weitere Folge oder Strafe der Verkehrtheit des Willens, daß auch die Erkenntnis in die Irre geht, und daß somit ein irriges, aber verschuldet irriges Gewissen eintritt. Die Wirkung dieser Täuschung ist, daß die Unwahrheit und die Lüge für wahr gehalten, geglaubt werden. Insofern Gott auch diese verkehrte Richtung des menschlichen Willens seinem Ziele dienstbar macht, indem er sie als Strafe — ἀνθ᾽ ὧν ... καὶ διὰ τοῦτο — verhängt, kann der Apostel sagen, daß Gott sie sendet: πέμπει αὐτοῖς ὁ θεὸς ἐνέργειαν πλάνης κτλ. Es ist eine Strafe des Sünders, daß die Sünde aufs neue Sünden gebiert. Dabei bleibt die Frage, in welcher Weise des Menschen Verstocktsein herbeigeführt wird, nämlich durch Mißbrauch der gegebenen Gnade wie durch endliche Entziehung derselben seitens Gottes, unberührt.

v. 12.   Der damit erreichte göttliche Endzweck ist die Offenbarung der göttlichen Herrlichkeit. Dieses wird dadurch, daß da, wo Seine Güte und Barmherzigkeit mißbraucht werden, wo Seine Gnade abgewiesen worden ist, Seine Gerechtigkeit erkannt und anerkannt werden muß: ἵνα κριθῶσιν πάντες οἱ μὴ πιστεύσαντες κτλ. Das ἵνα ist nicht von πέμπει, sondern von πιστεῦσαι αὐτοὺς τῷ ψεύδει abhängig, und der dieser Beziehung zugrunde liegende Gedanke ist, daß der Unglaube der Menschen zum Anlaß für die Offenbarung der göttlichen Gerechtigkeit wird, daß Gott also das Gericht nicht primär, sondern nur als Folge und Strafe des verschuldeten Unglaubens will. Es giebt nur eine, d. i. die christliche Wahrheit, darum: τῇ ἀληθείᾳ. Der

Grund der Ablehnung derselben liegt in dem Willen, liegt in
dem Wohlgefallen, welches der Mensch an dem Bösen, das ihn
reizte, empfand: εὐδοκήσαντες τῇ ἀδικίᾳ [1]); hiermit ist zum min-
desten die indirecte Freiwilligkeit der Sünde des Unglaubens
ausgesprochen.

II, 13 — III, 18: **Ermahnungen, Warnungen. Schluß.**

*II, 13. Wir aber müssen Gott allezeit euretwillen danken,
vom Herrn geliebte Brüder, weil euch Gott erwählt hat [2]) als Erstlinge [3]) für das Heil in Heiligung des Geistes und Glauben an die
Wahrheit, 14. wozu er [auch] [4]) euch durch unser Evangelium berufen hat, zur Erwerbung der Herrlichkeit unsers Herrn Jesu Christi.
15. So stehet demnach fest, Brüder, und haltet an den Überlieferungen, die ihr gelernt habt, sei es durch das Wort oder einen
Brief von uns. 16. Er aber, unser Herr Jesus Christus und
Gott, unser Vater, der uns geliebt und gegeben hat ewigen Trost
und gute Hoffnung in der Gnade, 17. tröste euere Herzen und
verleihe Stärke [5]) in jeglichem guten Werke und Worte [6]).*

*III, 1. Im übrigen, Brüder, betet für uns, auf daß das
Wort des Herrn laufe und wie auch bei euch verherrlicht werde,
2. und daß wir befreit werden von den widerspenstigen und bösen
Menschen, denn nicht aller ist der Glaube.*

3. Getreu aber ist der Herr [7]), der euch befestigen wird und

---

[1]) Vgl. Röm. 1, 18, wo vom Gerichte über jene Menschen die Rede ist:
ἀνθρώπων τῶν τὴν ἀλήθειαν ἐν ἀδικίᾳ κατεχόντων.

[2]) Gegen die Rec., welche mit K und späteren Handschr. εἵλετο liest, ist
nach ℵBDG etc. εἵλατο vorzuziehen.

[3]) Mit BGP Vulg. Pesch. (Ln, WH., Zimm.) lesen wir den echt paulin.
Ausdruck ἀπαρχήν und nicht mit Ti. nach ℵDK etc. ἀπ᾽ ἀρχῆς.

[4]) ℵGP Vulg. Pesch. lesen εἰς ὃ καί (Ti. Zimmer), während ABDKL
(Rec. WH.) das καί auslassen. Zimmer macht nicht mit Unrecht für dasselbe
einen Unterschied zwischen εἵλατο und ἐκάλεσεν und den Umstand, daß das
καί nach dem Relativ sehr häufig ist, geltend.

[5]) Rec. liest στηρ. ὑμᾶς, doch ὑμᾶς fehlt ℵABD*E*G etc.

[6]) Diese Wortstellung: ἔργ. κ. λόγ. wird durch ℵABDE etc. gegen die
umgekehrte der Rec. (G) gestützt.

[7]) ℵBD^cKLP etc. lesen ὁ κύριος (so Ti., WH., Zimmer); Ln liest mit
AD*G: ὁ θεός. „ὁ κύριος wird häufig von den Handschriften zur Unterscheidung ersetzt durch ὁ θεός oder Ἰησοῦς" (Zimmer.).

bewahren vor dem Bösen. 4. Wir vertrauen aber im Herrn auf euch, daß ihr das, was wir kund thun, thuet und thun werdet. 5. Der Herr aber lenke euere Herzen zu der Liebe Gottes und zu der Ausdauer [1]) Christi.

6. Wir thun euch aber kund, Brüder, im Namen [unseres] Herrn [2]) Jesu Christi, daß ihr euch zurückziehet von jedem Bruder, der unordentlich wandelt und nicht nach der Vorschrift, die [ihr von uns empfangen habet] sie von uns empfangen haben [3]); 7. denn ihr selbst wisset, wie ihr uns nachahmen sollt, denn wir haben nicht unordentlich unter euch gewandelt, noch auch haben wir umsonst Brot von jemandem gegessen, 8. sondern in Mühe und Beschwerde, indem wir Nachts und Tags [4]) arbeiteten, um niemandem von euch beschwerlich zu fallen; 9. nicht, weil wir keine Befugnis hatten, sondern um uns selbst als ein Vorbild euch darzubieten, auf daß ihr uns nachahmet; 10. denn auch haben wir euch, als wir bei euch waren, dieses kund gethan, daß jemand, wenn er nicht arbeiten will, auch nicht essen soll. 11. Wir hören nämlich, daß einige unter euch unordentlich wandeln, nichts arbeiten, sondern sich umhertreiben: 12. Solchen aber thun wir kund und ermahnen sie im Herrn Jesus Christus [5]), daß sie mit Ruhe arbeitend ihr Brot essen. 13. Ihr aber, Brüder, werdet nicht müde [6]) im Wohlthun!

14. Wenn aber jemand unserem Worte durch diesen Brief nicht gehorcht, so bezeichnet diesen, um keinen Umgang [7]) mit ihm

---

[1]) Alle Unc. lesen gegen die Rec., die den Artikel nicht hat, τὴν ὑπομονήν.

[2]) Ti., Zimmer lesen mit אAD^cE**G etc. Vulg. Pesch. etc. τοῦ κυρίου ἡμῶν. BD*E* fehlt ἡμῶν.

[3]) Mit Recht lesen Ti., Zimmer nach אA die nur hier in den paulinischen Briefen sich findende Form παρελάβοσαν gegen die Lesart [WH.] nach BG: παρελάβετε.

[4]) Mit אBFG (Ti, WH.) ist νυκτὸς καὶ ἡμέρας zu lesen gegen die Rec., die νύκτα καὶ ἡμέραν (ADEK etc.) hat.

[5]) א*ABD*E*GP lesen ἐν κυρίῳ Ἰ. Χρ. (Ti., WH.), wogegen die Rec. διὰ τοῦ κυρ. Ἰ. Χρ., aber nur nach א_cD^cKL und späteren Handschr. liest.

[6]) Es ist ἐγκακήσητε mit אA (Ti., Zimmer) und nicht ἐκκακήσετε (so die Rec. nach D^cGKLP) zu lesen; B*D* lesen ἐνκακήσητε (WH.). Vgl. des weiteren Zimmer, l. c. S. 339 ff.

[7]) Ohne das vorausgehende καί der Rec. einfach mit אAB zu lesen: μὴ συναναμίγνυσθε (Ti., WH.).

*zu haben, auf daß er beschämt werde; 15. aber nicht wie einen
Feind sollt ihr ihn behandeln, sondern ermahnen als Bruder.*

*16. Er aber, der Herr des Friedens, gebe euch den Frieden
durch alles in jeglicher Weise* [1]). *Der Herr sei mit euch allen!*

*17. Der Gruß mit meiner des Paulus Hand, dieses ist das
Zeichen in jedem Briefe; so schreibe ich.*

*18. Die Gnade unseres Herrn Jesu Christi sei mit euch allen.
[Amen]* [2]).

Der unmittelbar zuvor ausgesprochene Gedanke über das   v. 13.
Schicksal der Verworfenen und das Bewußtsein des Apostels,
daß die Thess. dagegen in Wahrheit vom Herrn berufen sind,
wie er dieses im ersten Briefe begründet hat [3]), erklärt uns den
erneuten Ausdruck des Dankes hierfür gegen Gott. Hierzu halten Paulus und seine Begleiter sich um ihres Amtes willen
ebenfalls jederzeit für verpflichtet [4]). Mit der liebreichen Anrede
„Brüder" verbindet der Apostel wieder eine Bezeichnung, die das
ganze Glück der Thess. nennt: ἠγαπημένοι ὑπὸ Κυρίου [5]). Gott
hat euch, so fährt der Apostel fort, ausgewählt und andern gegenüber bevorzugt (εἵλατο) [6]), indem er euch als „Erstlinge" (ἀπαρχήν) [7]) in Europa aus der Mitte der Heidenwelt in Seiner Gnade
für das Heil (εἰς σωτηρίαν) herausnahm. Bei diesem Worte erinnern wir uns, wie Paulus in wunderbarer Weise durch ein
Gesicht, gewissermaßen gegen seine eigenen Gedanken und Pläne,
nach Macedonien geführt worden war. Voraussetzung der Erlangung des Heiles ist die Heiligung (ἐν ἁγιασμῷ), die dem Berufenen zu eigen ist (ἐν), die aber ihren Ursprung im hl. Geiste
hat (πνεύματος = Gen. originis). Seitens des Menschen bedarf
es des Glaubens an die Wahrheit als Heilsbedingung, weshalb
καὶ πίστει ἀληθείας hinzugefügt ist.

---

[1]) τρόπῳ lesen אA**BDᶜ etc. Ti. WH.; dagegen Ln nach A*D*G τόπῳ;
die häufige Redeweise ἐν παντὶ τόπῳ erklärt die Umänderung jener in diese
Lesart.

[2]) Das ἀμήν der Rec. u. Ln's ist durch אᶜADEG etc. bezeugt; allein
es fehlt א*B, weshalb Ti., WH. es nicht lesen.

[3]) Vgl. I. Thess. 1, 4 ff. — [4]) Vgl. oben zu 1, 3. — [5]) Vgl. oben zu 1, 4.

[6]) αἱρεῖσθαι gebraucht Paulus nur noch Phil. 1, 22; Hebr. 11, 25: unter
mehreren etwas auswählen, vorziehen.

[7]) Die Lesart ἀπ' ἀρχῆς = „von Anfang an" ergiebt den Sinn des gewöhnlicheren ἀπὸ τῶν αἰώνων = „von Ewigkeit her".

v. 14.   Der Gedanke, daß die Verleihung des Heiles ihren Grund
in der freien Gnadenwahl Gottes hat, wird festgehalten: εἰς ὅ —
dieses bezieht sich auf εἰς σωτηρίαν κτλ — ἐκάλεσεν und erhält
eine nähere Ausführung in der Nennung des Mittels, dessen sich
Gott bedient hat, nämlich des vom Apostel verkündeten Evangeliums: διὰ τοῦ εὐαγγελίου ἡμῶν. Das εἰς σωτηρίαν des vorigen
V. erhält eine gewisse nähere Bestimmung in: εἰς περιποίησιν
δόξης τοῦ Κυρίου ἡμῶν Ἰησοῦ Χριστοῦ. Das Ziel des Evangeliums Jesu Christi ist die Erwerbung [1]) der Herrlichkeit desselben;
oder: das Heil besteht in der Teilnahme an der himmlischen
Herrlichkeit, die unser Herr, weil unser Erlöser, Jesus Christus
in Seiner heiligsten Menschheit zur Rechten des Vaters thronend,
genießt. Das Evangelium oder die Zugehörigkeit zur Kirche im
diesseits, die, was die Thess. selbst erfahren, verfolgt und un-
terdrückt wird, zielt auf die Teilnahme an dem triumphierenden
Reiche Christi; oder die Zugehörigkeit zum mystischen Christus
in der Kirche hat auch die einstige Vereinigung im Himmel
zur Folge.

v. 15.   Solch erhabenes Ziel begründet die Mahnung zur Ausdauer:
ἄρα οὖν, ἀδελφοί, στήκετε — im christlichen Leben überhaupt,
wie insbesondere das treue Festhalten an den vom Apostel erhaltenen Lehren — κρατεῖτε τὰς παραδόσεις —, es mögen was immer
für andere Lehrer auftreten. Die Weise der Belehrung aber war
eine doppelte: an erster Stelle eine mündliche[2]), und dann
auch durch einen Brief, womit der I. Thess. gemeint ist. Aus
dieser Stelle folgern der hl. Chrysostomus[3]) und mit ihm alle
katholische Erklärer einen Beweis, daß die Quelle des Glaubens
heilige Schrift und mündliche — ἀγράφως (Chrys.) — Überlieferung sind; denn beide stellt der Apostel als gleichberech-
tigt neben einander.

v. 16.   Zur Ausführung solcher Vorsätze, zur Beharrlichkeit, bedarf
es vorab der göttlichen Gnade. So blickt der Apostel hin auf
den Herrn: Er ist es, der das Vollbringen giebt. Darum nachdrucksvoll: αὐτὸς δὲ ὁ κύριος ἡμῶν, wozu die beiden, den Erlö-

---

[1]) περιποίησις vgl. I. Thess. 5, 9.

[2]) Vgl. I. Kor. 11, 2. 32. I. Tim. 6, 20; II. Tim. 2, 2.

[3]) in h. l.; vgl. bes. Theophyl., Estius i. h. l.

ser charakterisierenden Namen, Jesus Christus, hinzugefügt sind.
Vom Vermittler zwischen Mensch und Gott richtet Paulus unser
Auge auf Gott Selbst und nennt zugleich das erreichte Ziel
der erlösenden Thätigkeit, da er zu ϑεός hinzufügt: ὁ πατὴρ
ἡμῶν. Wir dürfen Gott wieder unsern Vater nennen. Hiermit,
wie durch ὁ ἀγαπήσας ἡμᾶς καὶ δοὺς κτλ., wird vorab unser
Vertrauen auf die Erfüllung der Bitte des Apostels geweckt.
Doch worin bestand die Bethätigung der göttlichen Liebe, auf
die Paulus mit ἀγαπήσας — Aor. — zurückschaut? Das ist die
Liebe Gottes, daß Er uns Seinen Sohn als Erlöser geschenkt hat.
Die Thess. und alle Christen bedürfen aber in diesem Leben des
Trostes, denn Schmerz, Leid und Drangsale sind unausbleiblich.
Wohl sucht darin auch die Welt zu trösten, allein was kann sie
für einen Trostgrund bieten? Keinen, der ein dauernder wäre,
denn alles, was sie hat, ist eitel und vergänglich. Anders aber
ist es um den Trost, den Gott verleiht, bestellt; dieser vergeht
nicht: παράκλησιν αἰωνίαν [1]). Wir besitzen denselben jetzt nur
erst in der Hoffnung, die sich auf ein wahres, nicht auf ein
Scheingut richtet, und die auch ein Geschenk Gottes ist; darum:
καὶ ἐλπίδα ἀγαθὴν ἐν χάριτι. Dieser Trost und diese Hoffnung
sind gegeben und eingeschlossen in dem einen Werke, dem der
Menschwerdung, worauf der Apostel — δοὺς — zurückblickt.

An diesen so unendlich liebreichen Gott ist die Bitte um v. 17.
Trost in der Gegenwart gerichtet, wobei wieder das Bild einer
geprüften Gemeinde vor uns aufsteigt. Das Ausharren ist das
Werk der Gnade, weshalb Paulus dem Herrn Jesus und Gott
um Stärke (καὶ στηρίξαι) bittet, und zwar in allem, was sie thun
oder unternehmen. Es dürfte wohl dieser Gedanke, es befestige
euch Gott in jeglichem Guten, sei es Werk, sei es Wort, in
dem ἐν παντὶ ἔργῳ καὶ λόγῳ ἀγαθῷ enthalten sein; denn das
παντί empfiehlt diese Auffassung [2]).

---

[1]) In diesem Sinne fassen die Stelle ähnlich Chrys., Estius. Andere
dagegen verstehen sie von der „unzerstörbaren Zuversicht", „daß alles, selbst das
härteste Ungemach, was sie treffen mag, unfehlbar, weil von Gott so geordnet, zu
ihrem Besten dient, und von der Liebe Gottes in Christo nichts in der Welt
sie zu scheiden vermag, vgl. Röm. 8, 28. 38 f." Lünemann, Bisping.

[2]) Anders im Anschlusse an Chrys. entwickelt Estius: Sermonem
pro doctrina positum recte plerique interpretantur. Sic enim passim accipi-

III, 1. 2.   Zum Schlusse übergehend (*λοιπόν*) [1]) fordert Paulus die
Thess. auf, für ihn und seine Mitarbeiter zu beten [2]), auf daß
das Wort des Herrn, das ist das Evangelium, sich r a s c h und
ungehindert ausbreiten möge: *τρέχῃ* und — so fährt er fort:
δοξάζηται: die Verherrlichung desselben besteht aber darin, daß
es seine innewohnende göttliche Kraft oder Gnade entfalten
könne. Das „Wort des Herrn" ist zugleich auch eine K r a f t
zum Heile [3]), wodurch des Menschen Seele mit übernatürlicher
Schönheit und Herrlichkeit ausgestattet wird. Solches ist bei den
Gläubigen in Thess. schon geschehen: *καθὼς καὶ πρὸς ὑμᾶς*, in
welchen Worten den Thess. indirect ein schönes Lob gespendet wird.

Da der Apostel dieses schreibt, weilt er in Korinth, wo ihm
— wie bekannt [4]) — seitens der Juden heftig nachgestellt ward.
Dadurch wurde natürlich die Ausbreitung der Kirche gehindert,
weshalb sich ganz natürlich die Bitte anschließt: *ἵνα ῥυσθῶμεν
ἀπὸ τῶν ἀτόπων καὶ πονηρῶν ἀνθρώπων.* Das Wort *ἄτοποι*,
dessen nächste Bedeutung ist: nicht am rechten Orte befindlich
sein, wird hier durch das folgende *πονηροί* auf das sittliche Gebiet bezogen und besagt also: die, welche dem göttlichen Gesetze zuwiderhandeln. Solche Feindseligkeit aber gegen das Wort
des Herrn darf nicht Wunder nehmen, „denn nicht aller Sache
ist der Glaube". Es ist auch hierbei ersichtlich, daß der Unglaube
sich nicht darauf beschränkt, sich gegen die Wahrheit für sich
allein ablehnend zu verhalten, daß er vielmehr auch bestrebt
ist, andere von der Erkenntnis der Wahrheit fern zu halten, und
unter diesem Gesichtspunkte hat Paulus mit *ἄτοποι* und *πονηροί*
keine zu harten Worte gewählt.

v. 3.   Immerhin mag es so feindselig gesinnte Ungläubige geben;

---

tur . . . Sic et in eo, quod hic statim sequitur: Ut s e r m o Dei c u r f a t.
Itaque sensus est: Et stabiliat vos ac perseverare faciat in omni bona doctrina atque in omni genere bonorum operum. Gegen diese Interpretation
spricht jedoch, daß das *παντί* dann in verschiedenem Sinne mit *ἔργον* und
λόγος verbunden werden müßte: hier die ganze Summe, dort gerade alle Einzelheiten betonend.

[1]) Vgl. I. Thess. 4, 1. — [2]) Das. 5, 25.
[3]) Vgl. Röm. 1, 16: *δύναμις θεοῦ εἰς σωτηρίαν.*
[4]) Vgl. oben S. 21 f.

um der Thess. willen ist der Apostel nicht in banger Sorge. Er weiß, daß der Herr, der sie sichtlich berufen und der so gnadenreich in ihnen sich geoffenbart hat, treu ist und sie darum auch in Zukunft befestigen und bewahren wird: $\dot{\alpha}\pi\dot{o}\ \tau o\tilde{v}\ \pi o\nu\eta\varrho o\tilde{v}$ [1]). Es wäre an sich nicht unmöglich, dieses Wort auf den Teufel zu beziehen [2]); allein der Zusammenhang, speciell die Rede von feindseligen Menschen, leitet dazu, dasselbe als Neutrum zu nehmen, zumal kurz zuvor (2, 17) der Apostel $\sigma\tau\eta\varrho\tilde{\imath}\xi\alpha\iota$ mit $\dot{\epsilon}\nu\ \pi\alpha\nu\tau\iota$ $\dot{\epsilon}\varrho\gamma\omega\ \varkappa\alpha\dot{\imath}\ \lambda\dot{o}\gamma\omega\ \dot{\alpha}\gamma\alpha\vartheta\tilde{\omega}$ verbunden hat, und also bei $\varphi\nu\lambda\dot{\alpha}\xi\epsilon\iota$ das Gegenteil davon als Ergänzung zu erwarten steht.

Gott wirkt nicht allein, er verlangt auch des Menschen Mit- v. 4. wirkung. Dieser Gedanke vermittelt den Übergang zu v. 4: zu dem Ausdruck des Vertrauens, das Paulus auf die Thess. setzt, daß diese alle seine Anordnungen, wie sie das zur Zeit ja thun, auch ferner befolgen werden. Dasselbe gründet aber in der den Thess. verliehenen Gnade, und das drückt Paulus in der ihm eigenen Weise durch $\pi\epsilon\pi o\dot{\imath}\vartheta\alpha\mu\epsilon\nu\ \delta\dot{\epsilon}\ \dot{\epsilon}\nu\ \varkappa\nu\varrho\dot{\imath}\omega$ aus.

Vom Wirken der Thess. richtet der Apostel abermals sein v. 5. Auge auf den Geber und Vollender alles Guten und spricht die Bitte aus, Gott möge der Thess. Herzen richten: $\epsilon\dot{\imath}\varsigma\ \tau\dot{\eta}\nu\ \dot{\alpha}\gamma\dot{\alpha}\pi\eta\nu$ $\tau o\tilde{v}\ \vartheta\epsilon o\tilde{v}\ \varkappa\alpha\dot{\imath}\ \epsilon\dot{\imath}\varsigma\ \tau\dot{\eta}\nu\ \dot{\nu}\pi o\mu o\nu\dot{\eta}\nu\ \tau o\tilde{v}\ X\varrho\iota\sigma\tau o\tilde{v}$. Da es sich um des Menschen Thätigkeit und Wirken, das Gott in Seiner Gnade leiten möge, handelt, so ist $\vartheta\epsilon o\tilde{v}$ als Gen. object. zu fassen: die Liebe zu Gott. Mit $\varkappa\alpha\tau\epsilon\nu\vartheta\tilde{\nu}\nu\alpha\iota$ ist nicht gesagt, daß der Thess. Herzen überhaupt noch nicht auf Gott gerichtet wären, sondern ist die göttliche Thätigkeit, die eine ununterbrochen wirkende sein muß, bezeichnet. Die Nebeneinanderstellung läßt annehmen, daß auch $X\varrho\iota\sigma\tau o\tilde{v}$ ein Gen. obj. ist. Die Hoffnung auf Christus zu bewahren, ist durch die Zeiten der Trübsal erschwert. Deshalb sagt Paulus auch nicht $\dot{\epsilon}\lambda\pi\dot{\imath}\varsigma$, sondern wählte das Wort $\dot{\nu}\pi o\mu o\nu\dot{\eta}$ [3]). Darum stimme ich Estius [4]) zu: Opto vobis, ut Christus dominus corda vestra dirigat moveatque magis ac magis ad

---

[1]) Vgl. die letzte Bitte des Vaterunsers: Matth. 6, 13.

[2]) $\dot{o}\ \pi o\nu\eta\varrho\dot{o}\varsigma$. Vgl. Matth 13, 19; Ephes. 6, 16. So Chrys., Theophyl., Oecum., Estius.

[3]) Vgl. oben S. 40.

[4]) So auch Ambros, Oecum., Corn. a Lap. u. a.

diligendum Deum et ad expectandum patienter adventum
Christi remuneratoris [1]).

v. 6.   Schon im ersten Briefe hat der Apostel ermahnt, daß alle
Thess. ein ordnungsmäßiges Leben führen sollten [2]). Hierzu ist
nun abermals Grund gegeben. Bei aller Liebe zu den „Brüdern"
wiederholt er diesmal in ernsterer und eindringlicherer Weise
dasselbe Gebot, das der Wille des Herrn, in Dessen Namen er
redet, ist: ἐν ὀνόματι τοῦ κυρίου ἡ. I. X. [3]). Eine Strafe und ein
Heilmittel zugleich ist der Auftrag, den Umgang mit einem jeden
Bruder unterschiedslos aufzugeben, der ἀτάκτως d. i. in einer der
göttlichen Ordnung zuwiderlaufenden Weise lebt und somit die
vom Apostel früher mündlich, wie bereits im ersten Schreiben
wiederholten Anweisungen außeracht läßt.

vv. 7-10.   Der Apostel begründet diese Maßregel zuerst durch den
Hinweis auf das Beispiel, das er selbst den Thess. gegeben hat.
Voraussetzung ist dabei, daß es göttliche Anordnung ist, daß
der Mensch durch Arbeit sich sein Brod verdienen soll, daß Arbeit eine Pflicht und darum eine Grundlage der socialen
Ordnung ist. Die Arbeit unterlassen, nennt der Apostel ἀτακτεῖν [4]):
ein Durchbrechen der von Gott getroffenen Ordnung. Um diese
Wahrheit der christlichen Gemeinde recht tief einzuprägen und
um jegliches Mißverständnis fern zu halten, hat der Apostel
selbst von dem ihm zustehenden Rechte, aus seiner Lehrthätigkeit den Anspruch auf die Gewährung des zeitlichen Unterhaltes
abzuleiten, dessen er sich sehr wohl bewußt ist, keinen Gebrauch
gemacht [5]). Er hat dadurch, daß er besonders die Nacht gebrauchte, um in ungewöhnlich mühsamer Weise — ἐν κόπῳ καὶ
μόχθῳ — sich sein Brod zu verdienen, den Gläubigen ein Bei-

---

[1]) Anders erklären z. B. Lünemann und Bisping. Es bezeichne
ὑπομονή τοῦ Χρ. „die Standhaftigkeit Christi. Nach der Anschauung Pauli,
wornach die Gläubigen eins sind mit Christo, Glieder seines Leibes, ist damit
die Ausdauer gemeint, die der Christ in Trübsal und Verfolgung um des
Evangeliums willen bethätigt". Ein schöner Gedanke, aber im Zusammenhange hier wohl nicht gegeben.

[2]) Vgl. 4, 11. 12; 5, 14.

[3]) Vgl. die Erklärung zu I. Thess. 4, 1; oben S. 89.

[4]) ἠτακτήσαμεν (im N. T. nur hier vorkommend) = ἀτάκτως περιεπα-
τήσαμεν.

[5]) Vgl. hierzu I. Thess. 2, 9.

spiel gegeben: οἴδατε πῶς δεῖ μιμεῖσθαι ἡμᾶς. Was der Apostel
in solcher Weise die Thess. gelehrt, das hatte er ihnen auch bei
seiner persönlichen Anwesenheit bereits mündlich vorgetragen
und das wiederholt er ihnen hier: ὅτε ἦμεν πρὸς ὑμᾶς, τοῦτο
παρηγγέλλομεν ὑμῖν. Aus der Kürze des Aufenthaltes Pauli in
Thessalonich aber ist der Schluß auf die Wichtigkeit, die er dieser dennoch bereits mündlich übergebenen Lehre beimaß, gerechtfertigt. Es mag immerhin sein, daß das εἴ τις οὐ θέλει
ἐργάζεσθαι μηδὲ ἐσθιέτω sprichwörtlich geworden war [1]); es
gründet aber jedenfalls in dem nach dem Sündenfalle ausgesprochenen göttlichen Willen [2]). Das οὐ gehört zu θέλει und negiert
also diesen Begriff, und der Sinn ist: „wenn jemand ein Nicht-
wollender ist."

Paulus hatte aber in Korinth in der jüngsten Zeit — das **rv. 11.12.**
Praes. ἀκούομεν läßt dieses erschließen — Nachrichten aus Thessalonich erhalten, nach denen es deren gab, die bei geschäftiger,
unruhiger Vielthuerei doch nichts arbeiteten, sondern ein ungeordnetes Leben führten. Die Erwartung eines baldigen Weltendes war zu einem Anlaß dazu mißdeutet worden. Eindringlich befiehlt diesen der Apostel — παραγγέλλομεν καὶ παρακαλοῦμεν — als Stellvertreter oder Werkzeug Jesu Christi — ἐν
κυρίῳ Ἰ. Χ. —, daß sie in aller Ruhe arbeiten und das selbst-
erworbene (τὸν ἑαυτῶν ἄ.) Brot, nicht ein als Almosen gegebenes, essen sollten [3]).

Es lag nahe, daß der Mißbrauch der Wohlthaten, beson- **v. 13.**
ders der Almosen, ein Nachlassen in der Bethätigung der in
Thessalonich bisher so rege geübten Nächstenliebe bewirken
mochte. Darum ermahnt der Apostel die Wohlthäter, in dem
bisherigen edlen Wirken nicht zu erlahmen: μὴ ἐγκακήσητε καλοποιοῦντες. Auf diese Beziehung leitet das δέ nach ὑμεῖς über:

---

[1]) Vgl. Schötgen, i. h. l. — [2]) Gen. 3, 19.

[3]) Es ist nicht unangebracht, hierbei ein Wort von Estius zu wieder-
holen: Caeterum nimis improbe detorquent haeretici sententiam apostolicam
contra fratres ordinum mendicantium ab Ecclesia approbatorum, qui cum non
vacent inerti otio, sed pro salute generis humani sanctos labores subeant, le-
gendo, docendo, praedicando, confessiones poenitentium audiendo; nihil inte-
rim quasi pro jure exigentes, sed humiliter a populo mendicantes, quod manducent:
profecto dignissimi sunt, quibus victus necessarius liberaliter subministretur.

ein Teil der Thess., waren aber die καλοποιοῦντες, der andere die, welche deren Liebe mißbraucht hatten [1]).

vv. 14. 15.   Nachdem der Apostel somit zu wiederholten Malen diese Pflicht der ruhigen Arbeit — mündlich und einmal bereits schriftlich — aber ohne durchschlagenden Erfolg eingeschärft hatte, und da er die mit ihrer Vernachlässigung verbundenen, nicht zu überschätzenden Gefahren erkannte, so schreitet er nun zur Ankündigung bezw. Verhängung einer heilsamen Strafe vor. Es empfiehlt sich daher hinreichend, das διὰ τῆς ἐπιστολῆς nicht zu τοῦτον σημειοῦσθε [2]), sondern zu εἰ δέ τις οὐχ ὑπακούει τῷ λόγῳ ἡμῶν zu beziehen, wie dieses auch die meisten Erklärer von Chrysostomus an gethan haben. Die Thess. sollen also den, der diesem Briefe nicht gehorcht, bezeichnen, um ihn von der Gemeinschaft durch Meiden des Umganges abzusondern, auf daß er dadurch beschämt und so zur Besserung gebracht werde. Niemals aber soll dabei die christliche Liebe außer Kraft treten; auch der Fehlende soll als „Bruder“ behandelt werden. Die mit der Strafe verbundene Liebe bewirkt die Besserung des Fehlenden.

v. 16.   Der Apostel steht am Schlusse dieses zweiten Schreibens. Seine aus den Briefen erkannte innige Liebe giebt als den letzten Wunsch ein: αὐτὸς δὲ κύριος .. κτλ. Kein Geschöpf vermag den Frieden zu geben, denn die Welt besitzt ihn nicht. Der Herr, d. i. Jesus Christus, dem der Friede eigen ist, er gebe ihn dauernd in allen Verhältnissen, für alle Lagen des menschlichen Lebens [3]): διὰ παντὸς ἐν παντὶ τρόπῳ. Dieses wird aber der Fall sein, wenn der Herr Jesus Christus [4]) in Seiner Gnade bei

---

[1]) Deshalb dürfte der Ansicht Lünemanns, es fordere der Apostel die, welche von solchem verkehrten Wandel sich bisher fern gehalten haben, auf, in Zukunft von dem „gegebenen bösen Beispiele sich nicht anstecken“ zu lassen, nicht zuzustimmen sein.

[2]) Der Sinn dieser Beziehung wäre, die Thess. sollten dem Paulus einen solchen Ungehorsamen brieflich bezeichnen, damit er dann die Strafe verhängen könne. Dagegen spricht bereits der Artikel τῆς, der auf einen bestimmten Brief hinzeigt und die Wortstellung, denn in diesem Falle möchte man doch τοῦτον διὰ τῆς ἐπιστολῆς σημειοῦσθε erwarten.

[3]) Vgl. zu 1 Thess. 1, 1.

[4]) Vgl. Matth. 28, 20: καὶ ἰδοὺ ἐγὼ μεθ᾽ ὑμῶν εἰμι πάσας τὰς ἡμέρας ἕως τῆς συντελείας τοῦ αἰῶνος.

ihnen ist, darum: *ὁ κύριος μετὰ πάντων ὑμῶν.* Dann empfinden auch die Thess., was die Apostel und Jünger Jesu einst, da sie dem Herrn folgten, was Paulus, da der Herr in geheimnisvoller Weise mit ihm umgegangen war, erlebt und empfunden hatten. Eigene beseligende und aus einem mit Frieden erfüllten Herzen stammende Erfahrung giebt diese Schlußbitte an Gott für die Thess. ein.

Paulus schrieb, das ersehen wir zuerst hieraus, die Briefe vv. 17. 18. nicht eigenhändig, sondern dictierte sie [1]). Wenn nun der Apostel auch nicht in jedem Briefe es ausdrücklich h e r v o r h e b t, daß er den Gruß am Schlusse desselben eigenhändig hinzuge- schrieben habe, so kann daraus nicht gefolgert werden, daß es nicht geschehen sei. Bei dem zweiten Thess.-Briefe ist solches Hervorheben und Aufmerksammachen auf die Schriftzüge — *οὕτως γράφω* = als Kennzeichen (*σημεῖον*) der Echtheit — in der Thatsache, daß der Versuch der Unterschiebung eines fal- schen Briefes gemacht worden ist (vgl. 2, 2), hinreichend begrün- det. Da nun der Apostel schreibt: *ὅ ἐστιν* — was sich auf das ganze vorausgehende *ὁ ἀσπασμὸς τῇ ἐμῇ χειρὶ Παύλου* bezieht — *σημεῖον ἐν πάσῃ ἐπιστολῇ*, so liegt die Annahme nahe, daß es so seine Gepflogenheit gewesen sein muß, und daß wir also nicht bloß im ersten Thessalonicherbriefe, sondern auch in den späteren Schreiben den eigenhändig zugefügten „Gruß" werden erwarten dürfen. Und wir finden ihn auch, wenn wir mit Chrys., Theodoret, Theophyl., Anselmus, Estius, Corn. a Lap. und den meisten Erklärern *ὁ ἀσπασμός* auf v. 18 bezie- hen. Und warum sollte das auch nicht geschehen können? Der Gruß hat einen guten Wunsch zum Inhalte [2]). Und welcher Inhalt kann paulinischer genannt werden als der Wunsch, daß die Gnade unsers Herrn Jesu Christi mit allen Thessalonichern sein möge [3])? Der Apostel der Gnade, der an sich selbst die Macht der Gnade und ihre beglückenden Wirkungen so herrlich erfah-

---

[1]) Vgl. Röm. 16, 22; I. Kor. 16, 21; Kol. 4, 18.

[2]) Darum ist es nicht nötig, mit M e y e r - L ü n e m a n n, B i s p i n g *ὁ ἀσ- πασμός* auf v. 17 zu beziehen; auch *ὁ κύριος μετὰ πάντων ὑμῶν* enthält ja ei- nen Segenswunsch.

[3]) Dieser Segenswunsch findet sich am Schlusse aller Briefe Pauli als Gruß.

ren hat, wünscht dieselbe allen seinen geistigen Kindern, die er ausnahmslos mit der gleichen Liebe umfaßt. Ex his vero intelligitur, bemerkt schon Estius, quam insignis gratiae divinae praedicator et commendator fuerit hic Apostolus, ut omnibus etiam suis Epistolis hanc salutationem, velut pro sigillo, appenderet, adeo ut cui Epistolae hoc signum deesset, nollet eam pro sua agnosci. Für alle Thess. aber, die guten Willens sind und der Gnade kein Hindernis entgegenstellen, wird dieser Gruß zur Wahrheit [1]).

---

[1]) Vgl. zu I. Thess. 1, 1. S. 35.

Der Brief

an die

Galater.

Die Galater [1]) — Γαλάται, eine jüngere Form von Κέλτοι oder Κέλται — sind ein keltischer Volksstamm. Ihre Vorfahren hatten schon im 6., besonders aber seit dem 4. Jahrh. v. Chr., ihre ursprünglichen, transalpinischen Wohnsitze zu verlassen begonnen, um sich gegen Osten zu wenden. Sie hatten in Pannonien und Illyrien ein eigenes Reich gegründet und waren dann weiter nach Macedonien und Griechenland vorgedrungen, bis ihnen ihre Niederlage bei Delphi ein Ziel setzte (281—279 v. Chr.). Schon vor dieser Schlacht war ein Teil derselben gegen Byzanz gezogen und von da nach Klein-Asien übergesetzt, wo sie der König Nikomedes von Bithynien in seinen Dienst nahm (279). Wiewohl sie hierfür von diesem mit reicher Beute belohnt worden und auch im Besitz eines Gebietes in der Mitte Klein-Asiens gelangt waren, so setzten sie doch ihre Raubzüge so lange fort, bis sie Attalus I., der Beherrscher des neu aufstrebenden Pergamos, durch einen entscheidenden Sieg zwang, sich auf ihr Gebiet zu beschränken (229 v. Chr.). Dasselbe

[1]) Zur Litteratur über die Galater vgl. unter den Einleitungen zu den Commentaren besonders die von Reithmayr und Sieffert (7. Aufl. d. Meyer'schen krit.-exeg. Handb.). Specialschriften: Wernsdorf, de reipubl. Galatarum. Norimb. 1743; Schulze, de Galatis. Francof. 1756; Hermes, rerum Galaticarum specimen. Vratisl. 1822; Contzen, die Wanderungen der Celten. Leipzig 1861; Fr. Sieffert, Galatien und seine ersten Christengemeinden. Gotha 1871; Herzogs Realencykl. (Rüetschi); Wetzer u. Welte, Kirchenlexikon (Kaulen); Hausrath, der Apostel Paulus. Heidelberg 2. Aufl.) 1872; ders., Neutestamentliche Zeitgeschichte. III. Theil. Heidelberg 1875. Über die neuere protest. Litteratur über den Galaterbrief vgl. Hilgenfeld in s Zeitschr. 1884 S. 303 ff.

bestand in einem größeren Teile Phrygiens und in kleineren von
Kappadocien und Pontus an den Flüssen Halys und Sangarius.
Neben dem Namen Galatien, den es allmählich erhalten hatte,
kam später infolge der Mischung mit griechischer Bevölkerung
der Name Gallograecien in Aufnahme. Daß die Galater die Partei des Antiochus des Großen gegen die Römer ergriffen hatten,
verwickelte sie mit diesen in Krieg, welcher mit ihrer Unterwerfung
unter Roms Oberherrschaft endete. Wenn ihnen auch ihre eigene einheimische Gauverfassung und eine gewisse Freiheit unter eigenen Fürsten belassen worden war, so sahen doch gerade
diese in dem Schutze Roms die Bürgschaft ihres ferneren Be-
stehens und schlossen sich darum treu an dasselbe an. Diese
Ergebenheit brachte ihnen außer Gebietserweiterungen noch ein,
daß Dejotarus den Königstitel annehmen konnte. Amyntas, der
Nachfolger desselben, erreichte durch die gleiche Politik die
Ausdehnung seiner Herrschaft auch über Pisidien, Isaurien, Teile
von Lykaonien, Pamphylien, Phrygien und Cilicien. Mit dem
Tode desselben aber fand dieses Clientelverhältnis sein Ende.
Das ganze Reich des Amyntas wurde bis auf die Teile Ciliciens
und Pamphyliens eine römische Provinz, die den officiellen
Gesamtnamen Galatia erhielt (26 v. Chr.). [1].
      In ihrer inneren politischen Organisation behielten die Ga-
later ihre einheimischen Einrichtungen auch unter dieser Form
der römischen Herrschaft bei; die drei Hauptstämme, die Tekto-
sagen, Tolistobojer und Trokmer hatten eine gewisse Selbstän-
digkeit der Verwaltung in inneren Angelegenheiten behauptet.
Anders stand es aber um Sprache und religiöse Verhältnisse.
Jene war unter griechisch-römischem Einflusse besonders in den
Städten dem Griechischen gewichen und nur mehr auf dem Lande
im Gebrauche [2]. Überreste des alten keltischen Kultus, als Ei-
chenhaine, eigene Arten von Wahrsagerei und selbst Menschen-

---

[1]) Perrot, de Galatia provincia Romana. Lutet. Paris. 1867.

[2]) Dadurch, wie aus dem Umstande, daß zur Zeit des h. Hieronymus
die Bewohner der Gegend von Trier Kelten waren, erklärt es sich, daß dieser
Kirchenlehrer eine Verwandtschaft der Sprache dieser mit der der Galater
finden konnte — Prolog. in ep. ad Gal. —; erledigt sich aber auch die Frage,
ob die Galater germanischen Ursprungs waren, negativ. Zur Litteratur in
dieser Frage vgl. Sieffert, Galaterbrief. Einleitg S. 5 f.

opfer, phrygische Gebräuche, als namentlich der wilde orgia-
stische Dienst der Kybele, griechischer und schließlich auch römischer Götzendienst, namentlich aber göttliche Verehrung der
Kaiser sind die verschiedenen Elemente, aus denen sich die Religion der Galater bis zu den Zeiten des Apostels allmählich zu-
sammengesetzt hatte. Gerade in ihrem religiösen Leben bekunden die Galater eine eigenartige geistige Beweglichkeit, „die
gleiche celtisch-cymrische Abstammung mit den Iren und, ihrem vorwiegenden Grundbestandtheile nach, mit den heutigen
Bewohnern Frankreichs, durch ihre Fähigkeit tiefer Aufregung
des Gemüthes und herzlichen Erfassens der Wahrheit und ihres
Verkünders (IV, 14), neben eben so schnellem wieder Irrewerden
an dem Erfaßten" [1]). Da nun in den Städten, speciell in der
Hauptstadt Ancyra, Juden in größerer Anzahl sich niedergelas-
sen halten [2]), so kann die Annahme, daß auch diese in religiöser
Hinsicht Einfluß gewannen und Proselyten machten, nicht befremden.

Hierbei sei nun gleich bemerkt, daß diese Übereinstimmung
der Charaktereigentümlichkeiten dieses Volkes mit dem gleichen
Bilde, das der Galaterbrief davon bietet, uns zu der Ansicht führen muß, daß die Adressaten dieses Briefes die Bewohner
der Landschaft Galatien waren, nicht aber die der ganzen römischen Provinz dieses Namens, wozu insbesondere
die Städte Antiochien in Pisidien, Derbe, Lystra wie auch Ikonium [3])
gehörten. Auch die Anrede Γαλάται [4]) weist auf den Volksstamm,
nicht auf die Bewohner einer jüngeren römischen Provinz hin, für die
der Name Galatia so wenig allgemein eingebürgert war, daß nicht
bloß Profanschriftsteller und Inschriften von Denkmälern und
Münzen, sondern selbst römisch-staatliche Inschriften denselben
für das Keltenland gebrauchten [5]). Es ist auch eine unzutreffende

---

[1]) Windischmann, Einleitung zum Galaterbr. S. 5.
[2]) Flavius Josephus, Antt. XVI, 6. 2.
[3]) Die Zugehörigkeit dieser Stadt zur Provinz Galatia ist zwar von
Rückert, Wieseler, Hilgenfeld bestritten worden, doch nach einer In-
schrift aus der Zeit des Claudius (Corp. Inscr. Gr. 3991) außer Zweifel gesetzt.
Vgl. Sieffert, l. c. S. 8.
[4]) 3, 1.
[5]) Vgl. Mionnet, description de médailles antiques IV, 374—376; Suppl.

Annahme, daß Paulus sich sonst consequent an die officiellen
römischen Namen gehalten habe, denn Gal. 1, 21 versteht er
unter Syrien nicht die römische Provinz, sondern nur die antiochenische Landschaft [1]). Insbesondere aber bezeichnet die Apostelgeschichte mit Γαλατία nicht die römische Provinz, sondern die
Landschaft im engeren Sinne, denn sie gebraucht den Ausdruck
χώρα Γαλατική [2]) und bedient sich doch auch der Namen Lykaonien [3]), Phrygien [4]), obschon diese zum Teile wenigstens zu der
römischen Provinz gehörten, und besonders der Benennung Pisidien, wiewohl dieses ganz derselben einverleibt war [5]). Was
Paulus selbst im Briefe [6]) an die Galater über seinen Aufenthalt
unter ihnen sagt — daß Krankheit ihn zum Bleiben genötigt
hätte —, paßt nicht zu den Berichten der Apostelgeschichte über
seine Reisen in Pamphylien und Pisidien, läßt sich mit dem ersten und zweiten Besuche der Städte Antiochien, Ikonium, Lystra
und Derbe nicht vereinbaren. Sehr wohl aber läßt es sich in
Einklang bringen mit dem, was über den Besuch der galatischen
Landschaft — διῆλθον δὲ τὴν Φρυγίαν καὶ Γαλατικὴν χώραν —
gesagt ist [7]). Daß die Apostelgeschichte über die Gründung der
später so wichtig gewordenen Gemeinden Galatiens und über
den Anlaß des Briefes an sie nichts mitteilt, könnte nur dann
befremden, wenn sie eine Zusammenstellung aller ihr zugäng-
lichen Nachrichten oder Quellen wäre. Sie erzählt ja auch
nichts über die Gründung der römischen Gemeinde, obschon
wir einen Römerbrief haben [8]).

VII. 631—633; Corp. Inscript. Gr. 4016. 4017. 4031. 4039. Sieffert, l. c.
S. 9 f.
[1]) Vgl. die Erklärung zu Gal. 1, 21. — [2]) 16, 6; 18, 23. — [3]) 14, 6.
[4]) 16, 5; 18, 23. — [5]) 13, 14; 14, 24. — [6]) 4, 13. — [7]) Act. 16, 6.
[8]) Die Hypothese, der Galaterbrief sei an die Gemeinden der römischen
Provinz G., bes. also an Antiochien, Lystra, Derbe und Ikonium gerichtet,
ist zuerst von Mynster, Einleitg in den Galaterbrief, Kopenh. 1825, verfoch-
ten worden. Diesem sind dann gefolgt: Niemeyer, Paulus, Ulrich, Bött-
ger, Thiersch, Perrot, Renan und bes. in neuester Zeit Hausrath, Paulus S. 225 f. Neutest. Zeitg. III. S. 135 ff.; Weizsäcker, Jahrb. f. deutsche
Theol. 1876 S. 606 f.; Jacobsen, die Quellen der Apostelg. Berl. 1885. S. 17;
Cornely, introd. Par. 1886 p. 416 ss.; O. Pfleiderer, das Urchristenthum,
seine Schriften und seine Lehren. Berl. 1887. S. 57 ff. Die von diesem noch
vorgebrachten Gründe, Paulus bediene sich der officiellen römischen Namen;

Nachdem die Frage über die Adressaten dahin festgestellt, daß die Galater, denen dieser Brief gilt, die Bewohner der χώρα Γαλατική, der Landschaft Galatien sind, beantwortet sich die Frage nach der Zeit der Gründung dieser Gemeinden unschwer. Nach Gal. 1, 6 ff.; 4, 13 ff. 19 ist sie das Werk des Apostels Paulus und ist in die zweite Missionsreise zu setzen: Act. 16, 6. Die Annahme, daß das Verhindertwerden vom Geiste nicht auf Phrygien und Galatien, sondern nur auf die Provinz Asia zu beziehen ist, ist nicht grundlos [1]). Aber wenn dem auch nicht so ist, so folgt doch noch nicht, daß Paulus daselbst überhaupt nicht gepredigt habe, sondern nur, daß das Ziel der göttlichen Führung Europa war. Krankheit, sonst ein Hemmnis der apostolischen Wirksamkeit, ward zum Anlaß des ersten Verweilens Pauli und zur Gründung der Gemeinden in Galatien. (Gal. 4, 13 f.). Den Genesenen rief der Geist Gottes nach Macedonien.

*　　*　　*

Wir haben den Apostel verlassen, da er in Korinth weilte [2]) und von da aus in den beiden Sendschreiben an die Thessalonicher uns die ersten schriftlichen Zeugnisse seiner steten apostolischen Hirtensorge schenkte. Nach einem Aufenthalte in Korinth von 1 Jahr und 6 Monaten schiffte er sich in Kenchrea ein und reiste in Begleitung des Aquila und der Priscilla nach Ephesus [3]). Daselbst predigte er

---

es sei unwahrscheinlich, daß wir über die Gründung der galat. Gemeinden keine näheren Nachrichten hätten, erledigen sich nach dem oben Gesagten. Daß die keltische Sprache ein Hindernis für die Ausbreitung des Christentums gewesen sein solle, findet darin, daß in den Städten G., um die es sich doch in erster Linie handelt, das Griechische herrschend geworden war, seine Erledigung. Endlich kann aus Gal. 2, 13 nicht gefolgert werden, daß Barnabas, der nur bei der ersten Missionsreise Pauli Begleiter war, den Galatern persönlich bekannt gewesen sein, und er also mit Paulus ihnen gepredigt haben müßte. Ebensowenig bedingt Gal. 2, 5, daß die galat. Gemeinden bei dem in Jerusalem ausgefochtenem Streite interessiert gewesen wären. Das ergibt die Erklärung dieser Stellen von selbst.

[1]) Windischmann, Galaterbrief S. 5: „Die Hemmung der Predigt bezieht sich nur auf die Provinz Asien, keineswegs auf Phrygien und Galatien."

[2]) Vgl. oben S. 21 f. 125.

[3]) Act. 16, 11—18, 22.

in der Synagoge; doch für diesmal trotz der Bitten, länger zu
bleiben, nur für kurze Zeit. „Ich werde aber, so Gott will, zu
euch zurückkommen", waren seine Abschiedsworte. Er reiste
über Cäsarea hinauf nach Jerusalem, „begrüßte die Gemeinde"
daselbst und begab sich von da nach Antiochien. Hier verweilte er „einige Zeit" und trat dann

die dritte Missionsreise

an. Ihr erstes Ziel war, die in Klein-Asien bereits gegründeten
Gemeinden im Glauben zu bestärken ($\sigma\tau\eta\varrho i\zeta\omega\nu$ $\pi\acute{\alpha}\nu\tau\alpha\varsigma$ $\tauο\grave{\upsilon}\varsigma$ $\mu\alpha$-
$\vartheta\eta\tau\acute{\alpha}\varsigma$). Er zog von Ort zu Ort durch das „Galatische Land"
und Phrygien. Mit dieser Nachricht der Apostelgeschichte stimmt
auch die Bemerkung des Galaterbriefes überein: $\varepsilon\grave{\upsilon}\eta\gamma\gamma\varepsilon\lambda\iota\sigma\acute{\alpha}\mu\eta\nu$
$\acute{\upsilon}\mu\tilde{\iota}\nu$ $\tau\grave{o}$ $\pi\varrho\acute{o}\tau\varepsilon\varrho\omicron\nu$ [1]. die ein wiederholtes Verkündigen des Evangeliums daselbst voraussetzt. Diese einzigen Nachrichten über
den zweiten Aufenthalt des Apostels in Galatien rechtfertigen die
Annahme, es seien damals schon [2] die später so nachteilig wirkenden judaistischen Irrlehren von ihm vorgefunden worden,
nicht [3]; das Erstaunen über die schnelle Sinnesänderung, dem
der Apostel im Galaterbriefe (1, 6) Ausdruck giebt, läßt eher annehmen, daß die Aufgabe seiner zweiten Anwesenheit wohl eine
Befestigung, nicht aber eine so eingreifende Zurechtweisung der
Gläubigen bezweckt hatte. Aus 4, 19 f. kann geschlossen werden, daß bei der Anwesenheit des Apostels die Irrlehrer es nicht
wagten, ihre Behauptungen vorzubringen. Nachdem Paulus auch die
übrigen Gemeinden in den kleinasiatischen Ländern besucht hatte,
kam er nach Ephesus, um seinem Versprechen gemäß längere
Zeit daselbst zu verweilen. Hier fand er Johannesjünger vor; er taufte
sie „im Namen des Herrn Jesus", legte ihnen die Hände auf,
worauf der hl. Geist über sie herabkam. Drei Monate lang lehrte
er alsdann zuerst in der Synagoge, bis ihn die alte jüdische

---

[1] Gal. 4, 14; Act. 18, 23.
[2] Dieses nehmen an u. a. Rückert, Credner, Wieseler, Sieffert,
Hilgenfeld, Reuß, Lipsius, Hausrath, Holsten, Weizsäcker.
[3] So auch Eichhorn, de Wette, Neander, Bleek, Renan, Philippi, Windischmann (ohne die Möglichkeit der andern Ansicht ganz aus-
zuschließen), Bisping, Reithmayr, Kaulen, Cornely.

Feindseligkeit veranlaßte, sich zu den Heiden zu wenden. Fortan lehrte er zwei Jahre lang mit reichem Erfolge in der Schule eines gewissen Tyrannos. Gott aber unterstützte ihn durch zahlreiche Wunder. Dadurch gelang es ihm besonders, dem in Ephesus im großen Ansehen stehenden falschen Zauberwesen zu begegnen; es trugen viele ihre Zauberbücher zusammen und verbrannten sie [1]).

Die erste Hälfte dieses ephesinischen Aufenthaltes ist mit triftigem Grunde als die Abfassungszeit des Galaterbriefes anzunehmen. Die darin (1, 6 ff.) mitgeteilte Veranlassung muß, um die Verwunderung Pauli über die schnelle Veränderung ausreichend zu erklären, immerhin in nicht langer Zeit nach dem zweiten Besuche dieser Gemeinden eingetreten sein. Hiermit steht im Einklang, daß nach dem ersten Korintherbriefe (16, 1), der gegen das Ende der Wirksamkeit Pauli in Ephesus geschrieben worden ist, die Sammlungen für die Armen in Jerusalem, wovon der Galaterbrief 2, 10 gleichfalls spricht, in den galatischen Kirchen bereits vorgenommen worden waren. Es ergiebt sich also das Jahr 54 oder 55 [2]).

Was in Antiochien geschehen war, daß Judenchristen gekommen waren, welche die Verbindlichkeit des alttestamentlichen Gesetzes zur Erlangung des Heiles auch für die Getauften, speciell für die Heidenchristen behaupteten [3]), das hatte sich in den Gemeinden Galatiens wiederholt. Bald nach der Abreise des

---

[1]) Act. 19, 1—20.

[2]) Diese Ansicht vertreten bereits Marius Victorinus, Claudius v. Auxerre und die meisten neueren Erklärer. Mit der Zuschrift ἐγράφη ἀπὸ Ῥώμης in B stimmen Theodoret, Euseb., Hieron., Oekum., Estius überein. Jene Erklärer aber, welche den Namen Galatia von der römischen Provinz verstehen, kommen auch zu dem Schlusse, daß dieser Brief bald nach dem „zweiten“ Besuche dieser Gemeinden, wovon Act. 16, 1 ff. rede, geschrieben sein solle. Vgl. Pfleiderer, l. c. S. 59. Zu demselben Resultate würde Cornely kommen. Propter Patrum tamen catholicorumque interpretum auctoritatem, qui epistolas ad Thessalonicenses illam ad Galatas praecessisse asserunt, Corinthi Paulum periculum Galatarum rescivisse eique occurisse admittere. l. c. p. 630 cfr. p. 381 ss. Bleek, Einltg 4. Aufl. S. 547 setzt den Brief um der Verwandtschaft mit dem Römerbriefe willen in die Zeit der Abfassung dieses Schreibens. Mangold, der Herausgeber, bestreitet S. 549 Anm. mit Recht die Beweiskraft dieses Grundes.

[3]) Vgl. oben S. 15 ff.

Apostels (4, 12. 19 f.; 1, 6 f.) erhob dieser Irrtum sein Haupt
und erzielte einen überraschend großen Erfolg. Da ihm das
Ansehen des Apostels Paulus — wir mögen das aus der begei-
sterten Aufnahme, die er gefunden hatte (4, 15), erkennen —
hindernd im Wege stand, so mochte man sich nicht bloß auf
andere Apostel, besonders auf Jakobus, Kephas und Johannes,
wie auf deren Verhalten in Jerusalem berufen, sondern geradezu
die Autorität Pauli als eines vollberechtigten Apostels Jesu
Christi angefochten haben. Die Sorge um die Wahrheit der
Lehre von dem alleinigen und unendlichen Erlösungswerke Jesu
Christi, die Gefahr, es könne das Christentum nur als eine Art
Durchgangsstadium zum Judentume zurück mißbraucht werden,
und endlich die unheilvollen praktischen Folgen dieses Irrtums,
die in Lieblosigkeit und ob des Verlustes der Gnade schließlich
in den Werken des Fleisches sich bereits enthüllen mochten oder
doch mit der Zeit sich zeigen mußten: geben dem Apostel dieses Sendschreiben ein, dessen „Bedeutsamkeit zu jeder Zeit anerkannt worden ist. Nicht nur, daß es uns mehr, als alle andere, ein anschauliches Bild des Apostels und die wichtigsten
historischen Nachrichten über sein Leben gibt: es ist zugleich
der Anfang seiner großen Lehrbriefe, und wir sehen in ihm alle
die Grundzüge paulinischer Weisheit, welche die spätern in
voller Entwicklung enthalten. Was hier mehr angedeutet und in
Kürze, unter sichtlichem Drang der Umstände und der Empfindung hingeworfen ist, das entfaltet der Römerbrief mit bewun-
derungswürdiger Klarheit und Ruhe und mit jener Schärfe der
Beweisführung, welche Lesern gegenüber nöthig war, die, wie die
römische Gemeinde, auf einer höheren Stufe christlicher Bildung
standen" [1]).

Gleich in der Anrede (1, 1—5) erhalten die den Apostel
bewegenden Hauptgedanken einen Ausdruck. Darnach nennt er

---

[1]) Windischmann, l. c. S. 6 f. Vgl. Aberle, l. c. S. 188: „... unter bloß formellem Gesichtspunkte betrachtet entschieden die hervorragendste
schriftstellerische Leistung des Apostels... In keinem anderen Briefe drückt
sich die Empfindung so stark und so unmittelbar aus, wie in diesem, in keinem ist das Wort so scharf und feurig, die Polemik so schlagend und ver-
nichtend".

(1, 6—10) die Veranlassung dieses Schreibens: die Abwendung der Galater von dem einzigen und wahren Evangelium, dessen Diener er ist. Dieses paulinische Evangelium ist kein menschliches, sondern ist ein — wie das der bisherige Lebensgang des Apostels beweist — unmittelbar von Christus empfangenes (1, 11—24). Darnach befaßt sich Paulus mit der bestrittenen Lehre selbst, indem er zeigt, daß er in seinem Lehren und Handeln mit den übrigen Aposteln, besonders mit Jakobus, Kephas und Johannes, den Säulen der Kirche, im Einklange gestanden, in einer Einheit in der Lehre gelebt, die durch den Vorfall mit Kephas in Antiochien ihre ganz besondere Beleuchtung erhält (2, 1—14). In Anlehnung an die in Antiochien stattgefundene Auseinandersetzung giebt der Apostel eine kurze Darlegung der erkannten Hauptwahrheiten, daß wir durch Jesus Christus und durch Ihn allein gerechtfertigt werden (2, 15—21). Indem er sich nun speciell an die Galater wendet, die diesen Erlöser Jesus Christus zu verlassen im Begriffe stehen, zeigt er sie auf ihre eigene Erfahrung und auf die Weise der Rechtfertigung des Abraham hin: beide lehren, daß nicht Gesetzeswerke die Rechtfertigung bewirkt haben (3, 1—9), weil solches nicht das Ziel des a. t. Gesetzes ist; es ist dieses aber gerichtet auf die Erlösung aller Menschen durch Jesus Christus (3, 10—14). Es zeigt die Heilsgeschichte seit Abraham, daß das Gesetz nur eine erziehende Aufgabe auf Christum hin habe, der unser Erlöser ist, durch den und in dem wir Erben der Verheißungen werden; dabei haben wir unserseits den Glauben als die Heilsbedingung zu setzen (3, 15—29). Dem Antritte des Erbes geht eine Zeit der Unmündigkeit für uns, die wir durch Christus Kinder Gottes geworden sind (4, 1—7), voraus. Hieran schließt sich die Ermahnung, eine solche Kindschaft, derentwillen sie einst den Apostel so begeistert aufgenommen hatten, nicht preiszugeben (4, 8—20). Nochmals nimmt der Apostel das Beweisverfahren auf. Aus alttestamentlichen typischen Ereignissen, von den Söhnen Abrahams aus der Magd und der Freien, zeigt er, daß es sich um eine geistige Kindschaft, die frei macht, handelt, und daß die Juden auf derselben Stufe wie die Kinder Hagars stehen (4, 21—31[a]). Hieran schließt sich dann wieder die Ermahnung, die christliche Freiheit zu bewahren und Christi Wirken nicht vergeblich sein zu lassen (4, 31^b—5, 6). Weil die Galater verführt worden sind, so giebt der Apostel seiner Hoffnung auf ihre Bekehrung Ausdruck (5, 7—12), woran sich (5, 13—15, eine Ermunterung schließt, Gottes Willen, besonders in der Übung der Nächstenliebe, zu thun. 5, 16—26: Das christliche Leben ist der Beweis der Wahrheit der von den Judaisten gerade bestrittenen Lehre, weil die Früchte desselben zeigen, daß es des Gesetzes nicht mehr bedarf. Die verschiedenen Ermahnungen in 6, 1—10 werden durch die zur Selbstlosigkeit und wahren Selbsterkenntnis unter einander verbunden. Den Schluß (6, 11—18) bildet die eigenhändig angefügte Zusammenfassung der Hauptgedanken des ganzen Briefes.

Die Weise der Ausführung des Gegenstandes dieses Briefes ist so durch concrete Verhältnisse und besondere Gesichtspunkte bestimmt, die Persönlichkeit des Verfassers tritt so nachdrucksvoll und so individualisiert in diesem Briefe hervor, daß dadurch die Echtheit des Schreibens am besten verbürgt ist [1]). Die Bestreitung derselben führt zur Aberkennung sämtlicher paulinischer Briefe und legt die nicht zu beantwortenden Fragen vor, wie ein solches, so ganz eigenartiges Schreiben entstehen und unterschoben werden, und wie es insbesondere so schnell eine so allgemeine Anerkennung finden konnte. Darum ist es begreiflich, daß der Galaterbrief zu jenen neutestamentlichen Schriften gehört, die am wenigsten als echt beanstandet worden sind. „Der Brief an die Galater ist einer der vier paulinischen Hauptbriefe und gehört also zu denjenigen Dokumenten des Christentums, deren Echtheit als so gut wie allgemein anerkannt betrachtet werden kann" [2]). Weil die ältesten Väter weder

---

[1]) Vgl. Windischmann, l. c. S. 2: „... es ist der Mensch, der Apostel in seinen persönlichsten Beziehungen zu einer im theuern, aber nun abtrünnigen Gemeinde, der da spricht, und dessen Herz wir in den schmerzlichsten Bewegungen gerechten Eifers, wie väterlicher Milde bewundern lernen. Solche Dinge können nur erlebt, und nicht erfunden werden .. ,"

[2]) So der jüngste Bestreiter der Echtheit, Steck, der Galaterbrief nach seiner Echtheit untersucht Berlin 1888. S. 1. Die Quelle dieser Richtung muß bis auf den englischen Deisten Evanson zurückgeführt werden, der mit Ausnahme des Lukasevangeliums alle neutestam. Schriften als echt bezweifelte. Wie die Hegelsche Philosophie die Voraussetzung und das treibende Motiv

eine Ursache hatten, dieselbe zu verteidigen, noch wörtlich genau zu citieren pflegten, so darf es uns nicht wundern, daß wir bei ihnen solche Belegstellen, die unbedingt anerkannt werden müssen, nicht finden. Immerhin aber' wird jeder, der nicht voreingenommen ist, bei manchen Väterworten das Vorhandensein des Galaterbriefes vermuten oder auch erkennen. Ob Lukas in der Apostelgeschichte den Galaterbrief bereits berücksichtigt hat, mag dahin gestellt bleiben, ebenso ob Clemens von Rom [1]) auf Gal. 1, 4; 2, 20 Bezug genommen hat. Unverkennbar aber sind Spuren davon bei Ignatius in dem Gebrauche von den paulinischen Ausdrücken: *ἰουδαϊσμός, ἰουδαΐζειν, κατὰ Ἰουδαϊσμὸν ζῆν* [2]) zu finden, und wahrscheinlich ist die Stelle ad Philad. 1: *ὃν ἐπίσκοπον ἔγνων οὐκ ἀφ' ἑαυτοῦ, οὐδὲ δι' ἀνϑρώπων κεκτῆσϑαι τὴν διακονίαν* eine Nachbildung von Gal. 1, 1 [3]). — Mit Recht

---

von Baur's und Strauß's „Kritik" geworden war, so suchte Bruno Bauer die Feuerbachschen Anschauungen, es sei Religion schließlich nur eine Selbsttäuschung des Menschen, der in der „Vorstellung seines Gottes nur sich selbst in das Absolute hinaus projiciere" „in der Kritik der überlieferten Anschauungen von der Entstehung des Christenthums durchzuführen". So ward ihm die evangelische Geschichte samt ihrem Christusbilde der schöpferische Wurf eines bewußt dichtenden Urevangelisten, des Markus. Hiermit konnte sich natürlich die Echtheit der paulinischen Briefe nicht vertragen, und nun galt es „Beweise" dagegen zu suchen. Es erschien seine „Kritik der paulinischen Briefe". Berlin 1852. Ihm folgten Chr. H. Weisse, Beiträge zur Kritik der paulin. Briefe, (herausgeg. von Sulze), Leipzig 1867; Allard Pierson, de bergrede en andere Synoptische Fragmenten, Amsterdam 1878, p. 99 ff. Verisimilia. Amsterd. u. Haag 1886; A. D. Loman, quaestiones Paulinae, theol. Tijdschrift. 1882. 1883. 1886. und Steck, Galaterbrief 1888. Zu Beweisen für diese „Hypothesen" müssen besonders dienen: argumenta a silentio; Versetzung des ersten Clemensbriefes gegen das Jahr 140; die Thatsache, daß das Muratori-Fragment ebenso das Johannes-Evang. wie den Galaterbrief bezeuge (!); neue Auffassungen über den Marcionitischen Streit; Umkehr des Verhältnisses zwischen Paulus und Justinus und insbes. Aufsuchen und neue Darlegung von Differenzen zwischen Galaterbrief und Apostelgeschichte. Vgl. zu letzterem die folg. Einzelerklärungen. Dagegen schrieben besonders: Scholten, Bijdragen. Leiden 1882; W. C. van Manen, theol. Tijdschrift 1886. S. 319 f. vgl. Theol. Literatur-Zeitung (gegen Steck) 1889 Nro. 10.

[1]) 1. ep. ad Kor. 49.

[2]) Vgl. auch ad Magn. 8 u. 10.

[3]) Vgl. auch ad Rom. 2: *οὐ γὰρ θέλω ὑμᾶς ἀνθρωπαρισκῆσαι, ἀλλὰ θεῷ ἀρέσαι, ὥσπερ καὶ ἀρέσκετε* und Gal. 1, 10.

wird auf Polykarp, ep. ad Phil. 3 hingewiesen, wo von dem himmlischen Jerusalem (Gal. 4, 26) die Rede ist, und wo es im c. 5 heißt: $\varepsilon i\delta\acute{o}\tau\varepsilon\varsigma$, $\acute{o}\tau\iota$ $\vartheta\varepsilon\grave{o}\varsigma$ $o\grave{v}$ $\mu\nu\varkappa\tau\eta\varrho\acute{\iota}\zeta\varepsilon\tau\alpha\iota$, welches Wort lebhaft an Gal. 6, 7 erinnert: auch auf die Worte $o\grave{v}\tau o\iota$ $\pi\acute{\alpha}\nu\tau\varepsilon\varsigma$ $o\grave{v}\varkappa$ $\varepsilon i\varsigma$ $\varkappa\varepsilon\nu\grave{o}\nu$ $\acute{\varepsilon}\delta\varrho\alpha\mu o\nu$ (c. 9), die mit Gal. 2, 2 eine ungewöhnliche Ähnlichkeit haben. Auch Steck [1]) gesteht zu, daß das im Barnabasbriefe (13) gebrauchte Beispiel von Abraham und seinen Glauben stark an Gal. 3 und Röm. 4 erinnere. Im Briefe an Diogenet [2]) und in der oratio ad Graecos [3]) finden sich so auffallende Ähnlichkeiten mit dem Galaterbriefe, daß sie besonders von der „kritischen" Methode nicht übersehen werden dürfen. Noch mehr muß das aber von Justinus Martyr. gelten, der die echtpaulinische Lehre, daß Christus für uns Fluch geworden ist [4]), daß Abraham nicht durch die Beschneidung, sondern durch den Glauben gerecht ward [5]), kennt. Irenäus erwähnt den Galaterbrief mit Namen [6]), die Peschito bezeugt ihn und im Kanon des Muratorischen Fragmentes heißt es: ad calatas quinta (53). Unter den Vätern und Kirchenschriftstellern, die nun als Zeugen sich ununterbrochen aneinanderreihen, mögen nur Clemens Alexandrinus [7]) und Tertullian [8]) hervorgehoben werden. Aber auch Häretiker, als Valentinus [9]), die Ophiten [10]) und besonders Marcion [11]), dem er ein Hauptbrief adversus Judaismum war, benutzten den Galaterbrief, der zu den Homologumenen zählt.

---

[1]) l. c. S. 310.

[2]) c. 10: $\grave{\alpha}\lambda\lambda$’ $\ddot{o}\sigma\tau\iota\varsigma$ $\tau\grave{o}$ $\tauo\~v$ $\pi\lambda\eta\sigma\acute{\iota}o\nu$ $\grave{\alpha}\nu\alpha\delta\acute{\varepsilon}\chi\varepsilon\tau\alpha\iota$ $\beta\acute{\alpha}\varrho o\varsigma$ und Gal. 6, 2.

[3]) c. 5: $\gamma\acute{\varepsilon}\nu\varepsilon\sigma\vartheta\varepsilon$ $\acute{\omega}\varsigma$ $\grave{\varepsilon}\gamma\acute{\omega}$, $\ddot{o}\tau\iota$ $\varkappa\grave{\alpha}\gamma\acute{\omega}$ $\ddot{\eta}\mu\eta\nu$ $\acute{\omega}\varsigma$ $\grave{\upsilon}\mu\varepsilon\~\iota\varsigma$ und Gal. 4, 12.

[4]) Dial. c. Tryph. c. 95 u. 96 mit Gal. 3, 13.

[5]) l. c. c. 92: $o\grave{v}\delta\grave{\varepsilon}$ $\gamma\grave{\alpha}\varrho$ $’A\beta\varrho\alpha\grave{\alpha}\mu$ $\delta\iota\grave{\alpha}$ $\pi\varepsilon\varrho\iota\tauo\mu\grave{\eta}\nu$ $\delta\acute{\iota}\varkappa\alpha\iota o\varsigma$ $\varepsilon\~\iota\nu\alpha\iota$ . . . $\grave{\alpha}\lambda\lambda\grave{\alpha}$ $\delta\iota\grave{\alpha}$ $\tau\grave{\eta}\nu$ $\pi\acute{\iota}\sigma\tau\iota\nu$; vgl. Röm. 4, 10.

[6]) haer. III, 7, 2.

[7]) Strom. I, 26; III, 15; Paedag. I, 6.

[8]) adv. Marc. V, 1.

[9]) Nach Iren., haer. III, 3. 5.

[10]) Hippol., philos, 106—114.

[11]) bei Tert. adv. Marc. V, 2. 5.

Litteratur[1]):

Während — wie wir vom hl. Hieronymus[2]) erfahren — die Commentare von Origenes, Didymus dem Blinden, Apollinaris von Laodicea, Theodor von Heraklea, Eusebius von Emesa[3]) bis auf geringe Fragmente verloren gegangen sind, haben wir aus der patristischen Zeit noch die Auslegungen zum Galaterbriefe von Chrysostomus, Theodor von Mopsuestia, Theodoret v. Cyrus, Ambrosiaster, ferner:

M. Victorinus, in ep. ad Gal. ed. Mai, vol. III. von Script. vet. nova
    coll., Rom. 1828 bei Migne t. VIII.
Hieronymus, comment. in ep. ad Gal. ed. Vallarsi t. VII.
Augustinus, expos. in ep. ad Gal.; ed. Maur. Venet. 1730. t. III.
Pelagius, comment. in epistolas XIII. S. Pauli; op. S. Hieronym. ed.
    Vallarsi. t. XI.

Außer den Griechen Oekumenius (bei Migne S. gr. t. CXVIII), Theophylaktus und Euthymius Zigabenus sind ferner zu nennen:
Primasius v. Utica, com. perbreves in ep. S. P. bei Migne, t. LXVIII.
Claudius Taurinensis, enar. in ep. ad Gal. bei Migne, t. CIV.
Florus Lugdunensis, com. in omnes P. ep. bei Migne, t. CXIX.
Rabanus Maurus, com. in omnes P. ep. bei Migne, t. CXI. CXII.
Walafried Strabo, glossa ordinaria, bei Migne, t. CXIV.
Haymo v. Halberstadt, in omnes P. ep., bei Migne, t. CXVII.
Thomas v. Aquin, com. in ep. ad Gal.

Zu den S. 29 f. aufgeführten Commentaren zu den paulin. Briefen bezw. zum N. T. überhaupt, sind noch speciell hinzuzufügen:

---

[1]) Vgl. oben S. 29 ff.
[2]) Proem. in ep. ad Gal.
[3]) Fragm. in der Catena ed. Cramer.

13 *

Seripandius, in ep. ad. Gal. Antw. 1567.

Contzen, com. in epp. ad Cor. et ad Gal. Col. 1631.

Windischmann, Erklärung des Briefes an die Galater. Mainz 1843.

Reithmayr, Commentar zum Briefe an die Galater. München 1865.

Palmieri, commentarius in ep. ad Galatas. Galopiae 1886.

　　Zur akatholischen Litteratur vgl. S. 30 f.

　　Außerdem besonders: Rückert, Commentar über den Brief an die Galater. Leipzig 1833.

Baumgarten-Crusius, Commentar über den Brief Pauli an die Galater. Herausgegeben von Kimmel. Jena 1845.

Hilgenfeld, der Galaterbrief. Leipzig 1852.

Wieseler, Commentar über den Brief Pauli an die Galater. Götting. 1859.

Lightfoot, St. Pauli epistle to the Galatians. London. ed. 3. 1869.

Holsten, das Evangel. d. Paulus. Thl. 1. Abt. 1. Berlin 1880.

Philippi, Erklärung des Briefes Pauli an die Galater. Gütersloh 1884.

　　Die weitere Litteratur bei Sieffert in Meyer's krit.-exeg. Handb. über den Brief an die Galater. 7. Aufl. Göttingen 1886. S. XII ff.

　　Außerdem noch Findlay, the epistle to the Galatians. London 1888.

Steck, der Galaterbrief nach seiner Echtheit untersucht, nebst kritischen Bemerkungen zu den paulinischen Hauptbriefen. Berlin 1888.

Kap. I, 1—5: Anrede.

1. Paulus, Apostel, nicht von Menschen noch durch einen Menschen, sondern durch Jesus Christus und Gott den Vater, der Ihn von den Toten auferweckt hat[1])*, 2. und die, welche bei mir sind, sie alle, die Brüder, den Gemeinden Galatiens.*

3. Gnade sei euch und Friede von Gott dem Vater und unserm[2])* Herrn Jesus Christus, der sich für*[3])* unsere Sünden hingegeben hat, auf daß er uns aus der gegenwärtigen*[4])* bösen Zeit erlöse nach dem Willen Gottes und unseres Vaters, 5. Dem Ehre sei in alle Ewigkeit. Amen.*

Diese ungewöhnliche Anrede — bloß der Römer- uud Titusbrief haben eine ähnliche — erklärt sich nur, aber auch ganz,

---

[1]) Vgl. Zimmer, zur Textkritik des Galaterbriefes. Hilgenfelds Zeitschrift, 1881. S. 481 ff.; 1882, S. 327 ff.; 1883 S. 294 ff.

[2]) Mit BDEF etc. Vulg. syr. utr., arm., goth. Übers. Ti. ist $\dot{\eta}\mu\tilde{\omega}\nu$ nach $\varkappa\nu\varrho\acute{\iota}o\nu$ zu setzen und nicht mit $\aleph$AP [WH.] nach $\pi\alpha\tau\varrho\acute{o}\varsigma$; denn letztere Lesart erklärt sich — vgl. v. 4 — leichter als spätere, denn die erstere.

[3]) $\dot{\nu}\pi\acute{\epsilon}\varrho$ lesen B$\aleph^\circ$ Syr. Rec. [WH.]; $\pi\epsilon\varrho\acute{\iota}$ dagegen $\aleph$*ADE etc. Ti. Zimm. Die äußere Bezeugung läßt die Entscheidung offen; der Gebrauch der beiden Praepos. ist kein durchaus consequenter; häufiger wird wohl $\dot{\nu}\pi\acute{\epsilon}\varrho$ bei Personen bezw. bei Sündern und $\pi\epsilon\varrho\acute{\iota}$ bei Sachen bezw. bei Sünden gewählt: so vgl. I. Petr. 3, 18: $\ddot{o}\tau\iota$ $\varkappa\alpha\grave{\iota}$ $X\varrho\iota\sigma\tau\grave{o}\varsigma$ $\ddot{\alpha}\pi\alpha\xi$ $\pi\epsilon\varrho\grave{\iota}$ $\dot{\alpha}\mu\alpha\varrho\tau\iota\tilde{\omega}\nu$ $\dot{\alpha}\pi\acute{\epsilon}\vartheta\alpha\nu\epsilon$, $\delta\acute{\iota}\varkappa\alpha\iota o\varsigma$ $\dot{\nu}\pi\grave{\epsilon}\varrho$ $\dot{\alpha}\delta\acute{\iota}\varkappa\omega\nu$; Gal. 2, 20; 3, 13; Röm. 8, 3; Hebr. 10, 26; 13, 11; I. Joh. 2, 2; 4, 10. Doch dieses ist nicht durchweg so: vgl. I. Kor. 15, 3; Hebr. 5, 3; $\pi\epsilon\varrho\grave{\iota}$ $\tauo\tilde{\upsilon}$ $\lambda\alphao\tilde{\upsilon}$ . . . $\varkappa\alpha\grave{\iota}$ $\pi\epsilon\varrho\grave{\iota}$ $\dot{\epsilon}\alpha\upsilon\tauo\tilde{\upsilon}$ $\pi\varrho o\sigma\varphi\acute{\epsilon}\varrho\epsilon\iota\nu$ $\dot{\nu}\pi\grave{\epsilon}\varrho$ $\dot{\alpha}\mu\alpha\varrho\tau\iota\tilde{\omega}\nu$. Wenn aber eine Entscheidung getroffen werden sollte, so würde sie wohl zu Gunsten des ungewöhnlicheren Wortes, also des $\dot{\nu}\pi\acute{\epsilon}\varrho$ ausfallen müssen.

[4]) $\aleph$AB, Ti., WH. stellen: $\dot{\epsilon}\varkappa$ $\tauo\tilde{\upsilon}$ $\alpha\dot{\iota}$. $\tauo\tilde{\upsilon}$ $\dot{\epsilon}\nu\epsilon\sigma\tau\tilde{\omega}\tauo\varsigma$, $\aleph^c$DE etc., Rec. dagegen: $\dot{\epsilon}\varkappa$ $\tauo\tilde{\upsilon}$ $\dot{\epsilon}\nu\epsilon\sigma\tau\tilde{\omega}\tauo\varsigma$ $\alpha\dot{\iota}\tilde{\omega}\nu o\varsigma$.

durch ein Hineinversetzen in das um der Galater willen übervoll
gewordene Herz des Apostels. Die Veranlassung zu diesem
Schreiben schwebt in ihrer ganzen Bedeutung und Tragweite so
vor seiner tief bewegten Seele, daß die Hauptgedanken des ganzen Briefes — die eigene wahre, vollberechtigte, apostolische
Sendung, Jesu Erlösungsverdienst und dieser beiden Endziel,
Gottes Ehre — sogleich ihren Ausdruck finden. Bei aller innerlichen Ergriffenheit hebt die Klarheit des Geistes in präciser
Kürze die Grundwahrheiten, um die es sich handelt, heraus und
richtet im Schlusse, in der Doxologie, des Lesers Auge auf das
Endziel aller Creatur, auf das Wirken der Ehre Gottes hin.

Es kann Paulus in der Zueignung dieses Schreibens nicht,
wie er es in den beiden früheren Briefen an die Thessalonicher
gethan hatte und es auch in einigen späteren Schreiben noch
thut [1]), die Namen seiner derzeitigen Begleiter zu dem seinigen
setzen, sondern muß seinen alleinigen Beruf unter diesen, ἀπόστολος im engeren Sinne des Wortes zu sein, betonen. Er
legt diesen Begriff in seiner ganzen Vollbedeutung vor, indem er ausführt: οὐκ ἀπ' ἀνϑρώπων οὐδὲ δι' ἀνϑρώπου. Sowohl der Wechsel der Präpositionen ἀπό und διά, wie der
des Numerus, bedürfen einer Begründung. Es bezeichnet ἀπό
die erste Ursache, die Urheberschaft [2]), und zwar hier in
einem Gegensatze zu διά, das die secundäre, vermittelnde Ursache ausdrückt. Allgemein heisst es: ἀπ' ἀνϑρώπου, weshalb
es nicht etwa auf bestimmte Personen, etwa das Apostelcolle-
gium, einzuschränken ist [3]), sondern allgemein verstanden sein
und besagen will: die Sendung Pauli geht nicht von Menschen
aus, oder: sein Apostolat ist kein menschliches. Jedoch
solchen Anspruch könnten auch Barnabas, Silas, Apollos, Timotheus und andere erheben; darum führt Paulus weiter aus: es
ist auch nicht durch einen Menschen — etwa durch Auswahl und Handauflegung — vermittelt [4]), wie solches bei jenen
der Fall war. Vielmehr — so setzt die Darlegung des Gegen-

---

[1]) Vgl. II. Kor. 1, 1; Phil. 1, 1; Kol. 1, 1.
[2]) Vgl. Joh. 7, 28: ἀπ' ἐμαυτοῦ οὐκ ἐλήλυϑα, ἀλλ' ἀληϑινός ἐστιν ὁ πέμψας με.
[3]) So Estius: neque a collegio apostolorum neque e. g. per Petrum.
[4]) Hiermit steht Act. 13, 2 f. nicht in Widerspruch; vgl. hierzu die in
der Einleitung bereits gegebene Darlegung S. 4.

satzes den Gedanken fort —: ἀλλὰ διὰ Ἰησοῦ Χριστοῦ. Unmittelbar durch Jesus Christus ist Paulus Apostel geworden. Die Gegenüberstellung Jesu Christi zu dem Menschen
und Seine Gleichstellung mit Gott dem Vater bedingen die
Gottheit des Sohnes [1]) als eine Voraussetzung. Da das πατρός
— vgl. dagegen v. 4 — ohne die nähere Bestimmung ἡμῶν ist, so
kann es nicht auf unser Adoptivkindschaftsverhältnis zu Gott
bezogen werden, sondern bezeichnet die Person des Vaters.

Zur Fortsetzung des begonnenen Gegensatzes — in chiastischer Stellung der Glieder — möchte man erwarten: καὶ ἀπὸ
θεοῦ; allein leicht beantwortet sich die Frage, warum dieses unter-
blieben ist. In dem διὰ Ἰ. Χ. ist nämlich schon auf Grund der Gottheit Jesu enthalten, daß des Paulus Sendung eine göttliche ist, und
so bedarf es der Ausführung dieses Gedankens in einer dem ἀπὸ
ἀνθρώπων entgegengesetzten Weise nicht mehr. Wenn aber
dennoch der Apostel fortfährt: καὶ θεοῦ πατρός, so leitet ihn
der sofort folgende Zusatz: τοῦ ἐγείραντος αὐτὸν ἐκ νεκρῶν,
worin der Person des Vaters die Auferweckung Jesu von den
Toten zugeschrieben wird.

Die Frage, was der Apostel hiermit bezwecke, wird sehr
verschiedenartig [2]) beantwortet.

---

[1]) Dieses Moment ist früher schon von Origenes, Com. in Gal. i. h. l.,
geltend gemacht worden: Manifeste datur intelligi, quia non erat homo Christus Jesus, sed erat divina natura ... Si enim homo fuisset Jesus et per
Ipsum assumptus est in apostolatum, Paulus utique per hominem factus esset
apostolus. Si autem per hominem erat apostolus, nunquam dixisset, neque
per hominem. Sed manifeste separat ab humana natura Jesum Christum
Paulus per haec verba. Ebenso Hieronym. i. h. l.

[2]) Besonders ist das unter den protestantischen Exegeten der Fall. Die
Absicht soll sein, dem Vertrauen auf eigene Gerechtigkeit zu begegnen (Luth.),
Gott als Urheber der Erlösung zu bezeichnen (de Wette), den Glauben an Jesus als den Sohn Gottes und an Gott als unsern Vater zu erwecken (Wieseler), Gottes Allmacht hervorzuheben (Olshausen), zu betonen, daß derselbe
Gott, der Jesum auferweckt und dadurch die Gemeinde gegründet habe, den
Apostel dazu auserwählt habe (Usteri und ähnlich Philippi), oder daß der Beweis darin enthalten sein solle, „daß das Thun des Sohnes ihm (dem Vater)
wohlgefällig und also auch der Ruf des Sohnes als der Ruf des Vaters zu
betrachten sei" (Rückert). Weil die Auferweckung Christi die höchste Offenbarung der Vaterliebe zum Sohne sei, so sei durch sie auch die Berufung
durch den Auferstandenen ermöglicht, nachdem er während des irdischen

Augustinus[1]) und nach ihm Thomas v. Aquin
und Estius meinen, er habe einen besonderen Vorzug seines Apostolates, daß er nämlich vom auferstandenen und
nicht mehr leidensfähigen Jesus berufen worden sei, hervorheben wollen. Jedoch solcher Gedanke liegt dem Apostel fern. M. Victorinus betont die Notwendigkeit des di-
recten Unterrichtes durch Jesum Christum und, weil nun Dieser
gestorben, so sei der Hinweis auf die Auferstehung deshalb erforderlich. Ergo — so bemerkt dieser — Christus me docuit,
qui resuscitatus est a mortuis, resuscitatus autem Dei Patris vir-
tute. Hieran sich anschließend finden Windischmann, Reithmayr, Bisping die Motivierung des fraglichen Zusatzes darin,
daß Paulus als Apostel der persönliche Zeuge der Auferstehung, der Grundlage der christlichen Lehre, sein mußte. Diese
Anschauung, die einen richtigen Gedanken enthält, besteht als
eingeschlossen auch bei der folgenden Entwicklung: Nur καὶ
ϑεοῦ zu sagen, wäre zu wenig; denn auch Patriarchen, Moses
und Propheten sind von Gott berufen worden; bei Paulus
aber handelt es sich um die besondere Berufung, von Gott
gesandter Bote des Evangeliums des Heiles, Apostel der Erlösung zu sein. Er ist Gesandter Gottes, der Seinen ewigen
Ratschluß der Erlösung ausgeführt und vollendet hat[2]), vollendet in der Auferweckung Seines Sohnes von den

---

Lebens nicht berufen worden war (Beyschlag, Stud. u. Krit. 1864. S. 225; B.
Weiß, Lehrb. der bibl. Theol. des N. T. 5. Aufl. Berlin 1888. S. 286 f.; Meyer-
Sieffert). — Jedoch in allen diesen Erklärungen sind immer andere Gedanken-
reihen, als sie der Zusammenhang bietet, zu Hilfe genommen, bezw. andere
Zwecke, als der Apostel selbst verfolgt, angenommen.

·[1]) Exp. in Gal. 2. Priores apostoli veraces, qui non ab hominibus, sed
a Deo per hominem missi sunt, per J. Chum scil. adhuc mortalem. Verax
etiam novissimus apostolus, qui per J. Chum totum jam Deum post resur-
rectionem ejus missus est (i. e. omni ex parte immortalem). Sit ergo testi-
monii ejus aequalis auctoritas, in cujus honorem implet clarificatio Domini,
si quid habebat ordo temporis minus. Ideo enim cum dixisset: et Deum
Patrem, addidit: qui suscitavit illum a mortuis, ut etiam ex hoc modo
breviter jam a clarificato missum se esse commemoret.

[2]) Die Auferstehung ist die Vollendung des Erlösungswerkes: vgl. Röm.
8, 29; I. Kor. 6, 14; 15, 20. 23; Ephes. 2, 6; Phil. 3, 21; Kol. 1, 18; sie gehört
zur Vollständigkeit des Sieges Christi: I. Kor. 15, 26; Hebr. 2, 14.

Toten. Noch herrscht auch beim erlösten Menschen der Tod, die Folge der Sünde; allein in der einstigen Auferstehung des Fleisches wird auch sie aufgehoben, wird auch der Tod in den Erlösten überwunden werden. Die Bürgschaft hierfür aber ist Christi Auferstehung, weil in dieser unsere einstige Auferstehung wurzelt [1]. Hierin gründet die Notwendigkeit, daß der vollberechtigte Apostel vorab Zeuge der Auferstehung Jesu sein muß [2]; hierin liegt aber auch das Motiv, weshalb er — wie auch andere Apostel [3] — die Auferweckung Jesu von den Toten, so oft hervorhebt. Dieselbe dem Vater zuzuschreiben, charakterisiert die paulinischen Briefe [4].

Hatte diese bestimmte Veranlassung, das eigene, vollgültige, v. 2. apostolische Amt zu betonen, ihn gehindert, neben sich seine Mitarbeiter und Begleiter mit Namen zu nennen; so ist doch kaum anzunehmen, daß er, seine sonst beliebte Weise verlassend, dieselben ganz unerwähnt lassen sollte. Darum erscheint es am wahrscheinlichsten, daß er mit dem οἱ σὺν ἐμοὶ πάντες ἀδελφοί diese gemeint [5] und mit einem gewissen Nachdrucke das πάντες beigefügt hat, um zu zeigen, daß er mit allen seinen Mitarbeitern, die zum Teil wenigstens auch den Galatern bekannt waren, im vollsten Einklange stehe. Dabei muß aber nicht notwendig vorausgesetzt werden, daß etwa von den Gegnern Pauli das Gegenteil hiervon behauptet worden wäre. Ihm, dem hoch bevorzugten Apostel, sind seine Mitarbeiter und Begleiter „Brüder", welche ihm durch Christus in der Gnade auf's innigste vereinigt sind [6]. Indem er sich nun den Galatern zuwendet, nennt er sie einfach: ταῖς ἐκκλησίαις τῆς Γαλατίας und läßt uns, wenn wir die beiden voraus-

---

[1] Vgl. Röm. 8, 10. 11; Kol. 1, 18.

[2] Vgl. Act. 1, 21 ff.

[3] Vgl. Act. 2, 32; 3, 13 ff.; 4, 10; 5, 30; 10, 40. I. Petr. 1, 21.

[4] Vgl. I. Thess. 1, 10; Röm. 4, 24; 6, 4; 8, 11; 10, 9; I. Kor. 6, 14; 15, 15; II. Kor. 4, 14; Ephes. 1, 20; Kol. 2, 12; Hebr. 11, 19; Act. 13, 30.

[5] Um dieser sonstigen paulinischen Praxis willen erscheint es nicht richtig, an alle Gläubigen in Ephesus, wenn auch deren Zahl etwa noch eine geringere gewesen wäre, zu denken. Vgl. Phil. 4, 22, wo zwischen ἀδελφοί und den Gläubigen, πάντες οἱ ἅγιοι, unterschieden ist.

[6] Vgl. Gal. 3, 27 ff.

gegangenen Schreiben nur berücksichtigen wollen, einen Zusatz wie $\dot{\epsilon}v$ $\vartheta\epsilon\tilde{\omega}$ ... $\dot{\epsilon}v$ $\varkappa\nu\varrho\dot{\iota}\omega$ '*I. X.*, vermissen. Doch wie sollte er auch solches beifügen können, da er doch sehen muß, wie die Galater sich vom Herrn, ihrem Erlöser, abwenden und zum alttestamentlichen Gesetze zurückkehren wollen?

v. 3.   Der apostolische Segenswunsch ist: $\chi\acute{\alpha}\varrho\iota\varsigma$ $\varkappa\alpha\grave{\iota}$ $\epsilon\grave{\iota}\varrho\acute{\eta}\nu\eta$ [1]): „Gnade" in der allgemeinen übernatürlichen Bedeutung dieses Wortes: die heiligmachende Gnade, die uns mit Gott versöhnt, zu seinen Kindern macht; die wirkenden Gnaden, deren siegreiche Macht den Apostel die eigene Erfahrung so unendlich hat schätzen gelehrt: die Gnade Christi, von der die Galater sich so schnell — dadurch zugleich die eigene Schwachheit zeigend — hatten abwendig machen lassen. „Friede", der den Galatern in den Gemeinden unter einander, der in den Herzen der einzelnen Gläubigen verloren gegangen war. „Gnade und Friede" sind zwei himmlische Gaben, die die Welt nicht geben kann; — darum $\dot{\alpha}\pi\grave{o}$ $\vartheta\epsilon o\tilde{v}$ $\pi\alpha\tau\varrho\grave{o}\varsigma$ $\varkappa\alpha\grave{\iota}$ $\varkappa\nu\varrho\dot{\iota}o\nu$ [2]) $\dot{\eta}\mu\tilde{\omega}\nu$ '*I\eta\sigma o\tilde{v}* $X\varrho\iota\sigma\tau o\tilde{v}$. Es entspricht dem bisherigen — bis v. 2 — Gedankenkreise, an dieser Stelle bei „Gott dem Vater" noch nicht an das Adoptivkindschaftsverhältnis [3]), sondern an die göttliche Person zu denken [4]); doch darf nicht verkannt werden, daß der Gnaden- und Friedenswunsch den Leser zu der ersteren Erwägung veranlassen mag. Wenn Jesus Christus als Verleiher von Gnade und Friede „Herr" genannt wird, so ist die Motivierung dieser Bezeichnung hier in Seiner erlösenden und wiedererkaufenden Thätigkeit zu erblicken [5]).

v. 4.   Wie die Bestreitung seiner apostolischen Würde Paulus veranlaßt hat, diese gleich in der Anrede zu betonen; so ist die Verkennung des voll- und alleingiltigen Erlösungswerkes Christi der Grund, auch diese Wahrheit eingangs hervorzuheben. Die Überleitung des Gedankens hierzu ist in der bekannten Bedeutung der Namen „Herr" und „Jesus Christus" gegeben. Die

---

[1]) Vgl. zu I. Thess. 1, 1.

[2]) Vgl. ebendas.

[3]) I. Thess. 1, 1; II. Thess. 1, 1. 2; dagegen ist der Zustand des Gnadenverhältnisses in dem $\dot{\epsilon}v$ $\vartheta\epsilon\tilde{\omega}$ $\varkappa\tau\lambda$ enthalten; vgl. oben v. 4.

[4]) Vgl. die textkrit. Anmerkung zu dieser Stelle.

[5]) Vgl. zu I. Thess. 1, 1.

Weise aber, in der Paulus die Heilsthat Christi vorführt, lässt
vorab die Freiwilligkeit der Selbstaufopferung und darin Jesu
unendliche Liebe erkennen. Demütigend ist es aber für den
Menschen, des Grundes dieses Opfers zu gedenken : um unserer
Sünden willen ($\pi\varepsilon\varrho\grave{\iota}$ $\dot{\alpha}\mu\alpha\varrho\tau\iota\tilde{\omega}\nu$ $\dot{\eta}\mu\tilde{\omega}\nu$), oder — so der Gedanke,
zu dem das $\dot{\nu}\pi\grave{\varepsilon}\varrho$ $\dot{\alpha}$. $\dot{\eta}$. mehr hinleitet —: an unserer Stelle, die
wir durch unsere Sünden den Tod verdient haben, hat Er Sich
selbst hingegeben. Wohlbekannte Wahrheiten sind es, auf welche
die Galater hingewiesen werden. Ziel dieser Hingabe des Herrn
ist, $\H{o}\pi\omega\varsigma$ $\dot{\varepsilon}\xi\dot{\varepsilon}\lambda\eta\tau\alpha\iota$ $\dot{\eta}\mu\tilde{\alpha}\varsigma$ $\dot{\varepsilon}\varkappa$ $\tau o\tilde{\nu}$ $\alpha\dot{\iota}\tilde{\omega}\nu o\varsigma$ $\tau o\tilde{\nu}$ $\dot{\varepsilon}\nu\varepsilon\sigma\tau\tilde{\omega}\tau o\varsigma$ $\pi o\nu\eta\varrho o\tilde{\nu}$.
Das Unvermögen des Menschen und Gottes Barmherzigkeit
schwebt bei diesen Worten vor des Gnadenapostels Seele; auch
die Galater hatten es erfahren, daß sie sich selbst weder retten
noch helfen konnten. Was meint der Apostel nun unter dem
gegenwärtigen bösen Zeitalter? Durch das $\dot{\varepsilon}\nu\varepsilon\sigma\tau\tilde{\omega}\tau o\varsigma$,
dieses Part. Perf. von $\dot{\varepsilon}\nu\iota\sigma\tau\dot{\alpha}\nu\alpha\iota$ = eintreten, wird das Zeitalter
als bereits eingetreten und mit seinen Folgen in die Gegenwart
reichend bezeichnet, und ist also die Auffassung von „eintretend"
ausgeschlossen. Damit aber steht $\alpha\dot{\iota}\grave{\omega}\nu$ $\dot{\varepsilon}\nu\varepsilon\sigma\tau\grave{\omega}\varsigma$ dem $\alpha\dot{\iota}\grave{\omega}\nu$ $\mu\dot{\varepsilon}\lambda\lambda\omega\nu$ [1])
gegenüber, ist also identisch mit $\dot{o}$ $\alpha\dot{\iota}\grave{\omega}\nu$ $o\tilde{\dot{\nu}}\tau o\varsigma$ [2]) oder $\dot{o}$ $\alpha\dot{\iota}\grave{\omega}\nu$
$\tau o\tilde{\nu}$ $\varkappa\acute{o}\sigma\mu o\nu$ $\tau o\acute{\nu}\tau o\nu$ [3]) oder $\dot{o}$ $\nu\tilde{\nu}\nu$ $\varkappa\alpha\iota\varrho\acute{o}\varsigma$ [4]). Die nähere Bestimmung des $\alpha\dot{\iota}\tilde{\omega}\nu o\varsigma$ $\tau o\tilde{\nu}$ $\dot{\varepsilon}\nu\varepsilon\sigma\tau\tilde{\omega}\tau o\varsigma$ wird durch das $\pi o\nu\eta\varrho o\tilde{\nu}$ und durch
das $\dot{\varepsilon}\xi\dot{\varepsilon}\lambda\eta\tau\alpha\iota$ ermöglicht. Es mag der Apostel sein Zeitalter
$\alpha\dot{\iota}\grave{\omega}\nu$ $\dot{\varepsilon}\nu\varepsilon\sigma\tau\grave{\omega}\varsigma$ nennen und auch, insofern es der Erlösung noch
nicht teilhaftig geworden ist und noch unter dem Einflusse und
der Herrschaft des Fürsten dieser Welt steht [5]), mit $\pi o\nu\eta\varrho\acute{o}\varsigma$
näher bezeichnen. Hierzu hatten die Galater und der Apostel
gehört; durch das Verdienst Jesu Christi, der Sich für uns hingegeben, sind sie aus der Gewalt des Bösen befreit worden [6]).

---

[1]) Vgl. Röm. 8, 38 den Gegensatz von $\dot{\varepsilon}\nu\varepsilon\sigma\tau\tilde{\omega}\tau\alpha$ und $\mu\dot{\varepsilon}\lambda\lambda o\nu\tau\alpha$.

[2]) Röm. 12, 2; I. Kor. 1, 20; 2, 6. 8; 3, 18.

[3]) Ephes. 2, 2.

[4]) Röm. 8, 18.

[5]) Vgl. II. Kor. 4, 4; Joh. 12, 31; I. Joh. 2, 15.

[6]) Aus der Gewalt jemandens „befreien" ist die Bedeutung des $\dot{\varepsilon}\xi\alpha\iota\varrho\varepsilon\tilde{\iota}\sigma$-
$\vartheta\alpha\iota$. Vgl. Act. 7, 10. 34; 12, 1; 23, 27; 26, 17.

Für die Anschauung — vgl. Bisping —, es sei speciell an die der Parusie des Herrn unmittelbar vorhergehende böse Zeit zu denken, ist im Ga-

Abermals betont Paulus den freien göttlichen Heilsratschluß:
κατὰ τὸ θέλημα τοῦ θεοῦ und faßt die ganze Größe und Herrlichkeit seines Zieles in den Zusatz zusammen: *καὶ πατρὸς ἡμῶν*:
Gott ist zu unserem Vater geworden. Durch die innigsten
Bande werden wir, bisher Sünder, mit Ihm vereinigt, und das
hat alles Gott, Gott allein gethan. Darum entquillt nun —
ähnlich wie der Psalmist sein cantate Domino canticum novum,
wie der Prophet sein wiederholtes Loblied angesichts neuer
Heils- und Großthaten Gottes anstimmt — dem von diesem Be-
wusstsein ganz durchdrungenen Herzen die Doxologie: *ᾧ ἡ*
δόξα: die Ehre, denn nur Ihm gebührt sie, Ihm kommt alle
Ehre für alle Zeiten zu: *εἰς τοὺς αἰῶνας τῶν αἰώνων· ἀμήν.*
Wenn diese Doxologien auch in den Anreden sonst nicht üblich,
so sind sie doch an sich echt paulinisch [1]), in diesem Falle aber
ist sie besonders veranlaßt.

Von der unendlichen Größe dieses Werkes göttlicher Barmherzigkeit wendet sich der Blick des Apostels auf die Galater, er
sieht sie im Begriffe, dasselbe preiszugeben, und so erklärt es
sich psychologisch, daß er nicht daran denkt, irgend ein Wort
des Lobes oder der Anerkennung anzufügen, sondern sich unmittelbar wendet zur:

Kap. I, 6—10: Verurteilung der Irrlehrer.

6. Ich wundere mich, daß ihr euch so schnell von Dem, Der
euch in der Gnade Christi berief, abwendig machen ließet zu ei-
nem andern Evangelium, 7. welches doch kein anderes ist; nur
daß es gewisse Menschen giebt, welche euch verwirren und das
Evangelium Christi zu verkehren suchen. 8. Aber selbst wenn wir,
oder ein Engel vom Himmel euch anders verkündeten [2]), als wir

---

laterbriefe kein Anhaltspunkt gegeben; auch paßt sie nicht dazu, daß der
Apostel allgemein von dem Erlösungswerke redet; endlich setzt sie irrtümlich
voraus, Paulus habe die Parusie als nahe bevorstehend geglaubt und gelehrt.
  [1]) Vgl. Röm. 11, 36; 16, 27; Ephes. 3, 21; J. Tim. 1, 17; II. Tim. 4, 18.
  [2]) Rec., Ln, Zimmer lesen mit B: *εὐαγγελίζηται*; Ti., WH. dagegen nach
ℵA *εὐαγγελίσηται*. Der Conj. praes. ist die seltenere Form und entspricht hier
auch mehr dem Sinne als der Conj. Aor. Ebenso läßt Ti. nach ℵ das *ὑμῖν*
nach *εὐ.* weg; während B es vorsetzt, steht es bei Rec. Ln [WH.] nach
ℵ^cAD^c etc. hinter *εὐαγ.*

euch verkündet haben, der sei verflucht. 9. *Wie wir zuvor gesagt haben, so sage ich es abermals, wenn jemand euch ein anderes Evangelium verkündet, als ihr erhalten habt, der sei verflucht.*
10. *Denn suche ich jetzt Menschen zu gewinnen oder Gott? oder
suche ich Menschen zu gefallen? wenn*¹*) ich noch Menschen gefiele,
wäre ich Christi Diener nicht.*

Der glühende Eifer für das Reich Christi, dem in Galatien
eine Gefahr drohte, die wachsame Sorge für die Reinerhaltung
des Glaubens, die feste und sichere Unerschrockenheit in der
Verteidigung der Wahrheit, aber auch die innigste Liebe zu den
Irrenden selbst spiegeln sich in dieser Censur über die Häresie
wieder. Den „Eiferer" für Christus und den besorgten Hirten
erkennen wir in dem also schreibenden Paulus, dem Beispiele
einer wahren Toleranz, die unerbittlich gegen den Irrtum ist,
die aber liebreich dem Irrenden nachgeht und ihn zurückzu-
rufen sucht. —

Θαυμάζω: der Wandel, welcher mit den Galatern sich voll-   v. 6.
zogen hat, ist ein solcher, daß er dem Apostel ein schmerz-
liches Staunen, welches indirect eine Anerkennung des bisherigen Verhaltens ist, abringt. Wie hätte er erwarten können,
daß diese Gemeinden, die zu den schönsten Hoffnungen berechtigt hatten, ihn so enttäuschen konnten! Der Apostel giebt
selbst die Gründe — ὅτι — seiner betrübten Verwunderung an.
Zunächst: οὕτως ταχέως μετατίθεσθε. Es muß vorab beachtet
werden, daß die Zeitbestimmung zu μετατίθεσθε gehört,
und daß Paulus also weder die Zeit seit der Bekehrung, noch
seit seiner letzten Anwesenheit in Galatien meint, sondern die
verhältnismäßig kurze Zeit, welche die Verführer gebraucht haben, um diese Gemeinden abwendig zu machen. Das
Praesens läßt aber erkennen, daß die Verführung noch keine
vollendete, daß sie erst auf dem Wege ist. Besonders aber wird
uns die Verwunderung des Apostels erklärlich, wenn wir seinem
Blicke auf die Umänderung selbst folgen: ἀπὸ τοῦ καλέσαντος ὑμᾶς ἐν χάριτι Χριστοῦ. Mit der Vulg. — ab eo, qui nos
vocavit in gratiam Christi — Chrys., Estius u. a. — ist καλέσαν-

---

¹) Rec. liest mit D^b.c und späteren Handschr. *εἰ γὰρ ἔτι*; bei אABD^a, Ti.
WH. fehlt *γάρ*.

τος mit ϑεοῦ als Subject zu verbinden, weil die Berufung auf
Gott zurückgeführt zu werden pflegt [1]). Diese Berúfung ist vermittelst der Gnade Christi geschehen. Indem Paulus nun aber
nicht διὰ X., sondern ἐν X. schreibt, bezeichnet er zugleich die
Weise, wie dieselbe geschehen ist. Zwischen der Gnade
Christi und den Berufenenen tritt eine gewisse Vereinigung
(ἐν) ein, der Begnadete wird dem mystischen Leibe Christi eingegliedert, und so strömt ihm die Gnade des Hauptes zu. Nicht
um die Berufung zur Gnade (εἰς χάριν), sondern in der Gnade
handelt es sich, und ein Gegensatz dabei ist etwa eine vorgeb-
liche Berufung in dem Eingegliedertsein im „Gesetze“. Nicht
dieses, sondern die von Christus verdiente und von ihm aus-
strömende Gnade ist es, in der die Berufung beschlossen ist [2]).
Und so erklärt weiterhin der Blick auf diesen erhabensten Beruf
und auf das innigste Gnadenverhältnis mit Christus die Verwunderung des Apostels, und das umsomehr, als er auch auf den
Gegensatz, auf das „andere Evangelium“, dem die Galater sich zu-
zuwenden im Begriffe stehen, hinblickt. Für ein εὐαγγέλιον gaben die Verführer ihre Lehre aus; von diesem Standpunkte aus
bedient sich Paulus dafür dieses Namens. Es ist aber inhaltlich
verschieden, ist ein ἕτερον, was zur Folge hat:

v. 7.   ὃ οὐκ ἔστιν ἄλλο κτλ. Es giebt aber nur ein Evangelium, ein davon verschiedenes, das dafür ausgegeben wird, ist
überhaupt keines — οὐκ ἔστιν ἄλλο [3]); — es ist, will man
nach dem eigentlichen Wesen dieses vermeintlichen Evangeliums
fragen, nichts als: τινές εἰσιν οἱ ταράσσοντες ὑμᾶς κτλ. Diese
Antwort wird in echt griechischer Weise durch εἰ μή angeschlossen. Die Verführer der Galater haben „keine frohe Botschaft“,
haben weder Wahrheit noch Gnade, haben Christum, den In-

---

[1]) Vgl. Röm. 8, 30. I. Kor. 1, 9. I. Thess. 2, 12; 5, 24. II. Thess. 2, 13.
II. Tim. 1, 9. Joh. 6, 45. I. Petr. 1, 15; 2, 9; 5, 10. II. Petr. 1, 3.

[2]) Vgl. Ephes. 1, 4. 5.

[3]) So Chrysost. ὃ οὐκ ἔστιν ἄλλό· καλῶς, οὐ γὰρ ἔστιν ἄλλο —, Theod
v. Mops., Theodoret, Oekum., Theophyl., Tert., M. Victor., Aug.,
Ambr., Est., Reithm. — Die Erklärung Windischm., Bisp., die besagt:
„(welches sogenannte verschiedene Evangelium) aber nichts anderes ist, als
daß einige sind, die euch verwirren“, setzt als Wortlaut voraus: ὃ οὐδὲν ἄλλο
ἐστὶν, εἰ μή ὅτι, κτλ.

halt des Evangeliums, nicht, und darum vermögen sie auch den
Frieden, dieses Merkmal des messianischen Reiches, nicht zu
geben. Das gerade Gegenteil hiervon ist's, was sie zu bewirken
imstande sind: Verwirrung [1]), Unruhe und Unfriede mit sich
wie mit dem Nächsten. Als Ziel aber wird damit verfolgt
μεταστρέψαι τὸ εὐαγγέλιον τοῦ Χριστοῦ: zu verkehren, auf den
Kopf zu stellen das Evangelium Christi, weil nur dieses Pauli
Lehre ist. Die Irrlehre der Judaisten ist in der That ein solches
Umstürzen, da sie die Heilsbotschaft Christi für wertlos hält
oder an die Stelle der Gnade, die den Menschen frei macht, das
Gesetz und damit die Dienstbarkeit stellt. — Vollkommen gelungen ist aber den Verführern dieser Plan noch nicht, wie dieses durch das Praesens θέλοντες ersichtlich wird.

Von dieser Einzigkeit des Evangeliums ist Paulus so in- v. 8.
nigst überzeugt, daß er jedes Evangelium, das mit diesem alleinigen sich nicht deckt, das παρ' ὅ — das Gegenteil von καθ' ὅ
— εὐηγγελισάμεθα ὑμῖν wäre, ausnahmslos verwirft. Nur um
die Wahrheit handelt es sich ihm; seine Person hat darum
als solche keine Autorität, und auch sie träfe das Anathem,
wenn er „anders" lehren möchte [2]). Um den Gedanken der Einzigkeit des Evangeliums noch steigernd weiter auszuführen,
setzt er fort, daß selbst ein „Engel aus dem Himmel", die höchste
Autorität für den Menschen außer Gott, kein anderes Evangelium predigen kann. Er sagt nicht „Engel Gottes", weil das ein
Bote Gottes wäre, mit „Engel aus dem Himmel" aber ist eine
nähere Bestimmung gegeben, welche einen Unterschied zu anderen, nicht himmlischen Engeln zur Voraussetzung hat. Es
muß an diese Annahme durchaus nicht die Forderung, daß sie
„im Bereiche der Möglichkeit" zu liegen habe [3]), gestellt werden,
weil sie lediglich der Ausführung des Gedankens, daß die Galater unter keinen Umständen das durch die mündliche Pre-

---

[1]) Ταράσσειν ist gebraucht vom Aufregen des Wassers (Joh. 5, 4 f.), vom
Aufrühren des ruhigen Volkes (Act. 17, 8. 13), von der Erregung und
Unruhe des Gewissens (Gal. 5, 10; Act. 15, 24).

[2]) Darum ist bei καὶ ἐὰν ἡμεῖς nicht etwa an die Mitarbeiter Pauli zu
denken.

[3]) Dieses nimmt irrig Everling, die paulinische Angelologie und Dämonologie, Göttingen 1888. S. 60 f. an.

digt des Apostels[1]) empfangene Evangelium preisgeben dürfen[2]), dient.

Mit ἀνάθεμα, das im classischen Sprachgebrauche „Weihegeschenk" bedeutet[3]), giebt die LXX das hebräische חֵרֶם wieder, welches bei Sachen das gänzliche Entziehen vom menschlichen Gebrauche, bei Personen die Austilgung aus der Zahl der Lebenden besagt[4]). So wird Jericho[5]) durch Verhängung des חֵרֶם mit seinen Bewohnern und allem, was darin ist, der vollkommenen Zerstörung übergeben; ebenso werden es die Kanaaniter zur Strafe, weil sie durchaus im Götzendienste versunken und eine Gefahr zur Verführung der Israeliten waren. Da auf die Hauptvergehen gegen das alttestamentliche Gesetz die Todesstrafe stand und diese zugleich die Austilgung aus dem Bundesvolke war, so konnte sich die Bedeutung des חֵרֶם in der späteren Zeit, da die Todesstrafe nicht mehr regelmäßig oder auch gar nicht mehr mit der Ausschließung aus dem Bundesverhältnisse verbunden war, dahin entwickeln, daß es das Verlustigwerden der Rechte, Vorzüge und Segnungen des Bundesvolkes bezeichnete. Da diese das ewige Heil nicht vermitteln konnten, so konnte es auch nicht den Verlust der Seligkeit etwa eo ipso nach sich ziehen. In dieser Bedeutung des Ausschlusses aus der Gemeinschaft der Kirche ist das ἀνάθεμα in den neutestamentlichen Sprachgebrauch übergegangen und erhält hier den dem entsprechenden Inhalt[6]). Da die Kirche

---

[1]) Treffend bemerkt Windischmann, S. 19: „Ergötzlich sind die alten lutherischen Theologen, welche der Präposition παρά hier bloß den Sinn der Zuthat geben, um dann unsere Stelle gegen die Kirche zu gebrauchen, die zu der h. Schrift die Tradition hinzugenommen, ohne zu bedenken, daß sich das εὐαγγελίζεσθαι hier gerade auf das lebendige Wort, nicht auf das geschriebene bezieht, das noch nicht existierte, und daß sich gleich im folgenden V. das fatale παραλαμβάνειν, der Ausdruck des Empfangens durch mündliche Lehre, findet".

[2]) Es ist dieses paulinische Wort nicht ohne jede praktische Bedeutung geblieben, denn es haben sich ja Irrlehrer auf Engelsoffenbarungen berufen. Vgl. bereits Tertullian, de praeser. c. 6.

[3]) Die Form ἀνάθημα = Weihgeschenk bei Luk. 21, 5.

[4]) Vgl. Lev. 27, 28 f. Num. 21, 2.

[5]) Josua 6, 17 ff. vgl. I. Makk. 5, 5.

[6]) Vgl. Röm. 9, 3; I. Kor. 12, 3; 16, 22.

die Besitzerin der Gnaden und die Vermittlerin des Heiles ist, so zieht der verschuldete Ausschluß aus ihr, die Verhängung eines gerechten ἀνάθεμα auch den Verlust des einstigen himmlischen Bürgerrechtes und somit den ewigen Fluch nach sich [1]).

So spricht Paulus indirect das Anathem über die Verfälscher des Evangeliums in den Gemeinden G. aus, und das gewiß mit dem Bewußtsein, daß dieses sein Urteil auch vor Gott als dem Richter Anerkennung finden werde. In diesem letzten Sinne schreibt Paulus auch nicht ἔστιν, sondern ἔστω. Wie sein Segen ein wirksames Bittgebet vor Gottes Thron, so ist auch sein Fluch ein wirksamer Antrag, daß Gott ihn zur Wahrheit mache. Die Liebe aber zu den für Christo gewonnenen Seelen und der Eifer für die Ehre des alleinigen Erlösers sind die bestimmenden und leitenden Beweggründe [2]).

In einer allgemeineren Form wiederholt der Apostel den v. 8. dadurch auch in seiner hohen Bedeutung als Leitstern für das Beharren auf dem Wege der Wahrheit gekennzeichneten Gedanken, daß niemand — τίς, wer immer — befugt ist, eine neue andere Lehre vorzutragen [3]). Es ist sehr wohl annehmbar, daß Paulus bei seiner Anwesenheit in Galatien diese Richtschnur den Gläubigen eingeprägt hat, in welchem Falle diese das προειρήκαμεν natürlich darauf beziehen werden. Wäre dem aber doch nicht so gewesen, dann bezöge es sich auf den vorhergehenden Vers. Beide Ansichten haben ihre Vertreter [4]), auf eine sichere Entscheidung hier verzichten zu müssen [5]), mag

---

[1]) Chrys., hom. de anath. 2: τί οὖν ἐστιν ὃ λέγεις ἀνάθεμα, ἀλλ' ἀναθέσθω οὗτος διαβόλῳ καὶ μηκέτι χώραν σωτηρίας ἐχέτω, γενέσθω ἀλλότριος ἀπὸ τοῦ Χριστοῦ.

[2]) Hierin liegen die Maximen für die Handlungsweise der Kirche gegen die Häresie. „Man bemerke, daß Paulus, wie die übrigen Apostel moderner Sentimentalität fremd, nicht bloß den Irrthum, sondern auch den Andere böslich in den Irrthum Führenden verflucht." (Windischm.).

[3]) Es erinnert diese Betonung des Besitzes des Evangeliums Neuerern gegenüber an Tertulians Schrift, de praescriptionibus.

[4]) Für die erstere sind u. a. Chrys., Theophyl., Ambrosiaster, Victorinus, Primasius, Vincent Lirin.; für die letztere: Hieronym. und besonders neuere Erklärer: Windischm., Bisp., Reithm. u. a.

[5]) Augustinus: aut praesens hoc praedixerat, aut quia iteravit, quod dixit.

deshalb minder kümmern, weil ˘der Nachdruck des Gedankens
ja auf der Wiederholung — πάλιν — und der allgemeinen
Fassung — εἴ τις — liegt. Immerhin aber empfiehlt das ἄρτι
und das προ des εἰρήκαμεν, es auf frühere Zeiten zu beziehen [1])
und in den thatsächlichen Verhältnissen — εὐαγγελίζεται: es geschieht, daß „anderes" gelehrt wird — die Motivierung der
Wiederholung der früheren hypothetischen Mahnung zu erblicken.

vv. 9.10.   Einen dankenswerten Wink für das Verständnis dieses Verses bietet die Verbindung desselben mit dem vorausgehenden
Gedanken. Er soll den Satz, das den G. von Paulus verkündete
Evangelium ist das wahre und darum auch das allein wahre,
begründen. Dieser Zweck und der Gegensatz zwischen ἀνθρώπους und θεόν läßt erschließen, daß wir den Gedanken zu
erwarten haben: bei den Menschen giebt es wohl Verschiedenheiten der Lehren, nicht aber bei Gott, und mit der einen göttlichen Wahrheit weiß sich Paulus im Einklang. Eine Schwierigkeit aber bietet die Verbindung des πείθω mit ἀνθρώπους
und zugleich mit θεόν, weshalb es an mannigfachen Erklä-
rungsversuchen nicht fehlt [2]). Die Bedeutung des πείθω wie

---

[1]) Es im Sinne von prophezeien, was sprachlich möglich, zu fassen, erscheint dem πάλιν gegenüber befremdend und legt wohl auch die Frage nahe,
warum Paulus die Weissagung als so'che nicht mehr jetzt zu seinen Gunsten betont habe.

[2]) Erklärungen als die des M. Victorinus: non evangelizo homines,
neque quae hominum sunt, oder des Erasmus: num res humanas suadeo
an divinas? entsprechen dem griech. Wortlaute nicht. Chrys., welcher das
πείθειν mit ἀπολογεῖσθαι, Theodoret, welcher es durch θεραπεύειν zu erklären
sucht und Estius, welcher nach ersterem mit: non apud homines judices,
sed apud tribunal Dei causam hanc ago, interpretiert, lassen die Bedeutung
des πείθειν ganz außer acht und setzen teilweise eine nicht begründete Verteidigung Pauli gegen specielle Angriffe voraus — so Theodoret gegen den
Verdacht der Schmeichelei —. Das πείθειν = „nach Beifall streben"
(Rückert, Philippi, Palmieri) zu fassen, zieht eine Tautologie um des
folgenden ἀρέσκειν willen nach sich. Windischmann — nach ihm Bisping — nimmt „eine Art von Gedankenzeugma" an: „Paulus verband auch
θεόν mit πείθω, indem er aus Breviloquenz ein neues Zeitwort einzufügen
unterließ, das dem Sinne nach zu θεόν passend gewesen wäre, das sich aber
leicht aus dem Zusammenhange ergänzt: will ich dermalen Menschen überreden, oder Gott (dienen), oder Menschen gefallen? Paulus hätte mit gramma-

unseres „überreden" ist, jemanden zur Übereinstimmung mit
der eigenen Erkenntnis führen. Dieses „Überreden" auf
Menschen angewandt, schließt bei der Natur der menschlichen Erkenntnisweise, welche eine schrittweise ist und so oft
durch den verkehrten Willen oder durch Neigungen und Leidenschaften behindert wird, ein gewisses geistiges Kämpfen oder
Ringen in sich, es pflegt den Wissenskreis des Menschen auch zu
erweitern. Wenn der Apostel nun dieses Wort bei Gott gebraucht,
so geschieht es selbstverständlich in einer der Natur der göttlichen Erkenntnis entsprechenden Weise. Darum fallen
die in der menschlichen Unvollkommenheit gründenden Umstände
weg, und es besagt das πείθω in solcher Verbindung: sich in
Übereinstimung mit Gott, der einzigen Wahrheit, zu
setzen suchen [1]). Freilich, um mit Menschen sich in Übereinstimmung setzen zu können, mag es erforderlich sein, diesen
Rechnung zu tragen, und es mag dadurch die Lauterkeit der
Lehre getrübt werden können. Für den Apostel gab es wohl
einst eine Zeit, wo er sich mit den Menschen, speciell mit denen,
die bei den G. seine Gegner sind, im Einverständnisse dachte,
lebte und handelte; es war die Zeit, da er ein „Eiferer" für
das Gesetz war. „Jetzt" — ἄρτι ist, wie das die Stellung an
die Spitze erkennen läßt, mit Nachdruck gesagt — ist Pauli
Lehrthätigkeit auf Gott als das eine leitende Ziel gerichtet.
Ungezwungen verbindet sich hiermit, da Paulus, wie er von
den Juden und auch judaisierenden Christen jetzt gehaßt wird,
einst Gegenstand ihres Wohlgefallens war, der folgende Gedanke: ἢ ζητῶ ἀνθρώποις ἀρέσκειν; Durch Nebenabsichten kann
nur zu leicht die Erkenntnis der Wahrheit getrübt werden. So
mag denn Paulus vielleicht auch an seine Widersacher gedacht

---

tischer Eleganz etwa sagen können: ἄρτι γὰρ ἀνθρώπους πείθω, ἢ θεῷ πείθομαι."
Sollte man aber mit Grund eine solche Unterlassung annehmen können — es sei, um der Schwierigkeit zu entgehen?

[1]) Hieronym. i. h. l.: Ipsum quoque verbum *suadere* de humano
usu sumtum est, quum quis id, quod ipse habet et semel imbibit, etiam ceteris conatur inserere. Darin, „daß es sonst in der h. Schrift nur bei Menschen gebraucht wird, liegt der Grund, daß die gegebene Auffassung sich
nicht durch Parallelstellen erhärten läßt". Vgl. Matth. 27, 20; 28, 14; Act. 12,
20; 14, 19 etc.; bes. II. Kor. 5, 11; I. Ioh. 3, 19.

haben, wenn er vom Haschen nach Menschengunst redet. Für
die Lauterkeit seines Strebens bei seinem Wirken darf er fürwahr auf sein eigenes Leben, auf seine Vergangenheit (ἔτι) hinweisen: er hat alle Menschenrücksicht für nichts erachtet. Die
W e i s e aber, in der der Apostel diesem Gedanken Ausdruck
giebt, ist durch den G r u n d g e d a n k e n d e s g a n z e n B r i e f e s
b e s t i m m t. Die judaistische Auffassung von der Gesetzesbeob-
achtung als notwendigen Heilsbedingung verträgt sich nicht
mit dem unendlichen und allein erlösenden Werke Jesu Christi;
jene verteidigen und dadurch „Menschen gefallen", heißt dieses
nicht bloß schmälern, sondern geradezu ihm seinen Wert absprechen. Es ist Sache des Dieners für seines Herrn Ehre ein-
zustehen; darum tritt auch Paulus den Irrtümern, welche die
Macht der Gnade Christi herabsetzen, ja leugnen, mit seinem
Anathema entgegen [1]).

Der Apostel hat also zur Begründung dessen, daß sein
Evangelium allein das wahre ist, seine Selbstlosigkeit in der
Verkündigung desselben, wobei Gott allein sein Ziel ist, hiermit
hervorgehoben. Der Grund der W a h r h e i t seines Evangeliums und deshalb der Grund für die E i n z i g k e i t s e i n e s
E v a n g e l i u m s, ist die Göttlichkeit desselben. So schließt
sich an die Darlegung:

---

[1]) Somit ist also nach der Darlegung des Gedankenganges nicht die
„ganze Schwere" des wiederholt ausgesprochenen Anathema der Hauptgedanke, um dessen Begründung es sich in v. 10 handelt. Darum kann ich
auch der Erklärung R e i t h m a y r s nicht zustimmen, die besagt, Paulus denke
sich die Einwendung, ob er mit seiner Censur nicht zurückstoßend wirke,
und „verantworte sich darauf mit der Frage: ob man denn meine, daß es i m
M o m e n t e" (ἄρτι) ihm darum zu thun sei, zu dem, was er spreche, Menschen
auf seine Seite zu ziehen und beistimmend zu haben, oder aber Gott? . . .
Zu anderer Zeit nämlich suchte er wohl Menschen durch sein Wort für sich
zu gewinnen (II. Kor. 5, 11), nicht aber in d e m M o m e n t e." Diese Betonung
des ἄρτι auf diesen Moment geht auch des folgenden: ἔτι ἀ. ἤ. Χριστοῦ δοῦλος οὐκ ἄν ἤμην willen nicht, weil hiermit ein Gesichtspunkt bezeichnet
wird, der j e d e Menschenrücksicht ausschließt. Hierbei sei auch bemerkt,
daß der Zusammenhang die Wahl des Wortes δοῦλος statt ἀπόστολος motiviert,
und daß deshalb aus diesem Gebrauche desselben nichts gegen den dargelegten Apostelbegriff — wie dieses K ö p p e l in Stud. u. Krit. 1889, S. 257 ff.
331 ff. thut — gefolgert werden kann.

I, 11 — II, 14: Paulus ist wahrer Apostel des einen wahren Evangeliums.

11. Ich thue euch nämlich ¹) kund, Brüder, daß das von mir verkündete Evangelium kein menschliches ist; 12. denn weder habe ich es von einem Menschen empfangen, noch auch ²) gelernt, sondern durch Offenbarung Jesu Christi.

13. Denn ihr habt von meinem Wandel einst in dem Judentume gehört, daß ich überdiemaßen die Kirche Gottes verfolgte und sie zerstörte, 14. und daß ich in dem Judentume Fortschritte machte vor vielen meiner Altersgenossen in meinem Geschlechte, indem ich in hervorragenderer Weise ein Eiferer für vaterländische Überlieferungen war. 15. Als es aber Dem, Der ³) mich von meiner Mutter Leibe an ausgesondert und durch Seine Gnade berufen hat, gefiel, 16. Seinen Sohn in mir zu offenbaren, damit ich Ihn unter den Völkern verkünde, da wandte ich mich nicht allsogleich Fleisch und Blut zu, 17. und nicht ging ich fort nach Jerusalem zu denen, die vor mir Apostel sind, sondern ich wandte mich nach Arabien und kehrte wieder zurück nach Damaskus. 18. Alsdann nach drei Jahren ging ich hinauf nach Jerusalem, um den Kephas ⁴) kennen zu lernen, und ich blieb bei ihm fünfzehn Tage; 19. einen anderen der Apostel sah ich nicht, außer Jakobus, den Bruder des Herrn. 20. Was ich euch aber schreibe — bei Gott — ich lüge nicht. 21. Darnach begab ich mich in die Gegenden Syriens und Ciliciens. 22. Ich war aber von Angesicht den Gemeinden Judäas, denen, die in Christo sind, unbekannt; 23. nur hatten sie gehört: der, welcher uns einst ver-

---

¹) Es ist kaum zu entscheiden, ob γάρ — אᵃBD* etc. Vulg., Zimmer, [WH.]oder ob δέ א*ADᵇ etc. Ti. — zu lesen ist.

²) Vor ἐδιδάχϑην ist wohl mit BDᶜ etc. Ti. WH. οὔτε und nicht nach אAD* etc., Ln, Zimmer οὐδέ zu lesen; entscheidender als die Handschr. spricht für οὔτε der Zusammenhang.

³) Die Rec. hat hier ein ϑεός und zwar mit אAD etc., so auch Ln u. [WH.]; BFG, Vulg. Ti. lassen es weg und wohl mit Recht, weil es sich leichter als altes richtiges Interpretament ansehen läßt, als daß sein Ausfall erklärlich wäre.

⁴) Die Rec., welche Πέτρον liest, kann zwar mit אᶜDF etc. Vulg. gestützt werden, doch die älteren Handschr. א*AB empfehlen Κηφᾶν zu lesen. (Ln Ti., WH.).

*folgte, verkündet jetzt den Glauben, den er ehedem zerstörte, 21.
und sie priesen Gott in mir.*

*II. 1. Alsdann nach Verlauf von vierzehn Jahren, ging ich
wiederum nach Jerusalem mit Barnabas und nahm auch den
Titus mit* [1]*); 2. ich ging aber einer Offenbarung gemäß hinauf;
und ich legte ihnen das Evangelium, das ich unter den Völkern
verkünde, vor, ob ich nicht ins Leere laufe oder gelaufen sei. 3.
Aber nicht einmal Titus, der bei mir war, obschon Hellene, ward
genötigt, sich beschneiden zu lassen, 4. aber um der eingedrunge-
nen falschen Brüder willen, welche sich eingeschlichen hatten, um
unsere Freiheit, die wir in Christo Jesu haben, auszukundschaften, auf daß sie uns in Dienstbarkeit brächten* [2]*), 5. denen wir auch
nicht* [3]*) einen Augenblick uns unterordneten, auf daß die Wahrheit des Evangeliums bei euch bleibe. 6. Nach denen aber, die
dafür galten, etwas zu sein, wie sie auch waren, frage ich
nicht — Gott* [4]*) sieht nicht auf das Ansehen der Person —,*

---

[1]) Dem συμπαραλ. der Rec. steht das συνπαραλ. von אAB*CDE etc. entgegen; Zimmer ist hierfür.

[2]) Mit אAB*CDE ist καταδουλώσουσιν zu lesen und weder mit BᵍFG:
καταδουλώσωσιν noch mit der Rec. καταδουλώσωνται.

[3]) D hat eine spätere Hand das οἷς οὐδέ hinzugesetzt; Irenaeus adv. haer.
III, 13 Tertull. adv. Marc. V, 3 haben es nicht gelesen, letzterer erklärt es für eine
Fälschung Marcions. Also las man es doch damals und אABCDᶜᵒʳʳE etc., Vulg.
etc., Ti., WH. lesen es ebenfalls. Es ist diese Lesart um so mehr festzuhalten, als sie die schwierigere ist. Zur ersteren und zugleich zum Sinne derselben vgl. Victorinus: quoniam tamen in plurimis codicibus et latinis et
graecis ista sententia est: *ad horam cessimus subjectioni*, id est fecimus quae
illis facienda videbantur, sed non ut semper sequeremur, multis modis probatur legendum ita esse *ad horam cessimus subjectioni*. Primum, quia vere
cessit; nam et Timotheum circumcidit propter Judaeos, ut ait in actibus apostolorum; ergo mentiri non debuit apostolus. Deinde *nec ad horam cessimus*
quis diceret, si negare opus fuerat omnino factum. Et certe si Petro restitit,
quid est hic: *nec ad horam cessimus?* Item si supra dictum est: neque Titus
qui mecum erat Graecus compulsus est circumcidi, non ergo in omnibus nec
semper aut multum. Postremo propter inductos fratres, qui erant miscentes
judaismum christianismo

[4]) Die Rec. Ln lassen mit BCDE etc. den Artikel von θεός weg; אAP,
Ti. [WH.] Zimmer lesen denselben, zumal θεός als Nominativ in den paulinischen Briefen fast ausnahmslos den Artikel hat; gegenüber späteren Handschriften ist die Reihenfolge der Worte nach אABCDᵇ etc.: πρός [ὁ] θεός
ἀνϑρ. οὐ λαμβ.

denn mir haben die Angesehenen nichts entgegen gestellt; 7. im Gegenteil vielmehr, da sie sahen, daß mir das Evangelium der Vorhaut wie dem Petrus das der Beschneidung anvertraut ist, 8. — denn der, welcher bei Petrus wirksam ist für das Apostolat der Beschneidung, wirkt auch bei mir für die Heiden —, 9. und da sie die mir verliehene Gnade erkannten, Jakobus und Kephas und Johannes, welche in dem Ansehen, Säulen zu sein, standen, gaben sie mir und dem Barnabas den Handschlag der Gemeinschaft, damit wir für die Heiden, sie selbst aber für die Beschneidung [predigten]; 10. nur sollten wir der Armen eingedenk sein, was zu thun ich auch bestrebt war.

11. Als aber Kephas [1]) nach Antiochien kam, widerstand ich ihm ins Angesicht, weil er tadelnswert war. 12. Denn bevor einige von Jakobus kamen, aß er mit den Heiden; als sie aber gekommen waren, zog er sich zurück und sonderte sich ab, indem er die aus der Beschneidung fürchtete; 13. und mit ihm verstellten sich auch die übrigen Juden, so daß auch Barnabas zu ihrer Verstellung fortgezogen ward. 14. Als ich aber sah, daß sie nicht auf dem rechten Wege wandelten, der Wahrheit des Evangeliums entsprechend, sprach ich zu Kephas [2]) vor allen: wenn du, der du ein Jude bist, heidnisch und nicht jüdisch lebst, wie [3]) magst du die Heiden nötigen, jüdisch zu leben? —

Paulus spricht den Galatern gegenüber, die er mit dem vv. 11. 12. liebreichen Namen „Brüder" anredet, zuerst die Wahrheit aus, daß sein Evangelium kein menschliches ist. So streng er auch immerhin zuvor den Irrtum und die Verführer verurteilen mußte, die Liebe als Beweggrund hat ihn nicht verlassen, und schmerzlich bewegt lautet das „Brüder", ein Wort, das seine eigentliche und wahre Vollbedeutung nur aus der mystischen Vereinigung mit Christus schöpft. Jegliches Herbe ist dem γνωρίζω δέ . . . genommen. Daß die Galater von dem, was Paulus ihnen nun

---

[1]) *Κηφᾶς* lesen אABC etc. Vulg.; Rec. mit DEF etc. liest *Πέτρος*.

[2]) *Τῷ Κηφᾷ* lesen wieder אABC, Vulg. und die Mehrzahl der Väter, während die Rec. wieder mit DEF etc. *τῷ Πέτρῳ* liest.

[3]) אABCD etc., die Mehrzahl der Übersetzungen und der Väter lesen: *πῶς τ. ἔ. ἀ.;* darum ist die Rec., die — nach KL und wenigen Übers. und Vätern *τί τ. ἔ. ἀ.* liest, nicht im Rechte.

schreibt, nichts gewußt haben sollten, kann und braucht nicht
angenommen werden; denn es handelt sich an erster Stelle nicht
um die Mitteilung der Thatsachen an sich, sondern um die
Darlegung und Hervorhebung von der Bedeutung derselben
für den Zweck des ganzen Briefes, und hierzu ist voll
und ganz das γνωρίζω . . . ὑμῖν passend gewählt. Es gehört ja
nicht bloß zu diesem Satze, sondern auch zu der sich daran
schließenden Beweisführung.

Die abermalige Betonung des τὸ εὐαγγέλιον τὸ ʼεὐαγγε-
λισϑὲν ὑπ' ἐμοῦ findet in dem Gegensatze des den Galatern
vorgetragenen „andern Evangeliums" die Motivierung. Von seinem Evangelium sagt er zuerst aus, ὅτι οὐκ ἔστιν κατὰ ἄνϑρωπον, welches heißen könnte: meine Lehre ist nicht nach dem
Sinne der Menschen, oder: sie rührt nicht von Menschen her.
Die eine oder andere Deutung als die ausschließliche festzuhalten, geht nicht an, der ersteren entspricht zwar das κατα,
nicht aber der Gegensatz — παρὰ . . . διά —; die letztere empfiehlt sich zwar um des folgenden Gegensatzes willen, allein die
Frage bleibt offen, warum denn nicht ein nicht mißzuverstehen-
des παρά gewählt ist. Darum fassen wir das κατὰ ἄνϑρωπον
allgemein in der Bedeutung: das, was der Natur des Menschen
gemäß ist; also: mein Evangelium, so der Apostel, ist kein
menschliches. Der folgende Gegensatz giebt dann die nähere
Erklärung, warum es kein solches ist und nennt als Grund
— γὰρ — den Ursprung desselben; er geht nicht auf andere
Momente hierzu ein, weil nicht diese, sondern nur jener dem
beabsichtigten Beweisverfahren dient. Paulus beginnt die Beschreibung, wie er in den Besitz des Evangeliums gelangt ist:
οὐδὲ γὰρ ἐγὼ παρὰ ἀνϑρώπου παρέλαβον αὐτό: er ist nicht
durch Menschen unterwiesen worden; οὔτε ἐδιδάχϑην: noch hat
er die Wege eines Lernenden durchlaufen. Die menschliche Erkenntnisweise der Wahrheit, die eine discursive oder ein
succesives Lernen ist, war nicht die, durch welche Paulus das
Evangelium erhielt. Es stehen παρέλαβον und ἐδιδάχϑην nicht
im Verhältnisse eines Gegensatzes, weshalb auch die Lesart
οὔτε vor der anderen οὐδέ den Vorzug verdient, sondern es
hebt dieses ein bestimmtes Moment von jenem hervor. Im
Gegensatze zu beiden Begriffen steht das Erkennen durch

Schauen, welches die Weise ist, in der Pauli Geist in den Besitz des Evangeliums kam: ἀλλὰ δι' ἀποκαλύψεως Ἰησοῦ Χριστοῦ. Entsprechend dem gewöhnlichen Gebrauche, den Paulus von dem Worte ἀποκάλυψις zur Bezeichnung der Wiederkunft Christi zum jüngsten Gericht zu machen pflegt[1]), ist bei der ihm zur Mitteilung des Evangeliums zu teilgewordenen Offenbarung an ein Schauen der Person Jesu Christi selbst[2]), der der Inhalt des Evangeliums ist, zu denken. Es ist das wahrscheinlichste, daß außer der Vision auf dem Wege nach Damaskus und den sonstigen unmittelbaren Offenbarungen[3]) besonders ein fernerer, längerer, übernatürlicher, geheimnisvoller Umgang zwischen dem Herrn und dem Apostel — und zwar wohl in Arabien — stattgefunden hat, und daß dieser hier gemeint ist[4]).

Für die Thesis, daß sein Evangelium kein menschliches, sondern ein unmittelbar durch Offenbarung Jesu Christi erhaltenes ist, nimmt Paulus im Folgenden den historischen Beweis auf, begründet (γάρ) sie aus Thatsachen seines Lebens.

Die Galater haben wohl vom Apostel selbst, aber auch von anderen — sehr wahrscheinlich von dessen Gegnern — bereits gehört[5]), welchen „Wandel" — ἀναστροφή[6]) — er früher — ποτέ — geführt: ἐν τῷ Ἰουδαϊσμῷ. Dieses Leben nach jüdischen Grundsätzen schließt nicht bloß das mosaische Gesetz, sondern auch die daran geknüpfte Aus- bezw. Verbildung desselben mit dem Gefolge besonders pharisäischer Traditionen und Vorschriften ein. Demutsvoll spricht der Apostel in harten Worten von sei-

v. 13.

---

[1]) Vgl. Röm. 2, 5; I. Kor. 1, 7; II. Thess. 1, 7; I. Petr. 1, 7. 13.

[2]) Vgl. Seuffert, der Ursprung und die Bedeutung des Apostolates, Leiden 1887, S. 35 f.: „Jesum Christum gesehen zu haben, das war und blieb ihm eine feststehende Thatsache seines Bewußtseins".

[3]) Vgl. II. Kor. 12, 1; Gal. 2, 2.

[4]) Vgl. oben Einleitung S. 10. Ephes. 3, 3.

[5]) Das dürfte genügen, um zu erklären, weshalb Paulus ἠκούσατε und nicht — wie Steck, l. c. S. 83 die Forderung stellt — προεῖπον gebraucht hat, daß also Paulus trotz des ἠκούσατε persönlich bei den Galatern gewesen sein kann, und daß also Stecks Folgerung, „daß der Briefschreiber und die Gemeinde einander nicht persönlich bekannt sind" unbegründet ist.

[6]) Vgl. ἀναστροφή: Ephes. 4, 22; I. Tim. 4, 12; Hebr. 13, 7; I. Petr. 1, 15. 18; 3, 16; II. Petr. 2, 7.

nem früheren Leben als Christenverfolger. Im Besitze der ihm
zuteil gewordenen Gnade sieht er die ganze Größe und Unge-
heuerlichkeit seines früheren Thuns. Darum bekennt er: καϑ'
ὑπερβολὴν [1]) ἐδίωκον — das Imperf. drückt das Andauernde der
Handlung aus — und bedient sich im Schmerzgefühle der Reue
und zu seiner Beschämung der erhabenen Bezeichnung: τὴν ἐκκλησίαν τοῦ ϑεοῦ [2]). Sein Streben war dabei auf den Untergang
derselben gerichtet und, wo er hinkam, handelte er demgemäß,
weshalb er das schwerwiegende Wort ἐπόρϑουν, das mehr als
den bloßen Versuch die Kirche zu vernichten, das ein wirk-
liches Zerstören besagt, gebraucht [3]).

v. 14.　　Als ein Übereiferer (περισσοτέρως [4]) ζηλωτής), und zwar als
ein Zugehöriger zur strengen Pharisäerrichtung trat er für die
Überlieferungen derselben (τῶν πατρικῶν .. παραδόσεων) [5]) in
einer Weise ein, daß er viele seiner Alters- und Volksgenossen
— ὑπὲρ πολλοὺς συνηλικιώτας ἐν τῷ γένει μου — an Fort-
schritten übertraf. [6]) Dieser Eiferer für das Judentum und die
Satzungen der Väter steht nun vor den Galatern, um das Freisein hiervon nachdrücklich zu lehren, um dem Gesetze und seinen Werken gegenüber das Alleingenügen der Gnade Christi zu
vertreten. Da aber legt sich gewiß die Erwägung nahe: wie
ist dieser so umgewandelt worden? Die Antwort giebt der folgende Satz: nicht durch sich, nicht durch Menschen, sondern
durch die Gnade des barmherzigen Gottes. Immer ist der
Apostel von dem Bewußtsein durchdrungen, daß alles, was er
ist, er durch Gott ist, und bei jeder Gelegenheit giebt er dem in
Demut und Dankbarkeit Ausdruck, und das um so nachdrucks-

---

[1]) Vgl. Röm. 7, 13; II. Kor. 1. 8; 4. 17.

[2]) Estius: „. . . si Paulus persequi potuit ecclesiam Dei ac devastare,
quod et post eum fecerunt tam multi hostes ecclesiae, utique manifestam et
conspicuam eam esse oportere.

[3]) Vgl. Act. 26, 9 ff.; I. Kor. 15. 9; I. Tim. 1, 13; oben Einltg S. 6 f.

[4]) περισσοτέρως ein paulin. Lieblingswort; vgl. zu I. Thess. 2, 17.

[5]) Vgl. Act. 22, 3; 23, 6.

[6]) προκόπτειν vom Ausdehnen der Metalle infolge Schlagens gebraucht
alsdann: Vorrücken auf geistigem Gebiete; — im N. T. nur bei Luk. 2, 52 u.
Paulus: Röm. 13, 12; II. Tim. 2, 16; 3, 9. 13; προκοπή: Phil. 1, 12. 25; I.
Tim. 4, 15.

voller, als er die ganze Größe des Gegensatzes vor und nach
der Bekehrung hervorhebt. Solche Absicht soll auch hier nicht
ausgeschlossen sein, allein an erster Stelle bezweckt er da-
mit, wie das der Zusammenhang — vv. 13. 14 begründen ($\gamma\acute{\alpha}\varrho$)
den vorausgehenden Satz — beweist, dadurch zu beweisen,
daß er sein Evangelium nicht von einem Menschen
empfangen, noch es gelernt habe (v. 12). Mit dem Christenverfolger und „Eiferer" ist das unvereinbar; doch wie steht
es nach der Bekehrung?

Gott hat nach Seinem ewigen Ratschlusse, ohne ein vor- vv. 15. 16.
ausgehendes Verdienst als einer in denselben aufgenommenen
Bedingung, aus reiner Gnade ($\varepsilon\acute{v}\delta\acute{o}x\eta\sigma\varepsilon\nu$) den Apostel ausgesondert ($\mathring{\alpha}\varphi o\varrho\acute{\iota}\sigma\alpha\varsigma$) [1]), und zwar seitdem derselbe in die Welt
eingetreten ($\mathring{\varepsilon}x$ $xo\iota\lambda\acute{\iota}\alpha\varsigma$ $\mu\eta\tau\varrho\acute{o}\varsigma$ μov) war, indem Er ihm für den
bestimmten Beruf die Wege und Mittel bereitete, seine Erzie-
hung durch das ganze Leben hindurch auf das bestimmte Ziel
so hinleitete, daß er frei zustimmte, als der Gnadenruf an ihn
erging ($x\alpha\grave{\iota}$ $x\alpha\lambda\acute{\varepsilon}\sigma\alpha\varsigma$ $\delta\iota\grave{\alpha}$ $\tau\tilde{\eta}\varsigma$ $\chi\acute{\alpha}\varrho\iota\tau o\varsigma$ $\alpha\mathring{v}\tauo\tilde{v}$) [2]). Das Ziel dieser göttlichen Berufung und Führung war: $\mathring{\alpha}\pi oxa\lambda\acute{v}\psi\alpha\iota$ $\tau\grave{o}\nu$ $v\acute{\iota}\grave{o}\nu$ $\alpha\mathring{v}\tauo\tilde{v}$
$\mathring{\varepsilon}\nu$ $\mathring{\varepsilon}\mu o\acute{\iota}$ [3]). Die Offenbarung des Sohnes Gottes ist nicht bloß
eine äußere an Paulus, sondern auch eine innere „in" Paulus,
indem sich Jesus mit ihm vereinigte, in ihm lebte und wirksam
war. Nachdem so der Apostel in sich das Gnadenleben, die
mystische Vereinigung kennen gelernt, ward er zum Verkünder
derselben an andere. Die eigene Lebenserfahrung giebt selbst
einen Grund der Überzeugung ab; der Prediger, der selbst im
Besitze der Gnade ist, wird sie überzeugend auch anderen kund thun. In Gottes Heilsplan aber war diese innere
Offenbarung Jesu in seinem Diener Mittel zu dem Zwecke: $\mathring{\iota}\nu\alpha$
$\varepsilon\mathring{v}\alpha\gamma\gamma\varepsilon\lambda\acute{\iota}\zeta\omega\mu\alpha\iota$ $\alpha\mathring{v}\tau\grave{o}\nu$ $\mathring{\varepsilon}\nu$ $\tauo\tilde{\iota}\varsigma$ $\mathring{\varepsilon}\vartheta\nu\varepsilon\sigma\iota\nu$.

Dieser Bericht ist jedoch nicht um seiner selbst willen, als
eine Mitteilung eingeflochten, sondern als Mittel zum Zwecke,

---

[1]) Vgl. Röm. 1, 1; Act. 26, 17: $\mathring{\varepsilon}\xi\alpha\iota\varrho o\acute{v}\mu\varepsilon\nu\acute{o}\varsigma$ $\sigma\varepsilon$ $\mathring{\varepsilon}x$ $\tauo\tilde{v}$ $\lambda\alpha o\tilde{v}$ $x\alpha\grave{\iota}$ $\mathring{\varepsilon}x$ $\tau\tilde{\omega}\nu$ $\mathring{\varepsilon}\vartheta$-
$\nu\tilde{\omega}\nu$, $\varepsilon\mathring{\iota}\varsigma$ $o\mathring{v}\varsigma$ $\mathring{\varepsilon}\gamma\grave{\omega}$ $\mathring{\alpha}\pi o\sigma\tau\acute{\varepsilon}\lambda\lambda\omega$ $\sigma\varepsilon$.

[2]) Vgl. Jerem. 1, 5; Isai. 44, 2; 49, 5.

[3]) Chrys.: $\delta\varepsilon\iota x\nu\grave{v}\varsigma$, $\mathring{o}\tau\iota$ $o\mathring{v}$ $\delta\iota\grave{\alpha}$ $\tau\tilde{\omega}\nu$ $\varrho\eta\mu\acute{\alpha}\tau\omega\nu$ $\mu\acute{o}\nu\omega\nu$ $\mathring{\eta}xov\sigma\varepsilon$ $\tau\grave{\alpha}$ $\pi\varepsilon\varrho\grave{\iota}$ $\tau\tilde{\eta}\varsigma$ $\pi\acute{\iota}$-
$\sigma\tau\varepsilon\omega\varsigma$, $\mathring{\alpha}\lambda\lambda\grave{\alpha}$ $x\alpha\grave{\iota}$ $\pi o\lambda\lambda o\tilde{v}$ $\pi\nu\varepsilon\acute{v}\mu\alpha\tauo\varsigma$ $\mathring{\varepsilon}\pi\lambda\eta\varrho\acute{\omega}\vartheta\eta$, $\tau\tilde{\eta}\varsigma$ $\mathring{\alpha}\pi oxa\lambda\acute{v}\psi\varepsilon\omega\varsigma$ $x\alpha\tau\alpha\lambda\alpha\mu\pi o\acute{v}\sigma\eta\varsigma$ $\alpha\mathring{v}\tauo\tilde{v}$
$\tau\grave{\eta}\nu$ $\psi v\chi\grave{\eta}\nu$, $x\alpha\grave{\iota}$ $\tau\grave{o}\nu$ $X\varrho\iota\sigma\tau\grave{o}\nu$ $\varepsilon\mathring{\iota}\chi\varepsilon\nu$ $\mathring{\varepsilon}\nu$ $\mathring{\varepsilon}\alpha v\tau\tilde{\omega}$ $\lambda\alpha\lambda o\tilde{v}\nu\tau\alpha$.

um nämlich den Beweis des im zehnten Verse ausgesprochenen
Satzes fortzuführen. Darum ist derselbe auch, obschon er das
Wichtigste aus Pauli Leben enthält, im Nebensatze gegeben. um im
Hauptsatze: — εὐθέως οὐ προσανεθέμην σαρκὶ καὶ αἵματι — seinem
Ziele näher zu kommen. Das εὐθέως, „alsogleich", das nicht
ohne Nachdruck an der Spitze steht, läßt erwarten, daß Paulus später von sich zu sagen hat: προσανεθέμην σ. κ. αἱ. [1]). Obschon
ἅπαξ λεγόμενοι als Aor. 2. med. in Verbindung mit τινί im
N. T., so ist doch die Bedeutung des προσανεθέμην = sich an
jemand wenden, speciell zu Rate ziehen, hinreichend erhärtet [2]).
Σὰρξ καὶ αἷμα bezeichnet, wo es im N. T. vorkommt, den natürlichen Menschen und hat im allgemeinen das Übernatürliche
als Gegensatz [3]). Es ist also der Sinn: mein Ratgeber war nicht
der natürliche Mensch; Gedanken und Pläne, wie sie sich vom
rein natürlichen Standpunkte aus nahe legen mochten, faßte ich
nicht. Solche wären aber gewesen, wie aus dem folgenden ersichtlich wird, sich vorab nach Jerusalem zu wenden, von den
berufenen Aposteln sich unterweisen zu lassen. Paulus zog Den,

---

[1]) Damit sind jene Deutungen ausgeschlossen, die den Sinn dieser
Phrase allgemein mit: „da zog ich nicht schwache Menschen zu Rate" wiedergeben (Bisp.), denn das hat Paulus auch später nicht gethan. Aus demselben Grunde kann nicht an ein Beraten-Werden von der menschlichen Natur, insofern sie schwach ist, gedacht werden. Auch Estius Erklärung,
der Chrysost. folgend interpretiert: quod evangelium per revelationem Jesu
Christi acceptum cum hominibus, tametsi Christi apostolis, tanquam dubium
et ab eis aut corrigendum aut supplendum communicare . . . ideo non con-
tulit, ne videretur ab hominibus aut per hominem accepisse evangelium, et
per hoc inferior ceteris apostolis putaretur — ist nicht zu halten.

[2]) Vgl. die Beispiele (aus Diod. 17, 116: τοῖς μάντεσι προσαναθέμενος
περὶ τοῦ σημείου, und Lucian, Jup. trag. § 1: ἐμοὶ προσανάθου, λάβε με σύμβου-
λον πόνων) bei Grimm, n. t. Lexikon. Vulg. hat acquievi, wofür Hieron.
contuli emendierte; Tertull. (de res. carnis 50): non retuli ad carnem et san-
guinem.

[3]) σὰρξ καὶ αἷμα bezeichnet Matth. 16. 17: natürliche Erkenntnis im Gegensatze zur göttlichen Offenbarung; 1. Kor. 15, 50: das natürliche Vermögen
des Menschen im Gegensatze zu dem in statu naturae elevatae; Ephes. 6, 12:
ergiebt der Gegensatz — τὰ πνευματικὰ τῆς πονηρίας — die besondere Beziehung auf den Menschen in statu naturae lapsae, in dem der Mensch sein eigener Feind ist; Hebr. 2, 14: ist die menschliche Natur, die auch vom Sohne
Gottes angenommen worden ist, gemeint.

Der ihn berufen hatte und Der ihn auch leitete, zu Rate, folgte
dem Antriebe des heiligen Geistes[1]. Dieses Verhalten
wird ihm jetzt, da er den Galatern gegenüber seine unmittelbare
göttliche Sendung vertreten will, zum Beweise hierfür; nun kann
ihm niemand entgegen halten, er sei etwa nur ein Apostel-
schüler, denn dem widersprechen die Thatsachen seines Lebens.

Unter diesem leitenden Gesichtspunkte für sein Beweis-   v. 17.
verfahren fährt er fort: „ging ich nicht hinauf nach Jerusalem",
wo die Apostel noch weilten. Was wäre menschlicherweise
sonst auch natürlicher gewesen? Arabien war sein nächstes
Ziel. Um da zu predigen? Das erscheint als mehr denn unwahrscheinlich, weil auch er als Apostel den vom Herrn vor-
geschriebenen Weg, zuerst den Juden zu predigen, einzuschlagen
hatte und so sonst zu handeln pflegte — auch in Damaskus predigte

---

[1] Es tritt auch hier die übernatürliche Leitung des Apostels Paulus in
einer Weise hervor, daß es nicht unangebracht ist, auf das Wort der Einleitung — S. 11 — wieder hinzuweisen, daß ein rein natürlicher Standpunkt unmöglich das in den paulinischen Briefen und der Apostelgeschichte gezeichnete Bild desselben verstehen kann. Weil
aber nur dieser als berechtigt vorausgesetzt wird, darum kommt Steck,
Galaterbr. S. 93 ff. Hausrath, n. t. Zeitgesch. und A. Pierson, de bergrede
en andere syn. Fragm. 1878, folgend, dazu, für ein „gesundes, unbestochenes
Urteil" es zu erklären, wenn unter anderem ausgesprochen wird: „Nach
unserer Art zu verfahren, hätte er im Umgange mit den Jüngern Jesu die
Geschichte Jesu erkunden müssen, und sich nicht zur Ruhe begeben dürfen, bis
er dessen Lebensverhältnisse aufs genaueste erforscht gehabt. Statt dessen erklärt er im Gegenteil . . . Uns könnte eine derartige Aussage vom historischen Standpunkte freilich erschrecken, und wir sind vielleicht in Versuchung
zu sagen: es wäre viel besser gewesen, er hätte sich mit Fleisch und Blut
besprochen. . . (Hausrath). Daß jemand, der ein eigenes, der sein Evangelium der Welt verkünden will . . . bestehende Quellen von Erleuchtung ver-
schmäht und von innerlicher Erleuchtung allein Weisheit erwartet, ist schon
sonderbar genug. Aber daß sich jemand dessen . . . rühmt . . . ist sicher
etwas, das wir nicht ohne jede andere Möglichkeit geprüft zu haben annehmen können." Darum soll der Galater-Brief „eine Fiction eines ultrapaulini-
schen Christen und keine Wirklichkeit" sein, sein Verfasser wird als ein „vollkommen unzuverlässiger Zeuge", „Vertreter einer bodenlosen Mystik" (Pierson)
hingestellt. Bei solchem Beweisverfahren wäre es doch einfacher, offener und
ehrlicher, gleich zu sagen: erste Prämisse aller kritischen Discussion ist: es
giebt keine übernatürliche Einwirkung auf den Menschen; dann ist
der Streit auf die Principienfrage zurückgeführt.

er in den Synagogen —, und weil die Apostelgeschichte nichts von dem Aufenthalte in Arabien erzählt, obschon eine solche Voraussetzung ihren Bericht über den paulinischen Aufenthalt in Damaskus aufhellt [1]). Deshalb sollte selbst die „Kritik" ein Bekanntsein des Verfassers der Apostelgeschichte mit dem Galaterbriefe nicht verkennen [2]).

Von Arabien zurückkehrend begab sich Paulus wieder nach Damaskus, und als er dann

v. 18.   „nach drei Jahren" nach Jerusalem ging, war sein Zweck nur, „den Kephas kennen zu lernen."

Ausgangspunkt der drei Jahre kann die Rückkehr nach Damaskus nicht sein, denn erstens will der Apostel nicht die Dauer der einzelnen Aufenthalte nennen — er faßt ja auch ohne das Verhältnis der Zeitdauer zu berühren die Ereignisse seit der Bekehrung zusammen —, zweitens läßt die Feindseligkeit der Juden kein dreijähriges Wirken in Damaskus zu, drittens verträgt sich der Bericht der Apostelgeschichte, wonach die Bekehrung Pauli in Jerusalem noch nicht näher bekannt geworden war, nicht mit einem dreijährigen Aufenthalt in Damaskus und endlich, wenn überhaupt die Zeitbestimmung einen Zweck verfolgt, entspricht es dem Ziele des Beweisverfahrens, daß, da er seit der Bekehrung keinen Unterricht von Aposteln empfangen, diese als terminus a quo anzusehen ist. Diese Reise nach Jerusalem ist dieselbe, wovon die Apostelgeschichte (9, 26—30; 22, 17) berichtet [3]).

---

[1]) Es sind Act. 9, 19: ἡμέρας τινάς und daselbst v. 23: ἡμέραι ἱκαναί nicht identisch. Steck, Gal.-Brie S. 86 stellt freilich an Act. das Verlangen, daß sie die Zeit auf Jahr und Monate hätte angeben müssen, wie 18, 11, wo sie die Zeit des korinthischen Aufenthaltes auf „1 Jahr 6 Monate" und 19, 10, wo sie den ephesinischen auf „2 Jahre" angiebt; jedoch es ist übersehen, daß es sich in diesen beiden angenommenen Beispielen um eine Zeit der apostolischen Wirksamkeit handelt, was ja aber gerade für den Aufenthalt in Arabien nicht anzunehmen ist.

[2]) Es wäre doch mehr wie auffallend, daß der „Verfasser" der Apostelgeschichte, wie ihn ein Teil der „kritischen" Schule annimmt, den Galaterbrief nicht gekannt oder gar ignoriert haben sollte!

[3]) Hierbei finden sich keine in scheinbarem Widerspruch stehenden Angaben; weil aber beide Bücher zweckentsprechend berichten, darf an keines die Forderung geschichtlicher Vollständigkeit gestellt werden.

Weil weder die Absicht, Unterricht zu empfangen oder eine Sendung zu erhalten, besteht, noch es sich um einen andern Apostel, als um Kephas handelt; so ist das ein unverkennbarer Beweis für den Vorrang dieses vor den übrigen Aposteln. Die Dauer dieses Aufenthaltes war nur fünfzehn Tage; daß in der Verfolgung seitens der Hellenisten und einer inneren Offenbarung der Grund des kurzen Verweilens gelegen, sagt die Apostelgeschichte [1]). Warum aber nennt Paulus hier diese Zeitdauer? sie dient seinem Beweise: sie war zu kurz, als daß er innerhalb derselben hätte unterrichtet werden können, und sie zeigt so die Wahrheit der ausgesprochenen Absicht, nach Jerusalem gegangen zu sein, lediglich: ἱστορῆσαι Κηφᾶν.

Demselben Zwecke dient auch die folgende Bemerkung: ἕτερον δὲ τῶν ἀποστόλων οὐκ εἶδον, die nach dem ganzen Zusammenhange den Begriff „Apostel" nicht in einem weiteren, sondern in dem bestimmten, im Galaterbrief gerade dargelegten Sinne faßt. Hiervon ist aber die notwendige Folge, daß der — εἰ μὴ Ἰάκωβον τὸν ἀδελφὸν κυρίου — genannte Jakobus Apostel im eigentlichsten Sinne dieses Wortes, wie Kephas und wie Paulus selbst, ist [2]). Zu demselben Re-

---

[1]) Vgl. Einltg S. 12.

[2]) Hiermit ist also die Annahme, Jakobus der „Bruder" des Herrn sei ein anderer als der Alphäide aus der Zahl der 12 Apostel unvereinbar, Man darf nicht verlangen — wie es Schegg, Jakobus, der Bruder des Herrn. München 1883, S. 55 — und die Mehrzahl der neueren protestantischen Exegeten (Rückert, Meyer u. a.) thun —, daß Paulus, um diesen Jakobus hier als einen der Zwölf zu bezeichnen, es durch die Angabe: „einen andern aber von den Zwölf sah ich nicht", hätte thun müssen, weil es bei der Betonung des Apostelbegriffes im eigentlichsten Sinne nicht möglich war, daß „die galatischen Leser das Wort Apostel" in einem weiteren Sinne, wie es auch von den Begleitern des Paulus hätte gelten können, fassen konnten. Um diesem Beweise zu entgehen, ist es auch versucht worden, nach εἰ μὴ bloß ein εἶδον zu ergänzen — Grotius, Fritsche, Winer, Bleek, Wieseler — und zu interpretieren: einen anderen Apostel sah ich nicht, nur sah ich noch Jakobus, den Bruder des Herrn, der also kein Apostel gewesen wäre. Jedoch der Context fordert: εἶδον τὸν ἀπόστολον. „Für sich hat das exceptive εἰ μή die Bedeutung von sed nie; wo es nebenher den Sinn der Gegensätzlichkeit annimmt, ist es in der Regel von einem μόνον begleitet. So Matth. 12, 4; 21, 19; 21, 36; Luk. 5, 21; Phil. 4, 15 etc. Außerdem ist es pur excipierend, z. B. Luk. 4, 26 f.; Apoc. 9, 4 auch oben v. 7." (Reithmayr).

sultate führen mit großer Wahrscheinlichkeit auch die Erwägungen von Apostelgeschichte (9, 27), wonach Barnabas den Saulus
bei den Aposteln — was die Anwesenheit von wenigstens zweien
in Jerusalem voraussetzt — eingeführt habe und von 1. Kor.
15, 7, wo beim Aufzählen der Erscheinungen des Auferstandenen
ebenfalls neben Kephas, Paulus und die übrigen Apostel ein Jakobus gestellt wird. Dieser aber ist nach dem Hebräerevange-
lium [1]) und deshalb, weil kein unterscheidender Zusatz gemacht
ist, der damalige Jakobus $\varkappa\alpha\tau'$ $\dot{\epsilon}\xi o\chi\acute{\eta}\nu$, der Bischof von Jerusalem, „der Bruder des Herrn", der in dem Apostelverzeichnisse
aufgeführte Sohn des Alphäus und Bruder des Judas Thaddäus.

Weil der Ausdruck „Bruder", was unbestreitbar ist, in der
hl. Schrift nach der Ausführung des h. Hieronymus [2]) in vier-
fachem Sinne — vom leiblichen Bruder, von Volks- oder Stam-
mesgenossen, von Angehörigen derselben Familie und in geistiger übernatürlicher Bedeutung — gebraucht wird; — weil
ferner, wie sonst evident nachweisbar ist, Maria stets Jungfrau
war [3]): so ist die notwendige Folge, daß Jakobus, der Alphäide,
„Bruder" in dem Sinne von „Verwandter" Jesu war. Hierüber
bestand in der Kirche nie eine Meinungsverschiedenheit, — nur
die Weise der Verwandtschaft wird verschieden erklärt [4]). Alte
und neue Antidikomarioniten fassen in dieser und in anderen
Schriftstellen [5]). wo von „Brüdern" Jesu die Rede ist, diesen
Begriff in dem Sinne von leiblichen Brüdern, um dadurch die
immerwährende Jungfräulichkeit der Gottesmutter zu bestreiten [6]).
Diese Absicht bestimmt die Erklärung.

---

[1]) Bei Hieronym., de vir. illustr. 2.

[2]) adv. Helvid.

[3]) Vgl. meine Schrift: die Gottesmutter in der heil. Schrift,
Münster 1887, SS. 11—84; spec. S. 81 ff. das. vgl. die weitere diesbez. Litteratur.

[4]) Hierzu vgl. besonders Windischmann, Galaterbrief S. 52 ff.

[5]) Matth. 12, 46; 13, 55; Mark. 3, 31; 6, 3; Luk. 8, 19; Act. 1, 14; Joh.
2, 12; 7, 5; I. Kor. 9, 5.

[6]) F. A. Philippi, Galaterbrief, S. 48 bemerkt hierzu: „. . . . die Frage
nach der Existenz s. g. leiblicher Brüder des Herrn, die seit Herder in neuerer Zeit häufig behauptet worden ist, was wir unsererseits, wie die ntl. Einleitung weiter zu beweisen hat, für eine unbegründete Voraussetzung halten".
Vgl. außer der bereits genannten Litteratur und Comment. zum Galaterbriefe

Es legen sich leicht die Fragen nahe, warum Paulus die nähere Bestimmung ὁ ἀδελφὸς τοῦ κυρίου hinzugesetzt, und warum er gerade diese und keine andere — als etwa „der Alphäide" — gewählt hat? Gewiß wohl deshalb, weil zur Zahl der vollberechtigten Apostel auch noch ein anderer dieses Namens, der Sohn des Zebedäus und der Salome, der Bruder des Johannes, gehörte. Den Galatern gegenüber den jüngeren Jakobus aber nach einer diesen doch unbekannten Person, etwa nach Alphäus, näher zu benennen, erschien um so zweckloser, als die Hervorhebung des besonderen Vorzuges, „des Herrn Bruder" zu sein, in dem Gebrauche, den höchst wahrscheinlich Pauli Gegner davon gemacht hatten, eine ausreichende Motivierung erhält. Gerade jenen Apostel, auf den die Judaisten sich gern stützten, sah Paulus in Jerusalem. Ob derselbe damals schon Bischof von Jerusalem war, mag dahin gestellt bleiben; ebenso, ob der ältere Jakobus nur abwesend, oder ob er schon des Martyrertodes gestorben war[1]).

Für die Wahrheit all der aufgezählten Thatsachen, aus denen v. 20. sich sein vollberechtigter apostolischer Charakter ergiebt, kann Paulus den Galatern allerdings keine Zeugen vorführen; darum bekräftigt er dieselbe in feierlicher Form durch einen Schwur[2]).

---

hierzu: Rampf, Brief Judae, München 1854, S. 3 ff., woselbst fernere Litter. verzeichnet ist. Bisping, Erklärung des Evangeliums nach Matth., 2. Aufl. Münster 1867. S. 311 ff.; Wetzer u. Welte, Kirchenlexikon, 2. Aufl., Art. „Brüder Jesu" (Pölzl).

[1]) Ich möchte diese letztere Annahme nicht für unmöglich halten, wenngleich die Apostelgeschichte die Enthauptung des älteren Jakobus erst 12, 1 f. erzählt. Herodes Agrippa hat wahrscheinlich gleich von Anfang seiner Regierung an — seit 40 n. Chr. beherrschte er das Reich seines Großvaters Herodes — die Juden durch die Verfolgung der jungen Kirche zu gewinnen gesucht. In sachlicher Zusammenstellung würde dann die Apostelgeschichte c. 12 dazu übergehen, die Geschichte der Verfolgung der Kirche, welche besonders das Verlassen Jerusalems seitens des h. Petrus und die Zuwendung des Evangeliums an die Heiden — vorzüglich in den Predigten Pauli — zur Folge hatte, zu erzählen. Jedenfalls war, ehe dieses geschah, eine Lücke in die Zahl der Apostel gerissen worden, war letzlich um der Juden willen Jakobus der Ältere enthauptet worden. Darum sehen wir an seine Stelle in Paulus einen Apostel eintreten, dessen Beruf es war, vorab den Heiden das Evangelium zu predigen.

[2]) Vgl. zu dieser Beteuerungsformel I. Tim. 5, 21; II. Tim. 4, 1; eine ähnliche Beteuerung II. Kor. 11, 31.

So konnte aber nur Paulus selbst, nicht ein späterer Brief-schreiber, wie ihn die Bauersche „Kritik" annimmt, beteuern.

v. 21.   Nachdem der Apostel Jerusalem um der Verfolgungen sei-tens der Hellenisten willen verlassen hatte [1]), begab er sich zunächst nach Syrien. Hiermit kann nur die Landschaft um Antiochien, dem hervorragenden Schauplatze späterer Thätigkeit des Welt-apostels, gemeint sein, denn zur römischen Provinz dieses Na-mens gehörte ja auch Palästina [2]). Von da aus begab er sich nach seiner Heimat, nach Cilicien, wo er verblieb, bis ihn Bar-nabas nach Antiochien berief. Auch hieraus ist ersichtlich, daß Paulus sein Evangelium nicht durch Vermittlung von Menschen, speciell nicht durch andere Apostel, welche bis dahin diese Ge-genden noch nicht besucht hatten, erhalten haben kann.

vv. 22-24.   An das Martyrium des Stephanus hatte sich eine große Christenverfolgung in Jerusalem angeschlossen, die aber insofern viel zur weiteren Ausbreitung des Christentums, zur Gründung neuer Gemeinden beigetragen hatte, als Christen in die Land-schaften Judäas und Samarias versprengt worden waren, die nun daselbst das Wort Gottes verkündeten [3]). Da Paulus den Christen in Jerusalem nachgespürt hatte, bis er auf dem Wege nach Da-maskus bekehrt worden war, so wird es begreiflich, daß er von Person den christlichen Gemeinden [4]) auf dem Lande fremd geblie-ben war. Wohl aber hatten sie von ihm, der sie einst verfolgt hatte, gehört, daß er nun den Glauben, dessen Todfeind er gewesen war, verkünde. Ohne ihn persönlich gesehen zu haben, anerkannten sie seine apostolische Wirksamkeit und sahen darin, wie in sei-ner Umwandlung ein Werk der göttlichen Gnade, weshalb sie in ihm Gott priesen. Er war in ihren Augen ein Mittel, dessen sich Gott bediente, um Seine Ehre zu wirken. Wunderbar ist Gott in Seinen Heiligen; wer darum diese anerkennt und die Größe ihrer Vollkommenheit und Vorzüge kund thut, verherrlicht

---

[1]) Vgl. Einleitung S. 12.

[2]) Im N. T. bedeutet Συρία entweder die ganze römische Provinz Syrien (so Matth. 4, 24; Luk. 2, 2; Act. 18, 18; 20, 3; 21, 3), was hier nicht paßt, weil Judäa nicht mit einbegriffen ist; oder nur das antiochenische Syrien (Act. 15, 23. 41). Auch paßt der unbestimmt gehaltene Ausdruck κλίματα nicht zu dem stricten Begriffe Provinz. Vgl. oben S. 186.

[3]) Vgl. Act. 8, 1 ff.

[4]) Vgl. zu ταῖς ἐκκλησίαις . . . ταῖς ἐν Χριστῷ: I. Thess. 2, 14.

Gott in ihnen. Mit Absicht ist das ἐν ἐμοί gewählt, weil dadurch
eine innere übernatürliche Lebensgemeinschaft ihren Ausdruck
findet. Auch Paulus will seine apostolische Thätigkeit nicht
verkannt sehen, aber er will sie auf Gott, ihren ersten Grund,
zurückgeführt wissen. Er schreibt in dem Sinne der Ermahnung
des Herrn: „wenn ihr alles gethan habt, was euch befohlen
worden ist, so saget: unnütze Knechte sind wir, was wir zu
thun schuldig waren, haben wir gethan".[1]). Die Galater aber
mögen ihr Verhalten mit dem der palästinischen Christen vergleichen; sie sollten noch mehr Ursache haben, im Apostel Gott
zu preisen. Aber auch dagegen dürfen sie sich auf Grund dieser Lebensgeschichte des Apostels nicht mehr verschließen, daß
derselbe nicht von anderen Aposteln, sondern nur von Jesus
Christus Selbst das Evangelium empfangen haben kann.

„Nach Verlauf von vierzehn Jahren" — διὰ δεκατεσσάρων II, 1.
ἐτῶν —, so fährt Paulus in einer Weise fort, die eine gewisse
Betonung der Dauer [2]) dieses Zeitraumes nicht verkennen läßt,
„ging ich wieder nach Jerusalem". Eine lange Zeit also war
es, die er in Cilicien und Antiochien zugebracht, während der
er gelehrt und gearbeitet hatte, ohne daß jemand an seinem
wahren apostolischen Berufe gezweifelt, ohne daß jemand die
Reinheit seiner Lehre und ihre Übereinstimmung mit der der
übrigen Apostel in Frage gezogen hätte. Diese Erwägungen
aber müssen nun natürlich den Gedanken wachrufen: war das
nach dem Verlaufe der vierzehn Jahre anders geworden? Pau-

---

[1]) Luk. 17, 10.

[2]) Für die Wahl des διά, anstatt eines μετά etwa, liegt die Vorstellung
des ganzen Zeitraumes von seinem Anfangs- bis zu seinem Endpunkte zu
Grunde. Dieses wird besonders aus solchen Stellen ersichtlich, wo es mit
„im Verlaufe", oder „während", „binnen" wiederzugeben ist. Vgl. bes. Matth.
26, 61: διὰ τριῶν ἡμερῶν οἰκοδομῆσαι; Act. 1, 3: δι᾽ ἡμερῶν τεσσαράκοντα ὀπτανό-
μενος αὐτοῖς καὶ λέγων; vgl. ferner Act. 5, 19; 16, 9; 17, 10; 23, 31; Luk. 5, 5.
Dabei darf aber wieder nicht übersehen werden, daß an diesen Stellen immer
der ganze Zeitraum gemeint ist, und daß der Zusammenhang die nähere
Beziehung, worin derselbe zu irgend einem Ereignisse steht, angiebt. Hier
an dieser Stelle aber wäre die Zeitangabe zwecklos, wenn sie besagen sollte:
„während vierzehn Jahre". Darum übersetzt die Vulgata, wenn auch nicht
ganz bezeichnend, richtig: post quatuordecim annos, und ist an dieser Stelle
das διά zu verstehen, wie: Deut. 9, 11: διὰ τεσσαράκοντα ἡμερῶν; 15, 1; Mark
2, 1; Act. 24, 17: δι᾽ ἐτῶν πλειόνων. Zur Litteratur hierüber vgl. Sieffert, S. 70.

lus hatte den Heidenchristen die Beschneidung nicht auferlegt.
Da kamen aber Judaisten aus Jerusalem, welche die Notwendigkeit derselben als einer Heilsbedingung behaupteten und somit
dem Apostel entgegentraten. Es entspricht darum dem Gedankengange unseres Briefes, in der hier erwähnten Reise nach
Jerusalem die Apostelgeschichte 15, 1 ff. erzählte Reise des
Paulus, Barnabas und „einiger Anderer" zum Apostelconcil
zu vermuten. Die Vergleichung beider führt denn in der That
auch zu dem Schlusse, sie für identisch zu halten. In beiden
Berichten ist nämlich dieselbe Veranlassung erzählt, nur hier in
einer Weise, die den dabei beteiligten und von der Wahrheit
seiner Lehre innigst überzeugten Apostel erkennen läßt. Beide
Nachrichten stimmen im wesentlichen überein in ihren Mitteilungen über den Verlauf und die Schlichtung des Streites, nur
daß hier der Zweck des Verweisens darauf eine dementspre-
chende Hervorhebung oder Betonung bestimmter Momente gefordert hat. Den Eigentümlichkeiten des Berichtes des Galaterbriefes gegenüber dem der Apostelgeschichte werden die hauptsächlichsten Argumente für die Annahme einer Verschiedenheit
dieser beiden Reisen entnommen. Eine Besprechung derselben
an dieser Stelle erscheint aber überflüssig, weil die später zu
gebende Darlegung der folgenden zielbewußten paulinischen Entwicklung die Erledigung derselben von selbst bietet, und weil es
„heute fast allgemein anerkannt ist, daß die hier gemeinte Reise
von den in der Apostelgeschichte im ganzen berichteten fünf
Reisen des Paulus nach Jerusalem die dritte (Act. 15, 4 ff.) ist" [1].

---

[1] So Sieffert, S. 71; ebenso besteht nach C. Weizsäcker, das apostolische Zeitalter S. 174 ff. kein Zweifel mehr über die Identität beider Begebenheiten.
    Die erste Reise nach Jerusalem (Act. 9, 26 ff.) ist die in 1, 18 bereits
erwähnte; die fünfte (Act. 21, 17 ff.) fand erst nach Abfassung des Galaterbriefes statt. Innerhalb des Rahmens der Möglichkeit liegen nur die Act.
11, 30 und 18, 22 erzählten Reisen nach Jerusalem. Veranlassung zu der ersteren war die durch Agabus geweissagte Hungersnot. Saulus und Barnabas
wurden mit der Überbringung der in Antiochien für die Armen zu Jerusalem
gesammelten milden Gaben betraut. Diese aber kann nicht die hier gemeinte
sein, weil sich kein terminus a quo für die vierzehn Jahre — die Hungersnot fiel nämlich in das Jahr 44 n. Chr. — finden läßt, und weil der Zweck
derselben ein ganz anderer ist, so daß es mehr als bloß unbegründet wäre,

Doch nicht erst „heute", schon Irenäus[1]) und Tertullian[2])
sind der gleichen Ansicht. Die Frage aber, worüber eine
größere Verschiedenheit der Meinungen herrscht, ist die nach
dem Zeitpunkte, von dem aus die „vierzehn Jahre" zu
datieren sind. Ist der Ausgangspunkt dafür die zuvor genannte
erste Reise[3]), oder ist es die Bekehrung des Apostels[4])? Die
Chronologie über das Jahr der Bekehrung Pauli kann nicht zur
Entscheidung angerufen werden, denn diese ist ja mit Hilfe dieses Datums erst zu bestimmen[5]). Entscheidend kann nur der
Zusammenhang sein, die Beantwortung der Frage: zu welchem
Zwecke giebt der Apostel diese Zeitangabe?

In der folgenden Entwicklung handelt es sich nicht mehr
um die Fortsetzung des Nachweises, daß er sein Evangelium unmittelbar von Christus empfangen habe, sondern um die Darlegung, daß er mit dem, was er seit vierzehn Jahren unbean-
standet lehrte und that, im vollsten Einklange mit den übrigen
Aposteln, besonders gerade jenen, auf die seine Gegner sich beriefen, immer gestanden hatte und noch stand. Diese Einheit
in der Lehre ist ihm in feierlicher Weise, den Widersachern
zum Trotz, gerade von den Säulen der Kirche in Jerusalem anerkannt worden. Bei solchem Ziele liegt es natürlich nahe, die
„vierzehn Jahre" auf die ganze Zeit der Lehrthätigkeit Pauli zu
beziehen und hier wie 1, 18 die Bekehrung und Berufung zum
Apostolate als den Ausgangspunkt anzusehen. Daran kann uns
das ἔπειτα nicht hindern, denn auch 1, 18 bezieht es sich

---

die Gal. 2, 1 ff. erzählten Vorkommnisse mit ihr verbinden zu wollen. Weil
mit der zweiten Reise kein Moment, das dem Beweisverfahren des Apostels
dienlich wäre, gegeben ist, darum konnte sie in diesem Briefe unerwähnt
bleiben. Paulus sagt ja auch nicht δεύτερον, sondern πάλιν, und mit ἔπειτα
setzt er nur die Rede fort.

Die vierte Reise endlich — Act. 18, 22 — kann nicht gemeint sein,
denn bis dahin hatte sich Barnabas, der hier in der Begleitung des Apostels
erscheint, längst von demselben getrennt.

[1]) haer. III, 13, 3. — [2]) adv. Marc. V, 2.

[3]) So Hieron., Chrys., Petavius, Salm., Cathar., Hug, Reithm.,
Bisp., Rückert, Lightf., Hofm., Phil., Sieffert u. a.

[4]) So Thomas, Estius, Baron., Cajet., Justin., C. a. Lap., Windischm., Anger, Wieseler, Ewald, Hilgenf. u. a.

[5]) Vgl. oben S. 11 f.

nicht auf das unmittelbar zuvor Erzählte und hat nicht die
Rückkehr nach Damaskus als terminus a quo [1]). Ebenso auch
das πάλιν nicht, weil dieses nicht zur Zahlangabe, sondern zu
ἀνέβην εἰς Ἱεροσόλυμα gehört.

In der Begleitung des Apostels befanden sich Barnabas und
unter den anderen, die von der Apostelgeschichte nicht namentlich genannt werden, wird vom Galaterbrief Titus besonders
hervorgehoben. B a r n a b a s , dessen eigentlicher Name Joses
war, stammte von jüdischen Eltern, die dem Stamme Levi zuge-
hörten und Cypern als Heimat hatten. Wann er Christ geworden, wird nicht erzählt; er gehörte zu den Ersten, die ihr Be-
sitztum verkauften und den Erlös zu den Füßen der Apostel
niederlegten. Der Zuname Barnabas = υἱὸς παρακλήσεως
(בַּר נְבוּאָה) ward ihm von den Aposteln beigelegt [2]). Aus der
Apostelgeschichte wissen wir ferner, daß er sich in Jerusalem
des bekehrten Saulus angenommen, ihn nach Antiochien berufen und gemeinsam mit ihm gearbeitet hatte bis zu der bei Beginn der zweiten Missionsreise um des Markus willen entstan-
denen Trennung [3]). Wie Paulus, so war auch er in Antiochien
zum Bischofe geweiht worden; doch war er damit nicht im engeren Sinne des Wortes zum A p o s t e l berufen worden. Das
Merkmal, unmittelbar von Christus berufen worden zu sein und
ohne jede menschliche Vermittlung das Evangelium erhalten zu
haben, worauf Paulus sich gerade zum Beweise seines vollberechtigten Apostelcharakters stützt, geht ihm ab. In einem
weiteren Sinne des Wortes kommt ihm um seiner hervorragenden Wirksamkeit willen der Name Apostel zu; — auch dann,
wenn man die Mitteilung des C l e m e n s A l e x a n d r i n u s [4]), er
sei einer der siebzig Jünger gewesen, für nicht verbürgt erachten will. Daraus, daß Markus, der Begleiter des Barnabas, während der ersten Gefangenschaft Pauli bei diesem erscheint [5]),

---

[1]) Darum ist auch P a l m i e r i 's Begründung für die Annahme, die 14
Jahre wären zu datieren „ab adventu . . in partes Syriae et Ciliciae hinfällig:
habes triplex ἔπειτα I. 18. 21. II. 1 duo priora certe designant aliud post aliud
tempus: proinde et hoc tertium.

[2]) Act. 4, 36 f.

[3]) Vgl. hierzu die Einleitung S. 12 ff.

[4]) Strom. II, 20. — [5]) Kol. 4, 10; Philem. 24.

wird nicht ohne Wahrscheinlichkeit geschlossen, daß Barnabas selbst damals — gegen 62— bereits tot war.

Titus, der in der Apostelgeschichte gar nicht genannt wird, tritt an dieser Stelle das erstemal in der hl. Schrift uns entgegen. Von Geburt war er Heide, und wahrscheinlich stammte er aus Antiochien, wo er durch Paulus selbst zum Christentum bekehrt ward. Γνήσιον τέχνον, „seinen echten Sohn", redet ihn der Apostel an [1]).

Es ging Paulus aber hierauf nach Jerusalem, κατὰ ἀποκά- [v. 2.] λυψιν, einer besonderen Offenbarung folgend. In welcher Weise dieselbe ihm zu teil ward, sagt er nicht. Ekstase [2]), nächtliches Gesicht [3]), innere Ansprache [4]) sind die Möglichkeiten. Es kann bei der allgemeinen Ausdrucksweise auch die Frage noch als offen angesehen werden, ob Paulus nämlich selbst unmittelbar die Offenbarung hatte, oder ob sie den Ältesten in Antiochien zu teil und durch diese ihm vermittelt ward [5]). Jedoch auch ohne diese letztere Annahme besteht kein Widerspruch zwischen dieser Mitteilung und der von Act. 15 ,2, wonach die Brüder „beschlossen" hatten, „daß Paulus und Barnabas und einige von ihnen hinaufgehen sollten zu den Aposteln und Presbytern nach Jerusalem." Dieser Auftrag war der äußere Grund und die nächste Veranlassung, wozu speciell bei Paulus noch als der eigentliche, ihn bestimmende innere Grund die ἀποκάλυψις hinzutrat. Da mit Übergehung jenes Motives dieses hier mit einem gewissen Nachdrucke hervorgehoben erscheint, so kann die Frage, was der Apostel wohl damit bezwecke, nicht übergangen werden. Der Gedankengang des Briefes giebt einen Aufschluß. Paulus ist so überzeugt von der Wahrheit seines apostolischen Berufes und seiner Lehre, und darum ist er der Übereinstimmung mit den übrigen Aposteln so sicher, daß es für ihn einer besonderen übernatürlichen Weisung, nach Jeru-

---

[1]) Tit. 1. 4. — [2]) II. Kor. 12, 1 ff.; Act. 22, 17.

[3]) Act. 16, 9; 18, 9; 23, 11.

[4]) Das. 16, 7. 10; 20, 22.

[5]) So Reithmayr: „. . . der Text nöthigt nicht im geringsten anzunehmen, daß Paulus sie selbst empfangen habe. Sie konnte auch durch andere, welche anerkannt das πνεῦμα τῆς προφητείας besaßen, ausgesprochen worden sein." Dabei beruft sich Reithm. auf Act. 11, 28; 13, 2; 20, 23; 21,11.

salem zu gehen und solches auch da anerkennen zu lassen, bedurfte [1]).

Καὶ ἀνεθέμην αὐτοῖς τὸ εὐαγγέλιον ὅ κηρύσσω ἐν τοῖς ἔθνεσιν: Es legte Paulus sein Evangelium vor, um die anderen dadurch zu einer Gegenäußerung zu veranlassen [2]). Doch wem? Unter den *αὐτοῖς* verstehen wir am besten die ganze Gemeinde in Jerusalem gemäß Act. 15, 4 : „Als sie aber in Jerusalem angekommen waren, wurden sie von der Gemeinde und den Aposteln und den Presbytern aufgenommen, und sie erstatteten Bericht, wie Großes Gott mit ihnen gewirkt habe." So wie er nun den Galatern das Evangelium gepredigt, so lehrte er die Heiden überhaupt, daß nämlich Christus mit Seiner Gnade die alleinige Ursache des Heiles ist für alle, die da glauben — *τὸ* (scl. *εὐαγγέλιον*) *χωρὶς περιτομῆς* (Chrys.) —.

Das *κατ' ἰδίαν* gehört, wie das *δέ* zeigt, zu *τοῖς δοκοῦσιν* und bedeutet „eigens", „insbesondere" [3]). Wohl hatte Paulus vor der ganzen Gemeinde über sein Evangelium Rechenschaft abgelegt; doch speciell und vorzugsweise noch vor *τοῖς δοκοῦσιν*, weil namentlich diese von seinen Gegnern gegen ihn ausgespielt wurden. Er mag sich hier mit *δοκοῦντες* wohl auch eines gerade von diesen gern gebrauchten Ausdruckes bedienen. Derselbe ist darum weder ironisch, noch als Bezeichnung für solche, die sich für etwas halten, ohne es zu sein, zu fassen, sondern hat die auch im klassischen Griechisch [4]) übliche Bedeutung: die Angesehenen", die Vielgeltenden, und bezeichnet also vorab die Apostel.

Zum Verständnisse des *μή πως εἰς κενόν τρέχω ἤ, ἔδραμον*, welches an sich eine verschiedene Auffassung in den Einzelheiten zuläßt — *μή* könnte final oder fragend [5]), *τρέχω* [6])

---

[1]) Vgl. zu 1, 16 f.

[2]) Dieses die Bedeutung des *ἀνατίθεσθαι*; vgl. Act. 25, 14.

[3]) Vgl. Matth. 17, 19; 20, 17; Mark. 6, 31; 7, 33; 9, 28; Luk. 10, 23; Act. 23, 19 etc.

[4]) Vgl. Grimm, nt. Lexikon. Clemens Romanus, ad Kor. I, 57.

[5]) Vgl. z. B. Buttmann, S. 303 (§. 148, 10) u. S. 213 (§. 139, 55), Grimm, nt. Lexikon unter *μήπως*; Sieffert, S. 83 f.

[6]) Vgl. z. B. Bisp. hierzu u. Buttmann S. 303. Vgl. auch oben S. 78 zu I. Thess. 3, 5.

als Indic. oder Conj. genommen werden — müssen wir vorab
uns in die den Apostel leitenden Gedanken zu versetzen suchen,
um von da aus die einzig richtige Deutung zu gewinnen. Sowohl im vorhergehenden Kapitel als auch im folgenden giebt
der Apostel seiner unerschütterlichen Überzeugung und inneren
Gewißheit von der Wahrheit des von ihm verkündeten Evangeliums in so entschiedener Weise Ausdruck, daß damit die Annahme unvereinbar ist, er habe sein „Evangelium dem Collegium
der Apostel in der bestimmten Absicht, um an deren Zustimmung die Achtheit desselben zu prüfen und zu bewähren," vorgelegt [1]). Die Furcht, in der That εἰς κενόν, ohne ein bestimmtes Ziel gearbeitet zu haben — wofür Paulus wieder ein beliebt-
tes, den Wettkämpfen entnommenes Bild [2]) gebraucht —, ist bei
ihm von vornherein ausgeschlossen [3]). Daraus ergiebt sich nun,
daß μή πως — zumal ob des folgenden Indicativs willen —
nicht final gefaßt werden kann [4]). Daher handelt es sich dem
Apostel um eine Anerkennung dessen, daß er nicht ziellos
laufe seitens der Apostel, um dadurch seine Gegner zu wider-
legen und die Schlichtung des Streites herbeizuführen. Paulus
weiß, daß er nicht ins Leere gelaufen; die Gläubigen, die er

---

[1]) So Bisping nach Estius.

[2]) I. Kor. 9, 24; I. Tim. 6, 12; II. Tim. 4, 7.

[3]) Das anerkennen: Chrysost. i. h. l.: ἀνῆλθον φησί, καὶ ἐκοινωσάμην
αὐτοῖς τὸ εὐαγγέλιον, οὐχ ἵνα αὐτός τι μάθω . . ., ἀλλὰ διδάξω τοὺς ταῦτα ὑποπ-
τεύοντας, ὅτι οὐκ εἰς κενὸν τρέχω. Theodoret, Hieronym. i. h. l.: ut osten-
deret praecessoribus suis, non se in vacuum currere aut cucurrisse, sicut pu-
taverunt ignorantes. August. i. h. l., Pelagius i. h. l., Reithmayr, Palmieri, Sieffert. An anderen Orten — vgl. Estius — betonen in anderem
Zusammenhange Hieronym., August. diese Stelle behufs der praktischen
Ermahnung, daß die Lehrer in der Kirche die Sicherheit der Wahrheit ihrer
Lehre aus der Approbation der Vorsteher der Kirche erhalten, und dieses
wollen sie mit dem Beispiele des h. Paulus exemplificieren. So auch Estius und
Bisping. Für diese Anwendung ist jedoch diese Stelle nicht zu verwerten.

[4]) Ganz richtig bemerkt Sieffert: „Allein wenn man auch dem seines
Berufes so gewissen Ap. P. den besorglichen Gedanken an die Möglichkeit,
umsonst gearbeitet zu haben, zuschreiben könnte, so doch sicher nicht die
Voraussetzung, daß dieses wirklich geschehen ist, wie eine solche nach einem
μή dieser Art der Indic. ἔδραμον nothwendig bezeichnen würde." (Kühner,
II. p. 1011.). Vgl. oben S. 78.

für Christus gewonnen, sind sein Siegeskranz [1]), was die Apostel in Jerusalem anerkennen: „und der herzenskundige Gott
gab für sie (die Heidenchristen) Zeugnis, indem er ihnen
den heiligen Geist gab wie auch uns; und in keiner Hinsicht
machte er einen Unterschied zwischen uns und ihnen, indem er
durch den Glauben ihre Herzen reinigte" [2]).

v. 3.   Aus den nächstfolgenden Versen ist ersichtlich, daß der
Apostel bei den Galatern bereits eine Bekanntschaft mit den
Verhandlungen in Jerusalem voraussetzt. Ferner handelt es sich
ihm um nichts weniger, als um einen vollständigen Bericht über
dieselben; es genügt ihm ein Hervorheben dessen, was seinem
speciellen Zwecke dient.

Der Gedankengang setzt sich wohl in folgender Weise fort:
Das fragende μή πως läßt eine verneinende Antwort erwarten,
die denn in der Form: ἀλλ' οὐδὲ Τίτος ὁ σὺν ἐμοί, Ἕλλην ὤν,
ἠναγκάσϑη περιτμηϑῆναι gegeben wird. Das, was Paulus als
bekannt voraussetzt, hinzunehmend, führen wir seine Rede also
des weiteren aus: ich habe von den Heiden die Beschneidung
als eine Heilsbedingung nicht verlangt, und ich nahm den Titus,
von dem ich solches natürlich auch nicht gefordert hatte, mit
hinauf nach Jerusalem. Ihr werdet natürlich, wenn ihr meinen
Gegnern glaubt, meinen, es habe die Gemeinde daselbst, und es
hätten die Apostel, auf daß mein Wirken in ihren Augen Geltung habe, mich in die Notwendigkeit versetzt, die Beschneidung an den Heidenchristen noch vornehmen zu lassen; aber
dem ist nicht so, und ihr möget es daraus erkennen, daß nicht
einmal mein Begleiter Titus dazu „genötigt" ward. Paulus bedient sich des Ausdruckes ἠναγκάσϑη. Derselbe hat nichts zu
thun mit einem etwaigen Aufheben der Freiheit des Titus, sondern erklärt sich in seiner eigentlichen Bedeutung unter der
Voraussetzung der Erreichung des gewollten Zieles. Mit anderen
Worten: dem Titus ward die Beschneidung nicht als notwendige Heilsbedingung aufgetragen.

Wenn wir nun das Wort ἠναγκάσϑη in seiner eigentlichen
Vollbedeutung festhalten — warum wäre es denn auch ge-

---

[1]) Vgl. I. Thess. 2, 19 und oben S. 73 f.; Phil. 4, 1.
[2]) Act. 15, 8 f.

wählt —, dann ergiebt sich von selbst, daß es auch bei Titus,
wie seiner Zeit bei Timotheus [1]), möglich gewesen wäre, ihn
sich den Anschauungnn vieler Judenchristen accomodieren zu
lassen; jedoch dieses eben nur unter der Voraussetzung, daß
es nicht als zwingende Bedingung gelte, daß anerkannt bleibe,
es müsse nicht sein. Zu diesem — implicite in $\dot{\eta}\nu\alpha\gamma\varkappa\dot{\alpha}\sigma\vartheta\eta$ enthaltenen — Gedanken, daß unter der bestimmten Voraussetzung,
es sei der Christ durch Jesum ohne das Gesetz frei geworden,
die Beschneidung geduldet werden könne, tritt der folgende Ge-
danke des Apostels: $o\dot{v}\delta\dot{\epsilon}$ $\pi\varrho\dot{o}\varsigma$ $\ddot{\omega}\varrho\alpha\nu$ $\epsilon\ddot{\iota}\xi\alpha\mu\epsilon\nu$ $\tau\ddot{\eta}$ $\dot{v}\pi\sigma\tau\alpha\gamma\ddot{\eta}$ $\varkappa\tau\lambda.$ in vv. 4. 5.
Gegensatz. Es erhält in dieser Weise die vielartig besprochene
Partikel $\delta\acute{\epsilon}$ ihre Erklärung. Die Judaisten mögen auch begreif-
licher Weise die Galater darauf hingewiesen haben, daß der
Apostel sonst wohl das alttestamentliche Gesetz noch erfüllt habe.
Das gesteht Paulus zu, dagegen ($\delta\acute{\epsilon}$) da, wo es sich um einen
Jrrtum handelt, ist ein Nachgeben unzulässig.

Die Frage, ob für das in v. 3 Erzählte Jerusalem oder Antiochien oder beide als Orte anzunehmen sind, ist wohl im
letzten Sinne zu entscheiden; denn an beiden Orten waren
Gegner dem Apostel gegenüber getreten, und weder an dem
einen noch an dem anderen: $T\acute{\iota}\tau\sigma\varsigma$ . . . $\dot{\eta}\nu\alpha\gamma\varkappa\dot{\alpha}\sigma\vartheta\eta$ $\pi\epsilon\varrho\iota$-
$\tau\mu\eta\vartheta\ddot{\eta}\nu\alpha\iota.$. Mit dem folgenden Verse werden wir zunächst
zwar nach Antiochien versetzt, allein wir brauchen ihn aber-
mals nicht darauf zu beschränken, weil auch in Jerusalem noch
dasselbe Streben hervortrat. „Einige" — heißt es über die Versammlung daselbst — „von der Secte der Pharisäer, die gläubig
geworden waren," behaupteten: „man muß sie beschneiden und
anweisen, das Gesetz des Moses zu beobachten" [2]).

Mit dieser Darlegung der Gedanken des Apostels steht die
eigentliche Bedeutung des $\delta\iota\acute{\alpha}$ mit dem Accus., welches die Ursache oder einen Anlaß bezeichnet, im Einklange, und es bedarf
dafür nicht der Annahme ungebräuchlicher Bedeutungen, als
„was anlangt" [3]) oder „auf Verlangen" [4]). Das Wort $\psi\epsilon\nu\delta$-
$\dot{\alpha}\delta\epsilon\lambda\gamma\sigma\iota$[5]) erhält seine Bestimmung aus dem uns bekannten paulinischen Begriffe „Bruder"; es sind jene, die wohl vorgeben, in

---

[1]) Act. 16, 1 ff. —· [2]) Act. 15, 5.
[3]) Rückert. — [4]) Wieseler. — [5]) Nur noch II. Kor. 11, 26.

Christus mit uns eins zu sein, die es aber nicht sind, deren
Vorgeben Lüge ist. Sehr bezeichnend ist als eine nähere Bestimmung hierzu παρείσακτοι[1]) gewählt, mit welchem Worte der
Begriff des Einschiebens von außen her in einen abgeschlos-
senen Raum und zwar mit dem Nebensinne des Ungehörigen,
des Hineinstehlens zu verbinden ist [2]). Die schönste nähere Ausführung hierzu, insbesondere aber die Bestimmung dessen, was
die wahre Bruderschaft bewirkt, finden wir in des Herrn Gleich-
nisworten: „wahrlich, wahrlich sage ich euch, wenn jemand
nicht durch die Thür in den Schafstall eingeht, sondern anders-
woher einsteigt, der ist ein Dieb und Räuber; wer aber durch
die Thür eingeht, der ist der Hirt der Schafe"; und: „wahrlich,
wahrlich sage ich euch: ich bin die Thür für die Schafe" [3]).
— Der Gedanke des Einschleichens, ohne durch Christus geeint
zu sein, liegt auch in dem παρεισῆλθον.

Diese Eindringlinge verfolgten als nächsten Zweck: κατασκο-
πῆσαι[4]) = auszukundschaften τὴν ἐλευθερίαν ἡμῶν. Diese Freiheit bestand darin, daß die Heidenchristen dem Joche des alttestamentlichen Gesetzes nicht untergeordnet waren. Den Galatern ist dieser Begriff der Freiheit bekannt, der später eine
wiederholte Darlegung bekommt [5]) und von dem hier gesagt ist:
ἣν ἔχομεν ἐν Χριστῷ Ἰησοῦ: Christus Jesus ist der Grund unserer Freiheit, indem wir in Ihm leben; nur der, welcher in
Ihm, mit Ihm eins ist, ist im Besitze dieser Freiheit. In Jesus
Christus ist der Grund gelegen, weshalb das alttestamentliche
Gesetz, speciell die Beschneidung, uns zu verbinden aufgehört
hat. Wohl bezweckt Paulus an dieser Stelle keine Darlegung
dieser Freiheit, aber er will in dem einen Zuge: ἐν Χρ. Ἰησοῦ
deren unendliche Erhabenheit hervorheben, wodurch uns dann
der Gegensatz, das weitere Ziel der Lügenbrüder, um so wirksamer entgegen tritt, das ist: ἵνα ἡμᾶς καταδουλώσουσιν. Mit

---

[1]) Im N. T. hapax legom., in späterem Griech. oft gebraucht.

[2]) Vgl. Stephanus, thesaur.: παρείσακτος: irreptitius, qui se clam in-
sinuavit.

[3]) Joh. 10, 1. 2. 7.

[4]) Im N. T. hapax legom., LXX: Jos. 2, 2. 3; II. Kge 10, 3; I. Chron.
19, 3; I. Makk. 5, 38; 12, 26; κατάσκοπος: Hebr. 11, 31.

[5]) Vgl. unten cc. 3, 13; 4, 6. 7. 21—31; 5, 1. 13.

dieser Knechtschaft ist zunächst die Unterordnung unter das mosaische Gesetz gemeint. Es sollte schießlich das Christentum nur ein Mittel sein, um das alttestamentliche Israel zum welt-beherrschenden Volke zu machen [1]). Dabei ist sehr bezeich-nend, daß es den Verführern sich nicht um die Rettung der Seelen, sondern vorab um das Herrschen handelte. Dieses ist das eigentliche Ziel der Häresie, jenes ist eigentlich nur ein Mittel zum Zwecke [2]).

Unter solchen Umständen — οἷς δέ, diesen Gegnern gegenüber — war in Antiochien wie in Jerusalem jede Nach-giebigkeit, jede Accomodation unmöglich, weil dieselbe zugleich ein Widerspruch gegen die Wahrheit gewesen wäre. Darum: οὐδὲ πρὸς ὥραν εἴξαμεν τῇ ὑποταγῇ [3]): auch nicht die kürzeste Zeitfrist [4]) war eine Unterordnung zulässig, damit dadurch das Verbleiben der Wahrheit selbst keine Unterbrechung erleide. In diesem Sinne setzt Paulus fort: ἵνα ἡ ἀλήϑεια τοῦ εὐαγγελίου διαμείνῃ πρὸς ὑμᾶς [5]). Mit ὑμᾶς wendet er sich an die Galater, denen er diese Thatsache vorgehalten; sie mögen daraus erse-hen, daß die Wahrheit seines Evangeliums in Jerusalem aner-kannt worden ist. Die Apostelgeschichte erzählt: „warum ver-suchet ihr Gott, daß ihr ein Joch auf den Nacken der Jünger legen wollt, welches weder unsere Väter, noch auch wir zu tragen vermochten?" nein, „durch die Gnade unseres Herrn Jesu glauben wir (die Judenchristen) das Heil zu erlangen, in gleicher Weise wie jene" (die Heidenchristen) . . . und: „es hat dem heiligen Geiste und uns gefallen, keine weitere Last euch auf-zulegen als das Notwendige" [6]).

Eine besonders große Mannigfaltigkeit der Anschauungen v. 6.

---

[1]) Vgl. Einleitung S. 16.

[2]) Vgl. über die unedlen Beweggründe der Judaisten bes. c. 6, 12; vgl. Act. 15, 24 f.

[3]) Zu ὑποταγή vgl. II. Kor. 9, 13; I. Tim. 2, 11; es bedeutet im N. T. Selbstunterwerfung, Gehorsam.

[4]) Zu πρὸς ὥραν vgl. I. Thess. 2, 17.

[5]) Die Kirche, die sich gern als Erzieherin zu den Menschen herabläßt und ihren Anschauungen Rechnung trägt, kennt keine Accomodation, wenn dadurch die Wahrheit getrübt werden würde. Das ist einer ihrer Gründe, wenn sie nur unter einer Gestalt die hl. Communion reicht.

[6]) Act. 15, 10. 11. 28.

herrscht hinsichtlich der Auffassung des Satzes in v. 6 [1]). So
wird z. B. ἀπὸ τῶν δοκούντων mit οὐδέν μοι διαφέρει verbunden
und teils mit: von den Angesehenen unterscheide ich mich
nicht [2]), teils mit: um die Angesehenen kümmerte ich mich
nicht [3]), übersetzt. Allein jene Übersetzung bedingt ein διαφέρω,
diese ein περὶ δὲ τ. δ. Es ist ferner darin der Sinn gefunden
worden: „daß ich aber von den Geltenden her (durch ihre Anerkennung) etwas bin (nämlich meiner äußeren Stellung nach),
darauf lege ich keinen Werth" [4]) — und in einiger Modification:
„im Auftrage der Autoritäten aber etwas (Großes) zu sein, wie
beschaffen, d. h. wie autoritätvoll, auch immer sie waren, darauf lege ich keinen Werth" [5]). Wenn diese beiden Erklärungen auch
sprachlich möglich sind, so bringen sie doch ein hier im Zusammenhange nicht motiviertes Moment herbei. Endlich ist besonders die viel beliebte Annahme eines Anakoluthes [6]) zu
nennen: es nehme Paulus das mit ἀπὸ δὲ τῶν δοκούντων εἶναι
τι Abgebrochene, statt passivisch activisch fortfahrend, wieder
auf. Es spricht jedoch zunächst das γάρ, das begründen soll,
dagegen, und es verdient ferner eine Erklärung, die ohne Annahme eines Anakoluthes zurechte kommt, den Vorzug [7]).

Wir müssen uns bei diesem Verse zuerst vergegenwärtigen,
mit welchen Mitteln die Eindringlinge gegen den Apostel zu
Werke gingen. Sie verwiesen auf die übrigen Apostel, die
Paulus selbst δοκοῦντες genannt hat, und auf deren frühere
Praxis, nach der sie in einer gewissen Schonung der judenchristlichen Anschauungen besonders die Beschneidung noch
beibehalten hatten. Hierin aber war mit dem Apostelconcil eine
Änderung eingetreten. Es entspricht ferner vollständig einer
jüdischen Gewohnheit, wenn des Apostels Gegner das Anschen

---

[1]) Vgl. eine Zusammenstellung bei Wieseler und bes. bei Meyer-
Sieffert z. d. St.

[2]) Ewald. — [3]) Rückert.

[4]) Burk, theol. Stud. u. Krit. 1865. S. 734 ff.

[5]) Sieffert.

[6]) Erasmus, Estius, Corn. a Lap., Winer, Baumg.-Crusius, de
Wette, Hilgenf., Philippi, Bisping, Palmieri u. a. m.

[7]) In dieser Weise erklären die griechischen Väter und Exegeten; unter den neueren Reithmayr.

von Personen als solchen betonten; diese und nicht die Wahrheit, die sie vertraten, zur Beweisführung anriefen.

Hierauf Rücksicht nehmend, wendet sich Paulus von den Lügenbrüdern zu den δοχοῦντες, die, wie der ergänzende Zusatz εἶναι τι [1]) zeigt, auch nach des Apostels Meinung das sind, wofür sie angesehen werden. Das ἀπὸ [2]) δὲ τ. δ. steht in einem gewissen Gegensatze zu οἷς scl. ψευδάδελφοι. Will man also — so die Fortentwicklung Pauli — ihm gegenüber die „Angesehenen" ausspielen, wie sie früher einmal waren — das ὁποῖοι [3]) weist uns auf Beschaffenheiten oder Eigenschaften hin, und zwar hier auf solche, die nicht mehr bestehen, wie aus dem ἦσαν ersichtlich ist —, so antwortet er: οὐδέν μοι διαφέρει [4]), d. h. „das geht mich nichts an." Aus dem Gegensatze von εἶναι τι und ὁποῖοί ποτε ἦσαν ist ersichtlich, daß jenes sich auf die bleibende Autorität der Apostel, dieses auf eine vorübergehende Eigentümlichkeit derselben bezieht. Welche diese letztere war, wissen die Galater; wir erschließen aus dem ganzen Zusammenhange, daß es ihre frühere Anpassung an jüdische Anschauungen war. Nur hiervon ist um des einschränkenden ποτε ἦσαν willen das οὐδέν μοι διαφέρει zu verstehen. Aber es sind doch Apostel, die so gehandelt haben? mag ein fragender Einwand lauten. Gewiß, aber bei dieser ihrer Accomodation kommt nicht dieser Charakter in Frage, leitet und bestimmt sie nicht Christus als der erste Lehrer der Kirche, sondern handeln sie als Menschen. Und da mögen die Judaisten noch so sehr hierauf pochen wollen, Paulus setzt ihnen die Wahrheit gegenüber; πρόσωπον ὁ θεὸς ἀνθρώπου οὐ λαμβάνει: Gott sieht

---

[1]) Vgl. unten 6, 3, wo εἶναι τι eine Erklärung hat; ferner Act. 5, 36; 8, 9. II. Kor. 12, 11.

[2]) ἀπό behält seine Bedeutung „von", „seitens" und ὁποῖοί ποτε ἦσαν regiert es.

[3]) ὁποῖος kann sich beziehen auf die Beschaffenheit einer Gestalt (Jak. 1, 24), eines Werkes (I. Kor. 3, 13), einer Gesinnung oder Richtung bezw. Haltung (1. Thess. 1, 9; Act. 26, 29); es rechtfertigen also die Bedeutungen dieses Wortes seine Beziehung auf eine gewisse Qualität der δοχοῦντες.

[4]) Die griech. Phrase οὐδέν μοι διαφέρει entspricht der latein. nihil mea interest, wie die Vulgata hier übersetzt.

nicht auf das Ansehen der Person [1]). Ja, umsoweniger kann er durch solche Berufung zu einer anderen Handlungsweise bestimmt werden, oder um so mehr muß er sein οὐδέν μοι διαφέρει aufrecht erhalten, als er die Angesehenen, insofern sie dieses sind, als sie die Apostel sind, für sich hat: ἐμοὶ γὰρ οἱ δοκοῦντες οὐδὲν προσανέθεντο: diesen hat Paulus sein Evangelium vorgelegt (ἀνεθέμην), diese hatten weder etwas dagegen einzuwenden, noch etwas hinzuzufügen (προσανατίθεσθαι) [2]).

vv. 7. 8.   Ja das gerade Gegenteil davon trat ein: ἀλλὰ τοὐναντίον. Auf Grund des Berichtes des Paulus überzeugten sich die Apostel, daß ihm ein gleicher Beruf wie ihnen selbst von Gott übertragen war. „Barnabas und Paulus erzählten, welch große Zeichen und Wunder Gott unter den Heiden durch sie gethan hatte" [3]). Auf diese Wirksamkeit zeigt der Apostel als auf einen Beweis dafür hin, ὅτι πεπίστευμαι τὸ εὐαγγέλιον [4]) und zwar des Näheren τῆς ἀκροβυστίας, d. i. für die Heiden. Wie Paulus seine Erfolge unter diesen als Zeugen seines Berufes hatte, so hatten die übrigen Apostel, speciell Petrus, damals dieselben nur erst noch inmitten der Juden, denen sie zuerst nach Jesu Auftrag das Evangelium predigen sollten, aufzuweisen. Doch nicht auf ἀκροβυστία und περιτομή liegt der Nachdruck, sondern auf καθώς. Nicht um eine hier verabredete Teilung etwa der Missionsgebiete handelt es sich, sondern darum, daß die δοκοῦντες den apostolischen Beruf des Paulus, den er inmitten der Heiden in seiner Weise ausgeübt hatte, als einen gleichen und ebenbürtigen anerkannt haben. Die Hervorhebung dieses Momentes, des καθώς, entspricht dem bisheri-

---

[1]) Den Ausdruck πρόσωπόν τινος λαμβάνειν (אִישׁ פְּנֵי נָשָׂא) heißt ursprünglich: die Person jemandes annehmen, auf jemanden Rücksicht nehmen, und kann an sich sowohl bedeuten: gnädig, gewogen sein (z. B. Gen. 19, 21; 32, 21) als auch: parteiisch sein, nach der Person und nicht nach dem Rechte urteilen (z. B. Lev. 19, 15, Deut. 10, 17 etc.). Nur in dieser zweiten Bedeutung kommt es im N. T. vor. Vgl. Matth. 22, 16; Mark. 12, 14; Luk. 20, 21; Jud. 16; vgl. zu προσωπολημψία: Röm. 2, 11; Ephes. 6, 9; Kol. 3, 25; Jak. 2, 1; προσωπολημπτεῖν: Jak. 2, 9; προσωπολήμπτης: Act. 10, 34.
[2]) Vgl. Act. 15, 10. 28.
[3]) Das. 15, 12.
[4]) Vgl. zu I. Thess. 2, 4.

gen Zusammenhange, dem Zwecke, den Paulus mit der ganzen Erwähnung des Apostelconcils verfolgt [1]).

Dem ganz entsprechend führt das Schreiben fort: *ὁ γὰρ ἐνεργήσας Πέτρῳ εἰς ἀποστολὴν τῆς περιτομῆς, ἐνήργησεν καὶ ἐμοὶ εἰς τὰ ἔθνη*, wo abermals die Scheidung des Wirkungskreises dieser beiden Apostel das Nebensächliche, die **Gleichheit in der Wirksamkeit**, welche auf Gott als erste Ursache zurückgeführt wird, **die Hauptsache** ist. Wenn nun aber hier die Frage nicht umgangen werden kann, weshalb unter den *δοκοῦντες* gerade **Petrus** herausgehoben wird, so kann auch der Antwort nicht ausgewichen werden: weil dieser ein besonderes Ansehen genoß, eine hervorragendere Stellung einnahm, derentwillen man sich wohl auf ihn gerade mit Vorliebe berufen mochte; eine Antwort, die aber hier auch um so unwiderlegbarer dem Beweise dient, daß Paulus **dasselbe Evangelium** gepredigt, welches als das einzig wahre auch von den *δοκοῦντες*, speciell von Petrus, gelehrt ward.

Den Gedanken der **Gemeinschaft** seines Evangeliums mit v. 9. dem der übrigen Apostel setzt Paulus fort: *καὶ γνόντες τὴν χάριν τὴν δοθεῖσάν μοι.* Allgemein lautet des Apostels Ausdruck, weshalb wir auch die allgemeine Bedeutung von „Gnade" festhalten, die Berufung und alle anderen ihm verliehenen übernatürlichen Gaben darunter begreifen. Es ist dieses der echt paulinische Zug [2]), all sein Wirken auf Gottes Gnade zurückzuführen, der uns hier entgegentritt, und worin mit ihm alle andern Apostel übereinstimmen [3]).

Unter den *δοκοῦντες* hebt Paulus den **Jakobus**, **Kephas** und **Johannes** hervor. Dieser Jakobus kann nur der Jüngere, der Alphäide und der „Bruder" des Herrn sein [4]). Weil er um dieses

---

[1]) Darum ist es z. B. unrichtig, wenn **Weizsäcker**, apost. Zeitalter, S. 178 behauptet, daß „der Beruf des Petrus ausdrücklich in den Gegensatz gestellt ist zu der Heidenmission des Paulus, nicht bloß in Ansehung der Befähigung oder der Wahl für die Zukunft, sondern ebenso und in erster Linie der Vergangenheit".

[2]) Vgl. zu der paulin. Formel *τὴν χάριν τ. δοθ. μ.* Röm. 12, 3; 15, 15; 1. Kor. 3, 10; Ephes. 3, 2. 7. 8; Kol. 1, 25.

[3]) Vgl. hierzu auch II. Petri 3, 15, wo Petrus von Paulus sagt: *κατὰ τὴν αὐτῷ δοθεῖσαν σοφίαν.*

[4]) Vgl. oben S. 223 f.

Umstandes willen gerade bei den Judenchristen eines besonderen Ansehens sich erfreute und weil er Bischof von Jerusalem war, wird er an erster Stelle genannt. Nicht der Zweck, eine Rangordnung zu geben, giebt die Auswahl dieser Apostel und deren Aufzählung ein, sondern die Absicht, den gegnerischen Judenchristen gegenüber dem folgenden Argumente einen besonderen Nachdruck zu verleihen. Daß neben Kephas auch noch Johannes genannt wird, erklärt sich aus der bevorzugten Stellung, die der Herr ihm gegeben hatte. Dieselben werden „Säulen" genannt [1]). Ein höchst bezeichnendes Bild! Die Kirche Gottes ist als Gebäude gedacht; wohl tragen die Säulen durch die ihnen innewohnende Stärke, aber der Bauherr ist es, der sie gesetzt und ihnen ihren bestimmten Ort angewiesen hat.

Nach der ganzen bisherigen Entwicklung kann nun kein Zweifel darüber aufkommen, daß der Schwerpunkt des Satzes auf den Worten liegt: δεξιὰς ἔδωκαν ἐμοὶ καὶ Βαρνάβᾳ κοινωνίας. Der bestehenden Gemeinschaft unter einander gaben die Säulenapostel und Paulus durch das symbolische Zeichen der Darreichung der Rechten [2]) einen öffentlichen und feierlichen Ausdruck. Hierum handelt es sich auch bei diesen Worten an erster Stelle; die Verschiedenheit des Missionsgebietes — wie sie wieder in ἵνα ἡμεῖς εἰς τὰ ἔθνη αὐτοὶ δὲ εἰς τὴν περιτομήν, wozu ein εὐαγγελισώμεθα zu ergänzen wäre, ausgesprochen ist - ist secundär; sie dient aber dazu, jene Einheit unter allen Aposteln um so mehr hervortreten zu lassen [3]).

---

[1]) Vgl. Apok. 3, 12.

[2]) M. Victorinus, i. h. l. Isti, inquam, tales et tanti dextras mihi dederunt, i. e. copulaverunt amicitiam et pacem et firmitatem et unum evangelium se habere pronuntiaverunt.

[3]) Darum kann von einer unausgeglichenen dogmatischen Differenz, wie z. B. Pfleiderer, Paulinismus, Leipzig 1873, S. 201 sie hier annimmt, nicht die Rede sein. Vgl. dagegen z. B. Reithmayr S. 144: „Es war ein hehrer Anblick. Dazumal wurde die Einheit der Kirche, erbaut nach Aufhebung der Zwischenwand aus Juden und Heiden auf dem einen Fundamente der Apostel und Propheten über dem Einen Ecksteine Christus, dedicirt. Von da an redet man wie von Einem Christus, Einem Glauben, Einer Taufe, so auch Einer Kirche, wie wir sie im apostolischen Symbolum noch bekennen".

Wie wenig aber eine strenge, am wenigsten eine andauernde
Scheidung der Missionsgebiete etwa beabsichtigt war, zeigt die
Thatsache, daß Paulus stets zuerst den Juden zu predigen
pflegte [1]) und das Vorhandensein der petrinischen Schreiben.

Von dem, was sich in Jerusalem bei dem Aposteleoncil v. 10.
zugetragen, hebt Paulus hier noch einen Zug hervor, der auf
den ersten Blick etwas fremdartig erscheinen will. Es ist der
Auftrag an die Heidenapostel, der Armen in Jerusalem eingedenk zu sein. Bei der Zuweisung der Heiden als Arbeitsfeld
legt sich der Gedanke nahe: soll von Paulus und Barnabas nach
der Intention der anderen Apostel Israel ganz beiseite gesetzt
werden? Das μόνον giebt eine gewisse Einschränkung zu ἡμεῖς
εἰς τὰ ἔϑνη. Auch sie, die vorzugsweise zu den Heiden gesen-
det werden, sollen Israels bleibenden Vorzug anerkennen, sollen
durch Almosen für die arm gewordene Gemeinde in Jerusalem
bekunden, daß von da das Heil ausgegangen ist. Unter den
Gründen der Verarmung der ersten Christen in Jerusalem ist
außer der eingeführten Gütergemeinschaft und den Vermögens-
verlusten bei den Verfolgungen auch der zu nennen, daß dieselben
die Unkosten, die mit der ersten Ausbreitung des Christentums verbunden waren, getragen haben. Zugleich aber ist diese Bethätigung
der christlichen Nächstenliebe ein Ausdruck der Zusammengehörig-
keit und der Einheit in der Kirche [2]). Weil Barnabas sich von
Paulus beim Antritte der zweiten Missionsreise trennte, fährt
dieser fort, von sich allein redend: ὃ καὶ ἐσπούδασα αὐτὸ τοῦτο
ποιῆσαι. Wie Paulus dieses Wort zur Wahrheit gemacht, be-

---

[1]) Vgl. außer Act. 13, 46; 14, 1 f.; 17, 1 f.; 18, 4 etc. Röm. 1, 10; 11,
14; 15, 19.

[2]) Vgl. bei Sieffert, S. 118, eine Zusammenstellung unbegründeter
Mutmaßungen über das Verhältnis der Gemeinden unter den Heiden zu der
in Jerusalem um dieser Sammlungen willen: „Aber nichts rechtfertigt die
Vermutung, daß im Sinne der Urapostel die Heidenchristen ihre Verpflichtung zur Unterstützung der palästin. Judenchristen als bloße Secundogenitur
(Keim), als Plebs im Verhältnis zu den Patriciern (Hilgenf.), als Halbbürger
und Vasallen gegenüber den Vollbürgern und Herren des Messiasreiches (Pfleiderer) hätten nehmen müssen.“ — Diese Meinungen charakterisieren sich selbst
als rein subjectiv. Dem Texte widerspricht, daß diese Abmachung als Eini-
gung der Liebe die fehlende Glaubenseinheit ersetzen sollte (Holsten).

zeugen uns seine späteren Briefe und auch die Verdächtigungen,
die er deshalb teilweise in Korinth sich zugezogen hatte [1]). Nach
dem Gesagten ergiebt sich' also, daß auch die Hervorhebung
dieses Umstandes dem Zwecke dieser Darstellung, die **Einheit**
auch mit den Judenchristen zu zeigen, entspricht.

Während die Apostelgeschichte die Schlichtung des Streites in Antiochien und die Weise der Beruhigung dieser Gemeinde objectiv erzählt, nimmt Paulus im Galaterbriefe den
Standpunkt des **beteiligten** und **angegriffenen** Apostels, der
sich **verteidigte** und auf das Resultat zurückblickt, ein. Mit
welchem Rechte darf man aber hieran die Forderung einer Vollständigkeit der Darstellung, einer Deckung des mitzuteilenden
Stoffes mit der Apostelgeschichte verlangen? [2]). Wie kann Paulus, da er sich verteidigt, anders antworten, als daß er auf das
eingeht, was ihm **entgegen gehalten** wird [3])? Da das aber
das berechtigte Ansehen der Säulenapostel, besonders des Kephas,
war, so ist es natürlich, daß er die Stellung, welche diese, speciell aber **Petrus** gegen ihn eingenommen hatten, besonders
noch darlegt [4]).

---

[1]) Vgl. Röm. 15, 25—27; I. Kor. 16, 1; II. Kor. cc. 8 u. 9; Act. 24, 17.
Daraus, daß wir keine sichere Schriftstelle haben, daß Paulus bis zur Abfassung des Galaterbriefes schon Sammlungen veranstaltet hatte, folgert **Steck**,
Galaterbrief S. 109, daß der „Verfasser" des Galaterbriefes aus Act. 11, 25. 26;
12, 25 etc. diesen Satz erst gebildet hätte. Es ist dieses wieder ein argumentum a silentio mit der unrichtigen Prämisse, daß die Apostelg. **vollständig**
erzählen müsse.

. [2]) Eine solche Forderung stellt aber in der That **Steck**, l. c. S. 98 ff.
besonders hinsichtlich des ganzen in der Apostelgeschichte mitgeteilten
Schlußdecretes. Es hat aber Paulus nicht den geringsten Anlaß, auf andere Bestimmungen zu recurrieren, weil darüber in **Galatien** gar nicht gestritten ward. Ja, wenn das μόνον so viel besagte, als: das von mir Mitgeteilte besagt alles, was zu sagen ist; allein es hat, wie oben gezeigt, seine
andere und ganz bestimmte Beziehung. Fürwahr, „beide Berichte sind so bestimmt und concret, daß kein Deuteln und Drehen" nötig ist, weil kein
Widerspruch" zu „verhüllen" ist.

[3]) Die ganz concrete Darstellung, die eine **persönliche** Beteiligung
in deutlichster Weise zeigt, ist denn auch für die weitaus größte Mehrzahl
der Erklärer der verschiedensten Richtungen das sprechendste innere Kriterium
der Echtheit. Vgl. Einltg. zum Galaterbr. S. 192.

[4]) Darum ist es nicht notwendig, mit **Sieffert** anzunehmen, daß im
Galaterbr. eine Privatunterredung mit den „Säulenaposteln" gemeint sei.

In diesem Umstande liegt denn auch die Veranlassung, weshalb Paulus im Folgenden auf die Begegnung und Auseinandersetzung, die er mit Kephas in Antiochien hatte, zu sprechen kommt. Die Mitteilung dieses Vorganges dient in besonderer Weise den bisher vom Apostel verfolgten Zielen. Abgesehen davon, daß derselbe die volle apostolische Autorität des Petrus als Voraussetzung bedingt, zeigt er einerseits die Einheit in der Lehre, anderseits aber auch die Richtigkeit des οὐδέν μοι διαφέρει (v. 6) und des οὐδὲ πρὸς ὥραν εἴξαμεν τῇ ὑποταγῇ, ἵνα ἡ ἀλήϑεια τοῦ εὐαγγελίου διαμείνῃ (v.´5).

Schon in den Zeiten der Väter glaubte man, das Ansehen des Petrus ob dieses Vorfalles verteidigen zu sollen. Deshalb nahm Clemens v. Alexandrien [1]) an, der hier genannte Kephas sei einer der siebzig Jünger und nicht der Apostel, oder man deutete — so Origenes, Chrysostomus und Hieronymus — das κατὰ πρόσωπον von einem bloßen Scheinwiderspruche. Anderseits bemerkt aber bereits Tertullian [2]): plane reprehendit (Petrum), non ob aliud tamen, quam ob inconstantiam victus, quem pro personarum qualitate variabat, timens eos, qui erant ex circumcisione [3]). An der Identität des Kephas mit dem Apostel Petrus halten fest: Irenäus [4]), Cyprian [5]), Origines, Chrysostomus, Hieronymus, Augustinus [6]), Ambrosiaster und weitaus die Mehrzahl der folgenden Erklärer [7]). Es ist genügend bekannt, welch großes Interesse dieser Schriftstelle zugewendet worden ist; besonders

---

[1]) bei Euseb., hist. eccl. I, 12.

[2]) adv. Marc. V, 3; cfr. de praescr. 23.

[3]) Vgl. auch M. Victorinus: Tenebant quidem evangelium et integre tenebant et intelligebant, non ita vivendum, quemadmodum vivunt ex circumcisione.

[4]) adv. haer. III, 12. 15.

[5]) ep. 71.

[6]) bes. ep. 82. Über den Streit, der deshalb zwischen Aug. und Hieronym. entstanden, vgl. Möhler, vermischte Schriften, I. S. 1—18.

[7]) Hierüber handelt ausführlich: Pesch, über die Person des Kephas, Gal. II, 11 in der Innsbrucker Zeitschrift für kathol. Theologie. 1883. S. 457 —476. Von Akathol. bes. Fr. Overbeck, Auffassung des Streites des Paulus mit dem Petrus bei den Kirchenvätern. Basel 1877.

weil sie gegen die katholische Lehre vom Primate und von dem unfehlbaren Lehramte desselben dienen sollte.

v. 11. Paulus beginnt seine Erzählung mit der Partikel δέ. Eine weitere Ausführung dieser Verbindung würde also etwa folgendermaßen zu geben sein: etwas, was man nach dem Bisherigen nicht erwarten möchte, geschah, als aber Kephas nach Antiochien kam. An die Stelle des vollsten Einvernehmens trat ein Gegensatz: κατὰ πρόσωπον αὐτῷ ἀντέστην. Paulus nahm nicht Rücksicht auf das Ansehen der Person des Petrus, sondern offen und frei, Angesicht gegen Angesicht (κατὰ πρόσωπον)[1]), trat er dem Petrus entgegen, leistete dem Einflusse, der von diesem ausging, Widerspruch (ἀντέστην)[2]). Den Grund hierfür giebt Paulus zuerst allgemein an: ὅτι κατεγνωσμένος ἦν. Die Bedeutung des καταγινώσκω τινός ist allerdings[3]): jemandem Unrecht zuerkennen, Schuld geben. Dabei entsteht die Frage: von wem? von den Christen in Antiochien[4])? oder von der eigenen Handlungsweise[5])? Darum wird es am besten in der adjectivischen Bedeutung des Part. perf. genommen, weil er schuldig war[6]), einen Tadel verdient hatte. Daß Petrus denselben angenommen, ist aus dieser Mitteilung zu erschließen. Darum erkennen die Väter bereits desselben Demut an. „Nicht hat er" — so führt der heil. Cyprian[7]) aus — „abstoßende Herrschsucht, noch stolze Anmaßung gezeigt und gesagt, ihm sei die Oberleitung anvertraut und ihm müßten alle Neu- und Später-Bekehrten gehorchen, und nicht hat er den Paulus verachtet, sondern der Wahrheit Rat gehört und dem von Paulus vorgebrachten triftigen Grunde leicht zugestimmt und uns so ein Beispiel der

---

[1]) Ein Gegensatz dazu wäre „hinter dem Rücken". Vgl. zu κ. π. Act. 3, 13; 25, 16; II. Kor. 10, 1.

[2]) Vgl. Act. 13, 8; Röm. 9, 19; Ephes. 6, 13; II. Tim. 3, 8; 4, 15.

[3]) Vgl. I. Joh. 3, 20 f.; Eccli. 14, 2; 19, 5.

[4]) So z. B. M. Victorinus, Estius, Meyer, Wieseler, Reithmayr, Pesch.

[5]) So z. B. Rückert, Windischmann, Philippi.

[6]) So Zimmer, Paulus gegen Petrus. Hilgenfelds Zeitschrift 1882. S 129 ff. Sieffert unter Berufung auf I. Kor. 4, 8; 5, 2; II. Kor. 4 3 etc.

[7]) epist. 71.

Eintracht und Geduld gegeben." „Wenn Paulus durch einen lie-
bevollen Freimut sich auszeichnete" — schreibt der hl. Augustinus[1]) —, so Petrus durch eine liebevolle und heilige Demut. . . Paulus verdient das Lob gerechten Freimutes, Petrus das Lob heiliger Demut".[2]).

Es erzählt nun Paulus des näheren den Vorfall, um den es v. 12.
sich handelte. Einige Zeit nach dem Apostelconcile war auch
Petrus nach Antiochien gekommen und trat mit den Heidenchristen daselbst, die nicht beschnitten worden waren, in Ge-
meinschaft ($\mu\varepsilon\tau\dot{\alpha}\ \dot{\varepsilon}\vartheta\nu\tilde{\omega}\nu\ \sigma\upsilon\nu\dot{\eta}\sigma\vartheta\iota\varepsilon\nu$). Dieses dauerte so lange,
bis einige Judenchristen aus Jerusalem kamen, wo der hoch an-
gesehene Jakobus Bischof war. Wenn wir das Verhalten des
Apostels Paulus selbst, wann er in Jerusalem weilte[3]), erwägen,
wie er daselbst nicht bloß der Anschauung der Judenchristen,
sondern auch noch den Juden Rechnung trug, um nicht durch
ein Sichhinwegsetzen über alttestamentliche Gesetze und Anschauungen der Bekehrung der Juden noch größere Schwierigkeiten zu bereiten, so begreifen wir leicht, daß der ständig daselbst weilende Jakobus ein Gleiches that. Das Schreiben der
Apostel an die Antiochener berücksichtigt die Heidenchristen
und verbietet ja nicht schlechthin eine Erfüllung des mosaischen
Gesetzes. Dieses enthielt aber auch die Bestimmungen über le-
vitische Reinheit und Unreinheit, wodurch es uns begreiflich
wird, daß Judenchristen, die daran noch festhielten, sich abson-
derten, mit Heidenchristen, an denen sie eine solche Unreinheit
fanden, nicht in Gemeinschaft traten. Für Jerusalem, wo die
Judenchristen in der Gemeinde weitaus überwiegen mochten,
liegt die Annahme nahe, daß Jakobus, um die Einheit und Gemeinschaft zu wahren, die Gläubigen aus den Heiden auch nach
der Apostelversammlung der Beschneidung und anderen alttestamentlichen Gesetzen sich mit unterwerfen ließ. So konnte es
denn ferner auch geschehen, daß die nach Antiochien gekom-

---

[1]) epist. 82, 22.

[2]) Vgl. hierzu ebenfalls August. i. h. l.: Firmitas et caritas Petri, cui
ter a Domino dictum est: amas me? pasce oves meas, objurgationem talem
posterioris pastoris pro salute gregis libentissime sustinebat. Nam erat ob-
jurgatore suo ipse, qui objurgabatur, mirabilior et ad imitandum difficilior.

[3]) Vgl. bes. Act. 21, 17 ff.

menen Judenchristen sich für ihre Absonderung von den übrigen Gemeindemitgliedern auf das Ansehen des Jakobus beriefen, daß sie weiterhin an Petrus, weil er seiner Geburt nach Jude war, Anstoß nahmen, daß er mit Heidenchristen und Unreinen in voller Gemeinschaft stand. Aus Furcht vor diesen — φοβούμενος τοὺς ἐκ περιτομῆς — zog sich dann Petrus zurück, sonderte sich von jenen ab — ὑπέστελλεν[1]) καὶ ἀφώριζεν ἑαυτόν —. Die Frage, worin die Furcht des Petrus bestand, beantwortet sich zunächst negativ dahin, daß er, der um Christi willen schon wiederholt Verfolgungen und Schmach erduldet hatte, für sich nichts fürchtete, alsdann positiv, daß er den Ankömmlingen eine Nachgiebigkeit nicht zutraute, daß er vielmehr von ihnen eine weitergehende Spaltung und in der Berufung auf die Praxis des Jakobus ein neues Anfachen des früheren, jetzt aber beigelegten Streites fürchtete[2]).

Es bedarf nach dem Gesagten wohl kaum noch eines besonderen Verweises darauf, daß das ganze Verhalten des Petrus eine Übereinstimmung in der Lehre mit Paulus zur Voraussetzung hat. Es kann vom Folgenden darum nicht eine Belehrung desselben über die Wahrheit selbst erwartet werden.

v. 13. Da, wie bekannt, Paulus in anderen Fällen ja ähnlich wie Petrus gehandelt und sich accomodiert hat, so bedarf sein Widerstand in diesem Falle eine besondere Begründung. Diese giebt er denn auch: καὶ συνυπεκρίθησαν αὐτῷ Ἰουδαῖοι, ὥστε καὶ Βαρνάβας συναπήχθη αὐτῶν τῇ ὑποκρίσει. Die hier beschriebenen Wirkungen der Handlungsweise des Petrus sind ein Beweis des Ansehens, worin er stand; das Gleiche ergiebt sich aus der Auffassung des Paulus von diesem Vorgange, der eben um der Folgen willen entgegenzutreten für geboten hielt.

Dieses Aufgeben der Gemeinschaft mit den Heidenchristen nennt Paulus ein ὑποκρίνεσθαι oder ὑπόκρισις, weil es der in-

---

[1]) ὑποστέλλω = herunterziehen, entziehen, findet sich nur noch im N. T. Act. 20, 20. 27; Hebr. 10, 38 (nach Hab. 2, 4.).

[2]) So nach Chrysost. — οὐ τοῦτο φοβούμενος, μὴ κινδυνεύσῃ ἀλλ᾽ ἵνα μὴ ἀποστῶσιν — Oekum., Theophyl., M. Victorinus, Aug., Ambrosiaster, Thomas, Estius: non quia sibi periculum ab illis metueret, qui jam didicerat, nec mortem pro Christo timere; sed quod timeret, ne Judaei facto suo offensi legis aemulatione novas turbas excitarent, quibus cursus evangelii impediretur.

neren Überzeugung nicht entsprach. Obschon Petrus wußte, daß kein Unterschied zwischen Juden- und Heidenchristen bestand, so schlug er gleichwohl ein Verhalten ein, das dem zuwider lief. In seinem Vorwurf darüber insinuiert ihm aber Paulus keine Unwahrhaftigkeit oder Lüge, indem er nichts weniger annimmt, als daß Petrus vorausgesehen oder gar beabsichtigt habe, die Wahrheit zu verdunkeln und dadurch in die Irre zu führen. Es gehört eben unser engerer Begriff des „Heuchelns" als einer Verhüllung der Wahrheit an sich nicht zur Bedeutung des ὑπο-κρίνεσθαι [1]). Zur Wahl dieses uns immerhin hart klingenden Ausdruckes mochte Paulus um so eher sich veranlaßt fühlen, als er die innere klare Überzeugung des Petrus und sein dieser entsprechendes früheres Verhalten einerseits, wie die Folgen des geänderten Verfahrens anderseits vor sich sah. Paulus urteilt lediglich vom objectiven Standpunkte aus und läßt die Fragen nach dem subjectiven der Accomodation des Petrus, über dessen bona fides wir ohne Zweifel sind, außer acht [2]). Damit erledigt sich auch die Frage, ob und in wie weit dieser sich etwa moralisch verfehlt habe. Das Ansehen des Petrus aber bewirkte, daß nicht bloß die übrigen bisher schon der antiochenischen Gemeinde zugehörigen Judenchristen (οἱ λοιποὶ Ἰουδαῖοι), sondern selbst ein Barnabas, der früher so fest und treu an Pauli Seite ausgehalten hatte, zu einer gleichen Handlungsweise mit fortgerissen wurden (συναπήχϑη) [3]).

Für das geänderte Verfahren derselben gebraucht Paulus v. 14. den bezeichnenden, sonst im N. T. nicht vorkommenden Ausdruck: οὐκ ὀρϑοποδοῦσιν [4]), sie wandelten nicht geraden Fußes πρὸς τὴν ἀλήϑειαν τοῦ εὐαγγελίου. Das πρός ist nicht einfach

---

[1]) Basilius, hom. de jejun. II, 2: ὑποκριτὴς ἐστιν ὁ ἐν ϑεάτρῳ ἀλλότριον πρόσωπον ὑπελϑὼν δοῦλος ὢν πολλάκις τὸ τοῦ δεσπότου καὶ ἰδιώτης τὸ τοῦ βασιλέως.

[2]) Die Akatholiken, soweit sie noch am inspirierten Charakter der petrinischen Briefe, oder auch an der Unfehlbarkeit der Apostel festhalten, müssen bei Petrus hier ein Verhalten sehen, das dem Honoriusfalle analog ist.

[3]) Zu συναπάγειν vgl. LXX: Exod. 14, 6; II. Petr. 3, 17.

[4]) Stephanus, thes. ὀρϑοποδέω, pedes me recte ferunt. Cfr. Sophokl., Antig. v. 985: Βορέας ἄμιππος ὀρϑύποδος ὑπὲρ πάγου; das Gegenteil dazu wäre χωλεύειν = hinken.

identisch mit κατά, das die Norm oder Richtschnur bezeichnet,
sondern ist im Sinne der Consequenz [1]) gebraucht. Die Wahrheit des Evangeliums, welches die Kraft zum Heile ist, bedarf
des alttestamentlichen Gesetzes nicht, um die Gläubigen in
Christo zu einigen und zu Brüdern zu machen. Einer gewissen
Scheidung unter diesen aber zuzustimmen, war darum für Petrus und die ihm folgenden Judenchristen eine Inconsequenz.
Um diese, und nicht um die Wahrheit selbst, handelte es sich
somit, wenn Paulus weiter berichtet: εἶπον τῷ Κηφᾷ ἔμπροσϑεν
πάντων κτλ. Es scheint, daß dieser Vorfall sich bei einer öffentlichen Versammlung der Gemeinde — wahrscheinlich des sich
abgesondert habenden christlichen Teiles — zugetragen hat.
Unter den Worten: εἰ σὺ Ἰουδαῖος ὑπάρχων ἐϑνικῶς καὶ οὐκ Ἰου-
δαϊκῶς ζῇς, πῶς τὰ ἔϑνη ἀναγκάζεις Ἰουδαΐζειν, womit Paulus
dem Petrus seine Inconsequenz vorgehalten, bedürfen einer näheren Erwägung das Präsens ζῇς und die Bedeutung des ἀναγκάζειν. Das erstere wird als befremdend angesehen, weil ja
Petrus aufgehört hatte, mit den Heidenchristen zu verkehren.
Weil aber Paulus weiß, daß das Verhalten des Petrus in Antiochien nur eine vorübergehende Anpassung, nicht aber seine
eigentliche und darum bleibende Anschauung und Praxis ist,
bedient er sich des Präsens [2]): „von Geburt ein Jude, lebst
du nach Weise der Heidenchristen". Wenn du dich aber nun
von diesen trennst — so wäre die weitere Rede etwa zu para-
phrasieren —, die Gemeinschaft mit diesen meidest, dann nö-
tigst du dieselben, weil sie nun unbedingt in Gemeinschaft
mit dir stehen wollen, das Gleiche wie die Judenchristen zu
thun. Das ἀναγκάζειν ist also kein bloßer moralischer Zwang,
sondern es weist auf eine notwendige Bedingung hin. Es beantwortet sich somit die zweite Frage dahin, daß zum Zwecke
der Gemeinschaft mit Petrus in Antiochien das Ἰουδαΐζειν
eine zwingende Notwendigkeit geworden war.

In diesem letzten Satze wird die Zweckbeziehung, weshalb
Paulus diesen Vorfall den Galatern erzählt, abermals ersichtlich.

---

[1]) Vgl. Luk. 12, 47; II. Kor. 5, 10; Ephes. 3, 4.
[2]) Chrysost. i. h. l. erklärt das Präs. ζῇς: ὥστε καὶ νῦν τὴν αὐτὴν
γνώμην ἔχεις.

Die Einheit seiner Lehre mit der der übrigen Apostel, speciell
des Petrus [1]), und in Folge dessen sein apostolisches Ansehen
wie die Berechtigung seiner in Antiochien und in Galatien ein-
gehaltenen Behandlung der Heidenchristen, sind unanfechtbar.
Umsonst berufen sich seine Gegner auf Jakobus oder auf Kephas.

Mit Rücksicht namentlich auf das ἔμπροσϑεν πάντων steht
zu erwarten, daß Paulus bei diesem öffentlichen Auftritte der
Auseinandersetzung mit Petrus eine Begründung seiner Zurechtweisung um der Judenchristen willen angeschlossen habe. Daß
Kephas einer Erklärung der die Forderung seines Mitapostels
begründenden Wahrheit nicht bedurfte, ist selbstverständlich.
Um jener willen fügte Paulus also die folgende dogmatische
Erklärung an. Indem er aber hier in lebhafter Erinnerung zu
referieren beginnt und dabei in den Galatern Christen sieht, die
sich in gleicher Weise wie die antiochenischen Judenchristen
hinüberziehen lassen, kommt er von selbst in eine Lehrentwick-
lung, die bereits den Galatern direct gilt, die aufhört, die bloße
Wiedergabe einer Erinnerung an die antiochenische Rede zu
sein. Aus dem zweckgemäßen, geschichtlich erzählenden Teile
des Briefes werden wir so in den belehrenden übergeführt. Daher erklärt es sich denn auch, daß Paulus im Verlaufe — v.
18 f. — in der Person wechselt und eine Lehrweise annimmt,
die an die Entwicklung im Briefe an die Römer 7, 14 ff. lebhaft erinnert. Bei dieser Auffassungsweise bestehen die berechtigten Momente, die für die beiden verschiedenen Ansichten, ob
nur ein Referat der Rede in Antiochien hiermit gegeben wird [2]),
oder ob Paulus nach Abbruch der Erzählung der Begegnung
daselbst lediglich mit seiner Lehrentwickelung für die Galater
einsetze [3]), vorgebracht werden. Die Anknüpfung an das Vor-

---

[1]) Gerade um der Übereinstimmung in der Lehre zwischen Paulus und
Kephas willen, mag man das beanstandete Präsens ζῆς nicht entbehren.
Man thut gut, nicht mit Steck, S. 115, zu „erwarten, daß Paulus gesagt
hätte: wenn du als Jude heidnisch gelebt hast . . .“

[2]) So z. B. Theodoret, Hieronym., M. Victor., Salm., Scrip.,
Windischm., Bisp., Rückert, B. Crus., de Wette, Hilgenf., Sieffert,
Palmieri.

[3]) So z. B. Theod. v. Mops., Oekum., Cathar., Justiniani, Grotius, Reithmayr, Wieseler.

ausgehende kann dann eine enge sein, und die umständlich erzählte Begebenheit wird nicht mit einem einzigen Fragesatze
abgeschlossen. Der mit einer Anrede an Petrus begonnene, aber
bei ihm nicht angebrachte längere Lehrvortrag wendet sich an
die antiochenischen Judenchristen und — um der gleichen Lage
willen — im weiteren Verlaufe an die Galater. Der Ton der
Anrede geht über in den der Unterweisung.

II, 15—21: Christus Jesus und nicht das Gesetz ist der Grund der Rechtfertigung.

15. *Wir, von Geburt Juden und nicht aus den Heiden Sünder,* 16. *die wir aber* [1]) *wissen, daß der Mensch nicht gerechtfertigt wird aus den Werken des Gesetzes, sondern durch den Glauben Christi Jesu* [2]), *wir glaubten auch an Christum Jesum, auf
daß wir gerechtfertigt würden aus dem Glauben Christi und nicht
aus den Werken des Gesetzes, weil* [3]) *aus den Werken des Gesetzes kein Mensch gerechtfertigt wird* [4]).

17. *Wenn aber wir, die wir gerechtfertigt zu werden suchen in Christus, auch als Sünder erfunden werden; wäre da
etwa Christus Diener der Sünde? Das sei fern!* 18. *Denn wenn
ich das, was ich niedergelegt habe, wieder aufbaue, stelle ich mich
als einen Übertreter hin* [5]). 19. *Denn durch das Gesetz bin ich
dem Gesetze abgestorben, auf daß ich Gott lebe;* 20. *mit Christus
bin ich mitgekreuzigt; aber lebendig bin nicht mehr ich, es lebt Christus in mir. Was ich aber jetzt lebe im Fleische, lebe ich im*

---

[1]) Das *δέ*, welches die Rec. mit AD^cKP wegläßt, ist nach אBGD*F etc.
Ti., WH. zu lesen. Das Weglassen ist wahrscheinlich durch die Verbindung
des *εἰδότες* mit *ἡμεῖς* veranlaßt.

[2]) Diese Wortstellung nach AB mehreren Codd. der Vulg. verdient der
anderen der Rec. Ἰησ. Χρ. gegenüber, die אCD etc. lesen, als die minder übliche den Vorzug. So lesen auch Ti. und WH.

[3]) Die Lesart *ὅτι*, durch אABD*F etc. gestützt, ist mit Ti., WH. vorzuziehen vor der Rec. *διότι*, welches CD^cE etc. lesen.

[4]) Die Wortstellung *ἐξ ἔργων* v. *οὐ δικ.* stützt sich auf א ABCD etc., so
Ti., WH.; die der Rec. *οὐ δικ. ἐξ ἔ. r.* nur auf KL und spätere Codd.

[5]) Es lesen אABCD*F etc. Ti., WH. *συνιστάνω*; nur D^cEK und spätere
Handschr. das *συνίστημι* der Rec.

Glauben, in dem des Sohnes Gottes [1]*), der mich geliebt und sich für mich hingegeben hat. 21. Ich setze nicht beiseite die Gnade Gottes; denn wenn durch das Gesetz Rechtfertigung, dann ist Christus umsonst gestorben.*

In seinem, des Petrus und der antiochenischen Judenchri- v. 15. sten Namen — ἔμπροσθεν πάντων lehrt uns dieses letztere — sagt Paulus: ἡμεῖς. Wir sind nicht etwa Proselyten, sondern sind von Geburt — φύσει [2]) — Juden. Durch dieses natürliche Band der Abstammung wird die Zugehörigkeit zum Bundesvolke vermittelt, wird das Recht auf die demselben gegebene Verheißung und verliehenen Vorzüge und Gnaden erlangt, wird insbesondere ein Band zwischen Gott und dem Bundesvolke geknüpft, wird die alttestamentliche υἱοθεσία [3]) verliehen und der Name Ἰουδαῖος erworben. Den Juden stellt Paulus nun in Gegensatz zum Heiden, den er „Sünder“ nennt. Die Heiden, die der Offenbarung zum größten Teile beraubt sind, die das Gesetz nicht haben, die bis zu den letzten Consequenzen die Herrschaft und den Fluch der Sünde tragen: sie sind für die israelitische Auffassungsweise ἄθεοι, ἄνομοι und darum in einer Weise, wie es die Juden nicht sind, ἁμαρτολοί [4]). Jude — nicht etwa Sündenloser — und „Sünder“ sind einander gegenüber gestellt. Daraus ergiebt sich denn, daß Paulus nicht meint, es sei der Jude frei von Sünde. Es besteht vielmehr hierbei, daß auch der Jude der allgemeinen Sündhaftigkeit, speciell der Erbsünde, unterworfen ist, daß er im Gesetze keine Rechtfertigung finden kann, und daß er eines Erlösers bedarf [5]).

---

[1]) Die Lesart τοῦ υἱοῦ τοῦ θεοῦ, welche durch א ACDᵇKLP, die Mehrzahl der Übersetzungen und Väter bezeugt, von Ti., WH. aufgenommen ist, verdient vor der anderen: τοῦ θεοῦ καὶ Χριστοῦ, für die zwar BD*FG, d. g. [Ln] sprechen, den Vorzug. Eine Umänderung jener in diese Lesart erklärt sich einfacher als das Umgekehrte.

[2]) Zu φύσει vgl. Röm. 2, 14. 27; Gal. 4, 8; Ephes. 2, 3.

[3]) Vgl. Röm. 9, 4: ὧν (scl. Ἰσραηλειτῶν) ἡ υἱοθεσία καὶ ἡ δόξα καὶ αἱ διαθῆκαι καὶ ἡ νομοθεσία καὶ ἡ λατρεία καὶ αἱ ἐπαγγελίαι.

[4]) Vgl. I. Sam. 15, 18; Tob. 13, 6; Sap. 10, 20; Luk. 18, 32; 24, 7; I. Kor. 6, 1; 9, 21; Röm. 1, 18 ff.; Ephes. 2, 12, von den Heiden: χωρὶς Χριστοῦ ἀπηλλοτριωμένοι τῆς πολιτείας τοῦ Ἰσραὴλ καὶ ξένοι τῶν διαθηκῶν τῆς ἐπαγγελίας ἐλπίδα μὴ ἔχοντες καὶ ἄθεοι ἐν τῷ κόσμῳ.

[5]) Vgl. Röm. cc. 2 u. 3; 5, 12.

v. 16.   Wohl kann v. 15 durch Ergänzung eines ἐσμέν als selbständiger Satz gefaßt werden [1]); allein, weil das nachdrucksvoll
an die Spitze gestellte ἡμεῖς auch recht wohl zu v. 16 paßt, und
v. 15 nur im engen Zusammenhange mit v. 16 seine Zweckbeziehung im ganzen Briefe erhält, erscheint die Ansicht eines
Chrysostomus, Hieronymus, Augustinus, Winer, Reithmayr u. a., die ebenfalls das δέ gelesen haben und doch die
beiden Verse zu einem Satze mit dem Hauptverbum ἐπιστεύσαμεν verbinden, als die mehr begründete.

Wiewohl wir als Juden, so argumentiert der Apostel, auf
eine ungleich höhere Stufe als die Heiden gestellt sind, so waren doch auch wir von der klaren Erkenntnis und untrüg-
lichen Überzeugung durchdrungen — εἰδότες —, daß das
Gesetz keine Rechtfertigung bewirken kann. Um derselben aber
teilhaftig zu werden, haben wir den Glauben an Christus Jesus
angenommen: καὶ ἡμεῖς εἰς Χριστὸν Ἰησοῦν ἐπιστεύσαμεν [2]).
Von dieser, von den Judenchristen nicht zu verkennenden Thatsache geht die Beweisführung des Apostels gegen die Judaisten aus.

Ehe wir derselben weiter folgen, ist vorab der wichtige
Begriff δικαιόω bezw. δικαιωθῆναι festzustellen. Die Grundbedeutung dieses Wortes ist, wie die der Derivata auf όω, zu dem
machen, bezw. gemacht werden, was das Adjectiv δίκαιος besagt.
Dieses aber bezeichnet das, was das rechte Verhältnis oder Maß
oder die rechte Richtung hat, also: rechtbeschaffen, gerecht;
darum auf das Verhältnis zu Gott bezogen: den, der nicht in Widerspruch zu Gott steht, der so beschaffen ist, wie es Gottes Wille
ist. Da das Gegenteil dazu die Sünde ist, so verbindet sich damit das Freisein von der Sünde und das Gleichförmigsein mit
dem göttlichen Willen. Daher ergaben sich als Übersetzungen
dafür: probus, pius, honestus, praecepta Dei observans, innocens [3]),
welche durch die im jeweiligen Zusammenhang enthaltenen näheren

---

[1]) So z. B. Rückert, Windischm., Bisping, Sieffert.

[2]) Das ἐπιστεύσαμεν geht auf den Zeitpunkt, da Paulus und die angeredeten Judenchristen den Glauben annahmen.

[3]) Vgl. Matth. 1, 19; 10, 41; 13, 43. 49; 23, 28; 25, 37. 46; Luk. 1, 6.
17; 14, 14 etc. Röm. 5, 7; 1. Tim. 1, 9; Hebr. 10, 38; I. Joh. 3, 7. Zu der
Bedeutung innocens vgl. LXX: Prov. 1, 11; Job 9, 23 [נָקִי]. Als Gegensätze
finden sich darum: ἁμαρτωλοὶ καὶ ἀσεβεῖς, I. Petr. 4, 18; ἄδικοι, Matth. 5, 45
ἔργα δίκαια und ἔργα πονηρά, I. Joh. 3, 12.

Bestimmungen geboten werden. Es entspricht darum das $\delta\iota\varkappa\alpha\iota\acute{o}\omega$ ganz unserem „rechtfertigen“, dessen erste Bedeutung: „gerecht machen“ [1]) und besonders im Medium „gerecht werden“ [2]) besagt. Wie ferner unser „rechtfertigen“, so bezeichnet auch $\delta\iota\varkappa\alpha\iota\acute{o}\omega$: als gerecht hinstellen. In diesem Sinne wird es besonders vom Richter gebraucht [3]). Bei diesem Rechtfertigen findet nicht erst ein Gerechtmachen statt, aber es wird ein Gerechtsein vorausgesetzt. Beziehen wir nun gerade in diesem letzteren Sinne das Wort $\delta\iota\varkappa\alpha\iota\acute{o}\omega$ auf Gott! Wenn Gott als Richter einen Menschen für gerecht erklärt oder hinstellt, so hat das bei Seiner Wahrhaftigkeit zur Voraussetzung, daß der Mensch dieses auch ist [4]), oder daß er es wenigstens durch Gottes wirksames Wort wird. In dem letzteren Sinne kommt es dann auf dasselbe, wie „gerecht machen“ hinaus. Heißt es also bei einem Gerechten, daß Gott ihn „rechtfertige“, dann ist natürlich die Bedeutung: als gerecht erklären, hinstellen. In diesem letzteren Sinne heißt es von Gott selbst, daß er sich rechtfertige oder gerechtfertigt werde [5]). Heißt es aber von einem Sünder oder Ungerechten, daß Gott ihn rechtfertige, dann muß es die erste und Grundbedeutung haben: gerecht machen [6]). Wollte man aber auch in diesem Falle das „rechtfertigen“ dahin verstehen, daß es sich bloß um ein für gerecht Erklären handle,

---

[1]) Vgl. LXX: Ps. 73, 13: $\dot{\epsilon}\delta\iota\varkappa\alpha\acute{\iota}\omega\sigma\alpha$ $\tau\grave{\eta}\nu$ $\varkappa\alpha\varrho\delta\acute{\iota}\alpha\nu$ $\mu\sigma\nu$. Chrysost. bestimmt hom. VII, 2 in ep. ad Rom. den Begriff $\delta\iota\varkappa\alpha\iota\sigma\tilde{\nu}\nu$: „$\H{\Omega}\sigma\pi\epsilon\varrho$ $\H{\epsilon}\nu\delta\epsilon\iota\xi\iota\varsigma$ $\pi\lambda\sigma\acute{\nu}\tau\sigma\nu$ $\tau\grave{o}$ $\mu\grave{\eta}$ $\mu\acute{o}\nu\sigma\nu$ $\alpha\grave{\nu}\tau\grave{o}\nu$ $\epsilon\tilde{\iota}\nu\alpha\iota$ $\pi\lambda\sigma\acute{\nu}\sigma\iota\sigma\nu$, $\dot{\alpha}\lambda\lambda\grave{\alpha}$ $\varkappa\alpha\grave{\iota}$ $\dot{\epsilon}\tau\acute{\epsilon}\varrho\sigma\nu\varsigma$ $\pi\lambda\sigma\nu\sigma\acute{\iota}\sigma\nu\varsigma$ $\pi\sigma\iota\epsilon\tilde{\iota}\nu$· $\varkappa\alpha\grave{\iota}$ $\zeta\omega\tilde{\eta}\varsigma$ $\tau\grave{o}$ $\mu\grave{\eta}$ $\mu\acute{o}\nu\sigma\nu$ $\alpha\grave{\nu}\tau\grave{o}\nu$ $\epsilon\tilde{\iota}\nu\alpha\iota$ $\zeta\tilde{\omega}\nu\tau\alpha$, $\dot{\alpha}\lambda\lambda\grave{\alpha}$ $\varkappa\alpha\grave{\iota}$ $\nu\epsilon\varkappa\varrho\sigma\grave{\nu}\varsigma$ $\zeta\omega\sigma\pi\sigma\iota\epsilon\tilde{\iota}\nu$· $\varkappa\alpha\grave{\iota}$ $\delta\nu\nu\acute{\alpha}\mu\epsilon\omega\varsigma$ $\tau\grave{o}$ $\mu\grave{\eta}$ $\mu\acute{o}\nu\sigma\nu$ $\alpha\grave{\nu}\tau\grave{o}\nu$ $\delta\nu\nu\alpha\tau\acute{o}\nu$, $\dot{\alpha}\lambda\lambda\grave{\alpha}$ $\varkappa\alpha\grave{\iota}$ $\tau\sigma\grave{\nu}\varsigma$ $\dot{\alpha}\sigma\vartheta\epsilon\nu\epsilon\tilde{\iota}\varsigma$ $\delta\nu\nu\alpha\mu\sigma\tilde{\nu}\nu$· $\sigma\tilde{\nu}\tau\omega$ $\varkappa\alpha\grave{\iota}$ $\delta\iota\varkappa\alpha\iota\sigma\sigma\acute{\nu}\nu\eta\varsigma$ $\H{\epsilon}\nu\delta\epsilon\iota\xi\iota\varsigma$ $\tau\grave{o}$ $\mu\grave{\eta}$ $\mu\acute{o}\nu\sigma\nu$ $\alpha\grave{\nu}\tau\grave{o}\nu$ $\epsilon\tilde{\iota}\nu\alpha\iota$ $\delta\acute{\iota}\varkappa\alpha\iota\sigma\nu$, $\dot{\alpha}\lambda\lambda\grave{\alpha}$ $\varkappa\alpha\grave{\iota}$ $\tau\grave{o}$ $\dot{\epsilon}\tau\acute{\epsilon}\varrho\sigma\nu\varsigma$ $\dot{\epsilon}\nu$ $\dot{\alpha}\mu\alpha\varrho\tau\acute{\iota}\alpha\iota\varsigma$ $\dot{\epsilon}\xi\alpha\acute{\iota}\varphi\nu\eta\varsigma$ $\delta\iota\varkappa\alpha\acute{\iota}\sigma\nu\varsigma$ $\pi\sigma\iota\epsilon\tilde{\iota}\nu$. $\tau\sigma\tilde{\nu}\tau\sigma$ $\sigma\tilde{\nu}\nu$ $\varkappa\alpha\grave{\iota}$ $\alpha\grave{\nu}\tau\grave{o}\varsigma$ $\dot{\epsilon}\varrho\mu\eta\nu\epsilon\acute{\nu}\omega\nu$ $\dot{\epsilon}\pi\acute{\eta}\gamma\alpha\gamma\epsilon$, $\tau\acute{\iota}\varsigma$ $\dot{\epsilon}\sigma\tau\iota\nu$ $\H{\epsilon}\nu\delta\epsilon\iota\xi\iota\varsigma$, $\tau\grave{o}$ $\epsilon\tilde{\iota}\nu\alpha\iota$ $\delta\acute{\iota}\varkappa\alpha\iota\sigma\nu$ $\varkappa\alpha\grave{\iota}$ $\delta\iota\varkappa\alpha\iota\sigma\tilde{\nu}\nu\tau\alpha$ $\tau\grave{o}\nu$ $\dot{\epsilon}\varkappa$ $\pi\acute{\iota}\sigma\tau\epsilon\omega\varsigma$ $^{\prime}I\eta\sigma\sigma\tilde{\nu}$“. (Röm. 6, 36). Vgl. hierzu auch Passow; W. Grimm, n. t. Lex.; Krüger, §. 52, 8. 1.

[2]) Vgl. Eccli. 18,22: $\varkappa\alpha\grave{\iota}$ $\mu\grave{\eta}$ $\mu\epsilon\acute{\iota}\nu\eta\varsigma$ $\H{\epsilon}\omega\varsigma$ $\vartheta\alpha\nu\acute{\alpha}\tau\sigma\nu$ $\delta\iota\varkappa\alpha\iota\omega\vartheta\tilde{\eta}\nu\alpha\iota$. Bezeichnend ist ob der Gegenüberstellung willen für die Bedeutung des $\delta\iota\varkappa\alpha\iota\omega\vartheta\tilde{\eta}\nu\alpha\iota$ = gerechtfertigt werden Röm. 2, 13: $\sigma\grave{\nu}$ $\gamma\grave{\alpha}\varrho$ $\sigma\dot{\iota}$ $\dot{\alpha}\varkappa\varrho\sigma\alpha\tau\alpha\grave{\iota}$ $\nu\acute{o}\mu\sigma\nu$ $\delta\acute{\iota}\varkappa\alpha\iota\sigma\iota$ $\pi\alpha\varrho\grave{\alpha}$ $\tau\tilde{\omega}$ $\vartheta\epsilon\tilde{\omega}$, $\dot{\alpha}\lambda\lambda^{\prime}$ $\sigma\dot{\iota}$ $\pi\sigma\iota\eta\tau\alpha\grave{\iota}$ $\nu\acute{o}\mu\sigma\nu$ $\delta\iota\varkappa\alpha\iota\omega\vartheta\acute{\eta}\sigma\sigma\nu\tau\alpha\iota$. Act. 13, 39. Buttmann, n. t. Gramm., S. 277.

[3]) Vgl. Ps. 81, 3; Matth. 11, 19.

[4]) Vgl. Röm. 2, 13; 3, 20; ebenso gerade Röm. 8, 33; Matth. 12, 37 etc.

[5]) Vgl. Röm. 3, 4 nach Ps. 51, 6.

[6]) Vgl. Act. 13, 39; Röm. 6, 7: $\delta\epsilon\delta\iota\varkappa\alpha\acute{\iota}\omega\tau\alpha\iota$ $\dot{\alpha}\pi\grave{o}$ $\tau\tilde{\eta}\varsigma$ $\dot{\alpha}\mu\alpha\varrho\tau\acute{\iota}\alpha\varsigma$.

es bloß „declarativ" fassen, so daß darunter die Sünde und Ungerechtigkeit fortbeständе — Imputationslehre —; dann würde
das δικαιοῖν von Gott in demselben Sinne wie vom ungerechten
Richter gebraucht werden [1]).

Es wendet sich der Apostel an das Bewußtsein von Judenchristen, das diesen sagt, daß sie ἐξ ἔργων νόμου nicht gerechtfertigt worden sind. Daraus ergiebt sich denn, daß hier der
Begriff νόμος nicht allgemein verstanden werden darf, daß damit speciell nur das jüdische, das alttestamentliche Gesetz
gemeint ist. In welchem Umfange? Haben wir etwa bloß an
das Ritualgesetz zu denken, speciell an die Beschneidung? Für
eine solche Scheidung ist kein näherer Anhaltspunkt gegeben. Paulus denkt nicht daran, wie weit das mosaische Gesetz
im neuen Bunde fortbesteht, wie weit es aufgehoben ist; er faßt
es als für sich allein bestehend auf, ja er betrachtet es hier vom
Standpunkte der Juden und Judaisten aus unter dem Gesichtspunkte eines Gegensatzes zur Gnade Jesu Christi. Wie diese im
Neuen Testamente das Princip ist, das die Gläubigen eint, und
das in denselben lebt und übernatürliche Früchte wirkt, so kann
und so wird von den Gegnern Pauli das „Gesetz" als ein im
Alten Testament für sich und unabhängig von Christus wirkendes und herrschendes Princip gedacht. In diesem Sinne giebt
es denn auch ἔργα νόμου. Es liegt für den Apostel gar kein
Grund vor, eine nähere Bestimmung zu treffen und eine Unterscheidung zu veranlassen, ob nur darunter Werke, welche das
Gesetz durch seine Vorschriften bewirkt [2]), oder Werke, durch
welche die Gebote desselben erfüllt werden [3]), oder endlich
possesiv: Werke, welche dem Gesetze angehören, d. h. dadurch
gefordert werden [4]), zu verstehen seien. Es kümmert den Apostel nicht, wie etwa der Leser die eine oder die andere dieser
Auffassung annimmt; bei jeder derselben besteht, um was
es sich ihm handelt: nämlich um das anerkannte Bewußtsein,

---

[1]) LXX: Exod. 23, 7; Isai. 5, 23. vgl. auch Luk. 16, 15, wo es in solchem Sinne vom Selbsturteile der Pharisäer gebraucht ist.

[2]) Windischmann.

[3]) Meyer.

[4]) Bisping, Sieffert.

um die klare Überzeugung, daß das Alte Testament an sich und allein nicht rechtfertigen kann.

Zu dem nachdrucksvoll an die Spitze gestellten οὐ δικαιοῦται ἄνϑρωπος gehört auch das folgende ἐὰν μὴ διὰ πίστεως Χριστοῦ Ἰησοῦ, und es wird durch das μή die Negation οὐ aufgehoben [1]). Das ἐὰν μή dient also nicht etwa zu einer Einschränkung oder näheren Hinzufügung von οὐ δικ ἀ. ἐξ ἔργων νόμου, so daß es hieße, es könne jemand aus den Gesetzeswerken gerechtfertigt werden, wenn der Glaube hinzutrete; sondern es leitet den Gedanken ein: gerechtfertigt wird der Mensch διὰ πίστεως Χριστοῦ Ἰησοῦ.

Aus dem Gebrauche, den der Apostel von dem Worte πίστις kurz zuvor — 1, 23: εὐαγγελίζεται τὴν πίστιν — gemacht hat, und aus dem gleich folgenden ἐπιστεύσαμεν ist ersichtlich, daß er den Begriff πίστις in dem objectiven Sinne, vom Glaubensinhalte, wie in dem subjectiven, von dem Glauben, den jemand hat, gebraucht [2]). Daher muß es mit „Glaube“ [3]), darf aber nicht mit „Vertrauen“ übersetzt, bezw. jener Begriff in diesem Sinne ausgelegt werden[4]). Am wenigsten aber wäre solches hier im Galaterbriefe zulässig, wo über den Sinn von πίστις und πιστεύειν uns der Zusammenhang den Aufschluß giebt, daß die Grundbedeutung — πίστις, eine Bildung von dem Perfectum πέπεισμαι = „ich bin überzeugt“ — die beabsichtigte ist. Paulus bedient sich außerdem des Wortes πίστις auch in dem Sinne von „Treue“ [5]).

---

[1]) Es könnte das εἰ μή auch elliptisch gefaßt werden, daß es zur Einführung der einzigen Bedingung dienen sollte, unter der das, was sonst nicht geschieht, eintritt. Zu ergänzen wäre ein δικαιωϑῇ. So Reithm., vgl. Buttmann, S. 336 (§ 151, 23. b).

[2]) Vgl. oben S. 38 zu I. Thess. 1, 3.

[3]) Vgl. z. B. Röm. 10, 9: ἐὰν . . . καὶ πιστεύσεις ἐν τῇ καρδίᾳ σου, ὅτι ὁ ϑεὸς αὐτὸν ἤγειρεν ἐκ νεκρῶν . . . bedeutet „glauben“, das Fürwahrhalten einer geschichtlichen Thatsache. Hebr. 11, 1 ff. „Es ist aber der Glaube die Substanz (ὑπόστασις) der zu hoffenden und die Gewißheit der nicht sichtbaren Dinge; denn in diesem haben die Alten ein Zeugnis erhalten. Im Glauben erkennen wir (πίστει νοοῦμεν) . . .“

[4]) So vielfach die Ansicht protest. Theologen, z. B. Rückert, Wieseler u. a.; Litteratur verzeichnet hierzu Grimm, nt. Lexikon unter πίστις.

[5]) Vgl. oben S. 134 zu II. Thess. 1, 4.

Die Präpositionen, deren sich Paulus in Verbindung mit
πίστις bedient, sind hier: διά und ἐκ, sonst auch noch ἐπί. Mit
διά wird das Mittel, wodurch, mit ἐκ das Princip, woher, und
mit ἐπί das Fundament, worauf, oder der Akt, kraft dessen, bezeichnet. „Das Gemeinsame an allen diesen Relationen ist, daß
nicht der subjektive Act oder Habitus des Glaubens es ist, welcher schon aus und durch sich das Gerechtsein verursacht, also
gleich Gerechtigkeit ist" [1]. Der Rechtfertigende ist immer Gott,
der den Glauben als die Heilsbedingung seitens des Menschen
fordert. Der Glaube, die Unterwerfung der Erkenntnis, des
höchsten menschlichen Vermögens unter die geoffenbarte Wahrheit ist die höchste Gabe, die der Mensch, unterstützt durch
Gottes wirkende Gnade, seinem Schöpfer und Heiligmacher ent-
gegenbringen kann, worauf hin Dieser ihm die Rechtfertigung
verleiht: ἐπιστεύσαμεν, ἵνα δικαιωθῶμεν ἐκ πίστεως Χριστοῦ.

Die nähere Bestimmung des Glaubens giebt der Apostel
mit dem Genitiv: Χριστοῦ Ἰησοῦ. Denselben einfach mit: Glaube
an Christus Jesus wiederzugeben, will mir nicht ganz zutreffend erscheinen. Warum bedient er sich, mag man leicht fragen, denn
hier der Präposition εἰς X. Ἰ. nicht [2]? Heißt es doch gerade
in diesem Satze auch: εἰς X. Ἰ. ἐπιστεύσαμεν. Es will nicht
scheinen, daß dem Apostel ein Genitivus objectivus oder subjec-
tivus vorgeschwebt; vielmehr daß sein Gedanke in der Übersetzung „Christusglaube" getroffen wird. Christus ist das diesen Glauben wesentlich bestimmende Merkmal, das ihn von einem jeden andern Glauben unterscheidet. Christus ist nicht bloß
dieses Glaubens Inhalt, sondern auch, insofern er ihm mit Seiner
Gnade zuvorkommt, begleitet und vollendet, sein Urheber. Doch
diese Gedanken will der Apostel nicht ausführen; es handelt sich
ihm um das Vorhalten des Bewußtseins — εἰδότες —, daß vom
Christusglauben die Rechtfertigung ausgegangen ist und nicht
von den Gesetzeswerken: ὅτι ἐξ ἔργων νόμου οὐ δικαιωθήσεται
πᾶσα σάρξ [3]. In einer für die Judenchristen zwingenden Beweisführung begründet er die Richtigkeit des εἰδότες . . . ὅτι οὐ

---

[1] Reithm. S. 190.
[2] Vgl. Kol. 2, 5: τῆς εἰς Χριστὸν πίστεως.
[3] Vgl. Röm. 3, 20.

δικαιοῦται ἄνϑρωπος ἐξ ἔργων νόμου, indem er sich eines Ausspruches der Psalmen, der unter dem Gesetze gethan worden
ist, bedient. Als das Gesetz in Geltung war, da war auch das
Wort wahr: *οὐ δικαιωϑήσεται ἐνώπιόν σου πᾶς ζῶν* [1]), und somit giebt es unter dem Gesetze keine Rechtfertigung.
Weil wir aber das wissen — der Psalmist lehrt es uns —,
darum sind wir Christen geworden [2]).

Wir Judenchristen suchen also unsere Rechtfertigung in Chri- v. 17.
stus: *ζητοῦντες δικαιωϑῆναι ἐν Χριστῷ*. In der bekannten, das Wesen des Gerechtseins oder des Eingegliedertseins und Lebens in
Christus bestimmt bezeichnenden Weise sagt Paulus hier *ἐν Χρ.*, weil
er dabei das Ziel der folgenden Argumentation, für die dasselbe
ein vermittelndes Glied enthält, im Auge hat. Während wir aber
auf der einen Seite in dem übernatürlichen Einssein in Christus den
Grund der Rechtfertigung sehen — so entwickelt Paulus vom Standpunkte seiner Gegner aus weiter —, verlangen wir doch andererseits die Beobachtung des mosaischen Gesetzes als Bedingung
der Rechtfertigung; wir geben die Gemeinschaft mit solchen, die
diese nicht erfüllen, auf, wir stellen sie auf eine Stufe mit den gesetzlosen Heiden und halten sie wie diese für *ἁμαρτωλοί* [3]). Die
Argumentationsweise Pauli legt uns die Annahme nahe, daß die
judaisierende Partei in Antiochien wie auch in den Gemeinden
Galatiens den Vorwurf erhoben habe, daß jene, die das „Gesetz"
nicht erfüllten, wie die gesetzlosen Heiden als *ἁμαρτωλοί* anzusehen seien. Hiervon aber wäre die Consequenz, daß Christus
ein Diener der Sünde wäre: *ἆρα Χριστὸς ἁμαρτίας διάκονος;*
Wieso? Jene Christen, die das Gesetz nicht erfüllen, erfüllen es
eben deshalb nicht, weil sie in Christus die Rechtfertigung su-

---

[1]) Ps. 143, 2.

[2]) Es hat diese Stelle also nichts zu thun mit der Lehre der Kirche
von der Verdienstlichkeit der guten Werke eines Gerechtfertigten. Der Satz
des neuesten protest. Commentars zum Gal.-Br. von Sieffert: „wir haben
also hier weder die Rechtfertigung durch die Werke, welche mittels des Glaubens gethan werden (Katholiken) . . .", ist irrig, am wenigsten aber hier am
Platze. Die katholische Kirche lehrt keinen solchen Satz.

[3]) Der Indic. *εὑρέϑημεν* setzt zum Zwecke der Beweisführung den hypothetischen Inhalt als einen eingetretenen, weil dann die Folgerung zurecht
besteht.

chen und um Christi willen gerade jenem sich nicht unterordnen. Wurden sie aber deshalb „Sünder“, so wurden sie das
um Christi willen, und Christus würde zwar nicht zur Ursache,
aber doch zum „Diener“ [1] der Sünde. Diese Folgerung ist eine
so absurde und blasphemische, daß sie Paulus mit seinem „das
sei fern“ — μὴ γένοιτο [2] — abweist.

v. 18. Die Begründungspartikel γάρ läßt den Zusammenhang erschließen. Um die aus der Behauptung seiner Gegner gezogene
absurde und blasphemische Consequenz unanfechtbar zu machen, bedarf es noch einer Ausführung. Es können die Begriffe
ἁμαρτωλοί und ἁμαρτία, „Sünder“ sein und Sünde begehen, nicht
einfach für einander eingesetzt werden; denn der erstere hat ja
seine ganz bestimmte Beziehung auf den gesetzlosen Heiden im
Gegensatze zum Israeliten, dieser aber ist allgemein die Sünde, der
auch die Juden unterworfen sind, ist der Widerspruch gegen die
göttliche Ordnung. Dennoch aber besteht die im vorausgehenden Satze gezogene Folgerung, denn wenn ich dasjenige wieder
aufbaue — ταῦτα πάλιν οἰκοδομῶ —, was ich niedergelegt habe
— ἃ κατέλυσα —, so bekenne ich damit, einen Fehler gemacht
zu haben — παραβάτην ἐμαυτὸν συνιστάνω [3] —. Indem der
Jude Christ wurde, hob er das Gesetz auf; erklärt er nun aber
wieder die Erfüllung desselben für Pflicht, so richtet er es wieder auf und thut damit kund, daß er durch die Annahme des
Christusglaubens, durch das Einswerden mit Christus einen Fehler, eine Sünde begangen habe.

v. 19. Der leitende Hauptgedanke ist: ich darf das „Gesetz“ nicht
wieder aufrichten, nachdem ich in Christus bin. Es begründet
v. 19 die selbstverständliche Zurückweisung des vorausgehenden
Satzes, oder beweist, daß ich als Christ nicht übertrete, nicht sündige,
wenn ich das mosaische Gesetz nicht wieder aufrichte. Man mag
dasselbe immerhin sich noch als bestehend in Israel vorstellen, mich
kann es nicht mehr in Pflicht nehmen, denn ich bin tot für das-

---

[1] Es ist διάκονος nicht im Sinne von αἴτιος zu nehmen; vgl. II. Kor.
11, 15, wo Engel διάκονοι δικαιοσύνης genannt werden.

[2] Vgl. zu der paulinischen Formel μὴ γένοιτο: Röm. 3, 4. 6. 31; 6, 2.
15; 7, 7. 13; 9, 14; 11, 11; I. Kor. 6, 15; Gal. 3, 21.

[3] Zu dem selten gebrauchten συνιστάνω vgl. II. Kor. 3, 1: 5, 12; in B
auch das. 6, 4.

selbe: ἐγὼ γὰρ ... νόμῳ ἀπέϑανον. Auf die Frage, wie das geschehen ist, lautet die Antwort: διὰ νόμου. Es versteht sich von
selbst, daß wir den Umfang des Begriffes νόμος als das mosaische
Gesetz — nur an und für sich allein betrachtet, aber ohne Beschränkung auf einzelne Gebote — festhalten, weil es nicht an-
geht, in demselben Satze dasselbe Wort, ohne daß irgend eine Bestimmung gegeben ist, verschieden zu fassen [1]). Bei den Galatern setzt Paulus die Bekanntschaft mit dem Sinne des διὰ νόμου voraus, wir müssen den Schlüssel für das richtige Verständnis aus der uns sonst mitgeteilten Darstellung des Sterbens und
Lebens in Christus zu gewinnen suchen. Daß aber dieser Weg
der berechtigte ist, ersehen wir schon aus dem unmittelbar folgenden συνεσταύρωμαι Χριστῷ. Nicht bloß im Römerbriefe [2]),
auch in dem an die Galater [3]) führt Paulus aus, daß das Gesetz den Fluch bewirke, daß Christus diesen auf Sich genommen
und darum durch das Gesetz gestorben, um des Gesetzes willen
gerade den Tod am Kreuzesholze erduldet habe. Wer immer
aber getauft ist, ist Christo eingegliedert, ist mit Ihm darum gestorben, gekreuzigt, aber lebt auch mit dem Auferweckten ein
neues und übernatürliches Leben [4]): ἵνα ϑεῷ ζήσω. Darum sind
auch sie, wie Christus, mit dem sie Eins sind, „durch das Gesetz"
gestorben; sind, wie die Art und Weise bezeichnend bestimmt wird,
mit Ihm gekreuzigt: Χριστῷ συνεσταύρωμαι. Es stehen ϑεῷ und
Χριστῷ in einem Gegensatze zu νόμῳ. Wenn ich in meinem neuen
Leben Gott und Christus zugehöre, dann hat das „Gesetz" keine
Rechte mehr über mich.

So hat die concrete Veranlassung den Apostel dazu ge- v. 20.

---

[1]) Damit erledigen sich alle jene alten und neuen Erklärungen, die das
διὰ νόμου auf den messianischen Inhalt des Gesetzes, der zum Aufgeben desselben führe, beschränken (Theodoret., Corn. a Lap.), oder an Bestimmungen desselben, wodurch der Tod als Strafe für die Sünde verhängt wird, denken (Baumg.-Crus.), oder auch davon verstehen wollen, „daß das Gesetz
selbst das Mittel bot, um den Lebensverband mit ihm zu lösen", weil es zeige,
daß es das Heil nicht vermitteln könne (Reithmayr).

[2]) Röm. 7, 9. 10.

[3]) 3, 13. 14. vgl. die Erklärung hierzu.

[4]) Vgl. Röm. 6, 3 ff.: ὅσοι ἐβαπτίσθημεν εἰς Χριστὸν εἰς τὸν θάνατον αὐτοῦ
ἐβαπτίσθημεν· συνετάφημεν οὖν αὐτῷ ... ἵνα ὥσπερ ἠγέρθη Χριστὸς ἐκ νεκρῶν .
οὕτως καὶ ἡμεῖς ἐν καινότητι ζωῆς περιπατήσωμεν.

führt, das innerste Wesen des Lebens des Gerechtfertigten
zu bezeichnen, weil darin der letzte und tiefste Grund für die
Nichtverpflichtung des „Gesetzes" gelegen ist. Er thut das aber
zuerst negativ: ζῶ δὲ οὐκέτι ἐγώ, wobei der Nachdruck auf dem
ἐγώ liegt, wie der gleich positiv auszuführende Gegensatz ζῇ δὲ ἐν
ἐμοὶ Χριστός zeigt. Um diese innere, übernatürliche Lebensgemeinschaft unserer Erkenntnis näher zu führen, bediente der
Herr Selbst Sich des bekannten schönen Gleichnisses, in dem Er
Sich mit dem Weinstocke, uns aber mit den Rebzweigen, die
in dem Einssein mit ihm ihre Lebenskraft empfangen, vergleicht [1]). Christus ist es also wieder nicht allein, der lebt, denn
Er lebt in mir. Er bedient sich also meiner als Seines Mittels,
um dieses Leben zu führen, und Er bedient sich meiner in einer
Weise, die meiner Natur und Wesenheit entspricht, in der ich
das Ich, das ich bin, bleibe, in der also meine wesentlichen
Vermögen, besonders meine Erkenntnis und mein freier Wille
fortbestehen. Wer immer gerecht ist vor Gott, ist es, weil in ihm
Christus lebt. Das gilt auch von allen, denen Gott, ehe das Wort
die menschliche Natur angenommen hatte und in dieser Welt
erschienen war, die Rechtfertigung schenkte. Das Leben dieser
ist ein Leben des Emmanuel in ihnen [2]). Mit der ersten Verheißung desselben im Paradiese „ist in der Zeit der ewige Ratschluß Gottes, durch Seinen Sohn die Welt zu erlösen, wirksam
geworden, ist eingesenkt der Keim, der zuerst in Mitte der
Menschheit überhaupt, dann besonders in Mitte des Bundesvolkes als „Immanuel" thätig ist."

Aus solcher Innigkeit der Lebensgemeinschaft zwischen
Christus und dem Gerechten ergiebt sich, daß damit die Annahme, es bestehe die Rechtfertigung bloß in einem Nichtanrech-
nen aber Fortbestehen der Sünde und einem bloßen Anrechnen
der Verdienste Christi, unvereinbar ist. Insbesondere aber leuchtet der unendliche Wert dessen ein, was Christus in dem Gerechten wirkt. Da dieser aber das selbstbewußte und freie

---

[1]) Joh. 15, 1. 4. 5.

[2]) Vgl. über diese auch alttestamentlichen Offenbarungsworten zugrunde
liegende Idee von einem mystischen Leben des Erlösers in allen, die der Rechtfertigung teilhaftig werden, die Entwickelung in meiner Schrift, die Gottesmutter in der h. Schrift S. 44 ff. zu Isai. 7, 14 ff.; ferner S. 100. 212. 248.

Werkzeug des in ihm lebenden Christus ist, so sind insofern alle im Zustande der Gnade verrichteten guten Werke auch seine Werke; die erste dieselbe bewirkende Ursache aber, die ja eine unendliche ist, bestimmt ihren Wert. Dieser ist deshalb ein unendlicher, oder die übernatürlich guten Werke sind verdienstlich für den Himmel. Dem Gerechtfertigten liegt es ferner ob, dieses Leben nicht zu verlieren, keine Todsünde zu begehen, deren ganze furchtbare Größe wie zerstörende Wirkungen unter dem Gedanken zu ermessen sind: Christus lebt nicht mehr in mir. Er soll vielmehr seinerseits, durch die Gnade unterstützt, ein immer vollkommeneres Instrument zu werden suchen, auf daß Christi Leben in ihm immer mehr erstarken kann [1]). Zu diesem Zwecke giebt der Apostel die andere Mahnung, fortwährend der Welt und der Sünde abzusterben in Leiden und Heimsuchungen [2]), insbesondere aber das Fleisch mit seinen Leidenschaften zu kreuzigen [3]). Je größer hier der Fortschritt, desto reicher kann sich das Leben Christi im Gerechtfertigten entfalten. Der Apostel ist bei seiner Darlegung in die erste Person übergegangen. Dieses findet seine Erklärung darin, daß er, der Apostel der Gnade, aus der eigenen Erfahrung seiner darüber grenzenlos beglückten Seele [4]) redet.

Doch ich lebe ja noch, wie jeder andere Mensch, in meinem Leibe. Hierüber sagt er: ὃ δὲ νῦν ζῶ ἐν σαρκί und, dem ὃ seine nähere Bestimmung gebend, fährt er fort: ἐν πίστει ζῶ τῇ τοῦ υἱοῦ τοῦ θεοῦ. Mit ἐν σαρκί ist nicht bloß der Leib, sondern die menschliche Natur bezeichnet [5]), die noch nicht an dem Erlösungswerke vollen Anteil hat. Dieses mein jetziges Leben „im Fleische" ist kein natürliches, sondern ist ebenfalls ein übernatürliches; es ist erhöht und hat auch jetzt schon eine ganz neue Lebenskraft, in der es sich in allen seinen Bethätigungen bewegt. Diese ist der Glaube, den der Sohn Gottes gebracht hat, und dessen Inhalt der Sohn Gottes ist. Da, wo

---

[1]) Vgl. Ephes. 3, 16; 4, 24; Kol. 2, 6.
[2]) Vgl. II. Kor. 4, 10.
[3]) Vgl. unten 5, 24.
[4]) Vgl. hierzu Röm. 7, 24. 25. und 8, 23 ff.
[5]) Vgl. oben S. 220 und bes. unten zu 3, 3.

mein Leben in der natürlichen Ordnung sich bewegen müßte,
ihr anzugehören hätte, da ist es der Glaube, der mich auch da
entrückt. Mein Erkennen, das darin, daß ich eine sinnlich-gei-
stige Natur habe, in enge Schranken beschlossen ist, wird
durch den Glauben über die Natur erhöht. Weil der Glaube, in
dem ich lebe, soweit ich ἐν σαρϰι bin, der Christus-Glaube ist
— ἐν πίστει ζῶ τῇ τοῦ υἱοῦ τοῦ ϑεοῦ — so lebt vermittelst
Seines Glaubens der Sohn Gottes in mir [1]). Warum aber
Paulus hier diese Bezeichnung und nicht den Namen Jesus Christus gewählt, dürfte in dem damit verbundenen Gedanken seine
Erklärung finden, daß die unendliche Würde des Sohnes Gottes
uns Seine unendliche Liebe vorhält. „Eine größere Liebe hat
niemand, als die ist, daß jemand sein Leben für seine Freunde
opfert" [2]). Das Bewußtsein, geliebt zu sein, beglückt natürlicherweise des Menschen Seele. Je klarer dieses Bewußtsein und je
vollkommener der ist, der uns liebt, um so glücklicher ist unser Herz darüber, das dadurch zur Gegenliebe entflammt wird.
Wir erkennen auch aus diesen Worten, von welch inniger Gegenliebe des Apostels Herz für seinen Erlöser durchglüht ist.
Diese Liebe aber, die aus dem Bewußtsein, den Sohn Gottes
zum Heilande zu haben, entspringt, giebt auch den folgenden
Schlußgedanken ein:

v. 21.   Οὐϰ ἀϑετῶ τὴν χάριν τοῦ ϑεοῦ [3]). An der Gnade, die ich
empfangen, und deren Wirksamkeit ich in unsagbarer innerer
Freude empfunden habe, halte ich fest. Und blicke ich hin auf
die unendliche Liebe Christi, meines Erlösers, so sehe ich die
Unmöglichkeit, daß diese „umsonst" [4]), ohne Grund, den Tod auf

---

[1]) Augustinus führt hierzu aus: quia non posset dicere Christum adhuc mortaliter vivere, vita autem in carne mortalis est, in fide, inquit, vivo
Filii Dei; ut etiam sic Christus vivat in credente, habitando in interiore
homine per fidem, et postea per speciem impleat eum, cum absorptum fuerit
mortale a vita.

[2]) Joh. 15, 13.

[3]) Vgl. Luk. 10, 16; Joh. 12, 48; I. Kor. 1, 19; 1. Thess. 4, 8: unten 3, 15.

[4]) Die Bedeutung von δωρεάν — von δωρεά, Geschenk — ist: geschenks-
weise, umsonst, Matth. 10, 8; Röm. 3, 24; II. Kor. 11, 7; II. Thess. 3, 8 etc.;
dann hat es die Bedeutung: ohne Grund, vgl. I. Sam. 19, 5; Ps. 34, 8; Joh.
15, 25. Chrysost.: περιττὸς ὁ τοῦ Χριστοῦ ϑάνατος.

sich genommen haben sollte. Und doch müßte ich zu solchem, meiner innersten Überzeugung widerstrebenden Schlusse gelangen, wäre das Gesetz imstande, die Rechtfertigung zu bewirken.

Es wendet sich der Apostel im Folgenden an die Galater, um zunächst auf sie die dargelegte Wahrheit anzuwenden.

III, 1—18: Nachweis, daß aus dem Glauben, nicht aus dem Gesetze die Rechtfertigung kommt.

1. O ihr unverständigen Galater, wer hat euch, denen Jesus Christus, der Gekreuzigte [1]*), vor die Augen gezeichnet ist, bezaubert?* [2]*).

2. Dieses nur will ich von euch lernen: ob ihr aus den Gesetzeswerken oder aus der Aufnahme des Glaubens den Geist empfangen habt? 3. So thöricht seid ihr, die ihr im Geiste begonnen, daß ihr nun im Fleische endigt? 4. So vieles habt ihr umsonst gelitten? wenn doch nur umsonst! 5. Der nun, der euch den Geist darreicht und Wunderkraft in euch wirkt — aus den Gesetzeswerken oder aus der Glaubensaufnahme [that er es]? 6. Gleichwie Abraham Gott glaubte, und es ihm angerechnet ward zur Gerechtigkeit.*

7. Erkennt demnach, daß die, welche aus dem Glauben sind, diese die Kinder [3]*) Abrahams sind. 8. Da aber die Schrift voraussah, daß Gott aus dem Glauben die Völker rechtfertigt, so verkündete sie vorher dem Abraham die frohe Botschaft: „es sollen gesegnet werden* [4]*) in dir alle Völker". 9. Daher werden die aus dem Glauben gesegnet mit dem gläubigen Abraham.*

10. Denn welche immer aus den Werken des Gesetzes sind, stehen unter dem Fluche, denn es steht geschrieben [5]*): „verflucht*

---

[1]) Vor ἐσταυρ. liest die Rec. nach DFG etc. noch ein ἐν ὑμῖν; dagegen lassen es mit Recht אABC und mehr. Handschr. der Vulg. Ti. WH. Zimm. aus. Vgl. Erklg. z. d. St.

[2]) Der Zusatz der Rec. τῇ ἀληθείᾳ μὴ πείθεσθαι, der in der DᶜEKLP, der gedruckten Vulg. sich findet, fehlt אAB, Itala, verschiedenen Handschr. der Vulg., weshalb ihn Ti., WH., Zimm. mit Grund nicht lesen.

[3]) Es ist υἱοί nicht nach אᶜACDFG nach εἰσίν, sondern mit א*B Iren. (Ti., WH.) vor dasselbe zu stellen.

[4]) Entscheidend bezeugen אABCD etc. die Lesart ἐνευλογηθήσονται.

[5]) Nach אABCDFG, Syr. ist vor ἐπικατ. ein ὅτι zu lesen (Ti. WH.), welches in der Rec. (nach KL) fehlt.

sei ein jeder, der nicht verharret in allem [1]*), was im Buche des
Gesetzes geschrieben ist, um es zu thun."* 11. *Daß aber in dem
Gesetze niemand gerechtfertigt wird bei Gott, ist klar, weil der
Gerechte aus dem Glauben lebt;* 12. *das Gesetz aber ist nicht aus
dem Glauben; allein* [2]*): „wer sie thut* [3]*), wird in ihnen leben".* 13.
*Christus hat uns losgekauft aus dem Fluche des Gesetzes, indem
Er für uns zum Fluche geworden ist, denn es steht geschrieben* [4]*):
„verflucht ein jeder, der am Holze hängt,"* 14. *auf daß zu den
Völkern der Segen Abrahams gelange in Jesus Christus* [5]*), damit
wir die Verheißung des Geistes empfangen durch den Glauben.*

15. *Brüder, ich rede nach Menschenweise; gleichwohl setzt
eines Menschen rechtskräftig gewordenes Bündnis niemand bei
Seite, oder fügt etwas hinzu.* 16. *Dem Abraham aber wurden
die Verheißungen zugesagt* [6]*) und seinem Samen; nicht heißt es:
und seinen Samen, d. i. in der Mehrzahl, sondern in der Einzahl:
und deinem Samen, welcher Christus ist.* 17. *Dieses aber sage
ich: ein von Gott vorher geschlossenes Bündnis* [7]*) entkräftet nicht
das nach vierhundertdreißig Jahren* [8]*) gegebene Gesetz, so daß die
Verheißung vereitelt würde.* 18. *Denn wenn aus dem Gesetze das
Erbe ist, ist es nicht aus der Verheißung; Gott hat es aber dem
Abraham durch Verheißung geschenkt.*

III, 1.   Die Anrede, ὦ ἀνόητοι Γαλάται, lautet streng. Um sie zu
begreifen, müssen wir eingedenk bleiben, daß Paulus soeben

---

[1]) Es ist mit א*B 17 Ti. WH. Zim. nur πᾶσιν zu lesen; das ἐν πᾶσιν von
אᶜACD etc. ist wahrscheinlich aus der LXX herübergenommen.

[2]) Nicht ἀλλά (אD*Ti.), sondern ἀλλ' mit ABC, WH vgl. Zimmer 1882.
S. 330 ff.

[3]) Das ἄνθρωπος nach αὐτά der Rec. (mit DᶜEKL) ist ein Zusatz nach
den LXX; es fehlt: אABCD* etc.

[4]) אDᶜ, Rec. lesen γέγραπται γάρ; ABCD* etc. aber: ὅτι γέγραπται (Ti.,
WH. Zim.).

[5]) אB, Pesch. lesen ἐν Ἰησοῦ Χρ.; [WH.]; ACD etc. lesen ἐν Χρ. Ἰησοῖ
(Ti.); erstere Wortstellung ist vorzuziehen. Zimmer läßt sie unentschieden.

[6]) Nach אAB*CD etc. ist ἐρρέθησαν, nicht mit Rec. ἐρρήθησαν zu lesen.

[7]) Mit DFG etc. liest die Rec. nach θεοῦ noch εἰς Χριστόν, welche Worte
aber אABC fehlen und als ein aus v. 24 entnommener erklärender Zusatz anzusehen sind (Ti., WH.).

[8]) Nach אABCD etc. ist ἔτη hinter die Zahl zu setzen, nicht mit Rec.
vor dieselbe.

als Consequenz der judaisierenden Irrlehre gefolgert, daß Christus,
dessen Lebens- und Leidens-Bild seiner Seele so lebendig inne-
wohnte, und das er auch den Galatern tief einzuprägen gesucht
hatte, „umsonst" gestorben wäre; müssen wir uns ferner gegenwärtig halten, wie er an sich und auch an den Galatern die
Wirksamkeit der Gnade, die verlassen werden soll, erfahren
hat, und wie ihn sein einstiges Leben im „Gesetze" von dem
Unvermögen desselben überzeugt hat. Unverständig, thöricht
sind fürwahr die Galater, welche Christum und Seine Gnade
gegen die Werke des alttestamentlichen Gesetzes einzutauschen
im Begriffe stehen. Indem Paulus sich aber nicht schonend
ausdrückt, erreicht er, daß die Verkehrtheit gleich in ihrer ganzen Größe hingestellt wird, was die so leicht beweglichen Naturen der Galater zur Besinnung zu bringen dienlich ist.

So überraschend ist eine derartige Umänderung, daß der
Apostel sie nicht natürlichen, sondern übernatürlichen, dämoni-
schen Mächten zuschreibt, daß er sie ein Bezaubern nennt, indem er fragt: τίς ὑμᾶς ἐβάσκανεν; [1] Wie konnte doch nur das
geistige Auge der Galater so gebannt, so gefesselt werden durch
ein Trugbild, da es doch so deutlich und so genau das Bild
Jesu Christi des Gekreuzigten vorgezeichnet erhalten
hatte! Es entspricht dem Vorstellungskreise, in dem die Rede
Pauli sich hier bewegt, am besten, das προγράφειν nicht mit
„öffentlich hinschreiben", sondern mit „vorzeichnen" wiederzugeben [2].

---

[1] βασκάνειν — im N. T. nur hier gebraucht — von βάζω, βάσκω, garrio,
heißt: übel reden über jemanden, verläumden; dann: fascinare aliquem =
bezaubern (besonders mit den Augen) mit der Nebenbedeutung des Verführens.

[2] Beim Apostel selbst — Röm. 15, 4; Ephes. 3, 3 — und Jud. 4 hat
προγράφειν die Bedeutung: vorher schreiben. Diese ist hier nicht angänglich.
weil weder an die niedergeschriebenen alttest. Prophezien über den leidenden
Messias, noch an einen diesbezüglichen paulinischen Brief an die Galater gedacht werden kann. Die andere aus Profanschriftstellern erweisbare Bedeutung προγράφειν = öffentlich hinschreiben, paßt nicht zu einem mündlichen
Vortrage, sie führt aber auf die mögliche und auch nachweisbare Bedeutung von:
offen hinmalen, hinzeichnen, denn γράφειν wird öfters = malen, zeichnen gebraucht; Grimm, n. t. Lexikon, sagt darum nicht mit Unrecht unter Berufung auf Plut. Dem. — προγράφει τις αὐτοῦ πρὸ τῆς σκηνῆς τὴν τοῦ Οἰδίπου
ἀρχήν — non intelligitur, cur προγράφειν non possit esse ante oculos pingere.

Wir ersehen hieraus zugleich, wie sehr der Apostel bemüht
war, in seinen Bekehrungspredigten den sühnenden Opfertod
Jesu, den leidenden Heiland, der für uns genugthut, zu lehren.
Der Gedankengang, besonders wieder der Gegensatz zu dem
ἐβάσκανεν, und das κατ' ὀφϑαλμούς = „vor die Augen" läßt das
handschriftlich auch nicht entsprechend verbürgte ἐν ὑμῖν ent-
behrlich erscheinen.

v. 2.   Die selbstverständliche Antwort aut die Frage τίς ὑ. ἐβ.
giebt der Apostel nicht und, ohne sich auf weitere Untersuchun-
gen einzulassen, wendet er sich lediglich (τοῦτο μόνον) an eine
anerkannte Thatsache der Erfahrung. Diese ist: τὸ πνεῦμα ἐλάβετε. „Der Geist", den die gläubigen Galater empfangen haben, ist die dritte Person der Gottheit. Allgemein
spricht Paulus vom heiligen Geiste, darum müssen wir auch an
alle Wirksamkeit desselben in dem übernatürlichen Leben der
Gerechten in Gnaden und auch in Charismen denken. Die
durch denselben vollzogene innere Umwandlung des Menschen,
dieses „Erneuern des Angesichtes der Erde", die inneren reichen
Tröstungen, welche das Leid mit Freude ertragen lassen [1]),
ferner das Wirken übernatürlicher Geistesgaben, die der weitern
Verkündigung des Evangeliums, wie der Erbauung der Gläubigen
dienten [2]): all dieses Wirken ließ die Galater den Besitz des
heiligen Geistes erkennen und darin eine unversiegbare, neue
Quelle überirdischer Freude finden und fühlen.

Nun sollen die Galater die Frage beantworten, ob sie diesen „Geist" ἐξ ἔργων νόμου oder ἐξ ἀκοῆς πίστεως empfangen
haben. Die Antwort ist selbstverständlich: sie, die vorzugsweise
Heidenchristen waren und das Gesetz gar nicht gehabt hatten,
konnten unmöglich mit ἐξ ἔργων νόμου antworten [3]). Da ἀκοή
nicht vom bloßen Hören der Wahrheiten verstanden werden
kann, weil dieses noch nichts nützt, und darum ἀκοή die gehor-
same Unterwerfung unter dieselben bezeichnen muß; da ferner
πίστις sowohl den objectiven Glaubensinhalt als den subjectiven

---

[1]) Vgl. unten, 4, 6. 7; Röm. 5, 1—11.
[2]) Vgl. I. Kor. 12, 4 ff.; Act. 10, 44—46.
[3]) Es ist also zum Zwecke dieses Beweisverfahrens die Annahme, die
Christen Galatiens wären zuvor vorzugsweise Proselyten des Thores gewesen,
nicht motiviert.

Glaubensakt bezeichnen kann: ist mit $\dot\varepsilon\xi$ $\dot\alpha x o\tilde\eta\varsigma$ $\pi i\sigma\tau\varepsilon\omega\varsigma$ in kurzer prägnanter Weise sowohl das Vernehmen des Glaubensinhaltes als die daraus entspringende Zustimmung des Intellectes zu demselben in dem subjectiven Glauben ausgedrückt [1]). Das $\dot\varepsilon\xi$ endlich enthält, daß der Glaube nicht der Grund oder die bewirkende Ursache, sondern der seitens des Menschen zu setzende Ausgangspunkt für den Empfang des heiligen Geistes ist.

Von dem Eifer geleitet, die Galater dem rechten Wege v. 3. wieder zuzuführen, fährt Paulus fort, ihnen eindringlichst ihr thörichtes Beginnen vorzuhalten: $o\tilde\upsilon\tau\omega\varsigma$ $\dot\alpha\nu\acute o\eta\tau o i$ $\dot\varepsilon\sigma\tau\varepsilon$, indem er als Grund ausführt: $\dot\varepsilon\nu\varepsilon\varrho\xi\dot\alpha\mu\varepsilon\nu o i$ $\pi\nu\varepsilon\dot\upsilon\mu\alpha\tau i$ $\nu\tilde\upsilon\nu$ $\sigma\alpha\varrho x i$ $\dot\varepsilon\pi i\tau\varepsilon\lambda\varepsilon\tilde\imath\sigma\vartheta\varepsilon$. Stünde bei $\pi\nu\varepsilon\tilde\upsilon\mu\alpha$ wieder der Artikel wie vv. 2 u. 5, so könnte man es nur wie in diesen Versen von der Person des hl. Geistes Selbst verstehen. Da derselbe aber fehlt, und $\sigma\acute\alpha\varrho\xi$ dazu der Gegensatz ist, so ist sowohl die Möglichkeit einer besonderen Bestimmung, wie auch der Weg dazu gekennzeichnet. $\varSigma\acute\alpha\varrho\xi$ kann als Gegensatz zu $\pi\nu\varepsilon\tilde\upsilon\mu\alpha$ den sinnlichen Menschen gegenüber dem geistigen bezeichnen [2]), kann aber auch den ganzen Menschen in seinem natürlichen Zustande, der aber der Zustand einer gefallenen und geschwächten Natur ist, bezeichnen, wozu dann $\pi\nu\varepsilon\tilde\upsilon\mu\alpha$ als Gegensatz treffend den Zustand des übernatürlich ausgestatteten, begnadeten Menschen, in dem der heilige Geist lebt und wirkt, ausdrückt [3]). Weil unmittelbar zuvor vom heiligen Geist, dem Urheber des Gnadenzustandes die Rede ist, ist die Beibehaltung des Wortes $\pi\nu\varepsilon\tilde\upsilon\mu\alpha$ hierfür um so begreiflicher. Solch übernatürliches Leben im heiligen Geiste hatten

---

[1]) Vgl. bes. Röm. 10, 16. 17; 1, 5.

[2]) Vgl. Matth. 26, 41; Mark. 14, 38; Röm. 11, 14; I. Kor. 15, 39; II. Kor. 7, 1; Gal. 4, 13; Kol. 2, 5. u. a. m.

[3]) Vgl. bes. Röm. 7, 14: $\dot\varepsilon\gamma\grave\omega$ $\delta\grave\varepsilon$ $\sigma\alpha\varrho x i x\acute o\varsigma$ $\varepsilon\dot\imath\mu i$, $\pi\varepsilon\pi\varrho\alpha\mu\acute\varepsilon\nu o\varsigma$ $\dot\upsilon\pi\grave o$ $\tau\grave\eta\nu$ $\dot\alpha\mu\alpha\varrho$-$\tau i\alpha\nu$; 8, 1—14; Gal. 5, 16 ff. 25; 6, 8; I. Kor. 1, 26; Joh. 3, 6; ferner das $\pi\tilde\alpha\sigma\alpha$ $\sigma\acute\alpha\varrho\xi$ vgl. Gal. 2, 16. Zur Litteratur vgl. Simar, Theologie des h. Paulus. Frbg 2. Aufl. 1883. S. 41 ff. Akathol. Litteratur: Tholuck. über $\sigma\acute\alpha\varrho\xi$ als Quelle der Sünde. Stud. u. Kritik 1855. Holsten, die Bedeutung des Wortes $\sigma\acute\alpha\varrho\xi$ im Lehrbegriffe des Paulus. Rostock 1855. Wendt, die Begriffe Fleisch und Geist im bibl. Lehrbegriff. Gotha 1878. Gloel, der Stand im Fleische nach paulinischem Zeugnisse. Halle 1886. B. Weiß, Lehrb. der bibl. Theologie des Neuen Testamentes. Berlin 1888. S. 243 ff.

die Galater begonnen [1]); jetzt aber, da sie der Apostel auf dem
Wege der Judaisten begriffen und mit diesen das Erlösungsverdienst Christi verkennen sieht, sind sie im Begriffe dem natürlichen Zustande, in dem die Sünde herrscht, sich wieder zuzu-
wenden. Angesichts solchen Tausches ist das nachdrückliche
οὕτως ἀνόητοί ἐστε keine zu hart fragende Anrede, um so ihnen
den ganzen Abgrund, vor dem sie stehen, vorzuhalten. Die Wahl
des Wortes σάρξ findet wohl auch eine specielle Veranlassung
in dem Gedanken daran, daß das Werk des Gesetzes, die περιτομή, worum es sich besonders handelt, etwas Fleischliches
ist [2]). Im Gegensatze zu ἐνάρχεσθαι wählt Paulus das Wort
ἐπιτελεῖν = zu Ende führen; das ἐπιτελεῖσθε kann passivisch
= ihr werdet vollendet, sucht vollendet zu werden, oder medial
= ihr kommt zu Ende, höret auf, gefaßt werden; in letzterer
Bedeutung entspricht es am besten seinem Gegensatze: ἐναρξά-
μενοι.

v. 4.   Die Folge solchen verkehrten Beginnens der Galater ist,
daß alles, was sie um Christi willen, um des Glaubens an Ihn
willen ertragen und geduldet haben, umsonst — εἰκῇ [3]) = frustra
— ist. Wie in den vorausgehenden Versen der Apostel die
Prämissen, worauf sich seine Folgerungen aufbauen, als bekannt
voraussetzt, so auch verweist er mit τοσαῦτα nicht auf das vorher Geschriebene [4]), sondern auf die den Galatern bekannten,
weil von ihnen ertragenen Leiden hin. Es ist unverkennbar die
Absicht des Apostels, das Verkehrte und Unheilvolle der judaistischen Irrlehre in der ganzen Consequenz zu zeigen. Insofern
nun die Galater durch ihr Leiden sich Verdienste und dadurch

---

[1]) Oekumenius: πνεῦμα μὲν τὴν χάριν ἐκάλεσε.

[2]) Theodoret: περὶ σῶμα γὰρ περιτομή.

[3]) εἰκῇ — vgl. z. B. Matth. 5, 22; Röm. 13, 4; I. Kor. 15, 2; Kol. 2, 18 —
wird von dem, was ohne Grund oder Zweck geschieht, gebraucht. Estius
macht hier auf die Consequenz aufmerksam, daß gute Werke durch eine folgende schwere Sünde getötet werden.

[4]) Darum liegt kein Grund vor, das πάσχειν hier in der sonst im N. T.
nicht vorkommenden Bedeutung von „erfahren" zu nehmen. Gewiß ist es
wahr, daß hier von Gnadenerweisen die Rede ist; allein abgesehen davon,
daß auch um Christi willen leiden eine Gnade ist — vgl. 1. Thess. 2, 14 ff. —,
liegt ja hier der Nachdruck nicht auf ἐπάθετε, sondern auf τοσαῦτα und εἰκῇ.

Gnaden erworben hatten, welche sie preiszugeben im Begriffe
stehen, können sie indirect ihre Schuld dadurch noch mehren,
kann ihnen also ihr ehemaliges Dulden mittelbar sogar ein Nach-
teil werden. In diesem Sinne nun erklärt sich, ohne Zuhilfe-
nahme eines anderartigen Gedankens [1]), der Zusatz: $\varepsilon\check{\imath}$ $\gamma\varepsilon$ $\varkappa\alpha\acute{\imath}$
$\varepsilon\grave{\imath}\varkappa\tilde{\eta}$: wenn es nur bloß „umsonst", wenn's nur nicht noch nachteilig wird [2]).

Das Ziel, worauf der Apostel hinsteuert, ist, zu zeigen, daß v. 5.
in der von Gott getroffenen Heilsordnung nicht das Gesetz, sondern der Glaube als die seitens des Menschen zu setzende
Heilsbedingung aufgenommen ist.

So folgert er — $o\tilde{v}v$ — wieder in einer Frage, auf welche die
sich von selbst ergebende Antwort gar nicht erst ausgesprochen
wird: Gott, der den heiligen Geist spendet [3]) — $\tau\grave{o}$ $\pi\nu\varepsilon\tilde{v}\mu\alpha$ ist
wie v. 2 die dritte Hypostase — und Übernatürliches in euch
wirkt, hat nicht Gesetzeswerke, sondern den Glauben zum Aus-
gangspunkte dafür genommen. $\varDelta v\nu\acute{\alpha}\mu\varepsilon\iota\varsigma$ sind die Wunder, insofern sie Gottes Allmacht verkünden [4]); durch das $\grave{\varepsilon}\nu$ $\grave{v}\mu\tilde{\imath}\nu$
werden sie insoweit näher bestimmt, als nicht solche Wunder,
die unter den Galatern geschehen sind, sondern solche, deren
Organe sie sind, gemeint sind. In dieser letzteren Hinsicht
aber ist der Ausdruck allgemein genug, um nicht allein an die
Charismen zu denken, die zur Erbauung anderer gegeben wer-

---

[1]) Das $\varepsilon\check{\imath}$ $\gamma\varepsilon$ $\varkappa\alpha\acute{\imath}$ wird von Chrys., Theodoret, Theod. v. Mops. u. a.
im Sinne einer Milderung gefaßt, noch gebe Paulus die Galater nicht auf und
wolle darum nicht gesagt haben, daß, falls es so geschehe, dann so viele
Opfer ihren Zweck verfehlt haben würden; doch noch liege die Besserung in
ihrer Hand. M. Victor.: non desperare tamen videretur, quod dixit sine
causa, correxit reprehensionem suam dicendo: si tamen sine causa, possunt
enim corrigi.

[2]) August.: quod enim sine causa factum dicitur, superfluum est; superfluum autem nec prodest, nec nocet; hoc vero videndum est, ne ad perni-
ciem valeat. „Wer von Gott die Gnade empfangen hat, für ihn zu leiden,
und nachher diese Gnade verscherzt, dem gereicht die frühere Vollkommenheit zu größerem Gericht". (Windischm.).

[3]) $\grave{\varepsilon}\pi\iota\chi\circ\varrho\eta\gamma\varepsilon\tilde{\imath}v$ = darreichen, heißt ursprünglich, die Kosten für die Auf-
führung des Chores bestreiten und gehört erst der späteren Gräcität an Im
N. T. noch: II. Kor. 9, 10; Kol. 2, 19; II. Petri 1, 5. 11.

[4]) Vgl. Matth. 11, 20; 13, 58; Mark. 6, 14; I. Kor. 12, 10; Hebr. 2, 4 u. a. m.

den, sondern auch alle übernatürlichen innern Gnadenwirkungen, die dem Auge des natürlich betrachtenden Menschen in der That Wunder sind, mit einzubegreifen sind.

v. 6.   An die Antwort (auf v. 5), Gott giebt das Heil nicht $\dot{\epsilon}\xi$ ἔργων νόμου, sondern ἐξ ἀκοῆς πίστεως, schließt sich v. 6 καθὼς Ἀβραάμ .... an. Diesen Heilsweg Gottes sehen wir in dem Patriarchen Abraham selbst, auf dessen Berufung die Judaisten sich vornehmlich gestützt haben, bereits verwirklicht. Es lag nahe, daß diese sich auf die dem Abraham gegebene Verheißung, daß in seinem Samen die Völker gesegnet werden sollten, als auf ein göttliches Wort beriefen, und daß sie des weiteren ausführten, durch die Beschneidung und diese Eingliederung in den alten Bund werde man erst Kind Abrahams, und nur so könne man am Segen teilnehmen. Dem gegenüber ist es ein von gleicher Basis ausgehendes und darum unverkennbares Argument, wenn der Apostel zeigt, daß der von ihm gelehrte Heilsweg derselbe ist, den auch Abraham einst gegangen war.

Hierbei bedient Paulus sich eines anerkannten alttestamentlichen Schriftwortes aus Gen. 15, 6: ἐπίστευσεν τῷ θεῷ, καὶ ἐλογίσθη αὐτῷ εἰς δικαιοσύνην [1]).

Abraham glaubte, da ihn Gott aus dem Lande seiner Verwandtschaft und aus seines Vaters Hause in ein fremdes Land führte, wofür ihm die erste Verheißung einer reichen Nachkommenschaft, wie der Staub der Erde, ward [2]). Damals war hierzu noch eine natürliche Aussicht gegeben; doch Abraham alterte, und da er fast 100 Jahre zählte und auch Sara Mutterschoß erstorben war, da glaubte Abraham abermals der Verheißung [3]), daß so, wie die Sterne des Himmels, sein Same sein, daß er der „Vater vieler Völker" werden sollte. Das, was natürlicherweise unmöglich, hält Abraham für wahr, weil es Gott gesagt hat. Es mag dahin gestellt sein, wie weit Abraham selbst

---

[1]) Vgl. Röm. 4, 3; Jak. 2, 23.

[2]) Gen. 12; 13; bes. 12, 2; 13, 16. Hebr. 11, 8.

[3]) Gen. 15, spec. vv. 5. 6; 17, 1—4; Hebr. 11, 11 ff.; bes. Röm. 4, 17 ff.: ... παρ' ἐλπίδα ἐπ' ἐλπίδι ἐπίστευσεν ... μὴ ἀσθενήσας τῇ πίστει οὐ κατενόησεν τὸ ἑαυτοῦ σῶμα νενεκρωμένον, ἑκατονταέτης που ὑπάρχων, καὶ τὴν νέκρωσιν τῆς μήτρας Σάρρας.

diese Verheißung dahin verstand, daß sie mit dem ihm und seinem so unbestimmbar zahlreichen Samen gelobten Lande nicht bloß das Stück Erde, wohin er geführt worden war, meinte, daß sie vielmehr auf das messianische Reich zielte, und daß die Vaterschaft von „vielen Völkern" nicht bloß in natürlicher Weise erlangt werden konnte. Jedenfalls haben wir Grund bei Abraham, wenigstens in den Augenblicken, da Offenbarungen ihm zu teil wurden, einen prophetisch [1]) erleuchteten und darum weiter schauenden Blick anzunehmen. Das gilt aber um so mehr, als die Verheißung, da sie erneuert ward, weiter ausführte [2]): „Kann ich Abraham verbergen, was ich thun will?" In ihm, der zum großen, mächtigen Volke werden wird, „sollen gesegnet werden alle Völker der Erde." Damit aber bekommt der Glaube des Abraham als Inhalt den Glauben an den Erlöser und wird so implicite zum christlichen Glauben.

Als Gott ihm aus der Hagar den Ismael geschenkt, und er auf diesen seine Hoffnungen gesetzt hatte; da entsagte er diesen auf Gottes Geheiß wieder, indem er diesen Sohn entfernte [3]). Die größte Prüfung aber bestand Abrahams Glaube, da er bereit war, den Isaak, seine — menschlich gesprochen — einzige Hoffnung, zu opfern; überzeugt, daß dennoch Gott Sein Wort wahr machen werde. Zum Lohne solchen Glaubens wird in der feierlichsten Weise die Verheißung — besonders die des kommenden Heiles der Völker — erneuert und mit einem Eidschwure bekräftigt [4]). Bei einem solchen Glaubens-Akte und Inhalte [5]), der dem Abraham „zur Gerechtigkeit angerechnet ward," ist das Beweisverfahren des Apostels hinsichtlich des christlichen Glaubens ein stringentes.

Die Bedeutung von λογίζεσθαι ist, in Rechnung bringen [6]);

---

[1]) Vgl. Gen. 20, 7, wo Abraham „Prophet" heißt, und Joh. 8, 56.

[2]) Gen. 18, 18.

[3]) Das. 17, 17—20; 21, 11 f.

[4]) Das. 22, 16 ff.; Hebr. 6, 13 ff.

[5]) Hieraus ist ersichtlich, daß der Glaube Abrahams nicht die „fides fiducialis" der Protestanten ist.

[6]) Vgl. z. B. Luk. 22, 37; I. Kor. 13, 5; II. Tim. 4, 16.

wird das, wofür etwas angerechnet wird, beigesetzt, so wird es mit der Präposition εἰς verbunden [1]). Gott also, das ergiebt sich hieraus, nimmt den Glauben an und giebt dafür die Gerechtigkeit. Der Rechtfertigende ist Gott, der Glaube ist dasjenige, was jeder Mensch seinerseits als Bedingung zu leisten hat. Welche anderen vermittelnden Ursachen bei der Rechtfertigung noch mit in Frage kommen, das zu erörtern liegt hier ganz außerhalb des Zweckes dieser Beweisführung, in der es sich lediglich um den Gegensatz zwischen Gesetzeswerken und Glauben handelt.

v. 7.   Hieraus ergiebt sich eine Folgerung — ἄρα —, die zu beherzigen der Apostel die Galater dringend ermahnt. Noch sei vorausbemerkt, daß γινώσκετε (Vulg. cognoscite) wohl am besten als Imperativ gefaßt wird; daß es ferner leicht möglich ist, daß die folgende Belehrung über die wahre Kindschaft Abrahams den Galatern noch nicht vorgetragen worden war. Isaak ist wohl natürlicher — ἐκ σαρκός — Sohn Abrahams; allein um diesen Gesichtspunkt handelt es sich nicht, denn das ist auch Ismael. Isaak ist der Sohn der Verheißung, die Abraham geglaubt hatte. Weil ihm Gott ohne solchen Glauben diesen Sohn, bei dessen Empfängnis Er in gewisser Weise das schöpferisch wirkte [2]), was die Natur nicht mehr vermochte, nicht geschenkt hätte, darum ist er ἐκ πίστεως, und insofern könnten alle ferneren Nachkommen Abrahams Söhne „aus dem Glauben“ genannt werden. Aber der Apostel geht weiter; er faßt „Sohn Abrahams sein“ und „aus dem Glauben sein“ schlechthin als identisch, als sich vollkommen deckende Begriffe. Er stellt dar, daß das wesentliche und einzige Moment, welches seitens des Menschen die Kindschaft Abrahams vermittelt, der Glaube ist, und daß, wo immer die Selbstthätigkeit des Menschen im Glauben besteht, die menschliche Bedingung zur Erlangung dieser Kindschaft gesetzt ist [3]). Bei dieser Darlegung aber schaut

---

[1]) Vgl. z. B. Act. 19, 27; Röm. 9, 8.

[2]) Vgl. Röm. 4, 17—22.

[3]) Bei diesem präcisen Gesichtspunkte — hier nur von dem zu sprechen, was des Menschen Sache ist — ist durch die gegebene Deutung der paulinischen Worte weder ausgeschlossen, daß auch der anfängliche Glaube von der Gnade unterstützt wird, noch daß diese Kindschaft durch die Gnade

der Apostel auf die Behauptungen seiner judaisierenden Gegner, die im Gegensatze hierzu die natürliche Abstammung oder die Beschneidung als das Mittel, um Kinder Abrahams zu werden, ausgeben.

Später — v. 29 — giebt Paulus die Weise an, wie diese übernatürliche, geistige Kindschaft vermittelt wird: durch den Samen Abrahams, d. i. durch Jesus Christus.

In dem göttlichen Heilsplane aber wird eine hervorragende, gewissermaßen centrale Stellung dem Abraham zuerkannt. Wie Adam der Vater der gefallenen Menschenkinder, so erscheint Abraham als der Vater der Gläubigen, als deren Ideal und Vorbild er vor uns steht. Mit seinem Glauben und Gehorsam steht er in einem Gegensatze zu dem Unglauben und Ungehorsam des sündigenden ersten Menschen. Auf demselben Wege, auf dem der Mensch in der Sünde Gott verlassen, will der Herr denselben wieder zu Sich zurückführen. Darum bezeichnet der Glaube dieses Patriarchen den ersten Markstein auf dem Rückwege zu Gott; setzt mit diesem Glauben der Heilsweg ein, an dessen Ende Jesus Christus der Erlöser der Menschheit steht. In dem „Protoevangelium" an das erste Menschenpaar im Paradiese war diesem und in diesem dem ganzen Menschengeschlechte die Verheißung des Erlösers gegeben worden. Trotz des furchtbaren Strafgerichtes der Sündflut verfiel zum zweitenmale dasselbe allgemeiner Abgötterei, war der Glaube an den einen wahren Gott dem Erlöschen nahe. Da sonderte Gott den Abraham aus als einen besonderen Stammvater, und nach Prüfung seines Glaubens gab er ihm die Verheißung des Erlösers und, daß in ihm die Völker, die bis dahin Gott sich selbst überließ, gesegnet werden sollten.

In Abraham hatte Gott den Glauben gefunden, den Er _{v. 8.} nach Seinem ewigen Heilsratschlusse als die Bedingung seitens des Menschen verlangte: ἐκ πίστεως δικαιοῖ τὰ ἔϑνη ὁ ϑεός. Der Urheber der Rechtfertigung ist Gott und zwar aus Gnade. Indem der Apostel dieses hier ausspricht, tritt er zugleich denen entgegen, die in menschlicher Thätigkeit die Ur-

Christi oder durch den heil. Geist als der adäquaten Ursache bewirkt wird. Vgl. v. 8: δικαιοῖ ὁ ϑεός.

sache des Gerechtwerdens suchen. Mit diesem göttlichen Ratschlusse aber ist die Schrift bekannt, weil ja Gott Selbst auch ihr erster Urheber ist. Der, welcher in der Zukunft das Heil bewirkt, kündet es auch an — darum: προϊδοῦσα δὲ ἡ γραφή — und wählt auch, da sie die „frohe Botschaft", d. i. den kurzen Inhalt des Evangeliums an Abraham im voraus prophetisch mitteilt — προευηγγελίσατο τῷ Ἀβραάμ —, Worte, in denen dieser göttliche Ratschluß, mittels dieses neuen Stammvaters die Menschheit zu erlösen, ausgedrückt ist. Diese Worte, welche „die Schrift" so wiedergiebt, wie sie einst zu Abraham gesprochen worden sind, lauten: ἐνευλογηθήσονται ἐν σοὶ πάντα τὰ ἔθνη. Der Apostel verbindet hier Gen. 12, 3: καὶ ἐνευλογηθήσονται ἐν σοὶ πᾶσαι αἱ φυλαὶ τῆς γῆς mit Gen. 22, 18: καὶ ἐνευλογηθήσονται ἐν τῷ σπέρματί σου πάντα τὰ ἔθνη τῆς γῆς, woraus ersichtlich ist, daß er erstens an eine Vermittlung dieses Segens durch den Samen, der Christus ist, denkt, und daß er zweitens nicht bloß Israel, sondern die ganze Menschheit [1]) meint.

In welchem Zusammenhange steht nun dieser Satz mit dem Zwecke dieses Beweisverfahrens? Die Gegner Pauli behaupteten die Notwendigkeit der Gesetzeswerke, speciell der Beschneidung für die Heidenchristen und beriefen sich dabei besonders auf Abraham. Jedoch gerade die diesem Stammvater gegebene Verheißung zeigt, daß solches nicht erforderlich ist, weil „die Völker" nicht für sich als solche oder die einzelnen Individuen je für sich allein eine Verheißung des Segens haben, sondern weil sie daran in Abraham teilhaben. Der Nachdruck der auf dem ἐν und ἐνευλογ., wie diese Wiederholung es ersehen läßt, liegt, hebt das Hauptmoment in der Beweisführung hervor: Abraham und die Völker sind in gewissem Sinne eins (ἐν); was von jenem gilt, gilt darum auch von diesen und so ergiebt sich als

v. 9. Folgerung (ὥστε), daß die, welche glauben, gesegnet werden σὺν τῷ πιστῷ Ἀβραάμ. Der Wechsel der Präpositionen ἐν und σύν, der offenbar ein absichtlicher ist, zeigt, daß er in diesem Falle Abraham und die Gläubigen als die einzelnen begna-

---

[1]) Vgl. auch Gen. 18, 18.

deten Individuen im Auge hat, während er in jenem Falle an
die durch Christus herbeigeführte und in Ihm wurzelnde Einheit
derselben, was er im weiteren Verlaufe noch ausdrücklich ausspricht — vgl. 29: ὑμεῖς Χριστοῦ, ἄρα τοῦ Ἀβραὰμ σπέρμα ἐστέ
—, denkt.

So hat Gott in Seinem ewigen Ratschlusse im Glauben eine
Heilsbedingung seitens des Menschen gewählt, die ein jeder zu
setzen imstande ist, während die von den Gegnern Pauli gefor-
derten und consequent des weiteren noch zu fordernden Gesetzeswerke — vgl. v. 10 — vollständig zu erfüllen, den „Völkern",
ja auch den Juden selbst, eine Unmöglichkeit ist. Aber nicht
allein um der allgemeinen Erfüllbarkeit dieser Bedingung halber,
sondern auch um des Glaubens selbst willen hat ihn Gott zum
Ausgangspunkte der Rechtfertigung bestimmt. Der selbstbewußte und freie Mensch soll nicht ohne eine Bethätigung seinerseits und, da es sich um das höchste Ziel handelt, nicht ohne
eine Bethätigung seiner höchsten Vermögen zu seinem Heile
gelangen. Wiewohl die Gerechtigkeit ein Geschenk reinster
Gnade ist, so ist dadurch doch nicht ausgeschlossen, daß der
Mensch sich für den Empfang disponiert, indem er seinerseits das Höchste, was er hat, seine Erkenntnis, dem göttlichen Worte im Glauben unterordnet und gerade dadurch sie
über ihre natürliche Grenze hinausrückt und ein übernatürliches
Licht in sie hineinstrahlen läßt [1]).

Während sich also in der Natur des Glaubens ein Grund
für die göttliche Heilsordnung, denselben zum Ausgange für die
Gnade der Rechtfertigung zu wählen, erkennen läßt, ist das Gesetz dagegen so eingerichtet und angelegt, daß ihm unmöglich
eine solche Stellung zuerkannt werden kann. Indem der Apostel
diesen Gedanken ausführt, liefert er den Judaisten gegenüber einen indirecten Beweis für seine Lehre.

Der Apostel wendet sich der Widerlegung der von seinen v. 10.
Gegnern aufgestellten Behauptung zu, indem er von deren Standpunkt ausgeht und zeigt, daß jene, welche dem alttestamentlichen Gesetze sich untergeordnet haben und von da aus allein

---

[1]) Vgl. oben die Erklärung zu 2, 16. 20.

ihre Gerechtigkeit erwarten, die *ἐξ ἔργων νόμου* [1]) sind, unter dem
Fluche stehen — *ὑπὸ κατάραν εἰσίν* —. Das Gesetz ist um der
Sünde willen gegeben und es ist seine Aufgabe, das Bewußtsein der
auf dem Menschen lastenden Sündhaftigkeit zu wecken, indem es
mit seinen Geboten und Verboten an ihn herantritt, ohne ihm
aber die in Folge der Sünde fehlende Kraft zu geben [2]). Insofern schreibt der Apostel den Römern [3]): *ὁ νόμος ὀργὴν κατ-
εργάζεται*. Wer sich dem Gesetze unterordnet, speciell dem der
Beschneidung, anerkennt damit, daß er unter der Sünde steht,
und daß er also dem Fluche derselben unterworfen ist. Weil
der Heiland als unser Erlöser an unserstatt eintritt, die Sünde
für uns auf Sich genommen hat, darum hat er sich dem Gesetze
unterworfen, ließ sich beschneiden und taufen, um alles zu erfüllen [4]).

Paulus argumentiert nun weiter vom Standpunkte seiner
Gegner aus: es ist aber eine unverkennbare Thatsache, daß es
dem Menschen nicht möglich ist, alles, was das Gesetz vorschreibt — ohne daß die Gnade Christi unterstützt —, zu erfüllen. Die Folge ist, daß der auch auf die unvollständige Gesetzeserfüllung gestellte Fluch — Deuteron. 27, 26 [5]) — eintritt: *ἐπικατάρατος πᾶς ὃς οὐκ ἐμμένει πᾶσιν τοῖς γεγραμμένοις ἐν τῷ
βιβλίῳ τοῦ νόμου τοῦ ποιῆσαι αὐτά*. Da der Zweck des Gesetzes
ist, auf den Messias hinzuführen, so gehören vorab jene, die an
Diesen nicht glauben, zu denen, die das Gesetz nicht erfüllen.
Gewiß ist es wahr, daß das Gesetz auch für seine Erfüllung den
Segen verheißt [6]); aber die Voraussetzung der Erfüllung, wie

---

[1]) Zum Beweise für diese Erklärung des *οἱ ἐ. ἐ. ν.* vgl. Röm. 10, 3:
ἀγνοοῦντες γὰρ τὴν τοῦ θεοῦ δικαιοσύνην καὶ τὴν ἰδίαν ζητοῦντες στῆσαι.

[2]) Thom. Aqu.: in quantum ergo lex cognitionem peccati facit, et
non praebet auxilium contra peccatum, dicuntur esse sub maledicto, cum ne-
queant illud per ipsa opera evadere.

[3]) 4, 15.

[4]) Vgl. Matth. 3, 15.

[5]) Dieses Citat, welches Deuter. 27, 26: *ἐπικατάρατος πᾶς ἄνθρωπος, ὃς
οὐκ ἐμμένει ἐν πᾶσι τοῖς λόγοις τοῦ νόμου τούτου ποιῆσαι αὐτούς* lautet, ist wohl
mit einer Anspielung auch auf Deuter. 29, 27 — *κατὰ πάσας τὰς κατάρας τὰς
γεγραμμένας ἐν τῷ βιβλίῳ τοῦ νόμου τούτου* — gegeben.

[6]) Das. 28, 1.

wir sie in den Gerechten des alten Bundes sehen, ist die Zuwendung der durch Christus erworbenen Gnade anticipando, von der die Gegner Pauli aber gerade absehen. Somit bleibt des Apostels Beweis ein stringenter.

Dafür aber, daß „im Gesetze" das Heil nicht gewirkt wird, v. 11. weist der Apostel seine Gegner auf ein von diesen anerkanntes Schriftwort hin, womit er zugleich darthut, daß die Gerechten des alten Bundes in etwas anderem, in Christus nämlich gerechtfertigt worden sind. Der Weg hierzu war aber der aus dem Glauben. Sehr bezeichnend ist wieder der Wechsel der Präpositionen: $\dot{\epsilon}\nu$ $\nu\acute{o}\mu\dot{\omega}$ und $\dot{\epsilon}x$ $\pi\acute{\iota}\sigma\tau\epsilon\omega\varsigma$, woraus erhellt, daß der Glaube nicht der Grund der Rechfertigung ist. Auch das $\pi\alpha\varrho\grave{\alpha}$ $\tau\tilde{\omega}$ $\vartheta\epsilon\tilde{\omega}$ verdient Beachtung: daraus, daß etwa Menschen jemanden für gerecht erklären oder halten, folgt noch nicht, daß solches bei Gott auch der Fall sei.

In dem Sinne, in welchem der Apostel die folgende Stelle des Propheten Habakuk (2, 4) zum Beweise gebraucht, muß sie damals auch anerkanntermaßen verstanden worden sein, weil er ja nur so den Zweck seines Beweises erreichen konnte[1]). Es liegt aber hier nicht etwa eine bloße Anpassung der Schriftstelle, sondern eine vollberechtigte Bezugnahme auf dieselbe vor. Der Prophet schaut nämlich das hereinbrechende Gericht, zunächst das über die Chaldäer, dann aber auch das allgemeine, von dem jenes ein Typus ist. Wer das sichere Eintreten desselben nicht glaubt, geht zu Grunde; „. . . siehe, aufgeblasen und nicht recht ist seine (des Gottlosen) Seele: $\dot{o}$ $\delta\acute{\iota}x\alpha\iota o\varsigma$ $\dot{\epsilon}x$ $\pi\acute{\iota}\sigma\tau\epsilon\acute{\omega}\varsigma$ μou $\zeta\acute{\eta}\sigma\epsilon\tau\alpha\iota$ (LXX)[2])." Der Richter beim Weltgerichte ist Jesus Christus, weshalb der Glaube, den der Prophet voraussetzt, derselbe — wenigstens implicite — ist, wie der, den der Apostel meinte. Da es sich ferner in beiden Fällen darum handelt, daß der Glaube, nicht etwa das Gesetz als Bedingung des übernatürlichen Lebens genannt wird[3]), so beweist diese prophe-

---

[1]) Vgl. Röm. 1, 17; Hebr. 10, 38.

[2]) Daneben bei den LXX die Lesart $\dot{o}$ δ. μou $\dot{\epsilon}x$ π. $\zeta\acute{\eta}\sigma\epsilon\tau\alpha\iota$; der masor. Text: וְצַדִּיק בֶּאֱמוּנָתוֹ יִחְיֶה.

[3]) Es verschlägt darum in der Beweisführung nichts, ob $\dot{\epsilon}x$ $\pi\acute{\iota}\sigma\tau\epsilon\omega\varsigma$ mit $\delta\acute{\iota}x\alpha\iota o\varsigma$ oder mit $\zeta\acute{\eta}\sigma\epsilon\tau\alpha\iota$ zu verbinden ist; hätten des Apostels Gegner Recht,

tische Schriftstelle voll und ganz, daß die göttliche Offenbarung bereits im alten Bunde die Bedeutung des Glaubens dem Gesetze gegenüber bekundet hat.

v. 12. In einem Gegensatze — *δέ* — zu dem, was vom Glauben bei Habakuk zu lesen ist, steht die Natur des Gesetzes in dem Sinne, in dem es die Gegner Pauli verstehen, als die Gesamtheit der Gebote, die für sich und vom Glauben getrennt betrachtet werden, nicht aber als die göttliche Offenbarung des Gesetzes. Diese Anschauungen würden jenem Prophetenworte nicht entgegenstehen, wenn das Gesetz *ἐκ πίστεως* wäre, d. h. wenn es eine Einrichtung wäre, die im Glauben ihr Princip hat, die aus dem Glauben hervorgeht. Allein dieses ist nicht der Fall, denn beim Gesetze handelt es sich um ein Thun, um *ποιεῖν*, nicht um *πιστεύειν*. Um das zu betonen, weist der Apostel hier auf Leviticus 18, 5: *ὁ ποιήσας αὐτὰ* (scl. *προστάγματα* und *κρίματα* Gottes) *ζήσεται ἐν αὐτοῖς* hin, und es liegt zum Zwecke des Beweises der Nachdruck an dieser Stelle auf *ποιήσας*. Weil das Gesetz ein Vollbringen der Gebote, die es enthält, fordert, und weil der Mensch aus sich allein, ohne Christus, dieses nicht vermag, so ist die Folge — v. 10 —, daß ihn der im Gesetze enthaltene Fluch trifft.

Wenn nun aber der Apostel dieser Stelle aus Leviticus sich hier bedient, so kann nach dem unmittelbaren Zusammenhange *ζήσεται* nicht allgemein vom Leben und nicht vom natürlichen Leben verstanden [1]) werden, sondern muß wie bei Habakuk auf das übernatürliche Leben bezogen werden. Besagt dann aber dieses Citat nicht gerade, daß die Gesetzeserfüllung zum gleichen Ziel führe wie der Glaube?

Zunächst ist das *ποιήσας* — nicht heißt es *ποιῶν* — zu beachten: die Gesetzesgebote müssen vollbracht sein und dann erst *ζήσεται*, wobei also ein dazwischen stehendes *πιστεύειν* nicht

---

müßte es heißen: *δ. ἐξ ἔργων νόμου ζ.* Ob der Glaube als Ausgangspunkt der Gerechtigkeit, oder als erste Bedingung des (aus der Gerechtigkeit folgenden) Lebens genannt wird, bleibt sich für die Entwickelung Pauli gleich. Damit fällt der Vorwurf einer willkürlichen Deutung des Hab. zum Zwecke des Beweises.

[1]) So Hieronym., Corn. a Lap. u. a.

die Weise dieses Todes durch die Juden Seinem Heilsratschlusse, die Völker zu erretten, sie zum Samen Abrahams umzuschaffen, dienstbar machte. Die Darlegung dieses Zieles Gottes leitet Paulus mit ἵνα ein; es ist dieses aber: εἰς τὰ ἔθνη ἡ εὐλογία τοῦ Ἀβραὰμ γένηται ἐν Ἰησοῦ Χριστῷ.

Es spiegelt sich auch in diesem concreten Einzelzuge wieder, was im Leben Jesu überhaupt und in Seinem in der Kirche fortgesetzten Leben zur Entwicklung kommt. Die Verwerfung und Hinausstoßung des Herrn und des Evangeliums wird der Heidenwelt zum Heile. Die Ausdrucksweise, deren sich der Apostel bedient, weist uns wieder auf die dem Abraham gegebene Verheißung, daß die Völker gesegnet werden sollen, hin. Inwiefern das in Abraham geschieht, das sagt Paulus später — v. 29 —; hier fügt er bei, daß dieser verheißene Segen nicht bloß vermittelt wird (διά), sondern seinen Quell in Christus hat — ἐν Ἰησοῦ Χριστῷ. Dieser Schluß steht im Gegensatze zu der Behauptung der Gegner des Apostels, daß das Gesetz die Teilnahme am Segen Abrahams vermittle. Die Stellung des Gesetzes zu Jesus Christus zeigt vielmehr, daß dasselbe durchaus keine das Heil vermittelnde Aufgabe für „die Völker" haben kann.

Indem der Apostel nun zurückgreift auf die — v. 2 — aufgeworfene Frage, woher der Christ den heiligen Geist empfangen habe, zieht er nun auch aus der Weise des Opfertodes Christi den Schluß, daß wir — im Namen aller, der Heidenchristen, die am Segen Abrahams teil haben, und der Judenchristen, ist dieses gesprochen — nicht durch das Gesetz, sondern durch den Glauben der Vollendung des Heilswerkes im Empfangen des heiligen Geistes teilhaftig werden. Ἐπαγγελία τοῦ πνεύματος ist nicht die Botschaft, deren Urheber, sondern ist die Verheißung, deren Inhalt der heilige Geist ist.

Aufs neue nimmt der Apostel den Beweis auf, daß der dem Abraham verheißene Segen durch den Glauben, nicht durch Gesetzeswerke vermittelt wird. Die Anrede ἀδελφοί zeigt, wie der Apostel auch bei einem scharfen Tadel der Liebe nicht vergißt. v. 15.

Die Entwicklung, die er beginnen will, nennt er: κατὰ ἄνθρωπον: sie ist von menschlichen Verhältnissen entlehnt. Diese mögen immerhin veränderliche, schwankende sein; handelt es

darum auch der Fluch der Sünde schlechthin aus, und wird derselbe
darum aber auch in Ihm, dem Schuldlosen und dem Sohne
Gottes, voll und ganz überwunden.

Weil Christus an unser statt eintritt und sich unsertwillen
dem Gesetze unterworfen hat [1]), so ist die Folge, daß an Ihm
die Bestimmung desselben zur Geltung kommt: ἐπικατάρατος
πᾶς ὁ κρεμάμενος ἐπὶ ξύλου [2]). Es wurden — das ist aus
dieser Stelle des Deuteronomium ersichtlich — die Leichname der
durch Schwert oder Steinigung aus dem Volke Israel Ausgerot-
teten zum Ausdrucke dessen außerhalb des Lagers oder der
Stadt an einem Pfahle aufgehängt, „weil", so giebt das Gesetz
den Grund an, „verflucht ist von Gott jeder, der aufgehängt wird am Holze, und ihr (Israeliten) das Land nicht
verunreinigen sollt, welches der Herr, dein Gott, dir zum Erbe giebt."

Diese Strafe „ans Holz" zu kommen, hätte uns treffen sollen; Jesus ist für uns eingetreten, und so ist denn auch die
Weise des Opfertodes Jesu durch die Kreuzigung im alten Testamente vorbereitet. „Die Form des Todes Christi
hat den speciellen Zweck der genugthuenden Aufhebung der
Form des Gesetzes gehabt" [3]). Weil das Kreuz bei den Heiden
das Zeichen der tiefsten Schmach, bei den Juden aber das des göttlichen Fluches und der Austilgung aus Israel ist; darum war Christi
Kreuz jenen eine Thorheit und diesen ein Ärgernis. Wir aber
erkennen darin die tiefste Erniedrigung, die Jesus auf sich genommen, und ermessen darnach die Grösse der Sünde und die
ganze Furchtbarkeit des Fluches, den sie über die ganze Schöpfung herabgezogen hat [4]).

v. 14. 　　Da der Heiland dieses Todes sterben wollte, ließ er sich
dementsprechend als ein aus Israel Ausgestoßener zur Stadt
hinausführen; ein Umstand, der auch erkennen läßt, wie Gott

---

[1]) Vgl. die Erklärung zu v. 10.

[2]) Deut. 21, 23, LXX: ὅτι κεκατηραμένος ὑπὸ θεοῦ πᾶς κρεμάμενος ἐπὶ
ξύλου.

[3]) Ephes. 2, 14. 15. Windischmann z. d. St.

[4]) Justinus, dial. c. Tryph. 32. 90—99. 111; Hieronym. i. h. l. befassen sich mit der Verteidigung dieser Form des Todes Jesu. Aus Aug. i.
h. l. ist zu ersehen, daß dieselbe gern zu Einwendungen gebraucht wird, weshalb ängstliche Christen Deut. 21, 23 auf Judas bezogen.

die Weise dieses Todes durch die Juden Seinem Heilsratschlusse, die Völker zu erretten, sie zum Samen Abrahams umzuschaffen, dienstbar machte. Die Darlegung dieses Zieles Gottes leitet Paulus mit ἵνα ein; es ist dieses aber: εἰς τὰ ἔϑνη ἡ εὐλογία τοῦ Ἀβραὰμ γένηται ἐν Ἰησοῦ Χριστῷ.

Es spiegelt sich auch in diesem concreten Einzelzuge wieder, was im Leben Jesu überhaupt und in Seinem in der Kirche fortgesetzten Leben zur Entwicklung kommt. Die Verwerfung und Hinausstoßung des Herrn und des Evangeliums wird der Heidenwelt zum Heile. Die Ausdrucksweise, deren sich der Apostel bedient, weist uns wieder auf die dem Abraham gegebene Verheißung, daß die Völker gesegnet werden sollen, hin. Inwiefern das in Abraham geschieht, das sagt Paulus später — v. 29 —; hier fügt er bei, daß dieser verheißene Segen nicht bloß vermittelt wird (διά), sondern seinen Quell in Christus hat — ἐν Ἰησοῦ Χριστῷ. Dieser Schluß steht im Gegensatze zu der Behauptung der Gegner des Apostels, daß das Gesetz die Teilnahme am Segen Abrahams vermittle. Die Stellung des Gesetzes zu Jesus Christus zeigt vielmehr, daß dasselbe durchaus keine das Heil vermittelnde Aufgabe für „die Völker" haben kann.

Indem der Apostel nun zurückgreift auf die — v. 2 — aufgeworfene Frage, woher der Christ den heiligen Geist empfangen habe, zieht er nun auch aus der Weise des Opfertodes Christi den Schluß, daß wir — im Namen aller, der Heidenchristen, die am Segen Abrahams teil haben, und der Judenchristen, ist dieses gesprochen — nicht durch das Gesetz, sondern durch den Glauben der Vollendung des Heilswerkes im Empfangen des heiligen Geistes teilhaftig werden. Ἐπαγγελία τοῦ πνεύματος ist nicht die Botschaft, deren Urheber, sondern ist die Verheißung, deren Inhalt der heilige Geist ist.

Aufs neue nimmt der Apostel den Beweis auf, daß der dem v. 15. Abraham verheißene Segen durch den Glauben, nicht durch Gesetzeswerke vermittelt wird. Die Anrede ἀδελφοί zeigt, wie der Apostel auch bei einem scharfen Tadel der Liebe nicht vergißt.

· Die Entwicklung, die er beginnen will, nennt er: κατὰ ἄνϑρωπον: sie ist von menschlichen Verhältnissen entlehnt. Diese mögen immerhin veränderliche, schwankende sein; handelt es sich jedoch — ὅμως [1] — um ein Bündnis — διαθήκην [2] —, das rechtskräftig — κεκυρωμένην [3] — geworden ist, so gilt dasselbe, und niemand setzt es beiseite — ἀθετεῖ —, oder fügt etwas hinzu. Von hieraus beabsichtigt der Apostel einen Schluß auf den von Gott geschlossenen Bund. Wenn immerhin zwischen diesen und jenen Verhältnissen eine wie immer große Verschiedenheit besteht, der beabsichtigte Beweis — a minori ad maximum — ist dennoch zwingend, denn er ruht gerade auf einer Gleichheit der Basis. In den menschlichen wahren Rechtsverhältnissen spiegelt sich die göttliche Wahrhaftigkeit und Treue wieder. Was vom Abbilde gilt, gilt umsomehr von dem Urbilde.

v. 16. Um die Gattung der διαθήκη, als deren Inhalt die Verheißung — αἱ ἐπαγγελίαι [4] — angegeben wird, handelt es sich. Die nächste Frage ist also: welche ἐπαγγελίαι sind gemeint? Die Verheißungen sind dem Abraham mehrfach gemacht worden,

---

[1] In solcher Gedankenreihe behält ὅμως seine eigentliche Bedeutung „gleichwohl", tamen.

[2] Mit διαθήκη geben LXX בְּרִית = Bündnis wieder, spec. jenes, das Gott mit Abraham und seinem Volke geschlossen hat. Manche Erklärer — vgl. bes. Windischmann — nehmen διαθήκη im Sinne von „Testament". Für die Darstellung des Bestandes menschlicher Verfügungen ist gewiß der „heilig geachtete letzte Wille" das beste Beispiel. Es kann auch nicht verkannt werden, daß die διαθήκη Gottes an Abraham, wie dieses bei einem Testamente der Fall, auf die Zukunft zielt, und daß es sich hier wie da um ein Erbe — κληρονομία — handelt. Endlich kann dem nicht widersprochen werden, daß Christus „doppelt betrachtet werden kann, einmal als der, welchem als Haupt und Inbegriff der ganzen erlösten Menschheit die Verheißung gemacht wird, als das σπέρμα ᾧ ἐπήγγελται; dann als der, welcher, da er Gott ist, mitverheißt und als Gottmensch den Tod des Kreuzes stirbt, von dem die Wirksamkeit des Testamentes Gottes für die Vorzeit wie für die Zukunft abhängt. Christus ist also Testator und Erbe, Verheißer und Vermittler der Verheißung." Jedoch der Zusammenhang fordert solche Fassung des διαθήκη nicht, weil es hier außerhalb desselben liegt, daß der Tod des Erblassers die Bedingung des Eintrittes der κληρονομία ist, weil die Wahl dieses Wortes „Erbe" in der Geschichte der Verleihung des gelobten Landes an die Nachkommen ihre Erklärung findet, und weil der „Glaube" als eine Gegenleistung des Menschen dabei eingeschlossen ist.

[3] κυροῦν — nur noch im N. T. II. Kor. 2, 8 — bedeutet „rechtskräftig machen".

[4] Vgl. Ephes. 2, 12.

doch hier zeigt das αἱ, daß bestimmte Versprechungen gemeint
sind. Da das καί, wie sofort ersichtlich, mit zum Citate gehört,
so weist dieses auf Gen. 13, 15 und 17, 7 hin [1]). An letzterer
Stelle heißt es: „und meinen Bund will ich aufrichten —
וַהֲקִמֹתִי אֶת־בְּרִיתִי, καὶ στήσω τὴν διαθήκην μου — und ich will
dir und deinem Samen das Land deiner Wanderschaft geben,
das ganze Land Chanaan zum ewigen Besitze" [2]). Dieses Land
aber ist der Typus des kommenden Reiches Gottes und des
einstigen ewigen Erbes [3]), wie dieses aus dem Worte zum „ewigen" Besitze zu erkennen ist.

Dieses einstige „Erbe" ist dem Abraham und — mit besonderer Hervorhebung des Singulars — seinem Samen ver-
heißen worden: jenem nicht ohne diesen; Abraham selbst
wird erst Erbe in der Vereinigung mit seinem Samen. Bei
dem Nachdrucke, den der Apostel zum Zwecke seiner Beweisführung auf: οὐ λέγει: καὶ τοῖς σπέρμασιν, ὡς ἐπὶ πολλῶν ἀλλ'
ὡς ἐφ' ἑνός: καὶ τῷ σπέρματί σου — legt, kann nicht angenommen werden, daß die von ihm gegebene Erklärung der sicheren
sachlichen Grundlage entbehre und „nur der rabbinischen Kunst
gelingen konnte, welche dem Apostel unbeschadet des heiligen
Geistes, den er hatte und der Offenbarungen, deren er gewürdigt worden, aus seiner Jugendbildung her als Bestandtheil seiner
volksthümlich geschulten Eigenthümlichkeit geblieben war" [4]). Es
bedient sich der Apostel — wir haben hier ein Beispiel, in dem
auch die Wahl eines bestimmten Begriffes bezw. des sprachlichen
Ausdruckes dafür in den Rahmen der Inspiration fällt — des
Collectivbegriffes זֶרַע, σπέρμα, welcher eine Vielheit in einer Einheit bezeichnet und gerade als solcher und unter diesem Gesichtspunkte im alten Testamente in der Regel gebraucht

---

[1]) Diese Beziehung findet sich schon bei Irenäus, haer. V, 32. 2;
Origines, com. in Rom. IV, 4.

[2]) Daß insbesondere Gen. 22, 18 nicht gemeint ist — wo es heißt: καὶ
ἐνευλογηθήσονται ἐν τῷ σπέρματί σου πάντα τὰ ἔθνη τῆς γῆς —, beweist außer den
sonstigen Verschiedenheiten besonders das ἐν τ. σπ.

[3]) Vgl. Hebr. 4, 3.

[4]) So neuestens wieder Sieffert, Galaterbrief in Meyer's krit.-evang.
Handbuch z. d. St.

zu werden pflegt. Daneben besteht aber, daß zur Hervorhebung
der Mehrheit der einzelnen Personen der Nachkommenschaft der Plural σπέρματα gebraucht wird[1]). Der Apostel ist
also wohlberechtigt, Plural und Singular einander gegenüber zu
stellen, und wir müssen daraus erkennen, daß nicht die einzelnen Nachkommen Abrahams als solche oder als einzelne Individuen die Träger der Verheißung sind, sondern nur insofern, als sie gerade eine Einheit ausmachen,
ein τὸ σπέρμα sind. Solcher Gebrauch des Wortes זֶרַע ist
durch keine geringere Verheißung als durch das Protoevangelium
im Paradiese grundgelegt, welches dieses Wort von der Vielheit
in der Einheit, wie von dieser allein gebraucht[2]). Diesen Samen
bestimmt der Apostel ὅς ἐστιν Χριστός: „Christus ist die
Person Christi, aber nicht bloß diese, sondern auch
der mystische Christus; ist Jesus Christus, der Sein Reich
oder Seine Kirche ist, insofern diese in Ihm lebt[3]). Nur insofern also ist dem Samen Abrahams die Verheißung gegeben, als
er eins mit dem Samen, Jesus Christus, ist; nicht insofern, als
die Kinder Abrahams dieses durch fleischliche Abstammung oder
auch etwa durch Aufnahme in das Volk Israel geworden sind;
diesen ist der Segen nicht versprochen. Hiermit werden
alle Prätensionen der judaistischen Gegner Pauli in einer Weise
widerlegt, der sie vom eigenen Standpunkte aus nicht widersprechen können[4]).

vv. 17. 18.   Nachdem v. 16 asyndetisch eingefügt, nimmt der Apostel
die v. 15 begonnene Schlußfolgerung wieder auf: τοῦτο δὲ λέγω.
Der Obersatz hatte gelautet: rechtskräftig gewordene Bündnisse
bleiben in Geltung; es folgt der Untersatz: ein solches Bündnis
hat aber Gott mit Abraham geschlossen — διαθήκην προκε-
κυρωμένην ὑπὸ τοῦ θεοῦ —; also besteht es in Kraft und wird

---

[1]) Vgl. Flav. Jos. antt. VIII, 7. 6: παῖς ἐκ βασιλικῶν σπερμάτων; IV. Makk.
18, 1: τῶν ἀβραμιαίων σπερμάτων ἀπόγονοι.

[2]) Gen. 3, 15; vgl. hierzu die Entwickelung in meiner Schrift, die Gottesmutter in der hl. Schrift. S. 107 ff.

[3]) Vgl. oben zu 2, 20 Irenäus, haer. V, 32, 2. August. ad Gal. 3, 29.

[4]) Die jüdische Auslegung der Gen. bezog σπέρμα auch bereits auf den
Messias. Vgl. Schöttgen, horae.

nicht durch ein später gegebenes Gesetz entkräftet — ὁ μετὰ
τ. κ. τ. ε. γεγονὼς νόμος οὐκ ἀκυροῖ —, so daß sein Inhalt, die
Verheißung, hinfällig würde — εἰς τὸ καταργῆσαι τὴν ἐπαγγελίαν —,
nämlich die Verheißung, das Reich Gottes zu erben — κληρονομία —. Gesetz und diese früher gegebene Verheißung verhalten
sich so zu einander, daß, falls das Erbe den Grund — wie die
Gegner behaupten — im Gesetze haben sollte, es unmöglich
auf der Verheißung beruhen könnte. Das aber würde der göttlichen Offenbarung widersprechen, denn: τῷ δὲ Ἀβραὰμ δι'
ἐπαγγελίας κεχάρισται ὁ θεός; das würde der Thatsache wider-
streiten, daß Gott, der sich dem Abraham gnädig erwiesen hat [1]),
dieses durch die Verheißung des Messias gethan hat. Die
weitere vom Apostel nicht mehr vorgenommene Anwendung ist
leicht gemacht: was hatte Abraham dem gegenüber zu thun?
zu glauben! ist die Antwort.

Es erübrigt nur noch die Erörterung der vorliegenden
chronologischen „Schwierigkeit“. Paulus giebt hier die Zeit seit
der Bundesschließung Gottes mit Abraham bis zur Gesetzgebung
auf Sinai mit 430 Jahren an. Es würde mit der Tendenz des
Apostels in Einklang stehen, wenn wir die erste Verheißung bereits als terminus a quo ansehen, da Abraham 75 Jahre alt
war [2]). Es ist sofort ersichtlich, daß die Folgerung des Apostels
oder der wesentliche Gedanke desselben durch die Anzahl der
Jahre nicht bestimmt wird, und daß also die Zahlangabe hier
außerhalb des Rahmens der Inspiration liegt. Darum kann an
diese Stelle die Forderung einer absolut richtigen chronologischen
Bestimmung nicht gestellt werden, und müssen wir geradezu
erwarten, daß die damals, als Paulus schrieb, für richtig an-
genommene Zeitangabe aufgenommen worden ist. Darüber aber geben uns vorab die LXX Aufschluß. Bei diesen lesen
wir Exodus 12, 40: ἡ δὲ κατοίκησις τῶν υἱῶν Ἰσραήλ, ἣν κατῴ-
κησαν ἐν γῇ Αἰγύπτῳ καὶ ἐν γῇ Χαναὰν ἔτη τετρακόσια τριά-
κοντα. Hiermit stimmen die samaritanische Übersetzung, das

---

[1]) Zu κεχάρισται, das in Verbindung mit τινί τι vorkommt (vgl. Luk. 7,
21; Röm. 8, 32; Phil. 2, 9) wird hier mit Rücksicht auf die beabsichtigte
Schlußfolgerung am besten κληρονομία ergänzt.

[2]) Gen. 13, 15, vgl. 12, 4: die Altersangabe; Gen. 17, 8 versetzt uns in
das 99. Lebensjahr des Patriarchen, vgl. das. 17, 1.

Targum des Jonathan und die Berechnung des Flavius Josephus [1]) überein. Dem steht nun allerdings unser gegenwärtiger
hebräischer Text gegenüber, der den Aufenthalt in Ägypten
allein schon auf 430 Jahre angiebt [2]). Übrigens spricht gegen
diesen und empfiehlt dagegen jenen Text folgende Berechnung:
Bis zur Geburt des Isaak vergingen seit dem Einzuge in Chanaan
25 Jahre, bis zur Geburt Jakobs 60 Jahre, und dieser Patriarch
war bei seinem Einzuge in Ägypten 130 Jahre alt; somit blieben
von da bis zum Auszuge aus Ägypten: 430 — (25 + 60 + 130)
= 215 Jahre. Mit diesem Ansatze ließen sich auch folgende
Angaben noch vereinigen: Levi war beim Einzuge in Ägypten
ca. 43 Jahre alt und erreichte deren 137; Moses, sein Enkel,
aber war beim Auszuge 80 Jahre alt, die Mutter desselben Ja-
kobed, die Frau des Amram, eines Enkels des Levi, wird eine
leibliche Tochter des Levi genannt; für so wenige Generatio-
nen aber ist ein Zeitraum von 430 Jahren unmöglich, da selbst
bei 215 Jahren die Annahme nötig wird, daß Levi diese Tochter erst in seinem höchsten Alter — etwa im 134. Lebensjahre
— gezeugt, und diese erst an der Grenze der natürlichen Möglichkeit den Moses geboren habe (80 + 45 + (133 — 43) =
215) [3]). In seiner Rede in Antiochien in Pisidien giebt Paulus
die Zeit von der Landesverteilung bis auf Samuel auch nach
der seinerzeit angenommenen Berechnung an [4]).

III, 19 — IV, 7: Über die Stellung des Gesetzes und des Glaubens in der Heilsgeschichte und über die Kindschaft Gottes.

III, 19: Warum also das Gesetz? Der Übertretungen hal-

---

[1]) Antt. II. 15, 2.

[2]) „Die Wohnung der Söhne Israels, welche sie in Ägypten wohnten,
ist 430 Jahre". Vgl. Gen. 15, 13; Act. 7, 6, wo die Zeit der Knechtschaft im
fremden Lande auf 400 Jahre angegeben wird, allein Gen. 15, 16: „im vier-
ten Geschlechte sollen sie wieder hierher kommen," läßt erkennen, daß es
sich bei dieser Angabe - falls keine alte Textcorruption vorliegt — um keine
chronologische, sondern um eine cyklisch-symbolische handelt.

[3]) Vgl. Ex. 6, 16—20; Num. 26, 59. Petavius, doctrina temp. IX. c. 20.

[4]) Vgl. meine „biblische Chronologie vom Auszuge aus Ägypten bis
zum Beginn des babylonischen Exils". Münster 1879, S. 65 f.

ber ward es hinzugefügt [1]*), bis daß* [2]*) der Same kommt, dem die Verheißung ward, angeordnet durch Engel in der Hand eines Mittlers. 20. Der Mittler aber ist nicht eines Einzigen, Gott aber ist Einer. 21. Ist nun das Gesetz wider die Verheißungen [Gottes]?* [3]*) Das sei ferne! Denn wenn ein Gesetz gegeben wäre, das lebendig zu machen vermöchte, so wäre wirklich in [aus] dem Gesetze* [4]*) die Gerechtigkeit. 22. Aber die Schrift hat alles unter die Sünde beschlossen, damit die Verheißung aus dem Glauben Jesu Christi gegeben werde denen, die glauben.*

23. Ehe aber der Glaube kam, wurden wir unter dem Gesetze verwahrt, verschlossen [5]*) für die Offenbarung des kommenden Glaubens. 24. So ist das Gesetz unser Erzieher geworden auf Christus hin, damit wir aus dem Glauben gerechtfertigt würden. 25. Nachdem aber der Glaube gekommen, stehen wir nicht mehr unter einem Erzieher.*

26. Denn alle seid ihr Kinder Gottes durch den Glauben in Christus Jesus; 27. denn die ihr immer auf Christus getauft seid, habt Christum angezogen. 28. Nicht giebt es darin Jude noch Heide, nicht giebt es darin Sklave noch Freier, nicht giebt es darin Mann noch Weib; denn ihr alle [6]*) seid eins in Christus Jesus* [7]*).*

---

[1]) אABCDᶜ etc. lesen προσετέθη (Ti., WH.), was in D*FG It. u. Vulg. in ἐτέθη verändert ist.

[2]) B. 17, 71. Clem., Euseb. lesen ἄχρις ἄν [WH.]; Ti. Zimmer lesen ἄχρις οὗ.

[3]) Das τοῦ θεοῦ fehlt B d e Vict. Ambros. [WH.]; אACD etc. bezeugen es (Ti.).

[4]) D* liest: ἐκ νόμου ἦν, AC lesen: ἐν νόμῳ ἄν ἦν, B liest: ἐν νόμῳ ἄν ἦν [WH.], א liest: ἐκ νόμου ἦν ἄν (Ti., Zimmer), die Rec. mit Dᵇ·ᶜEKLP liest: ἄν ἐκ νόμου ἦν. In Frage können unter diesen Varianten nur die in א und B kommen. Weil die Stellung des ἄν in א nach ἦν die ganz ungewöhnliche ist, so hat sie die Präsumption der Echtheit allerdings für sich, denn als Änderung ist sie deshalb schwer begreiflich (vgl. Zimmer). Es bleiben die Lesarten ἐν und ἐκ noch; der sachlichen Erklärung dient die erstere als die bezeichnendere mehr.

[5]) Die Rec. — mit CDᶜ — liest συγκεκλεισμένοι, während אABD* συνκλειόμενοι (Ti. WH.) lesen.

[6]) Es lesen B*CDFG: πάντες (Rec. WH.); אAB² dagegen: ἅπαντες (Ti. Zimmer).

[7]) Die Lesart ὑμεῖς εἰς ἐστὲ ἐν Χριστῷ Ἰησοῦ haben אᶜBCDKLP (Ti.WH.); א*A lesen: ἐστὲ Χριστοῦ Ἰησοῦ (א* hat zwar ἐν, aber mit dem Zeichen für die Unrichtigkeit).

29. Wenn ihr aber Christi seid, dann seid ihr auch Samen Abrahams, Erben der Verheißung gemäß[1].

IV, 1. Ich sage euch aber, so lange der Erbe unmündig ist, unterscheidet er sich nicht vom Sklaven, obschon er der Herr von allen ist; 2. sondern er steht unter Vormündern und Verwaltern bis zu der vom Vater bestimmten Zeit. 3. So auch wir: so lange wir Unmündige waren, waren wir unter den Principien der Welt dienend[2]. 4. Als aber die Fülle der Zeit gekommen war, sandte Gott Seinen Sohn, geboren aus dem Weibe, geboren unter dem Gesetze, 5. auf daß er die, welche unter dem Gesetze stehen, erkaufe, damit wir die Kindschaft erhalten.

6. Weil ihr aber Kinder seid, sandte Gott den Geist Seines Sohnes in unsere[3] Herzen, der ruft: Abba, Vater. 7. So bist du nicht mehr Sklave, sondern[4] Sohn, wenn aber Sohn, so auch Erbe durch Gott[5].

III, 19.   Die Wahrheit, daß die Verheißung das Erbe vermittelt, legt die Frage nahe: was hat dann das Gesetz, worauf doch Gott so großes Gewicht gelegt hat, für eine Bedeutung?

Die Antwort darauf ist: τῶν παραβάσεων χάριν προσετέϑη: der Übertretung willen ist es als positives Gesetz zu dem Naturgesetze[6] hinzugegeben worden. Dem allgemeineren Begriffe ἁμαρτία gegenüber ist παράβασις der bestimmtere: „Übertretung" des göttlichen, im Gesetze ausgesprochenen Willens; „denn

---

[1] Dem καί vor κατά der Rec. stehen אABCD entgegen.

[2] Die seltener gebrauchte Form ἤμεϑα vor δεδουλωμένοι ist jedenfalls die ursprüngliche gegenüber der anderen beliebteren ἤμεν. Jene, die Ti., WH., Zimmer lesen, wird durch אD*FG, diese durch ABCDᵇᶜE etc. bezeugt.

[3] אABCD*F etc. bezeugen das ἡμῶν dem ὑμῶν der Rec. gegenüber, das in DᶜE etc. sich findet und sich leicht als Änderung mit Rücksicht auf das ἐστέ erklärt.

[4] Die Lesart ἀλλά — gegenüber der Rec. ἀλλ' mit DᶜE — ist durch אABCD* erwiesen.

[5] Es lesen א*ABC* Vulg., Clem., Bas., Cyr., Vict. und andere Väter: κληρονόμος διὰ ϑεοῦ, so deshalb mit Recht Ti. WH.; die Rec. dagegen mit אᶜCᵉDKLP: ϑεοῦ διὰ Χριστοῦ.

[6] Vgl. Röm. 2, 14, 15. Estius und nach ihm Reithmayr beziehen das προσετ. auf das Hinzukommen des Gesetzes zur gegebenen Verheißung. Igitur manente promissione lex adjuncta est et subinducta. Allein die Verheißung hat mit τῶν παραβ. χ. nichts zu thun, und doch steht auch hiermit das προσετ. in Zusammenhang.

wo kein Gesetz, da giebt es auch keine Übertretung"[1]). Es
wird aber kein Unterschied gemacht zwischen Übertretungen des
Naturgesetzes und des hinzugegebenen positiven Gesetzes, wes-
halb der Artikel $\tau\tilde{\omega}\nu\ \pi\alpha\rho\alpha\beta\acute{\alpha}\sigma\iota\omega\nu$ uns den Gesamtumfang aller
Übertretungen bezeichnet. Wenn wir nun nach dem Sinne des
$\chi\acute{\alpha}\rho\iota\nu$ fragen, so werden wir dabei allgemein an alle $\pi\alpha\rho\alpha\beta\acute{\alpha}\sigma\epsilon\iota\varsigma$
zu denken haben, und wir erhalten an der Hand des Apostels
selbst folgende Ausführungen: die Übertretungen geschehen, aber
sie werden nicht als solche erkannt, wenn nicht das positive
Gesetz eintritt und verbietet. Doch damit ist's noch nicht genug.
Die im Menschen wohnende Begierlichkeit, die Folge der Erbsünde, reizt den Menschen zum Bösen. Es tritt aber das positive Gesetz mit seinen Formen und Geboten derselben entgegen
und wird, indem der Mensch dennoch jener folgt, zu einem Anlaß für neue Übertretungen[2]). Der Sündigende ist der freie
Mensch, Gott als Gesetzgeber verhält sich zulassend, und es mag
an uns die Frage herantreten, was Gott mit dieser Zulassung
bezweckte, oder welches größere Gut — verglichen mit der
Größe der Sünde — Gott aus dem erneuten Sündenfalle ableiten
wollte. In paulinischen Worten lautet die Antwort: $\nu\acute{o}\mu o\varsigma\ \pi\alpha\rho$-
$\epsilon\iota\sigma\tilde{\eta}\lambda\vartheta\epsilon\nu\ \acute{\iota}\nu\alpha\ \pi\lambda\epsilon o\nu\acute{\alpha}\sigma\eta\ \tau\grave{o}\ \pi\alpha\rho\acute{\alpha}\pi\tau\omega\mu\alpha\cdot\ o\grave{v}\ \delta\grave{\epsilon}\ \acute{\epsilon}\pi\lambda\epsilon\acute{o}\nu\alpha\sigma\epsilon\nu\ \acute{\eta}$
$\acute{\alpha}\mu\alpha\rho\tau\acute{\iota}\alpha,\ \acute{v}\pi\epsilon\rho\epsilon\pi\epsilon\rho\acute{\iota}\sigma\sigma\epsilon\upsilon\sigma\epsilon\nu\ \acute{\eta}\ \chi\acute{\alpha}\rho\iota\varsigma$[3]): Gott ließ die Häu-
fung der Sünde zu, um alsdann den unendlichen Reichtum Sei-
ner Gnade desto herrlicher zu offenbaren. Der Ausdruck $\tau\tilde{\omega}\nu$
$\pi\alpha\rho\alpha\beta\acute{\alpha}\sigma\epsilon\omega\nu\ \chi\acute{\alpha}\rho\iota\nu$ ist allgemein genug gehalten, um die beiden Auslegungen, Weckung des Schuldbewußtseins[4]) wie Mehrung
der Übertretungen und auch dadurch wieder Steigerung des
Schuldbewußtseins, neben einander bestehen zu lassen[5]). Die

---

[1]) Röm. 4, 15.

[2]) vgl. das. 7, 7 ff.

[3]) Das. 5, 20 f.

[4]) So Irenäus, adv. haer. III. 18. 7. Augustinus: Superbienti ergo
populo lex posita est, ut quoniam gratiam caritatis nisi humiliatus accipere
non posset, et sine hac gratia nullo modo praecepta legis impleret, transgres-
sione humiliaretur, ut quaereret gratiam, nec se suis meritis salvum fieri,
quod superbum est, opinaretur, ut esset in sua potestate et viribus justus, sed
in manu mediatoris justificantis impium. Severinus (Cat. i. h. l.), Catharinus, Justiniani, Estius, Windischm., Bisp.

[5]) So Thomas i. h. l.: Et ideo data est lex, quae cognitionem pec-

Verbindung dieser beiden Auslegungen — wie sie auch der h. Thomas [1]) vornimmt — ist aber nicht unexegetisch; denn dieselben schließen sich nicht gegenseitig aus, sondern sind zwei Ausführungen, die recht wohl beide mit παραβάσεων χάριν beabsichtigt sein können. Die Bedeutung des χάριν [2]) läßt die eine wie die andere zu; daß aber ἐπίγνωσις nicht ausdrücklich hinzugefügt ist [3]), hat eben seinen Grund darin, daß hierbei die paulinischen Gedanken beim Niederschreiben nicht stehen geblieben sind. Dem Zusammenhange aber entsprechen sie beide [4]). Dieser verlangt, daß die Bedeutung des Gesetzes dargelegt werden soll, welche in einer erziehenden, auf den Messias vorbereitenden Thätigkeit [5]) besteht und aufhört, wenn dieser Zweck erreicht ist. Das ist mit der Ankunft Christi der Fall. Daraus

---

cati faceret: per legem enim cognitio peccati, Rom. III, 20, quae tamen auxilium gratiae non dabat ad vitandum peccata . . . . . Et haec etiam causa potest ex his verbis accipi, ut dicatur quod lex posita est propter transgressiones adimplendas, quasi illo modo loquendi quo apostolus dicit Rom. V, 20: Lex subintravit, ut abundaret delictum, quod non est intelligendum causaliter sed consecutive, quia lege subintrante abundavit delictum, et transgressiones sunt multiplicatae, dum concupiscentia nondum per gratiam sanata, in id quod prohibebatur, magis exarsit et factum est peccatum gravius addita praevaricatione legis scriptae.

[1]) Vgl. auch Reithmayr.

[2]) Es wird χάριν im Sinne von „zu Gunsten“ — die ursprüngliche Bedeutung — aber auch von „wegen“ genommen; vgl. Ephes. 3, 1; Tit. 1, 5; Luk. 7, 47.

[3]) Dieser Umstand soll nämlich die erstere Auffassung unmöglich machen. (So Sieffert.)

[4]) Dem Zusammenhange wird nicht gedient durch die von Chrys., Hieronym., Oekum., Theophyl., Erasm., Grot., Rosenm., Rückert u. a. vorgetragene Meinung, ad coercendas transgressiones sei das Gesetz gegeben worden. Gegen die Richtigkeit dieses Gedankens — vgl. nur die zu ἁμαρτωλοί, c. 2, 15 gegebene Erklärung — ist nichts zu sagen; doch schließt der Zusammenhang es aus, hier daran zu denken. Dasselbe gilt auch bei der Fassung, in der Thomas diesen Grund beifügt: tertio data est lex ad domandam concupiscentiam populi (scl. Israel) lascivientis.

[5]) Thomas l. c. führt diesen Zweck aus: ut sic homo sub lege constitutus et vires suas experiretur et infirmitatem suam cognosceret inveniens se sine gratia peccatum vitare non posse, et sic avidius quaereret gratiam . . . . . Et hoc (nämlich Mehrung der Übertretungen) Deus permittebat, ut homines imperfectionem suam cognoscentes, quaererent mediatoris gratiam.

aber ergiebt sich für die Ziele des Galaterbriefes auch ein Moment, daß nämlich das Gesetz für den Christen seine Bedeutung und seinen Zweck verloren hat.

Von dem Gedanken geleitet, den vorübergehenden, temporären Charakter des „Gesetzes" zu zeigen, fährt Paulus fort: ἄχρις ἂν ἔλϑῃ τὸ σπέρμα ᾧ ἐπήγγελται. „Der Samen" ist offenbar identisch mit dem in v. 16: er ist Christus, aber nicht bloß an und für sich allein als die einzelne geschichtliche Person, sondern auch insofern, als er in sich eine Vielheit begreift; er ist der Erlöser als Person und ist der Erlöser, in dem die Erlösten eins sind. Darum können wir den Gedanken des Apostels dahin ausführen, daß das Gesetz sein Ziel erreicht und aufzuhören hat, wenn der Messias, der Erbe und in dem wir Erben werden, wenn Christus, der in uns der Grund eines neuen übernatürlichen Lebens ist, gekommen sein wird. In diesem „Samen" giebt es keine „Übertretung" mehr; also fällt auch das Gesetz weg. Wenn wir uns gegenwärtig halten, daß der Rückfall eines Gerechtfertigten in die Sünde nicht in der Gnade, etwa in deren Unzulänglichkeit, sondern in dem Willen und in der geschwächten Natur des Menschen seinen Grund hat, und daß der Apostel auf die Gnade allein hinblickend, diese unüberwindlich findet [1]); so begreifen wir, daß es auch für jene, die mit „dem Samen" eins sind, keine „Übertretungen" giebt, und also auch für diese das Gesetz wegfällt.

Das προσετέϑη erhält eine nähere Bestimmung in διαταγεὶς δι᾽ ἀγγέλων ἐν χειρὶ μεσίτου. Natürlich muß auch hieran die Forderung gestellt werden, daß sie dem vom Apostel beabsichtigten Zwecke dienen. Mit der ersteren: „angeordnet durch Engel" nimmt er darauf Bezug, daß nach jüdischer und richtiger Anschauung das Gesetz nicht unmittelbar von Gott, sondern mittelbar gegeben, indem es durch Engel angeordnet worden ist. Diese Lehre findet sich zuerst bei den LXX, die Deuter. 33, 2 das אֵשְׁדָּת, welches Talmud, Targumim vom „Feuer des Gesetzes" verstehen, mit Beziehung darauf, daß die Gesetzgebung unter Feuer und Flamme vor sich ging, mit: ἐκ δεξιῶν αὐτοῦ

---

[1]) Vgl. Röm. 8, 38. 39; Joh. 1, 16. 17.

ἄγγελοι μετ' αὐτοῦ übersetzen. Wie aus Talmud, Midraschim [1] und Flavius Josephus[2]) ersichtlich ist, war sie in die jüdische Theologie jener Zeit vollkommen eingebürgert, so daß Stephanus in seiner Rede [3]) und Paulus hier und im Hebräerbriefe [4]) darauf Bezug nehmen [5]). Der ganze Zusammenhang führt dazu, bei der zweiten Bestimmung: „in der Hand eines Mittlers“ an Moses zu denken, der zwischen Gott, bezw. zwischen den anordnenden Engeln und dem Volke steht. Geteilt wird diese Auffassung von Clemens v. Alex. [6]), Gregor Naz. [7]), Cyrillus v. Alex. [8]), Theodoret, Theodor v. Mops., Catharinus, Justiniani, Estius, Corn. a Lap., Windischm., Bisp., Reith., Palmieri wie auch von der Mehrzahl der akath. Interpreten [9]).

---

[1]) Vgl. Everling, paulin. Angelologie u. s. w. S. 63 unter Berufung auf Eisenmenger, Entdecktes Judenthum. I. S. 309 ff.

[2]) Josephus nimmt auf die Vorstellung als auf eine allgemein gekannte und anerkannte Bezug, da er den Herodes in seiner Rede an das jüdische Heer sagen läßt: ἡμῶν δὲ (im Gegensatze zu den Heiden) τὰ κάλλιστα τῶν δογμάτων καὶ τὰ ὁσιώτατα τῶν ἐν τοῖς νόμοις δι' ἀγγέλων παρὰ θεοῦ μαθόντων· τοῦτο γὰρ τὸ ὄνομα καὶ ἀνθρώποις θεὸν εἰς ἐμφάνειαν ἄγειν δύναται. Antt. XV, 5. 3. Vgl. Schöttgen, hor. hebr. p. 737. Everling, l. c. S. 62.

[3]) Act. 7, 38. 53.

[4]) Hebr. 2, 2.

[5]) Beachtenswert ist für diese Frage auch, daß beim Abschlusse des alten und dem Beginne des neuen Testamentes, bei der Verkündigung der Menschwerdung, mit der zugleich die Offenbarung des Geheimnisses der Trinität gegeben wird, Gott auch hierzu noch eines Engels Sich bedient.

[6]) Strom. I, c. 26.

[7]) orat. VI. (XI.) [coram Greg. Nyss.].

[8]) thesaur. assert. XXXIV (n. 352). vgl. de adorat et cultu in spiritu et verit. II. (n. 50 f.).

[9]) Es ist ganz richtig, daß der Mittler jeder übernatürlichen Gnade, die im alten Bunde geschenkt ward, Christus oder der Logos ist. Um dieser Wahrheit an sich willen, die aber hier nicht durch den Zusammenhang gegeben ist, haben nach Origenes mehrfach Väter und nach diesen wieder ältere Erklärer als Chrys., M. Victorin., bes. Hieronym., ferner Ambros., Augustin., Haymo, Thomas, Oekum., Theophyl. den μεσίτης auf Christus gedeutet. Außer dem Fehlen des Artikels — man möchte dann wohl ein τοῦ μεσίτου erwarten — spricht dagegen, daß unmittelbar zuvor in demselben Satze der Messias τὸ σπέρμα genannt wird, und daß der alte Bund hier gerade insofern aufgefaßt wird, als er im neuen derogiert wird, nicht aber insofern, als ein aus diesem in jenen hinübergreifendes gemeinsames Band, Christus oder alttestamentlich gesprochen: der Emmanuel, besteht.

Wenn Moses auch im alten Testamente nicht direct mit diesem
Namen benannt wird, so wird ihm doch ein solches Amt zuer-
kannt [1]), und wird er von Philo und jüdischen Rabbinen mit
diesem Namen gefeiert [2]). Hierzu erscheint auch die Wahl der
Worte ἐν χειρί als eine anschauliche Bezeichnung der Weise der
Gesetzesvermittlung; Moses empfing die Gesetzestafeln in seine
Hand und trat so vor das Volk [3]).

Ziel des Apostels ist, zu beweisen, daß das „Gesetz“ eine
vorübergehende Aufgabe hatte. Diesem Zwecke müssen natürlich auch die Merkmale des Gesetzes, die er hier genannt
hat, dienen [4]). Zwischen Gott und Israel bedurfte es einer Vermittlung des „Gesetzes“ — Engel und Moses —; fällt die Vermittlung, so fällt das „Gesetz“; hören die Engel, hört Moses
auf Mittler zu sein, so hört auch das Gesetz, weil durch sie vermittelt, auf. Es steuert also die Entwicklung des Apostels einem
unwiderlegbaren Schlusse zu, wenn er zeigt, daß es in der
Kirche, im Reiche Christi keines Vermittlers mehr bedarf, daß in der Kirche die Vorbedingung für den Fort-
bestand des Gesetzes nicht mehr gegeben ist.

Hierzu gelangt aber Paulus in dem folgenden Satz: ὁ δὲ v. 20.
μεσίτης ἑνὸς οὐκ ἔστιν, ὁ δὲ ϑεὸς εἷς ἐστιν. Die Erklä-
rungsversuche dieser Stelle haben die Zahl 300 überschritten und
bis in die neueste Zeit sich gehäuft [5]). An sich allein betrach-

---

[1]) Vgl. besonders Deut. 5, 5 nach den LXX: κἀγὼ εἱστήκειν ἀνὰ μέσον
κυρίου καὶ ὑμῶν ἐν τῷ καιρῷ ἐκείνῳ ἀναγγεῖλαι ὑμῖν.

[2]) Philo, vita Mos. II.: μεσίτης καὶ διαιτητής. Flav. Jos., antt. III, 5, 3;
über die Rabbiner vgl. Schoettgen, hor. hebr. p. 738 ss. und Wetstein,
N. T. i. h. l.

[3]) Exod. 32, 15; Lev. 26, 45.

[4]) Darum kann ich der Anschauung, wie sie z. B. besonders von Sieffert geboten wird, nicht zustimmen, die als Zweck annimmt, „eine geringere
untergeordnete Stellung des Gesetzes nicht sowohl im Vergleich mit der des
Evangeliums . . . als vielmehr mit der der Verheißung (de Wette, Schnck-
kenb.) fühlen zu lassen.“

[5]) Zur diesbezüglichen Litteratur sei verwiesen auf Bonitz, plurimorum
de loco Pauli Gal. III, 20 sententiae examinatae etc. Lips. 1800. Lücke in
Stud. u. Krit. 1828. S. 83 f.; 1833. S. 521. Matthias, der Abschnitt des Galaterbriefes III, 15—22. Cassel 1866. Fricke, das exeget. Problem im Briefe
an die Galater, C. 3, 20. Leipzig 1880. Sieffert, l. c. S. 207 ff. Davidson,
the mediator-argument of Gal. 3, 19. 20 (Expos. 1888. p. 377—386).

tet, ist der Sinn derselben kaum zu verkennen; die Verschiedenheiten der Deutungen sind besonders durch die Frage,
was soll sie im Zusammenhange, veranlaßt.

In v. 19 ist von Moses als einem $\mu\epsilon\sigma\ell\tau\eta\varsigma$ die Rede, in v. 20
aber heißt es nicht $o\tilde{v}\tau o\varsigma$, sondern $\dot{o}\ \mu\epsilon\sigma\ell\tau\eta\varsigma$. Hiermit kann also
nicht Moses gemeint sein; es muß dieser Begriff generisch ge-
nommen werden. Wir haben es also mit einem allgemeinen
Satze zu thun, der auf Moses eine specielle Anwendung zu fin-
den hat. Da das $\dot{\epsilon}\nu\dot{o}\varsigma$ durch $\epsilon\tilde{\iota}\varsigma$ wieder aufgenommen wird, so
ist damit die persönliche, masculine Fassung desselben gegeben.
Der Sinn der ersten Satzhälfte muß also sein: der Vermittler
— seinem Begriffe nach — kann nicht Vermittler eines
Einzigen sein; damit es einen Vermittler überhaupt geben
kann, müssen mehrere, mindestens aber zwei sein. Dieser Fall
ist bei dem Mittler Moses gegeben: da steht Gott auf der einen,
das Volk auf der anderen Seite. Wenn wir unter Bezugnahme
hierauf den Apostel ausführen hören: „Gott aber ist Einer", so
muß der Gedanke kommen: es steht Gott kein Volk, wie dieses
mit Israel der Fall war, gegenüber. Hierbei ist nicht zu über-
sehen, daß es heißt $\ddot{\epsilon}\sigma\tau\iota\nu$ und nicht etwa $\tilde{\eta}\nu$. Wäre das letztere der Fall, so könnte diese zweite Vershälfte mit der
dem Abraham gegebenen Verheißung in Zusammenhang gebracht werden und in dem Sinne wie: Gott handelt in der einst
gegebenen Verheißung allein und selbständig, erklärt werden.
Hieran hindert aber eben das $\ddot{\epsilon}\sigma\tau\iota\nu$, welches zeigt, daß es sich
um eine allgemeine Wahrheit handelt. Wie ist nun das
logische Verhältnis dieser beiden Versglieder? Da das $\delta\acute{\epsilon}$ keinen
Gegensatz einleitet   nicht die Hauptbegriffe $\dot{o}\ \mu\epsilon\sigma\ell\tau\eta\varsigma$ und $\dot{o}$
$\vartheta\epsilon\acute{o}\varsigma$ sind nämlich einander entgegengestellt, sondern $\dot{\epsilon}\nu\dot{o}\varsigma\ o\dot{v}\kappa\ \dot{\epsilon}$.
und $\epsilon\tilde{\iota}\varsigma$ —, so dient das $\delta\acute{\epsilon}$ der Einführung des Untersatzes, und
es entsteht die Frage: welches ist der aus beiden Sätzen abzuleitende
Schluß? Wenn es sich lediglich — so lautet derselbe — um Gott
den Einen allein handelt, kann es keinen $\mu\epsilon\sigma\ell\tau\eta\varsigma$ geben!

Dieser Schlußsatz mag für sich allein betrachtet allerdings
merkwürdig lauten, doch anders in dem Zusammenhange, in
den er eingefügt ist; anders bei Berücksichtigung der damit beabsichtigten Anwendung desselben. Hierfür aber ist der
Schlüssel in dem uns bekannten Begriffe $\tau\dot{o}\ \sigma\pi\acute{\epsilon}\varrho\mu\alpha,\ \tilde{\dot{\omega}}\ \dot{\epsilon}\pi\acute{\eta}\gamma\gamma\epsilon\lambda$-

ται gelegen. Dieser Same setzt, wie bereits dargelegt ist, den
„Übertretungen" und damit auch dem Gesetze, ein Ziel [1]); dieser
Same schließt jede Mittlerschaft, schließt also den Moses
und damit das von ihm vermittelte Gesetz aus. Es ward
früher gezeigt [2]), daß das der „Übertretungen" willen gegebene
Gesetz als nähere Bestimmung erhielt, daß es ein vermitteltes
ist. So lange eben die Sünde herrscht, besteht Trennung zwischen Gott und der Creatur; sie besteht deshalb auch zwischen
Israel und seinem Bundesgotte. Darum bedient sich Gott der
Engel und des Mittlers Moses. Immer stand dieser dem Israeliten als Mittler und Gesetzgeber gegenüber. Das aber ist anders
geworden im neuen Bunde! Da hat die Herrschaft der Sünde
aufgehört, da giebt es keine Trennung mehr, ja da giebt es
überhaupt keine Zwei, zwischen denen noch eine Vermittlung
möglich wäre, mehr. Warum nicht? Weil das neutestamentliche Volk mit Christus vereint ist, und es zwischen
Christus und Gott keinen Mittler geben kann, denn Diese
sind wieder nicht zwei, sondern Eins. Die einzige Voraussetzung,
die bei dieser Deduction zu machen ist und die nicht im nächsten Zusammenhange hier ausgesprochen ist, ist die Grundwahr-
heit des Christentums von der Gottheit Christi; alle anderen
aber — besonders die von der übernatürlichen Vereinigung
zwischen Christus und der Kirche — sind dem unmittelbaren
Zusammenhange entnommen.

Diese Erklärung giebt eine vollkommen genügende Antwort
auf die Frage τί οὖν ὁ νόμος; Sie zeigt, daß das Gesetz nur
eine vorübergehende Aufgabe hat. Die durch „den Samen"
Christus geschaffene Ordnung schließt die Mittlerstellung des
Moses aus, wovon die Folge ist: wo der notwendig vermittelnde Gesetzgeber Moses nicht mehr ist, da kann es
auch kein vermitteltes „Gesetz" mehr geben.

Unsere Darlegung dieser schwierigen Stelle muß aber auch
in einem Zusammenhange mit der „Verheißung" stehen, denn
nicht allein ist davon in vorausgehenden Versen die Rede, es

---

[1]) S. oben S. 293.
[2]) Siehe oben ebend. u. f. S.

zieht auch der unmittelbar folgende Satz eine dieselbe betreffende Consequenz. Im neuen Bunde sehen wir nämlich die dem Abraham gegebene „Verheißung" erfüllt, besitzen wir sie in Christo, mit dem wir eins sind. Durch die Verheißung aber ward Christus schon dem alten Bunde als Keim des übernatürlichen Lebens eingesenkt; durch das Protoevangelium im Paradiese für die ganze Menschheit, durch die Verheißung an Abraham für ihn und das auserwählte Volk [1]. Damit diese Wirksamkeit in den einzelnen sich bethätigen und entfalten konnte, war der Glaube die Bedingung, wie wir das an Abraham erkannt haben. Aber da legt sich nun sofort die Erwägung nahe: wenn die Verheißung schon im

v. 21. alten Bunde wirken konnte und gewirkt hat, ist das später gegebene Gesetz der Verheißung nicht in den Weg getreten? ist nicht die Folgerung ὁ οὖν νόμος κατὰ [2]) ἐπαγγελιῶν berechtigt? Mit μὴ γένοιτο weist Paulus dieselbe zurück und nimmt davon Anlaß, Aufgabe und Stellung des Gesetzes der „Verheißung" gegenüber darzulegen.

Das Gesetz würde dann den Verheißungen entgegen sein, wenn ihm der Gesetzgeber die Kraft, selbst zu beleben, gegeben hätte: εἰ γὰρ ἐδόθη νόμος ὁ δυνάμενος ζωοποιῆσαι. Das ἐδόθη erinnert daran, daß es sich um die thatsächliche, einmal von Gott getroffene Ordnung handelt; das ζωοποιῆσαι, welches den Zustand des Totseins als Gegensatz hat, findet seine nähere Ausführung in 2, 20: es ist das neue übernatürliche Leben Christi in den Gerechten gemeint, wie dieses aus dem folgenden ὄντως ἐν [ἐκ] νόμῳ [νόμου] ἦν ἂν ἡ δικαιοσύνη. Die Lesart ἐν hätte den Vorzug, daß sie auf den Gegensatz, das echt pau-

v. 22. linische ἐν Χριστῷ hinzeigte. Weil das Gesetz die Gerechtigkeit nicht geben kann, deshalb ist es auch nicht gegen die Verheißung; die Aufgabe desselben ist eine ganz andere, ist im Gegenteil — ἀλλὰ συν... — eine, womit der Verheißung gedient wird — ἵνα ἡ ἐπαγγελία κτλ.

Das Bild des συνέκλεισεν hat als Vergleichungspunkt das Nicht-Entkommen-Können, wenn nicht ein Erlöser befreit. Zu-

---

[1]) Vgl. oben S. 262.
[2]) Zur Bedeutung des κατά mit dem Genit. vgl. Matth. 12, 30; Luk. 9, 50; Röm. 8, 33; vgl. Gal. 5, 17.

gleich drückt aber auch das σύν die Vollständigkeit des Ver-
schließens, des gänzlichen in Schranken Gehaltenwerdens aus [1]).
Wohl könnte unter γραφή das Gesetz verstanden werden [2]), was
dem Zusammenhange entsprechen würde; allein die Wahl dieses
Wortes bleibt gerade hier auffallend. Wir verstehen darum darunter das niedergeschriebene Wort Gottes überhaupt, wovon das
Gesetz ein Teil ist. Dieses, wie alle anderen heiligen Bücher,
stimmen darin überein, daß nicht bloß der Mensch, sondern die
ganze Schöpfung — τὰ πάντα — [3]) unter der Herrschaft der
Sünde stehen — ὑπὸ τὴν ἁμαρτίαν [4]).

Mit einem gewissen Nachdrucke steht das συνέκλεισεν an
der Spitze, um so zu künden, daß der Hauptgedanke ist: es
liegt dem Gesetze und den übrigen heiligen Büchern gänzlich
fern, „lebendig zu machen", die „Gerechtigkeit" geben zu wollen;
es ist im Gegenteil ihr Ziel, der Creatur so recht zum Bewußtsein zu führen, daß sie sich nicht helfen kann und doch eines
Erlösers von der Sünde bedarf. Je mehr das συγκλεῖν empfunden wird, desto lebendiger wird die Sehnsucht nach einer Befreiung, und desto bereitwilliger wird der Mensch, an einen Erlöser zu glauben und ihn anzunehmen. Dieser Gedanke erhält
seine Fassung in: ἵνα ἡ ἐπαγγελία ἐκ πίστεως Ἰησοῦ Χριστοῦ δοθῇ τοῖς πιστεύουσιν. Wie aus dem δοθῇ ersichtlich ist, muß
ἐπαγγελία hier von dem Inhalte der Verheißung, von dem Erbe
verstanden werden. Während πίστις Ἰησοῦ Χριστοῦ die Bedingung des Heiles objectiv nennt, geht τοῖς πιστεύουσιν auf den
subjectiven Akt des Glaubens und ist darum keine Tautologie.

Der Apostel geht nun daran, aus der bisher entwickelten v. 23.
Bedeutung des alttestamentlichen Gesetzes für seinen Zweck den
Schluß zu ziehen, daß es zu gelten aufgehört hat. Aus dem
πρὸ τοῦ δὲ ἐλθεῖν τὴν πίστιν ist ersichtlich, daß der Glaube
hier nicht allgemein verstanden werden kann, daß vielmehr der

---

[1]) Vgl. LXX: Ps. 31, 8; 77, 50; Röm. 11, 32.
[2]) So Chrys., Aug., Windischm.
[3]) Vgl. Röm. 8, 20.
[4]) Estius: declarat omnes homines velut conclusos et captivos teneri
sub dominio peccati, declarat autem, cum passim docet, omnes esse pecca-
tores.

Glaube, den Christus erst gebracht hat, und dessen Inhalt Er
Selbst ist, gemeint ist. Diese Zeitbestimmung hindert uns daran,
den Glauben eines Abraham und anderer vorchristlicher Gerechten mit darunter zu verstehen, sie verbietet einen Glauben an
Christus, der dieses nur implicite ist, mit einzuschließen. Christentum und vorchristliche Zeit werden einander gegenüber gestellt, und vom Standpunkte des Judenchristen aus setzt sich
zurückblickend die Rede fort: ὑπὸ νόμον ἐφρουρούμεθα συνκλειόμενοι. Das Gesetz ist einem Gefängnisse zu vergleichen, in dem
wir in Gewahrsam gehalten wurden, das uns nicht entrinnen
ließ, das uns aber auch in manchen Gefahren hütete [1]). Auch
in der theokratischen Verfassung des Volkes erhält die Abge-
schlossenheit ihren Ausdruck. Beim ganzen Volke wie beim
Einzelnen zielt sie auf das kommende Christentum: εἰς τὴν μέλλου-
σαν πίστιν ἀποκαλυφθῆναι. Der Nachdruck liegt auf der Aufgabe des Gesetzes, abzuschließen und zu hüten, bis daß die
Fülle der Offenbarung und der volle christliche Glaube kommt.
Damit ist also das Ziel des Gesetzes erreicht und der Zeitpunkt
seines Aufhörens gegeben. „Das jüdische Volk wurde in dem Gewahrsam des Gesetzes eingeschlossen, damit es selbst für das
Evangelium reife und auch den Heiden die Möglichkeit des
Heils bewahre. Tiefer kann die welthistorische Bedeutung dieses merkwürdigen Volkes nicht gefaßt werden. Wie in dem
einzelnen Menschen inmitten des Gewühls und Widerstreites seiner natürlichen Triebe ein fester Punkt . . . bleibt: das Gewissen,
dessen Stimme zwar übertäubt werden kann, aber nie ganz ver-
stummt, und wohin sich der letzte Strahl des Gottesbewußtseins
flüchtet, so bewahrte Gott in der Menschheit unter den wilden
Wässern der Nationen, die eben so viel Repräsentanten der
Kräfte und Leidenschaften des Fleisches sind, ein Volk, verschlossen und umdämmt, das Er durch seine eigenthümliche Führung von den Verirrungen des Heidenthums zurückhielt, wenn es
auch manchmal von diesem überfluthet zu werden drohte, und in
dem das Bewußtsein des wahren Gottes und die Erkenntniss der
Sünde als ein heiliger Funke gehütet wurde, der in Christo zum

---

[1]) Zu φρουρέω vgl. II. Kor. 11, 32; I. Petr. 1, 5; außerdem nur noch
Phil. 4, 7 in Verbindung mit τὰς καρδίας.

Lichte der Welt werden sollte. Wie das Gewissen des Menschen durch das göttliche Gebot geweckt und geschärft wird, so ward das jüdische Volk durch das mosaische Gesetz das Herz der Völker, welches den Todesschmerz der Sünde empfand, das Gewissen der Menschheit, das sich in seinen Banden nach der Befreiung sehnte" [1]). Dem leihen besonders die Psalmen den ergreifendsten Ausdruck, in den synagogalen Gottesdiensten aber wurden diese immer mehr und mehr das Gemeingut des Volkes. Die ehrwürdigen Gestalten, der „heilige Rest" Israels, beim Eintritte des Messias, die Ihm ein zubereitetes, gläubiges Herz entgegenbrachten, sind die Zeugen, wie Gott auf diesem Wege sein Ziel erreicht hat.

So verweilt des Apostels Blick auf der Geschichte Israels, v. 24. und das giebt ihm ein treffendes Bild für die vorbereitende Thätigkeit des Gesetzes auf Christum hin ein: $\ddot{\omega}\sigma\tau\varepsilon$ $\dot{o}$ $\nu\dot{o}\mu o\varsigma$ $\pi\alpha\iota\delta\alpha\gamma\omega\gamma\dot{o}\varsigma$ $\dot{\eta}\mu\tilde{\omega}\nu$ $\gamma\dot{\varepsilon}\gamma o\nu\varepsilon\nu$ $\varepsilon\dot{\iota}\varsigma$ $X\rho\iota\sigma\tau\dot{o}\nu$. Mit dem Ausdrucke $\pi\alpha\iota\delta\alpha\gamma\omega\gamma\dot{o}\varsigma$, der nach den Verhältnissen des Altertums zu beurteilen ist, vergleicht Paulus das Gesetz mit einem Sklaven, der seinen Pflegling, den Knaben, zu bewachen, auf Schritt und Tritt zu begleiten und zu behüten und ihm die Elemente des Wissens zu lehren hat. In diesem Bilde ist auch zugleich enthalten, daß eine Zeit kommt, wann der Knabe der Zucht seines Pädagogen entwachsen sein wird. Das ist der Fall, wenn das Ziel dieser Erziehung, die Vereinigung mit Christus erreicht ist: $\varepsilon\dot{\iota}\varsigma$ $X\rho\iota\sigma\tau\dot{o}\nu$ [2]). Mit dem Zusatze $\dot{\iota}\nu\alpha$ $\dot{\varepsilon}\varkappa$ $\pi\dot{\iota}\sigma\tau\varepsilon\omega\varsigma$ $\delta\iota\varkappa\alpha\iota\omega\vartheta\tilde{\omega}\mu\varepsilon\nu$ ist betont, daß es gerade Ziel des Gesetzes ist, den Glauben an Jesus Christus, weil von Ihm die Rechtfertigung ausgeht, heranzuziehen.

Ist dieser Zweck erreicht, ist Christus und mit Ihm der v. 25. Glaube gekommen, so fällt die Aufgabe des Pädagogen weg. Durch die Annahme des Glaubens werden wir dessen Obhut, werden wir dem Gesetze entzogen.

Den Standpunkt der Judenchristen verlassend redet der v. 26. Apostel alle Galater an, um den unmittelbar vorausgegangenen

---

[1]) So die treffenden Ausführungen Windischmann's hierzu.

[2]) Vgl. Röm. 10, 4: $\tau\dot{\varepsilon}\lambda o\varsigma$ $\gamma\dot{\alpha}\rho$ $\nu\dot{o}\mu o\upsilon$ $X\rho\iota\sigma\tau\dot{o}\varsigma$ $\varepsilon\dot{\iota}\varsigma$ $\delta\iota\varkappa\alpha\iota o\sigma\dot{\upsilon}\nu\eta\nu$ $\pi\alpha\nu\tau\dot{\iota}$ $\tau\tilde{\omega}$ $\pi\iota\sigma\tau\varepsilon\dot{\upsilon}o\nu\tau\iota$.

Gedanken des Freiseins vom Gesetze in einer für sie alle geltenden
Weise zu begründen: πάντες γάρ. Zu diesem Zwecke verweist
er sie darauf, daß sie Kinder Gottes sind — υἱοὶ θεοῦ ἐστέ, und
daß sie dieses sind mittels des Glaubens — διὰ πίστεως —
dadurch, daß sie Eins sind mit oder in Christus — ἐν Χριστῷ
Ἰησοῦ —. Die Bekanntschaft mit der Lehre von der Gotteskindschaft wird hier vorausgesetzt [1]). Mit einem unverkennbaren
Nachdrucke aber ist das πάντες an die Spitze gestellt; dadurch
wird uns der Gedankenfortschritt vermittelt zu:

v. 27.   ὅσοι γὰρ εἰς Χριστὸν ἐβαπτίσθητε, Χριστὸν ἐνεδύσασθε.
Zunächst tritt uns in diesem Satze das ὅσοι entgegen: wer immer,
ob Jude, ob Heide, auf Christus hin getauft wird, der gehört zu
den πάντες, wird zu einem Kinde Gottes; oder das Eingegliedert-
werden in Christus vollzieht sich nicht durch den Glauben bereits, sondern erst durch die Taufe. Zum Glauben als der Bedingung seitens des Menschen muß im Sakramente die Thätigkeit Gottes hinzutreten. Diese führt den Menschen aus einem
Zustande in einen anderen, neuen über, der Christus selbst ist:
εἰς Χριστόν [2]), um Diesem anzugehören und eigen zu sein. Bei
dem Bilde „Christum anziehen" ergeben sich folgende Momente: Gleichwie die Kleider eine neue Form geben, dabei aber
sich der Gestalt anpassen, so besteht der Getaufte in seiner
Persönlichkeit fort, tritt aber mit dem lebendigen Christus in
eine mystische Vereinigung ein. Das Bild selbst ist geläufig genug, so daß es zu seiner Motivierung keiner Bezugnahme auf
einen etwaigen Gebrauch, Anlegen von Kleidern bei der Taufe,
bedarf [3]). Es ist dasselbe nicht einfach zu identificieren mit „in
Christo sein", wenn es auch sachlich auf dasselbe hinauskommt;
es hebt mehr die übernatürliche Ähnlichkeit hervor [4]).

---

[1]) Die Bezeichnung υἱοὶ θεοῦ findet sich noch Gal. 4, 7; Röm. 8, 14. 19.
Johannes liebt den Ausdruck τέκνα θεοῦ (1, 12; 11, 52; I. Joh. 3, 1. 2. 10; 5, 2).

[2]) Vgl. Röm. 6, 3 ff. giebt eine Ausführung des ἐβαπτίσθημεν εἰς Χριστόν
dahin, daß der Getaufte in eine übernatürliche Lebensgemeinschaft mit Christus tritt.

[3]) Vgl. zu ἐνδύειν in metaphysischer Bedeutung Luk. 24, 49; Röm. 13,
12. 14: ἐνδύσασθε τὸν κύριον Ἰησοῦν; I. Kor. 15, 53. 54: ἐνδύσασθαι ἀφθαρσίαν und
ἀθανασίαν. Ephes. 4, 24: ἐνδύσασθαι τὸν καινὸν ἄνθρωπον; 6, 11. 14; Kol. 3, 10.
12; I. Thess. 5, 8.

[4]) Vgl. Cyrill. v. Jerus., Kat. III, 1: εἰς Χριστὸν βεβαπτισμένοι καὶ Χρι-

Alle ziehen denselben lebendigen Christus an. Dieser v. 28. prägt Sich ihnen als übernatürliches Bild auf. Davon ist die Folge, daß die bisher bestehenden Unterschiede, die durch das „Gesetz" zwischen Heide und Jude, durch die Sünde unter den Ständen zwischen Sklave und Freien, durch die Natur zwischen den Geschlechtern herbei geführt sind, aufhören. Christus Selbst ist das lebendige Band, das sie alle in mystischer, übernatürlicher Weise durchdringt und eint: πάντες γὰρ ὑμεῖς εἷς ἐστὲ ἐν Χριστῷ Ἰησοῦ. An die Stelle des Gegensatzes, der Zwietracht, der Selbstsucht und der Überhebung unter der Herrschaft der Sünde sind die Eintracht, die Selbstlosigkeit und der Friede, dieses Merkmal des Messias-Reiches, getreten; denn der Friedensfürst Selbst belebt Sein Reich. Wohl tritt die volle Realisierung dessen erst im Jenseits ein, allein auch im Diesseits besitzt in Christus die Kirche in Sich die Kraft, diesen idealsten Zustand zu verwirklichen. Daß dem noch nicht so ist, gründet in der Verkehrtheit und Bosheit des freien menschlichen Willens. Es ergiebt sich aber aus dem εἷς ἐστέ, daß die übernatürliche Vereinigung mit Christus keine bloße Übereinstimmung in der Gesinnung, sondern eine lebensvolle, organische ist. Abgesehen von der Einheit der Personen in der Gottheit und der beiden Naturen in Christo, giebt es nach dem Apostel der Gnade keine innigere und höhere als die des mystischen Leibes Christi. Auf diese nimmt er als auf den letzten und durchdringendsten Beweggrund Bezug, wenn er — wie auch hier die Galater — zur Einheit in der Kirche ermahnen will [1]).

Nachdem Paulus in seiner Entwicklung mit dem Satze „ihr alle v. 29. seid Eins in Christus Jesus" das innerste Wesen des Christentums ausgesprochen hat, blickt er nun zurück, um das Verhältnis desselben zu der dem Abraham und seinem Samen gegebenen Verheißung noch darzulegen. Die Prämissen sind hierzu gegeben. Es ist bereits — v. 16 — gezeigt worden, daß die Verheißungen dem Samen Abrahams, der Christus ist, zu teil ge-

στὸν ἐνδυσάμενοι σύμμορφοι γεγόνατε τοῦ υἱοῦ τοῦ θεοῦ . . . μέτοχοι οὖν τοῦ Χριστοῦ γενόμενοι Χριστοὶ εἰκότως καλεῖσθε.

[1]) Vgl. z. B. I. Kor. 1, 12, wo er angesichts der Spaltungen in dieser Gemeinde fragt: μεμέρισται ὁ Χριστός;

worden sind. Gehören wir aber dadurch, daß wir mit Christus
eins sind, Christo an, so gehören wir auch zu dem Samen,
dem die Verheißung geworden ist. Der Inhalt derselben aber
ist, Erbe zu werden; also — so der Schluß — sind wir auch
Erben und zwar — gemäß dem v. 18 Gesagten —: $\varkappa\alpha\tau'\ \dot\epsilon\pi\alpha\gamma\gamma\epsilon\text{-}$
$\lambda\dot\iota\alpha\nu\ \varkappa\lambda\eta\varrho o\nu\dot o\mu o\iota.$

Nicht durch das Gesetz, sondern durch die Taufe — so
die kurze Summe und der Gewinn dieser Deduction — werden wir
dem Samen, dem Träger der Verheißung, zugehörig; denn
nicht durch jenes, sondern durch diese werden wir Christo eingegliedert. Weil nicht durch das Gesetz, sondern durch die
Verheißung, darum werden von uns nicht Gesetzeswerke, sondern
wird der Glaube als Heilsbedingung gefordert. Zu solchem Ziele
hatte das Gesetz eine vorbereitende und erziehende Aufgabe
vom Gesetzgeber zugewiesen erhalten, weshalb natürlich mit
der Erfüllung dieser jenes außer Geltung treten muß.

IV, 1-7.   Wenn nun aber im göttlichen Heilsplane das Gesetz eine
für die Gotteskindschaft aus dem Glauben oder für das Erbrecht
durch die Zugehörigkeit zu dem Samen Abrahams vorbereitende
und erziehende Aufgabe hat, muß es dann diese nicht an allen
Menschen, also auch an den Heidenchristen erfüllen? Die Antwort lautet gewiß einerseits bejahend, jedoch muß sie anderseits
eine Unterscheidung betreff der Art und Weise zwischen der
Zeit, ehe und nachdem Jesus Christus gekommen war, treffen.
Vorher mußte jeder Einzelne für sich als solcher das Stadium
der Unterwerfung unter das Gesetz durchmachen; nachdem aber
der Sohn Gottes dasselbe gethan, hat er solche Unterordnung
als unser Stellvertreter auf sich genommen. Indem Christus das,
was des Gesetzes ist, ausgeführt hat, haben alle, die mit ihm
Eins sind, in Ihm das Gesetz erfüllt [1]). Hiervon muß natürlich
eine Folge sein, daß das, worauf ehedem die Erziehung durch
das Gesetz als Erfolg zielte, in den Getauften durch Christus
gewirkt wird, oder diesen von Ihm geschenkt wird. So wird

---

[1]) Vgl. Kol. 2, 11: $\ddot o\varsigma$ (scl. $X\varrho\iota\sigma\tau\dot o\varsigma$) $\dot\epsilon\sigma\tau\iota\nu\ \dot\eta\ \varkappa\epsilon\varphi\alpha\lambda\dot\eta\ \pi\dot\alpha\sigma\eta\varsigma\ \dot\alpha\varrho\chi\tilde\eta\varsigma\ \varkappa\alpha\dot\iota\ \dot\epsilon\xi o\upsilon\text{-}$
$\sigma\dot\iota\alpha\varsigma,\ \dot\epsilon\nu\ \tilde\phi\ \varkappa\alpha\dot\iota\ \pi\epsilon\varrho\iota\epsilon\tau\mu\dot\eta\vartheta\eta\tau\epsilon\ \pi\epsilon\varrho\iota\tau o\mu\tilde\eta\ \dot\alpha\chi\epsilon\iota\varrho o\pi o\iota\dot\eta\tau\phi.$

der Glaube, für den das Gesetz erzieht, als Tugend bereits ein-
gegossen.

Um alle Eigentümlichkeiten der folgenden Entwicklung recht
verstehen zu können, bedarf es noch der folgenden Erwägung.
Giebt es wohl einen Gesichtspunkt, unter dem Juden und Heiden der vorchristlichen Zeit in ihrem Verhältnisse zum kommenden Erlöser zusammengefaßt werden können? Wir wollen
nicht zu weit ausholen; aber angesichts einer so proselyten-
eifrigen Richtung, wie sie sich in den Judaisten verkörpert findet, legen sich doch die Gedanken an Heiden, die in geistiger Weise dem
Samen Abrahams eingegliedert wurden, nahe genug. Werden
doch Heidinnen so eng damit verbunden, daß sie selbst den
Stammmüttern Christi zugereiht worden sind. Heiden aber,
die „dem Samen" Abrahams jemals — sei es als wahre Proselyten, sei es in anderer außerordentlicher Weise durch eine besondere Gnade — eingegliedert worden sind, bilden durch Diesen mit den demselben Samen vereinigten Juden ein Volk.
Was diese darum in der Gesetzeszucht durchlebt haben, das
wird mittelbar auch jenen eigen. Unter dem Gesichtspunkte der
mystischen Vereinigung mit dem Samen Abrahams also lassen
Heiden und Juden sich als Eins zusammenfassen, und es ist in
dieser Weise die Möglichkeit geboten, in dem folgenden Abschnitte an beide zu denken und des Apostels Rede, die im
Vorausgehenden allgemein sich an alle Christen gewandt hatte,
in derselben allgemeinen Fassung festzuhalten.

In dieser Einheit zwischen Christus und dem geistigen
Samen Abrahams liegt ferner der Grund für den typischen
Charakter des Lebens des Bundesvolkes. Weil es derselbe Christus ist, der bereits in diesem lebt [1], wie er nun in seiner Kirche
lebt, darum ist in jenem das Vorbild, in dieser das Abbild Seines Lebens zu erkennen; darum ist das Leben derer, die „der
Fülle der Zeiten" vorangegangen sind, kein von dem Samen
Abrahams getrenntes. Der Ausdruck $\pi\lambda\acute{\eta}\rho\omega\mu\alpha\ \chi\varrho\acute{o}\nu\sigma\upsilon$ läßt uns
erkennen, daß auch diese Idee von dem typischen Charakter Is-
raels dem Apostel hier nicht fern gelegen war [2]. Wir begreifen

---

[1] Es sei hier nur im allgemeinen darauf verwiesen, daß besonders im
Hebräerbriefe uns diese paulinische Auffassung wieder begegnen wird.

[2] Vgl. auch unten 4, 21 ff.

aber auf Grund dessen, warum die Heilswege Gottes dahin gingen, daß unser Erlöser dem „Gesetze" sich unterordnete, auf
daß alles „erfüllt" werde.

Mit Hilfe dieser dargelegten paulinischen Ideen dürfte eine
einheitliche Auffassung des folgenden, in verschiedenartiger Weise
erklärten Abschnittes gelingen können.

vv. 1. 2.   Eine Vervollständigung des Gesagten — speciell des 3, 29
gewonnenen Schlusses — kündet das λέγω δέ an. Der Begriff
ὁ κληρονόμος — vgl. 3, 20 den Begriff ὁ μεσίτης — muß generisch genommen werden; er muß aber in seiner vollen Bedeutung festgehalten werden vom Erben, der es ist, nicht der es
erst werden soll. In diesem Sinne heißt es auch nachher:
κύριος πάντων ὤν. Daher ist es ausgeschlossen, darunter den
Juden oder den Heiden als solchen zu verstehen; wohl aber
muß der eine wie der andere, insofern er Same Abrahams geworden ist, darunter subsumiert werden; der Erbe aber ist der
Same Abrahams, das ist Jesus Christus.

Von dem Erben heißt es weiter, daß er ein Alter der Unmündigkeit durchzumachen hat: ἐφ' ὅσον χρόνον . . . νήπιός
ἐστιν. Diese Zeit wird dadurch charakterisiert, daß während
derselben der Erbe sich nicht vom Sklaven unterscheidet; er ist
nicht Sklave, sondern ist Herr: οὐδὲν διαφέρει δούλου κύριος
πάντων ὤν. Es handelt sich also um einen Zustand des Erben,
in dem er anders behandelt wird und anders erscheint, als er
ist. Obschon Herr und als solcher frei, genießt er dieses Recht
nicht, sondern ist untergeordnet und gehorcht gleich einem
Sklaven anderen, nämlich Vormündern und Verwaltern: ἀλλὰ
ὑπὸ ἐπιτρόπους ἐστὶ καὶ οἰκονόμους [1]). Dieser Zustand ist aber
ein vorübergehender: bis der Zeitpunkt der Mündigkeit kommt.
Die Rechtsbestimmungen über das Alter der Mündigkeit, wie Gesetze,
eventuell auch noch Particularrechte der Galater sie enthalten,
können ganz dahin gestellt bleiben; denn der Apostel geht hier

---

[1]) Das Wort ἐπίτροπος, welches einen weiteren Umfang hat – vgl.
Stephanus, thesaurus — bezeichnet jemanden, dem die Verwaltung fremden
Besitzes übertragen ist; speciell „Vormund", welche Übersetzung durch νήπιος,
wie durch das folgende οἰκόνομοι empfohlen wird, welch letzteres Wort „Ver-
walter" bedeutet. Insofern diese dem Vormunde gehorchen, steht das Mündel
auch indirekt unter diesen.

von der Anschauung aus, daß es in der Macht des Vaters liege, diese Zeit zu bestimmen; darum ἄχρι τῆς προθεσμίας τοῦ πατρός.

Nun geht der Apostel zur Anwendung dieses Gleichnisses v. 3. über, und wir verfolgen als parallele Glieder: νήπιός ἐστιν und ἡμεῖς . . ἦμεν νήπιοι; ferner: οὐδὲν διαφέρει δούλου und ἤμεθα δεδουλωμένοι; alsdann: ὑπὸ ἐπιτρόπους καὶ οἰκονόμους und ὑπὸ τὰ στοιχεῖα τοῦ κόσμου; endlich: ἄχρι τῆς προθεσμίας τ. π. und ἦλθεν τὸ πλήρωμα τοῦ χρόνου [1]). Soweit das Gleichnis aufgenommen ist, soweit heischt es auch eine Durchführung. Eine Vorbedingung hierzu ist aber die Bestimmung des Begriffes τὰ στοιχεῖα τοῦ κόσμου. Seiner ursprünglichen Bedeutung nach bezeichnet στοιχεῖον einen Stift oder Stab, der behufs der Messung oder Zählung von Reihen eingeschlagen wird; alsdann die Elemente für ein Zusammengesetztes; so z. B. die Grundstoffe der Welt, die Buchstaben als die Bildungselemente für Silben und Wörter und des weiteren dann die Anfangsgründe und Principien einer Wissenschaft oder Kunst. Da bei der Möglichkeit solch verschiedener Deutung der Zusammenhang bestimmen muß, so ist natürlich je nach der Auffassung dieser ganzen Stelle auch über στοιχεῖα τοῦ κόσμου verschieden gedacht worden. So ist teils an die Elemente der Natur, bezw. an „Elementargeister" [2]), so daß — das ἡμεῖς auf ehemalige Heiden bezogen — eine Anspielung an heidnischen Naturdienst gegeben wäre [3]); teils an Himmelskörper, so daß - das ἡμεῖς lediglich von Judenchristen verstanden — die dadurch bestimmten jüdischen Zeiten, Sabbat, Neumonde und Feste zunächst gemeint seien [4]), teils endlich an das ganze alttestamentliche Gesetz, das sich wie die Elemente einer Wissenschaft, so zur Fülle der neutestamentlichen Offenbarung verhalte, gedacht worden [5]). Um

---

[1]) Aus dieser Gegenüberstellung der Glieder ist ersichtlich, daß der Umstand, ob der Vater des Unmündigen noch lebt oder tot ist, nicht zum Gleichnisse gehört.

[2]) Besonders im Anschluß an Spitta, der zweite Brief des Petrus und der Brief des Judas. Halle 1885, S. 265 ff. kommt Everling, l. c. S. 70 ff. dazu, στοιχεῖα als Elemente, die ihre besonderen Engel haben —, „die Elemente werden nicht gedacht ohne Elementargeister" — anzusehen.

[3]) So z. B. August., M. Victorin.

[4]) So z. B. Chrysost., Theodoret, Corn. a Lap.

[5]) So Thomas.

des dargelegten Zusammenhanges willen muß diesen Anschauungen, die von zu speciellen Voraussetzungen ausgehen, die Zustimmung versagt werden; der letztern aber besonders noch
deshalb, weil das unmittelbar folgende *νόμος* die Wahl von
στοιχεῖα τοῦ κόσμου befremdend macht. Der offenbar absichtlich allgemein gehaltene Ausdruck muß auch dem entsprechend
gefaßt werden. Der Begriff *κόσμος* bezeichnet uns die natürliche
Ordnung und steht im Gegensatze zur übernatürlichen Schöpfung.
Alle „irdischen Satzungen und Lehren, die sich wie Anfangsgründe (vgl. Hebr. 5, 12) zu der Vollendung in Christo verhalten“,
sind darunter zu verstehen [1]). Hierhin zählt, was das Naturge-
setz sagt, hierhin zählt aber auch das alttestamentliche Gesetz,
welches, es mag wie hoch immer stehen, doch noch nicht der
Gnadenordnung zugehört. Weil dieses mit inbegriffen ist, darum
ist bei der folgenden Anwendung auf Christus der Übergang
zu dem specielleren Begriffe *νόμος* gerechtfertigt; weil aber
anderseits das *ἡμεῖς* nicht auf Judenchristen einzuschränken ist,
darum ist der allgemeinere Ausdruck *στοιχεῖα τοῦ κόσμου* angezeigt.

Indem wir nun *ἡμεῖς* von allen Christen, von Juden- und
Heidenchristen verstehen, müssen wir aber doch eine gewisse
Beschränkung in dem *ἤμεϑα δεδουλωμένοι* und *ὅτε δὲ ἦλϑεν* auf
die Vergangenheit, und zwar auf die vorchristliche Zeit erkennen.
Die Frage, was der Apostel mit dem Zustande „unserer“ Unmündigkeit meine, worauf das *ὅτε ἦμεν νήπιοι* ziele, empfängt
ihre Beantwortung aus der Erwägung, daß der Apostel „uns“
nicht als einzelne Individuen betrachtet, sondern immer als
„dem Samen“ Christus vereinte Glieder, und daß er speciell
jene meint, die vor der „Fülle der Zeiten“ solche waren. Insofern in diesen Christus oder der Emmanuel bereits lebte, insofern diese also zum Samen Abrahams gehörten, waren sie bereits Erben; insofern sie aber der vorchristlichen Zeit ange-
hörten, waren sie unter die *στοιχεῖα τοῦ κόσμου* untergeordnet,
welch allgemeiner Ausdruck auf die alttestamentlichen Bundes-
glieder bezogen, das Dienen unter dem „Gesetze“ besagt. Hier-

---

[1]) Vgl. hierzu Hieronym., Tertull. c. Marc. V, 4, Estius, Rosen-
müller, Rückert, Windischmann, Sieffert u. a.

von gab es kein Freiwerden, bis daß in der „Fülle der Zeit"
der Sohn Gottes kam; denn so war die vom Vater bestimmte
Heilsordnung. Diese bisher dargelegte Erklärung von κληρονόμος
und von der Zeit, da er νήπιος ist, muß aber auch bestehen
bleiben, wenn sie an den Erben, der Christus Selbst ist, angelegt wird; sie muß gerade dadurch die Probe ihrer Richtigkeit
ablegen. Auch der Sohn Gottes hat in Seinem Leben eine
Zeit, von der das Wort νήπιος gelten kann. Es ist das die
Zeit Seiner Wirksamkeit im geistigen Samen Abrahams
vor Seiner Menschwerdung. Aus dem allgemeineren Worte
Pauli στοιχεῖα τοῦ κόσμου aber mögen wir die trostvolle Lehre
erkennen, daß das unendliche Erlösungswerk Christi einer Sonne
vergleichbar ist, die alle Zeiten mit ihren Strahlen durchleuch-
tet und erwärmt, und die auch rückwärts in den sonst dunklen
und trostlosen Zeiten des Heidentums Gottes unendliche Barmherzigkeit offenbart. Auch in dieser Zeit ist in allen von Gott
Begnadeten der Sohn Gottes Erbe und Herr; nach göttlicher
Anordnung aber ordnete er sich in diesen unter die στοιχεῖα τοῦ
κόσμου und in den Israeliten speciell unter das „Gesetz".

Um solchen mystischen Lebens Christi willen erken- vv. 4. 5.
nen wir in jedem wahren Israeliten das Vorbild des einst
in die Welt kommenden Messias. Seine Zeit wird treffend mit
„Fülle der Zeit" benannt, weil in ihr alle Vorbilder erfüllt werden. Hierzu gehört aber auch die Unterwerfung unter das alttestamentliche Gesetz, die wir im Leben Jesu vor uns sehen:
γενόμενον ὑπὸ νόμον. Das damit verfolgte Ziel bestimmt Paulus
ἵνα τοὺς ὑπὸ νόμον ἐξαγοράσῃ und ἵνα τὴν υἱοθεσίαν ἀπο-
λάβωμεν. Indem dem Sohne als der Sendende nicht der Vater,
sondern Gott gegenübergestellt wird, findet die Wahrheit einen
Ausdruck, daß die Menschwerdung, insofern sie ein Werk nach
außen ist, ein Werk der Trinität ist. Die Sendung des Sohnes
— ἐξαπέστειλεν [1]) — in diese Welt, um mit Sich die menschliche Natur in Seiner, der zweiten Person der Gottheit zu vereinigen, bringt einen neuen Modus des Daseins dieser Person
mit sich. Die Sendung in der Zeit — missio — entspricht dem

---

[1]) Vgl. von der Sendung des Sohnes: Joh. 3, 13. 17. 31. 34; 6, 57; 8,
23. 26; vom heiligen Geiste: Joh. 14, 26; 15, 26 etc.

ewigen Ausgange — processio — des Sohnes aus dem Vater [1]).
— Wie in diesen Worten die Gottheit des Sohnes eingeschlossen
ist, so ist in dem folgenden γενόμενον ἐκ γυναικός die wahre
Menschheit Jesu Christi [2]) enthalten. Das Wort γυνή aber ist
gewählt, weil es das Geschlecht bezeichnet. Darum widerspricht
dieser Ausdruck nicht nur nicht der Jungfräulichkeit der Mutter
des Sohnes Gottes, sondern spricht um des gänzlichen Fernhal-
tens des Mannes — „geworden“, nicht gezeugt — willen eher
dafür [3]). Nicht mit Unrecht finden Väter in dieser Stelle einen
Beweis einerseits für die Einheit der Person, indem vom Sohne
Gottes ausgesagt wird γενόμενον ἐκ γυν. (gegen Nestorius), wie
andererseits auch für die Zweiheit der Naturen (gegen Eutyches) [4])
ausgesprochen.

So tritt der Sohn Gottes in die Welt, wird Mensch, unterwirft Sich dem Gesetze der Beschneidung, der Darstellung im
Tempel, den übrigen Satzungen und läßt Sich von Johannes im
Jordan taufen. Weil Er Sohn Gottes, darum hat das „Gesetz“
kein Recht über Ihn; Er unterwirft Sich demselben aber frei-
willig und bietet Sich so dar als ein Lösegeld für die, deren
Natur Er angenommen, und die dem Gesetze unterworfen sind.
Darin, daß unser Erlöser unserem Geschlechte angehört, und
daß Er der Sohn Gottes ist, liegt der Grund, daß auch wir
durch Ihn zur Kindschaft Gottes gelangen [5]).

vv. 6. 7.   Aus dieser dargelegten, für alle Christen geltenden Lehre
zieht der Apostel eine besondere Anwendung für die Galater,
wie dieses aus dem Wechsel der Person und der Anrede ἡμᾶς
ersichtlich ist. Es gilt die Consequenz zu ziehen, daß sie nicht
durch das Gesetz Erben geworden sind. Zu diesem Ziele be-

---

[1]) Vgl. Thomas, Summa th. I. qu. 43; Petavius, de Trin. VIII, 1, 10.
[2]) So führt Basilius, de Spir. st. V, 12 gegen den Doketismus aus.
Vgl. Hieronymus, i. h. l.
[3]) Vgl. meine Schrift, die Gottesmutter, S. 21. 89. 97. 105.
[4]) Vgl. Hilarius, de Trin. XII, 48.
[5]) Hierüber wird eingehender noch zu handeln sein in der Evangelien-
Erklärung über die Beschneidung und besonders über die Taufe Jesu und das
bei Lukas im Zusammenhange damit gegebene Geschlechtsregister Jesu. Jesus ist der Sohn Adams und der Sohn Gottes, aber auch von Adam heißt es:
τοῦ Ἀδάμ τοῦ θεοῦ, womit eine Adoptivsohnschaft ausgesprochen ist.
(Luk. 3, 38).

nutzt Paulus die von denselben gemachten Erfahrungen [1]), daß
sie „den Geist" erhalten haben. Dieser „Geist" ist ein laut in
ihnen rufender Zeuge, der nicht verkannt werden kann.

Weil sie — so wird ὅτι am besten mit der Vulgata (quoniam) gefaßt — Kinder Gottes durch Christus sind, darum sandte
Gott τὸ πνεῦμα τοῦ υἱοῦ αὐτοῦ. Es muß mit Rücksicht auf die
Wahl des Wortes ἐξαπέστειλεν und den offenbaren Parallelismus
mit v. 4, mit der Sendung des Sohnes, unter τὸ πνεῦμα der
heilige Geist verstanden werden. Es entsteht dabei nur die
Frage, warum Er τ. πν. τοῦ υἱοῦ αὐτοῦ genannt wird. Als
Gründe hierfür bieten sich dar: Erstens wohnt der heilige Geist in
der heiligsten Menschheit Jesu als in ihrem vollkommensten Tempel und hat sie mit der in gewisser Weise unendlichen Fülle
von Gnaden ausgestattet, von der wir Gnade über Gnade empfangen. Zu diesem Grunde paßt auch das εἰς τὰς καρδίας ἡμῶν.
Zweitens redet Paulus allgemein, weshalb man berechtigt ist, sein
Wort auch dahin zu verstehen, daß der heilige Geist der Geist des
Sohnes auch hinsichtlich der Gottheit Jesu ist, denn auch der
Sohn besitzt den heiligen Geist von Ewigkeit her. Drittens endlich
findet diese Bezeichnung darin einen Grund, daß der Sohn nach
Seiner Himmelfahrt den heiligen Geist sendet [2]). Es ergiebt
sich aber aus dieser Stelle vom Senden des heiligen Geistes in
unsere Herzen, daß es sich nicht bloß um eine Gnadenwirkung
desselben handelt, sondern um eine substanzielle Gnaden-Gegen-
wart im Menschen, um einen neuen modus existendi im Herzen
der Gläubigen, die Tempel des heiligen Geistes genannt werden [3]).
Der h. Thomas hebt bei dieser Gelegenheit auch hervor, daß
diese Sendung des Geistes des Sohnes die entsprechende processio ad intra voraussetze, und somit also den Ausgang des
heiligen Geistes vom Vater und vom Sohne einschließe [4]).

---

[1]) Vgl. oben 3, 2.

[2]) Vgl. bes. Joh. 15, 26; Act. 2, 33.

[3], I. Kor. 6, 19. Petavius, de Trin. VIII, 4, 6.

[4]) i. h. l. Misit Deus Pater Spiritum sanctum, statim fit mentio de
Filio cum dicit: Filii sui. Nec refert si alicubi dicatur Spiritus solum a Patre
procedere: quia ex quo Filius mittit eum, manifestum est, quod ab ipso
procedit; unde Spiritus sanctus dicitur Spiritus Filii, sicut mittentis, et sicut a

Wie bereits bemerkt, fußt Paulus mit κρᾶζον auf einer von ihm und auch von den Galatern bereits gemachten inneren Erfahrung. Eindringlich und laut hat der heilige Geist in ihrem Inneren gerufen und, in einer Weise, die dem Menschen nicht natürlich ist, Gott als Vater [1]) angerufen. Es kann des Christen Würde, die Innigkeit und innere Lieblichkeit seines Verhältnisses zu seinem Gott und Schöpfer nicht kürzer und nicht zutreffender bezeichnet werden, als mit der vertrauensvollen und jeglicher Erhörung sich sicher wissenden Anrede: „Vater". Da treten die Gedanken an den unnahbaren Gott des Alten Bundes zurück, und in innigster Seligkeit, in dem Bewußtsein in Christus Gott versöhnt und als Kind zugeführt zu sein, bricht des Christen Herz in dasselbe Wort aus, das und wie es einst der Herr auf die Bitten Seiner Jünger hin gelehrt hatte: Abba!

Mit solchem Kindschaftsverhältnisse aber ist es unvereinbar, länger noch Knecht zu sein. In lebendiger Darstellung redet der Apostel den Einzelnen an, dem das Herz zustimmen heißt: „darum bist du nicht mehr Knecht, sondern Sohn", und zieht nun die letzte Consequenz, um die es sich bei den verirrten Galatern handelt: „wenn aber Sohn, dann auch Erbe". Die Art und Weise ist gegeben: letzlich durch Gott, der deinetwillen Seinen Sohn und den heiligen Geist gesandt hat.

IV, 8—20: Vorstellungen gegen die Annahme des Gesetzes.

8. Aber damals allerdings, als ihr Gott nicht kanntet, dientet ihr Göttern, die es in Wirklichkeit nicht sind [2]); 9. nun aber, nachdem ihr Gott erkannt habt, ja vielmehr von Gott erkannt worden seid, wendet ihr euch wieder zu den schwachen und armen Anfangslehren, denen ihr abermals von neuem dienen [3]) wollt?

---

quo procedit, et sicut a quo Spiritus sanctus quidquid habet, sicut et a Patre Joan. 16, 14.

[1]) Vgl. Röm. 8, 26: . . . τὸ πνεῦμα συναντιλαμβάνεται τῇ ἀσθενείᾳ ἡμῶν· τὸ γὰρ τί προσευξώμεθα καθὸ δεῖ οὐκ οἴδαμεν, ἀλλὰ αὐτὸ τὸ πνεῦμα ὑπερεντυγχάνει στεναγμοῖς ἀλαλήτοις.

[2]) Die Rec. liest: μὴ φύσει οὖσιν mit DᵇFG etc.; dagegen bezeugen überwiegend אABCD* Vulg. Pesch. etc. die Lesart φύσει μὴ οὖσιν (Ti. WH.).

[3]) אB Ti. WH. lesen δουλεῦσαι θέλετε, ACD etc. Zimmer lesen δουλεύειν

*10. Tage beobachtet ihr und Monate und Zeiten und Jahre. 11.
Ich fürchte euch, daß ich vielleicht umsonst bei euch gearbeitet
habe.*

*12. Werdet wie ich, wie auch ich wie ihr, Brüder, ich bitte
euch. Nichts habt ihr mir zu Leide gethan. 13. Ihr wisset aber,
daß ich wegen Krankheit des Leibes euch das erste Mal das
Evangelium verkündigt habe, 14. und die Versuchung für euch* [1])
*in meinem Fleische: nicht verächtlich behandelt noch schimpflich
abgewiesen, sondern wie einen Engel Gottes aufgenommen habt ihr
mich, ja wie Christum Jesum. 15. Wo* [2]) *ist also eure Seligpreisung? ·
denn ich bezeuge euch, daß — wenn möglich — ihr eure Augen
ausgerissen und mir gegeben hättet* [3]). *16. Bin ich somit euer Feind
geworden, indem ich euch die Wahrheit sage?*

*17. Sie sind voll Eifer um euch, doch nicht auf die rechte
Weise; wohl aber wollen sie euch ausschließen, damit ihr um sie
euch beeifert.*

18. Gut aber ist das Streben [4]) *im Guten allezeit, und nicht
bloß, wenn ich bei euch bin, 19. meine Kinder* [5]), *um die ich
abermals Geburtswehen habe, bis* [6]) *daß gestaltet ist Christus in*

ϑέλετε; die erstere Lesart ist die besser bezeugte. Weil bei ϑέλειν der Infin.
praes. häufiger ist, erklärt sich eine Änderung in δουλεύειν leichter.

[1]) א*ABD*FG, Vulg. Kopt. lesen: τὸν πειρασμὸν ὑμῶν, wofür sich auch
Ti. WH. mit Recht um dieser Bezeugung willen entscheiden. Für das ὑμῶν
findet sich DᵇᶜKL, Rec. ein μου τόν.

[2]) Unter den verschiedenen Varianten als τίς οὖν ὁ μ. (L Aeth.), τίς οὖν
ἦν ὁ π. (DK Goth.), ποῦ οὖν ἦν ὁ μ. (g, FG: ποῦ οὖν ἡ ὁ μ.) ist die best bezeugte: ποῦ οὖν ὁ μ. von אABCP Pesch. und aufgenommen von Ti. WH.
Zimmer.

[3]) Das ἂν der Rec. vor ἐδώκατε ist nach א*ABCD*FG nicht zu lesen.

[4]) אB Vulg. lesen ζηλοῦσθε, was aber eine durch den Itacismus veranlaßte Verwechslung mit ζηλοῦσθαι (Ti. WH. Zimm.) ist; das τό der Rec. zuvor kann
aber erst durch DFK etc. gestützt werden, weshalb es wahrscheinlich als
hinzugefügt anzusehen ist.

[5]) Das nur hier in paulinischen Briefen sich findende, sonst den johanneischen Schriften eigene τεκνία ist zwar erst in אᶜACDᵇᶜE etc. bezeugt, wird
aber gerade um der Ungewöhnlichkeit willen von WH. Zimmer festgehalten
gegenüber dem gewöhnlichen τέκνα, das א*BD* etc. (Ti.) lesen.

[6]) א*B lesen μέχρις (Ti. WH. Zimmer), das dem ἄχρις (אᶜAC etc. Rec.)
gegenüber als besser bezeugt erscheint.

euch; 20. ich wünschte aber bei euch zu sein zur Zeit und meine
Stimme zu ändern, weil ich verlegen bin um euch.

Mit v. 7 ist der Apostel am Schluß der mit dem dritten
Kapitel begonnenen Entwickelung angelangt. Er kommt nochmals auf die Eingangsgedanken derselben, an die er Erinnerungen über sein persönliches Verhältnis zu den Galatern knüpft,
zurück.

v. 8.   „Erbe" bist du, Galater, „durch Gott" geworden und nicht
durch das Gesetz. Zu dieser Wahrheit hast du dich bekehrt,
der du einst Heide warst. Auf diese Zeit weist das τότε zurück, und mit οὐκ εἰδότες θεόν ist das Heidentum charakterisiert [1]). Dieser Unkenntnis entsprach das Leben: ihr dientet
Göttern, die nicht existierten. Das μὴ οὖσιν negiert das Sein.
Warum aber verweist Paulus hierauf? Um der daran zu schließenden Folgerung willen, die sich also umschreiben läßt: wiewohl
ein unwissender Heide, hast du geglaubt und in Gott deine Recht-
v. 9. fertigung gefunden; nun aber (νῦν δέ), nachdem du eine so erhabene Stufe erreicht hast, willst du wieder abfallen? Paulus will
den Galatern die Größe der Verkehrtheit und Schuldbarkeit ihres Beginnens entgegen halten, wenn er mit Verweis auf ihre
frühere Unwissenheit als Heiden fortfährt: γνόντες θεόν. Jetzt
kennt ihr Gott, seid unendlich hoch dadurch begnadet; doch
noch mehr: μᾶλλον δὲ γνωσθέντες ὑπὸ θεοῦ. Von einem rein
theoretischen Erkennen Gottes kann unmöglich die Rede sein:
es muß ein Anerkennen gemeint sein, und zwar nach dem ganzen Zusammenhange ein Anerkennen der Galater als Kinder
Gottes [2]). Das aber müssen sie, damit der Apostel darauf
hin argumentieren kann, wissen. Wie Paulus früher — 3,
2. 5 — bei den Galatern auf Grund übernatürlicher, innerer
Erfahrungen derselben das Bewußtsein, den heiligen Geist erhalten zu haben, voraussetzt, so auch hier. Sie haben den Geist
der Kindschaft, der durch sein Rufen „Abba-Vater" sich in ihnen kund giebt. Trotz eurer wahren Gotteserkenntnis, ja trotz
solch unleugbarer innerer Erfahrung, daß ihr Gott zugehört —

---

[1]) Vgl. I. Thess. 4, 5; II. Thess. 1, 8.

[2]) Ganz in diesem Sinne wird das Erkennen Gottes I. Kor. 8, 3 erklärt:
εἰ δέ τις ἀγαπᾷ τὸν θεόν, οὗτος ἔγνωσται ἐπ᾽ αὐτοῦ.

Er hat euch anerkannt, wie es der heilige Geist bezeugt hat —: geschieht das unbegreifliche Unrecht, das in die Frage gekleidet ist: πῶς ἐπιστρέφετε πάλιν ἐπὶ τὰ ἀσθενῆ καὶ πτωχὰ στοιχεῖα; Es behält στοιχεῖα den früher entwickelten allgemeinen Begriff, doch wird er speciell auf das alttestamentliche Gesetz bezogen, das ebenfalls nur innerhalb der natürlichen Ordnung steht und insofern den Juden vom Heiden nicht zu unterscheiden vermag. Es kann nicht rechtfertigen, darum ist es schwach — ἀσθενῆ [1] —; arm aber ist es, wenn es verglichen wird mit dem Einssein mit Christus, der die Wahrheit und die Gnade ist, von dem wir Gnade über Gnade empfangen. Insofern Heiden und Juden als auf einer Stufe stehend betrachtet werden können, heißt es mit Recht: πάλιν; insofern die Unterordnung unter das alttestamentliche Gesetz von allen Christen in Christo, der Sich demselben unterstellt hatte, durchgemacht ist, heißt es: ἄνωθεν. Noch ist diese Wendung der Galater unter das Joch des Gesetzes nicht vollendet, aber entschlossen sind sie bereits dazu; darum: δουλεῦσαι θέλετε.

Paulus zählt einzelne Vorschriften desselben auf. Mit den v. 10. „Tagen" sind wohl die Wochen-Sabbate, gewisse jüdische Feier- und Fasttage, mit den „Monaten" die Neumondfeste, mit den „Zeiten" der jährliche Festkreis und mit den „Jahren" die Feier des Neujahrs und gegebenen Falles des Sabbat- und Jubeljahres gemeint. Daß diese gerade aus dem Gesetze herausgegriffen werden, hat seinen Grund wohl darin, daß die Judaisten bei den Galatern den jüdischen Festkalender einzuführen suchten — es muß nicht angenommen werden, daß das alles schon praktisch geworden, daß gerade ein Sabbat- oder Jubeljahr begangen worden wäre — und hierbei einen besonders großen Erfolg erzielt haben mochten.

Wohl ist die Übersetzung des φοβοῦμαι ὑμᾶς mit: „ich v. 11. fürchte für euch" möglich [2]); allein es liegt kein Grund vor, von der nächsten und gewöhnlichen Bedeutung in den paulinischen Schriften abzuweichen. Die Sorge, daß die Galater die aufge-

---

[1]) Vgl. Hebr. 10, 1.
[2]) Vgl. hierzu besonders Sieffert, der aus Plato und Sophokles für solche Übersetzung Belege anführt. So auch Bisp. Dagegen vgl. Reithm.

wandte Mühe und Arbeit vereiteln möchten ¹), läßt es begreifen,
daß sie für Paulus ein Gegenstand der Furcht sind. Der Indi-
cativ Perfecti κεκοπίακα erhält seine Erklärung im vorausgehenden
Satze, speciell in παρατηρεῖσϑε: die Galater haben bereits begonnen, den Verführern zu folgen ²).

v. 12.   Die Ermahnung γίνεσϑε ὡς ἐγώ, ὅτι κἀγώ ὡς ὑμεῖς wird verschiedenartig ausgelegt. Die nähere Bestimmung des allgemein
lautenden „werdet" wird im Folgenden gesucht und darum auf
die Liebe bezogen: liebet mich, wie ich euch liebe ³); allein zu
seltsam wäre nicht bloß der Ausdruck „werden", sondern auch,
daß die Möglichkeit des Verständnisses dieser Mahnung nicht in
dem Vorausgehenden geboten sein sollte. Darnach aber ergiebt
sich eine Aufforderung, das alttestamentliche Gesetz fallen zu
lassen, in folgender Weise: die Galater sind Heidenchristen, ihnen hat sich der Apostel accommodiert und hat das Gesetz
nicht mehr gehalten; nun bittet er die Galater, die es umgekehrt
gemacht haben und nun den Judaisten folgen, doch sein Beispiel nachzuahmen und demnach zurückzukehren ⁴). Mit
dieser herzlichen und liebreichen Bitte, die auch in der Anrede ἀδελφοί sich zeigt, verbindet Paulus eine aus seinem
wahrhaft apostolischen Herzen kommende Versicherung. οὐδέν
με ἠδικήσατε. Um ihnen die Umkehr zu erleichtern, versichert
er, daß sie ihm persönlich keine Abbitte zu leisten hätten. Es
ist dieses Wort ein Erguß selbstloser Liebe, die hier auch dadurch neue Nahrung erhält, daß Paulus seine früheren Galater
im Geiste vor sich sieht. So geht die Rede zunächst dazu über,
sie an die Vergangenheit zu erinnern.

v. 13.   Wir erhalten hier einige Nachrichten über Pauli Missions-
thätigkeit unter den Galatern, die uns sonst nirgends erzählt
oder ergänzt werden. Sie sind kurz und knapp, denn die Galater wissen ja — οἴδατε δέ —, was ihr Apostel meint; verschie-

---

¹) Vgl. zu εἰκῇ oben zu 3, 4.
²) Vgl. zu I. Thess. 3, 5 und auch zu Gal. 2, 2 über μή πως.
³) So Luther, Beza, Calv., Grotius u. a. m.
⁴) So Theod. v. Mops., Euseb. v. Emesa, Hieronym., M. Victor.,
Thom., C. v. Lap, Estius, Serip., Windischm., Reithm., Bisp.,
Holsten, Sieffert u. a. m. Steck, S. 127 f., der „Reminiscenzen" aus „früheren" paulin. Briefen finden will, giebt auch an, wie hier ein „verständlicher
Sinn" (nach I. Kor. 11, 1) lauten müßte; es hat aber diese seine Angabe
nichts mit dem Zusammenhange zu thun.

denartig aber lauten darum die Erklärungen zu: ὅτι δι' ἀσϑέ-
νειαν τῆς σαρκὸς εὐηγγελισάμην ὑμῖν τὸ πρότερον. Man
verstand diesen Satz von äußeren Verfolgungen und Leiden, die der Apostel erduldet hat [1]), oder von der Demut
und Herablassung Pauli in seinen Predigten [2]), oder man bezog
ihn auf eine wirkliche körperliche Krankheit. Zu dieser
letzten Auffassung [3]) paßt nicht bloß das διά = wegen, sondern
auch der ganze Zusammenhang. Wäre Paulus nicht durch
Krankheit festgehalten gewesen, so hätte er Macedonien und
Europa als Ziel zu verfolgen gehabt [4]). Weil das τὸ πρότερον
hier nicht „in früherer Zeit" heißen kann — das wäre ein zu
selbstverständlicher und darum nichtssagender Zusatz —, so ersehen wir daraus, daß der Apostel die galatischen Gemeinden
noch ein zweites Mal besucht hatte.

Menschlich betrachtet mußte diese Krankheit dem Apostel v. 14.
nicht bloß hinderlich sein, sondern bei den Galatern, die seinem
Worte Glauben schenken sollten, Bedenken wachrufen und zu
einer Versuchung für sie werden: πειρασμὸν ὑμῶν ἐν τῇ σαρκί
μου. In der glänzendsten Weise bestanden aber die Galater solche
Prüfung; nicht allein, daß sie den Apostel nicht verachteten [5]),
oder Abscheu vor ihm an den Tag legten [6]); sie haben ihn im
Gegenteil aufgenommen: ὡς ἄγγελον ϑεοῦ, ja noch mehr: ὡς
Χριστὸν Ἰησοῦν: wie Den, der Ihn gesandt hat gemäß des
Herrn Wort: „wer euch aufnimmt, der nimmt mich auf" [7]).

Wie ist das so anders geworden! Auf die Umwandlung v. 15.
der Galater blickend fragt der Apostel: Wo ist nun eure Seligpreisung? [8]) Ihr schätztet euch so glücklich in dem Besitze

---

[1]) Chrys., Theodt., Theod. v. Mops., Aug., Thom., Corn. a Lap.

[2]) Estius.

[3]) Hieronym., M. Victor., und besonders neuere Erklärer: Windischm., Reithm., Bisp., Sieffert und Palmieri.

[4]) Vgl. Einleitung S. 19. 186.

[5]) ἐξουϑενεῖν = für nichts achten; vgl. I. Thess. 5, 20; Röm. 14, 3.
10; I. Kor. 1, 28; 6, 4; 16, 11.

[6]) ἐκπτύειν ist das Auswerfen dessen, was einen Ekel erregt; kommt
sonst im N. T. nicht vor.

[7]) Matth. 10, 40.

[8]) μακαρισμός — vgl. Röm. 4, 6. 9 — sonst im N. T. nicht gebraucht,
Clem. Rom., ad Kor. I, 50 — bedeutet nicht beatitudo, sondern beatificatio.

dessen, was ich euch gelehrt, daß es euch das höchste und teuerste Gut war. Ich muß euch das Zeugnis geben, daß, wenn es möglich gewesen wäre [1]), ihr euer Liebstes in diesem Leben geopfert hättet. Dieser Gedanke ist in dem Bilde ausgedrückt: τοὺς ὀφθαλμοὺς ὑμῶν ἐξορύξαντες ἐδώκατέ μοι.

v. 16.   Nun aber sind die Galater in das Gegenteil umgeschlagen. Den, der ihnen früher als der größte Wohlthäter erschien, halten sie nun für ihren Feind. Was ist es aber, was dieser gethan hat? Die Wahrheit hat er ihnen gesagt. Solche Umwandlung und solche Abkehr von der Wahrheit ist ihm bei den Galatern unbegreiflich; er sucht nach dem Grunde und findet ihn in den Verführern.

v. 17.   Von diesen sagt er: ζηλοῦσιν ὑμᾶς. Unter den verschiedenen Erklärungen ist jene vorzuziehen, welche die Bedeutung des ζηλοῦν bei den Verführern wie bei den Verführten — ἵνα αὐτοὺς ζηλοῦτε — als dieselbe beibehalten kann [2]). Dieses ist der Fall, wenn wir das ζηλοῦν τινα = sich um jemanden eifrig bemühen [3]) nehmen. Einen Eifer haben also auch die Verführer, um Anhänger zu gewinnen [4]); allein es ist ein selbstsüchtiger: οὐ καλῶς. Was als Eifer für euch erscheint, ist dieses nicht; das Gegenteil davon ist wahr: zunächst suchen sie euch von der Kirche, von der Gemeinschaft mit den Lehrern der Wahrheit loszutrennen, um, wenn sie euch isoliert haben, dadurch zu erreichen, daß ihr euch dann um so eifriger um sie bemühet: ἀλλὰ ἐκκλεῖσαι ὑμᾶς θέλουσιν, ἵνα αὐτοὺς ζηλοῦτε. Herrschsucht ist die innerste Triebfeder der Verführer und ihr Hauptmittel ist Lostrennung von der Kirche.

v. 18.   Bei der zu bevorzugenden. Lesart ζηλοῦσθαι [5]) ergiebt sich

---

[1]) Zu εἰ δυνατόν vgl. Matth. 24, 24; Mark. 13, 22; Act. 2, 24; 20, 16; Röm. 12, 18.

[2]) Theodoret, Theod. v. Mops., und diesen folgend faßt Reithm. die Bedeutung im Sinne „von mißgünstiger Eifersucht". Kann aber ein solcher als Zweck von den Verführten intendiert sein? R. erklärt es das zweite Mal auch von bloßem Nacheifern „als Schüler".

[3]) Vgl. zu dieser Bedeutung II. Kor. 11, 2.

[4]) Vgl. Matth. 23, 15: „Ihr durchzieht Meer und Land, um einen Proselyten zu machen: und wenn er es geworden, so macht ihr ein Kind der Hölle aus ihm; doppelt ärger als ihr seid." Vgl. oben Einleitung S. 16.

[5]) ζηλοῦσθαι, passiv zu nehmen, = daß geeifert werde. Hieran, wie über-

der allgemeine Sinn: es ist der Eifer etwas Schönes, wenn er in
der rechten Sache bethätigt wird — καλὸν δὲ ζηλοῦσϑαι ἐν
καλῷ — und nicht bloß vorübergehend, sondern beharrlich —
πάντοτε — ist. Solch lobenswerten Eifer hatten die Galater bei
der Anwesenheit Pauli wohl gezeigt, allein nun ist Grund gegeben zur Mahnung: μὴ μόνον ἐν τῷ παρεῖναί με πρὸς ὑμᾶς.

Seine Kinder [1]) nennt der Apostel die Galater. Er bezeich- v. 19.
net sein Verhältnis zu seinen Gläubigen sowohl als das einer geistigen Vaterschaft [2]), wie auch als das einer Mutter, die ihre Kinder
pflegt [3]), oder die sie unter Wehen und Schmerzen gebiert. Es führt
das in der heiligen Schrift gern gebrauchte Bild ὠδίνω auf die mit
der apostolischen Thätigkeit verbundenen Leiden als einen Vergleichungspunkt hin. Doch hier ist noch mehr beabsichtigt. Diese
Wehen Pauli haben ebenfalls eine Geburt zur Folge: nämlich
die Wiedergeburt zu einem neuen übernatürlichen Leben. Da
dieses aber, wie bekannt, ein mystisches Leben Christi ist, da
in einer übernatürlichen Weise Christus Sich mit dem Wieder-
geborenen vereinigt, so spricht mit Bezugnahme hierauf Paulus: μέχρις οὗ μορφωϑῇ Χριστὸς ἐν ὑμῖν [4]).

In der innigsten Liebe des Apostels zu den Galatern, die v. 20.
eben ihren beredtesten Ausdruck erhalten hat, liegt der Grund
für den Wunsch: ἤϑελον δὲ παρεῖναι πρὸς ὑμᾶς. Wäre er bei
ihnen, und zwar augenblicklich — ἄρτι —, dann könnte er
ganz anders als durch einen Brief wirken, dann könnte er einen
ganz anderen Ton anschlagen als der eines geschriebenen Wortes ist — ἀλλάξαι τὴν φωνήν [5]) μου —. Umsomehr möchte er
persönlich anwesend lehren, ermahnen, beschwören, kurz den
Ton anschlagen, welcher der wirksamste ist, als er in der Ferne, in

---

haupt an die vv. 13—18. knüpft Steck, S. 129 ff., Argumente gegen die Echtheit, die teils auf vorhandenen, teils aber auf erst gemachten exegetischen
Schwierigkeiten — wozu auch unrichtige Voraussetzungen, als z. B. Galatien
mit der römischen Provinz zu identificieren, kommen — beruhen, die aber in der
positiven Erklärung selbst ihre Erledigung finden.

[1]) Der Ausdruck τεκνία ist sonst bei Paulus nicht üblich, er wählt τέκνα
und Hebr. 2, 14: παιδία.

[2]) I, Kor. 4, 15. Philem. 10. — [3]) I. Thess. 2, 7, vgl. oben S. 58 f.

[4]) Vgl. Ephes. 3, 17: κατοικῆσαι τὸν Χριστὸν διὰ τῆς πίστεως ἐν ταῖς καρ-
δίαις ἡμῶν ἐν ἀγάπη.

[5]) ἀλλάττειν = ändern; φωνή = die tönende Stimme, nicht die Sprache;
also kann der Sinn nicht sein: eine andere Sprache annehmen

Ephesus sich in einer gewissen Verlegenheit mit ihnen befindet,
und er nicht recht weiß, woran er mit ihnen ist — *ὅτι ἀποροῦ-
μαι* [1]) *ἐν ὑμῖν* —.

IV, 21—31: Das Gesetz selbst lehrt die Freiheit der Christen als der „Kinder der Verheißung".

*21. Saget mir, ihr, die ihr unter dem Gesetze zu stehen
willens seid, höret* [2]) *ihr das Gesetz nicht? 22. Es steht nämlich
geschrieben, daß Abraham zwei Söhne hatte, einen aus der Magd
und einen aus der Freien; 23. aber der aus der Magd ist dem
Fleische nach erzeugt worden, der aber aus der Freien durch die
Verheißung. 24. Dieses ist bildlich. Diese nämlich sind die zwei
Testamente: das eine nämlich am Berge Sinai, welches zur Dienstbarkeit gebiert, welches Hagar ist; 25. [denn] [Hagar] der Sinai
[aber] ist ein Berg* [3]) *in Arabien; er steht aber jetzt mit Jerusalem auf einer Linie, denn es dient mit seinen Kindern; 26. das
höhere Jerusalem aber ist frei, welches unsere Mutter* [4]) *ist; 27.
denn es steht geschrieben:*

---

[1]) Zu *ἀπορεῖσθαι* vgl. Joh. 13, 22; Act. 25, 20; II. Kor. 4, 8.

[2]) ℵABCF* etc. lesen *ἀκούετε*; nur DFG und spätere Handschr. lesen:
ἀναγινώσκετε.

[3]) Die hauptsächlichsten Lesarten dieser Stelle sind: ABD, einige Min.
und Kopt.: *τὸ δὲ Ἄγαρ Σινᾶ ὄρος ἐστίν*; ℵCFG Vulg., Arm. Aeth.: *τὸ γὰρ Σινᾶ
ὄρος* (so liest Ti.) (ℵ hat aber nach *ἐστίν* ein *or*); KLP, die meisten Min.,
Pesch.: *τὸ γὰρ Ἄγαρ Σινᾶ ὄρος ἐστιν* (Rec.), hierfür entscheidet sich Zimmer,
weil von dieser aus die übrigen Lesarten, spec. ℵ, sich am einfachsten erklären ließen; desgleichen Sieffert, S. 292 f. Anmerkg, der „die Einfügung
von *Ἄγαρ* ganz unwahrscheinlich" findet, während „die begreifliche Unfähig-
keit, einen Zusammenhang zwischen den Namen Hagar und Sinai in der
arabischen Sprache zu erkennen" zu der Auslassung von *Ἄγαρ* geführt habe,
wie dieses bei b. e. Ambrostr. auch mit *Σινᾶ* der Fall sei. WH. lesen im
Text: *τὸ [δὲ Ἄγαρ] Σινᾶ ὄρος ἐστίν*. Auch Reithm. spricht sich für die Rec.
aus. Windischm. dagegen erklärt das *Ἄγαρ* als aus einem Glossem entstanden. Neben *τὸ δέ* findet sich die Lesart *τὸ γάρ*. „Dies wurde in einer Hand-
schrift, welche die Lesart *τὸ δέ* enthielt, am Rande bemerkt mit der Glosse
ἅ γάρ, d. h. *ἄλλοι γάρ*, und hieraus wurde dann *Ἄγαρ* gebildet." Die ältesten
Handschriften und Übersetzungen lassen die Frage nicht mit Bestimmtheit
entscheiden; es schwanken auch die krit. Ausgaben, so daß auf den Zusammenhang recurriert werden muß. Vgl. die Erklärung d. St.

[4]) Nach ℵ*BC*DFG ist das *πάντων* nach *ἡμῶν*, das ℵcACcKL, Rec. lesen,
als ein späterer Zusatz anzusehen.

Freue dich, du Unfruchtbare, die du nicht gebierst,
Frohlocke und rufe laut, die du keine Wehen hast;
Denn viel sind die Kinder der Einsamen, mehr denn jener, die
                                                den Mann hat.

28. *Wie [ihr] aber, Brüder, Isaaks gemäß, sind wir [seid ihr]* [1]
Kinder der Verheißung. 29. *Aber wie damals der nach dem*
Fleische Gezeugte den nach dem Geiste verfolgte: so auch jetzt.
30. *Aber, was sagt die Schrift? Stoße hinaus die Magd und ih-*
ren Sohn, denn nicht soll erben [2] *der Sohn der Magd mit dem*
Sohne der Freien [3]. 31. *Deshalb* [4], *Brüder, sind wir nicht der*
Magd, sondern der Freien Kinder.

Unschwer ist zu erkennen, daß der Apostel die Rede von v. 21.
v. 9 wieder aufnimmt und an οἷς πάλιν ἄνωθεν δουλεῦσαι θέλετε
das οἱ ὑπὸ νόμον θέλοντες εἶναι anknüpft. An jene, welche
die Bedeutung und Geltung des Gesetzes überschätzen, wendet
er sich, um einen Beweis für die Freiheit von demselben zu gewinnen, der gerade von dem Standpunkte dieser aus unwider-
leglich ist. Wohl unter Bezugnahme auf die synagogalen
Gottesdienste, in denen das Gesetz vorgelesen ward, fragt er
sie: τὸν νόμον οὐκ ἀκούετε;

In demselben Gesetze wird erzählt, daß dem Abraham zwei vv. 22. 23.
Söhne geboren worden waren, Ismael von der Magd Hagar und
Isaak von der Freien Sara; jener auf rein natürliche, dieser auf
wunderbare Weise durch die dem Abraham gegebene Verheißung [5]. Jener wird deshalb bezeichnend Sohn Abrahams genannt κατὰ σάρκα, dieser dagegen δι᾽ ἐπαγγελίας. Die Verhei-

---

[1] BD*FG lesen ὑμεῖς ἐστε Ti. (WH. am Rande); ℵACDᶜE etc. Vulg.
Pesch. und andere Übersetzungen lesen ἡμεῖς ἐσμεν (Rec. [WH.])

[2] ACFG Chrys. Theodt. etc. Rec. lesen κληρονομήσῃ; doch ist wohl mit
ℵBD Min. zu lesen: κληρονομήσει. So Ln, Ti., WH.

[3] D*E*FΛ d e g Victorin. Hieron. i. h. l. lesen hier auch noch τοῦ υἱοῦ
μου Ἰσαάκ, was sich eher als ein Zusatz aus Gen. 21, 10 erklären läßt.

[4] ℵBD* 17, 67* Tert., d e f g Vulg. Ambst., Hier. (itaque) Victor.
(ergo) lesen διό, was um dieser Bezeugung willen vor dem ἄρα der Rec.
(D°KL) Chrys., dem ἄρα οὖν (FG Theodt.) und ἡμεῖς δέ (AC) den Vorzug verdient.

[5] Vgl. Röm. 4, 19 f. und oben S. 272 f.

fiung hatte als eine vermittelnde Ursache bei Isaak übernatürlich das gewirkt, was die Natur nicht mehr vermocht hatte.

vv. 24. 25.　　Von diesen beiden Erzählungen des Gesetzbuches über
Ismael und Isaak sagt nun Paulus: ἅτινά ἐστιν ἀλληγορού-
μενα, d. h. sie enthalten noch einen anderen, als den rein
historischen Sinn; es drücken diese erzählten Begebenheiten
noch eine andere Wahrheit aus, oder es soll durch diese Thatsachen noch etwas anderes gelehrt werden [1]). Darum ist die
Beibehaltung der Benennung „Gesetz" auch für einen erzählenden Abschnitt gerade hier besonders bezeichnend. Wir begegnen vorab aber der Frage, ob Paulus hier auf einem bloß
rabbinischen Standpunkte stehend höchstens ein argumentum
ad hominem vortrage, oder ob er auf einem allgemein gültigen
Satze, auf einer Wahrheit fußend seinen Beweis aufbaue. Um
das letztere bejahen zu können, bedarf es nur der Voraussetzung,
daß es Gott in Seiner Allmacht, Allwissenheit und Weisheit gefallen hat, Ereignisse und Handlungen — auch die freien des
Menschen — in Seinen Dienst zu nehmen, um uns dadurch zu
unterweisen, und daß Gott als Leiter der Geschichte und als
erster Urheber der inspirierten geschichtlichen Bücher, diese in
der gleichen Absicht niederschreiben ließ [2]). Es ist dieses freilich eine Wahrheit, gegen die eine Exegese, die den Standpunkt
des Glaubens verlassen hat, sich ablehnend verhalten muß. Dieser
legen die alttestamentlichen, geschichtlichen Bücher dann allerdings eine Reihe von Fragen vor, die deren Einheit zu bezwei-
feln, und sie als eine mehr oder minder glückliche oder un-
glückliche Zusammensetzung aus verschiedenen Quellen erscheinen zu lassen, geeignet sind. Anders gestaltet sich aber sofort
die Auffassung derselben, wenn wir in den eigenartig erzählten
Begebenheiten, die uns deshalb gerade besonders auffallen, eine

---

[1]) Die zu ἀλληγορεῖν gern citierte Stelle Heraklid. de Alleg. hom. 5 ist:
ὁ γὰρ ἄλλα μὲν ἀγορεύων τρόπος, ἕτερα δὲ ὧν λέγει σημαίνων, ἐπωνύμως ἀλληγορία
καλεῖται.

[2]) Thomas i. h. l. Est enim duplex significatio: una est per voces,
alia est per res quas voces significant. Et hoc specialiter est in sacra Scriptura, et non in aliis; cum ejus auctor sit Deus, in cujus potestate est quod
non solum voces ad designandum accommodet (quod etiam homo facere potest), sed etiam res ipsas.

Belehrung oder bei dem auf das Messiasreich vorbereitenden Zwecke des alten Bundes eine Beziehung auf dasselbe erblicken, wenn wir die historischen Bücher auch als das, was sie ebenfalls sein wollen, als prophetische ansehen, die nicht bloß Geschichte, sondern auch Typen berichten. Über diesen Charakter des alten Testamentes beseitigt das neue jeden Zweifel. Christus anerkennt denselben im Gesetze, findet ihn z. B. in der chernen Schlange und in dem Zeichen des Jonas. Ihm folgen die Apostel, die Väter und Erklärer seit den ältesten Zeiten und von den verschiedensten Richtungen innerhalb der Kirche [1]).

Ein Licht nun über die Bedeutung der im „Gesetze" verhältnismäßig ausführlich und umständlich erzählten Begebenheiten mit Ismael und Isaak empfangen wir hier vom Apostel: αὗται γάρ εἰσιν δύο διαθῆκαι, μία μὲν ἀπὸ ὄρους Σινᾶ εἰς δουλείαν γεννῶσα . . . . ἡ δὲ ἄνω Ἱερουσαλὴμ ἐλευθέρα ἐστίν, ἥτις ἐστὶν μήτηρ ἡμῶν. Es bezieht sich αὗται auf die beiden Mütter, wie das gleich folgende ἥτις . . Ἅγαρ zeigt. Die Allegorie wird dahin ausgeführt, daß die eine der Frauen des Abraham Magd, die andere aber eine Freie war, daß durch jene der alte, durch diese der neue Bund vorgestellt wird. In der Heilsgeschichte nimmt, wie auch schon früher bemerkt [2]), Abraham als Träger der erneuten Verheißung eines Erlösers jene centrale Stellung ein, die eine Nachkommenschaft bedingt. Abraham, der um seiner Aufgabe willen, nicht kinderlos bleiben konnte, war eine doppelte Verbindung eingegangen: eine mit Hagar, der Magd, und eine mit Sara, der Freien. Aus der ersteren entsproß Ismael κατὰ σάρκα, und es dachten Abraham wie auch die Herrin der Magd, Sara, daran, daß durch diesen, den beide als ihr Kind ansahen, ihnen weitere Nachkommenschaft werden möchte [3]). Doch Gott hatte es anders beschlossen: kraft der Verheißung gebar auch Sara „den Sohn der Verheißung". Von beiden und von allen ihren Nachkommen ist Abraham der Stammvater. Es

---

[1]) Vgl. hierüber eine Einzelausführung in meiner Schrift, die Gottesmutter, S. 8.

[2]) Vgl. oben S. 275.

[3]) Vgl. Gen. 17, 18, wo Abraham dieser Hoffnung Ausdruck giebt, und 16, 2, wo Sara ein Kind Abrahams aus ihrer Magd als das ihrige betrachten will.

giebt also zwei Weisen, die eine nach der Natur und die andere nach der Gnade, um Kind Abrahams zu werden [1]). Um das im Bilde voraus zu zeigen, erhörte Gott Abrahams Bitte: „laß Ismael vor Dir leben" nicht, sondern griff in übernatürlicher, wunderbarer Weise ein [2]).

Bringt man nun das alte Testament in das Verhältnis zum neuen, wie es die Gegner Pauli, „die unter dem Gesetze stehen wollen", thun, und betrachtet man es also als etwas Selbständiges, dann ergeben sich zwei Bünde; betrachtet man es aber unter dem Gesichtspunkte der Zugehörigkeit zu Christus, zu dem Samen Abrahams, dann giebt es nur einen Bund. Im ersteren Falle bringt Hagar den alten, Sara den neuen Bund typisch zum Ausdruck, ist Ismael das Vorbild aller Kinder Abrahams $\varkappa\alpha\tau\grave{\alpha}$ $\sigma\acute{\alpha}\varrho\varkappa\alpha$ und Isaak das Vorbild aller Kinder Abrahams $\delta\iota'$ $\dot{\epsilon}\pi\alpha\gamma\gamma\epsilon\lambda\acute{\iota}\alpha\varsigma$ oder $\varkappa\alpha\tau\grave{\alpha}$ $\pi\nu\epsilon\tilde{\nu}\mu\alpha$ — gemäß der übernatürlichen Ordnung — von Allen, die in Christus „dem Samen" Abrahams eingekindet sind.

Vom Standpunkte derer aus, „die unter dem Gesetze sein wollen", wird der alte Bund nach dem Berge Sina bestimmt, und ist — wie dieses beim Vorbilde Hagar der Fall war [3]) — $\epsilon\grave{\iota}\varsigma$ $\delta o\nu\lambda\epsilon\acute{\iota}\alpha\nu$ $\gamma\epsilon\nu\nu\tilde{\omega}\sigma\alpha$: einer, der zur Knechtschaft gebiert. Aber, so mag man fragen, ist diese Eigenschaft in der That im „Gesetze" zu finden? Dem aber, der sagen möchte, er habe nicht vom Gesetze gehört, daß der Sinai-Bund zur Knechtschaft gebäre, weist Paulus auf die Bedeutung des Umstandes, daß derselbe nicht im Lande der Verheißung, sondern in Arabien, dem Lande der Nachkommen Hagars und deshalb der Dienstbarkeit — daß es dieses ist, bezweifelt keiner, „der unter dem Gesetze stehen will" — geschlossen worden ist: $\tau\grave{o}$ $\delta\grave{\epsilon}$ $[\gamma\grave{\alpha}\varrho]$ $[{^{\prime\prime}}A\gamma\alpha\varrho]$ $\Sigma\iota\nu\tilde{\alpha}$ $\ddot{o}\varrho o\varsigma$ $\dot{\epsilon}\sigma\tau\grave{\iota}\nu$ $\dot{\epsilon}\nu$ $\tau\tilde{\eta}$ $'A\varrho\alpha\beta\acute{\iota}\alpha$. Wird das Gesetz von der

---

[1]) Vgl. oben die Erklärung zu 3, 16, S. 284 ff.

[2]) Gerade der Umstand, daß Abraham nach dem Tode der Sara die Ketura zur Frau nahm und aus ihr sechs Söhne zeugte — Gen. 25, 1 ff. —, wirft noch ein bedeutungsvolles Licht auf Isaaks Geburt; denn auch einen solchen Weg, durch eine andere Freie in natürlicher Weise dem Abraham Kinder zu schenken, wollte Gott nicht wählen.

[3]) Vgl. Gen. 16, 6 ff., die Zurücksendung der flüchtigen Hagar durch einen Engel zu ihrer Gebieterin Sara.

Verheißung losgetrennt und als allein wirksam betrachtet, dann wirkt es Knechtschaft; oder: wird der alte Bund vom neuen losgelöst, dann sind die Glieder jenes nichts anderes als Nachkommen Abrahams κατὰ σάρκα, wie dieses Ismael auch ist, sind Nachbilder der Kinder der Unfreien, „die zur Knechtschaft gebiert".

Hier mag auch die Frage aufgeworfen werden, ob das Ἄγαρ bei Σινᾶ als echt vom Zusammenhange begünstigt wird oder nicht. — Es könnte der alte auf Sinai geschlossene Bund auch in der von Gott gewollten Weise aufgefaßt und darum vorab an die demselben ja auch angehörenden wahren Israeliten, die nicht bloß κατὰ σάρκα Kinder Abrahams sind, gedacht werden. In dieser Weise faßt ihn ja Paulus selbst auf. Dem gegenüber wäre eine nähere Begrenzung bezw. Einschränkung auf jene Kinder Abrahams, die eben nur κατὰ σάρκα dem alten Bunde eingegliedert sind, nicht unangebracht. Das aber geschähe durch den Zusatz Ἄγαρ zu Σινᾶ, so daß derselbe im Zusammenhange als nähere Begriffsfixierung wohl dienlich wäre [1]).

Dieser Sinai steht auf derselben Stufe — συνστοιχεῖ — mit dem gegenwärtigen Jerusalem. Weil mit diesem sich doch zunächst der geographische Begriff der Stadt verbindet, so liegt der Gedanke an den Berg am nächsten. Darum halte ich mit der Vulgata, Hieronym., Ambros., Chrysost., Thomas, Estius u. A. dafür, daß Σινᾶ als Subject zu συνστοιχεῖ zu ergänzen ist. Wie nun aber unter dem τῦν Ἱερουσαλήμ die Stadt als Repräsentant des ungläubigen, von Christus getrennten Israel zu verstehen ist, so ist auch bei Sinai an den alten Bund zu denken, dessen Typus Hagar ist [2]). Den Beweis dafür, daß das jetzige Jerusalem sich von den Nachkommen Ismaels nicht unterscheidet, faßt der Apostel in die Worte: δουλεύει γὰρ μετὰ τῶν τέκνων αὐτῆς: es dient unter der Knechtschaft des Gesetzes.

---

[1]) Man kann also die Echtheit festhalten, ohne zu den Versuchen, die Hagar als einen arabischen Namen für Sinai nachweisen wollen — wie es bereits Chrysost. gethan hat —, greifen zu müssen. Vgl. hierzu bes. Reithm., S. 375 ff.; Sieffert, S. 294 ff.

[2]) So deckt sich sachlich diese Auffassung auch mit der anderen Ansicht (Theod. v. Mops. und bes. neuerer Erklärer), die συστοιχεῖ auf Ἄγαρ bezieht.

v. 26. Im Gegensatze (δέ) dazu steht aber die Kirche, das Reich des Messias, das hier in Anlehnung an bekannte häufige Psalmen[1]) und Prophetenworte[2]) Jerusalem genannt und hier als ἡ ἄνω Ἰερουσαλήμ[3]) näher bestimmt wird. Mit ἄνω ist der Ursprung der Kirche bezeichnet; eine Scheidung zwischen der ecclesia militans und triumphans liegt nicht vor. Es entspricht ἄνω dem ἀπὸ ὄρους Σινᾶ. Hätte Paulus den Gegensatz zwischen Hagar und Sara ganz ausgeführt, so hätte er etwa gelautet: ἡ δὲ δευτέρα ἄνωθεν, εἰς ἐλευθερίαν γεννῶσα ἥτις ἐστὶν Σάῤῥα; allein er läßt das Vorbild fallen, um sogleich die in Sara vorgebildete Freiheit der Kirche vom „Gesetze" auszusprechen: ἐλευθέρα ἐστίν.

Das Vorbild veranlaßt die Vergleichung der Kirche mit einer Mutter: ἥτις ἐστὶν μήτηρ ἡμῶν. Der innerste Grund für das Zutreffende dieser Bezeichnung liegt darin, daß die Glieder der Kirche ein neues Leben beginnen, „wieder geboren" werden[4]). Aber sie ist — der Sara vergleichbar — nicht in natürlicher, sondern in übernatürlicher Weise „unsere Mutter". Gewiß ergiebt sich daraus die Folgerung, daß wir als Kinder der „Freien" frei sind. Allein vorab handelt es sich dem Apostel um den Nachweis, daß in der That das himmlische, freie Jerusalem unsere Mutter ist. Zu diesem Zwecke beruft er sich denen, „die unter dem Gesetze sein wollen", gegenüber auf ein Wort des Propheten Jsaias[5]), welches hier genau nach den LXX wiedergegeben ist.

vv. 27. 28. Es schaut der Prophet Jerusalem, das durch die Babylonier erniedrigt und seiner Kinder beraubt worden war, von seinem Schöpfer und Gemahl in Gnaden wieder aufgenommen; er sieht es mit seinem schönsten Schmucke, einem reichen Kindersegen so ausgestattet, daß — im Bilde von einem Zelte redend — der frühere Raum nicht ausreicht. „Mache weit den

---

[1]) Vgl. Ps. 67, [68] 16; 86 [87], 1.
[2]) Vgl. z. B. Isai. 2, 2; 4, 3 und viele a. St.
[3]) Vgl. Hebr. 11, 10: ἐξεδέχετο γὰρ τὴν τοὺς θεμελίους ἔχουσαν πόλιν, ἧς τεχνίτης καὶ δημιουργὸς ὁ θεός. Das. 12, 22; Apok. 3, 12; 21, 2. Schoettgen, horae; I. p. 1205.
[4]) Vgl. hierzu die Erklärungen zu 2, 20.
[5]) c. 54, 1 ff.

Raum deines Zeltes und die Vorhänge deiner Wohnung spanne
man aus, wehre es nicht! Mache lang deine Seile und deine
Pflöcke schlage fest". Des Sehers Blick bleibt nicht etwa stehen
bei der wiedererbauten Stadt, denn er fährt fort: „nach rechts und
links wirst du ausbrechen, und dein Same wird von den Völkern
Besitz ergreifen"; er schaut das Zelt zur Kirche Gottes sich erweitern,
die „mit Saphiren" gegründet, deren Mauerzacken Rubine, deren
Thore Karfunkel und deren „ganze Begrenzung" „Edelsteine"
sind, die „durch Gerechtigkeit" befestigt ist und jeden Angriff
zu nichte machen wird [1]). So kann es denn keinem Zweifel unterliegen, daß Jsaias die Kirche, das himmlische Jerusalem,
das alttestamentliche aber nur insofern, als es damit eins ist und
im messianischen Reiche aufgeht, meint. Hiervon sagt er denn:

> „Juble Unfruchtbare, die nicht geboren,
>   in Jubel brich aus und jauchze, die nicht kreiste!"

Die Freude der Mutter über ihr Kind ist so groß, daß sie
die heftigsten Schmerzen überwiegt. Zu solcher Freude und
zwar in einem überreichen Maße wird die Kirche aufgefordert;
und warum? „Weil viel sind die Kinder der Einsamen, mehr
als die der Vermählten." Weil Gott in wunderbarer, übernatürlicher Weise ihr diese zahlreichen Kinder geschenkt hat.
Was Sara im Typus darstellt, was Jsaias vorherverkündet, das
sieht der Apostel in der Kirche sich erfüllen, und auch die Galater gehörten zu den „vielen Kindern", die dem neuen Jerusalem von Gott in übernatürlicher Weise wie diese in Isaak vor-
gebildet ist, geschenkt werden. Im wesentlichen decken sich
beide Lesarten: ἡμεῖς δὲ ἀδελφοί, κατὰ Ἰσαὰκ ἐπαγγελίας τέκνα
ἐσμέν und die andere, die Galater speciell anredende: ὑμεῖς . . .
ἐστέ.

Paulus führt die Parallele zwischen Ismael und Isaak noch v. 29.
weiter aus. Dasselbe Schauspiel der Verfolgung der Kirche
Jesu, wie es sich auch bei den Galatern seitens der Juden und
Judaisten abspielt, ist auch schon an den Vorbildern zu sehen.

---

[1]) Vgl. 54, 11—17. „Jede Waffe, die gegen dich gefertigt wird, hat
kein Glück, jede Zunge, die gegen dich zum Gerichte auftritt, wirst du verurteilen".

Es ist die Vorherverkündigung der Verfolgung ein Trost für die
Zeit, da sie hereinbricht, und ein Beweis, daß Gott sie in Seinen
Heilsplan zum Besten Seiner Kirche mit aufgenommen hat. Indem der Apostel darauf, daß einst der Sohn Hagars den Sohn
der Freien verspottet hat [1]), hinzeigt, erklärt er, daß es auch
jetzt so kommen mußte. Sehen wir doch den Spott der Kinder Abrahams κατὰ σάρκα, der Juden, auf dem Gipfel, da sie
unter dem Kreuze standen und „den Samen Abrahams" ver-
höhnten [2]). Diese Verfolgung ging und wird fortgehen gegen
die Kirche, die geistigen Kinder Abrahams, bis zum Ende der
Zeiten. Nunc etiam carnales persequuntur in ecclesia spirituales
viros etiam corporaliter, illi scilicet, qui quaerunt gloriam et
temporalia lucra in ecclesia (Thomas, i. h. l.).

v. 30.　　Wohl auch zum Troste, doch noch mehr zur Belehrung
und Warnung für die Galater lenkt Paulus ihren Blick auf die
Strafe für die Verfolgung, indem er nach der Schrift die Worte
der Sara anfügt [3]): ἔκβαλε τὴν παιδίσκην καὶ τὸν υἱὸν αὐτῆς.
Doch nicht auf dieser Verstoßung an sich, sondern auf dem
eigentlichen Grunde dafür, auf dem Ausschlusse von der Erb-
schaft liegt der Hauptnachdruck: οὐ γὰρ μὴ κληρονομήσει ὁ υἱὸς
τῆς παιδίσκης μετὰ τοῦ υἱοῦ τῆς ἐλευθέρας. So werden die Galater darauf hingewiesen, um was es sich bei dem ganzen Streite
für sie lediglich handle: auf den Verlust des Erbes, auf den
Ausschluß vom Himmel.

v. 31.　　Der Apostel war c. 4, 7 in seiner Beweisführung bei dem
Satze angelangt: εἰ ... κληρονόμος διὰ θεοῦ. Dieser ist die
eine Prämisse, die andere ist im v. 30 enthalten: Erbe ist der
Sohn der Freien, nicht der der Magd. Es mögen Pauli Gegner
sich nun noch so viel auf ihr Gesetz, „unter dem sie stehen
wollen", und darauf, daß sie Nachkommen Abrahams sind, zu

---

[1]) Gen. 21, 9; „und es sah Sara den Sohn Hagars, der Ägyptierin, den
sie dem Abraham geboren, lachend": מְצַחֵק, was die LXX mit παίζοντα wiedergeben. Der Apostel giebt uns hier eine verallgemeinerte Erklärung dieses
Wortes mit ἐδίωκε.

[2]) Vgl. Matth. 27, 29. 41: ὁμοίως δὲ καὶ οἱ ἀρχιερεῖς ἐμπαίζοντες. Mark.
15, 18. 31. Luk. 23, 35. 36: ἐνέπαιζον δὲ αὐτῷ καὶ οἱ στρατιῶται.

[3]) Gen. 21, 10.

gute wissen und thun: die unwiderlegliche Folgerung (διό) jener beiden Prämissen ist: wir Erben sind Kinder der Freien! Juden und Judaisten mögen Kinder Abrahams sein, sie sind es κατὰ σάρκα, wie Ismael; wir aber sind es κατὰ πνεῦμα — nach einer übernatürlichen Weise — sind es wie Isaak, der Sohn der Freien.

V, 1—24: **Ermahnungen zum Verharren in der wahren christlichen Freiheit und zu einem dieser entsprechenden Wandel.**

1. Für die Freiheit hat uns Christus befreit; stehet also fest, und laßt euch nicht wieder an das Joch der Dienstbarkeit bringen [1].

2. Siehe, ich Paulus sage es euch, wenn ihr euch beschneiden laßt, wird Christus euch nichts nützen. 3. Ich bezeuge es aber wiederum einem jeden Menschen, der sich beschneiden läßt, daß er verpflichtet ist, das ganze Gesetz zu erfüllen. 4. Los von Christus seid ihr, die ihr euch im Gesetze rechtfertigt, aus der Gnade seid ihr gefallen. 5. Denn wir erwarten kraft des Geistes aus dem Glauben die Hoffnung der Gerechtigkeit; 6. denn in Christus gilt weder die Beschneidung etwas, noch die Vorhaut, sondern der Glaube, der durch Liebe thätig ist.

7. Ihr liefet gut! Wer hinderte [2] *euch, der* [3] *Wahrheit zu folgen? 8. Die Überredung ist nicht von dem, der euch beruft. 9. Ein wenig Sauerteig durchsäuert* [4] *die ganze Masse. 10. Ich*

---

[1] Bei diesem Verse liegen mehrfache Verschiedenheiten der Lesarten vor. Die Rec. lautet: τῇ ἐλευθερίᾳ οὖν ᾗ Χρ. ἡμᾶς ἠλευθέρωσε. Dieselbe ist aber verhältnismäßig am wenigsten bezeugt; es fehlt das οὖν in אABC*DF GP, It. Vulg. etc.; es findet sich erst in CᶜKL; das ᾗ ferner erst in DᵇᶜE, während es אABCD* fehlt. Die Wortstellung Χρ. ἡμᾶς bieten אᶜCKL, während א*ABDFG P. ἡμᾶς Χρ. lesen. Als die best bezeugte Lesart bietet sich also dar: τῇ ἐλευθερίᾳ ἡμᾶς Χριστὸς ἠλευθέρωσεν. Ferner ist mit אBCFGP zu lesen στήκετε οὖν (gegen die Rec., die οὖν wegläßt). So lesen den Vers auch Ti. WH. — Offen bleibt, ob mit Ti. nach אAD*EG etc. δουλίας, oder mit WH. nach BCDᵇᶜ etc. δουλείας zu lesen ist.

[2] Alle Majusceln und die meisten Minusceln lesen ἐνέκοψεν; für das ἀνέκοψε der Rec. ist nur eine kleinere Zahl von Minusceln.

[3] Mit א*AB lassen Ti., WH., Zimm. den Artikel vor ἀληθείᾳ weg; אᶜCD etc. Rec., Ln lesen ihn, doch ist die Bezeugung die minder starke.

[4] Die Lesart ζυμοῖ ist durch אABC etc. bezeugt; das δολοῖ (D*E, mehrere Väter) ist ein Interpretamentum.

habe aber das Vertrauen zu euch im Herrn, daß ihr nichts an-
deres sinnet; wer aber euch verwirret, wird das Gericht tragen,
wer er auch sei [1]*). 11. Ich aber, Brüder, wenn ich noch die Beschnei-*
dung predigte, was würde ich noch verfolgt? Dann wäre das Är-
gernis des Kreuzes gehoben. 12. Möchten doch die, welche euch
aufrührig machen, entfernt (abgehauen) werden!

13. Denn ihr seid zur Freiheit berufen, Brüder; nur nicht,
daß die Freiheit zur Veranlassung für das Fleisch —, sondern
durch die Liebe dienet einander; 14. denn das ganze Gesetz ist
in dem einen Worte [2]*) erfüllt* [3]*), in dem: du sollst deinen Näch-*
sten lieben wie dich selbst [4]*). 15. Wenn ihr aber einander beißet*
und esset, so sehet zu, daß ihr nicht von einander aufgezehrt
werdet.

16. Ich sage aber, wandelt im Geiste und erfüllet nicht die
Begierde des Fleisches; 17. denn das Fleisch begehrt wider den
Geist, der Geist aber wider das Fleisch; denn [5]*) diese sind einander*
entgegengesetzt, damit ihr nicht das, was [6]*) ihr etwa wollt, thut.*
18. Wenn ihr aber vom Geiste geführt werdet, seid ihr nicht un-
ter dem Gesetze. 19. Offenkundig aber sind die Werke des Fleisches,
die da sind [7]*): Unzucht, Unlauterkeit, Ausschweifung, 20. Gö-*
tzendienst, Zauberei, Feindschaften, Streit [8]*), Eifersucht* [9]*), Zorn-*

---

[1]) Nicht ist mit CDE etc. Rec. ἄν, sondern mit ℵABP, Ti., WH. ἐάν
zu lesen.

[2]) Nach Epiph. und Tert. las Marcion in antinomist. Interesse statt ἐν
ἑνὶ λόγῳ: ἐν ὑμῖν und ließ das folgende ἐν τῷ weg. Durch Verschmelzung
des ursprünglichen Textes hiermit entstand die Lesart, die D*FG It. Ambstr.
bieten: ἐν ὑμῖν ἐν ἑνὶ λόγῳ.

[3]) Statt Rec. πληροῦται ist nach ℵABC πεπλήρωται zu lesen (Ti., WH.).

[4]) Für ἑαυτόν der Rec. ist nach ℵABCDK Min. etc. σεαυτόν (Ti., WH.,
Zimm.) zu lesen.

[5]) Gegenüber dem δέ der Rec. — mit ℵᶜACDᶜK etc. — nach ταῦτα ist
γάρ durch ℵ*BD*FG, It. Vulg. besser bezeugt (Ti. WH.).

[6]) Nach ἅ ist mit ℵAB² ἐάν (Ti., WH., Zimm.) und nicht mit C²DF
etc. Rec. ἄν zu lesen. B*: ινα μηαν, C* fehlt es ganz.

[7]) Μοιχεία vor πορνεία ist wahrscheinlich aus Matth. 15,19; Mark. 7,21;
(Hos. 2,2) eingeschoben; ℵ*ABCP fehlt es.

[8]) Mit ℵABD* ist ἔρις (Ti., WH.) nicht ἔρεις (CDᵇ etc. Rec.) zu lesen.

[9]) ℵCDᵇˑᶜK etc. Rec. lesen ζῆλοι; BD* etc. lesen ζῆλος (Ti. WH.).

ausbrüche, Ränke, Spaltungen, Trennungen, 21. Haß [1]), Trunkenheiten, Gelage und dergleichen; wovon ich euch vorhersage, wie ich euch vorher sagte [2]), daß die, welche solches thun, das Reich Gottes nicht erben werden. 22. Die Frucht des Geistes aber ist: Liebe, Freude, Friede, Langmut, Güte, Wohlwollen, 23. Vertrauen, Sanftmut, Enthaltsamkeit; hierfür bedarf es keines Gesetzes. 24. Jene aber, die Christus Jesus angehören, kreuzigten das Fleisch mit den Begierden und den Leidenschaften.

Es gipfelte zum Schluß die Beweisführung in dem Satze: V, 1. wir sind als die Kinder der Freien frei. Hieran schließt sich eine Ermahnung, die keiner Motivierung erst bedarf, die vielmehr in ihrem Inhalte allein schon den dringendsten Beweggrund birgt. Nachdrucksvoll steht das Wort „Freiheit" an der Spitze; aber es ist die wertvollste und idealste Freiheit damit gemeint, denn Christus ist ihr Urheber: *Τῇ ἐλευθερίᾳ ἡμᾶς Χριστὸς ἠλευθέρωσεν.* Angesichts solchen Besitzes ergiebt sich von selbst — *οὖν* — die Aufforderung: stehet aufrecht als Freie — *στήκετε!* [3]) Dieser Ausdruck paßt zu dem folgenden Bilde vom Joche: wer unter dieses gebeugt ist, kann nicht aufrecht stehen [4]). Laßt euch nicht unter das Joch der Knechtschaft [5]) wieder [6]) gefangen nehmen [7])! Bei dieser Ermahnung zeigt uns der Verweis auf Christus, wie des Apostels Herz von der Liebe zu seinem Herrn, die nicht will, daß Dessen Werk vergebens sei, durchdrun-

---

[1]) Rec. liest mit ACDF etc. nach *φθόνοι* noch *φόνοι*; doch fehlt dieses NB It., Marc., Iren., Hieronym. etc. (Ti., WH.).

[2]) Nach *καθώς* liest die Rec. mit NᶜACDE etc. ein *καί*; dasselbe fehlt jedoch N*BFG.

[3]) Es ist *στήκειν* hier absolut gebraucht, wie solches auch I. Thess. 3, 8; II. Thess. 2, 15; Röm. 14, 4; Phil. 4, 1 angewendet ist. Das *ἐν κυρίῳ* ist nicht zu fassen wie in I. Kor. 16, 13; Phil. 1, 27 das *ἐν πίστει* und *ἐν πνεύματι*, womit *στ.* verbunden ist.

[4]) M. Victorinus: State, inquit, quod non promittitur ei, qui sub jugo est; etenim ille deponit cervicem summissam; non ergo stat. Vos, inquit, ergo state, quod est liberis membris errectum habere corpus

[5]) Zu *ζυγὸς δουλείας* vgl. Act. 15, 10; I. Tim. 6, 1.

[6]) Zu *πάλιν* vgl. die Erklärung zu 4, 9.

[7]) Zu *ἐνέχεσθαι* mit Dat. vgl. II. Makk. 5, 18; III. Makk. 6, 10, bedeutet es „gefangen halten" in physischem wie moralischem Sinne; vgl. ferner I. Tim. 6, 1; Hebr. 2, 15 u. Act. 15, 10 (von der Gesetzesknechtschaft).

gen und getrieben ist. In ihm sehen wir den Eifer für Christi
mystischen Leib durch den Gedanken an den Preis, der dafür
entrichtet ist, entfacht: es soll das kostbarste Blut nicht umsonst
geflossen sein.

v. 2. Das aber würde bei den Galatern der Fall sein: Χριστὸς
ὑμᾶς οὐδὲν ὠφελήσει —, wenn sie dem derogierten Gesetze im
Sinne ihrer Verführer sich zuwenden: ἐὰν περιτέμνησθε. Nachdrucksvoll stellt der Apostel sich selbst, den früheren Eiferer
für das Gesetz, als eine Autorität — er hat ja dieses auch nach-
gewiesen — an die Spitze. Dieser Satz Pauli tritt der Behauptung der Judaisten in Antiochien: ἐὰν μὴ περιτέμνησθε τῷ ἔθει
Μωυσέως, οὐ δύνασθε σωθῆναι [1]) direct entgegen. An sich ist
die Beschneidung wohl ein äußerer indifferenter Act, den auch
andere Nationen vornehmen, z. B. Ägypter und Syrer, den auch
der Christ vornehmen könnte, und den ja auch Paulus bei Timotheus vorgenommen hatte, um einen etwaigen Anstoß zu vermeiden. Dieselbe hat aber durch Gottes Anordnung die besondere Bedeutung erhalten, das Zeichen eines Bundes zu sein,
den Gott um des kommenden Messias willen mit Abraham
und seinen Nachkommen geschlossen hatte [2]). Qui ergo — bemerkt Thomas — circumcidebantur, credebant adhuc signum
durare et tunc signatum nondum venisse. Die Beschneidung,
nicht in dem Sinne eines bloßen äußeren Zeichens, sondern als
eine wesentliche Heilsbedingung vorgenommen, und der zum Heile
notwendige Glaube an Jesum Christum unseren Erlöser schließen sich gegenseitig aus. Wenn der Christo vereinte Mensch
sich noch in der Beschneidung sein Heil sucht, leugnet er, daß
er in Christus bereits erlöst sei, tritt er aus Christus wieder heraus und geht darum der Früchte des übernatürlichen Lebens
Christi in ihm verlustig.

v. 3. In feierlicher Form — μαρτύρομαι [3]) — versichert der Apostel die Galater, daß derselbe Verpflichtungsgrund, der von den

---

[1]) Act. 15, 1. — [2]) Gen. 17, 11; Röm. 4, 11.

[3]) Μαρτύρομαι hat als eigentliche Bedeutung: ich behaupte etwas und
nehme dafür andere als Zeugen; es ist gewöhnlich mit dem Acc. der zum
Zeugen angerufenen Person verbunden, kommt aber auch absolute vor. Daher erhält es auch den Sinn der feierlichen Beteuerung. Vgl. Act. 20, 26;
Ephes. 4, 17. Zu διαμαρτύρομαι vgl. oben I. Thess. 4, 6.

Judaisten für die Beschneidung genannt wird, für das ganze
mosaische Gesetz gelten muß, daß, wenn sie jener zustimmen, sie
diesem nach ihrer eigenen Auffassung sich dann nicht entschla-
gen können. Alsdann aber treten Gebote an sie heran, die sie
unmöglich mehr erfüllen können, als z. B. der Besuch des Tempels oder gewisse Reinigungsgesetze. Diese Folgerung aber ist
angethan, die Galater von ihrem Irrtum zu überzeugen, besonders aber die Verführer, die vielleicht bloß die Beschneidung
nannten, bloßzustellen. Unter Bezugnahme darauf, daß Paulus
schon früher — vgl. auch 3, 10 — den Galatern diese Consequenz vor Augen gestellt hat, sagt er πάλιν. Das allgemeine
παντὶ ἀνϑρώπῳ erhält eine Einschränkung in dem Partic. Praes.
περιτεμνομένῳ: nicht jene, die etwa schon beschnitten waren,
sondern die, welche es nun noch thun, trifft die genannte Verpflichtung.

In sehr bezeichnender Weise fährt der Apostel fort, die v. 4. 5.
Folgen darzulegen. Bisher — in Christo lebend — war der
Galater Thun und Lassen ein wirkungsvolles; das aber würde
aufhören, wenn der erste Lebensquell, Christus, nicht mehr in
ihnen ist: κατηργήϑητε [1]) ἀπὸ Χριστοῦ [2]). Dieser Gedanke erhält
ein erklärendes paralleles Glied in: aus dem Zustande der Gnade
seid ihr herausgefallen. Warum das? Weil — γάρ schließt den
v. 5 als Begründung an — in uns, den Gerechtfertigten, der
„Geist" uns den Himmel, unser Erbteil erwarten läßt: ἡμεῖς
γὰρ πνεύματι ἐκ πίστεως ἐλπίδα δικαιοσύνης ἀπεκδεχόμεϑα, nicht
aber erst die Gerechtigkeit noch suchen heißt. Wenn ein
Christ das aber noch thut, dann ist er nach eigenem Geständ-
nisse „aus der Gnade herausgefallen". Es könnte wohl πνεύματι in dem Sinne von „geistiger Weise" [3]), d. i. nicht dem
Fleische nach, gefaßt werden; allein mit Rücksicht auf die im
Briefe betonte Wirksamkeit des heiligen Geistes — vgl. bes.

---

[1]) καταργεῖν, ein öfters von Paulus gebrauchtes Wort, heißt: etwas ἀργόν
= unnütz machen; im Pass. = wirkungslos gemacht, aufgehoben werden.
Vgl. II. Thess. 2, 8; Gal. 3, 17; Röm. 3, 3. 31; 6, 6; I. Kor. 1, 28; 6, 13; 13,
8; 15, 26; II. Kor. 3, 14; Ephes. 2, 15 etc.

[2]) Die Vulg. trifft den Sinn hier genau mit ihrem evacuati estis a Christo.

[3]) So thun es z. B. Hieronym., Ambrostr., Windischm., Palmieri.

4, 6. 7 — in dem Christen, erscheint die Ansicht den Vorzug
zu verdienen, die πνεύματι auf Diesen als das Princip des übernatürlichen Lebens bezieht [1]). Wie der Getaufte in diesem Geiste
„Abba“, Vater, ruft, so erwartet er auch in Ihm mit Sehnsucht
und in Bereitschaft — ἀπεκδεχόμεθα [2]) — das Heil, die ewige
Seligkeit [3]), die Frucht der δικαιοσύνη, die wir im Diesseits
nur erst in der Hoffnung besitzen. Es handelt sich ja bei ἡμεῖς
nicht um solche, die, wie die judaisierenden Christen, erst noch
Rechtfertigung suchen, sondern um Gerechte. Darum muß
ἐλπίδα δικαιοσύνης als subjectiver Genitiv, in dem Sinne: „die
Hoffnung, welche die Gerechtigkeit in Aussicht hat, ihr eigen
ist“, gefaßt werden. Der Ausgangspunkt dafür aber — wie
Paulus bewiesen hat — ist nicht das Gesetz, sondern der Glaube:
ἐκ πίστεως.

v. 6.   Gewiß haben auch wir unserseits, wenn wir in Christus
sind, etwas zu thun, um in den Himmel zu kommen. Mit
ἐν Χριστῷ ist nämlich der mystische Christus gemeint. Für das
lebendige Glied desselben giebt es gewiß auch eine Thätigkeit,
die eine Kraft, einen Wert hat — τι ἰσχύει —; allein
diese ist nicht die Rückkehr zur Beschneidung, die an sich und
nicht mehr als vorbereitendes Bundeszeichen betrachtet, so viel
oder so wenig Wert wie die ἀκροβυστία [4]) hat, sondern ist:
πίστις δι' ἀγάπης ἐνεργουμένη.

Bei der Würdigung dieser dogmatisch wichtigen Stelle ist
zu beachten, daß es sich um den Glauben des Gerechten —
ἐν Χριστῷ — handelt, und daß ferner von diesem ein Können,
ein Wirken ausgesagt wird. Da es sich nach dem Zusammen-

---

[1]) So verstehen das πνεύματι: Chrys., Theodt., Oekum, Theophyl.,
Justin., Reithm., Bisp., Sieffert.

[2]) ἀπεκδεχόμεθα wird Röm. 8, 19. 23. 25; I. Kor. 1, 7; Phil. 3, 20 von
dem Erwarten der zukünftigen Herrlichkeit gebraucht, und zwar liegt zugleich
der Nebenbegriff des Bereitseins mit darin.

[3]) Thomas: Exspectamus spem justitiae, i. e. justitiam et spem, scl.
aeternam beatitudinem. Vgl. Kol. 1, 5; Tit. 2, 13.

[4]) Es ist darum nicht sicher begründet, auf Grund von οὔτε περιτομή ... οὔτε
ἀκροβυστία anzunehmen, daß es unter den Galatern auch deren gegeben hätte,
die in das entgegengesetzte Extrem zu den Judaisten gefallen wären und auf
die ἀκροβ. als solche einen Wert für die Heilserlangung gesetzt hätten.

hange um die Erreichung der „Hoffnung der Gerechtigkeit",
also um den Himmel handelt, so ergiebt sich, daß der Gerechte
zur Erlangung dieses Zieles auch seinerseits etwas vermag.
Die Kirche nennt das „verdienen". Welches ist nun die Kraft,
die in dem lebendigen Gliede des mystischen Christus etwas vermag, oder mittels welcher der Gerechte verdient? Die paulinische
Antwort lautet: der Glaube[1]; aber nicht der bloße Glaube,
sondern der, welcher durch Liebe wirksam ist; ein Glaube
dessen belebendes und bildendes Princip die Liebe ist. Ob wir
das $\dot{\epsilon}\nu\epsilon\rho\gamma o\nu\mu\acute{\epsilon}\nu\eta$ passivisch[2] oder medial[3] fassen; in beiden
Fällen besteht, daß Glaube ohne Liebe unwirksam oder
tot ist, und in beiden Fällen gilt, daß ein solcher toter Glaube
nichts „vermag", denn von $\pi i\sigma\tau\iota\varsigma$ $\delta\iota'$ $\dot{\alpha}\gamma\acute{\alpha}\pi\eta\varsigma$ $\dot{\epsilon}\nu\epsilon\rho\gamma o\nu\mu\acute{\epsilon}\nu\eta$ als
ein Begriff gefaßt gilt das $\tau\iota$ $\dot{\iota}\sigma\chi\acute{\nu}\epsilon\iota$.

In dem bekannten von den Kampfspielen entlehnten Bilde[4] v. 7.
lobt der Apostel der Galater früheres christliches Leben ($\dot{\epsilon}\tau\rho\acute{\epsilon}$-
$\chi\epsilon\tau\epsilon$ $\varkappa\alpha\lambda\tilde{\omega}\varsigma$) und in demselben fortfahrend fragt er: wer sie in
diesem Laufe zur Unterbrechung veranlaßt hat: $\tau i\varsigma$ $\dot{\nu}\mu\tilde{\alpha}\varsigma$ $\dot{\epsilon}\nu\acute{\epsilon}\varkappa o$-
$\psi\epsilon\nu$[5]); In $\dot{\alpha}\lambda\eta\vartheta\epsilon i\dot{\alpha}$ $\mu\dot{\eta}$ $\pi\epsilon i\vartheta\epsilon\sigma\vartheta\alpha\iota$, diesem Zusatz zu $\dot{\epsilon}\nu\acute{\epsilon}\varkappa o\psi\epsilon\nu$,
liegt enthalten, daß es an der Erkenntnis der Wahrheit nicht
gefehlt hat.

Auf die vorgelegte Frage giebt der Apostel eine Antwort v. 8.
in: $\dot{\eta}$ $\pi\epsilon\iota\sigma\mu o\nu\acute{\eta}$. Dieses Wort, das nur hier im N. T. und auch
sonst bei anderen Schriftstellern selten gebraucht wird, kann im
activen oder passiven Sinne verstanden werden; im ersteren =
Überredung; im letzteren = Folgsamkeit[6]). Die active Bedeu-

---

[1]) Da der Glaube hier neben Hoffnung und Liebe erscheint, so ergiebt
sich auch daraus, daß der zu 2,16 gegebene Begriff von $\pi i\sigma\tau\iota\varsigma$ der richtige ist.

[2]) Hierzu vgl. besonders Reithmayr.

[3]) Vgl. hierzu oben zu I. Thess. 2, 13. Vulgata: Nam in Christo Jesu
neque circumcisio aliquid valet, neque praeputium, sed fides, quae per
caritatem operatur.

[4]) Vgl. I. Kor. 9, 24.

[5]) Die Vulg. giebt mit impedivit den Sinn wieder; mit cursum inter-
cidere würde auch das Bild selbst den entsprechenden Ausdruck erhalten.
Vgl. zu $\dot{\epsilon}\gamma\varkappa\acute{o}\pi\tau\epsilon\iota\nu$: I. Thess. 2, 18; Röm. 15, 22; Act. 24, 4.

[6]) Hierfür ist besonders Windischmann. „Vielleicht wollte der Apostel gerade durch das eigenthümliche Wort die befangene Leichtgläubigkeit

lung harmoniert aber besser mit οὐκ ἐκ τοῦ καλοῦντος [1] ὑμᾶς: die euch überredet haben, haben von Gott, der euch berufen hat, keinen Auftrag erhalten, sie kommen im eigenen Namen.

v. 9.　　Diese Verführer werden alsdann mit einer kleinen Menge Sauerteigs, die aber dennoch die ganze Masse durchsäuert, verglichen. Durch dieses Gleichnis erscheint die Schuld der Gemeinde selbst — im Vergleich zu der der Verführer — gemildert; doch wird ihr zugleich auch die Größe der Gefahr, worin sie sich befindet, vorgehalten [2].

v. 10.　　Im Vertrauen auf die Gnade des Herrn, die alles vermag, — ἐν κυρίῳ — spricht der Apostel das Vertrauen auf die Galater aus — ἐγὼ πέποιθα εἰς ὑμᾶς [3] —, daß sie nach der in diesem Briefe gegebenen Belehrung ihm zustimmen werden, ὅτι οὐδὲν ἄλλο φρονήσετε [4]. Dann wird sie keine Strafe treffen; ein Gedanke, der den Übergang zu ὁ δὲ ταράσσων [5] ὑμᾶς βαστάσει τὸ κρῖμα vermittelt. Das göttliche Strafgericht — τὸ κρῖμα — über die Unruhestifter nimmt keine Rücksicht auf das Ansehen der Person — ὅστις ἐὰν ᾖ —; ein Zusatz, der es wahrscheinlich macht, daß die Aufrührer zu den Angesehenen gehörten.

v. 11.　　Zu diesen stellt sich der Apostel mit δέ in einen Gegensatz. Darum legt sich nahe, daß seine Gegner ihm den Vorwurf, er sei der Unruhestifter, er sei der ταράσσων, gemacht hatten. Ob sie dabei auf ein anderes, früheres Verhalten, etwa auf die Beschneidung des Timotheus hingewiesen haben [6], kann nur vermutet, nicht bewiesen werden. Es giebt der Apostel eine Selbstrechtfertigung, indem er darauf verweist, daß er um seiner

---

der Galater von der wahren Gläubigkeit, die sie früher gehabt hatten, recht augenfällig unterscheiden."

[1]) Vgl. I. Thess. 2, 12; 4, 7; 5, 24; II. Thess. 2, 14.

[2]) Der Zusammenhang — von Verführern und Verführten — leitet zu dieser Beziehung auf Personen und schließt die Auffassung des Chrysost., M. Victorin., die „ganze Masse" für das Evangelium, das durch die Lehre von der Notwendigkeit der Beschneidung verdorben werde, aus.

[3]) V. l. Röm. 14, 14; Phil. 2, 24; II. Thess. 3, 4.

[4]) Das Gegenteil ist τὸ αὐτὸ φρονεῖν: Röm. 12, 16; 15, 5; II. Kor. 13, 11; Phil. 2, 2; 3, 16; 4, 2.

[5]) Vgl. die Erklärung zu 1, 7.

[6]) So Chrys., August., Thom., Corn. a Lap., Estius.

Predigt willen verfolgt wird — διώκομαι [1]) —. Das würde er sich ersparen können, wenn er auch jetzt noch — ἔτι —, wie er das früher gethan, die Notwendigkeit der Beschneidung lehren möchte. Wenn er nun das Gegenteil thun muß, so liegt gewiß kein selbstsüchtiger Grund vor, sondern es bestimmt ihn allein die Wahrheit. Die schon aus der Lehre von der Notwendigkeit der Beschneidung für den Christen früher gezogene Folgerung, daß Christus nutzlos gestorben [2]), diese erschreckende Consequenz der Predigt der Beschneidung, daß Jesus umsonst gekreuzigt worden, stellt Paulus auch hier zu seiner Rechtfertigung und zur Verurteilung seiner Gegner den Galatern vor die Seele. Dabei bedient er sich einer Ausdrucksweise, die auf die Juden Bezug nimmt, die am Kreuzestode des Messias Ärgernis nahmen: ἄρα κατήργηται τὸ σκάνδαλον τοῦ σταυροῦ [3]).

Durchdrungen von dem Vertrauen auf die Galater, daß sie, v. 12. sobald sie der Verführer ledig sind, wieder zur Wahrheit zurückkehren werden, schließt Paulus mit dem Wunsche, daß doch diese Aufrührer — ἀναστατοῦντες ὑμᾶς — auch entfernt werden möchten: καὶ ἀποκόψονται. Was aber dieses Bild selbst betrifft, so glaube ich, daß es mit Windischmann am besten auch aus dem Bilde vom Wettlaufe zu erklären ist: Paulus „hat oben den Wandel der Galater im Christenthum als einen guten Lauf bezeichnet, der dadurch gehindert wurde, daß Böswillige" ein „πρόσκομμα in den Weg geworfen hätten", oder vielmehr selbst ein πρόσκομμα sind. Da kann nur geholfen werden durch ein ἀποκόπτεσθαι [4]). Das καί schließt diesen Gedanken an den vorausgehenden, daß die Galater mit Paulus übereinstimmen werden, während die Unruhestifter das Gericht treffen wird, an und besagt: nicht genug, daß diese Gottes Strafe erreichen wird;

---

[1]) Vgl. hierzu I. Thess. 2, 14 ff.
[2]) Vgl. Erklärung zu 2, 21. — [3]) Vgl. I. Kor. 1, 23.
[4]) Vgl. Vulgata: Utinam et abscindantur, qui vos conturbant. Tertull., de anima 17: utinam et praecidantur, qui vos subvertunt. M. Victorin. verbindet zwei Ansichten — vgl. S. 338 Anm. 2 —: A veritate evangelii abscindantur, inquit, vel a se separentur vel poenis lacerentur. — Non solum circumsecentur, sed abscindantur etiam ut hoc quoque verbum ita sit positum, quod ad circumcisionem pertinet, ut sit et abscissio. Corn. a Lap. Estius.

nein sie möchten — καί — aus der Gemeinde, der sie zum
Ärgernis gedient haben, ganz entfernt werden. Indem der Apostel sich aber dieses Wortes bedient, ist es wohl möglich, daß
sich auch noch eine Erinnerung an das Gleichnis des Herrn vom
Abhauen eines Gliedes, das zum Ärgernis gereicht [1]), verband [2]).

v. 13.   Nachdem so der Apostel die Galater im Geiste vor sich
sieht, wie sie von den Verführern wieder befreit sind, und wie
sie darum der Wahrheit und Freiheit sich wieder zugewendet
haben, spricht er nochmals aus, daß Gott — ein Gegensatz zu
v. 8 — sie zur Freiheit berufen hat, und setzt mit einer Warnung vor einer falschen antinomistischen Anschauung fort: μόνον μὴ τὴν ἐλευθερίαν εἰς ἀφορμὴν τῇ σαρκί. Es ist nicht unwahrscheinlich, daß für eine solche Ermahnung auch in jener
Zeit eine Veranlassung gegeben war; denn immer streitet das
Fleisch wider den Geist, und jederzeit sucht der Mensch sein
verkehrtes Handeln mit irgend einem Grunde vor seinem ankla-
genden Gewissen zu rechtfertigen. Aber auch hiervon abgesehen,
bedarf es für einen Herzenskenner, wie es Paulus ist, nicht erst
einer prophetischen besonderen Erleuchtung, um auch im voraus
vor falscher Ausdeutung und einem Mißbrauch der christlichen
Freiheit zu warnen. Dieselbe [3]) soll nicht etwa als Veranlassung
oder Vorwand — ἀφορμή [4]) = der Punkt, von dem eine Bewegung (ὁρμή) ausgeht — für das Fleisch sein, sie soll nicht mit
Willkür und Zügellosigkeit des sinnlichen Menschen identificiert
werden. Die christliche Freiheit, die der Apostel hier charakterisiert, besteht darin, daß der Mensch nicht von Gewalten, die
er beherrschen soll, beherrscht wird, — insbesondere soll das
„Fleisch", die niedere Natur in ihm dem Willen, nicht umge-

---

[1]) Vgl. Matth. 18, 8.

[2]) Eine andere — seit Chrysost. vielfach verbreitete Ansicht (Theodor v. Mops., Hieronym., August., Pelagius, Oekum., Theophyl.,
Thomas u. a. Reithm., Bisp., Sieffert) — faßt das ἀποκ. im Sinne von
castrari: mögen die Gegner auch das noch thun, wenn sie nur euch in Ruhe
lassen.

[3]) τὴν ἐλευθερίαν ist ein elliptischer Accusativ, zu dem ein ἔχετε oder
λάβητε zu ergänzen ist. Vgl. Sophokl., Antig. 577. Buttmann, S. 338.

[4]) Vgl. Röm. 7, 8. 11; II. Kor. 5, 12; 11, 12; I. Tim. 5, 14 — sonst
findet sich das Wort nicht im N. ¡T.

kehrt der Wille dem Fleische unterworfen sein —, und daß ferner die Freiheit ein Dienen nicht ausschließt. Dieses darf jedoch kein erzwungenes oder eines, das einen die Erkenntnis oder den Willen beeinträchtigenden Beweggrund hat, sein. Da Freiheit nicht Willkür ist, sondern sich nach einem Grunde richtet, so giebt Paulus als das vollkommenste leitende Motiv für ein freiwilliges Dienen die Liebe an: διὰ τῆς ἀγάπης δουλεύετε ἀλλήλοις. Solche Liebe ist der Selbstsucht entgegengesetzt und hat darum viel Widerstreit des Fleisches zu bestehen. Sie ist aber auch — wie der Apostel sogleich ausführt — die Erfüllung des göttlichen Willens, und es wird, weil dabei eine Herrschaft über das Fleisch ausgeübt wird [1]), das Wort wahr: Deo servire regnare est.

Leitender Gedanke des Apostels ist: wir sind frei und v. 14. unterliegen dem Gesetze nicht mehr, und es ist dieses auch deshalb nicht notwendig, weil jedes Gesetz, nicht bloß das alttestamentliche, seine Erfüllung gefunden hat — πᾶς νόμος . . . πεπλήρωται — in dem einen Gesetze der Nächstenliebe: ἀγαπήσεις τὸν πλησίον σου ὡς σεαυτόν [2]). Wer dieses erfüllt, der hat auch dem mosaischen Gesetze genügt. Es ist charakteristisch, daß die Propheten des alten Testamentes, wenn sie durch Hervorhebung einzelner Gebote aussprechen wollen, daß das gesamte Gesetz erfüllt worden sei, dann die Erfüllung der Pflichten gegen den Nächsten, die der Gerechtigkeit und die der Liebe, herausheben [3]); daß insbesondere der Herr in der Beschreibung des jüngsten Gerichtes die Übung der Werke der Barmherzigkeit als das Mittel, um zu den Gebenedeiten des Vaters gezählt zu werden, bezeichnet [4]). Dort wie hier ist der Ausgangspunkt für solche Darstellungsweise die Wahrheit, daß der, welcher seinen Nächsten liebt, auch Gott liebt [5]), daß die

---

[1]) Vgl. I. Petr. 2, 16: ὡς ἐλεύθεροι καὶ μὴ ὡς ἐπικάλυμμα ἔχοντες τῆς κακίας τὴν ἐλευθερίαν, ἀλλ' ὡς δοῦλοι θεοῦ.

[2]) Vgl. Lev. 19, 18.

[3]) Vgl. z. B. Isai. 1, 17 ff.; 5, 7 ff.; 32, 6; 57, 1. 2. 12; 54, 14. 17; 58, 6. 7. 10; Jerem. 22, 3; Ezech. 18, 7. 16. 27; 14, 14. 20); 33, 12 ff.; Hos. 12, 6; Zach. 7, 9. Vgl. hierzu den bekannten, dem Hillel zugeschriebenen Ausspruch des Talmud (Babyl. Schabb. Fol. 31a): „was dir selbst zuwider ist, das füge auch deinem Nächsten nicht zu; das ist das ganze Gesetz, alles Übrige ist nur Erläuterung".

[4]) Matth. 25, 35 ff.

[5]) Vgl. August. — es folgen ihm Thom., Estius. Corn. a Lap. —, der

wahre Nächstenliebe der Prüfstein und das sichere Merkmal der
Erfüllung des ganzen göttlichen Willens ist [1]). — Insofern dieser
auch in dem alttestamentlichen Gesetze einen für alle Zeiten
gültigen Ausdruck findet, ist das Ziel aller verschiedenen Ein-
zelvorschriften desselben lediglich das eine Gebot, den Nächsten
zu lieben wie sich selbst [2]).

v. 15.   Während nun die Galater sich mühen, dieses oder jenes
Sondergebot zu erfüllen, übersehen sie nicht bloß das Hauptge-
bot, sie verletzen es geradezu, indem sie sich besonders unter
einander durch Verdächtigungen und Verleumdungen herabsetzen.
Hierfür gebraucht der Apostel die bildlichen Ausdrücke δάκνειν
und κατεσθίειν [3]). Das ist ein Merkmal der Häresie, daß sie ihre
Gegner herabzusetzen und zu verleumden sucht. Sich weiter
dieses Bildes bedienend warnt Paulus die hadernden Parteien,
daß sie nicht dadurch dem ewigen Untergange verfallen möchten: μὴ ὑπ' ἀλλήλων ἀναλωθῆτε.

v. 16.   Nun richtet der Apostel der Galater Herzen auf das ideale
Leben des Christen, indem er „im Geiste" zu wandeln: πνεύματι
περιπατεῖτε, auffordert. Wir verstehen diese Mahnung am besten
von einem Wandel, wie er dem Zustande der übernatürlichen
Gnade, dem status naturae elevatae, dessen Urheber der h. Geist,
der in dem Menschen als in Seinem Tempel wohnt, ist. Hierzu
steht die Begierlichkeit der gefallenen menschlichen Natur —
σάρξ — im Gegensatz, und es schließt ein Leben nach jener
ein Erfüllen dieser aus. Aus dem ἐπιθυμίαν σαρκὸς οὐ μὴ τελέ-
σητε ist zugleich ersichtlich, daß auch in dem Erlösten die Begierlichkeit zwar noch zurückbleibt, daß also ein Kampf damit
nicht erspart bleibt, daß sie aber überwindlich ist. Es spricht

---

bemerkt: Cum ergo utrumque praeceptum ita sit, ut neutrum sine altero possit teneri, etiam unum horum commemorare sufficit, . . . opportunius illud,
de quo quisque facilius convincitur. Unde Joannes dicit: qui enim non di-
ligit fratrem suum, quem videt, Deum, quem non videt, quomodo potest di-
ligere? (I. Joh. 4, 20).

[1]) Vgl. hierzu I. Thess. 1, 3; hes. 3, 12 (S. 82). Matth. 5, 43—48.

[2]) Vgl. Röm. 13, 8: ὁ γὰρ ἀγαπῶν τὸν ἕτερον νόμον πεπλήρωκεν.

[3]) Vgl. Ps. 26, 2; 52, 5; Windischm. verweist hierbei auf Horat.,
carm. IV, 3, 16: dente invido mordeor, und Hitopadesa I, 4 ed. Lassen p.
23: „vorn fällt er zu Füßen und frißt das Fleisch des Rückens".

der Apostel in diesem Satze die praktisch höchst wichtige Lehre aus, daß die beste Bekämpfung der Begierlichkeit nicht so sehr eine negative oder ein Versuchen, sie auszurotten, sondern die positive ist, die in der Übung der entgegengesetzten Tugenden besteht. Da, wo die Werke des Geistes geübt werden, ist für die des Fleisches kein Raum. Eine weise Erziehung knüpft an das im Menschen vorhandene Gute an, sucht es zu wecken und zu beleben und erreicht so, daß das entgegengesetzte Böse verabscheut wird.

Der Grund — γάρ — dafür, daß das Leben im Geiste den vv. 17. 18. Sieg über die Begierde des „Fleisches" zur Folge hat, liegt darin, daß diese einander entgegengesetzt sind. Wie das „Fleisch" gegen den Geist begehrt, so dieser gegen jenes, ταῦτα γὰρ ἀλλήλοις ἀντίκειται. Dieser Satz ist allgemein gehalten und bestimmt abstract das Verhältnis des status naturae elevatae zu dem des status naturae lapsae, bezw. zu den auch im Gerechten verbleibenden Folgen desselben, zur Concupiscenz. Diese wie der Geist trachten nach der Herrschaft im Christen. Solche Absicht der beiden streitenden Parteien drückt der Apostel in den Worten aus: ἵνα μὴ ἃ ἐὰν θέλητε ταῦτα ποιῆτε. Verlangt das „Fleisch", so trachtet der Geist darnach, daß es nicht geschehe, und umgekehrt. Bei den Galatern nimmt der Apostel aber (δέ) den Fall an, daß der Geist ihr Herr ist: εἰ δὲ πνεύματι ἄγεσθε, und zieht hieraus die Folgerung: οὐκ ἐστὲ ὑπὸ νόμον. Dieselbe ergiebt sich mit Zuhilfenahme der anerkannten Prämisse, daß, gäbe es keine Sünde und kein Handeln nach der Begierlichkeit des Fleisches, es auch kein „Gesetz" geben würde. Da also, wo der dem „Fleische" entgegengesetzte „Geist" herrscht, giebt es keine Werke des „Fleisches", keine Sünde; darum bedarf es da auch keines „Gesetzes".

Es treten uns aber als Werke des „Fleisches" offenkundig vv. 19-21. entgegen: πορνεία, die species der fornicatio, ἀκαθαρσία [1]) bezeichnet dagegen alle Sünden der Unreinigkeit; mit ἀσέλγεια ist die in dem heidnischen Culte sich zeigende Schamlosigkeit und Wollust bezeichnet [2]), weshalb sich damit leicht verbindet: εἰδω-

---

[1]) Ephes. 5, 4; Kol. 3, 5.
[2]) Vgl. II. Kor. 12, 21; Ephes. 4, 19. I. Petr. 4, 3; II. Petr. 2, 7. 18.

λολατρία, Götzendienst, wovon eine specielle Abart [1]) die φαρ
μακία, Giftmischerei, Zauberei ist. Es liegt dem Apostel fern,
in einer Vollständigkeit die Früchte des „Fleisches" aufzuzählen [2]),
oder sie in einer strengen systematischen Aufeinanderfolge zu
nennen. Immerhin aber ist nicht zu verkennen, daß er vorab
solche Laster, die den Pflichten gegen Gott zuwiderlaufen, aufzählt und dann zu solchen, die gegen den Nächsten gerichtet
sind, übergeht: ἔχθραι, Feindschaften; ἔρις, Streit; ζῆλος, Eifersucht; θυμοί, Ausbrüche des inneren Unmutes; ἐριθίαι [3]), Ränke;
διχοστασίαι, förmliche äußere Spaltungen; αἱρέσεις, Absonderungen von der Gemeinde [4]); φθόνοι, der sich daraus ergebende
Haß. Endlich nennt Paulus mit μέθαι = Trunkenheit, κῶμαι
= Gelage, Sünden, die gegen die geordnete Selbstliebe verstoßen.
Daß Paulus die Sünden der Unlauterkeit unter die gegen die
Gottesverehrung setzt, hat wohl seinen Grund darin, daß er dieselben als die äußerste Entartung der Abgötterei ansieht [5]).

An diesem vorgehaltenen Sittenspiegel mögen die Judaisten
und die ihnen folgenden Galater sich prüfen, wie sie der einen
oder anderen der aufgezählten Sünden verfallen sind; daran
mögen sie die Verkehrtheit des Weges erkennen, den sie wandeln, und beherzigen, daß sie dann — wie ihnen der Apostel
bei seiner Anwesenheit auch schon gesagt hat — keine „Erben",
also keine „Kinder Abrahams" sein können.

vv. 22. 23.   In Gegensatz hierzu stellt Paulus „die Frucht des Geistes" [6]).
Auffallend ist hier der Singular im Gegensatze zu τὰ ἔργα τῆς
σαρκός [7]), und daß der Begriff „Frucht" gebraucht wird. Treffend führt zu diesem Punkte Thomas aus: Quod producitur

---

[1]) Vgl. Apok. 9, 21; 18, 23 u. 21, 8, wo die φαρμακεῖς = Zauberer ne·
ben die Götzendiener gestellt werden.

[2]) Vgl. andere derartige Aufzählungen: Röm. 1, 29 f.; 13, 13; I. Kor. 6,
10 ff.; II. Kor. 12, 20; Ephes. 5, 5; Kol. 3, 5; I. Tim. 1, 9 f.; II. Tim. 3, 2 ff.

[3]) ἐριθεύειν = ehrgeizig, ränkesüchtig sein.

[4]) Vgl. I. Kor. 11, 19.

[5]) Vgl. Röm. 1, 25. f. Weil die Heiden der Creatur als Gott sich zugewandt hatten, διὰ τοῦτο παρέδωκεν αὐτοὺς ὁ θεὸς εἰς πάθη ἀτιμίας.

[6]) Vgl. Röm. 6, 22; Phil. 1, 11.

[7]) Vgl. Ephes. 5, 9 und 11: καρπὸς τοῦ φωτός gegenüber: τοῖς ἔργοις τοῖς
ἀκάρποις τοῦ σκότους.

ex aliquo praeter naturam, non habet rationem fructus, sed quasi alterius germinis. Opera autem carnis et peccati sunt praeter naturam eorum, quae Deus naturae nostrae inseruit. Deus enim humanae naturae quaedam semina inseruit scil. naturalem appetitum boni et cognitionem et addidit etiam dona gratiae. Et ideo, quia opera virtutum ex his naturaliter producuntur, fructus dicuntur, non autem opera carnis. Der Singular aber findet darin seinen Grund, daß alle Geistesfrüchte letzlich als eine Einheit ob der Einheit ihres Grundes und ihres Zieles zu fassen sind. Je mehr ein Mensch von dem übernatürlichen Lebensprincipe durchdrungen, eine je vollkommenere Wohnung des heiligen Geistes er ist, desto ähnlicher wird er Gott, desto mehr wird er ein Abbild auch der göttlichen Einfachheit, und alle seine Lebensbethätigungen werden zu einem Ganzen, zu dem die verschiedenen einzelnen Tugenden sich wie die Glieder zu einem Organismus verhalten. Die übernatürliche Gottähnlichkeit bethätigt sich in der Gleichförmigkeit mit dem göttlichen Willen, die, weil Gott die Liebe ist, sich in Liebe offenbart. Diese nennt darum Paulus als erste „Frucht des Geistes". Sie umfaßt alle Bethätigungen derselben gegen Gott, den Nächsten und schließt auch die geordnete Selbstliebe ein. Aus ihr erwachsen die Freude, das Bewußtsein des Besitzes der höchsten Güter in der Liebe [1]); der „Friede", denn wo Liebe, da ist keine Selbstsucht, und wo diese fehlt, da ist der Raum geschaffen für die himmlische Gabe des Messiasreiches. Weil die Liebe geduldig ist [2]), darum erwächst aus ihr die μακροθυμία [3]), die Langmut mit den Schwächen, Gebrechen und Fehlern des Nächsten; weil sie vom Mitmenschen das beste anzunehmen bereit ist und nichts Arges denkt, darum ist sie der Grund für χρηστότης [4]), Güte, für die ἀγαθωσύνη [5]), eine besondere Art der χρηστότης, Wohlwollen, die Bereitwilligkeit liebreich zu urteilen, für die gegenseitige Treue [6]) — πίστις — und

---

[1]) Vgl. I. Thess. 5, 17; Phil. 3, 1. 4.

[2]) Vgl. besonders I. Kor. 13.

[3]) Ephes. 4, 2; Kol. 1, 11; II. Tim. 3, 10; 4, 2.

[4]) Röm. 2, 4; 11, 22; II. Kor. 6, 6; Ephes. 2, 7; Kol. 3, 12; Tit. 3, 4.

[5]) II. Thess. 1, 11: Röm. 15, 14; Ephes. 5, 9.

[6]) Vgl. zu I. Thess. 1, 3; Gal. 2, 16; SS. 38. 257.

für die Sanftmut und Gelassenheit — πραΰτης —, die sich nicht
aufbringen und zu Zornesausbrüchen reizen läßt. Zügellosigkeit der Begierden ist des Menschen größter Feind; durch die
wahre Selbstliebe aber reift als Frucht des Geistes die Selbstbe-
herrschung, ἐγκράτεια [1]).

Die Consequenz, die sich aus dieser Schilderung des Lebens
in der Gnade ergiebt, ist, daß es da, wo solche Früchte des
Geistes reifen, ein Gesetz, das gegen die Sünde gerichtet ist [2]),
nicht mehr geben kann, daß also die vom „Geiste" Geleiteten
vom „Gesetze" frei sind.

v. 24.   Der Apostel giebt nun noch den Grund dafür an, warum
der Wandel, „im Geiste" — v. 19 — keine Fleischeswerke mehr
aufkommen läßt. Die gefallene und verderbte Natur des Menschen — σάρξ — bewirkt diese vermittels ihrer „Leidenschaften"
und „Begierden". Die παθήματα bezeichnen das, was der sündige Mensch von seiner Natur leiden muß, die ἐπιθυμίαι dagegen das Streben und Verlangen derselben. Die Getauften aber,
oder die lebendigen Glieder Christi werden nicht mehr vom
„Fleische" mit seinen Leidenschaften und Begierden geleitet.
Und warum nicht? Weil der alte Mensch gestorben, oder weil
er in der Taufe auf den Tod Christi getauft ist [3]). Es zeichnet
aber der Apostel hier das Bild des Christen in seiner idealen Gestalt,
als des vollkommenen Siegers und Herrn in dem Kampfe
mit der σάρξ, indem er nicht σταυροῦσιν, sondern ἐσταύρωσαν
sagt und das Kreuzigen dem gerechten Menschen zuerkennt, also
hier von dessen Thätigkeit spricht. Solche Ideale sehen wir auch
in Heiligen, die dazu teils nach langen vorausgegangenen heftigen
Kämpfen in Selbstüberwindung und Abtötung gelangt sind [4]),
teils durch eine Fülle besonderer Gnaden als solche hingestellt
worden sind, realisiert. „Man bemerke", so schreibt schön Win-

---

[1]) Act. 24, 45; II. Petr. 1, 6.

[2]) Das κατά mit dem Gen. zeigt ein Widerstehen an. Thomas: adversus hujusmodi non est lex, i. e. contra opera Spiritus; sed Spiritus docet ea.
Nam sicut lex exterius docet opera virtutum, ita et Spiritus interius movet
ad illa.

[3]) Vgl. hierzu besonders die Erklärung zu 2, 20, spec. S. 263.

[4]) Hieraus ergiebt sich die Bedeutung der Ascese. Vgl. Röm. 8, 13:
εἰ δὲ πνεύματι τὰς πράξεις τοῦ σώματος θανατοῦτε, ζήσεσθε.

dischmann zu d. St., „wie Paulus hier jenen Gedanken wiederholt, der 2, 20 der Anknüpfungspunkt der ganzen dogmatischen
Entwicklung des Briefes war, und wie gleichsam durch künst-
liche musikalische Harmonie sich immer die Grundaccorde hin-
durchziehen, die am Ende der Tonentfaltung als nunmehr ver-
standenes Thema wiederkehren."

V, 25 — VI, 10: Ermahnungen verschiedenen Inhaltes.

*V, 25. Wenn wir im Geiste leben, wandeln wir auch im
'Jeiste. 26. Nicht wollen wir solche werden, die sich eitler Ehre
rühmen, einander reizen, einander* [1]) *beneiden.*

*VI, 1. Brüder, wenn auch ein Mensch in irgend einem
Fehltritte hingerissen wird* [2])*, so richtet ihr, die ihr Geistige seid,
einen solchen im Geiste der Sanftmut* [3]) *auf, indem du auf dich
selbst siehest, daß nicht auch du versucht werdest. 2. Es trage einer des andern Lasten, und so werdet ihr das Gesetz Christi erfüllen* [4])*. 3. Denn wenn jemand glaubt, etwas zu sein, da er
doch nichts ist, so betrügt er sich selbst. 4. Das eigene Werk
prüfe [ein jeder], und dann wird er für sich allein den Ruhm
haben und nicht für den Anderen; 5. denn jeder soll die eigene
Last tragen. 6. Es teile aber der, welcher im Worte unterrichtet wird, dem, der unterrichtet, in allen Gütern mit.*

*7. Täuschet euch nicht, Gott läßt Seiner nicht spotten; denn
was ein Mensch säet, das wird er auch ernten; 8. weil, wer in
sein Fleisch säet, aus dem Fleische Verderben ernten wird, wer
aber in den Geist säet, aus dem Geiste ewiges Leben ernten wird.
9. Das Gute laßt uns also thun, ohne zu ermüden* [5])*, denn zu*

---

[1]) BG*P lesen ἀλλήλους, ℵACD etc. dagegen ἀλλήλοις, Ti. [WH.].

[2]) ℵAB*DFG lesen προλημφϑῇ, was dem προληφϑῇ der Rec. (BᶜCLP)
gegenüber vorzuziehen ist.

[3]) Rec. liest mit ACDFG etc. πραότητος, gegen das aber nach ℵBP
πραΰτητος vorzuziehen ist (Ti., WH.).

[4]) ℵACD etc. mehrere Väter, Rec., Treg. WH. lesen ἀναπληρώσατε; BFG
Vulg. Pesch. und andere Übersetzer aber lesen (Ti.) ἀναπληρώσετε. Bei solcher
Lage der Zeugnisse ist eine Entscheidung nicht mit Sicherheit zu treffen.

[5]) Mit ℵAB*D* ist zu lesen ἐνκακῶμεν (Ti., WH.); nicht mit Rec. nach
CDᶜ etc.: ἐκκακῶμεν.

seiner Zeit werden wir ernten, die wir nicht ermatten. 10. Wohlan *also, so lange wir die Zeit haben* [1] *, laßt uns das Gute thun* [2] *gegen alle, besonders aber gegen die Glaubensgenossen.*

V, 25. 26. Durch diese Gliederung der Ermahnungen, die den Inhalt der beiden letzten Kapitel ausmachen, soll nicht gesagt sein, daß eine scharfe Scheidung unter denselben beabsichtigt wäre. Die allgemeine Aufforderung, die Bethätigung des Lebens dem Lebensgrunde entsprechen zu lassen, schließt sich ebenso an das Vorausgehende an, als sie für das Folgende die Basis bildet. Das ζῶμεν πνεύματι können wir seinem Inhalte nach frei wiedergeben mit: wenn wir Tempel des heiligen Geistes sind. Dieser unendlich erhabene übernatürliche Zustand ist der Maßstab oder die Richtschnur, nach dem sich der Wandel des freien Menschen richten soll [3]. Es wiederholt diese Ermahnung das in v. 16 ausgesprochene: „wandelt im Geiste" und schließt die Aufforderung, Geistesfrüchte hervorzubringen, in sich. Wenn sich aber jemand ohne diese eines geistigen Lebens rühmen wollte, der wäre ein κενόδοξος [4]. Je weniger nun ein solcher Ursache hat, stolz zu sein, desto herausfordernder, um den Mangel zu verdecken, tritt er auf, und desto mißgünstiger schaut er auf jene, die Vorzüge vor ihm besitzen. Daß eine derartige Erscheinung sich auch bei den verführten Galatern zeigen mochte, daß insbesondere die Gefahr dazu gegeben war, ist leicht begreiflich. Daher ermahnt sie Paulus: μὴ γινώμεϑα ... ἀλλήλους προκαλούμενοι, ἀλλήλοις φϑονοῦντες.

VI, 1. Von diesen allgemeinen Warnungen wendet sich Paulus zu einer dieser entgegengesetzten, bestimmten, positiven Ermahnung. Die Anrede ἀδελφοί läßt erkennen, daß er zu Punkten übergehen will, die ihm bei den Galatern besonders am Herzen liegen. Er sieht den Fall vor sich, daß irgend ein Glied der Gemeinde nicht aus Bosheit, sondern aus menschlicher Schwach-

---

[1] Mit אB* ist ἔχωμεν (Ti., WH.) zu lesen, nicht mit Rec. nach ABᶜC etc. ἔχομεν.

[2] Mit אB*CD etc. ist ἐργαζώμεϑα (Ti., WH.) zu lesen, nicht nach ABᶜ (Rec.) ἐργαζόμεϑα.

[3] στοιχεῖν = in einer gewissen Ordnung und Reihe gehen; vgl. Act. 21, 24; Röm. 4, 12; Phil. 3, 16; Gal. 6, 16.

[4] Vgl. Phil. 2, 3: κενοδοξία.

heit ¹) einen Fehltritt begeht; dann sollen die πνευματικοί, d. i.
die, welche nicht gesündigt haben und im Zustande der heiligmachenden Gnade sich noch fortbefinden, den gefallenen Bruder
wieder aufrichten ²). Die hinreichend bekannte pharisäische
Richtung, der auch die Judaisten zugehören, und die den Sünder selbst verachtet, macht diese Ermahnung begreiflich und
insbesondere auch den Zusatz: ἐν πνεύματι πραΰτητος. Die
Zurechtweisung soll im Geiste der Sanftmut geschehen, d. h. es
soll die Gesinnung dabei eine liebreiche sein, die als solche
auch herausgefühlt wird. Dabei kann bestehen, daß die Notwendigkeit ein hartes Mittel, eine bittere Arznei vorschreibt;
aber die Härte und Bitterkeit dürfen nur in diesem und nicht
im Herzen des heilenden Arztes sich befinden. In diesem muß
ein lebendiges Mitleiden wach sein, das sich auch bei der Zurechtweisung oder Strafe selbst kund giebt und heilendem Bal-
sam gleich auf die geschlagene Wunde träufelt. Als Beweggrund
zu solcher Milde nennt der Apostel die Selbsterkenntnis ³) —
σκοπῶν σεαυτόν —, die ein Mißtrauen auf eigenes Vermögen zur
Folge hat, die so leicht den Gedanken nahe legt: wenn ich noch
nicht gefallen bin, wie mein Nächster, so hat es darin den
Grund, daß ich auch nicht wie er versucht worden bin. Selbstüberhebung und Härte gegen einen gefallenen Mitbruder bringen
die Gefahr zu gleicher Versuchung und darum zum Falle darin
mit sich. In diesem Sinne fügt Paulus an: μὴ καὶ σὺ πειρασθῇς.

Von dem Gedanken geleitet, daß jeder Mensch seine v. 2.
Schwachheiten hat, die letzlich in der allgemeinen Sündhaftig-
keit, in der Erbsünde, gründen, verallgemeinert der Apostel seine
Rede dahin, daß überhaupt der eine dem andern helfend und

---

¹) Das προληφθῇ erklärt sich am natürlichsten, wenn das προ ein Sündigen vor reiflicher Überlegung bezeichnet. Es hat die Sünde gewissermaßen
dem Menschen einen Vorsprung abgewonnen; vgl. Sap. 17, 17. Thomas:
imprudenter et ex subreptione lapsus.

²) καταρτίζειν = etwas zurichten, vollkommen machen (vgl. zu ἄρτιος
II. Tim. 3, 17); etwas, das Schaden genommen, wieder in die rechte
Ordnung bringen. Vgl. I. Thess. 3, 10 (vgl. S. 80 f.); Hebr. 13, 21; Matth. 4,
21; I. Petr. 5, 10.

³) Thomas: Nihil autem ita frangit hominis severitatem in corrigendo
quam timor proprii casus. Eccli. 31, 18: Intellige quae sunt proximi tui
ex te ipso.

stützend beistehen solle: *ἀλλήλων τὰ βάρη βαστάζετε.* Das allgemeine Wort *βάρη* muß auch als solches verstanden und darum ausgedehnt werden auf körperliche und geistige Gebrechen, die mit Geduld zu ertragen sind, auf die Unzulänglichkeit des menschlichen Könnens, dem beizuspringen ist, und endlich auch auf die Folgen und Strafen der Sünden, zu deren Sühne und Genugthuung wir uns gegenseitig unterstützen können [1]). Für uns ward Christus arm und verachtet, für uns ertrug er Leiden und Schmerzen, den Tod, weil alle unsere Sünden und Missethaten auf Seine Schultern gelegt worden waren [2]). All diese Lasten erhalten ihren symbolischen Ausdruck in dem Tragen des Kreuzes; an uns aber ergeht Jesu Aufforderung, Ihm auf diesem Wege zu folgen; denn „wer sein Kreuz nicht nimmt und Mir nachfolgt, ist Meiner nicht wert" [3]). Wie Christus Anderer Lasten auf Sich genommen, so sollen auch wir auf unseren Kreuzwegen nicht allein die eigenen Leiden, sondern auch unserer Mitbrüder Lasten mittragen. Das Einssein mit Christus, der unser Stellvertreter geworden ist, hat eine solche Gemeinschaftlichkeit der Glieder Seines mystischen Leibes zur Folge. Diese ergiebt sich also aus dem Wesen des christlichen, übernatürlichen Lebens und aus Christi ausdrücklichem Worte als Sein Gesetz.

v. 3.   Und gewiß hat jeder Mensch Ursache genug, nicht bloß seines Mitbruders Schwächen zu ertragen, sondern, so viel es sonst auf ihn ankommt, ihm auch beizustehen; denn — *γάρ* — es geht ihm ja gerade so. Er würde sich täuschen — *φρεναπατᾷ* [4]) *ἑαυτόν* —, wenn er vermeinte, für sich etwas zu sein. Selbstdünkel ist also die Quelle der Selbstüberhebung und Lieblosigkeit gegen den Nächsten. Und wie wenig Ursache hat der Mensch dazu! Das *μηδὲν ὤν* ist nicht hyperbolisch zu verstehen, sondern giebt der innigsten Überzeugung des Apostels, die sich auf die eigene Erfahrung aufbaut, Ausdruck; denn alle Ehre gebührt dem Herrn [5]).

---

[1]) So die Ausführung bei Thomas i. h. l.

[2]) Isai. 53, 4.

[3]) Matth. 10, 38.

[4]) Vgl. Tit. 1, 10.

[5]) Vgl. 1. Kor. 1, 28 ff.; 3, 7; 15, 10; II. Kor. 3, 5 u. a.

Darum ergiebt sich die weitere Ermahnung zur Anwendung v. 4. des geeigneten Mittels, um die Demut und wahre Nachfolge Christi in der Nächstenliebe zu erlangen, die Aufforderung zur Prüfung des eigenen Wirkens — τὸ δὲ ἔργον ἑαυτοῦ δοκιμαζέτω [1]) —; denn dann kann die Erkenntnis nicht ausbleiben, daß einem anderen gegenüber gar kein καύχημα, kein Grund zu einer Erhebung über andere gegeben ist. Es gehört nicht zur Tugend der Demut, daß der Mensch das Gute, daß er gewirkt, verkennen soll; nein dankbar soll er es für sich anerkennen — εἰς ἑαυτὸν μόνον τὸ καύχημα ἕξει — und Gott, dem ersten Urheber desselben, dafür die Ehre geben [2]). Er soll sich aber nicht in Parallele mit seinem Nächsten bringen. Warum nicht?

Weil ihm das nichts nützt, denn er wird für sich allein ge- v. 5. prüft. Auf seinem Lebenswege haben sich Mängel und Fehler angesammelt; diese bilden sein Bündel — τὸ ἴδιον φορτίον [3]) —, und hiermit wird er vor Gott erscheinen und Rechenschaft ablegen müssen. Es mahnt also der Apostel ab von einem Urteilen über den Nächsten und begründet das mit dem Hinweis auf das einstige Gericht, wo jeder für sich selbst einstehen muß [4]).

Wenn immerhin die in v. 6 enthaltene Ermahnung eine v. 6. selbständige ist, so steht sie doch nicht außer dem bisherigen Gedankenkreise; sie ist eine specielle — aller Wahrscheinlichkeit nach durch concrete Verhältnisse in Galatien veranlaßte — Ausführung der allgemeinen Ermahnung in v. 2, daß einer des andern Lasten tragen solle. „Mitteilen" soll der, welcher im göttlichen „Worte" unterrichtet wird, dem, der ihn unterrichtet:

---

[1]) δοκιμάζειν = prüfen; vgl. z. B. von Metallen LXX: Prov. 17, 3; sonst Luk. 12, 56; 14, 19; I. Thess. 2, 4; 5, 21; I. Kor. 3, 13; II. Kor. 8, 8 etc.

[2]) Vgl. hierzu das Beispiel des Apostels selbst: II. Kor. 10, 12. 13; 11, 30; 12, 9.

[3]) φορτίον wird sonst im N. T. gebraucht von der Belastung eines Schiffes (Act. 27, 10), von obliegenden Pflichten (Matth. 11, 30), von pharisäischen Vorschriften (Matth. 23, 4; Luk. 11, 46).

[4]) Darum besteht kein Widerspruch zwischen diesem und dem 2. Verse, quod, wie Thomas bemerkt, ibi (v. 2) loquitur de onere sustinendae infirmitatis, quod debemus portare, hic loquitur de onere reddendae rationis, quod quilibet pro se portabit, sive sit onus praemii, sive poenae.

ἐν πᾶσιν ἀγαθοῖς [1]). Was für ἀγαθά sind gemeint? Da Paulus dieselben in Gegensatz zur christlichen Lehre bringt, so sind damit nur irdische Güter gemeint; da er aber hiervon abgesehen sich allgemein ausdrückt, so wollen wir auch keine bestimmte Einschränkung auf bloß materielle Güter vornehmen. Es mag sein, daß auch der Fall vorkommen konnte, daß ein Schüler seinem Lehrer zeitliche oder geistige Güter mitzuteilen imstande war. Wo immer also sich für die Galater Gelegenheit bietet, ihre Lehrmeister mit irdischen Gütern unterstützen zu können, sollen sie es thun [2]) Das κατηχεῖν [3]) ist das Wort späterer Gräcität für die Erteilung des mündlichen Unterrichtes, der hiernach die gewöhnliche Form der Mitteilung „des Wortes" an Menschen ist [4]).

vv. 7. 8   An die vorausgegangenen Ermahnungen zur wahren Nächstenliebe und zur Demut schließt sich, scheinbar etwas zusammenhangslos, der Satz an: „täuschet euch nicht selbst" [5]). Der Übergang hierzu dürfte sich wohl durch folgende Gedanken ungesucht ergeben: es werden ja von uns, so mochte etwa besonders von Gegnern Pauli gesagt werden, Werke der Nächstenliebe geübt. Dem mag so sein, allein, welchem Boden erwachsen sie? ist derselbe nicht ein versteckter Egoismus, eine verhüllte Selbstsucht, die unter dem Scheine des Guten auftreten und gerade darum gefahrvoll sind? Prüfet euch darum schonungslos und redet euch nicht ein, was ihr gern wollt. Ein unwahrhaftiges Thun, als ob man nach Gottes Willen handele, während doch der eigene das leitende Motiv ist, ist das nicht ein thatsächliches Verkennen der göttlichen Allwissenheit und Gerechtigkeit, und, weil diese nicht verkannt werden kann, geradezu ein gewisses

---

[1]) κοινωνεῖν ist mit dem Dat. der Person nur noch Phil. 4, 15; mit dem Dat. der Sache häufiger verbunden: vgl. Röm. 12, 13; 15, 27; I. Tim. 5, 22; I. Petr. 4, 13; II. Joh. 11.

[2]) Vgl. die Erklärung zu I. Thess. 2, 9 und II. Thess. 3, 8; I. Kor. 9, 11; Phil. 4, 15.

[3]) Vgl. Luk. 1, 4; Act. 18, 25; Röm. 2, 18; I. Kor. 14, 19.

[4]) Vgl. besonders Röm. 10, 14—18.

[5]) Zu πλανᾶσθαι vgl. I. Kor. 6, 9; 15, 33; II. Tim. 3, 13; Hebr. 3, 10; 5, 2; 11, 38; Jak. 1, 16.

„Verspotten" Gottes [1])? Die Warnung hiervor wird mit dem
Hinweise auf das göttliche Gericht motiviert. Dabei bedient sich
der Apostel des beliebten Bildes des Herrn vom Säen und Ernten [2]):
wie der Same die Frucht nach seiner Art hervorbringt — ὃ γὰρ
. . . τοῦτο —, so auch das Handeln des Menschen, das bei der
Ernte nach seinem wahren Werte erkannt werden wird. Wer bei
seinem Handeln sich selbst als das Ziel genommen hat — ὁ σπείρων
εἰς τὴν σάρκα ἑαυτοῦ —, der ist vergleichbar einem Säemann,
der einen Boden gewählt hat, der Verwesung wirkt, der also
von diesem Boden auch Verwesung ernten wird: ἐκ τῆς σαρκὸς
θερίσει φθοράν. Der Mensch, der nur sich selbst sucht und nicht
Gott als sein Ziel hat, besitzt nur die gefallene menschliche
Natur — σάρξ —; denn nur diese kann er sein eigen nennen,
weshalb Paulus auch das ἑαυτοῦ hinzufügt [3]); er entbehrt aber
des neuen übernatürlichen Lebensprincipes, das der heilige Geist in denen, deren übernatürliches Ziel Gott ist, wirkt,
und das darum πνεῦμα genannt wird. Weil dieses unvergäng-
lich, darum geht auch eine unsterbliche Saat daraus auf: ἐκ τοῦ
πνεύματος θερίσει ζωὴν αἰώνιον. In diesem Bilde kommt auch
schon das Zusammenwirken von Gnade — πνεῦμα — und
menschlicher Thätigkeit — σπείρων — beim übernatürlich
guten Werke zum Ausdrucke. Der Grund, weshalb eines Menschen Wirken für die Ewigkeit dauern kann, liegt in dem ihm
innewohnenden übernatürlichen Lebensprincipe: aus diesem
erwächst das übernatürliche gute Werk des Säenden, dem das
ewige Leben folgt.

Des Menschen schlimmster Feind im Guten ist aber der v. 9.
Mangel der Beharrlichkeit. Darum fordert der Apostel uns auf:
μὴ ἐνκακῶμεν [4])! Wenn es uns vorkommen will, als stehe die Zeit
der Ernte noch nicht bevor, wenn das Ziel uns zu weit erscheint,

---

[1]) θεὸς οὐ μυκτηρίζεται ist bei LXX häufig; μυκτηρίζειν = durch Nasenrüm-
pfen verspotten.

[2]) Vgl. Matth. 13, 24 ff.

[3]) Vgl. Thomas — nach Hieronym. —: Sed nota, cum agit de semi-
natione carnis, dicit: in carne sua, quia caro est nobis de natura nostra;
sed cum loquitur de semine Spiritus, non dicit suo, quia spiritus non est nobis a nobis, sed a Deo.

[4]) Vgl. II. Thess. 3, 13.

und wir deshalb im Gutesthun erlahmen wollen; dann sollen wir beherzigen, daß zu rechter Zeit — *καιρῷ* —, wann Gott das Ende einer jeglichen Wirksamkeit bestimmt — *ἰδίῳ* —, auch das Einsammeln eintreten wird; und daß wir dann die Früchte unseres Thuns als Bewährte genießen werden, als solche, die nicht ermattet sind: *θερίσομεν μὴ ἐκλυόμενοι* [1]).

v. 10. Angesichts solchen Zieles, das des Apostels Herz vor seliger Begierde schwellen macht, fordert er auf, die Zeit dieses Lebens als Zeit der Aussaat für die Ewigkeit zu benützen [2]). Als die segensreichste Arbeit aber nennt er wieder die Übung der Nächstenliebe [3]) gegen alle Menschen und speciell noch gegen die Glaubensgenossen — *πρὸς τοὺς οἰκείους τῆς πίστεως* [4]). Warum wohl das letztere noch [5])? „Daran werden alle erkennen, daß ihr meine Jünger seid,“ „daß ihr einander liebet“ [6]). Verwundert betrachteten die Heiden die Liebe der Christen unter einander.

VI, 11—18: Recapitulierender Schluß.

11. Sehet, mit welchen [7]) Zügen ich euch schreibe, mit eigener Hand. 12. Alle, welche im Fleische gefallen wollen, diese nötigen euch zur Beschneidung, lediglich, damit sie um des Kreuzes Christi [Jesu] [8]) willen nicht verfolgt werden [9]). 13. Denn diese,

---

[1]) Über verschiedene andere Erklärungen hierzu vgl. Reithm.

[2]) Vgl. Joh. 9, 4.

[3]) Zu *ἐργάζεσθαι ἀγαθόν* von Werken der Nächstenliebe vgl. I. Tim. 6 18; Tit. 3, 1.

[4]) Ephes. 2, 19: *οἰκεῖοι τοῦ θεοῦ*.

[5]) Reithm. denkt hierbei an eine Ermahnung, für die Armen in Jerusalem zu sammeln.

[6]) Joh. 13, 34 f. Vgl. hierzu die Auseinandersetzungen zu I. Thess. 3, 12 f. (besonders S. 82); 4, 9—12; II. Thess. 1, 3.

[7]) B* 17: *ἡλίκοις* gegenüber *πηλίκοις* als der gewöhnlichen Lesart.

[8]) Das *Ἰησοῦ* liest B.

[9]) Es ist das *μή* nicht nach FGKLP, Rec. hinter *ἵνα*, sondern nach אABCD etc. erst hinter *Χριστοῦ [Ἰησοῦ]* zu lesen. Mit אBDE etc. ist ferner *διώκωνται* (Ln, WH., Zimmer) zu lesen und nicht mit ACFG etc. (Ti.) *διώκονται*. Vgl. auch Buttmann, n. t. Gr., S. 202, der gegen diese Lesart Bedenken erhebt.

obschon sie sich beschneiden [1]*), beobachten selbst das Gesetz nicht,
wohl aber wollen sie euch beschneiden, damit sie in eurem Fleische
sich rühmen. 14. Mir aber sei es ferne, mich zu rühmen, außer
im Kreuze unsers Herrn Jesu Christi, durch das mir die Welt* [2]*)
gekreuzigt ist und ich der Welt; 15. denn weder ist die Beschneidung etwas noch die Vorhaut, sondern die neue Schöpfung* [3]*). 16.
Und die immer nach dieser Richtschnur wandeln werden* [4]*), Friede
ist über ihnen und Erbarmen, und über dem Israel Gottes.*

*17. Fernerhin soll mir niemand mehr Mühen verursachen,
denn ich trage die Wundmale Jesu* [5]*) an meinem Leibe. 18. Die
Gnade des [unsers]* [6]*) Herrn Jesus Christus sei mit eurem Geiste,
Brüder! Amen.*

Wir wissen aus dem Schlusse des II. Thessalonicherbriefes [7]), v. 11.
daß Paulus die Briefe einem Schnellschreiber zn dictieren pflegte,
daß er aber den Schluß derselben eigenhändig — und das auch
als ein Zeichen der Echtheit — hinzufügte [8]). Daß er dieses auch
beim Galaterbriefe gethan, steht auf Grund der sonstigen Gewohnheit und um des besonderen Vermerks ιῇ ἐμῇ χειρί willen
fest. Deshalb beziehen wir diese Notiz auch nicht auf den ganzen Brief, sondern bloß auf den Schluß. Hieran werden wir
auch nicht durch das ἔγραψα gehindert, das sich nicht auf den
bereits soweit geschriebenen Brief bezieht, sondern die Form des
klassischen Briefstils ist, nach dem sich der Schreiber auf den
Standpunkt des Empfängers, da er ihn liest — wofür auch das
ἴδετε spricht —, versetzt [9]). Unter γράμμασιν können wir wieder

---

[1]) B liest: περιτετμημένοι; ℵACD etc. dagegen περιτεμνόμενοι. (So Ti.[WH.]).

[2]) Das τῷ der Rec. vor κόσμῳ ist nach ℵAB(C*)D etc. zu streichen.

[3]) Obschon ℵACD etc., Rec. in diesem Verse das ἐν (γάρ) Χριστῷ Ἰησοῦ
lesen, so ist es doch als Glossem aus 5, 6 anzusehen, denn B Pesch. und andere Übers. und viele Väter lesen es nicht.

[4]) Nach ℵBC²K etc. ist στοιχήσουσιν gegen στοιχοῦσιν (AC*D) etc. vorzuziehen.

[5]) Mit ABC* verschiedenen Übers. und Vätern (Ln, Ti., WH.) ist nur
τοῦ Ἰησοῦ zu lesen und das τοῦ κυρίου in ℵD*FG zu streichen.

[6]) ABCD etc. lesen τ. κυρίου ἡμῶν (Ti. [WH.]), es fehlt das ἡμῶν in ℵ P.

[7]) Vgl. oben zu II. Thess. 3, 17, S. 179.

[8]) Vgl. Röm. 16, 22; I. Kor, 16, 21; Kol. 4, 18.

[9]) Vgl. Philem. 19. So erklären: Hieronym., Thomas, Windischm.,
Reithm., Palmieri, Holst., Philippi, Sieffert u. a.

nicht den ganzen Brief verstehen [1]), denn das entspricht nicht
allein der gewöhnlichen und nächsten Bedeutung von γράμμα =
Buchstabe nicht, sondern wird hier auch durch den Dativ (des
Instrumentes — es müßte sonst der Accusativ stehen —) entschieden verboten. Daher meint der Apostel damit die Buchstaben [2]) und mit πηλίκοις γράμμασιν ... τῇ ἐμῇ χειρί seine
charakteristischen Schriftzüge [3]). Diesen Gedanken giebt
die Vulgata dem Sinne nach richtig wieder: Videte, qualibus
litteris scripsi vobis manu mea [4]). Warum hebt Paulus diesen
Umstand hier hervor? Die einfachste Antwort ist, um ihnen
hiermit ein für allemal ein Zeichen zu geben, woran sie seine
Briefe als echt erkennen können. Dieser Grund erklärt es auch,
daß dieser Satz zusammenhangslos zwischen geschoben ist. Statt
nun gleich die Schlußworte — speciell v. 18 — nach der Weise
anderer Briefe hinzuzusetzen, giebt der Apostel, nachdem er
selbst den Griffel zur Hand genommen hat, dem Drange seines
um die Galater höchst besorgten Herzens abermals nach und
faßt nochmals kurz die Hauptgedanken, die ihn erfüllt haben,
zusammen. Dieser Schluß mit seiner kurzen Wiederholung har-

---

[1]) Es ist möglich, daß γράμμα bezw. γράμματα statt ἐπιστολή — Thuk. 8,
50; Act. 28, 21 — gebraucht werden kann.

[2]) Vgl. Luk. 16, 6; auch 23, 38. Darum sind jene Ansichten, die diese
Worte z. B. auf die Größe und Erhabenheit des Inhaltes beziehen (Hieronymus, ohne daß dieser jedoch an den ganzen Brief denkt, oder in dem
Sinne nehmen: seht, einen wie großen eigenhändigen Brief ich euch geschrieben
habe (Chrys., Ambr., August., Pelag., Justin., C. a Lap., Estius, de
Wette, Hofm., auch Steck, um dann daraus ein Argument gegen die Echtheit abzuleiten), unhaltbar.

[3]) An eine unförmige Gestalt der Schriftzüge, ob als Folge der Unge-
übtheit oder der Krankheit (Eadie), zu denken, entbehrt jeglichen Grundes.
Steck, S. 142, behauptet, gerade dieses Merkmal der Echtheit sei „ein Anzeichen des Gegentheils". Vgl. dagegen die Erklg. zu II. Thess. 3, 17.

[4]) An das πηλίκος, das nur hier und Hebr. 7, 4 vorkommt, knüpfen
sich verschiedene Meinungen an. Hebr. 7, 4 wird es von der erhabenen
Würde des Melchisedech dem Abraham gegenüber gebraucht. Das Wort wird
also von Paulus auch im ethischen Sinne genommen. Hieraus ist ersichtlich,
daß die ursprüngliche Bedeutung von πηλίκος = wie groß im mathematischen
Sinne eine Modification bei Paulus erfahren hat und auch von einer Beschaffenheit verstanden werden könnte.

moniert ganz mit dem Bilde des eifernden Paulus. Es ist ein
echt psychologischer Zug, daß der Apostel gewissermaßen nicht
recht fertig werden kann, und hierin ist wieder ein Beweis der
Ursprünglichkeit dieses Schreibens gelegen.

Der Apostel spricht die Thatsache aus, daß alle — ὅσοι — vv. 12. 13.
Verführer der Galater in selbstsüchtiger Absicht handeln. Denen,
die euch die Beschneidung als eine Heilsbedingung aufnötigen,
handelt es sich nicht um euer Heil; sie erstreben vielmehr:
εὐπροσωπῆσαι, d. i. ein „gutes Gesicht zu haben" oder vor den
Menschen in Ansehen zu stehen. Dieses suchen sie zu erreichen,
so lautet ein weiterer Zusatz, ἐν σαρκί, d. i. im Fleische [1]). Hiermit ist zunächst die Vorhaut oder die Beschneidung gemeint, wozu
der Gegensatz nach paulinischer Darstellungsweise ἐν σταυρῷ,
das Rühmen im Kreuze Christi (v. 14) ist. Nicht von Seeleneifer, sondern von pharisäischem Proselytenmacherstolze sind
die Judaisten beseelt. Die negative Seite des Buhlens um Menschengunst ist ihre Furcht vor Verfolgungen. Ihre Sorge ist es
nicht, daß die Seelen der Galater ohne die Beschneidung Gefahr
liefen; nein einzig und allein — μόνον —, daß ihnen so gut wie
dem Apostel, wollten sie die Wahrheit, daß im Kreuze allein das
Heil zu finden ist, lehren, Verfolgungen bevorstehen würden.
Eitle Gefallsucht und feige Furcht paaren sich in diesen Häresi-
archen. Zum Beweise des Gesagten führt Paulus die weitere
Thatsache an, daß die judenchristlichen Gegner, die περιτεμνόμενοι genannt werden, sich nach Möglichkeit der Erfüllung
anderer Gesetze entziehen. Der Zusammenhang mit dem vorausgehenden Satze (durch γάρ) und der folgende Gegensatz
(ἀλλὰ θέλουσιν ὑμᾶς περιτέμνεσθαι) zeigen, daß die περιτεμνόμενοι nicht Heidenchristen, die sich der Beschneidung unterwerfen, sondern die verführenden Judaisten sind. Anderen legen
sie schwere Lasten auf, selbst aber rühren sie mit keinem Fin-
ger daran [2]). Das Gesetz oder Gottes Wille gilt ihnen nichts;

---

[1]) Das ἐν verbietet die Deutung von „bei den Menschen" (Chrysost.,
Oekum., Hieronym.), denn in diesem Falle würde man bloß σαρκί zu erwarten haben.

[2]) Matth. 23, 4; Luk. 11, 46.

Ruhm aber wollen sie ernten, und dazu soll ihnen die Beschneidung das Mittel sein: *ἵνα ἐν τῇ ὑμετέρᾳ σαρκὶ καυχήσωνται.*
Dem setzt Paulus vorab gegenüber, daß es ihm durchaus
fern liegt, nach Ruhm zu trachten. Apostel sein und die eigene
Ehre suchen, schließen einander aus. Ein Abscheu vor dem
καυχᾶσθαι liegt in dem *μὴ γένοιτο.* Doch einen Ruhm hat
auch er, den er jedoch mit jedem Christen teilt. Dieser besteht
in dem, was der Welt eine Thorheit, den Juden ein Ärgernis,
was der Gegenstand der Verfolgung geworden ist: in dem Kreuze.
Fürwahr ein Gegenstand wahren und bleibenden Ruhmes, denn
es ist das Kreuz „unseres Herrn", des Schöpfers und des Erlösers der ganzen Welt, das Kreuz Jesu Christi. Erlöst und
vom Fluche der Sünde befreit zu sein, Gott „Vater" nennen zu
dürfen, ist die höchste Würde des Menschen und der einzig
würdige Gegenstand eines wahren Ruhmes, der auch vor Gott
besteht. Das Kreuz ist das objective Zeichen der Erlösung, das
Kreuz „unseres Herrn Jesu Christi" ist das Mittel, wodurch
die Erlösung der ganzen Welt vollbracht worden ist.
Auch ich rühme mich in demselben, denn auch ich bin durch
dasselbe erlöst worden. Diesem Gedanken leiht der Apostel in den
Worten Ausdruck: *δι᾽ οὗ ἐμοὶ κόσμος ἐσταύρωται κἀγὼ κόσμῳ.*
Das *δι᾽ οὗ* bezieht sich auf Kreuz, weil dieses der Hauptbegriff
ist, und weil, sollte dieser Satz auf Jesus Christus bezogen werden, der Apostel doch wohl sein *ἐν ᾧ* gebraucht haben würde.
Wir kennen den Ausgangspunkt für das Verständnis dieses innigen, unerschöpflich tiefen, paulinischen Wortes. Indem ich getauft werde, werde ich auf den Tod Jesu Christi, den Er durch
das Kreuz erduldet hat, getauft, sterbe in und mit Ihm diesen
Tod, bin also auch ich gekreuzigt. Aber auch die „Welt ist
gekreuzigt"! Unter *κόσμος* ist die Welt, die — weil durch die
Sünde von Gott getrennt — im Widerspruch zu ihrem Schöpfer
steht, zu verstehen. Aber nachdem Christus am Kreuze erhöht
worden war, hat Er alles an Sich gezogen, ist alle Creatur vom
Fluche der Sünde befreit, die ganze Schöpfung im Tode Christi
erlöst worden. So ist in Christus, der durch Seine Menschwerdung der „Welt" angehört, auch diese in Ihm mitgekreuzigt
worden. Nur eine solche giebt es noch für den Apostel. Alles,
was der „Welt" angehörte und was von Gott getrennt,

vv. 14. 15.

alles, was in ihr sündig war, ist überwunden und getötet [1]).
In dem Sinne, in dem „Welt" und Gottentfremdung einander
entsprechende Begriffe sind, besteht jene nicht mehr für den in
Christo Gekreuzigten. Es ist umgekehrt der Apostel einer „Welt",
die Gott entfremdet ist, „gekreuzigt" und lebt nicht mehr für
sie [2]). Was Paulus hier von sich sagt, das sehen wir auch in
dem Leben der Heiligen, in dem vollkommenen Abgestorbensein
derselben für alle Güter und Reize der Welt, besonders aber in
der freiwilligen Beobachtung der Gelübde der Armut und der
Keuschheit realisiert. Dieses sind Blüten eines Lebens im Gekreuzigten, sind Früchte eines Abgestorbenseins für diese „Welt",
wie sie die „Kinder dieser Welt" nicht zu verstehen, nicht zu
ahnen vermögen. Darum pflegen sie dafür auch nur ein Lächeln
oder gar Spott und Hohn zu haben. In solch herrlichen Blüten
übernatürlichen Lebens offenbart sich in der Kirche die ganze
Triebkraft des mystischen Christus.

Weil der Apostel nur einer mitgekreuzigten Welt lebt,
allem anderen Irdischen abgestorben ist, deshalb kann einzig
und allein das Kreuz, wodurch ihm und der miterlösten Creatur eine neue, unendlich erhabene, übernatürliche Weise des
Seins gegeben worden ist, Gegenstand seines Ruhmes sein.
Diese Wahrheit begründet (γάρ) der Apostel in der Weise, daß
er speciell auf die Angeredeten blickt, die sich teils der περιτομή,
teils des extremen Gegensatzes hierzu, der ἀκροβυστία, rühmen. Hiervon sagt er, daß weder jene noch diese „etwas ist" [3])
und daß sie darum auch kein Grund eines Rühmens sein können. In Gegensatz hierzu stellt er die durch das Kreuz gewirkte
„Neuschöpfung" — καινή κτίσις —. Das Erlösungswerk besteht

---

[1]) Vgl. Kol. 2, 15.

In der Fassung des Begriffes κόσμος = Welt, die Gott entgegengesetzt
ist, stimme ich mit der gewöhnlichen Erklärung überein. Allein den Sinn
des „Gekreuzigtwerdens der Welt" kann ich nicht mit der gewöhnlichen
Erklärung darin finden, daß es heißen solle, die Welt ist für mich tot, oder
dem, der in Christo lebt, ist sie „Tod und Verwesung"; denn es ist das Gekreu-
zigtwerden in gleicher Weise von mir wie von der Welt ausgesagt. Außerdem ist ja eben das Kreuz um so mehr Gegenstand des Rühmens, je uni-
verseller seine Wirksamkeit ist.

[2]) Vgl. Phil. 3, 8.

[3]) Vgl. Erklg. zu 5, 6. S. 334.

in einer wirklichen „neuen Schöpfung"; an die Stelle des alten tritt ein neuer Zustand. Worauf ist nun der Begriff κτίσις, der nicht die Schöpfung als Act, sondern als Wirkung, die Creatur, bedeutet, auszudehnen? Nach der bisher in vv. 14 u. 15 gegebenen Erklärung darf er nicht auf den Menschen allein eingeschränkt werden, sondern muß auf die ganze erlösungsbedürftige Schöpfung bezogen werden. Hiermit entsprechen wir nicht allein der sonst stets beim Apostel üblichen Bedeutung von κτίσις [1]), sondern stehen auch mit einer echt paulinischen Lehre in Einklang, die ihre eingehendere Darlegung im Römerbriefe 8, 18—26 erhält, mit der Lehre von der Teilnahme der ganzen Schöpfung (κτίσις) an dem durch das Kreuz vollbrachten Erlösungswerke.

Darum rühmt sich der Christ des Kreuzes im freien Bekennen und offenen Tragen desselben, darum krönt es alle christlichen Kronen, darum erhebt es sich aber auch im freien Felde, inmitten der von Gott wieder gesegneten Gefilde und ragt als Triumphzeichen auf der Berge Gipfel empor, denn besiegt hat es die Sünde und aufgehoben den Fluch: maledicta sit terra in opere tuo. Darum ist das Kreuz das Zeichen, in dem die Sakramente und Sakramentalien gespendet und die Segnungen erteilt werden. Indem der Gläubige aber sich damit bezeichnet, rühmt er sich darin und bekennt, daß auch er — wie der Apostel — bereit ist, dessentwillen Verfolgungen in Teilnahme an dem bitteren Kreuzwege Christi zu leiden. „Es ist ein furchtbares Symptom der Häresie, daß die ihr Verfallenen dies Zeichen nicht mehr tragen" [2]).

v. 16.   Die Versetzung in den Zustand der Gnade, in die übernatürliche Ordnung, oder das Geschaffenwerden zu einer καινὴ κτίσις verlangt auch ein dem entsprechendes Leben, wie es der Apostel an seinem eigenen Beispiele gezeigt hat. Ein solches

---

[1]) Vgl. Röm. 1, 20. 25; 8, 19—22. 39; Kol. 1, 15. 23; Hebr. 4, 13; 9, 11. Auch II. Kor. 5, 17, wo allerdings εἴ τις ἐν Χριστῷ καινὴ κτίσις vom Menschen gilt, gehört hierher; denn es wird weiter ausgeführt: τὰ ἀρχαῖα παρῆλθεν, ἰδοὺ γέγονεν καινά, und hiermit auf alttestamentliche Aussprüche von der Erneuerung aller Creatur durch den Messias verwiesen. Vgl. Isai. 43, 19; 66, 5. 17; 66, 22. Jerem. 31, 22; Apok. 21, 5.

[2]) Windischmann.

diene als Regel oder Richtschnur (κανών) und jedem ausnahmslos (ὅσοι), der darnach lebt, wird zu teil werden: εἰρήνη καὶ ἔλεος. „Friede": die „neue Schöpfung" ist als das Reich des Messias, das Reich des Friedens. Die herrlichen Weissagungen der Propheten hierüber [1] finden in dem Herzen des wahren christlichen Kreuzträgers schon auf Erden ihre beglückende Erfüllung. „Erbarmen" heißt die schonende Nachsicht, die Gott mit den Sündern als seinen Schuldnern übt [2]. Die ganze Schuld wird nachgelassen [3]. Warum wird aber wohl das „Erbarmen" nicht vor dem Frieden genannt, da doch jenes diesem vorausgeht? Mit ἐπ' αὐτούς sind die Christen überhaupt, Heiden- und Judenchristen, gemeint. Welche wunderbare Umänderung hat Christus an diesen vollbracht! Paulus blickt zurück auf den früheren Zustand und erkennt daraus Gottes Erbarmen: ein Erbarmen, das auch für den Christen fortdauert; ein Erbarmen, das in seiner ganzen Größe und Herrlichkeit sich gerade an Israel offenbart, wenn dieses Volk aufhört, bloß ein Israel κατὰ σάρκα zu sein, wenn es ein Israel Gottes ist. Das καί zeigt es uns an, daß des Apostels Auge von allen Christen sich zu denen aus dem Hause Israels besonders hinwendet [4].

Der Apostel hat den Gegenstand seines Briefes erledigt und v. 17. spricht das Verlangen aus, in Zukunft — τοῦ λοιποῦ [5] — nicht wieder in solcher Weise belästigt zu werden. Nicht scheut der Apostel die Mühe; aber mit mildem Ernste mahnt er die Galater, daß sie, die sie die Wahrheit kennen gelernt haben, ihn schonen möchten, weil sie ihm sonst zu einem Hindernisse werden und dadurch eine Verantwortung auf sich laden. Der Apostel ge-

---

[1] Vgl. hierzu oben S. 34 f.

[2] Vgl. 1. Tim. 1, 2; II. Tim. 1, 2; Tit. 1, 4; II. Joh. 3; Jud. 2: hier ist immer ἔλεος auch vor εἰρήνη gesetzt; Luk. 1, 54. 58. 72; 10, 37.

[3] Vgl. Matth. 18, 33; auch Isai. 40, 2.

[4] Auch hiermit stehen wir im Einklang mit anderorts ausgesprochenen paulinischen Ideen: Röm. 11, 31 f.: καὶ οὗτοι (scl. Ἰσραήλ) ἠπείθησαν τῷ ὑμετέρῳ ἐλέει ἵνα καὶ αὐτοὶ νῦν ἐλεηθῶσιν· συνέκλεισεν γὰρ ὁ θεὸς τοὺς πάντας εἰς ἀπείθειαν ἵνα τοὺς πάντας ἐλεήσῃ.

[5] τοῦ λοιποῦ heißt nicht „übrigens" — das wäre λοιπόν —, sondern „fernerhin"; Ephes. 6, 10; cfr. bei Stephanus, thes. und auch bei Grimm, n. t. Lexikon, hierfür Belege aus Profanschriftstellern.

hört — so begründet er (γάρ) diese Ermahnung — weder sich,
noch den Galatern an, sondern ist ganz das Eigentum seines
Herrn Jesu, dessen äußere Zeichen — τὰ στίγματα τοῦ Ἰησοῦ —
ihm aufgeprägt sind. Στίγματα sind äußere, eingebrannte oder
eingeätzte Merkmale, gewöhnlich Buchstaben, wodurch Sklaven
als ihrem Herrn, Soldaten als ihrem Heerführer, bei einigen
orientalischen Völkern auch Menschen als ihren Gottheiten [1] zugehörig bezeichnet wurden. Weil es nicht die Male sind, die
Jesus trug, sondern die Jesus einprägt, darum führen diese Worte
nicht zu der Annahme, daß Paulus die Wundmale Christi in
wunderbarer Weise seinem Leibe aufgedrückt erhalten hätte.
Außerdem muß bei dem Vorhandensein dieser Stelle der gänzliche Mangel einer traditionellen Nachricht über eine Stigmati-
sation befremdend erscheinen, weil diese an jener einen Stütz-
punkt gefunden hätte [2]. Gewiß aber sind äußere Merkmale
gemeint. Darum dürfte der Sinn am besten getroffen sein, an
die Narben und anderen äußeren Zeichen der an Mühen und
Verfolgungen reichen apostolischen Wirksamkeit Pauli zu denken. „Ich werde ihm zeigen", hatte Jesus zu Ananias in Damaskus gesagt, „was er um meines Namens willen leiden muß" [3].
Alle ausgestandenen Leiden und Verfolgungen sind die Nachfolge des Apostels und Dieners auf dem Kreuzeswege seines
Herrn; die davon zurückgebliebenen Male künden, Wem er allein
zugehöre, Wer allein über ihn zu verfügen habe. Darum haben die Galater kein Recht über ihn [4] und sind nicht befugt,
ihm Mühen zu bereiten.

---

[1] II. Makk. 2, 29; vgl. Grimm, l. c. i. h. v.

[2] Außerdem bemerkt Windischmann hierzu unter Bezugnahme auf
die Stigmatisierung des heil. Franziskus v. Assisi zutreffend: „Erst als das
tiefe Bewußtsein des Kreuzes Christi, wie es hier den Apostel durchglüht,
aus dem erkalteten Herzen der meisten Christen verschwunden war (friges-
cente mundo, wie die Kirche sich hinsichtlich des heil. Franziskus ausdrückt),
ließ und läßt Gott durch das äußere Aufdrücken jener innerlichen Liebe die
Welt erkennen, was es heiße: „mit Christo sterben".

[3] Act. 9, 16. Bis zu dem Aufenthalte in Ephesus ist Paulus schon so
verfolgt worden und hat so viel bereits ertragen, daß dieses Wort auch vor
der Abfassung von II. Kor. 4, 7—15; 11, 24—33 seine volle Geltung hat (gegen Steck, S. 144 f.).

[4] Thomas: nullus super me jus habet nisi Christus. Es lautet darum

Der gewöhnliche paulinische Segenswunsch, es möge Jesus v. 18. Christus Seine Gnade schenken, erhält in diesem Briefe, weil die Angeredeten dieselbe zu verkennen im Begriffe sind, einen besonderen Nachdruck. Der Gnade vertraut der Apostel, daß sie bei den Gala- tern die wahren christlichen Zustände wieder herstellen und seinem Bemühen das Gedeihen geben werde. Abweichend aber von den gewöhnlichen Formeln μεϑ' ὑμῶν [1]), μετὰ πάντων ὑμῶν [2]) schreibt er hier: μετὰ τοῦ πνεύματος ὑμῶν. Hierbei leitete ihn wohl der Gedanke daran, daß die Erkenntnis der Galater, die verblendet war, vorab wieder erleuchtet werden möchte [3]). Dieses Schrei- ben, das zurechtweisende Belehrungen erteilt, lautet aus mit der herzlichen Anrede der übernatürlichen christlichen Nächstenliebe, mit ἀδελφοί.

---

dieser Satz nicht, wie Steck behauptet, „wie ein Abschiedswort" „von der Erde und ihrer Noth überhaupt".

[1]) Vgl. I. Thess. 5, 28; I. Kor. 16, 23; Röm. 16, 20; Kol. 4, 18.

[2]) Vgl. II. Thess. 3, 18; II. Kor. 13, 13; Phil. 4, 23.

[3]) Vgl. 3, 1 die Anrede: ὦ ἀνόητοι Γαλάται. Thomas: Gratia D. n. J. Chr. . . . sit cum spiritu vestro, id est cum ratione vestra, ut veritatem in- telligatis.

Corrigendum:

S. 214 ist in v. 2, Z. 7 nach vor einzufügen: insbesondere aber den Angesehenen.

Inhaltsverzeichnis: